『인도 근현대사』는 14세기부터 새천년 세계 경제와 정보 기술의 강국으로서
인도의 출현까지 인도 역사 · 문화 · 종교 · 정치에 관해 빠질 수 없는 안내서이다.
아름답게 공들이고 명쾌한 내용이 담겨 있으며,
분석적 인 측면에서는 엄밀한 모습을 보여주는 이 책은 지구상 최대 민주주의 국가인 인도의
풍부하면서도 모순적인 역사에 관심이 있는 학자들에게 매우 유용하다.

러처나 머줌다르(시카고 대학교)

이 책은 아름다운 내용을 담고 있으며, 남아시아 출신 학생들뿐만 아니라
역사에 밝고 관심 많은 일반 독자들도 대상으로 한다.
이 분야의 고전이라 할 수 있다.

더바 고쉬(코넬 대학교)

민속원 아르케북스 229 minsokwon archebooks

다시 일어서는 코끼리, 인도 근현대사

| 바버라 멧캐프 · 토마스 멧캐프 지음 |
| 장성민 옮김 |

민속원

서문(3판)

2001년에 나온 『인도 근현대사』 초판은 20세기가 끝나는 2000년까지 벌어진 사건들까지 다루었다. 2판은 책에서 다루는 시기를 더 정확하게 반영하기 위해 2006년에 나왔다. 2판은 2005년까지 인도 내에서 발생했던 사건들까지 다루었으며, 2004년 인도인민당(BJP) 정부가 먼모헌 싱그가 주도하는 국민회의당으로 정권이 교체된 사건까지 포함했다. 지난 10년 동안 많은 교사들, 동료들, 그리고 학생들로부터 받았던 열광적인 호응에 저자들은 정말로 감사한다. 원래 교과서를 목적으로 하고 집필한 것은 아니었지만, 필자들에게는 반갑고 놀랍게도, 『인도 근현대사』는 여러 컬리지 및 대학교에서 개설된 남아시아 관련 수업에서 교재로 널리 사용되어 왔다.

이번 3판은 제1장부터 1989년까지 다룬 제8장까지는 내용을 그대로 유지했다. 우리는 이미 2판에서 내용을 대대적으로 수정해, 새로운 여러 관점 및 연구성과를 기존 내용에 반영하였다. 18세기는 물론이고 식민지 시대와 독립 이후 초기를 다루는 수많은 중요한 연구 성과들이 지난 몇 년 동안 등장했지만, 우리는 이 때 수정이 필요하다고 생각하지는 않았다. 하지만 제9장과 종장의 내용은 상당히 낡았기 때문에, 독자들에게 더 유용한 사실을 전달하기 위해 우리는 내용을 완전히 재조직하는 등 전면적인 수정을 가하지 않으면 안 되었다. 그래서 이번 제9장은 1990년부터 2010년까지 20년에 걸친 기간을 다루고 있다. 여기에 더해, 필자들은 이 장을 시간에 따라 단순하게 서술하는 방식보다는 주제별로 재조직하려는 시도를 가했다. 제9장 내 주요 두 부분은 힌두 국민국가주의의 부상에 특별히 초점을 두고 인도 정치가 변화하는 양상을 비롯해, 1991년 나라싱하 라우 정부 출범 이후 20년 넘게 진행된 경제 자유화가 남긴 여러 결과 및 경제성장에 대해 평가하고 있다. 이 장에서 필자들은 경제 양극화로 인해 도시들은 계속해서 풍요로워졌지만, 반대로 다른 지역들은 발전에 심각한 지장을 받고 있는 현재 우려스러운 상황에 특히 주목하고 있다. 가장 낙후된 집단 중에는 인도 중부 및 동부 내륙 지역에 거주하면서 대체로 부족적인 생활양식을 유지하는 이들도 있는데, 이 지역들에서는 최근 몇 년 동안 이런 부족들에 의한 폭력 사태가 끊이지 않았다. 마지막으로 제9장은 전 세계 경제 권력의 중심이 동쪽으로 향함에 따라, 아시아의 두 "거인"인 인도와 중국 간에 벌어지고 있는 경쟁에 대해 매우 흥미로운 질문을 제기하면서 끝낼 것이다. 이 부분의 경우, 필자들은 세계적으로 저명한 경제학자인 아마르티어 센 등 경제 전문가들이 쓴 글에 상당 부분 의존했다.

필자들은 초판 서문의 내용을 그대로 유지하기로 했는데, 이 서문은 독자들에게 도움이 될 인도에 관한 기존 역사연구동향 및 지리에 대한 정보를 포함하고 있기 때문이다.

필자들은 2판을 준비하는데 더 많은 고려 사항이 필요한 주제들을 제안했거나, 혹은 잘못된 점들을 우리에게 지적해준 몇몇 동료들에게 다시 한 번 감사의 말을 전하고자 한다. 이들은 바로 수밋 구하Sumit Guha, 랠프 니콜러스Ralph Nicholas, 레너드 고든Leonard Gordon이다. 샌프란시스코 대학교에 재직 중인 타이미야 자만Taimiyah Zaman은 삽화 사용에 대한 허가를 구하고 이 책에 대한 새로운 전자책 판본을 만들기 위해 앤아버Ann Arbor에서 우리와 같이 작업했다. 이번 판을 준비하는 과정에서, 우리는 해너 아셈보Hannah Archambault와 에머 캘브Emma Kalb를 비롯해, 버클리와 스탠퍼드에서 필자들과 논의했던 로이드 루돌프Lloyd Rudolph, 수잰 루돌프Susanne Rudolph, 그리고 아누파마 라오Anupama Rao 및 다른 동료들에게 감사의 말을 전하고자 한다. 또 유명한 인도 출신 화가인 머크불 피다 후생Maqbūl Fidā Ḥusayn[우](영어명 Maqbool Fida Husain, 1915~2011)의 그림을 우리가 책 표지에 사용하는데 허가를 얻도록 도와주었던 수전 빈Susan Bean에게도 감사한다. 늘 그랬던 것처럼, 필자들은 약 15년 전 이 책을 발간할 계획 때부터 우리와 협업했던 주도적이고 열정적인 캠브리지 대학교 출판사의 편집장 매리골드 애클런드Marigold Acland에게 많은 신세를 졌다.

서문(초판)

이 책은 무굴제국 시대 이후 인도의 역사를 간략히 다룬다. 이 책의 내용은 18세기 말부터 시작해 인도아대륙이 인도공화국과 파키스탄이라는 두 개의 독립국으로 양분되는 1947년까지 일명 "영국령 인도(이하 영령인도)"의 역사, 그리고 독립 이후 인도공화국의 역사로 이루어져 있다. (파키스탄의 역사와 1971년 이후 방글라데쉬의 역사는 본 『새로운 캠브리지 인도사The New Cambridge History of India』 시리즈에서 별도의 책으로 다룬다.)

우리 저자들은 최근 수십 년간 인도 연구를 더 돋보이게 만든 일종의 흥분을 이 책에서 담아낼 수 있기를 바란다. 현재까지 나온 모든 역사연구는 1950년대 말부터 1960년대 초까지 쓰인 역사연구와는 현저히 다른데, 당시 대학원생이었던 우리는 인도를 처음 "발견했다는" 생각을 갖고 있었다. 인도의 역사는 다른 지역의 역사와 마찬가지로, 더 포괄적이면서도 단정적인 서술들을 더 적게 지니는 방식으로 이제 한창 쓰이고 있다. 이제 역사가들은 역사를 서술하면서 여성, 소수집단, 재산을 뺏긴 이들 등 더 많은 집단들을 서술 대상에 포함시키려고 할 뿐만 아니라, 독특한 세계관이나 현지 경험으로부터 형성된 대안적인 역사 서술에도 흥미를 갖고 있다. 무엇보다도 역사가들은, 근대 이후 세계 각지에서 일어난 국민국가주의nationalism라는 강렬한 환상에 입각한 역사 서술들에 대해 이제 이의를 제기한다. 19세기 초에 쓰인 인도에 관한 최초의 역사 서술들은 영국 국민국가주의의 시녀에 불과했다. 이후 이러한 역사 서술들은 인도 국민국가주의 역사가들에 의해 도전받고 다시 쓰였다. 마르크스주의 관점에서 쓰인 것들을 포함해, 상기한 역사 서술들은 "진보"의 개념에 의해, 그리고 세계는 경제발전 및 민주주의를 그 요소로 하는 "근대"로 반드시 향한다는 기존에 널리 알려진 모델에 의해 형성되었다. 최근 몇 년간 인도 역사가들은 기존 서술들을 파괴하는 것을 주도해왔는데, 일부 학자들은 애국심을 부추기는 영웅주의가 반영된 선동적인 이야기들 및 소중한 문화적 연속성을 희생시키는 연구를 진척시켰다. 이런 학자들이 우리에게 남긴 것은, 바로 소외집단연구subaltern studies 학파의 주도적인 학자인 파르타 채터지Partha Chatterjee(방글라어 발음으로 파르터 채타르지(Pārtha Cyāṭārjī))가 역사의 "파편들fragments"이라 부르는 것이다. 또한 이 소외집단연구 학파의 역사 서술에는 국민국가나 세계의 "충분한 정보를 지닌 시민들informed citizenry"[1]의 형성에 대해서도 역시 비판적인 견해가 담겨 있다.

이 짧은 책에서, 우리 필자들은 사람들이 인도를 어떻게 "상상"했는지에 관한 내용을 다루면서도, 기본적으로 정치적인 내용을 담은 여러 주제, 그리고 그러한 인도에 대한 이미지를 변화시키고 지탱했던 여러 제도적인 구조에 대해 서술의 초점을 둘 것이다. 이러한 맥락 속에서, 우리는 그러한 정치적인 구조 및 인도에 대한 상상적인 인식과 상호작용하면서 만들어진 여러 사회 변화와 문화적 가치들도 보여주려 노력할 것이다. 우리 필자들은 정치사와 사회 지도층의 행보를 서술의 중심에 두기로 하였는데, 이러한 사항들은 역사를 바꾸는 원동력이었기 때문이다. "소외집단연구 학파"에 속하는 학자들은, 역사를 서술하는데 그런 식으로 강조점을 두면, 인도 대중 대다수가 가진 수많은 사고방식mentalities과 다양한 인생 경험을 제대로 다루지 못할 것이라고 우려하는 타당한 주장을 내세울 지도 모른다. 최근 역사가 폴 그리노Paul Greenough는 정치사와 개인의 기억 사이에 드러났던 간극에 대해 아주 흥미로운 한 사례를 분석했다. 그리노의 언급에 따르면, 식민지 시대와 그 이후 시기 국세國勢조사Census원들은 조사 대상자들에게 각자의 생일을 기록하도록 요구했는데, 당시 사람들은 대부분 생일

---

1 미국의 제3대 대통령 토마스 제퍼슨은, 언론이 국민들에게 국정운영의 동향에 대해 사실을 제대로 알려준다면, 국민들은 정부를 통제할 수 있는 충분한 정보를 지닌 시민들이 될 것이라고 주장했다.

을 기념하지 않았다. 그래서 국세조사원들은 응답자들이 기억을 되살리는 것을 돕기 위해 "역사적인" 사건들이 담긴 여러 목록을 제공했다. 이러한 사건들로는 조지 5세의 대관식이나 인도공화국의 독립 선언과 같은 국가적인 사건들을 비롯해, 자연 재해나 부정 선거와 같이 현지에서 발생했던 사건들도 포함되었다. 후자의 현지 사건들은 과거의 기억을 회상하는데 가장 효과적이었음을 입증했으며, 그렇기에 공적이거나 교과서적인 역사보다 더 "소외집단"적인 역사를 보여준다고 그리노는 분석했다. 하지만 우리는 국세조사에서 조사한 이들의 생활이 다양한 방식을 통해 형성되었다고 주장할 수도 있는데, 이에 작용하는 방식들로는 조사 대상자들이 먹는 음식, 경작하는 토지, 자녀들의 장래, 그리고 처음에는 식민지 정부의 속민이었다가 나중에는 독립국 인도 시민으로 그 정체성이 변화한 과정 등을 들 수 있다.

"국민국가"의 역사가 내포한 목적론을 인정하게 된 다른 학자들처럼, 우리 필자들은 역사는 현재의 필요에 부합하기 위해 항상 쓰이고, 당연히 다시 쓰인다는 점을 인정한다. 이 점을 고려할 때, 필자들은 국민국가주의 시각에 입각한 "연속성"이라는 통념 대신 다음과 같은 사실을 이해하는 것이 필요하다고 생각하는데, 그것은 바로 근대에 등장한 여러 정체성들이 실제로는 그 기원이 오래되지 않았다는 사실과, '카스트', '힌두', '무슬림', 그리고 심지어 '인도'와 같은 기존 용어들에도 그러한 새로운 의미가 주입되었다는 사실이다. 이는 정치학자인 베네딕트 앤더슨이 국민국가주의가 갖는 거대한 역설이라 불렀던 것인데, 앤더슨의 이론에 따르면, 최근 몇 세기 동안 형성된 국민국가들은 (실제와는 달리 그 기원이) 매우 매우 오래되었음을 항상 주장해야만 하는 상황에 놓이게 되었다. 인도의 경우도 이와 크게 다르지 않는데, 왜냐하면 영국 식민주의자들에게는 인도를 자신들이 표방하는 "진보"와 반대되면서 시간을 초월한 불변의 땅으로 설정해야할 강한 이유가 있었고, 마찬가지로 인도 국민국가주의자들도 자기 나라의 이상적인 모습을 드러내기 위해 문화적 · 정치적 측면에서 고대가 지닌 구속력sanction을 주장하려는 욕구를 계속해서 갖고 있었기 때문이다. 하지만 특정 지역이나 국가의 문화가 어떻게 구성되었는가를 이해하는 일은, 언뜻 본질처럼 보이는 것으로부터 우리가 비판적인 시각을 갖고 거리를 둘 수 있게 한다는 점에서 필수적인데, 이것이야말로 바로 사리분별하는 시민 양성에 역사학이 기여할 수 있는 부분이기 때문이다.

필자들이 서술하면서 군데군데 끼워둔 발췌 인용문들과 명시적인 수치들에 독자들이 특히 주의를 기울였으면 한다. 발췌문들은 서술되고 있는 사건들에서 당사자들의 "목소리"를 나타낸다. 이런 출처들을 더 살펴보고자 하는 이들에게, 가능하면 필자들은 쉽게 접근할 수 있는 저작들로부터 발췌문들을 뽑았다. 이 발췌문들은 당시 당사자들의 표현과 행위가 변화한 양상들을 보여주는 예가 될 것이다. 이와 비슷하게 시각적인 복제화들은 그저 단순한 삽화들이 아니라, 새로운 매체를 포함하여 당시 시각세계에 대한 일정한 감각을 독자들에게 제공하기 위해 삽입되었다.

이 책에 있는 지도들은 인도 지리의 중심적인 요소들에 독자들이 익숙해지도록 삽입된 것이다. 인도아대륙의 지형은 인도의 역사를 근본적으로 결정지었다. 동서간 거리 약 3200km, 남북간 거리 약 3200km를 지닌 인도아대륙의 광대한 면적을 보면, 유럽인 지도제작자들이 붙였던 "아대륙"이라는 명칭이 과연 적절한지 의문이 생기는데, 정작 그들의 유럽 "대륙"은 인도에 비해서 그렇게 더 넓지도 않기 때문이다. 인도아대륙이나 유럽이나 모두 유라시아 대륙으로부터 돌출된 부분이다. 하지만 유럽과는 달리 인도는 험준한 산맥들로 인해 중앙아시아와 단절되었으며, 그렇기에 인도는 중앙아시아 내 스텝 지대를 수세기 동안 동서로 가로질렀던 상품·인적 교류에 미미하게 참여하는데 그쳤다.

북서부의 파미르Pamir 고원과 카라코람Karakoram 산맥으로부터 뻗어나와 중간에 히말라여 산맥을 거쳐 밀림으로 빽빽이 덮인 인도-미얀마 국경 지역의 구릉지대에 이르기까지, 산맥들이 끊임없이 이어지는 능선은 사람들이 여행하는데 지속적으로 방해물이 되었지만, 인도는 계속해서 인근 지역들과 교류하였다. 이러한 교류는 해버르Khaybar[우](영어명 Khyber) 지역과 볼란Bolān[우] 고개를 경유해 아프간 고원으로 접근할 수 있는 서향 경로에서 흔히 일어났다. 기원전 2000년에서 1500년 사이에 전성기를 맞이하였으며, 허럽파Harappā[우] 혹은 인더스 문명으로 알려진 인도 최초의 문명은 메소포타미아와 밀접한 교역 관계를 맺고 있었다. 중앙아시아인들도 기원전 1000년경 수세기에 걸쳐 인도아대륙에 도달했는데, 그들이 인도에 가져온 인도유럽어족 언어들은 서쪽으로도 진출하여 유럽 대부분 지역으로 퍼졌다. 그 결과로 북인도와 중인도에서 발전한 언어들은 유럽 내 많은 국가들에서 사용되는 언어들과 근본적으로는 같은 언어적인 특성들을 공유하게 되었다. 알렉산드로스 대왕이 이끌었던 그리스인들을 필두로 중앙아시아에서 온 샤커인Shāka[성], 스키타이인Scythians, 훈족Huns, 그리고 튀르크인, 몽골인, 아프간인들은 인도 북서부 일대를 정복하고 이 지역에 자주 정착했다. 인도에서 중앙아시아로 나가는 인적 이동 또한 빈번히 일어났는데, 가장 유명한 사례는 티베트와 중국으로 향했던 불교 순례자들 및 학자들을 비롯해 사치품을 거래했던 무역상들이었다.

삼각형 모양의 인도아대륙에서 이제 남은 두 면을 결정하는 인도양 내 두 개의 만灣인 방글라만과 아라비아해로 인해, 인도 지역은 지리적으로 독특한 공간이자 몬순monsoon 지대라는 특유의 기후지대가 되었다. 인도양의 더운 적도 지대에서 세력을 얻은 몬순 강우는 여름철마다 인도를 휩쓴다. 인도의 농업은 이 몬순 강우에 거의 전적으로 의존하고 있는데, 이 몬순 때문에 내리는 비는 강우량 측면에서 극적으로 차이가 나서, 서부 및 동부 해안과 산악 구릉지대의 강우량은 매년 약 1500mm에서

2000mm나 되는 반면, 편자브 지역에서는 겨우 약 400mm에서 500mm에 지나지 않는다. 인도아대륙 북서부에 있는 신드Sindh[신] 및 라저스탄Rājasthān[힌] 지역은 몬순의 영향에서 벗어나 있어 거의 다 황량한 사막으로 변했다. 바다 역시 인도를 이웃 지역들과 연결시켰다. 인도아대륙 남쪽 끝에 위치하여 항해에 능했던 초라Coɻa[타](영어명 Chola) 왕조는 인도에서 동남아시아 지역으로 불교 및 브라먼교Brahmanism의 가르침을 전달하는데 중핵적인 역할을 맡았다. 인도 상인들은 인도양 서부 지역을 항해하면서 몬순 계절풍을 통해 항로 찾는 법을 일찍이 터득했다. 1498년 포르투갈의 바스코 다 가마Vasco da Gama가 구즈라트 지역 출신의 한 항해사의 안내에 따라 함선을 이끌고 인도의 항구에 도착했을 때부터, 유럽인 정복자들은 서방으로부터 바다를 건너 인도에 도착했다.

인도의 지형, 특히 여러 산맥과 강은 인도를 다수의 지역으로 가르는데, 이 지역들은 유럽 내 다양한 국가들만큼이나 독특하며, 각기 다른 생태적 양상, 언어, 그리고 문화들로 그 특징이 구분된다. 북인도 중부 평원 일대에서 히말러여 산맥 줄기와 나란히 하여 강들이 흐르는데, 이 강들은 합류해 신성한 강인 "겅가강Gaṁgā[성/힌](영어명 Ganges)"을 이루며, 다시 이 겅가강은 북서쪽에서 남동쪽으로 흘러 방글라만으로 유입된다. "힌두스탄Hindūstān[페]"이라 알려진 이 지역은 풍요로운 농업 지대로, 북인도 내 여러 제국의 심장부이자 북서쪽으로부터 들어온 침략자들의 점령 목표였다. 신두강Sindhū[성](영어명 Indus) - 겅가강 일대 평원은 그 폭이 약 1600km 이상으로, 다음 세 지역으로 이루어져 있다. 먼저 펀자브Panjāb[펀](영어명 Punjab)[2] 지역이 있는데, 여기 있는 다섯 개의 강은 남서쪽으로 흘러 신두강과 합류한다. 다음 비옥한 "도압Doāb[우]"[3] 지역이 있

2　페르시아어로 Panj는 "다섯[5]", āb은 "물"을 뜻한다.

는데, 이 지역은 겅가강과 여무나Yamunā[성](영어명 Jumna)강 사이에 위치해 있다. 마지막으로 겅가강이 동쪽으로 끝까지 멀리 흐르게 되면, 티베트에서 발원한 브러머푸트러Brahmaputra[성]강과 만나게 되는데, 이곳이 바로 비옥하면서 관개가 상당히 이루어진 미작米作 농업 지역인 방글라Bāṃlā[방](영어명 Bengal) 지역이다.

북인도는 낮은 구릉지대와 덤불 밀림, 그리고 서쪽으로 흐르는 여러 강들로 인해 반도 부분의 인도와 구별되는데, 바로 이 반도 부분은 덕컨Dakkan[힌](영어명 Deccan)고원이라 알려진 곳이다. 높이 치솟아있는 히말러여 산맥처럼 험준한 지형 장애물까지는 아니지만, 중인도의 구릉지대로 인해 드라위더어족Dravidian family(←드라위더Drāviḍa[성])에서 파생된 언어들을 모어로 하는 남인도의 정착민들은 고유한 문화적 특성을 발전시킬 수 있었다. 더욱이 겅가강 유역에 넓게 펼쳐진 평원과는 달리, 여러 구릉으로 인해 서로 단절된 다수의 강 유역 및 "가트Ghāṭ[힌]"로 알려진 강변 일대를 포함한 남인도의 지형 때문에, 이 지역 주민들은 국가와 언어마저도 독자적으로 발전시킬 수 있었다. 그러나 이러한 모든 다양성에도 불구하고, 중세에 이르면 인도 문명Indic civilization이라 부를 수 있는 것에 속하는 통합적인 요소들이 인도아대륙 내 대부분 지역에서 만들어지게 되었다. 이 책은 식민지 시대가 도래하기 직전인 지난 수세기를 검토하는 데서부터 시작할 것이다.

이 책을 저술하는 동안, 우리 필자들은 여러 시설에 접근할 수 있도록 허락해준 기관들인 캘리포니아주립대 버클리 캠퍼스와 데이비스 캠퍼스 도서관, 미네소타대의 에임스Ames 도서관, 런던 영국 도서관British Library, 그리고 뉴델리 소재 네루기념박물관 및 도서관Nehru Memorial Museum and Library에 감사를 표하고자 한다. 여러 친구들과 동료

---

3 페르시아어로 Do는 "둘[2]", 앞서 언급한 대로 āb은 "물"을 뜻한다.

들 중 특히 캐서린 애셔Catherine Asher, 프레드릭 애셔Frederick Asher, 리베카 브라운Rebecca Brown, 그리고 나라야니 굽타Narayani Gupta는 본 책에서 삽화로 사용된 희귀 사진들을 우리가 입수하는 과정에서 도와주었다. 또 우리는 원고를 꼼꼼히 읽어주었을 뿐만 아니라, 삽화들을 수집하고 이를 사용하기 위해 허가를 구하는 등의 책임을 몸소 맡았던 레이첼 스터먼Rachel Sturman에게도 특별히 감사의 말을 전하고자 한다.

2001년

캘리포니아 버클리

- 이 책은 Barbara Metcalf, Thomas Metcalf, *A Concise History of Modern India* (3rd version) (Cambridge University Press, 2012)를 완역한 것이다.

- 이 책에 나오는 인명의 경우, 인도아대륙 현지 출신일 경우 영어식 발음 대신 현지 언어 발음에 따라 표기하는 것을 원칙으로 한다. 다만 이런 경우에도 영어명은 오른편에 달아놓았다.
  예: 무험머드 알리 지나Muḥammad ʕAlī Jināḥ[우](영어명 Muhammad Ali Jinnah)

- 현지어 고유명사의 경우, 로마자로 전사한 표기가 영어명과 확실히 다를 경우 영어명을 오른편에 별도로 붙어놓았다.
  예: 더면티 세걸Damyaṁtī Sahigal[펀](영어명 Damyanti Sehgal)

- 하지만 현지 언어에 대한 로마자 전사 표기가 발음구분기호(diacritics)가 덧붙여진 경우를 제외하고 영어명과 똑같거나 거의 비슷할 경우, 영어명을 굳이 오른편에 더 달지 않았다.
  예: 정그푸라Jangpurah[우]

- 하지만 학자들의 이름 표기의 경우, 이들의 이름이 영미권 등 국제적으로 널리 통용된다는 점을 감안해, 이들이 인도아대륙 현지 출신이라 하더라도 영어식 발음으로 표기하는 것을 원칙으로 하며, 출신 언어를 확인할 수 있을 경우 현지 언어식 발음도 병기하기로 한다.
  예: 조야 채터지Joya Chatterji(방글라어로는 저아 채타르지Jaẏā Cyāṭārjī)

- 그 밖의 사항들에 대해서는 역자가 곧 출간할 『인도 · 남아시아 지역의 이해를 돕는 길잡이 – 언어 · 지리 · 근현대사 방면에서』에 수록되어 있는 항목 "남아시아 관련 현지 언어 및 관련 언어(아랍어, 페르시아어 등)의 한국어 전사 · 표기에 관한 개관" 항목을 참조하라.

- 본문 내 삽화 및 지도에 달린 캡션, 그리고 색인에는 지면상의 문제로 인해 현지어 로마자 표기 대신 영어명만 달기로 한다.

- 우르두어, 페르시아어, 펀자브어, 신드어, 커쉬미르어, 파쉬토어 등 무슬림 인구가 해당 언어 화자의 절대 다수를 차지하는 언어들에는 아랍어에서 기원한 단어들이 매우 많다. 하지만 페르시아어에 아랍어 단어, 인도아내륙 내 여러 언어들에 페르시아어 및 아랍어 기원 단어들이 등장하더라도, 해당 인물이나 그가 소속했던 집단의 모어, 혹은 해당 책이 쓰인 언어를 중심으로 언어를 정하였다. 즉, 책이나 인물 이름이 아랍어라 하더

라도 책에 쓰인 언어나 그가 속한 집단 및 모어가 페르시아어일 경우, 혹은 전자가 페르시아어라 하더라도 후자가 우르두어 등 남아시아 지역 내 현지 언어들일 경우, 각각 [아]나 [페]로 표기하지 않고 [페]나 [우] 등으로 표기한다는 말이다.

• 본 역서에 달린 각주는 모두 역자가 단 것이다.

• 서사시 등 장편시, 단행본, 시집, 희곡, 소설 등의 문학작품은 『 』, 연설문, 논설문, 단편시, 노래, 보고서 등은 「 」, 관보 등 신문, 주간지 등은 《 》, 그림 및 영화 등은 〈 〉으로 표기한다.

• [ ] 안에 쳐진 언어들은 다음 언어들에 대한 약칭이다. 자세한 사항은 역시 곧 출간할 『인도 · 남아시아 지역의 이해를 돕는 길잡이 - 언어 · 지리 · 근현대사 방면에서』에 수록되어 있는 항목 "남아시아 지역 내 주요 언어들 및 관련 언어들" 항목을 참조하라.

[성] 성스크르터어(현지 언어에 대한 로마자 전사 표기는 Saṁskṛtam, 영어명 Sanskrit)
[힌] 힌드어(Hindī, Hindi)
[우] 우르두어(Urdū, Urdu)
[방] 방글라어(Bāṁlā, Bengali)
[타] 타미르어(Tamiḻ, Tamil)
[페] 페르시아어(Fārsī, Persian)
[아] 아랍어(al-ʕarabīyah, Arabic)
[파] 파쉬토어(Pašto, Pashto)
[발] 발로치어(Balòci, Balochi)
[신] 신드어(Sindhī, Sindi)
[펀] 펀자브어(Panjābī, Punjabi)
[구] 구즈라트어(Gujrātī, Gujarati)
[머] 머라타어(Marāṭhī, Marathi)
[텔] 텔루구어(Telugu, Telugu)
[칸] 칸나다어(Kannaḍā, Kannada)
[말] 말라얄람어(Malayāḷam, Malayalam)
[오] 오리아어(Oṛiā, Odia)
[어] 어험어(Asamīyā, Assamese)
[커] 커쉬미르어(Kạshur, Kashmiri)
[네] 네팔어(Nepālī, Nepali)
[싱] 싱할라어(Siṁhala, Sinhalese)

차례

제4장 대봉기, 근대 국가, 식민지 속민, 1848~1885

143

제5장 시민 사회, 식민지로서의 제약, 1885~1919

185

제6장 식민통치 질서의 위기, 1919~1939

247

제7장 1940년대: 승리와 비극

293

제8장 국민회의당의 통치: 민주주의와 발전, 1950~1989

333

제9장 새천년을 맞이하는 민주주의 인도: 번영, 빈곤, 권력

379

제1장

델리술탄국, 무굴제국, 식민지 시대 이전 인도 사회

제1장

델리술탄국, 무굴제국, 식민지 시대 이전 인도 사회

어떤 시간여행자가 무굴[1]제국이 존재했던 1707년으로 돌아가, 파디샤Pādīshāh[페][2] 샤 자한 1세Shāh Jahān[페](1592~1666, 재위 1627~1658)가 세운 우아한 강변 도시인 화려한 델리 Dehlī[우][3] 한가운데 서 있다고 상상해 보자(그림 1). 장기간 통치했던 샤 자한 1세의 아들 아우랑그제브[4]Awrangzeb[페](영어명 Aurangzeb, 1618~1707, 재위 1658~1707)의 사망 소식이 머나먼 덕컨Dakkan[힌](영어명 Deccan)[5]고원 지역으로부터 전해졌는데, 당시 그는 이 지역에서 자신의 제국 판도를 넓히는데 열중해 있었다. 이 강력한 군주의 사망이 무엇을 뜻하는지 당연히 궁금해 할 이 여행자는, 먼저 100년 전 바로 샤 자한 1세의 조부였던 아크바

---

1 페르시아어로는 Hind-i Mughulān, 우르두어로는 Mughuliyah Sulṭanat이다. 아랍-페르시아 문자에는 모음 기호를 달지 않는 경우가 많은데, 이로 인해 이 "Mughul"이란 단어는 방글라문자나 데워나거리 문자로는 "무걸(Mughal)"로 모음 음가가 다소 변형돼 표기되었으며, 바로 여기서 영어 단어 Mughal이 비롯되었다. 참고로 무굴제국의 궁정은 자기 가문을 가리켜 "구르카니(Gūrkāni[페])"라 불렀다.

2 동아시아의 "황제", 유럽의 "Emperor"에 비견되는 칭호. 우르두어로는 "바드샤(Bādshāh)"라 한다.

3 원래 힌드어 발음으로는 "딜리(Dillī)"이지만, 우르두어에서는 어중에서 -ihC(C는 자음)의 형태가 될 경우 "이/i/"가 "에/e/"로 변하는 음운적 특성이 있다. 그래서 힌드어 딜리/Dilli/는 우르두어로는 델리[Dehli](←/Dilhi/)로 바뀐다. 영어로 Delhi라 표기된 것은 영국인들이 우르두어식 표기를 로마자로 전사하면서 철자를 잘못 옮겨 적었기 때문이다. "델리"와 마찬가지의 음운변화를 겪는 지명으로는 신두강의 지류 중 하나인 펀자브 지역 내 한 강인 젤럼(강)[Jehlam](←/Jihlam/), 아크바르 1세가 세운 도시인 파테흐푸르 시크리[Fātehpur Sīkrī](←/Fātiḥpur Sīkrī/) 등이 있다.

4 공식 존호는 알람기르(ʕĀlamgīr[페])이다.

5 덕킨(Dakkhin[힌])이라고도 하며, 영어명으로는 데칸(Deccan)이다.

르 1세Akbar[페](1542~1605, 재위 1556~1605)의 사망을 아마도 돌이켜볼 것이다. 그렇게 했다면, 이 여행자는 무굴제국을 지난 100년 동안 인도아대륙에서 여태까지 가장 강력한 제국으로 만들었던 여러 핵심적인 제도가 아직 제대로 작동하고 있다는 사실을 확인할 것이다. 무굴제국은 페르시아인들이 세운 사파위 제국Ṣafawī[페](1501~1736)과 튀르크인들이 세운 오스만 제국Devlet-i ʕAlīye-i ʕOsmānīye(1299~1922) 등 튀르크-몽골계 제국들과 공통점을 많이 지니고 있었는데, 무굴제국은 당시 공존하고 있었던 이 제국들보다 인구, 부, 국력 측면에서 그 규모가 훨씬 더 컸다. 1700년 무굴제국의 인구는 아마도 약 1억 명이었을 것으로 추정되는데, 이는 오스만 제국의 인구보다 5배 더 많았고, 사파위 제국의 인구보다 거의 20배 더 많은 수치였다. 17세기에 일어났던 지속성과 성장의 궤적을 고려할 때, 18세기로 접어드는 무렵에 있는 이 시간여행자는 무굴제국의 미래가 영광스러웠던 과거와 같이 밝을 것이라 상상할 것이다.

하지만 그러고 나서, 야누스의 얼굴을 한 것처럼 표리부동한 이 여행자는 100년 더 나아가 1803년을 내다본다면, 이 사람은 지속성이 아니라 대단한 변화를 포착할 것이다. 이 여행자는 지역 세력들이 경쟁하는 상황 속에서 이 제국이 이름만 존재하는 당시 상황을 알아차릴 것이다. 이런 지역 세력들 중, 1707년 당시에는 해안지역 내 여러 거점들을 기반으로 운영되고 있었던 일개 자그마한 한 유럽 무역 조직이, 이제 부유하고 인도 동부에 위치한 방글라Bāṁlā[방][6] 속주province에 기반을 둔 통치 조직으로 탈바꿈하였다.

여전히 상징적인 권력자였던 무굴제국의 파디샤는 이제 델리 주변 지역에서만 그

---

6 "방글라"는 "벙거(Baṁga[방])"에서 유래되었으며, 다시 벙거는 이 지역에 존재했던 고대 웡거(Vaṁga[성]) 왕국에서 비롯되었다. 여기서 벙거는 지리적인 의미를 지닌 명칭이며, 방글라는 종족種族(ethnic)적인 의미를 지니면서 이 지역에서 사용되는 언어를 가리킨다. 이 "방글라"가 포르투갈어를 거쳐 영어명으로 옮겨진 것이 바로 "벵걸(Bengal)"이다. 한편 "방글라데쉬(Bāṁlādesh[방], 영어명 Bangladesh)"는 종족명인 "방글라"에 나라를 뜻하는 "데쉬(Desh[방/힌])"가 붙어 "방글라인들의 나라/방글라국"라는 뜻이 된다. 이 책에서는 현지 발음을 우선적으로 표기하는 원칙에 따라 "벵걸" 대신 "방글라"로 표기하기로 한다.

그림 1_ 샤 자한 1세가 지은 델리의 붉은 요새
위에서 이제 인도공화국의 깃발이 휘날리고 있다.

정치적 영향력이 한정되어 있었는데, 처음에 파디샤는 아프간인들이나 덕컨고원 서부 지역에 기반했던 머라타인들Marāṭhā[머]에게 시달렸고, 1803년에 이르러 그는 새로운 세기가 시작되자마자 제국을 세우고자 하는 환상을 갖고 최근에 인도로 들어왔던 영국 동인도회사의 통제하에 놓였다.

인도사에서 무굴제국 시대를 이해하는데 가장 널리 알려진 인식은 영국인들이 만든 인식의 틀에 의해 조성되었다. 근대에 영국인들은 당시 최근에 생겨난 자기들의 국민국가의 기원과 발전을 설명하는 "국사國史" 개념을 발명했다. 인도가 비록 후진적이지만, 자국처럼 이제 막 등장한 국민국가라고 파악했던 이 영국인들의 인식 틀을 이룬 핵심적인 요소는, 바로 역사학자 데이비드 아널드David Arnold가 인도사의 "세 폭짜리 그림triptych"이라 불렀던 것이었는데, 이 개념은 근대 서유럽의 동양학Orientalism이 제시한 것이었다. 이 시각에서 볼 때, 고대의 "힌두교인들"은 한때 위대한 문명을 이뤘다. 하지만 13세기 초 무슬림 통치자들이 인도로 유입된 뒤 인도의 문화는 경직되었고, 정치 행태는 전제주의로 바뀌었으며, 외지에서 온 "무슬림" 통치자들과 토착 "힌두교인" 백성들 간의 간극은 취약한 통치 구조로 이어지게 되었다. 아우랑그제브의 "편협함"을 비꼬는데 특히 주목했던 여러 도덕 관련 논쟁들은 인도의 "쇠퇴"를 설명하는 핵심이 되었다. 다음 세 번째 단계를 보자면, 근대 영국의 식민통치는 계몽주의를 바탕으로 한 지도력과 과학적 진보, 그리고 토착 주민들에 대한 공개적인 보호를 통해 인도의 독립을 이끌었다. 이렇게 인도사를 삼분한 도식은 당시 영국인들이 쓴 많은 저작에서 분명하게 드러났으며, 반反식민주의적 색채를 강하게 지닌 인도 국민국가주의 역사학의 기반을 형성하는 데에도 대체로 기여하였다. 오늘날에도 이 역사 도식은 인도사를 서술하는데 "상식"으로 은근히 끈질기게 남아있다. 그리고 9장에서 보게 되겠지만, 이러한 시대구분은 오늘날 힌두 국민국가주의 사상에서 사실처럼 다뤄지고 있다.

오늘날 식민지 시대 이전 시기를 연구하는 역사학자들은 무슬림 왕조 시대에 대해 이전에 부여된 여러 특성을 거부한다. 아마도 놀랍겠지만, 이 역사학자들의 주장에 따르면, 18세기는 무역 · 재정 · 문화 · 사회 측면에서 장기간에 걸친 이행 과정이 정점에 달한 시기이기도 했으며, 이를 통해 영국인들은 재정 · 조직 · 군사 · 해군 기술에서 눈부신 혁신적인 요소들을 선보이는데 필요한 밑천을 마련할 수 있었다고 한다. 이 장에서는 "세 폭짜리 그림" 중에서 약 1206년부터 1707년에 걸친 중간 장면을 소개할 텐데, 앞서 언급한 시간여행자가 과거를 여행하면서 전후로 목격한 것을 설명하는데 도움이 될 여러 특징이 바로 이 시대에 마련되었다.

델리술탄국

인도의 과거에 대한 일반적인 이미지는 서로 밀접한 관련이 있는 두 가지 오해에 의해 크게 영향을 받았는데, 하나는 브라머너Brāhmaṇa[성] 계급이 쓴 원전이 기존 사회를 그대로 묘사하고 있다는 오해이고, 다른 하나는 인도가 "시간이 지나도 변함이 없기" 때문에, 식민지 시대나 심지어 현대 인도의 마을 및 카스트 집단은 역사적인 과거를 이해하는데 도움이 된다는 오해이다. 사실 델리술탄국 및 무굴제국의 치세에, 그동안 존재했던 여러 특징들이 변화하는 속도가 가속되었다. 수세기 동안 농업 지대의 확장, 광범위한 상업 교역망, 점진적인 기술 변화, 그리고 여러 정치 · 종교 제도의 발전이 일어났다. 사회가 정체하지 않고 계속 변하는 상황 속에서, 이러한 변화는 식민지 시대로 이어지는 밑바탕이 되었다. 어떤 이들은 무슬림 통치자들에게 붙여진 특성이 실제로는 부당하다고 주장할 수 있다. 예를 들어, 이 무슬림 통치자들을 "외지인"이라 말하는 것은 오해를 살 소지가 있는데, 델리술탄국 초기에 형성된 여러 특징들을 보면, 무슬림들과 비무슬림들이 이룬 여러 정치체 및 문화들은 상호 작용하면서 변화했기 때문이다. 따라서 이 시대를 "무슬림" 통치 시대라 부르는 것 역시 오해를 살 우려가 있다. 이런 표현은 무슬림들이 다스린 국가들과 비무슬림들이 다스린 국가들 간에 존재했던 차이점들을 지나치게 과장하기 때문이며, 또 무슬림들이 주도한 정치체들 안에서 비무슬림들도 활발하게 정치적으로 참여했다는 사실도 은폐하기 때문이다. 그리고 이런 표현은 더 나아가 대규모 개종과 같은 종교활동이 당시 존재하지 않았다는 잘못된 내용으로 이어질 수 있다.

대대로 이어진 튀르크-아프간계 정권들은 델리술탄국이라는 한 단위로 묶여 이해되고 있는데, 이 정권들은 13세기 후반에서 14세기 동안 북인도의 정계를 장악했고, 주기적으로 남인도를 침공했다. 이 튀르크인들과 아프간들은 자신들보다 2천 년 전에 인도를 침략했던 이들처럼 북서쪽의 산길을 뚫고 인도아대륙으로 진입했다. 최근에 이루어진 연구들은 기존의 연구 결과를 뒤집고 있는데, 이 최신 연구들은 이들의 왕국이 당시 토착민들이 세운 다른 정치체들과 얼마나 많은 공통점을 지니고 있었는지 강조하고 있다. 저 유명한 라즈푸트인Rājpūt[힌][7]의 프르트위라저 차우한Pṛthvīrājaḥ Cauhān[성](영어명 Prithviraj Chauhan, 1166~1192, 재위 1177~1192) 등이 통치했던 국가들과 똑같이, 튀르크인들과 아프간인들은 농촌 지대의 잉여생산물을 확보하기 위해 무엇보다도 군사적인 성공을 추구했다. 이 잉여생산물뿐만 아니라, 이들은 파편화된 정치적 권위를 갖고 있었으며, 자기 부하들에게 보상으로 할당된 특정 지역에서 나오는 토지 수입에 대한 몫을 가질 권리도 갖고 있었다. 또 델리술탄국의 술탄들은 무엇보다도 군사적인 기량을 통해 개별적인 성과를 올렸다. 통치자들의 종교에만 근거한 시대 구분 방식은 이런 근본적인 유사성들이 존재했다는 사실을 간과하게 될 것이다. 튀르크인들과 아프간인들은 침략자들이었지만, 이들의 행동에 대해 적들은 이미 익숙해 있었다. 관습상 "튀르크인"들로 불렸던 이 통치 집단은, 천 년 전 알렉산드로스 대왕을 따랐던 그리스인 침략자들을 가리키는데 사용된 용어인 "여워너Yavana[성]('이오니아인들')"인들이나, 혹은 정주定住 인도 문명의 영역 바깥에 놓여있었으면서 중심부에서 먼 지역이나 근처 삼림지대에 살았던 이들을 지칭한 용어인 "믈렛처Mleccha[성]('야만인들')"인들과 같이, 토착 주민들이 이미 알고 있었던 집단들과 똑같은 부류라 여겨졌다.

그러므로 델리술탄국 시대에서 여러 왕조들을 유지시켰던 핵심적인 군사 및 경제 제도는 분명히 "이슬람적"이지 않았다. 우선 술탄 자체가 종교 지도자가 아니었다. 비무슬림 통치자와 같이, 술탄은 자신의 신성함이나 성스러운 학식이 아닌 군사 및 통치 기술을 통해 정치적인 권위를 얻었다. 하지만 술탄은 신성하고 학식있는 이들을

---

7 인도아대륙 북서부 일대에서 활동하는 전사집단.

후원하기로 되어 있었다. 역사학자 피터 하디Peter Hardy는 이 술탄들을 "독실한 법률가들"과 협력하는 "독실한 경찰들"이라 불렀다. 무슬림 통치자들은 아랍어로 된 신성한 글들에 정통한 학식있는 법학자들인 울라마ʕUlamāʔ[아]들뿐만 아니라, 도덕적인 지도자이자 영적 중개자였던 수피 샤이흐Ṣūfi Shaykh[아]들도 후원했다. 이 두 전문가 집단이 11세기부터 무슬림 공동체 생활의 중심으로 부상했다. 마찬가지로 전사집단의 라자Rājā[힌][8]들이든 소규모 영주들이든, 비무슬림 통치자들도 비슷한 방식으로 브라머너 계급을 후원했다. 브라머너 계급은 성스크르터Saṁskṛtam[성](영어명 Sanskrit)[9]어 경전들에 기록된 의례와 법에 대한 지식을 쌓았고, 사원에서 종교 의식을 거행하는데 중요한 역할을 맡았는데, 여기서 신에 대한 헌신적인 신앙(일명 "벅티(Bhakti[성]) 신앙")이 델리술탄국 시대가 유지된 수세기 동안 번성했다.

무슬림 및 비무슬림 국가들 간에 존재했던 제도적인 모든 유사성 외에도, 무슬림 왕조들은 새로운 방향 역시 보여주었는데, 왜냐하면 1206년 노예"마믈루크(Mamlūk[아])"출신 통치자였던 쿠트붓딘 아이바크Quṭb ud-Dīn Aybak[페](1150~1210, 재위 1206~1210)가 델리에 처음 튀르크계 왕조를 설립한 이후로, 페르시아어는 600년 넘게 무슬림 지배층의 언어가 되었기 때문이었다. 중앙아시아와 서남아시아까지 펼쳐진 페르시아어권 문화에 속했던 이 왕조들은 통치 제도에 여러 혁신적인 요소들뿐만 아니라, 법 · 정치 이론 · 문학 · 종교 양식에 여러 독특한 문화 전통을 도입하는 전달자 역할을 맡았다. 또한 이 왕조들의 치세에서는 기마전, 작물 수확 양식, 그리고 널리 전파된 "페르시아" 바퀴[10]와

---

8 "왕"에 비견되는 인도아대륙 내 각국 최고 통치자에 붙여진 힌두식 칭호.

9 Saṁskṛtam가 중성 단수 주격 형태이지만, Saṁskṛta-가 곡용(Declension)의 기본 형태가 된다. 주격 형태에 너무 의존해 이 언어 이름을 "성스크르텀"어로 표기한다면, 마찬가지의 논리로 『라마여너』나 『머하바러터』의 이름도 원래 중성 단수 주격 형태를 따라 각각 『라마여넘』이나 『머하바러텀』으로 바꿔야 한다는 부담이 생긴다. 따라서 역자는 " ㅁ"을 붙이지 않고 곡용의 기본 형태를 따르기로 하였다. 또 성스크르터어 명사 곡용에서 남성 단수 주격의 표지가 되는 위서르거(/ḥ/, Visarga)는 엄밀히 표기하려면 "흐"를 붙여주어야 하나, 실제 발음을 들어보면 많은 경우 -aḥ가 되어 "아"의 장모음처럼 되는 경향이 있으므로, 이 책에서도 위서르거는 특별히 그 음가를 표시하지 않기로 한다.

10 아랍어로 "사키야(Sāqiyah)"라 하는데, 원래 중동 지역에서 축력畜力을 이용해 물을 끌어올리는 관개용도로 사용되었다. 7세기 이후 이슬람권의 팽창에 따라 이 기구는 서쪽으로는 이베리아 반도까지, 동쪽으로는 인도아대륙까지 전해졌다.

같은 관개 기술 등 실용적인 측면에서 혁신이 일어났으며, 지역 내와 지역 간 무역을 촉진시킨 도시의 성장 및 도로망 발전도 일어났다. 아랍인 무슬림들은 인도아대륙 안에서 매우 일찍 존재했는데, 711년 당시 디마쉬크Dimashq[아], 영어명 Damascus에 거점을 둔 우마위야 할리프조Al-Khilāfah al-ʔUmawīyah[아]는 세력을 확대하면서 신두강Sindhu[성](영어명 Indus) 하류 지대에 위치한 신드 지역에 왕국을 세웠다. 또 이 아랍인 무슬림들은 8세기에 인도 남서부에 있는 말라바르Malabār[말] 해안을 따라 무역 활동을 했는데, 이 지역에 정착한 이들은 현지인들과 통혼하면서 자신들의 아랍적인 뿌리와 현지 환경이 혼합된 여러 독특한 문화를 형성시켰다. 이를 통해 이 아랍인들은 일명 "알-힌드Al-Hind"[11]를 인도양 내 해상 무역망과 연결시켰다. 1200년경부터 1500년까지 인도양 항로나 페르시아어권을 관통하는 육로를 통해 이루어진 상품 및 인력의 이동을 설명했던 재닛 아부-루고드Janet Abu-Lughod는, 이 시기에 "이슬람적 세계체제"가 형성되어 경제적·정치적 교류가 활발하게 이루어졌다고 주장했다. 이 체제에서 인도아대륙은 지대한 역할을 맡았다. 이슬람적 세계 체제 내 존재했던 각국 간 정치적 연결망과 무역망에 참여하는 당사자가 꼭 무슬림이어야 할 필요는 없었지만, 무슬림들이 정치적으로 그 세력을 확장하게 되면서 이 이슬람적 세계체제 전체는 성공하게 되었다.

델리술탄국 시대에 일찍이 형성된 또다른 특징은, 바로 지배층과 피지배층 모두 종족種族(ethnic) 및 언어의 다원성을 유지했다는 점이었다. 통치 계급은 튀르크인뿐만 아니라 아프간인, 페르시아인, 토착민, 그리고 멀리서 온 이주민들로 구성되었다. 이들

---

11 고대 페르시아어로 "인도"를 지칭했으며, 신두(Sindhū)강에서 /s/가 /h/로 변형된 상태로 페르시아어에 전해졌다. 이 "신두"에서 페르시아어 "힌드(Hind)"와 "힌두(Hindū, 힌드의 형용사 형태도 되나, 명사 형태도 된다)"라는 단어가 생겼으며, 다시 이 두 단어는 본 형태 그대로 아랍어에 전해졌다. 일명 "힌디(Hindi)"라는 말도 페르시아어로 Hind "인도" + -i "-의 (언어)"라는 뜻이며, 따라서 "힌디어"는 "힌드어"로 고치는 것이 단어의 어원을 밝혀 표기하는 측면에서 더 정확하다. 이는 "펀자브어(Punjabi)"를 "펀자비어", 일명 "벵걸어(Bengali)"를 "벵걸리어", "이라크인(Iraqi)"을 "이라키인", "터지크인(Tajiki)"을 "터지키인"이라 칭하지 않는 것과 같은 이치이며, 한때 국내에서 "비잔틴Byzantine 제국(형용사 + 명사)"이라 불렸던 명칭을 "비잔티온(그리스어 Byzantion, 라틴어 비잔티움Byzantium은 바로 그리스어에서 비롯) 제국(명사 + 명사)"으로 변경한 것과 같은 맥락이다.
한편 "힌두스탄(Hindūstān[페], Hind '인도' + (u) '의' + stān '땅')" 역시 넓은 뜻으로는 현 인도아대륙을 뜻하지만, 좁은 뜻으로는 북인도 중부의 겅가강 일대의 드넓은 평원 지역을 가리킨다.

중 가장 잘 알려진 이는 바로 모로코 출신의 위대한 여행자이자 회고록 작가였던 이븐 밧투타Ibn Baṭṭuṭah[아](?~1368/1369)였는데, 그가 각지를 여행하고 각 궁정에서 일하는 과정에서 아랍어로 된 그의 법학 지식은 지금으로 치면 여권 같은 역할을 맡았다. 이븐 밧투타는 14세기 투글라크조Ṭughlāq[페](1320~1413) 궁정에서 델리의 수석 판관으로 일했으며, 그의 회고록에는 자신이 마주쳤던 세계지향적인 분위기 및 다양성이 드러나는 내용이 담겨 있다. 처음으로 술탄을 알현했을 때, 그는 여행자들에게 열광적이었던 당시 궁정 내 분위기를 다음과 같이 기록했다.

> 내가 술탄에게 다가가자, 그는 내 손을 잡고 흔든 뒤 계속 부여잡으면서 나에게 매우 상냥하게 페르시아어로 다음과 같이 말을 걸었다. "이는 축복이며, 그대가 오신 것은 축복받을 일입니다. 편안하게 여기십시오. 나는 그대를 정답게 대할 것이며, 내가 그대에게 호의를 베풀면 그대의 동료인 이 나라 사람들이 이 소식을 듣고 그대에게로 가서 함께 할 겁니다." 그러고 나서 내가 어디서 왔는지 그가 물어보자, 나는 "해지는 땅(Maghrib[아])[12]에서 왔습니다." …(중략)… 그가 나에게 격려의 말을 건넬 때마다 나는 그의 손에 일곱 번이나 입을 맞추었고, 그가 나한테 영예로운 예복을 하사한 뒤 난 물러났다.

델리술탄국의 신민臣民들은 주로 딤미Dhimmī[아]("보호받는 이들")라 불린 비무슬림들이었으며, 이들은 자신들의 법과 관습을 지켰다. 원칙적으로 이들은 인두세"지즈야Jizyā[아]"를 바칠 의무가 있었지만, 군사적인 징집 대상은 아니었다. 법은 대체로 당사자들 간의 법을 따르거나, 그들의 소속 종단이 다를 경우 피고의 법에 따라 집행되었다. 대부분의 무슬림들에게 그러한 법은 북인도뿐만 아니라 중앙아시아 및 서남아시아에도 존재하는 하니파 법학파Ḥanafī[아][13]가 세운 율법을 뜻했지만, 인도양을 통해 아라비아 반도와

---

12 오늘날의 모로코, 알제리, 튀니지 등 북서아프리카 일대를 가리키는 지역. 아랍어로 "해지는 곳, 서쪽"을 뜻한다.

13 이슬람 법학자 아부 하니파(Abu Ḥanīfah[페], 699?~767)의 이름에서 비롯되었다.

연결된 남인도의 무슬림들에게 그러한 법은 말리크 법학파Mālikī[아][14]가 세운 율법을 가리켰다. 세금 등의 문제와 관련된 행정법의 경우, 고전 아랍어로 쓰였으면서 신학적인 구속력을 지닌 샤리아Sharīʿah[아]의 규범과는 다른 별도의 법전도 적용 가능하다는 인식이 도처에 있는 무슬림 정치체들 안에서 인정되었다. 이런 다원성으로 인해 창조적이고 활기찬 문화가 형성되었다.

델리술탄국의 통치자들과 이들을 계승한 무굴제국의 통치자들의 야망은 무슬림들의 세력을 확대하는데 그 목적이 있었지, 개종에 목적이 있지 않았다. 체계적인 개종 계획이 부재했다는 사실을 보여주는 단서는, 바로 인도 안에서 무슬림들은 무슬림 통치자들의 정치적 기반이 된 중심 지역에 집중 분포하지 않았다는 점이다. 역사학자들은 개종자들이 브라머너 계급이 지배하는 "카스트" 사회에 만연했던 계급 차별로부터 벗어나기 위해, 수피들이 제시한 평등의 메시지에 감화되었다고 오랫동안 주장해왔다. 하지만 브라머너 계급의 영향력이 강했던 지역들과 상당한 수준으로 주민들이 이슬람교로 개종한 지역들 간 상관관계는 존재하지 않으며, 식민지 시대 이전 브라머너 계급이 가졌던 영향력의 정도에 관한 학설은 점점 더 도전받고 있다. 아마도 놀랍겠지만, 수피들조차 이슬람교가 사회를 평등하게 한다고 설교하지 않았다. 실제로, 절대신 알라 앞에서 평등의 가치를 얼마나 설교하든 간에, 무슬림들은 항상 계급 사회에서 벗어나지 못했다.

그럼에도 불구하고, 당시 농업적으로 개발되고 있었던 지역들이 더 큰 범위의 문화들과 문명들로 점차 통합되는 과정에서 수피들은 주요한 역할을 맡았다. 수피들은 숲으로 뒤덮인 지역을 하사받아 이곳에서 벌목 과정을 감독했으며, 이들은 세속 권력과 신적인 권능을 중재하는 역할을 맡았다. 리처드 이튼Richard Eaton은 이러한 과정이 이후 무슬림들이 지역 내 인구 다수를 이루게 될 주요 지역인 펀자브Panjāb[펀](영어명 Punjab) 지역 서부 및 방글라 지역 동부에서 중요하게 작용했다는 사실을 밝혀냈다. 다른 지역들의 경우, 힌두 종교전문가들은 수피들과 거의 비슷한 역할을 맡았다. 그 예로, 신

14 이슬람 법학자 말리크 빈 아나스(Mālik bin Anas[아], 711~795)의 이름에서 비롯되었다.

시아 탤벗Cynthia Talbot이 밝혀냈듯이 인도 동남부에 있는 텔루구Telugu[텔] 지역에서 발생한 새로운 사원들의 건설은 카카티야 왕국(Kākatīya[텔], 1175~1324) 치세 당시 일어났던 농경 활동의 확대와 관련되어 있었다. 수전 베일리Susan Bayly에 의하면, 장인 가문이나 다른 가문들, 혹은 여러 개인의 개종을 이끌어낸 두 번째 동력은 계급질서에서 벗어나려는 욕구가 아니라, 오히려 기존 사회 계급 안에서 지위 상승을 위해 전략적인 기회를 사로잡으려는 욕구였다. 통혼 또한 무슬림 인구 증가에 기여했으며, 카리스마적인 스승들을 따르려는 개인들이나 가문들의 선택 역시 무슬림 인구 증가의 원인이 되었다. 19세기 말 최초로 국세國勢조사Census가 시행되었을 때, 영령인도 내 무슬림 인구는 전체 인구의 거의 1/4 정도였다.

역사학자들은 강요된 집단개종이 존재했다는 주장뿐만 아니라, 무슬림들이 이교도 사원들과 비무슬림들의 성소들을 계획적으로 파괴했다는 주장 역시 이제 믿지 않는다. 여러 개종 사례에 대해 언급했던 위의 주장들과 마찬가지로, 그동안 많은 학자들은 무슬림 궁정에서 쓰인 역사서술들이 일종의 문학 전통에 불과하다는 비판적인 시각이 아니라, 실제 있었던 사건들을 그대로 반영했다고 하는 시각을 갖는 잘못된 태도를 취하고 있었다. 특정 왕국의 영토 바깥에 있었던 지역들을 급습하고 약탈하는 과정에서 비무슬림 사원들과 예배 장소들이 파괴된 것은 분명히 사실이었다. 이런 약탈 사례 중 가장 유명한 사례는 마흐무드 가즈나위Maḥmud G͟haznawī[페](971~1030, 재위 998~1030)가 신드 및 구즈라트Gujrāt[구](영어명 Gujarat)[15] 지역을 침략하면서 행했던 약탈이었다. 마흐무드는 세계지향적인 분위기를 띠면서 가즈니에 있었던 자기 궁정을 꾸미기 위해, 전리품을 확보하려는 목적으로 당시 인도에 넘쳐났던 부에 주목했는데, 그의 이런 모습은 자신들이 거둔 승리를 기념하기 위해 패배한 지역으로부터 전리품뿐만 아니라 여러 우상들도 가져갔던 당시 인도 토착 통치자들의 공격 행태와 크게 다르지 않았다. 북인도에 궁정을 두면서 영구 정착했던 술탄들은 또한 자신들의 승리를 기념하기

15 구즈라트어에서는 힌드어와 편자브어와 마찬가지로, 단모음 a[ə]는 어말에 올 때, 그리고 어중에서 VC_CV(V:모음, C:자음(/v/, /y/ 등 반모음은 제외)) 형태에 놓여있을 때 생략된다.

그림 2_ 어쇼커 기둥
델리의 피루즈샤 코틀라 소재

위해 정복 초기 단계에서 사원들을 파괴했다. 15세기 초에 지어진 단지이자, 델리의 거대한 미나라Minārah[아](영어명 minaret, 마스지드 내 예배용 첨탑)인 쿠트브 미나르Qutb Minār[우]와 인접한 쿠워틀 이슬람(Quwwat-ul Islām[우]) 마스지드Masjid[아](유럽 언어들로 모스크mosque)는 파괴된 사원들이 서 있었던 장소 바로 위에 지어졌으며, 이전에 존재했던 건축물들의 재료들을 활용했다. 이전 건축물들의 재료들을 "재활용하는" 일은 지중해 주변 지역 및 인도아대륙에서 실제로 있었던 일이었는데, 이러한 행위는 한편으로는 통치자의 권위를 공공연하게 드러내는 행태이기도 했고, 다른 한편으로는 버려진 잔해들을 그냥 사용하기 위한 방편이기도 했다. 그 예로 14세기 피로즈 샤 투글라크Firoz Shāh Ṭughlāq[페](1309~1388, 재위 1351~1388)는 자기 요새를 치장하면서, 1500년 전에 만들어졌지만, 제작자가 누구였는지 당시에는 이미 잊힌 지 오래된 어느 한 기둥을 이용하기로 했는데, 아마도 그는 자신의 요새를 무언가 알 수 없는 예전의 영광과 연결시키기 위해 이런 선택을 했을 것이었다(그림 2).

인도아대륙에서 무슬림들의 영적 · 철학적 생활은 비무슬림들의 종교 생활과 함께 진화했다. 각 집단의 종교적인 생활방식은 서로 연결되면서 영향을 미치고 있었고, 동시에 특정 집단 내 여러 전통에 대해 다른 집단은 각기 다른 반응을 보이면서 서로 영향을 주고받았다. 델리술탄국 시대에 드러났던 여러 문화적인 특징 중 수피들의 예배의식devotionalism은 무슬림들 사이에서 가장 오랫동안 지속되었다. 실제로, 인도아대륙에서 오랫동안 뚜렷하게 지속되었던 이슬람교의 특성 중 하나는 바로 수피 전통에서 드러난 풍부한 담론 및 여러 제도이다. 궁정과 연결된 울라마 집단과 같이, 일반적으로 신성한 수피들은 샤리아를 고수했지만, 각 개인은 신성성을 내적으로 구현하고, 여러 도덕적 · 육체적인 규율들을 수행하며, 성스러운 권위자가 지닌 카리스마적인 종교적 연결고리로부터 비롯되는 권위에 개인들이 복종할 필요가 있다고 수피들은 역시 강조했다. 수피들은 통치자들을 섬겼지만, 타락한 세속적인 통치로부터 거리를 두는 것처럼 보이기 위해 어느 정도 애썼다. 가장 중요한 수피 교단"타리카(Ṭarīqah[아])"들이었던 치쉬트 교단Chishtīyah[페],[16] 수흐라와르디 교단Suhrawardīyah[아],[17] 카디르 교단Qādirīyah[아],[18] 그리고 나크쉬반드 교단Naqshbandīyah[아][19]의 창립자들은 중앙아시아와 서아시아 출신이었지만, 이 수피 교단들은 인도아대륙에서 번성했다. 수피들이 제시한 여러 가르침들은 종교적 숭배 행위, 영적인 규율들, 그리고 정교하고 일원론적인 철학을 지녔던 인도 내 여러 토착 벅티 신앙 전통들에 속하면서도, 수피들과 유사한 권위를 지닌 성인들과 경쟁하는 과정 속에서 그 내용이 더 풍부해지고 이 성인들로부터 자극을 받았다. 마찬가지로 벅티 신앙 및 숭배도 역시 화려한 꽃을 피웠다.

지역 왕국들의 출현

15세기와 16세기 초에 이르러 북인도 내 술탄국들은 구즈라트, 말와Mālvā[힌](영어명 Malwa), 전푸르Jaunpūr[힌],[20] 델리, 그리고 방글라 지역 내 여러 지역왕국들로 교체되었다. 더욱이 델리를 근거지로 했던 술탄국들이 덕컨고원 지역 및 인도아대륙의 반도 부분을 계속 침입하면서 기존 정권들은 붕괴하여 새로운 왕국들이 출현하게 되었다.

남쪽으로 어떻게든 세력을 확대하고자했던 무함마드 빈 투글라크Muḥammad bin Ṭughlāq[페](1290?~1351, 재위 1325~1351)가 덕컨고원 지역에 위치한 자신의 수도 다울라타바드Dawlatābād[페](영어명 Daulatabad)[21]에서 철수하자, 1345년 이곳에 무슬림들이 통치하는 바흐만Bahman[페] 술탄국Bahmanid Sultanate(1347~1527)[22]이 수립되었다. 약 150년이 지나 이

---

16 오늘날 아프가니스탄 헤러트(Herāt[현대페르시아어]) 근처에 있는 작은 마을 치쉬트(Chisht[페])에서 아불이스하크 샤미(Abū 'l-Isḥāq Shāmī[페], ?~940)가 930년경에 창설하였다.

17 오늘날 이라크 지역에서 아불나지브 아브둘 카디르 수흐라와르디(Abū 'l-Najīb ʕAbd ul-Qādir Suhrawardī[페], 1097~1168)가 창설하였다.

18 오늘날 이란 북부에 있는 길런(Gīlān[현대페르시아어])에서 아브둘 카디르 길라니(ʕAbd ul-Qādir Gīlānī[페], 1078~1166)가 창설하였다.

19 오늘날 우즈베키스탄의 부허러(Buxoro ← 현대페르시아어 부허러Bukhārā)에서 바하웃딘 무함마드 나크쉬반드(Bahāʕ ud-Dīn Muḥammad Naqshband[페], 1318~1389)가 창설하였다.

20 현 웃터르프러데쉬주 남동쪽에 있다.

21 현 머하라쉬트러주 중서부 내륙 지역에 있다.

22 알라웃딘 바흐만 샤(ʕAlāʔ ud-Dīn Bahman Shāh[페], 1292~1358, 재위 1347~1358)이 건국했다.

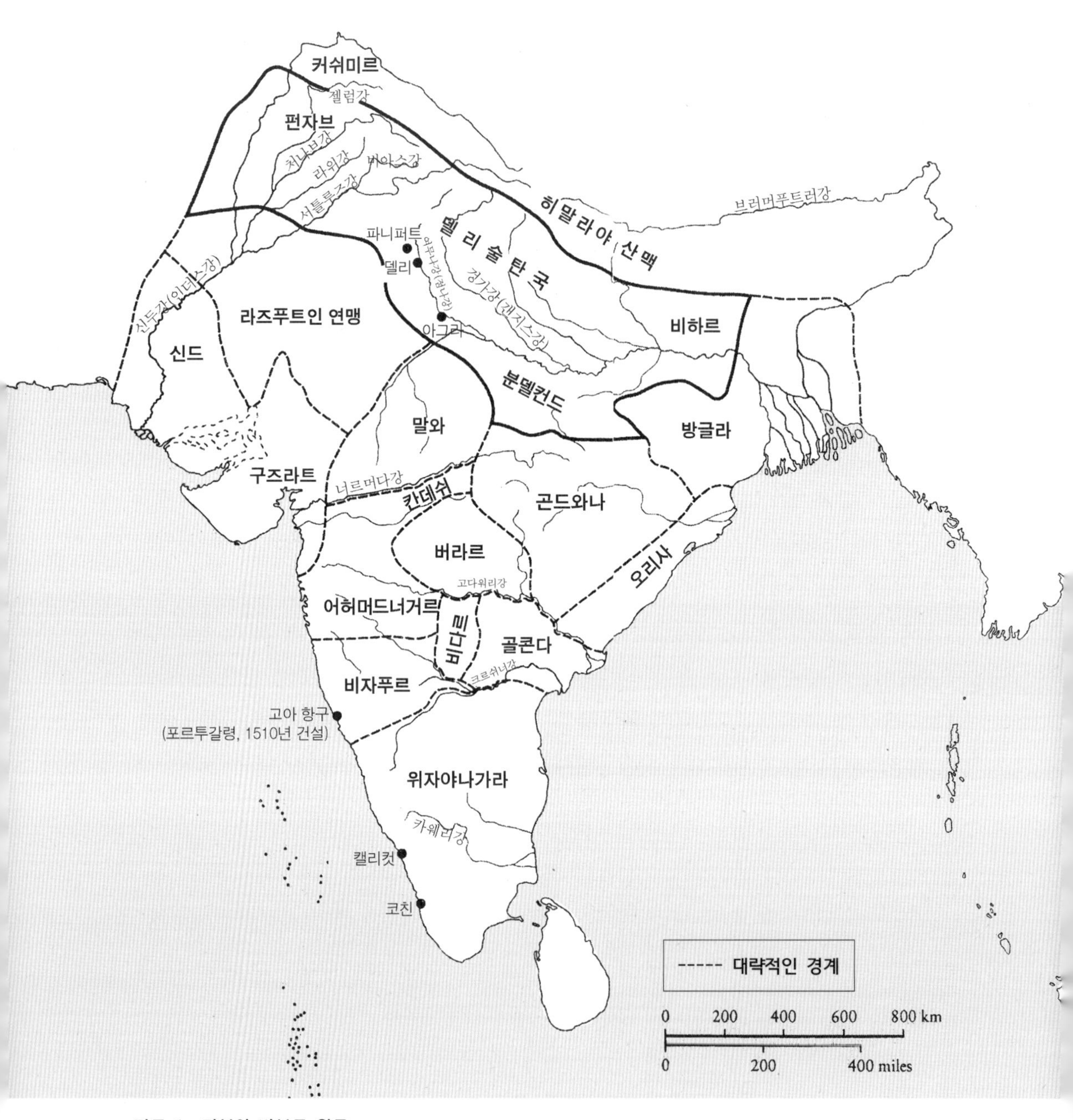

지도 1_ 카불의 바부르 왕국

술탄국은 델리술탄국처럼 덕컨고원 전역에 걸쳐 여러 지역 세력들로 쪼개졌는데, 비자푸르Bījāpūr[페] 술탄국(1490~1686),[23] 아흐마드나가르Aḥmadnagar[페][24] 술탄국(1490~1636),[25] 버라르Barār[머](영어명 Berar) 술탄국(1490~1572),[26] 비다르Bīdar[칸/페] 술탄국(1492~1619), 그리고 골콘다Gōlkoṇḍa[텔] 술탄국(1518~1687)[27] 등은 15세기 말부터 무굴제국 시대까지 무슬림 왕조로 존속했다.

바흐만 술탄국의 수립과 거의 같은 시기에, 처음에는 카르나타카Karnāṭaka[칸] 지역에 기반했지만 곧 안드라Āndhra[텔] 지역과 그 너머로 세력을 확장한 위자야나가라Vijayanagara[칸/텔](←[성])(1336~1646) 왕국이 어느 형제에 의해 창건되었는데, 이들은 투글라크 왕조를 위해 일한 적이 있었고, 한때 이들은 아마도 무슬림들이었을 것이다. 그리고 그들은 시워Shiva[성] 신을 숭배하는 강력한 시워파Shaivites 전통을 당시 지지하면서, 이 전통을 자신들의 왕국과 델리술탄국 및 바흐만 술탄국을 분명히 구별시키는 이념으로 삼았다. 이 왕국은 델리술탄국의 군사적인 기술을 받아들이면서, 북인도의 기마 전사들로 이루어진 부대도 고용했다. 예전부터 존재했던 남인도의 왕권 모델에 의지하기도 했지만, 위자야나가라 왕국은 정치적인 측면에서 대외적으로 표현하는 방식도 이웃 왕국들과 공유했다. 가장 강력한 힘을 보여준 크르쉬나데와라야Kṛṣṇadevarāya[칸](1471~1529, 재위 1509~1529) 대왕을 비롯해 여러 왕들은 스스로를 "힌두 왕들 중 술탄"이라 칭하면서, 무슬림들로부터 가져온 "힌두(아랍인들의 지리 용어)"와 "술탄" 용어 둘 다 사용했다. 위자야나

---

23 수도가 비자푸르(오늘날 위자야푸라Vijayapur[칸])에 위치해 비자푸르 술탄국이라 부르며, 유수프 아딜 샤(Yūsuf ʕĀdil Shāh[페], 1450~1510, 재위 1490~1510)가 창건해 아딜 샤 왕조(ʕĀdil Shāhī[페])라고도 불린다.

24 현지 머라타어로는 어허머드너거르(Ahamadnagar)이며, 영어명으로는 Ahmednagar이다. 현 머하라쉬트러주 서부 내륙지대에 있다.

25 말리크 아흐마드 니잠 샤 1세(Malik Aḥmad Niẓām Shāh[페], ?~1510, 재위 1480~1510)가 창건자라 니잠 샤 왕조(Niẓām Shāhī[페])라고도 불린다. 이 왕조의 공식어가 페르시아어였다는 점을 고려해, 이 술탄국의 명칭은 현지어화된 "어허머드너거르" 대신 원어 "아흐마드나가르"로 하기로 한다.

26 워르하드(Varhāḍ[머])로도 불리며, 창건자 파트훌라 이마둘 물크(Fatḥ ul-lāh ʕImād ul-Mulk[페], ?~1504, 재위 1490~1504)의 이름을 따 이마드 샤 왕조(ʕImād Shāhī[페])라고도 불린다.

27 술탄 쿨리 쿠트브 샤(Sulṭān Qulī Quṭb Shāh[페], 1485~1543, 재위 1518~1543)가 창건자라 쿠트브 샤 왕조(Quṭb Shāhī[페])라고도 불린다.

가라 왕국의 공공건물들은 북인도의 건축 양식에 의존했고, 왕의 의복마저 왕 자신이 더 넓은 범위의 정치 문화에 포함되었다는 사실을 드러냈다. 위자야나가라 왕국이 가장 오랫동안 전쟁을 벌인 나라는 비자푸르 술탄국으로, 이 술탄국의 수도는 "승리의 도시"라는 똑같은 뜻을 가진 이름을 이 왕국과 공유하고 있었다.[28] 15세기와 16세기에 새겨진 힌두 명문銘文들을 보면, 당시 유력했던 세력들은 다음과 같이 비유되고 있는데, 여기서 바흐만 술탄국(혹은 튀르크인이나 무굴인)의 지도자들은 말[馬] 주인을 뜻하는 "어쉬워퍼티Ashvapati[성]"로, 위자야나가라 왕국의 지도자들은 인간(보병)의 주인을 뜻하는 "너러퍼티Narapati[성]"로, 그리고 오리사Oṛishā[오](영어명 Orissa)[29] 해안 지역을 따라 존재했던 거저퍼티Gajapati[성] 왕국은 코끼리의 주인들로 묘사되고 있다.

정치적인 분열이 심했고 독특한 토착어 문화들이 여럿 출현했지만, 무슬림들이 통치했던 첫 3세기 동안 교역망, 사회생활, 종교 제도, 그리고 정치적인 전략 측면에서 앞으로 오래 지속될 변화들이 일어났는데, 이러한 변화들은 광범위한 지역에서 지속되었다. 15세기와 16세기 초 북인도에서는 18세기 무굴제국의 뒤를 이을 지역 왕국들이 지녔던 특성들이 여러 방면에서 이미 드러났다. 정치적인 분열에도 불구하고, 앞서 언급한 두 시기에는 사회 내 여러 집단들에 다양한 유사성 및 연결 관계가 광범위하게 존재했고, 창조적인 현지 문화 및 토착어로 쓰인 문학작품들이 나타났다.

이 시기에 활동해 오늘날까지 그 가르침이 전해지고 많은 이들이 추종하는 벅티 지도자로는 커비르Kabīr[힌/우](1440~1518), 구루 나너크Gurū Nānak[펀](1469~1539), 미라바이Mīrā Bāi[힌](1498?~1550?), 다두 더얄Dādū Dayāl[힌](1544~1603), 투카람Tukārām[힌](1608~1649), 그리고 초이턴너Coitanya[방](1486~1533), 영어명 Chaitanya 등이 있다. 수피들과 같이, 벅티 스승들은 개인이 신을 향해 헌신하도록 강조했다. 커비르와 나너크로 대표되는 비주류파는 형체가 없으면서 인간적인 면모가 드러나는 신을 숭배하도록 강조했다. 이를 통해 이 비주류파는 힌두교와 이슬람교에 존재했던 여러 독특한 상징들과 거리를 둘 수 있었다. 나너

28 "푸르(Pūr)"와 "나거러(Nagara)"는 모두 산스크리트어로 "도시, 성"을 뜻한다.
29 현재 인도 주(State) 이름으로는 오디샤(Oḍishā[힌])이며, "오리사"는 현지 오리아어이다.

크는 다음과 같은 글을 썼다. "너희가 숭배하고 기도하는 여러 신격 및 여신들이 무엇을 줄 수 있는가? 너희들은 이 신격들을 씻고 있지만, 이 신격들은 물속으로 가라앉을 뿐이다." 이와 반대로 나너크는 신에 대한 사심없는 사랑을 강조하면서 다음과 같이 언급했다. "밤낮을 가리지 않고 신에 대한 사랑에 몰두해 있는 이는 신이 세 개의 세계에 항상 존재한다는 사실을 안다. 신을 사랑하는 이는 자신이 알고 있는 신처럼 된다. 신은 완전히 순수해지고, 신의 몸은 신성해지며, 신은 자신만 사랑하는 이의 마음 안에 깃든다."

형체 없는 신을 숭배하는 이들보다 추종자를 더 많이 거느리고 있었던 집단으로는 위쉬누Viṣṇu[성] 신을 숭배했던 위쉬누파Vaishnavites, 시워 신을 숭배했던 시워파, 그리고 수많은 형체를 지닌 여신"데위"Devī[성]들을 숭배했던 이들이 있었다. 위쉬누파의 숭배 활동은 위쉬누 신이 외적으로 드러난 여러 형태들을 집중 대상으로 삼았는데, 그 형태는 이상적인 왕인 라머Rāma[성] 신, 혹은 목축을 담당하면서 아이 · 소치기 · 애인으로 묘사된 크르쉬너Kṛṣṇa[성] 여신으로 나타났다. 이렇게 특정 신만 숭배했던 종교 활동은 종교적인 허례허식에 대한 비판과 종종 관련되었음에도 불구하고 브라머너 계급 출신 승려들의 지도를 대체로 받아들였는데, 이 승려들은 여러 종파 공동체들 안에서 핵심적인 역할을 맡았다.

페르시아 전통과 인도 전통 모두 인간과 신 사이의 관계를 보여주기 위해 성적인 만남의 모티브를 활용했다. 14세기 말에 이르러 수피 시인들은 여러 서정시 및 설화들을 지었는데, 이 중에는 인간이 느끼는 격정을 다룬 이야기와 궁극적인 진실을 탐구하는 내용을 동시에 묘사하는 사랑 이야기인 마스나위Mathnawī[페] 장르도 있었다. 이 시인들은 페르시아어뿐만 아니라 북인도 내 여러 토착어들로도, 그리고 나중에는 덕컨고원 지역 내 토착어들로도 글을 지었다. 수피 시인들은 힌두 철학과 종교 사상에 들어있는 풍부한 어휘 및 의의뿐만 아니라, 벅티 시의 다양한 전통을 이용했다. 마찬가지로 벅티 시인들도 페르시아어로부터 비롯된 여러 새로운 장르들로부터 영향을 받았다. 토착어로 글을 쓴 무슬림 연대기 작가들은 이전 초기 아랍인 역사가들과 마찬가지로, 지역별 서사시들과 전설적인 인물들을 엮은 뒤 이를 저작 내용에 반영하면서 이슬람적 전통을 더 풍부하게 했다. 그 예로, 16세기 말에 쓰인 방글라어 서사시 『너비벙셔Nabībaṁsha[방]』에서 힌두교 여신들은 이슬람교의 예언자들로 여겨졌다.

건축 방면에서도 이 시기는 다양성과 창조성이 두드러진 시기였다. 일례로 15세기에 지어진 여러 마스지드를 보기만 해도, 아무도 방글라 지역에 있는 벽돌로 된 여러 마스지드, 커쉬미르Kashmīr[성][30] 지역에 있는 고딕양식과 흡사한 여러 목조 건물, 사원처럼 생겼으면서 기둥이 있는 엄다와드Amdāvād[구](영어명 Ahmedabad)[31]의 홀, 그리고 전푸르에 있는 거대하고 첨탑이 있는 마스지드를 서로 혼동하는 실수를 저지르지 않을 것이다. 하지만 이 모든 건물들은 이 시기가 시작된 이래로 새로운 이슬람 문화가 등장했다는 사실을 보여주었고, 이제 현지에서는 다양한 양식들이 나타나게 되었다. 중앙집권화를 추구했으면서 곧 등장하게 될 무굴 세력이 얼마나 강대했는지 가늠할 수 있는 한 가지 방법은, 바로 이 세력이 자국 내 멀리 떨어진 지역까지 공통된 미적 양식을 어느 정도로 사원 · 마스지드 · 궁전 · 요새 등에 반영시킬 수 있었는지 확인하는 것이다(그림 5가 그 예이다).

무굴제국

델리에 기반을 두면서 아프간계 무슬림 지배층이 다스렸던 로디 왕조Lodī[페] (1451~1526)는, 1526년 델리 북서쪽에 있는 파니퍼트Pānīpat[힌]에서 탁월한 군사 전략을 세우고 우수한 포병대를 활용했던 자히룻딘 무함마드 바부르Ẓahīr ud-Dīn Muḥammad Bābur[페] (1483~1530, 무굴제국 파디샤 재위 1526~1530)에 의해 무너졌다. 델리술탄국 시대처럼, 무굴제국 시대에서도 정주 농업, 군사적 역량, 그리고 지리적인 통합 측면에서 새로운 진보가

---

30 현지 커쉬미르어로는 커시르(Kashīr)라 한다.

31 이원은 아흐마다바드(Aḥmadābād[페])이니, 현지 언어의 발음을 중시하는 차원에서 "아흐마다바드"보다는 "엄다와드"로 표기하기로 한다.

이루어졌다. 바부르는 부계 쪽으로는 테무르(차가타이어로 Temür이며, 보통 티무르Timur로 알려져 있다. 1336~1405), 모계 쪽으로는 몽골제국의 칭기스 한(몽골어 Chinggis Khān, 1167?~1227)의 피를 물려받았다. 무굴제국은 전자 쪽 혈통을 더 소중히 여겼지만, 19세기까지 이 제국의 통치자들이 변형된 후자 쪽 이름으로 불린 것은 모순적이라 할 수 있다. 바부르는 외적에게 빼앗긴 사마르칸드우즈베크어 · 페르시아어Samarqand, 영어명 Samarkand를 되찾기를 오래도록 갈망했으나 성공하지 못하자, 그 대신 마음에 차지는 않았으나 힌두스탄Hindustān[페/위][32]으로 눈길을 돌릴 수밖에 없었다. 역사학자 스티븐 데일Stephen Dale가 주장한 대로, 바부르는 노련한 군사전략을 세우고, 튀르크어[33] 및 페르시아어로 된 시 안에 있는 미묘한 차이점들을 알아차리는 등 여러 방면에 관심을 보였고, 이를 스스로 익혔다는 점에서 그는 같은 시기 르네상스 시대의 유럽 군주들과 비견될 만하다. 튀르크어로 그가 쓴 여러 회고록 및 그의 딸 굴바단Gulbadan[페](1523?~1603)이 쓴 페르시아어 회고록은 그의 이런 이미지를 잘 보여준다. 굴바단은 바부르의 일생에서 가장 잘 알려진 한 일화를 소개했는데, 이는 바로 자기 아들을 살리기 위해 자신의 목숨까지 바치려고 했던 파디샤의 노력이었다.

> 폐하께서 들어오시고 아들의 상태가 어떤지를 보셨을 때, 광택이 흐르던 폐하의 용안에 곧장 슬픔이 드리워져 측은해지시었고, 점점 더 두려움의 기색이 드러나기 시작하였다. 폐하께서 말씀하길, "다른 아들들이 있지만, 나에게 후마윤만큼이나 사랑스런 아들은 없다네. 이 소중한 아이가 스스로 지닌 가슴의 욕구를 갖고 오래 살기를 간절히 희망하네, 내 아들만큼 뛰어난 사람은 없으니까." 후마윤이 병들어 있을 때 폐하께서는 아들 주위로 이리저리 걸어 다니셨으며, 불안함과 깊은 실의를 감추지 못한 채 계속 돌아다니셨다. 돌아다니시면서 폐하께서는 기도하시며 실제로 다음과 같이 말씀하셨다. "아 신이시여! 한 사람의 목숨을 다른

---

32 기원후부터 페르시아 및 아랍 등지에서 대체로 인도를 가리키는 지리적 명칭. "힌두스탄어"에서와 같이, 북인도에 해당되는 지역에만 한정해 지칭할 때도 있다.

33 정확히 말하자면 차가타이어(Chagatai language)이다.

이의 목숨과 맞바꿀 수 있다면, 저 바부르는 후마윤을 위해 제 목숨과 존재를 바치겠나이다."
바로 그 날 폐하께서는 병이 드셨는데, 후마윤은 폐하의 머리에 물을 부은 뒤 나와 신하들과 접견했다.

바부르의 회고록에 있는 내용을 그림으로 묘사한 나중에 제작된 한 정교한 세밀화에서, 바부르는 자신이 그렇게 사랑했던 일종의 정돈된 정원을 설계한 사람으로 그려지고 있다. 또 이 그림에서는, 그가 개인과 공동체 생활 속에 심어놓으려 했던 자신의 질서를 비유적인 방식으로 표현할 수 있는 여러 재주도 가졌다는 사실도 드러난다(그림 3). 더 나아가 굴바단의 회고록은 궁정 여성들의 삶에 대해 보기 드문 시각을 드러낸다. 이 회고록에서 궁정 여성들은 식구들 사이에서 상담자 및 중개자 역할을 맡는 것으로 나타나며, 재산을 처분하고, 사회 내 여러 집단을 연결시키는 각종 종교의례를 조직했다. 굴바단이 사망했을 때, 아크바르 1세는 그녀의 상여를 드는 일을 도왔다.

겨우 4년 동안 통치했던 바부르뿐만 아니라, 강제로 페르시아에 유배된 그의 아들 후마윤도 자신들이 정복했던 지역을 지배하기 위해 요새들을 건설하는데 그쳤다. 도로망 체계를 개선하고, 농지조사를 시작하는데 기초를 닦은 것은 당시 다시 세력을 회복했던 아프간계 수르Sur[페] 왕조였는데, 후마윤Humāyūn[페](1508~1556, 재위 1530~1540/ 1555~1556)은 자신의 추종자들과 함께 사파위 제국으로부터 돌아와 이 왕조와 싸운 끝에 자신이 죽기 직전 왕국을 다시 되찾는데 성공했다. 후마윤의 아들인 아크바르 1세는 반세기동안 다스리면서 자신의 왕조를 여러 정복 사업을 통해 제국으로 탈바꿈시켰으며, 무굴제국의 판도를 북쪽으로는 카불과 커쉬미르 지역, 동쪽으로는 방글라 지역과 오리사 해안 지역, 남쪽으로는 구즈라트 지역과 덕컨고원 일부 지역, 그리고 가장 중요한 남서 방향으로는 델리에서 라저스탄Rājasthān[힌] 지역으로 넓혔다.

아크바르 1세는 지배층을 다양하고 폭넓게 포용하려는 이전 델리술탄국 시대의 정책을 받아들여, 이를 자신의 정책 기반으로 삼았다. 그는 강력한 토착 종족宗族들을 통합시키려 애썼는데, 무엇보다도 그는 라즈푸트인 집단을 끌어들이는데 신경썼으며, 이 과정에서 이들은 자신들이 통치했던 영역 안에서 나온 세금을 수취할 권리를 인정받았다.

그림 3_ 〈바부르가 신의(信義)의 정원을 감독하다〉
비선 다스(17세기 활동) 作, 『바부르나마』 수록.

아크바르 1세는 라즈푸트인 출신 부인들(이들은 이슬람교로 개종할 필요는 없었다)과 결혼하는 무굴 궁정의 관행을 만들었는데, 이 부인들 중에는 아크바르 1세의 뒤를 이은 자항기르Jahāngīr[페](1569~1627, 재위 1605~1627)[34]의 어머니 조다 바이Jodhā Bāʔi[페](1542?~1623)[35]도 있었다. 무굴제국 내 다양한 지배층은 중앙아시아에서 건너왔으면서 출신이 서로 다른 이들뿐만 아니라, 무슬림 인구 대다수를 이루는 순나파Al-Sunnah[아] 무슬림들과 종교적인 측면에서 다른 면모를 보여준 시아파Shīʕah[아] 소속 페르시아인들, 일부 아랍인들, 그리고 현지 출신 무슬림들, 라즈푸트인들, 또 일부 브라머너 계급 출신들로 구성되었으며, 나중에는 머라타인들도 포함되었다. 무굴 정권의 사회 통합 이념은 오스만 제국처럼 부족 차원의 소속감이나, 사파위 제국처럼 이슬람교 혹은 시아파적 정체성이 아니라, 페르시아 문화의 형태로 표현된 충성 이념이었다. 또한 이 통합 이념은 주로 비무슬림이었던 하급 군인 및 서기들도 그 대상으로 삼았다.

충성심은 집단 간 수직적인 관계를 드러내는 피라미드의 정점에 놓인 통치자 한 사람에 집중되었다. 아크바르 1세의 수석 회고록 작가이자 정책홍보 업무를 맡았던 아불파즐 이븐 무바라크Abu 'l-Faḍl ibn Mubārak[페](보통 줄여서 아불파즐이라 함, 1551~1602)는 아크바르 1세가 남들에게서 보기 드문 활력, 모든 분야에 걸친 호기심, 그리고 모든 예술 장르에 노련한 재주를 가졌다고 찬양했다. 그는 아크바르 1세를 전략적인 군사 지도자이자 신성하고 학식있는 이들을 후원하는 이로 묘사할 뿐만 아니라, 그 자체로 영적인 지식과 카리스마를 지닌 사람이라 묘사하면서, 아크바르 1세에 대한 새로운 이미지를 만들어냈다. 그가 남긴 저명한 저작인 『아크바르의 제도Āīn-i Akbārī[페](“아이니 아크바리”)』 안에는 다음과 같은 내용이 있다.

> 신이 봤을 때 왕권보다 더 높은 권위는 없으며, 현명한 이들은 상서로운 분수로부터 뿜어져 나오는 왕권이라는 물을 마신다. 이를 입증하라고 요구하는 이들에게 분명한 증거를 보여

---

34 “세계(Jahān)”를 “가신(gīr)” 자를 뜻한다.
35 정식 명칭은 마럄우자마니(Maryam uz-Zamānī[페])이다.

줄 수 있는데, 그것은 바로 왕권은 반란의 싹을 자르는 해결 수단이며, 신민들이 왜 복종해야 하는지 그 이유를 보여준다는 사실이다. 왕권은 신으로부터 뿜어져 나오는 빛이요, 태양이 발하는 빛줄기이요, 온 우주에 빛을 비추는 존재요, 완벽한 내용이 담긴 책에 들어있는 주장이요, 모든 미덕을 담은 그릇이다. 수많은 훌륭한 자질들이 이 빛줄기를 차지하는 데에서부터 비롯되는데, 그러한 자질들로는 신민들에게 향하는 아버지의 사랑, 큰 심장, 신에 대해 나날로 커져가는 신뢰감, 기도 및 종교적인 숭배 행위 등이 있다. 모든 사람들은 왕이 다스리는 영토 안에 불의가 존재하지 않는다는 사실을 확인해야 한다.

그리하여 아크바르 1세와 그의 후계자들은 델리술탄국 시대와 다른 종류의 왕권을 드러냈다.

신과 비슷한 파디샤의 지위는 신학 저술뿐만 아니라 축제, 수피들의 충성, 예술적인 우화, 그리고 여러 비유들을 담은 건축 양식에서도 드러났다. 아크바르 1세는 우주 전체에 빛을 비추면서 완벽함에 도달할 수 있는 인간상으로 표현되었는데, 이런 이미지들은 일부 시아파 및 수피 사상가들이 만든 것이었다. "디니 일라히Dīn-i Ilāhī[페]",[36] 혹은 "신에 대한 신념"이라 붙여진 그의 가르침은, 파디샤를 왕실 주인뿐만 아니라 영적 주인으로도 여겼던 궁정 내 소수 추종자들의 초점이 되었다. 라즈푸트인 출신 장군들 외 일부 힌두교인들도 아크바르 1세의 궁정 내에 있었던 핵심 지배층이었다. 이 지배층에 속했던 이들로는 제국의 농업 정책을 수립했던 토더르 멀Toḍar Mal[머] (1500~1589)과, 아크바르 1세의 총신이자 친한 친구이면서 기지 넘치는 발언 및 유머로 역사 속에 이름을 남긴 비르벌Bīrbal[머](1528~1586)이 있었다. 아크바르 1세의 주장에 반대한 궁정 울라마 집단도 있었는데, 이들 중 제일 유명한 사람은 그에게 불만을 품은 아브둘 카디르 바다유니ʕAbd ul-Qādir Badāyunī[페](1540?~1615)였으며, 바다유니의 무차별적인 조롱 때문에 아크바르 1세는 배교자로 기억되었다.

이슬람적인 상징들을 활용한 아크바르 1세는 배타적인 사람이 아니었는데, 그는 토

---

36 Dīn '신념(faith), 종교(religion)' + Ilāhī '신(God, divinity)'

론을 위해 파테흐푸르 시크리Fātiḥpur Sīkrī[우][37]에 있는 자신의 궁정으로 브라머너 계급 출신 승려들, 요거Yoga[성] 수행자Yogī[성]('요기'), 자이너교도, 인도 남서 해안 지역에 있는 여러 교역 거점에서 부른 예수회 선교사들, 마즈다숭배교도Mazdayasnā[페](일명 "조로아스터교"),[38] 그리고 성향을 불문한 모든 무슬림 학자들을 불러 이들을 환영했다. 아크바르 1세와 그의 뒤를 이은 자항기르는 특히 요거 수행자들에게 큰 관심을 보였는데, 인도에서 무슬림들의 사상 및 종교 활동에 미친 그들의 영향력은 광범위했으나, 이들의 역할은 아직까지도 별로 잘 인정받지 못하고 있다. 이 시기 개방적인 분위기를 누렸던 많은 지식인들과 성자들처럼, 아크바르 1세는 여러 전통을 아우르는 심오하거나 철학적인 공통된 여러 진실들을 추구했을 뿐만 아니라, 그런 진실들을 추구하기 위해 여러 가지 단련법도 수행했다. 그는 성스크르터어로 된 대서사시 『라마여너Rāmāyaṇa[성]("라머 신의 이야기")』[39]와 『머하바러터Mahābhārata[성]』[40]를 페르시아어로 번역하는 작업[41]과 두 서사시에 나오는 이야기들을 담은 세밀화를 제작하는 일도 후원했다. 또 그는 비무슬림들에게 부과된 지즈야도 폐지했다.

자항기르는 종교에 대한 관심이 많았던 부친의 포용적인 태도를 물려받았다. 그는 카디르 수피교단의 성인이었던 미양 미르Miyāṅ Mīr[우](1550?~1635)[42]뿐만 아니라, 위쉬누파 요거 성인이었던 고사잉 저드루프Gosā'īṁ Jadrūp[힌](영어명 Gosain Jadrup, 17세기 초 활동)을 개인적으로 몹시 사랑했다. 그는 현지 귀족들을 제자로 등록시키는 기존의 관행을 유지했는데, 이들은 그의 초상화를 들면서, 복종의 표시로 진주로 된 귀걸이를 착용하는 방

---

37 일반적으로 Fatehpur Sikri라 알려져 있으며(주3 참조), "승리(Fātiḥ)의 도시(pur)인 시크리(Sīkrī(지명))"이라는 뜻이다.

38 조로아스터는 해당 종교의 창시자로 알려진 자라수스쉬트라(Zarathushtra, 고대 페르시아어의 일종인 아베스타어(Avestan))의 이름을 외부인들이 부른 타칭이며, "마즈다숭배(yasnā '숭배', 영어명 Mazdaism)"가 바로 해당 종교 신도들이 자신들의 종교를 가리켜 부르는 자칭이다.

39 Rāmāyaṇa는 중성단수호격으로, 단수주격으로는 Rāmāyaṇam이다.

40 마찬가지로 Mahābhārata도 중성단수호격이며, 단수주격은 Mahābhāratam이다.

41 이 중 『머하바러터』는 『라즘나마(Razmnāmah, "전쟁(razm)의 책(nāmah)")』라는 제목으로 페르시아어로 번역되었다.

42 "미양(Miyāṅ)"은 상대방에 대한 경칭을 뜻하며, 영어로는 "sir"로 번역된다. 한편 "미르(Mīr)"는 "미르자(Mirzā)"의 준말로, "왕자, 군주, 제후"를 뜻한다.

식으로 파디샤에 대한 충성심을 드러냈다. 한편 샤 자한 1세는 돌을 통해 권위를 확립하려 했다. 그가 세운 건축물들로는 여러 정원들을 비롯해, 계획도시인 샤자하나바드Shāhjahānābād[페](오늘날 뉴델리의 전신前身. 이 도시의 "붉은 요새"는 그림 1에 나타나 있다), 그리고 자신의 소중한 부인에게 바치는 무덤이자 가장 유명한 건축물인 타즈 마할Tāj Maḥal[페](그림 4)[43]이 있는데, 이 모든 건축물들은 천국과 관련된 상징들을 포함하고 있다. 이러한 상징들을 통해 샤 자한 1세는 자신을 신과 유사한 존재로 만들었고, 그의 천국은 푸른 나뭇잎과 돌로 표현되었다. 이런 의례적인 측면에서 볼 때, 무굴제국의 통치자들은 근세 시대 유라시아 전역에 걸쳐 존재했던 다른 통치자들과 공통점이 많은데, 이들은 우주 혹은 신이 자신들의 통치를 허락했다는 다양한 주장을 제시하면서 무소불위의 권력을 얻고자 했다.

아크바르 1세가 거둔 또다른 성공은 바로 통치를 지속시키는 틀을 마련했던 여러 행정 개혁 조치였다. 이러한 전략들에 특별히 "이슬람적"인 것은 없었는데, 이러한 성공은 이전 델리술탄국 시대의 선례를 따른 것이었고, 넓게 봐서는 아시아 전역에 걸친 농업에 기반한 근세 제국들에 의해 형성된 것이었다. 귀족들은 십의 자리 단위로 병사들을 보유할 수 있는 "만사브Manṣab[페]('관직post, office')"로 알려진 관등을 부여받았는데,[44] 이들에게는 관등에 따라 파디샤가 운용할 수 있는 기병을 제공할 의무가 있었다. 귀족들은 당시 동시에 존재했던 두 가지 종류의 관등에 따라 직위를 임명받았는데, 하나는 민정과 관련된 것이고 다른 하나는 군정과 관련된 것이었다. 두 관등 체계는 서로 견제하는 역할을 맡았으며, 현縣, 속주, 중심지 등 행정구역 등급에 따라 제국 전역에 걸쳐 다양한 관등이 존재했다. 파디샤에게 의무를 다한 귀족들은, 그 보상으로써 특정 토지 구역으로부터 액수가 정해진 세금을 걷을 권리에 해당되는 자기르Jāgīr[페][45]를 수여받았다. 자기르는 번갈아가면서 자주 교체되었기 때문에, 귀족들은 무

43 타즈는 "왕관", 마할(원래 아랍어)은 "장소"를 뜻하며, "으뜸가는 장소"라 해석 가능하다.
44 최하위 만사브다르들은 10명의 병사를 보유할 수 있었지만, 최고위 만사브다르들은 1만 명의 병사들을 보유할 수 있었다.
45 Jā "땅" + gīr "소유(한 이)"

그림 4_ 타즈 마할, 아그라, 대문 입구에서
1648년 완공

굴제국의 권위에 도전하기 위해 현지에 기반을 구축하는 일은 불가능하였다. 하지만 중앙집권적인 면모를 보여준 무굴제국마저도 현지 공동체에 지배력을 온전히 뻗치는 데에는 한계가 있었다. 무굴제국의 관리들은 일반적으로 현지에 있는 종족宗族(lineage)의 우두머리들 및 부족장들과 필요한 세금 액수와 납부 방식을 놓고 자주 협상했는데, 무굴제국의 관리들은 이러한 현지 지배 집단을 "저민다르Zamīndār[우](지주)[46]"라 불렀다.

무굴제국 시대 계급제도의 최하층에는 소농 경작자들이 있었다. 무굴제국 치하에서 이들이 처했던 경제적인 조건은 학계에서 한동안 논란거리가 되었다. 무굴제국 시대 농업 체제에 대한 고전적인 연구 성과를 낸 이르판 하비브Irfan Habib(우르두어 발음으로 이르판 허비브(ʕIrfān Ḥabīb))는, 경작에 종사했던 소농계급은 토지를 소유하지 않았기 때문에 토지를 팔 수 없었으나, 국가가 요구하는 세금을 지불하는 한 소농들은 세습되는 경작권을 계속 보유할 수 있었다고 주장했다. 이로 인해 소농들에 대한 억압이 끊이지 않았는데, 상위 계급에 속한 이들이 경작자들로부터 모든 잉여생산물을 착취하려고 했기 때문이었다. 17세기가 흐르는 동안 이런 억압의 정도가 심해지면서, 이런 가혹한 착취 행태로 인해 여러 반란이 일어나 무굴제국은 흔들린 끝에 몰락하게 되었다는 결론을 하비브는 내렸다. 한편 다른 역사학자들은 경작되지 않은 토지가 광범위하게 존재했기 때문에 착취 정도가 완화되었다고 주장했는데, 이는 세금이 견딜 수 없을 정도로 올라가게 되면 경작자들은 세금 납부를 거부할 수 있었기 때문이라고 이 학자들은 지적했다. 다음에 논하겠지만, 더욱이 대부분의 농촌 반란은 저민다르들이 주도한 것으로, 소농들이 주동했던 것이 아니었다. 확장 중인 경제로부터 혜택을 누리고 있었던 소농계급은, 적어도 무굴제국 시대에 한해 이들의 처지가 통치 초기에 비해 더 나빠졌을 가능성은 거의 없다.

수십 년 동안 현대 역사학자들과 정치학자들은 샤 자한 1세의 후계자인 아우랑그제브가 제국의 문화적 다원성과 행정적 효율성을 파괴했다고 그동안 비난해왔다. 아우랑그제브는 제위를 놓고 첫째 형이었던 다라 슈코Dārā Shukoh[페](다라 시코(Dārā Shīkoh)라 하기

46 원래는 페르시아어로, zamīn "땅"과 dār "가짐, 가진 자"가 합쳐진 단어이다.

도 함. 1615~1658)[47]와 경쟁하였고, 이 두 사람은 역사 속에서 이념적인 적수로 그려졌는데, 여기서 다라는 "진보적"이고 아우랑그제브는 강경한 "보수적" 인물로 그려졌다. 실제로 다라는 아크바르 1세의 전통을 물려받은 지식인으로, 모든 종교 전통에 공통된 철학적인 진실을 추구했다. 그는 성스크르터어로 된 『우퍼니셔드Upaniṣad[성]』를 번역했고, 수피즘과 우퍼니셔드의 철학적 사상을 연결시킨 논문인 그 유명한 『두 바다의 만남Majmaʕ-ul Baḥrayn[페]』을 집필했다. 다라가 여러 철학사상에 정통했다는 측면에만 집중하게 되면, 장군과 지도자로서 그는 능력이 부족했다는 사실을 간과하게 된다. 놀랄 것도 없이 아우랑그제브는 자기 형이 우상숭배를 일삼는다고 비난하기는 했지만, 황위계승 분쟁 과정에서 파벌은 대체로 이념에 따라 형성되지 않았다는 사실 역시 무시할 수 없는 요소였다. 이 점에서 볼 때, 파디샤가 된 아우랑그제브가 자신의 통치 방침을 다른 무슬림 국가들과의 전쟁에 주로 두었다는 점에 주목할 필요가 있다. 비록 아우랑그제브가 궁정문화 측면에서 더 편협하고 금욕적인 이슬람적 양식을 장려했지만, 이는 제국이 쇠퇴하게 된 원인이 아니었다.

아우랑그제브가 제국의 종교 정책을 바꾸기는 했지만, 그 변화는 근본적이지 않았다. 이전 파디샤들이 문화적 다원성을 얼마나 촉진시켰든 간에, 이들은 모두 아우랑그제브처럼 이슬람교에 더 많은 특권을 부여했다. 아우랑그제브는 울라마 집단을 넉넉히 후원했으며, 이슬람법에 대한 여러 법적인 견해들을 집성하도록 명령하면서 『알람기르의 파트와[48]Al-Fatāwā-i al-ʕĀlamgirīyah[페]』[49]를 편찬했다. 그는 자신이 경건한 인간으로 보이도록 하는 조치를 취했다. 아우랑그제브는 무슬림 종교 지도자들과 성소들을

---

47 페르시아어로 شکوه /sh-k-h/라 표기되는 이 단어는 /shukoh/나 /shīkoh/로 표기될 수 있는데, 전자는 "웅장함magnificence, 장엄함majesty"이라는 긍정적인 뜻을 가진 반면, 후자는 "공포terror, 두려움fear"이라는 다소 부정적인 뜻을 가진다. 이 단어가 인명에 사용된 만큼, 부정적인 의미를 가진 단어보다는 긍정적인 뜻을 갖는 단어를 사용하는 것이 더 낫다고 판단하여 역자는 "슈코"를 택하기로 한다.

48 이슬람 사회에서 종교 지도자가 내리는 칙령.

49 사실 파디샤 등극 후 아우랑그제브의 공식 존호는 "알람기르(ʕĀlamgīr[페], 세계(ʕĀlam)를 가진(gīr) 자)"로, 아우랑그제브(awrang "왕관" [페] + zeb "쥔 자" = "왕관을 쥔 자"[페])는 그가 왕사였을 때 붙여진 칭호이며, 원래 이름은 무히웃딘 무함마드(Muḥi ud-Dīn Muḥammad[페])이었다.

후원했고, 힌두교인들에 대한 지즈야를 부과하는 정책을 부활시켰으며(이는 재위 기간 내내 재정 부족에 시달렸던 상황에서 중요한 세입 원천이 되었다), 관리 임용 과정에서 무슬림들을 선호했다. 아우랑그제브가 와라너시Vārāṇasī[싱](영어명으로 Benares, 혹은 Banaras)에 세운 우뚝 솟은 마스지드는 무굴제국의 권력 및 이슬람교에 기반한 권력 행사를 웅장하게 드러낸다. 하지만 와라너시 · 머투라Mathurā[힌][50] · 라저스탄 지역에서 그가 사원들을 파괴했던 것은 우상파괴와 별로 관련이 없는데, 왜냐하면 당시 그는 다른 힌두 사원들을 계속 후원했기 때문이며, 오히려 파괴된 사원들을 관리했던 귀족들이 자신에게 충성을 다하고 있지 않다고 그가 의심했던 사실과 더 관련이 있다. 현지 귀족들이 사원들을 짓고 후원하는 일은, 국가가 마스지드들을 건립하고 지원했던 일과 마찬가지로 국가 정책의 한 부분에 해당되었다. 제국 안에서 공통된 건축 양식으로 건설된 다른 건물들처럼, 사원들은 무굴제국의 권력을 시각적으로 잘 드러내는 상징물들이었는데, 그 대표적인 예로 〈그림 5〉에서 볼 수 있듯이 라즈푸트인 집단이 지은 힌두 사원이 있다. 이와 마찬가지로, 아우랑그제브가 식크Sikkh[펀](영어명 Sikh)교단의 구루[51]였던 태그 버하더르Gurū Taig Bahādar[펀](1621~1675, 구루 재직 1665~1675)를 신성모독의 혐의로 비판한 뒤 처형한 것은 당시 궁정 내 정치 구도를 감안해 파악해야 한다. 태그 버하더르는 다라의 한 지지자와 가족관계를 맺고 있었던 활동적인 군사 지도자이자 전도자였다. 아우랑그제브가 그를 처형한 것은 종교적인 이유에서 비롯되었을 뿐만 아니라 당시 제국 내 정치적 상황에 의한 것이기도 했는데, 자항기르가 식크교단의 5대 구루를 처형한 것도 이와 비슷한 이유에 의한 것이었다.[52]

그리고 생애 마지막 순간에도 아우랑그제브는 비무슬림 대신들에게 의존했는데, 만사브를 지닌 관리들 및 주요 장군들 중 1/4 이상이 힌두교도였다.

제국의 판도를 최대로 확대하는데 성공했던 아우랑그제브가 과연 제국 몰락의 씨앗

---

50 현 웃터르프러데쉬주 서쪽 끝에 있으며, 라저스탄주와 허리야나주와 가깝다.

51 식크교단 내 최고 종교지도자.

52 참고로 태그 버하더르는 식크교단 9대 구루였으며, 자항기르에게 처형당한 5대 교주는 구루 어르전(Arjan[펀], 1563~1606, 구루 재직 1581~1606)이었다.

그림 5_ 브린디원에 있는 무굴제국 양식으로 건축된 힌두교 사원
라자 만 싱그(Raja Man Singh) 건축, 현 웃터르프러데쉬주 극서쪽에 있는 머투라현에 있다.

을 뿌렸는가에 대해서는 그동안 자주 논쟁이 일었다. 바흐만 술탄국을 계승했던 무슬림 왕국들뿐만 아니라, 게릴라 전술을 구사하고 구릉지대 내 전략적으로 중요한 장소에 세워진 요새들에 의존했던 만만치 않은 적 머라타인들과 마주쳤던 그는, 어떠한 대가를 치르는 한이 있더라도 덕컨고원 지역으로 제국의 영역을 확대하기로 결심했다. 1685년 그의 군대는 비자푸르 술탄국을, 1689년에는 골콘다 술탄국을 멸망시켰다. 프랑스와 베르니에(François Bernier, 1620~1688)의 회고록에서 생생하게 묘사되었듯이, 한 도시의 인구 전체를 이룰 정도로 그 규모가 엄청났던 파디샤와 그의 궁정 및 군대가 델리로부터 계속 멀리 떨어져 있게 되면서, 북인도에 있는 핵심 지역들에 대한 제국의 통치가 허술해졌다. 자기르를 하사하는 방식을 통해 새로운 지배층을 끌어들였던 체제는, 전투를 계속 치르게 되면서 소모적인 비용이 계속 늘어나는 바람에 생산성 높은 봉지를 하사할 수 있는 기회보다 지급해야할 자기르가 더 커져 더 이상 작동하지 않게 되었다. 머라타인뿐만 아니라 식크교도 세력이나 자트인(Jāṭ[힌]) 집단[53]의 저민다르들, 그리고 일부 라즈푸트인 집단도 곧 제국의 통치에 도전하게 되었다. 하지만 이들의 반란은 아우랑그제브의 치세에는 모두 진압되었다.

단기간 동안 발생했던 여러 문제들과 상관없이, 특정 파디샤 개인의 성격이나 정책에 초점을 두어 제국의 쇠퇴를 설명하는 것은 매우 부적절하다. 그러한 시각은 아시아적 "전제주의"를 설명하려고 했던 옛날 유럽인들의 이론에 매우 딱 들어맞는다. 그것보다 더 타당한 두 가지 주장의 내용을 보면, 이미 17세기에 시작되었으면서 1707년 아우랑그제브 사망 이후 정치권력의 분열을 가속화하는데 일조했던 장기간에 걸친 여러 흐름들이 드러난다. 첫 번째 주장은 아마도 놀랍겠지만, 신흥 전사 세력이자 군사·통치 방면에서 목표를 지닌 응집성 있는 집단이었던 머라타인, 자트인, 그리고 기타 집단 모두 무굴제국으로 인해 이후 번영할 수 있게 되었다는 사실인데, 왜냐하면 무굴제국 정부가 이러한 집단들을 인정하게 되면서 그들은 군사·통치 경험을 쌓을 수 있었기 때문이었다. 이러한 집단들의 성공은 바로 무굴제국이 거둔 성공에서 비롯

---

53 목축업 및 농업에 종사했던 인도아대륙 북서부에 있는 집단.

된 것이었다. 두 번째 주장은 경제적인 차원에 의한 것이었다. 아시아 전역에 걸쳐, 17세기 농업에 기반했던 제국들의 경제는 신세계 정복으로 인해 생긴 정화正貨Specie의 유입으로 활기를 띄게 되었는데, 왜냐하면 유럽인들은 이미 가격이 정해진 상품들을 이러한 제국들로부터 더 많이 수입하려 했기 때문이었다. 무굴제국의 경제를 포함해 아시아 각 지역의 경제는 점점 더 화폐화Monetization되었고, 수요에 민감한 환금작물 생산이 확대되었다. 무굴제국의 엄청난 부는 제국이 건재했을 때 세워진 여러 건축물들에 분명히 드러나는데, 샤 자한 1세의 치세에 지어진 건축물들이 특히 그러하다. 틀림없이 인도의 해상 무역은 8세기부터 대체로 아랍인들이, 16세기 초부터는 포르투갈인들이 장악했다. 영국과 네덜란드의 무역 회사들도 17세기 해안 지역에 거점을 두었다. 하지만 다음 장에서 보게 될 것처럼, 이 해상 무역으로 인해 이루어진 화폐화와 확장 중이었던 무역은 무역 · 정치 방면에서 새로운 인도인 특권층이 등장하는 원인이 되었는데, 특히 남부 및 동부 해안 지역에서 그런 현상이 두드러졌다. 그래서 18세기에 존재했던 지역 국가들은 무굴제국 통치의 단절로 인한 산물이 아니라, 오히려 그 연장선상에서 비롯된 결과라 이해할 수 있다.

이전에 무슬림들의 통치로 인해 억압을 받았고, 이제 자주권을 되찾으려 했던 집단들이 아우랑그제브에 도전했던 것은 아니었다. 머라타인, 식크교도, 자트인, 그리고 라즈푸트인들마저 그 명칭은 오래되었지만, 응집력 및 지위 측면에서 새로운 특성을 띠게 된 집단들이었다. 이러한 집단들은 역사가 오래된 "카스트" 집단이 아니었다. 여러 명문들과 당대의 여러 증거물에 나타나는 내용을 분석한 최근 연구에 담긴 어떤 놀라운 주장에 의하면, 지금으로부터 불과 수세기 전만 하더라도 인도아대륙의 대부분 지역 내 사회 조직은 성스크르터어로 된 웨더Vedaḥ[성] 문헌에 언급된 네 가지 규범적인 계급범주"워르너varṇa[성]"로부터 별로 영향을 받지 않았다고 하는데, 웨더에 따르면 브라머너 계급의 사제들은 종교의례를 집선하면서 사회의 순수성을 지키는 수호자이며, 크셔트리어Kṣatriyaḥ[성] 계급은 전사들로, 와이쉬여Vaishyaḥ[성] 계급은 상인들로, 그리고 슈드러Shūdraḥ[성] 계급은 소농들로 이루어져 있었다. "하위 카스트 집단"이나 자티Jāti[성](워르너와 비슷한 개념이나 족내혼이 이루어지는 집단)나 사회를 구성했던 집단은 아니었다. 실제로는 식민지 시대 이후 대부분의 학자들이 인정했던 것보다 다양한 직업 정체성 및 사회 내 개인의 지위 유동성이 훨씬 더 중요했다. 무굴제국 시대 당시 야심찬 지역 군주들은 성스크르터어 문헌에 언급되는 계급 범주들을 이용하면서 자신들의 권력을 강화하려고 했다. 크셔트리여 계급 출신이자 신흥 집단이었던 이들이 소농들과 군인들은 위계적인 집단을 이룬다고 여기게 되면서, 이전에는 그저 느슨한 지역적 혹은 직업적 의미만 지녔던 예전 칭호들에 새로운 뜻이 더해졌다. 이렇게 제시된 칭호들을 이용함으로써 특정 개인들의 사회적 지위가 개선되었을 뿐만 아니라, 문화와 언어 측면에서 서로 달랐던 지역들이 통합될 수 있었다. 무슬림 사회에서 존재했던 계급 체계도 역시 새로운 모습을 띠게 되었으며, 이런 현상이 18세기에 더 분명해졌다는 사실도 주목할 만하다. 상층 계급에 속했던 무슬림들은 자신들이 위계와 혈통이 있는 다음 네 가지 집단 중 하나에 속한다고 여겼는데, 그러한 집단들로는 예언자 무함마드의 자손들인 사이드Sayīd[아](영어명 Sayyid), 예언자 무함마드의 동료들의 후손인 샤이흐Shayḵh[아], 무굴인, 그리고 파쉬툰인Paštānā[파][54]이 있었다. 특히 출세지향적이었던 이들은 많은 경우 "샤이흐" 집단 지위에 오르려고 했다.

왕좌에 오를 수 있을 정도로 신분 상승할 기회가 있었던 당시 사회 유동성과 관련해, 수전 베일리는 그 전형적인 사례로 보설레 가문의 시와지 1세Shivājī Bhosale[머](영어명 Bhonsle, 1630~1680, 머라타제국 초대 군주(Chatrapati[머]), 재위 1674~1680)를 들었다. 그는 덕컨고원 지역에서 아우랑그제브를 그렇게도 괴롭혔던 머라타인들의 반란을 주도했던 핵심적인 인물이었다. 시와지 1세는 인도아대륙 서부에 있는 종족種族인 머라타인 집단에 속한 농민 출신이었다. 16세기에 이르러 군인과 관리로 일했던 머라타인들에게 술탄들이 여러 가지로 보상하게 되면서, 덕컨고원 지역 술탄들이 사용했던 이 "머라타"라는 용어는 사회 안에서 더 높은 존경의 의미를 띠게 되었다. 시와지 1세의 아버지는 고위급 장군으로 비자푸르 술탄국과 아흐마드나가르 술탄국을 위해 일했으며, 군대를 이끌고 무굴제국과 싸웠지만 성공을 거두지 못했다. 시와지 1세 자신은 무굴제국에 맞

54 힌두스탄어로는 퍼탄인(Paṭhān)이라 부르는 아프가니스탄의 주요 종족 집단.

서는 전사로서 계속 싸웠다. 유명한 사례로, 그는 비자푸르 술탄국의 장군이었던 아프잘 한Afḍal Khān[페](?~1659)에 거짓 항복한 뒤, 그를 껴안는 척하면서 숨겨진 "호랑이 발톱"으로 이 장군을 살해했다. 이후로 그는 라즈푸트인 출신이자 아우랑그제브의 장군이었던 재 싱그Jay Siṁh[힌](영어명 Jay Singh, 1611~1667)에게 대패했고, 무굴제국에 복종하는 대가로 만사브를 받았지만, 수여받았던 관등이 보잘것없다고 느꼈던 그는 제국 정부의 요구를 거부하게 되었다. 시와지 1세는 무굴제국이 내린 영예로부터 정통성을 얻었지만, 다른 곳에서도 역시 지위를 얻으려고 했다. 무굴제국 치세에서 "라즈푸트"라는 용어는 정통성 있는 크셔트리여 계급의 통치 상징이 되었는데, 그리하여 시와지 1세는 이 칭호를 얻기로 결심했다. 라즈푸트인들이 일반적으로 그랬듯이, 그도 브라머너 계급 출신의 한 인물을 등용했다. 자신과 같은 계급에 속했던 다른 사람들과 함께 이 인물은 시와지 1세를 위해 그의 가계家系를 기리는 종교의식을 거행했는데, 이 종교의식에서 이 사제는 전사 집단이었던 조상들의 후손인 시와지 1세에게 정통성을 부여했다. 1674년 시와지 1세는 브라머너 계급이 공들여 준비했던 기념 행사에서 왕으로 자처하면서, 형식화된 카스트 집단 개념을 만들어내는데 성공한 전사의 예시가 되었다. 그는 출신과 상관없이 유능하고 충성스런 이들을 환영했지만, 이후 자티와 워르너 개념에 있는 여러 분류들을 자신의 궁정 의례 및 기구를 조직하는데 반영했다.

그리하여 무굴제국 시대에 정치 · 경제 · 사회 방면에 지대한 영향을 미치는 구조적인 변화가 발생했다. 문화 부문 역시 다양한 집단들이 존재했던 사회와 지역 간에 활발했던 상호 교류를 바탕으로 번영했다. 페르시아로부터 기원했지만 인도에서 완전히 변형된 무굴제국 시대의 세밀화와 건축은, 그렇게 찬란했던 문화 부문에서 가장 뚜렷하게 드러나는 유산이 되었다. 의학 부문의 경우, 성스크르터 의학인 아유르웨더Āyurvedaḥ[성]와 아랍 의학인 티브 유나니Ṭibb Yūnānī[아]("그리스 의학")는 온도와 수분에 대한 전체론[55]적인 인식을 공유하면서 서로 영향을 미치며 같이 발전했으며, 음악 역시 발

55 생명 현상의 전체성을 강조하고, 전체는 단순히 부분의 총합으로서는 설명할 수 없다는 이론. 전체는 부분에 선행하고 부분의 상호 관계에 의존하는 동시에 부분을 통제한다고 본다.

전했다. 이 시대에는 위쉬누파의 예배의식을 이루는 근본적인 요소들이 특히 구체화 되었는데, 아크바르 1세 재위 중 수르다스Sūrdās[힌](16세기에 활동)와 같은 시인들의 작품이나, 툴시다스Tulsīdās[힌](1511?~1623)의 사랑받는 작품인 『라머 신의 행적을 담은 호수Rāmcaritmānas, "람처리트마너스"[힌]』[56] 등이 그 예이다. 이 시기 가장 뛰어난 이슬람 사상가이자 나크쉬반드 교단의 수피였던 섀흐 아흐머드 서르힌디Shaykh Aḥmad Sarhindī[우](영어명 Ahmad Sirhindi, 1564~1624)의 주장을 보면, 인도아대륙 자체가 이슬람 사상과 종교활동의 중심지였다는 사실을 알 수 있다. 제국의 문화 정책을 비판했던 서르힌디는 중앙정부의 입장에서는 눈엣가시와 같은 존재였으며, 자신의 세력을 확대하려고 한다는 혐의를 받아 자항기르에 의해 투옥되기까지 했다. 하지만 그의 우주론적이고 철학적인 사상은 인도아대륙뿐만 아니라 중앙아시아와 오스만 제국에도 지속적인 영향을 미쳤다. 유럽 국가들이 인도에 무역회사들을 설립하게 되면서, 이 시대에 만연했던 개방적이고 절충적인 분위기는 조선, 원예, 심지어 예술(그 예로 풍경과 원근에 대한 묘사) 부문에서 새로운 기술들이 통합되었다는 사실로 분명히 드러난다. "정체" 만큼이나 이 시대에 대한 오해를 더 불러일으킬 단어는 있을 수 없다.

인도사에서 무굴제국 시대를 고립적이고 이국적인 성격을 드러내는 "중세" 혹은 "무슬림" 시대에 속하는 특정 시기로 그동안 오랫동안 여겼던 종래의 시각에서 벗어나, 대신 이제 많은 역사학자들이 선호하는 용어인 "근세"로 이 시대를 표현한다면, 이 제국에 존재했던 여러 제도에 반영된 유연성과 개방성 역시 제대로 드러날 수 있다. 그러한 표현을 통해 유라시아 전역에 걸쳐 1500년경부터 시작된 다양한 변화들이 잘 드러날 수 있으며, 16세기부터 18세기에 걸친 "근세"라는 시대구분은 유럽에만 적용 가능한 것이 아니다. 무굴제국 시대 인도를 연구했던 역사학자 존 리처드John Richards는 전례 없을 정도로 발생했던 이 전 세계적인 변화의 일부를 포착했는데, 이러한 변화는 이 시대에 전 세계를 이어주는 해상 항로가 처음 등장하면서 시작되었다. 앞에서 지적한 바와 같이, 인도에서 이런 변화들은 화폐화 현상이 뚜렷해지고 직

---

56 "'라머(Rāma)' 신의 행적(carit)을 담은 호수(mānas, mansarovar의 줄임말)"를 뜻한다.

물 생산이 확대되는데 영향을 미쳤는데, 이런 현상은 이미 17세기에 이르러 분명해졌다. 또한 전 세계 많은 지역들처럼, 이 시기 인도에서도 농업지대가 확장되고 인구도 증가했으며, 아시아의 다른 지역들과 같이 담배 · 옥수수 · 고추 등 신세계 지역이 원산지였던 품종들이 인도로 유입되었다. 근세는 또한 새롭게 중앙집권화된 국가들의 시대이기도 했는데, 무굴제국도 이에 포함된다. 그리고 이 시기에는 기술 확산이 일어났는데, 특히 여기서 화약은 중요한 역할을 맡았다. 이 화약 기술은 매우 중요한 역할을 맡았는데, 역사학자 마셜 호지슨Marshall Hodgson은 이 시대 농업에 기반한 거대 제국들인 오스만 제국, 사파위 제국, 무굴 제국, 그리고 청 제국을 "화약 제국"으로 묘사했다. 이러한 제국들은 개량이 이루어진 개인 화기와 화포를 효과적으로 사용할 수 있었던 병사들을 동원할 수 있었고, 또 새로운 군사 기술을 마련하는 과정에서 관료집단을 통제하는 새로운 제도를 확립했다.

그렇다면 다시 묻건대, "이슬람적"이라는 단어는 과연 타당한 말인가? 거의 5백 년 가까이 무슬림 왕조들은 인도아대륙의 정계를 지배했다. 근대 서유럽의 동양학과 최근의 힌두 국민국가주의 모두 힌두교인들의 신념 및 제도가 이 시대에 탄압받았다고 주장해왔다. 이런 주장과 반대로 앞에서 지적한 점들을 다시 언급하자면, 사회 제도 및 위쉬누파와 시워파의 종교 활동 측면에서 여러 새로운 특징들이 정확히 이 때 출현했다. 이슬람 사상과 종교활동은 특히 수피들의 예배의식을 통해 비슷한 방식으로 변형되었다. 무슬림들이 이끌었던 이 정권들은 여러 집단 중 학식있고 성스러운 무슬림 지도자들을 후원했으며, 자신들의 위상을 이슬람적 색채가 드러나는 용어로 정당화했다는 점에서 "이슬람"적이라 할 수 있었다. 하지만 종교적인 소속이 아니라 충성심이 이들의 정치 활동에 결정적인 역할을 맡았고, 비무슬림 지배층은 델리술탄국 및 무굴제국의 정치가 작동되는데 핵심적인 역할을 맡았던 존재였다. 강제 개종은 물론이고, 계획적인 집단 개종조차 존재하지 않았다.

그렇다면 사람들이 자주 주장하는 것처럼, 이 정권들은 과연 "외래적"이기만 했는가? 확실히 이러한 왕조들은 남아시아의 당시 정치적 경계 외부로부터 온 이들에 의해 창건되었고, 이주자들은 인도를 "기회의 땅"으로 여겼다. 하지만 문화적인 차원에서 지역의 경계는 당대의 경계선을 넘어 확대되었고, 중앙아시아와 왕래가 많았던 지역 주민들이나, 동서로 오고가는 해상 교역망을 통해 활동했던 사람들은, 상상적 측면이 강한 "근대 국민국가"보다 이렇게 활발한 교류가 일어났던 지역들 안에서 틀림없이 더 많은 공통점을 지니고 있었다. 근대 국가와 여권이 존재하기 전 "외래적"이라는 단어는 무엇을 뜻하는가? 누구나 다 주장하는 것처럼, 특히 토착적인 상징체계 및 제도가 외지에서 온 이들이 가졌던 상징체계 및 제도와 교류하면서 변화할 때, 기원이 다른 문물들이 특정 지역 안에서 "자연스럽게" 수용되려면 얼마나 많은 시간이 걸릴 것인가? 힌두교인들과 무슬림들이 자신들을 별개의 종교 공동체, 더 나아가 두 개의 국민 집단으로 보게 되었다는 사실은 인도 근현대사에서 매우 중요한 사항이다. 같은 이름이 계속해서 사용되었음에도 불구하고, 과거의 종교 집단들이 오늘날과 어떻게 매우 다른지 이해하는 일은 중요하다. 전근대 정권들은 여러 지역과 종교에 속했던 개인들을 통합시킨 상층 계급의 다양한 정체성을 만들어냈다. 이 장에 있는 삽화들은 각각 특정 귀족들(피로즈 샤, 바부르, 샤 자한 1세, 라자 만 싱그)의 모습을 드러내는데, 다양한 협력자들과 하급 관리들이 이들에게 충성을 맹세했다. 군사적인 역량을 다지고, 자신들이 지배하는 사회 안에 질서를 확립시키며, 부하들로부터 자원과 부역을 받으면서 그들 위에 군림하려 했던 이러한 귀족들의 모습은 개별 회화에서 가시적으로 드러난다. 식민지 시대 이전의 인도는 전반적으로 정체된 상태에서 자족적인 마을들로 이루어졌고, 또 경직된 카스트 제도가 그 안에 존재했다고 보는 시각에는 식민지 시대 사회의 여러 특성들이 그대로 반영되었는데, 이러한 시각은 당시 힌두교인들 및 무슬림들의 여러 공동체들이 각자만의 정체성을 강하게 갖고 있었으면서 서로 "수평적인 관계를 맺었다는" 실상과 반대된다.

제2장

무굴제국의 황혼: 지역 국가들의 출현과 영국동인도회사

무굴제국 통치의 "분열 요소"

북서 지역: 식크교도 세력, 페르시아인, 아프간인

새로운 지역 질서: "군사재정주의" 및 문화의 개화開花

영국동인도회사의 부상

방글라 지역 정복

제2장

무굴제국의 황혼: 지역 국가들의 출현과 영국동인도회사

1707년에 있는 시간여행자가 만일 "동양의 전제군주"에 대한 유럽인들의 설명에 잘못 영향을 받았다면, 비슷한 규모의 다른 전근대 제국의 정치 체제와 마찬가지로, 무굴제국이 사회 내 다른 계층들 사이에서 위계적으로 분산된 권위에 따라 그 체제가 어떻게 작동했는지 그는 제대로 평가하지 못할 것이다. 병력에 대한 독점도, 정치 권위에 대한 독점도 없었다. 무굴제국의 통치자 자체가 샤안샤Shāh-an-shāh[페], "왕중왕"였으며, 그렇기에 많은 군주들 중 유일한 군주였다. 지리적으로 영역을 확대하려는 경쟁은 항상 으레 있는 일이었으며, 체제 내 수직적인 계층들 간 경쟁도 마찬가지였다. 무굴제국 후기를 그러한 체제의 한 예로 사용했던 버나드 콘Bernard Cohn이 쓴 대로, 이러한 정치 체제를 지속시킨 위태로운 합의와 균형을 이룬 것은 바로 갈등이었다. 효율적인 통치에는 계층 간 경쟁의 해결뿐만 아니라, 관여 중이었던 갈등에 대한 판단 역시 필요했다. 18세기 초반 동안 무굴제국의 세력이 축소되었던 반면, 한때 무굴제국에 종속적이었던 세력들은 번성했다. 이 새로운 지역 세력들 중에는 영국 무역상들이 세운 합사 회사도 있었는데, 18세기가 끝날 무렵 이 회사는 인도아대륙의 통치자로서 이전에 무굴제국이 맡았던 역할을 요구하게 되었다.

무굴제국 통치의 "분열 요소"

통치자로서 아우랑그제브에 대한 설득력 있는 시각은, 힌두 카여스터Kāyastha[머] 카스트[1] 계급 출신이자 회고록 작가였던 빔센Bhīmsen[힌](17세기 중후반 활동)으로부터 비롯되는데, 그는 봉직하면서 마지막 수십년 동안 한 라즈푸트인 귀족을 감독하는 회계감사관 및 조사관으로 활동했다. 아우랑그제브의 생애 마지막 무렵 때 회고록을 썼던 빔센은, 그가 제국의 실패라 보았던 "민초"적인 시각을 우리에게 드러낸다. 존 리처드가 쓴 것처럼, 그는 몇 세대에 걸쳐 무굴 정권에 충성심을 표했고, 인도-페르시아 궁정 문화에 정통하면서 자신들의 정치적 기여도와 전장에서 보였던 용기에 대해 자긍심을 가졌던 많은 이들 중 하나였다. 빔센은 반란을 일으킨 저민다르들 및 부족장들과 무익한 전투를 벌였던 자기 주인을 따르면서, 이전 파디샤들의 통치와 이후 아우랑그제브의 통치 간 차이점에 대해 다음과 같이 절망했다.

> 통치하는 군주가 사람들이 행복해지는데 목표를 둘 때, 나라는 번영하고, 농민들은 편안해지며, 사람들은 평화롭게 산다. 지금 파디샤의 명령은 지위를 불문하고 모든 사람의 마음을 두렵게 하고 있다. 마지막 시대("컬리유거(Kaliyuga[성])")[2]가 도래했기 때문에, 아무도 정직해지려고 해도 그러지 못한다. 파디샤는 요새들을 점령하는데 정신이 팔려 신민들이 행복해지는데 신경쓰지 않는다. 귀족들은 고언을 하는데 주저하고 있다.

그러고 나서 빔센은 이 개탄스러운 무질서의 원인을 사회 전체의 시각에 입각해 분석했다. 그의 설명에 따르면, 저민다르들은 "강했고, …(중략)… 군대를 모았으며, 나라를 압박했다."

---

1 서기 일을 관장했던 브라머너 계급에 속하는 하위 카스트.

2 힌두교에서 세계의 시간은 넷으로 구분되는데, 이 중 마지막 시대인 컬리유거는 바로 현재에 해당되는 시기이며, 악행이 판을 치는 최악의 시기라 상정한다.

신흥 저민다르들을 무질서를 야기시키는 장본인이라 파악했던 빔센은, 중앙집권화된 무굴제국의 통치에 도전했던 세 가지 중요한 "분열 요소fault line" 중 하나를 지적했다. 저민다르들은 현지에 기반을 둔 종족宗族의 우두머리 및 부족장인 경우가 대부분이었는데, 이들은 해박한 현지 지식을 가졌고, 소농 경작자들을 지배했다. 그들은 번영을 거듭했던 17세기 동안 부를 쌓으면서 힘을 모았으며, 무굴제국 정부로부터 인정을 받았고, 관등 및 관직도 간간이 확보하기까지했다. 무자파르 알람Muzaffar Alam, 우르두어식 발음으로 무저퍼르 알럼Muẓaffar ʕĀlam)의 연구에서 분명히 드러낸 것처럼, 아우랑그제브의 사망 이후 북인도 · 중인도 내 저민다르들은 제국의 권위에 맞서 봉기했다. 이들은 자신들의 활동을 별로 조직화하지 않았다. 사실 이와 달리 현지 부족장들은 농촌 지대를 장악하기 위해 자주 경쟁했다. 하지만 일부 부족장들은 서로 뭉쳐 무굴제국의 권위에 지속적으로 도전할 수 있는 응집력 강한 공동체들을 형성하기에 이르렀다. 이들 중 가장 두드러진 세력은 덕컨고원 지역의 머라타인들, 펀자브 지역의 식크교도 세력, 그리고 델리 남동쪽에 있는 아그라Āgrā[힌]의 자트인 집단이었다.

무굴제국 행정의 고유한 특징이라 할 수 있는 두 번째 "분열 요소"는 기존 토후들이었는데, 이들은 이전에 무굴제국의 힘을 인정하여 조공은 바쳤으나, 무굴제국의 행정이 미치는 범위에는 놓이지 않으면서 자신들만의 작은 영역 안에서 권위를 유지했다. 그러한 영토들은 일반적으로 접근이 어렵거나 주변 지역들에 위치했다. 일부 족장들은 그냥 조공을 바치는 것을 중지했고, 다른 이들은 자신들이 가진 견고한 요새들을 믿고 무굴제국 정부의 여러 요구 사항들을 점점 더 거부했다. 제국에 충성하는 동안에도 인도 북서부에 있는 타르Thār[힌] 사막에서 자신들의 근거지를 이미 완전히 장악했던 라즈푸트인들은 어느 정도 이 분류에 들어맞는다. 17세기 말에 이르면, 당시 가장 중요했던 라즈푸트인 가문 중 두 집안이 반란을 일으켰다.

세 번째 "분열 요소"는 지방의 주지사("수바다르Ṣubahdār[페](주州(Ṣūbah)를 가진 이(dār)")들이었다. 대체로 이들은 파디샤의 임명을 받아 이전에 현지와 관계가 없었던 지역을 다스리는 관료로 봉직했지만, 그러고 나서 이들은 중앙정부에 말로만 계속 충성을 다짐하고 실제로는 독자적으로 활동했다. 이러한 이탈의 흐름은 1724년이 되면 명확해졌는데, 당시 제국의 수상이었던 니자물물크Niẓām-ul Mulk[우](1671~1748, 니잠 재위 1724~1748)[3]는 하이다라바드Haidarābād[텔](우르두어로는 해드라바드(Ḥaydarābād)이며, 영어명 Hyderabad)로 물러난 뒤 중앙정부가 펼쳤던 여러 활동에 협력하는 것을 거부하고, 자신의 자주권을 확립하기 위해 중앙정부의 군대에 맞서 싸우기까지 했다. 그가 제국의 남방 지역을 지배하는 무굴제국의 부왕副王(Viceroy)으로 임명되었다는 사실은 당시 냉엄했던 현실을 반영한다. 부유한 속주였던 어워드Avadh[힌][4]와 방글라 지역도 이와 마찬가지로 1720년대부터 사실상 독립했는데, 1730년대까지도 파디샤로부터 후계자 승인을 받기는 했지만, 이제 너와브Nawāb[우]라 불린 현지의 최고 수장들은 자기 관리들을 제멋대로 임명하고, 후계자들에게 칭호를 붙였다. 반半독립적인 국가들을 통치했던 이들은 이전에 델리로 보냈던 세수를 자신들에게로 돌렸고, 외교 및 군사 활동에 관여했으며, 제국 궁정으로 더 이상 입조入朝하지 않았다. 중앙정부로부터 임명받은 무굴제국의 관리로부터 시작해, 이전에 주지사였던 이들은 18세기 중반에 이르면 각지에서 사실상 독립한 왕국의 수장이 되었다.

이 귀족 및 족장 반란 세력들뿐만 아니라, 제국의 쇠퇴로 인해 가차없고 야심찬 인물들이 온갖 종류의 행동에 나서게 되었다. 나중에 로빈후드와 같은 민중 영웅이 된 인물은 바로 파파두Pāpaḍu[텔](혹은 파판나(Pāpanna), ?~1710)였는데, 그는 텔루구인 하층 카스트 집단 출신으로 도적 집단의 두목이었다. 이 인물을 다룬 존 리처드와 나라야나 라오V. Narayana Rao의 설명에 따르면, 원래 야자나무 열매에서 수액을 빼내는 카스트 집단에 속했던 파파두는, 1700년 이후 몇 년 동안 수많은 불가촉천민 및 하층 카스트 취급을 받은 집단들로부터 추종자들을 모아 그 규모가 수천 명이나 되는 군대를 일으켰다. 이 병력으로 그는 텔랑가나Telaṁgāṇa[텔](영어명 Telangana) 지역 내 몇몇 주요 마을을 공격하는데 성공했다. 무굴제국의 중앙정부군 및 저민다르들의 연합군이 파파두가 피신해 있던 구릉지대 요새를 1년 동안 포위한 끝에, 그는 체포되어 처형되었다. 리처드

3 아랍어로 "왕국(Mulk)의 통치자(Niẓām)"라는 뜻이다. 아서프 자(Āṣaf Jāh[우]) 1세로도 알려져 있다.
4 보통 Awadh라는 표기로 알려져 있으며, 옛 영어명 표기로는 아우드(Oudh)였다.

와 나라야나 라오가 밝혔듯이, 이러한 반란은 실패할 수밖에 없었다. 제국과 현지 족장들의 권위에 대항했던 "이중 반란"의 지도자로서, 파파두는 사회를 이루는 가장 기본적인 질서에 매우 과감하게 부딪쳤기 때문에, 카스트 및 부와 관련해 이해관계가 얽혀있던 모든 기득권층이 결집해 이 인물에 대항했다.

이런 무굴제국의 여러 "분열 요소"들 중에서도 특히 족장들과 저민다르들의 경우, 힌두교인들이 외지인들의 통치에 저항하게 만드는 주체로 그동안 자주 인식되었다. 머라타인들의 경우를 보면, 온건파였던 머하데우 고윈드 라너데 등 19세기 후반 인도 국민국가 수립운동가들은 당시 새롭게 등장한 영국의 통치에 대한 저항이라는 시대착오적인 시각을 갖고 시와지 1세와 그의 후계자들을 평가했는데, 그리하여 이 국민국가 수립운동가들은 이들을 "외지인"의 지배에 도전하는 "국민 집단"으로 만들었다. 이후 과격파였던 발 겅가더르 틸러크Bāl Gaṅgādhar Ṭilak[머]는 시와지 1세를 힌두교인들에 의한 통치를 실현시킬 수 있는 영웅으로 만들었다. 힌두교인들과 무슬림들 간 관계가 독립을 앞두고 점차 악화되면서, 이 시와지 1세라는 인물은 1930년대와 1940년대에 중요성을 새롭게 띠게 되었는데, 여기서 그는 무슬림들의 지배에 대항했던 힌두교인들의 저항을 상징하게 되었다. 이와 마찬가지로, 무굴제국의 통치에 대한 식크교도 세력의 저항은 이념적인 동기가 있었던 것으로 해석되었다. 사실 반란을 일으켰던 이들은 편의에 따라 동맹을 맺었지, 종교적으로 연합된 전선을 모색하지 않았다. 그 예로, 마르와르Mārvāṛ[힌](영어명 Marwar)와 메와르Mevāṛ[힌](영어명 Mewar) 지역의 라즈푸트인 라자들이 아우랑그제브의 치세 동안 부상했을 때, 그들을 복종시키도록 파견된 왕자 아크바르는 도리어 그들에 가담했다. 궁극적으로는 반란에 실패하여 평생 동안 도망다니기 전에, 이 아크바르는 또한 시와지 1세의 아들 및 후계자와도 동맹을 맺었다. 머라타인들은 무굴제국 내 파벌들 간에 벌어진 여러 권력다툼에 적극 가담해, 중앙정부에 말로만 계속 충성을 다짐했으며, 소유권을 둘러싸고 시비가 붙은 구역들에 대한 접근권을 공유하기 위해 중앙정부와 자주 거래하였다. 시와지 1세의 아들 섬바지 1세Sambhājī Bhosale[머](1657~1689, 재위 1681~1689)가 1689년 처형당한 뒤, 궁정에서 성장한 샤후Shāhū[머](1682~1749, 재위 1707~1749)는 머라타인들의 핵심 지역을 관장했던 디완Dīwān[페](민정관련 수석관리)직에 등극하는 것을 수락했다. 확실히 여러 독특한 종교의례 및 이념은 반란을 일으킨 정권들에게 중요했지만, 이러한 사항들은 이 정권들이 무슬림 통치자들과 전략적으로 협력하거나, 심지어는 동맹까지 맺는데 부정적인 영향을 주지 못했다.

북서 지역: 식크교도 세력, 페르시아인, 아프간인

농업 활동에 기반했던 식크교도 세력의 반란은 번다 싱그 버하더르Bandā Siṁgh Bahādar[펀](영어명 Banda Singh Bahadar, 1670~1716, 구루 재직 1708~1716)가 주도했는데, 이 반란은 아우랑그제브의 후계자였던 노쇠한 바하두르 샤 1세Bahādur Shāh[페], 1643~1712, 재위 1707~1712)에게 큰 도전이 되었다. 식크교도 세력은 머라타인과 마찬가지로 수세기 동안 무슬림 왕조들과의 관계 속에서 중요한 역할을 맡았던 집단이었다. 형체없는 신에 대한 헌신적인 사랑을 강조하고, 권력과 관등에 따라 위계적으로 이루어진 당시 사회 구조를 경멸했던 구루 나너크 자신도 델리술탄국 시대 여러 술탄국을 섬겼던 커트리Khatrī[힌/우][5] 카스트 집단에 속한 한 가문 출신이었다. 그는 젊었을 때 페르시아어를 공부했고, 약 10년 간 아프간계 로디 왕조를 위해 세수 창고에서 일했다. 그의 후계자들 중 세 명은 아크바르 1세의 후원을 받았는데, 오랫동안 이어졌던 아크바르 1세의 치세 동안 어므릿서르Amritsar[펀][6]가 사실상 독립적인 지역의 중심으로 등장했다. 구루들은 세속적이고 영적인 권력을 얻으려 했다. 궁정에서 후계 문제를 둘러싼 파벌 간 경쟁에 뛰어들었다는 이유로, 실제로 두 명의 구루들이 처형되었다. 마지막 구루였던 고빈드 싱그Gobind Siṁgh[펀](영어명 Gobind Singh, 1666~1708, 재위 1675~1708)는 펀자브 지역 내 다른 부족장들과 마찬가지로 무굴제국의 통치를 다양하게 이용하기도 하고 저항하기도 했다. 그

---

5 어원을 보면, 사회 계급을 규정했던 네 가지 워르너 중 두 번째 계급인 "크셔트리여"로부터 비롯되었다.

6 성스크르터어 amṛta "불멸의" + saras "호수"라는 어원을 가지고 있다. 이를 참작해, 이 도시에 대한 표기도 기존에 알려진 "암리차르" 보다는 "어므릿서르"라 하는 것이 어원을 더 제대로 반영한 것이라 할 수 있겠다.

는 통치 말엽에 아우랑그제브에 패배하기는 했지만, 고빈드는 부질없게도 새로운 파디샤에게 자신의 영토를 돌려달라고 하소연했다. 고빈드가 죽고난 뒤, 세속적인 지도권은 게릴라전을 벌였던 족장들에게로 넘어갔는데, 이들 중 가장 강력했던 이가 바로 번다였다.

무굴제국 정부는 펀자브 지역 내 저민다르들과 여러 종족宗族의 우두머리들을 지원했지만, 1715년이 되서야 이들은 겨우 번다를 물리치고 그를 처형했다. 그러자 많은 식크교도 집단들의 움직임이 잠잠해졌지만, 핵심 집단들은 구릉지대로 근거지를 옮겨 약탈과 살육을 일삼았다. 1730년 그들은 자기네 지도자에게 자기르 및 작위를 수여하겠다고 한 무굴제국 중앙정부의 제안을 일시적으로 수락하기까지 했다. 자신들끼리 내부적으로 경쟁했고, 근거지가 제국의 수도였던 델리와 근접했으며, 18세기 중엽에 북서쪽으로부터 수차례에 걸쳐 침략을 받았기 때문에 세력을 확대하는데 지장을 받았던 식크교도 세력의 정치적 활동은, 1760년대까지 각 지역에서 약탈을 일삼고, 여러 소규모 공국들을 일으키는 수준에 그쳤다.

펀자브 지역과 이 지역에 위치한 델리 내 모든 계층들은 이 수십 년 동안 치명적인 타격을 받았다. 페르시아에서 일어난 아프샤르 왕조Afshār[페](1736~1796)의 나디르 샤Nādir Shāh[페](1688~1747, 샤안샤 재위 1736~1747)가 1739년 북인도에 가했던 공격으로 인해 제국의 자신감 및 안정성은 산산조각 났는데, 그는 진군하면서 닥치는 대로 파괴하고 학살과 만행을 저질렀으며, 델리에서만 해도 약 3만 명의 사망자가 발생했다. 귀국했을 때 그가 약탈했던 전리품 중에는 샤 자한 1세의 전설적인 공작 옥좌도 있었다. 이후로 아프간인 세력이 성장했는데, 이들은 러시아와 중국의 세력 확대 덕분에 이득을 얻었다. 이 두 나라 세력이 확대되면서 아프간인들은 한창 급성장 중이었던 교역망에 끼어들게 되었는데, 이 교역망은 신드 지역에 있던 시카르푸르Shikārpūr[신]와 같은 도시들에 활동 기반을 둔 힌두교인 은행가들에 의해 대체로 유시되고 있었다. 제국 영역을 발로치스탄Balochistān[발], 발로치스탄 지역의 마크란Makrān[발] 해안, 신드 지역, 그리고 펀자브 내 대부분 지역까지 확대했던 아프간의 아흐마드 한 아브달리Aḥmad K͟hān Abdālī[파](1720~1772, 아미르Amīr 재위 1747~1772)[7]는 1748년과 1757년 두 차례에 걸쳐 델리를 공

그림 6_ 다울라타바드 요새 머하라쉬트러주 소재

격했다. 당시 델리 지역은 내부로는 아프간 출신 로힐라인Rohīlā[우]들과 아그라의 자트인 집단 출신 저민다르들의 도전을 받고 있었다.

18세기 중반에 이르면, 델리에서 본 당시 정세 및 사회는 펀자브 내 대부분 지역과 마찬가지로 완전히 아수라장이었을 것이다.

---

7 아프가니스탄의 두라니 왕조 창건자로, 아흐마드 샤 두라니(Aḥmad Shāh Durrānī[파])라고도 불린다.

새로운 지역 질서: "군사재정주의" 및 문화의 개화開花

하지만 델리에서 바라본 당시 정세 및 사회는 인도 전체의 모습이 아니었다. 전반적으로 18세기에는 점진적인 인구 증가, 서서히 오르는 물가, 도시화, 그리고 여러 새로운 시장의 형성 등의 일이 발생했다. 저민다르들이 세운 전사 국가들뿐만 아니라, 이전에 무굴제국의 속주들이었던 지역 내부에서 이제 독립한 새로운 지역 왕국들은 국가 건설의 실질적인 중심지였고, 주민들에게 깊은 영향력을 미치면서 강력한 군대를 일으켰다. 18세기의 상황을 가장 잘 드러내는 상징은 바로 요새였다. 이러한 요새들은 지역 세력의 권력을 확고히 하는 효과를 가졌는데, 바위투성이면서 방어하는데 매우 수월했던 덕컨고원 지역 내 다울라타바드 요새(그림 6)와 같은 보루들 외에도, 진흙으로 된 벽으로 둘러싸였으면서 해당 지역 국가들 내 존재했던 다양한 현지 세력들에 속한 성채들이 도처에 존재했다. 하지만 그런 요새화된 보루들만이 전부가 아니었다. 18세기 중엽에 이르면, 무굴제국 세력의 심장부로부터 매우 가까운 버러트푸르Bharatpur[힌]에 기반했던 새로운 자트인 집단 왕국의 통치자는 디그Ḍīg[힌](영어명 Deeg)[8] 근처에 정원이 딸린 궁전을 지어도 충분히 안전했다. 라자 수러즈 멀Rājā Sūraj Mal[힌](1707~1763, 재위 1724~1763)이 지은 고팔 버원Gopāl Bhavan[힌](그림 7)은 당시 통치자들의 봉납 대상이었던 크르쉬너 여신의 이름을 붙였지만, 돔, 아치, 파빌리온, 정돈된 정원 및 피에트라 두라Pietra Dura[9] 기법을 이용한 작품들은 모두 이전 무굴제국 시대에 유행했던 양식들을 떠올리게 한다. 그리하여 무굴제국 세력에 도전했던 이들은 바로 제국의 산물이며, 행정 측면에서 이들이 이전 무굴인들보다 때로는 심지어 더 효율적인 모습을 보였다는 사실을 시각적으로 보여준다.

---

8 현 라저스탄주 극동쪽에 있으며, 웃터르프러데쉬주와 붙어있다.

9 대리석에 꽃이나 다른 문양으로 된 홈을 파내고, 그 자리에 다른 종류의 보석이나 석재를 끼워 넣는 기법. 페르시아어로는 파친 카리(Pachīn Kārī)라 하며, 동아시아의 상감기법과 유사한 방식이라 할 수 있다.

그림 7_ 고팔 버원, 디그에 위치한 자트인 집단 라자들의 정원 딸린 궁전 1763년경 건설

18세기 중엽 수십 년 동안 머라타국은 이 시기에 나타났던 관료제적인 효율성을 가장 잘 드러낸 사례였다. 이 관료조직을 설계했던 핵심 계층은 대재상직을 세습했으면서 브라머너 계급 중 치트파원Citpāvan[머](영어명 Chitpavan) 카스트 집단에 속한 이들이었는데, 첫 번째 대재상은 발라지 위쉬워나트Bālājī Vishvanāth[머](1662~1720, 페쉬와 재직 1713~ 1720)였다. 파벌 간에 벌어진 여러 경쟁에도 불구하고, 머라타국의 군사력은 특히 바지라우Bājīrāv[머](영어명 Bajirao, 1700~1740, 재직 1720~1740) 페쉬와Peshvā[머](영어명 Peshwa)[10]의 치하에서 강화되어 구즈라트와 말와 지역으로 제국의 영역을 확대했고, 1730년대에는 멀리 델리까지, 10년 뒤에는 방글라 지역까지 약탈했다.

---

10 "재상"이라는 뜻이며, 페르시아어 Peshwā, "지도자(leader), 모범(model)"로부터 비롯되었다.

동시에 머라타국은 농촌 지대 족장들, 용병, 그리고 국가에 세수를 운송했던 중개인들에 대한 강력한 통치 체제를 구축했다. 머라타인들의 영역뿐만 아니라 다른 지역에서도 18세기에 나타났던 두드러진 특징은, 바로 민정과 군정 방면에서 분리된 위계적인 관등 체계가 붕괴하고, 대신 세금 징수 도급인 혹은 도급업자라는 단일 주체가 현지에 등장했다는 점이다. 세금 도급업자는 일정한 기간(보통 수 년) 동안 일부 토지에서 나오는 약정 액수를 국고에 낼 권리를 확보하려고 노력했다. 그는 징세에 드는 비용을 도맡았고, 징수한 추가 세수를 자신의 몫으로 요구했다. 국가의 입장에서 이러한 합의는 최소한의 비용으로 일정한 세수를 확보하는데 도움이 되었다. 하지만 이 합의는 또한 도급업자들이 농민들을 종종 강탈할 빌미를 제공했는데, 자신들의 세수 조달 계약만 충족시키기만 하면 이들은 아무런 제약도 받지 않고 불운한 경작자들을 희생해 자기 재산을 모으는데 나섰기 때문이었다. 하지만 계약이 성사되어 수년 동안 그 효력이 더 연장된 지역에서, 세금 도급업자들은 자신들이 다스리는 지역에서 농업 발전을 촉진시키려는 분명한 동기를 가졌는데, 이러한 과정에서 진취적이고 출세지향적인 수많은 이들은 행동에 나설 수 있었다. 가장 성공적인 세금 도급업자들은 현지 주민들에게 돈을 먼저 지급하고, 생산된 상품들을 교역하는 일에 가담하는 동시에 군사력도 보유했다. 그 예로, 알마스 알리 한Almās ʕAlī Khān[우](?~?)가 어워드 지역 내 세수 1/3을 산출했던 구역들을 40년 동안 차지했던 시기는 후대인들에게 "황금시대"로 기억되었다.

지역 국가들의 새로운 체제가 작동되는데 지대한 영향을 남겼던 혁신적 요소는 바로 보병대의 고용이었는데, 이 보병대는 무굴인들의 전통적인 기병대보다 더 효율적으로 화포를 다루었고, 무굴 기병보다 훨씬 더 높은 훈련도와 효율성을 드러내면서 자주 이용되었다. 18세기 국가들은 전문 군인들로 이루어진 이 새로운 부대들을 훈련시킨 유럽인 용병들을 환영했는데, 이들은 제한된 기간 동안 귀족 지배층에 의해 징집된 소농들과는 달리 상근 용병들이었다. 제복을 입은 이들은 공격을 받았을 경우에도 명령을 따르도록 훈련받았다. 18세기 중엽에 이르면, 하이다라바드는 프랑스인이 이끄는 병사들로 이루어진 분대分隊를 보유하고 있었으며, 독일인들이나 네덜란드인들,

기타 유럽인 용병들도 인도 내 각지 궁정에서 자리를 잡았다. <그림 8>은 아그라에 있는 존 윌리엄 헤싱John William Hessing과 그의 인척들 및 후손들의 무덤을 보여주는데, 그는 실론 섬에 있던 네덜란드 동인도회사에서 일하면서 이 일을 시작했고, 그 다음 하이다라바드 니잠국에서 일했으며, 그 뒤로 머라타 제국에 속했던 지방 소왕조이자 아그라 성을 장악했던 신데Shinde[머](신디야Sindhiyā, 혹은 영어명 Scindia로도 불림) 가문을 위해 일하면서, 대령으로 자신의 군인 경력을 마쳤다.

무덤의 크기와 양식이 보여주듯이, 용병이었음에도 불구하고 이들은 인도 내 수많은 사회 · 문화적 관습을 받아들였다.

용병들이나 보병으로 이루어진 분대들은 유지하는데 비용이 많이 들었는데, 이들에게 현금으로 비용을 지불해야 했기 때문이었다. 이렇게 국가 자원에 대한 새로운 수요로 인해 새로운 통치 전략들이 등장했다. 역사학자 데이비드 워쉬브룩David Washbrook이 표현한 대로, "군사재정주의military fiscalism"라 요약된 이런 전략들은 세금 수취와 군사, 그리고 재무관들 사이에 새로운 관계를 형성했다. 이전 세기에 이미 분명했던 사회의 점진적인 화폐화와 경제 성장에 의존했던 통치자들은 은행가 · 무역상 · 재무관 가문들에게 점점 더 도움을 요청했다. 수년 간 이 집단들은 점점 더 넓어지는 의뢰인들의 연결망을 구축하고 여러 재정적 수단을 마련했는데, 이를 통해 그들은 정계에서 핵심적인 역할을 맡을 수 있었다. 일례로, 방글라 지역의 은행가 가문이었던 저거트 셰트Jagat Sheṭh[방] 가문은 너와브들에게 여신與信을 제공했고, 농작물을 팔고 운송하기 위한 선금을 저민다르들과 세금 도급업자들에게 빌려주었다. 18세기 중엽에 이르러, 이 금융가들은 인도 내 많은 국가들을 통치했던 이들에게 반드시 필요한 존재가 되었다. 동시에 세금 징수를 더 편하게 하기 위해 저민다르들의 토지 소유권이 자주 강화되었고, 오래전부터 존속했던 종족의 우두머리들 및 부족장들뿐만 아니라 궁정 관리들, 용병들, 그리고 은행가 가문 자신들을 포함한 신진 인사들도 저민다르들이 되었다.

자금이 더욱 더 절실해진 일부 통치자들은 다른 계획을 실행했는데, 이는 곧 중개자들을 거치지 않고 소농들로부터 직접 세금을 받는 것이었다. 이는 1761년 해더르 알리Ḥaydar ʕAlī[우](영어명 Hyder Ali, 1720?~1782, 술탄 재위 1761~1782)가 세웠고 무슬림들이 지배했

그림 8_ 유럽 "용병" 존 윌리엄 헤싱의 무굴 양식 무덤

아그라 소재, 1803년 건설

던 정복국가 마이소르Mysore(현재는 현지 칸나다어(Kannaḍā)로 마이수루(Maisūru))왕국이 취한 해결책이었다. 해더르와 그의 아들 티푸 술탄Ṭīpū Sulṭān[우](1751~1799, 재위 1782~1799)은 소농들의 농업활동을 장려하고, 저민다르들과 세금 도급업자들을 제거하는데 목적을 둔 철저한 세수 관리 방침을 도입했다. 그리하여 이들은 당시 다른 지역 국가들의 선망을 받을 정도로 마이소르 왕국을 번영시켰으며, 6만 명으로 이루어진 군대를 유지할 자금을 마련하였다. 하지만 앞으로 알게 되겠지만, 차금借金을 통해 구제받으려 했던 통치자들이나 권력의 가차없는 집중화를 도모했던 마이소르 왕국의 통치자들이나, 더 많은 자원과 더 큰 군대를 장악했던 영국인들에게 최종적으로 패배당하는 것을 피하지 못했다. 결국 "군사재정주의"는 인도가 영국에 의해 정복되는 것을 막기는커녕, 도리어 정복당할 길을 열어주었다.

18세기 오스만 제국에 대한 최근 연구들에서 드러난 주장에 따르면, 이 시기 오스만 사회는 제한적인 범위에서 "수직적"인 연대로 이루어진 사회에서 "수평적인" 연대로 이루어진 사회로 이행했다고 한다. 권위의 "수직적인" 질서가 확립된 사회는 황제인 술탄에서 귀족, 하급 관리, 부족 우두머리, 마을 수장, 그리고 가족의 가장 순으로 위계가 이루어져 있을 것이라 누구나 다 대강 상상할 것이다. 여러 가지 문제들은 해결책을 마련하도록 상위 계층에 돌림으로써 위계적인 방식으로 해결될 것이다. 이와 반대로 "수평적인" 질서가 확립된 사회에서, 같은 직업 집단이나 지리적 지역, 분파나 자발적 결사 내부에서의 연대는 분쟁이 해결될 토대를 마련했다. 18세기 일어났던 국가와 구별되는 "시민 사회"로의 전환은 인도아대륙보다 오스만 제국에서 더 분명하게 일어났을 것이다. 그러나 지역 간 경계와 종족성種族性(Ethnicity)마저 가로지르는 시민 사회로의 이행 과정과 유사한 흐름이, 인도에서도 역시 무역상이나 은행가로 이루어진 집단들 및 종교 전문가들 간 연결망 속에서 발생하고 있었다.

새로운 지역 국가들은 또한 문화적인 표현 측면에서 앞으로 지속될 여러 변화를 조성하면서, 시 · 예술 · 건축 · 음악 · 종교사상 부문에서 새로운 방향을 제시했다. 특히 라즈푸트인 집단 내 여러 왕실들은 문화적 후원의 중심으로서 그 위상을 자리잡았다.

그림 9_ 재푸르 시 궁전
재 싱그의 천문대가 왼쪽 후방에 있다.

그림 10_ 라다 여신과 크르쉬너 여신이 그려진 라그말라 양식 회화
쿨루(현 히마첼프러데쉬주 중부에 위치), 19세기 초 제작

<그림 9>는 눈부신 신도시였던 재푸르Jaypur[힌](영어명 Jaipur)[11]를 지배하는 궁전을 보여주는데, 이 궁전은 기하학적인 격자무늬에 근거해 1720년대와 1730년대에 재 싱그 2세 Jay Siṁh[힌](영어명 Jay Singh, 1681~1743, 재위 1727~1743)가 설계한 것이었다. 먼 곳에 재푸르 천문대의 천문 기구들 중 삼각 모양으로 된 한 기구가 보이는데, 이 천문대는 재 싱그라는 칭호가 붙여진 세 명의 왕 중 한 명이 천체의 모습을 측량하기 위해 세운 것이었다. 18세기 라즈푸트인 집단 내 여러 왕실들은 제국의 수도였던 델리로부터 도망친 이들을 포함한 여러 예술가들을 환영했고, 히말러여Himālaya[성] 고원 지역에 있던 몇몇 국가들과 함께 유명한 회화 유파들을 발전시켰는데, 각 유파는 독특한 색조, 얼굴 유형, 혹은 여러 주제로 그 명성이 잘 알려져 있다. 채택된 가장 중요한 주제들 중에는 "음악 양식들 중 화환과 같이 화려한 존재"란 뜻을 가진 라그말라Rāgmālā[펀]도 있었다. 이 회화양식은 고전 음악 양식에서 드러난 분위기를 시각적으로 묘사했으며, 이 경우 신이나 인간의 사랑 이야기들과 관련된 주제들은 특히 크르쉬너 여신의 상징에 의해 표현되었다. <그림 10>은 애인 관계였던 라다Rādhā[성] 여신과 크르쉬너 여신을 묘사하는데, 다가오는 폭풍이 그들의 끓어오르는 격정을 비추는 듯하다. 이상적인 왕인 라머 신에 대한 숭배 역시 이 시기 번성했다. 어요드야Ayodhyā[성][12]에 있는 그의 전설적인 출생지는 순례 중심지로 부상했으며, 이곳에 있는 건물들은 어워드 지역을 다스리던 시아파 너와브들의 후원을 받았다. 또한 전쟁으로 인해, 금욕주의를 따르면서 무장했던 힌두교 종파 고샌파Gossain[힌]와 왜라기파Vairāgī[힌]가 인기를 얻었는데, 사람들은 무질서의 시대에서 이들이 자신들을 보호해주리라고 자주 기대했다.

이슬람 전통 역시 지역 환경에 따라 새롭게 표현될 기회를 얻었다. 신드어로 글을 쓴 샤 아브둘 러티프 빗타이Shāh ʕAbd ul-Laṭif Bhiṭṭāī[신](1689~1752), 펀자브어로 글을 쓴 불레 샤Bulleh Shāh[펀](1680~1758)와 와리스 샤Wārith Shāh[펀](1722~1798) 등의 시인들은 신비스런 내

---

11 이 도시 이름 중 "Jay-" 부분을 보면, 성스크르터어로 "승리"를 뜻하는 "Jaya-"가 힌드어에서는 "Jay"로 변하면서 y는 i처럼 되어 "Jai[재]"처럼 발음된다.

12 어워드 지역 명칭의 기원이 되기도 했으며, 더 나아가 태국의 아유타야(Ayutthaya)와 인도네시아의 욕야카르타(Yogyakarta) 명칭의 기원이 되기도 했다.

용을 담은 걸작들을 현지 토착어로 창작했는데, 이 시들은 현지의 민담들을 재해석했다. 아브둘 러티프는 자신이 사랑하는 발로치인 남성을 찾는 서수이Sasuī[우]를 다룬 컷츠인들Kacchī[구](영어명 Kutchi) 사이에 돌았던 사랑 이야기를 이용했는데, 이 시대 등장한 여러 벅티 시와 회화가 대부분 그랬듯이, 이러한 시도는 여성으로 상징화된 인간의 영혼이 신을 찾아다니는 이야기를 말하기 위한 것이었다. 예를 들어, 다음 시는 "이별 중 사랑"에서 생기는 비통함이라는 단골 주제를 중심으로 하고 있다.

> 저는 사랑하는 사람을 만난 적이 없으나,
> 당신은 이제 쉬러 지고 있네요, 태양이시여.
> 당신께 드리는 전언을 받아
> 제 사랑하는 이한테 말해주세요.
> 케츠(Kech[발])[13]로 가,
> "불쌍한 그 이가 길 위에서 숨졌다네."라 말해주세요.
> 저는 사랑하는 이를 만날 운명이 아니었나 봐요,
> 죽음이 닥쳤으니까요.
> 전 죽겠지만, 제 사랑하는 이로부터
> 이별하는 게 아무 것도 없게 해 주세요.

델리의 궁정에서도, 페르시아어로부터 단어를 상당히 차용했던 토착어 우르두어Urdū[우]는 미르 터키 미르Mīr Taqī Mīr[우](1723~1819)나 흐와자 미르 더르드Khwājah Mīr Dard[우](1720~1785) 등 위대한 시인들에 의해 페르시아 시 장르를 따르게 되었다.

수도 델리에서 무슬림들의 종교 생활에 가장 영향력을 미쳤던 인물 중 하나는 나크쉬반드 수피 교단 소속이었던 샤 월리울라Shāh Walī ul-lāh[우](1703~1762)였는데, 이후 근대 인도의 많은 이슬람 운동은 이 인물을 시조로 삼았다. 그는 히자즈Ḥijāz[아] 지역에 기반

---

13 발로치스탄 남서쪽에 있는 한 지역.

한 학계 인사였는데, 이 학계는 예언자 무함마드의 언행“하디스Ḥadīth[아]”의 전통을 충실하게 반영할 새로운 기준을 세우는데 관여하고 있었다. 하디스의 가르침은 18세기 인도에서 종교 전통을 막론하고 일어났던 예배의식에 대한 관심을 다시 환기시켰다는 점에서 특히 반향을 일으켰는데, 이슬람교에서 예언자 무함마드를 향한 헌신은 신을 추구하는데 극히 중요한 것으로 여겨졌기 때문이었다. 하디스 역시 이 시기에 변화 중이었던 여러 정치 · 사회 상황 속에서 정신적인 지주로 작용했다. 특히 펀자브 지역과 로힐라인들 사이에서 치쉬트 수피 교단은 하디스에 대한 관심을 다시 일으키고 이를 퍼뜨렸다. 또한 이 시기는 시아파가 개화한 때이기도 했다. 잠시 방글라 지역, 그리고 특히 어워드 지역에서 시아파 지배층이 다스렸던 여러 국가들은 시아파 이맘Imām[아]들에게 종교적인 숭배 행위를 표현했던 정교한 여러 애도 축제[14]들을 후원했고, 우르두어로 된 애가인 마르시야Marsiyā[페]를 짓고 낭송하는 활동을 지원했다. 이런 시 전통은 미르자 무험머드 러피 서다Mirzā Muḥammad Rafīʕ Sawdā[우](1713~1781) 등에 의해 시작됐는데, 그는 다른 이들과 함께 18세기 중엽부터 혼란스러워진 델리를 피해 러크너우Lakhnaū[힌](영어명 Lucknow)의 왕실에 피신처를 마련했다.

북인도에서 정치적인 권위가 붕괴한 뒤, 이 지역 패권을 장악하기 위한 각축 과정에서 절정의 순간이 1761년에 일어났는데, 이 때 머라타인들과 아프간인들은 이전에 무굴제국이 승리를 거두었던 역사적인 전장인 파니퍼트에 군대를 집결시켰다. 이 전투에서 양측은 자신들이 가진 힘의 한계가 어디까지인지 분명히 드러났다. 아프간인들이 전장에서 우세했으나, 아프가니스탄으로부터 너무 멀리 떨어져있는 제국을 지탱할 수 없었던 그들은 결국 철군했다. 푸나Poona[15]에 근거했던 머라타인들은 이전 수십 년 동안 자신들의 영역을 북쪽과 동쪽으로 멀리 확장시켰다. 파니퍼트에서 패배한 뒤

---

14 시아파에서는 이슬람력 1월인 무하람(Muḥarram[아]) 달 1일부터 10일까지 제3대 이맘이었던 후사인 이븐 알리(Ḥusayn ibn ʕAlī[아])의 죽음을 애도하는데, 특히 10일은 아랍어로 “10일”을 뜻하는 “아슈라(ʕĀshūrāʔ[아])”라 하여 먹는 음식의 양을 줄이거나, 아니면 온몸에 채찍질하는 일과 같이 자해를 가하는 등의 속죄 의식을 행한다.

15 푸나는 옛 영어명 표기이며, 1978년에 현지 발음에 더 가까운 “푸네(Puṇe[머])”로 개칭됐다.

그들의 세력 확대는 끝이 났고, 머라타인들은 점차 분리되어가는 네 개의 국가로 쪼개졌다. 각국은 새롭게 부상하고 있던 머러타인 군사 가문들이 지배하고 있었고, 비록 푸나의 페쉬와와 느슨한 관계를 맺고 있었지만 각국은 자신들만의 지배 기반을 가졌는데, 가여커와드 가문Gāyakavāḍa[머](영어명 Gaekwad)는 워도드라Vaḍodrā[구][16]에, 신데 가문은 그왈리여르Gvāliyar[힌](영어명 Gwalior)에, 홀커르Hoḷkar[머] 가문은 인더르Indaur[힌](영어명 Indore)[17]에, 그리고 보설레 가문은 나그푸르Nāgpūr[머]에 본거지를 두었다.

영국동인도회사의 부상

새로운 지역 국가 체제가 출현하면서, 영국동인도회사는 앞으로 다른 지역 국가들에 도전하는데 성공할 역량을 구축하고 있었다. 1600년 12월 31일에 설립되고 엘리자베스 1세의 특허를 받았던 영국동인도회사는, "동방"의 부를 이용하려고 했던 유럽인들이 세운 여러 무역업 회사들 중 하나였다. 계속 유지된 이 회사의 가장 큰 장점은 바로 주식회사였다는 점이었다. 당시 사람들은 유럽에서 매우 멀리 떨어진 지역과 무역하는 일을 위험하다고 꺼렸는데, 포르투갈과는 달리 영국 왕실은 정말로 불확실했던 이 모험적인 사업에 투자하는 일을 꺼리지 않았다. 주식회사라는 특징으로 인해, 상인들은 무역하면서 생길 위험을 분담하고, 필요한 만큼 더 많은 자금을 마련할 수 있었다. 회사라는 수단을 통해 마련된 재원에 접근할 수 있었던 영국인들은 인도 내 여러 토착 상인 집단들과 상대하면서 만만치 않은 경쟁자가 될 수 있었다. 영국동인도회사는 24명으로 이루어진 이사회Court of Directors, 문서보관소의 안정적인 운영, 그리고 전문 기술을 지닌 직원 등을 특징으로 하는 중앙집권적인 방식을 통해 더 큰 힘을 얻었다. 앞으로 보게 되겠지만, 이 회사가 영국이 아니라 인도와 관계를 맺으면서

---

16 1974년 영어식 명칭 바로다(Baroda)에서 지금의 현지어 표기로 개명되었다.

17 오늘날 머드여프러데쉬주 서쪽에 있다.

영국은 "근대" 국가의 많은 제도를 발전시키게 되었는데, 여기서 주식회사가 제일 중요한 사항이었다.

아시아 무역을 독점하려는 목적으로 공격적인 세력들을 피하기 위해 선박들을 무장시켰던 영국동인도회사는 당시 수익성이 높았던 동인도제도와의 향신료 무역에 끼어들려고 했다. 하지만 이 지역에서 영국동인도회사는 더 잘 조직되었고 자금이 많았던 경쟁자 네덜란드동인도회사Vereenigde Oost-Indische Compagnie(VOC)를 상대해야 했다. 그래서 영국동인도회사는 대신 인도 내 무역 활동에 집중하기로 결정했다. 이 회사가 다룬 최초 품목들의 대부분을 이루었던 말라바르 해안 지역의 후추를 제외하면, 인도에는 향신료가 없었다. 설상가상으로 인도인들은 영국인들이 팔 수 있었던 상품들, 특히 모직물에 관심이 없었다. 그래서 당시 지배적인 사상이었던 중상주의 원칙에 위배되었고, 이로 인해 본국으로부터 강한 반대를 받았지만, 영국동인도회사는 인도에서 구입한 상품들의 대금을 지불하기 위해 금괴를 수출해야 했다. 게다가 동인도제도 내 여러 소규모 국가들을 다스리던 라자들을 쉽게 제압한 네덜란드인들과는 달리, 17세기 인도에서 영국인들은 당시 정점에 이르렀던 무굴제국과 상대하고 있었다. 그래서 당시 영국인들은 인도를 정복할 생각을 감히 가질 수 없었다. 상대의 선의를 바라는 보잘것없는 주체로 보여야 영국인들은 인도 시장에 접근할 수 있었다. 무굴인들은 처음에는 포르투갈인, 나중에는 네덜란드인들을 견제하기 위해 영국인들을 환영했는데, 수익성 있는 이 무역에 끼어들기를 원했던 인도 상인들 역시 영국인들을 환영했다.

그럼에도 불구하고 17세기 동안 영국동인도회사는 안전하고 수익성 있는 무역을 유지하는데 성공했다. 수익성이 높으나 제한적인 향신료 무역 대신, 영국인들은 청색 염료인 인디고와 화약 재료인 초석 등을 포함한 인도 내 다양한 생산물을 거래하는 여러 시장들을 유럽에 설립했다. 하지만 가장 값진 품목은 바로 베틀로 짠 인도산 고급 면직물이었다. 1660년 이후 당시 발전 중이었던 영국 내 소비 경제에 힘입어, 친트Chīnt[힌](영어명 Chintz), 칼리꼬Kālikkō[말](영어명 Calico), 그리고 머설린Mashalin[방](영어명 Muslin) (이 단어들은 모두 인도에 기원을 두고 있다)과 같은 인도산 직물 수요가 급격히 증가했다. 앞으로 여러 번 설명하겠지만, 당시 소비자들은 나중에는 식민지가 될 열대 세계에서 생산되는 사치품에 대해 끊임없는 욕구를 갖고 있었다. 인도에서 유럽으로 수입된 영국동인도회사의 물품들이 지녔던 가치는 1670년에는 대략 36만 파운드에 이르렀지만, 30년 뒤에는 세 배로 뛰어올랐으며, 1740년에 이르면 또다시 두 배 증가해 그 가치가 거의 200만 파운드에 이르렀다. 1778년에 제작된 회화인 〈브리타니아에 부를 가져다주는 동방〉(그림 11)은 영국에 차부터 직물까지 값진 물품들을 공급했던 수많은 아시아 항구들을 묘사하고 있다.

암석 위에 앉아있는 여성으로 표현된 브리타니아는 뻔뻔할 정도로 거만한 모습을 보여주는데, 그녀가 종사하는 무역일을 그리스 신인 메르쿠리우스 내지 헤르메스가 도와주고 있다.

그림 11_ 〈브리타니아에 부를 가져다주는 동방〉
1778년 스피리디온 로마(Spiridione Roma) 제작, 런던 동인도회사 회관(East India House) 소장

이 무역을 유지시킨 것은 바로 토마스 로 경Sir Thomas Roe(1581?~1644)에게 자항기르가 1617년에 수여했던 허가증으로, 당시 그는 무굴제국 궁정에 파견된 제임스 1세의 대사였다. 이 조건에서 영국인들은 지정된 무굴제국 내 항구에서 "팩토리Factory('상관商館')"을 설치할 수 있었는데, 구즈라트 지역에 있는 수러트Surat[구]가 그 대표적인 사례였다. 현재의 용법과는 달리 이 팩토리는 제조가 이루어지는 장소가 아니었으며, 대신 "팩터factor('대리상代理商')"라 불렸던 현지 주재 중개상이 물품을 선박에 싣기 전 상품을 모았던 창고였다. 이 회사가 지녔던 강력한 해군의 가치를 인정했던 무굴인들은 자체적으로 보유한 해군이 없었기 때문에 이렇게 무역할 권리를 주었지만, 방어의 목적으로 상관을 요새화하는 것은 허락받지 못했던 이 회사는 무역 사업을 위해 무굴 당국의 선의에 여전히 전적으로 의존하고 있었다. 무굴제국의 수출품들로부터 관세 수입이 생겼는데, 이는 특히 처음에는 구즈라트 지역, 이후에는 골콘다 지역에서 그러했다. 이러한 지역들에서 1678년 네덜란드인들과 영국인들의 정화正貨(Specie)가 된 수입품 판매를 통해 양국 회사는 1만 7천명에 이르는 기병의 급료를 지불할 수 있게 되었고, 이 수출품들은 상인들과 직공들에게 부를 안겨다 주었다. 역사학자 옴 프라카쉬Om Prakash는 해외 수요로 인해 방글라 지역에서만 직조업을 중심으로 대략 8만 명의 일자리가 생겼다고 추정했다. 하지만 주요 수혜 주체는 현지 상인 사업가들로, 이들은 직공들에게 선금을 준 뒤 상품들을 유럽 회사들에게 공급했다. 영국의 패권이 도래하기 전 유럽 회사들 간에 벌어졌던 경쟁으로 인해, 인도인 생산자들은 적지않은 수익을 확보했다.

1660년대에 이르러 무굴제국의 세력이 흔들리기 시작하면서 영국동인도회사는 상관들이 점점 외적의 공격에 더 취약해지고 있다고 여겼는데, 특히 시와지 1세의 급습을 두 차례나 받았던 수러트의 상관이 대표적이었다. 그래서 이 회사는 무장을 통한 방어 정책을 펴게 되었다. 이는 영국동인도회사가 무굴 당국과 대립하게 되는 결과를 낳았는데, 1686년 무굴제국은 이 회사에 굴욕적인 패배를 안겨주었다. 그럼에도 불구하고 1700년에 이르러 이 회사는 마드라스Madras,[18] 봄베이Bombay,[19] 캘커타Calcutta[20·21] 등 세 곳의 "관구管區(Presidency)" 수도를 확보했는데, 이 세 군데로부터 이 회사의 권력은 이후로 내륙으로 뻗쳐나가게 되었다. 인도 해안에 있는 자그마한 거점들에 지나지 않았지만, 이 세 도시는 <그림 12>에 사진으로 찍힌 마드라스에 있는 성 조지 요새 Fort St. George와 같이 강력한 방어시설들의 보호를 받아 성장하고 번영했다. 인도 상인들은 이 세 도시로 몰려들어 정치적으로 점점 더 불안해져 가는 이 시대에 인력과 재산을 지키고자 했다. 더 나아가 영국인들은 포르투갈인들의 종교재판이나 프랑스인들의 예수회에서 행해졌던 것과 같이 현지인들을 기독교로 개종하려는 시도를 일체 거

---

18 첸나이는 텔루구어에서 비롯되었는데, 이는 텔루구인 지도자였던 타마를라 첸나빠 나야까르(Tamarlā Cennappa Nāyakkar[타], 재위 1585~1614)의 이름을 따온 것이었다. 그는 타마를라 웽가다빠 나야까르(Tamarlā Veṅkaṭappa Nāyakkar[타])의 아버지였는데, 웽가다빠는 위자야나가라 제국의 왕이었던 웽가다 3세(Veṅkaṭa[타] III, 재위 1632~1642)의 장군이었던 나야크(Nāyak[타], 중세 인도아대륙 내 봉건 국가들에서 힌두교인이나 식크교인 주지사에게 수여된 작위)이었다. 1639년 영국은 웽가다 3세로부터 이 마을을 차지했다. "첸나이"라는 명칭은 1639년 8월 영국동인도회사의 프랜시스 데이(Francis Day, 1605~1673)에게 이 마을을 판매했다는 사실을 확인하는 증서에서 공식적으로 최초로 발견된다.
마드라스라는 이름은 현지 타미르어에 기원을 두고 있는데, 영국인들이 인도에 도래하기 훨씬 전부터 사용된 것으로 보이며, 위자야나가라 제국 시대인 1367년에 새겨진 비석에 "마다라산바따남(Mātarasanpattanam[타])"라는 이름으로 등장한다.
1996년 타미르나드주 정부는 이 도시의 명칭을 마드라스에서 첸나이로 변경했다.

19 1508년 이 지역을 차지한 포르투갈 출신 가스파르 코헤이아(Gaspar Correia, 1492~1563?)는 이 마을을 "봉뱅(Bombaim)"이라는 이름으로 언급하고 있는데, 이 이름은 포르투갈어로 "좋은 작은 만灣"인 것으로 보인다. 1661년에 영국인들이 이 마을을 포르투갈인들로부터 양도받으면서, 영국인들은 이 마을의 이름을 "봄베이(Bombay)"로 표기하게 되었다.
한편 뭄버이라는 이름은 현지 콜리(Koli[머/힌])인들이 모시는 마을의 수호여신인 "뭄바(Muṁbā[머])"와 어머니를 뜻하는 "아이(āī[머])"가 합쳐 생긴 단어이다.
1995년 11월 인도 정부는 이 도시의 명칭을 봄베이에서 뭄버이(Muṁba'i[머/힌])로 바꿨다.

20 콜카타(Kolkātā)라는 이름은 컬리카타(Kalikātā, 방글라어와 이웃한 어험어와 오리아어에서는 콜카타를 아직도 컬리커타(Kalikatā)로 표기)에서 비롯되었는데, 이 컬리카타는 영국인들이 도래하기 전에 이미 존재했던 세 마을 중 하나였다. 영국인들은 이 "콜카타"를 자신들의 언어에 맞게 "캘커타(Calcutta)"로 바꾸었다.
2001년 인도 정부는 이 도시의 공식 명칭을 캘커타에서 콜카타로 변경했다.

21 이 책에서는 세 도시의 명칭이 바뀐 것이 비교적 최근의 일이라는 점을 역사적으로 고려해, 세 도시의 이름을 현지 언어들인 "첸나이", "뭄버이", "콜카타"로 표기하는 대신 영어명인 "마드라스", "봄베이", "캘커타"로 표기하기로 한다. 마찬가지로 독립 후 이름이 현지어식으로 바뀐 도시들이나 지역들(예: "푸네", "워서이", "푸두쩨리" 등)도 조약이나 협정 등에 사용되었을 경우, 영어식이나 유럽어식 표기였던 "푸나", "바세인", "퐁디셰리" 등의 명칭을 사용하기로 한다. 예: 푸나 협정, 바세인 조약

그림 12_ 성 조지 요새, 마드라스 1750년경 건설

부하여 인도인들을 안심시키고자 했다. 18세기 내내 선교사들은 영국인들의 정착지에서 체류 허가를 받지 못했다.

천혜의 항구를 가진 섬이었던 봄베이는 1661년 당시 찰스 2세Charles Ⅱ(1630~1685, 재위 1660~1685)와 결혼했던 포르투갈 공주가 준비했던 지참금의 일부로써 영국인들의 손에 넘어갔는데, 이는 아크바르 1세와 라즈푸트인들 간에 맺어졌던 동맹과 비견될 만하다. 영국동인도회사가 무역활동의 중심을 수러트에서 이곳으로 옮기면서, 이란에서 기원한 마즈다숭배교도인 파르시인Pārsī[구][22] 상인들 및 장인들도 영국인들을 따라왔

---

22 페르시아에서 건너온 이들은 인도 서부에 있는 구즈라트 지역에 정착했기 때문에, 이들이 종교의례에

다. 대체로 이 회사 관리들은 요새들 안에서 공동체를 이루며 살았는데, 여기서 이들은 요새 바깥에 거주하면서 미리 선금을 주고 농촌 지대 내 직공들로부터 면직물을 얻었던 인도인 중개상들 및 상인들과 거래했다. 이 관구 수도들은 처음부터 식민주의에 근거한 정복 활동을 목표로 하여 세워진 것이 아니었다. 각 수도에 배치된 회사 직원들의 수는 수백 명을 절대로 넘지 않았던 반면, 요새들은 별로 훈련을 받지 못했던 군인들이 지키고 있었는데, 이들은 런던의 길가에서 모집된 병사들이었으며, 마드라스에 주둔했던 이들의 숫자는 대략 300명 정도였다.

인도 무역은 더 큰 범위에서 전 세계 무역망과 연결되어 있었다. 인도에서 서아프리카로 수출된 일명 "기니Guinea" 천은 서인도제도 내 플랜테이션 농장에서 일할 노예들을 사들이는데 사용되었던 반면, 동남아시아에서 인도산 직물들은 향신료 무역을 위한 교환 수단이 되었다. 17세기와 18세기 초 수십 년 동안 영국인들은 강력한 경쟁 무역회사들과 상대해야 했는데, 이들은 영국인들처럼 인도 해안을 따라 요새화된 거점들을 세웠다. 1680년대에 이르면 오랫동안 자리잡고 있었던 네덜란드인들 외에도 덴마크인들과 프랑스인들도 인도 내 거점 건설에 뛰어들었는데, 특히 프랑스인들은 남인도에 퐁디셰리Pondichéry(현재 푸두쩨리(Putuccerī[타])로 개명)라는 거점을 두어 1950년까지 이곳을 보유했다. 아우랑그제브가 사망한 뒤 무굴제국이 쇠퇴하고 무역이 훨씬 더 수익성을 띠게 되면서, 정치적인 수단으로 경쟁 회사들에 대항해 이득을 얻으려는 유혹 역시 점차 커졌다. 1717년 영국인들은 당시 무굴제국의 파디샤 파루흐시야르Farrukhsiyar[페](1683~1719, 재위 1713~1719)로부터 방글라산 물품에 대해 세금을 내지 않고 수출할 권리를 획득하는 매우 값진 성과를 거두었다. 하지만 후발주자였던 프랑스인들은 현지 정치에 개입하는 방식을 통해 성과를 얻으려고 최선을 다했다.

때마침 유럽에서 오스트리아 왕위계승전쟁(1744~1748)이 터졌다. 이 전쟁으로부터 영국과 프랑스 사이에 무려 70년에 걸친 충돌이 시작되었고, 이에 따라 전 세계에 걸쳐 유럽뿐만 아니라, 아메리카 대륙 및 인도 내 패권을 둘러싸고 양국은 서로 다투면서

서 사용하는 언어는 중세 페르시아어지만, 평상시에 쓰는 모어는 구즈라트어이다.

새로운 전쟁이 펼쳐졌다. 사람들과 여러 왕정들이 점점 더 열정적으로 근대 국민국가 수립에 나서면서, 이러한 경쟁 양상은 더욱 가열되었다. 프랑스의 인도 총독이었던 프랑스와 뒤플렉스François Dupleix(1697~1764)는, 인도 내 여러 왕국들 간에 벌어졌던 분쟁 중에서도 특히 왕위계승 문제를 둘러싸고 하이다라바드와 아르카드Āṟkāṭu[타](영어명 Arco) 왕국 간에 반복되었던 여러 분쟁으로부터 프랑스의 이익을 극대화하고자 했다. 그는 이 분쟁에서 특정 경쟁국에 프랑스군의 지원을 제공하는 전략을 획책했는데, 그 대가로 이 경쟁국이 우세해지게 되면 프랑스의 도움을 받았던 이 나라 왕은 영국인들 대신 프랑스인들과 유리한 상업 협정을 맺었다. 동시에 뒤플렉스는 영국인들을 공격해 1746년 마드라스를 포위하는데 성공했다. 이 성과로 인해 당시 퐁디셰리의 상인이었던 아난다랑감 필라이Āṉantaraṅkam Piḷḷai[타](영어명 Ananda Ranga Pillai, 1709~1761)는 뒤플렉스를 인도의 이상적인 통치자라 여기게 되었다.

> (퐁디셰리라는 이름을) 들었을 때, 프랑스의 적들은 덜덜 떨고, 감히 꿈쩍조차 하지 못한다. 이는 다 현 총독인 뒤플렉스의 능력, 임기응변, 그리고 행운 때문이다. 일을 처리하는 그의 방식은 아무도 알지 못하는데, 왜냐하면 아무도 그의 천부적인 기민한 두뇌를 갖고 있지 않기 때문이다. 인내심의 경우 그는 타의 추종을 불허한다. 그는 여러 계획과 책략을 실행하고, …(중략)… 모든 이에게 위엄 있고 공손한 태도를 단번에 갖추는데 독특한 재주를 갖고 있다.

이 대목에서 뒤플렉스가 "외지인"이기 때문에 "인도인"이 맞서 싸워야 한다는 내용은 없다. 오히려 다른 유럽인들처럼 프랑스인들도 계속 교체되는 현지 실권자들이었을 뿐이다.

사신들의 이익에 도전하는 프랑스인들의 시도에 내해 영국인들은 즉각 대응했나. 영국인들은 1749년 조약을 맺어 전쟁을 종결시키면서 마드라스를 다시 얻었고, 오히려 뒤플렉스에게 똑같이 반격해 형세를 역전시키는데 나섰다. 영국인들이 즉각 자기들에게 의지했던 한 인사를 아르카드 지역의 왕으로 임명하자, 이에 뒤플렉스는 곧바로 불명예 소환을 당했다. 18세기 당시 균형이 위태롭게 유지되었던 인도 정세뿐만 아니라, 이를 틈타 본국에 유리한 방향으로 정세를 조종할 수 있는 기회를 뒤플렉스가 파악했음에도 불구하고, 유럽에서 여러 왕위계승전쟁에 휘말렸던 프랑스는 인도에서 경쟁국들을 견제할 자원을 갖고 있지 못했다. 인도에 뛰어든 후발주자로서 프랑스는 특히 영국과는 달리 인도 상인들 및 중개인들과 관계를 긴밀하게 발전시킨 적이 전혀 없었는데, 이로 인해 무역 총액에서 평균적으로 영국동인도회사의 대략 절반에 불과했던 프랑스의 인도 무역은 18세기 중엽에 이르면 겨우 1/4 수준으로 떨어지게 되었다. 반면 영국의 경우, 영국동인도회사는 영국 정치에서 중요한 주체였을 뿐만 아니라, 특히 영국 내 여러 항구도시에서는 무역과 제국이 자국을 부강하게 만드는 수단으로 보는 여론이 팽배했다. 새로운 애국주의 상징인 "브리타니아여, 지배하라Rule Britannia"라는 노래가 1740년 처음 불리게 되었다. 스피리디온 로마가 그린 그림에서 여성으로 표현된 채 아시아 여러 조공국들 앞에서 바위위에 앉아있는 모습을 하고 있는 브리타니아는 이렇게 국가 정체성이 성장했던 사실을 시각적으로 나타내는데(그림 11), 이는 여러 도시와 지역의 집합체로 묘사된 아시아로부터 영국을 떼어놓는 효과를 낳는다.

1744년부터 1748년까지 4년 동안 지속된 전쟁에서, 유럽인들은 최초로 인도 안에서 벌어진 전쟁에서 훈련받은 보병대의 힘을 분명하게 보여주었다. 정사각형 대형으로 일제 사격하는 수백 명의 프랑스 및 영국 병사들은 이제 수천 명의 무굴 기병들을 물리칠 수 있었다. 그래서 유럽인들로 이루어진 분대는 인도 통치자들에게 엄청난 가치가 있었다. 유럽인들이 성공을 거두는 데 역시 중요했던 요소는 바로 국가에 대한 충성심이었다. 유럽인들은 대체로 인도 내 여러 국가에서 용병으로 일했지만, 자기 나라 사람들과 싸우거나, 전투 중에 편을 바꾸는 일은 절대로 하지 않았는데, 이들은 근대 "인도" 국민국가주의가 아니라 오히려 더 편협한 충성심에 이끌려 자주 자기편을 배신한 뒤 싸웠던 인도인들과 달랐다. 1756년부터 1763년까지 지속된 7년 전쟁에서 영국은 또다시 프랑스와 싸우게 되었는데, 이 전쟁을 통해 모든 당사자들은 이런 "군사혁명"이 낳은 파급효과를 분명히 파악할 수 있게 되었다.

방글라 지역 정복

18세기 초부터 방글라 무역은 발전을 거듭해 영국동인도회사에 훨씬 더 큰 수익을 안겨다 주었다. 1750년에 이르면, 삼각주에 위치해 있으면서 갱가강 평원 전역에 걸쳐 진행된 무역의 요충지였던 이 부유한 속주에서 생산된 상품들은 이 회사가 입수했던 인도산 물품 중 75%나 차지했다. 나중에 영국으로 이주했던 이 회사 직원 인도인 셰이크 딘 마허메드Sake Dean Mahomed(방글라어로는 셰크 딘 무함머드(Shekh Dīn Muhāmmad), 1759~1851)[23]는 현재 방글라데쉬의 수도인 다카Ḍhākā[방](옛 영어명 Dacca)를 다음과 같이 묘사했다.

> 다카는 인도 내 으뜸가는 생산기지로 여겨지고 있으며, 금 · 은 · 생사로 이루어진 매우 풍부한 자수품들을 생산한다. …(중략)… 온갖 종류의 식료품들이 다카에서는 대단히 저렴하고 넘쳐나는데, 비옥한 토질 및 경작상의 여러 이점으로 인해 오래 전부터 이곳은 대규모 상업의 중심지가 되었기 때문이다. …(중략)… 이곳에는 또한 웅장한 모습을 한 네이법(Nabob)[24]의 거처도 있는데, 그는 왕좌에 오른 뒤 오래된 풍습에 따라 은빛으로 가득한 바지선을 강에서 타면서 하루를 즐기고 있는데, 그의 모습은 아드리아해에 있는 베네치아 총독("도제 Doge")을 연상케 한다.

그리하여 방글라 지역에서 나오는 부는 거의 무한하게 보일 정도였고, 거미줄 같은 운하가 놓인 이탈리아의 "바다의 여주인"을 연상하게 만들었다. 앞서 본 작품 〈브리타니아에 부를 가져다주는 동방〉에서, 캘커타를 나타내는 인물이 가장 부유한 선물인 보석과 진주가 담긴 함을 지닌 모습으로 그림 한가운데에 그려져 있는 것은 우연이

---

23 인도인으로서 처음으로 영어로 책을 썼으며, 영국에서 최초로 인도 식당을 열었다. 또 그는 19세기 초 당시 휴양지로 개발되기 시작했던 브라이튼(Brighton)에서 증기로 손님들을 마사지하는 욕탕을 열었는데, 여기서 그는 인도식 마사지를 "샴푸질(shampooing)"라는 단어로 소개했다. 이로 인해 영어에 "샴푸"라는 단어가 유입되었다.

24 18세기에 영국동인도회사에서 일하면서 인도 무역을 통해 엄청난 부를 쌓아올렸던 벼락부자.

아니다. 바로 이 이미지로부터 영국인들 사이에서 앞으로 지속될 인도에 대한 이미지가 비롯되었다.

더 많은 이익을 얻기로 결심한 방글라 지역 내 영국인들은, 18세기 중엽에 이르러 파디샤로부터 수여받았던 자유무역의 이권을 계획적으로 남용하기 시작했다. 그들은 자유롭게 무역할 통행권을 친영적인 인도인들에게 팔았고, 곡물이나 다른 상품들을 교역하기 위한 목적으로 내륙과의 무역에 끼어들 수 있도록 통행권의 효력을 불법으로 확대시켰다. 1756년 전쟁이 발발하자, 프랑스인들의 공격을 막기 위해 영국인들은 캘커타의 요새를 확대하기 시작했다. 당시 방글라 지역을 통치하게 된 지 얼마 안 되었던 젊은 너와브 시라줏도울라Sirājuddoulā[방](페르시아어로 Sirāj ud-Dawlah, 1733~1757, 너와브 재위 1756~1757)는, 영국인들의 이 모든 활동이 자신의 권위에 대한 도전이라고 정확하게 파악했다. 그래서 1756년 6월 그는 캘커타로 진군해 주둔군을 물리친 뒤, 도망가지 못했던 이들을 투옥했다. 대략 40명 혹은 그 이상 되는 이들이 좁고 공기가 안 통하는 방에 갇히게 되었는데, 이들은 하룻밤 사이 질식해 숨졌다. 이 너와브는 투옥된 영국인들을 학대하도록 지시하지 않았고, 이는 자기 관리들이 저질렀던 과실에 불과했지만, "캘커타의 지하감옥Black Hole 사건"로 과장된 이 사건은 영국인들이 인도인들의 잔학성과 야만성을 악의적으로 선전하는 증거가 되었으며, 이후로 계속 반향을 일으켰다.

이 모욕을 갚기 위해, 영국인들은 이미 남인도에서 여러 전쟁을 치르며 두드러진 공적을 쌓았던 로버트 클라이브Robert Clive(1725~1774)에게 반격하도록 명령했다. 마드라스로부터 북상한 원정군은 1757년 2월 캘커타를 재점령하고, 영국동인도회사의 무역 특권을 다시 확보했다. 이러한 승리에 만족하지 못했던 클라이브는, 저거트 세트 가문이 주도하는 상인 은행가들과 함께 공모하기 시작했다. 이 은행가들은 당시 새 너와브가 재정적인 측면에서 자신들에게 무리하게 요구했던 상황에 불만을 갖고 있었으며, 그래서 양측은 더 순종적인 지배자를 옹립하기 위해 시라줏도울라를 축출하려고 했다. 이 두 집단은 불만을 갖고 있었던 미르 자퍼르Mīr Jāfar[방](페르시아어로는 Mīr Jaʕfar, 1691?~1765) 장군을 선택했는데, 그는 자신이 왕위에 오르게 도와준 영국인들에게 후하게 보답할 것을 약속했다. 그래서 1757년 6월 23일, 저 유명한 펄라시Palāshī[방](영어명

Plassey)[25] 전투가 일어났다. 군사적인 측면에서 이 전투는 매우 시시했는데, 미르 자퍼르의 군대가 수수방관하는 동안 클라이브의 군대가 시라줏도울라의 군대를 궤멸시켰다. 하지만 이 전투는 앞으로 중대한 결과를 낳게 되었다.

미르 자퍼르는 펄라시 전투 이후 너와브가 되었지만, 너무 뻔하게도 그는 클라이브와 영국동인도회사군에 의해 권력을 유지하는 꼭두각시에 불과했다. 영국 측에 지불된 현금의 양만 따져도 놀랄 정도로 막대했다. 영국인들은 약 2800만 루피를 얻었는데, 이는 300만 파운드 스털링과 같은 가치였으며, 이 중 거의 절반은 클라이브 자신을 포함해 여러 사람의 몫으로 돌아갔다. 영국동인도회사는 여러 현縣에서 세금을 걷을 권리와 농촌 지대와 무제한적으로 무역할 수 있는 권리를 확보했다. 분명히 클라이브나 본국에 있던 이 회사 이사들은 정복을 도모하지 않았다. 엄청난 부를 모으기로 결심한 인도 주재 영국동인도회사 직원들은 자신들의 탐욕스런 활동을 제약하는 모든 것을 거부했다. 이 과정에서 이들은 훨씬 더 사치스럽게 생활하였기 때문에 네이법Nabob으로 알려지게 되었는데, 이 말은 무굴제국 시대의 단어인 너와브Nawāb[우], "부왕副王"[26]에서 비롯된 것이다. 이 회사 역시 무역 활동을 위해 훨씬 더 많은 자금을 가지려고 했다. 1757년 이후 영국동인도회사가 더 이상 금괴를 방글라 지역으로 수출하지 않았다는 사실은 매우 중요하다. 그 대신 이 회사는 매년 영국으로 보냈던 인도산 물품들을 구매하기 위한 돈을 마련하기 위해 방글라 속주에서 나온 세수를 이용했다. 클라이브가 마드라스 총독에게 장담했던 것처럼, 방글라 지역은 "무궁무진한 부의 원천"이었다.

영국인들이 여러 값진 상품, 특히 소금 · 빈랑 · 담배 · 초석 등에 대한 무역을 장악하면서, 너와브의 통치권은 매우 노골적으로 무시되었다. 수딥터 센Sudipta Sen이 지적

---

25 현 인도 서방글라주 동쪽에 있다.

26 힌두스탄어 "너와브(nawāb)"는 방글라어로는 "너바브(nabāb)"로 그 음가가 변했는데(방글라어에서 으/w내지 v/에 해당되는 문자는 /b/와 통합되었다), 바로 이 방글라어 단어에서 영어 nabob가 비롯되었다. 참고로 무굴제국 시대에 파디샤와 너와브 간의 관계는, 유럽으로 치면 독일제국 내에서 독일제국 황제와 독일제국에 속했던 여러 왕국 내 왕 간의 관계에 비견될 수 있다.

한 대로, 이 교역품들은 통치자의 권위를 보여주는 "너와브의 고급 물품"이었다. 1760년 이 불운한 미르 자퍼르는 한 차례 더 진상품을 봉납한 뒤 미르 카심Mīr Kāsim[방](페르시아어로 Mīr Qāsim, ?~1777, 재위 1760~1763)으로 교체되었다. 자신의 왕국을 영국인들이 계속 강탈하는 것을 용인할 수 없었던 미르 카심은, 최소 방글라 지역 북부와 인접한 비하르Bihār[힌] 지역에서라도 자신의 권위를 되찾으려고 했다. 그리하여 그는 마지막이 될 충돌을 일으켰는데, 부와 권력에 맛을 들인 영국인들은 그 어떠한 제약도 받아들이지 않을 것이기 때문이었다. 1764년 어워드 지역의 너와브 및 무굴제국의 파디샤와 동맹을 맺었던 미르 카심 진영과 영국동인도회사 간에 전쟁이 발생했다. 그 해 10월 23일, 펄라시 전투와는 달리 격전이 펼쳐졌던 버크서르Baksar[힌](영어명 Buxar)[27]에서 영국인들은 승리해 인도 동부의 주인이 되었다.

더 이상 계속 무역상처럼 행동할 수 없었던 영국동인도회사는 1765년 무굴제국의 파디샤와 조약을 맺고 매년 조공을 바치는 대신, 방글라, 비하르, 그리고 오리사 속주에 대해 세금 징수권을 뜻하는 디와니Dīwānī[페]를 확보했다. 형식상 방글라 지역은 무굴제국의 속주로 남았지만, 실제로 이 지역은 영국동인도회사의 통치 영역에 완전히 놓였는데, 델리의 파디샤나 방글라 지역의 명목상 통치자나 이곳에 대해 독립된 권위를 행사할 수 없었기 때문이었다. 하지만 영국인들은 아직 결정하지 못한 상태였다. 인도 통치로 인해 생길 이득이 불확실하다는 점 때문에 수익성 높은 무역 활동을 포기하는 것을 주저했던 총독 클라이브는, 세금을 실제로 징수하는 역할을 너와브 관리들에게 맡기기로 결심했다. 그러나 못미더웠던 관리들뿐만 아니라 끊임없을 정도로 돈을 원했던 영국동인도회사, 그리고 당시 급성장 중이었던 이 회사의 군대 등의 이유로, 영국은 1772년 직접 디완 직을 차지함으로써 방글라 지역을 직접 통치하게 되었다. 새로운 시대가 곧 도래할 참이었다.

누구나 다 궁금하겠지만, 당시 150년의 역사를 지녔던 이 무역회사가 갑자기 정복 활동에 나서게 된 이유는 무엇이었을까? 그리고 어떻게 영국인들은 무굴제국 시대 이

27 현 비하르주 서쪽에 있으며, 바로 서쪽에 웃터르프러데쉬주와 붙어있다.

후 인도에 등장한 수많은 경쟁 세력들을 물리치고 자신들의 국가를 그리도 쉽게 만들 수 있었는가? 클라이브나 영국동인도회사나 일관성 있는 계획을 획책하지 않았으며, 대부분의 결과는 당시 상황에 따라 결정된 측면이 강했다. 먼저 7년 전쟁이 그 가까운 원인이었다. 뒤플렉스 이후 프랑스는 인도에서 영국에 심각한 도전을 가할 수 없었지만, 여전히 이 전쟁으로 인해 사람들은 애국심을 고양했고, 전 세계에 걸친 군사적 모험을 정당화했다. 클라이브가 방글라 지역에서 "영웅적인" 공적을 쌓았을 때, 비슷한 시기 퀘벡 지역에서는 제임스 울프James Wolfe[28]가 활약했다. 그 다음 이유로는 영국동인도회사에 방글라 무역이 갖는 중요성 자체도 있었고, 다른 이유로는 영국인들의 특권적 지위를 보여주면서 거대한 규모를 가졌던 이 회사가 너와브에 가했던 위협도 있었다. 어쩌다가 충돌하는 경우에도, 모든 당사자들에게는 무제한적으로 힘을 행사할 수 없을 것이라는 제약이 적용되었다. 게다가 당시 인도에 주재했던 영국인들의 탐욕 자체도 또다른 원인이 되었다. 일단 "네이법"에게 부를 확보할 기회가 생기면, 이후 그에게 물러설 여지는 없었다. 클라이브 자신도 결국 그런 사례가 되었다. 1772년 본국 하원에서 증언했던 것처럼, 클라이브가 어마어마한 부를 갖고 인도를 떠났을 때 그는 "주체할 수 없을 정도로 놀랐는데", 그가 차지한 재산 중에는 매년 2만8천 파운드의 가치에 달하는 인도 내 어느 한 현에서 나온 자기르도 포함되어 있었다. 클라이브의 모험주의로 인해 비용이 급증할 것을 두려워했던 영국동인도회사는 처음에는 주저했지만, 제국으로 탈바꿈하면 특히 아시아 무역에서 발생하는 비용을 충당하는데 재정적으로 이득이 된다는 점이 명확해지자, 이 회사는 스스로 제국이 되기로 했다. 실제로 영국동인도회사는 런던에 으리으리한 본부를 짓는데 새롭게 생긴 부를 사용했는데, 이를 위해 이 회사는 앞에서도 언급했지만, 건물 천정에 올릴 장식으로 그림 〈브리타니아에 부를 가져다주는 동방〉을 주문했다.

---

28 1727~1759. 7년 전쟁 당시 그는 캐나다에서 프랑스군과 싸워 영국이 캐나다를 완전히 지배하는데 크게 공헌했다. 1759년 9월 13일, 퀘벡 시 근처에 있는 에이브러햄 평원(Plains of Abraham)에서 그는 프랑스군과 교전하다 전사하였다.

방글라 지역으로 근거지를 옮긴 뒤 영국동인도회사는 18세기 인도 정치 체제에서 성공을 거두는데 핵심이 되었던 다음과 같은 "군사재정주의" 전략들을 이용했는데, 이런 전략들로는 델리에 있는 무굴 궁정의 파디샤에 대한 명목적인 존중, 이전에 현지 너와브들이 생산을 늘렸던 초석 등 여러 물품에 대해 무역을 독점하는 행태 이용, 유럽인들이 인도에서 선구적으로 시도했던 훈련받은 전문 보병대 활용, 그리고 독립적인 지위로 인해 정치 체제 안에서 전례없을 정도로 중요한 위상을 지녔던 저거트 셰트 가문과 같은 강력한 신흥 은행가 및 금융가 집단과의 긴밀한 관계 구축 등이 있었다. 더 큰 범위에서 볼 때, 데이비드 워쉬브룩과 같은 학자들은 인도와 서유럽이라는 두 개의 번성하던 상업 세계가 서로 "결합"하는 상황이 18세기에 발생했다고 주장한다. 당시 "근세" 세계의 일부였던 인도와 영국은 서로 연관된 무역 체제로 인해 이미 동시에 형성된 상태였다. 당시 쇠퇴 중이었기 때문에 정복하기 딱 좋았던 "전통적인" 인도와 "진보적인" 유럽을 같은 선상에서 놓는 대신, 이런 학자들의 주장은 무역에 대한 접근성 및 당시 번영 중이었던 경제를 근거로 유럽인들의 인도 침투에 대한 답을 정확히 제시한다.

하지만 왜 다른 유럽인들과 인도인들은 실패했던 반면, 영국동인도회사는 인도에서 그렇게 굉장한 성공을 거둘 수 있었는가? 이에 대한 답의 대부분은 유럽에 있다. 해외 무역이 필수적이었던 섬나라로서, 영국은 어떠한 대가를 치러서라도 인도에서 이익을 보는데 전념했다. 수출 무역이 가장 큰 이익을 가져다주었던 이 시기에 해상을 지배했던 영국은 다른 모든 경쟁자들을 앞지를 수 있었다. 앞에서 언급했던 로마의 그림(그림 11)에 있는 "동인도인"에 주목하라. 그리하여 인도에서 18세기는, 해상 무역이 부차적인 중요성밖에 띠지 않았으면서 무굴제국 치하에서 농업 질서가 중시되던 17세기와 확연히 대조되는 시기였다. 더욱이 산업혁명이 아직 도래하기 전이었지만, 이미 영국 경제 안에는 안전한 사유재산권으로 유지되는 역동적인 상업 정신이 가득했다. 인도에서 현지 통치자들과는 달리, 처음에는 여러 관구 수도에서, 그리고 나중에는 농촌 지대에서 영국인들은 토착 상업 계급들의 임의적인 강탈로부터 벗어나게 할 수 있는 매력적인 전망을 사람들에게 제시할 수 있었다. 또 영국이 성공하게 된 이유 중

하나는, 바로 1757년 방글라 지역 정복을 통해 영국동인도회사가 당시 인도 안에서 가장 부유했던 이 속주를 장악했다는 매우 단순한 사실이었다. 방글라 지역은 영국이 인도 내 여러 지역 국가와 계속 경쟁하는 과정에서 다른 국가들을 압도하는데 필요한 재원을 제공하는 역할을 맡았다. 더 큰 세수 기반을 갖게 된 영국동인도회사는 인도 내 다른 국가들보다 더 큰 규모의 군대를 유지하고, 더 효율적인 국가 구조를 조직할 수 있게 되었다. 이로 인해 방글라 지역에 세워진 영국인들의 국가는 인도아대륙 전역에 걸쳐 존재했던 다른 국가들과 똑같이 "군사재정주의"를 이루는 요소들로 형성되었지만, 그들의 국가는 시간이 지나면서 앞으로 모든 경쟁국들을 하나하나씩 압도하게 될 것이었다.

제3장

동인도회사의 인도 통치, 1772~1850

식민통치의 토대
정복과 정착
전통과 개혁: 동인도회사 치하의 인도 사회

제3장

동인도회사*의 인도 통치, 1772~1850

동인도회사의 활동으로 인해 방글라 지역에서 발생한 재정 분야를 포함한 여러 혼란 사태를 완전히 끝내기로 결심했던 이 회사 이사들은 1772년, 그 당시 인도 내 외교 및 교역 부문에서 탁월한 업적을 쌓고 있었던 워런 헤이스팅스Warren Hastings(1732~1818, 재임 1773~1785)를 동인도회사 초대 총독으로 임명했다. 다른 관구들의 권한을 캘커타에 세워진 새로운 수도로 집중시키면서, 헤이스팅스는 정돈된 식민지 정부 체제를 만드는 일에 나섰다. 13년 동안 정부를 책임졌던 헤이스팅스의 치세는 순조롭게 돌아갔다. 실제로 재직 중 그는 당시 분열된 캘커타 의회와 다투어야 했는데, 의회 내 다수 의원들은 그의 모든 시도에 반대했고, 영국으로 돌아간 뒤 그가 취했던 행동은 본국 하원에서 뜨거운 탄핵 공판의 대상이 되었다. 결국 헤이스팅스는 무죄를 선고받았지만, 이 공판은 몇 년 동안 영국 사회 내에서 계속 회자되었다. 그럼에도 불구하고 헤이스팅스는 영국이 인도를 통치하는데 앞으로 지속될 토대를 닦았다. 이 장에서는 영국이 지배했던 방글라 지역에서 헤이스팅스와 그의 후임 콘월리스 경Lord Cornwallis,

---

* 영국동인도회사가 프랑스나 네덜란드 등 다른 유럽 세력의 도전을 물리치고 인도아대륙 내 유력한 정치·군사 세력으로 부상했던 18세기 후반부터 19세기 중반까지의 기간을 다룬 이 장부터는 다른 유럽 세력의 동인도회사를 언급할 일이 없는 만큼, 그냥 "동인도회사"로 줄여 언급하기로 한다.

1738~1805, 재임 1786~1793)이 세웠던 여러 통치 구조를 검토하는 것으로 시작할 것이다. 그런 뒤에는 어떻게, 그리고 왜 영국인들이 19세기 첫 20년 동안 인도아대륙 전체를 정복하기 시작했는지 살필 것이며, 1850년까지 이어진 기간 동안 마치 무굴제국의 고위층처럼 보였던 "회사 버하두르Company Bahādur"[1]로 알려진 이들과 인도 내 피지배인들 사이에 발전했던 관계의 의의를 평가함으로써 이 장을 마칠 것이다.

식민통치의 토대

헤이스팅스가 취임했을 때, 동인도회사 직원들은 무역에 필요한 것들 외에는 인도에 대해 아무 것도 몰랐으며, 그들은 해안에 있는 자신들의 거점 바깥으로 거의 나가려 하지 않았다. 헤이스팅스 자신을 포함한 몇 안 되는 사례를 제외하면, 그들은 인도 현지 언어들을 알지 못했다. 게다가 기존의 영 제국 안에서, 인도와 같이 엄청나게 많은 토착민들이 거주하는 지역을 지배하는 일은 전례가 없는 일이었다. 아일랜드와 같은 경우를 제외하고, 서인도제도와 북아메리카에서 이전에 이루어졌던 영국의 제국주의적 확상 활동은, 토착민들을 몰아내고 유럽이나 아프리카 출신 이주민들을 끌어들이는 과정을 수반했다. 그래서 인도에서 새로운 여러 책임을 져야할 상황에 마주친 영국인들은 전인미답의 상황에 놓였다. 이들이 겪었던 어려움은, 통치가 가져다 줄 불확실한 이익을 위해 수익성 높은 무역 활동을 포기해야 하는 일을 인도 내 동인도회사 직원들이 주저하게 되면서 가중되었다. 그래서 헤이스팅스를 총독으로 임명한 일은 여러 규제법Regulating Act 중에서도 최초로 제정된 법과 관련이 있었다. 이 규제법

---

1 무굴제국 파디샤가 현지 제후들이나 용맹한 장군들에게 하사했던 영예로운 칭호. "버하두르"라는 말 자체는 힌드어와 우르두어의 공통 전신(前身)격 언어인 힌두스탄어로 "용맹한"이란 뜻을 갖고 있는데(펀자브어로는 버하더르(Bahādar)), 이 힌두스탄어 단어는 원래 "전사(warrior)"를 뜻하는 페르시아어 "바하두르(bahādur)"에서 비롯되었으며, 다시 이 페르시아어 단어는 중세 몽골어로 "영웅" 혹은 "용사"를 뜻하는 "바가투르(Baghatür)"에 그 기원을 두고 있다.

은 동인도회사를 영국 정부에 종속시키고, 이 회사 직원들에게 통치 의무를 부과하려고 시도했는데, 당시 위그Whig당원이자 정치철학자였던 에드먼드 버크Edmund Burke(1729~1797)는 헤이스팅스의 탄핵에 대한 토론이 진행되던 중 인도 인민을 대표하는 "대리인trustee"로서 이 규제법을 해당 토론에 상정했다. 이렇게 동인도회사를 본국에 종속시키려 했던 시도는 1783년 통제청Board of Control for India(또는 인도청India Board)의 창설이라는 제도적인 형태로 드러나게 되었는데, 통제청의 수장은 영국 내각에 포함되었다.

처음에 영국인들은 자신들의 정부 체제가 정복지에는 맞지 않다며 이를 거부했고, 또 그들은 왕이 임명한 총독이 관할하는 여러 대의원의회가 있었던 북미 지역 식민지들의 정부 체제도 역시 거부했다. 이러한 결정은 인도가 문화적인 측면에서 영국과 다르다는 확신 때문에 더 강화되었다. 1772년 헤이스팅스가 이사들에게 자신의 "계획"을 설명했을 때, 이 계획은 "인도 인민의 풍습 및 이해관계, 그리고 인도 안에서 발생할 수 있는 긴급 사태에 우리 규제법들의 내용을 맞추면서, 저들의 오래된 관습 및 제도를 우리가 최대한 원형에 가깝게 고수하는데" 그 목표를 두어야 했다. 하지만 그렇게 하는 것은 실제로 행동으로 옮기는 편보다 말하는 편이 더 쉬웠다. "전제적인 통치 방식"은 오래 전부터 있었던 "동양"의 관행이라 믿었던 대로, 영국인들은 인도를 이와 똑같은 방식으로 다스릴 셈이었던가? 이들은 무굴제국의 행정 체제를 재구성하는데 열중했는가? 그들은 "태고부터 변함없이 지속되었다고" 여겨진 법적인 원리들을 발견하게 될 것이었는가, 아니면 바로 앞선 전임자들이었던 방글라 지역 너와브들의 전철을 밟게 될 것이었는가? 이런 문제들에 대해 토론하면서, 영국인들은 원칙과 현실 사이에서 왔다갔다했다. 하지만, 한 가지 측면에서 영국인들은 다음과 같이 동의하고 있었다. 그들은 "전제주의"를 대놓고 옹호할 수 없었는데, 그들은 "법치주의"의 고수야말로 모국인 영국을 "문명화된" 근대국가로 정의하는 중요한 덕목이며, 그렇게 해야 자신들의 인도 통치가 정당화될 수 있다고 파악했기 때문이었다. 하지만 식민통치는 그 본질상 자신들만의 방식으로 "전제적"인 성격을 띨 수밖에 없었다.

헤이스팅스는 두 가지 근본적인 신념을 갖고 다음과 같은 특징을 지닌 법을 제정하였다. 역사학자 버나드 콘이 썼듯이, 그 중 한 가지는 바로 인도에는 "'법전을 제정한 이들'이 만든 뒤 전해졌던 고정된 법률 및 법전 체계가 원래 있었는데, 시간이 지나면서 이런 법들은 여러 부연설명 · 해석 · 주석들 때문에 타락했다"는 것이었다. 헤이스팅스는 자신의 과업은 이 "원전"들을 완전히 순수하게 다시 복원하고, 그렇게 하여 영국인들이 성스크르터어나 아랍어 교육을 받았던 인도 현지 법학자들에게 의존하는 관행을 없애는데 그 목적이 있다고 여겼다. 더 나아가 헤이스팅스는 힌두교인들과 무슬림들에게는 각기 다른 별도의 법전이 존재한다고 믿었다. 결혼과 상속 등에 관한 민사 소송에 대해, 그는 "마호메트교도Mahomedans[2]는 코란Koran(정확한 표기로는 쿠르안(Qurʔān))에 있는 여러 법 조항들을, 젠투인들Gentoos(힌두교도를 가리켰던 유럽인들의 초기 명칭)은 샤스트러Shāstra[성](영어명 Shaster, '논서')[3]에 있는 여러 법 조항들을 고수해야 한다."라고 썼다. "힌두교인들"과 "무슬림들" 간에 근본적인 차이가 있다는 이 주장은, 별개의 풍습 및 관습을 지닌 다양한 종파 공동체들을 문헌 전통에 따라 정의된 두 집단으로 단순화시켜 버렸다. 그리하여 헤이스팅스는 이러한 분류들을 인도 사회를 조직하는데 중핵적인 요소로 보는 관행의 시초를 마련했으며, 이는 결국 이후 인도인들이 자신들이 가진 여러 정체성을 구성하는 방식을 만드는데 일조했다.

이른바 이 "고대"의 관습법을 "복원"하는 일은 쉽지 않았다. 실제로 고된 편찬 과정 속에서 이 전체 사업의 인위적인 본성이 드러났다. 1776년 헤이스팅스는 "젠투인들의 법전"을 편찬하기 위해 성스크르터 법학자인 펀디터Paṇḍita[성](힌드어로는 펀디트(Paṇḍit))[4]들로 구성된 위원단을 소집했다. 당시 이 작업에 참여했으면서 성스크르터어로 된 저작들의 내용을 분석했던 너새니얼 브래시 할헤드Nathaniel Brassey Halhed(1751~1830)의 설명에 따

2 이슬람교를 지칭했던 옛 명칭. 많은 무슬림들은 예언자 무함마드나 그의 추종자들이 이 명칭을 사용한 적이 없다고 주장해왔다. 무엇보다도 이슬람교는 예언자 무함마드에 의해 창시된 것이 아니라 절대신 알라의 가르침을 충실히 따르데 그 목적이 있지, 결코 인간에 불과한 무함마드나 다른 예언자들의 가르침을 따르는데 그 목적이 있지 않다고 이들은 주장하면서 이 명칭에 대해 거부감을 드러냈다. 그래서 1960년대 이후 이 명칭은 그 쓰임이 사실상 사장된 상태이다.

3 전문적 · 기술적 지식이나 학문에 대해 논하는 여러 종류의 힌두교 문헌.

4 이들은 단순히 힌두교의 법전뿐만 아니라 힌두교와 관련된 여러 종교의례 및 신화 등에 대해서도 해박한 지식을 갖고 있었다. 한편 무슬림 사회에서 이들과 비슷한 역할을 맡고 있었던 학자들은 바로 물라(Mullah[아])이며, 이들로 이루어진 학자 집단을 "울라마(ʕUlamāʔ[아])"라 한다.

르면, 이 펀디터들은 처음에는 "문장 하나하나씩 성스크르터어로 된 다양한 원본으로부터" 여러 주제들에 대한 법적인 판단이 담긴 내용을 골라냈다. 당시 성스크르터어를 아는 영국인들은 아무도 없었기 때문에, 그러고 나서 이 구절들은 "페르시아어로 그대로 번역되었으며", 이 페르시아어 번역문들을 할헤드 자신이 영어로 번역했다. 이후 10년 동안 윌리엄 존스 경Sir William Jones(1746~1794)는 성스크르터어를 완전히 익혔으며, 이후 그는 앞으로 인도 고대와 관련된 모든 사항들에 접근할 수 있게 할 근대 서유럽의 "동양학"을 태동시켰다. 영국인들이 힌두 법을 집행하려고 할 때 반드시 필요했던 "고정된" 법 체계와 관련된 이런 주장은, 카스트와 지역에 따라 달랐던 현지의 다양한 관습법들보다 브라머너 계급이 쓴 문헌들을 필연적으로 우선시하고, 1864년까지 "법률 제정자"로서 여러 토후국 궁정에 소속되었던 브라머너 펀디터들이 결정을 내리는 과정에서 이 브라머너 계급의 문헌들이 전례없을 정도로 막대한 비중을 차지하는 결과를 낳았다. 브라머너 계급이 지녔던 정치권력이 초기에 성장하는데 기여했던 이 모든 일들은 인도의 법이 "브라머너화"되는 결과를 초래했다. 소송 절차는 영국 판례법의 도입으로 인해 변형되었는데, 이 판례법에 따라 소송은 조정과 합의에 기반한 전통적인 절차 대신 판사가 주재하는 재판으로 넘겨졌다.

또한 헤이스팅스는 행정 측면에서 독특한 식민주의적인 형태를 만드는데 첫걸음을 내딛었는데, 그것은 바로 특정 현縣을 담당하는 "징세관Collector" 직의 창설이었다. 그러한 행정 구조에 대해서는 무굴제국 시대에 이미 선례가 있어 헤이스팅스가 이를 주목했지만, 이 무굴제국의 체제는 방글라 지역 너와브들의 치하에서 이미 작동을 멈춘 상태였다. 또 훈련된 영국인 인력이 부족했기 때문에 헤이스팅스는 무굴제국의 선례를 이용하는데 방해를 받게 되었다. 1765년 영국인들이 처음으로 디와니를 장악했을 때 클라이브는 이미 다음과 같이 예견했다. "우리의 안전과 신용이 달려있는 세금 징수 권한을 이 일에 완전히 무지한 동인도회사 직원들이 관리하는 건 위험하고, 죄악이 되는 경험이라고까지 말할 수 있을 것이다." 그래서 헤이스팅스 치세 동안 세수에 관한 행정은 대개 나이 많은 인도인 관리들의 몫이었다. 아메리카에서 당한 패배에 위신을 손상받지 않았던 콘월리스 경이 인도 내 행정을 개혁하라는 지시를 받고 인도에 부임했을 때가 돼서야 변화가 찾아오게 되었다. 자신들이 관할했던 현에 대해 인도 현지인들이 쓴 장부가 "번잡하고 혼란스러운" 것을 보고, 당혹감과 짜증과 분노를 느꼈던 콘월리스는 모든 인도인 고위 관리들을 교체했다. 영국인들을 잘 속일뿐만 아니라 실정도 유발하게 한다는 이유로 인도인들을 희생양으로 삼았던 콘월리스는, "나는 정말로 힌두스탄 지역 내 모든 토착민들이 타락해 있다고 믿는다."라고 강하게 주장했다. 일정 정도 이상의 보수를 받는 모든 관리들은 "계약된" 직원들이 차지해야 하고, 이들은 모두 유럽에서 태어난 영국인들이어야 한다는 내용이 1793년 칙허법Charter Act of 1793을 통해 공식화되었다. 이는 영국의 인도 통치가 거의 끝날 무렵까지 관리 임용의 특징이 된 인종적 배제 정책의 시작이 되었다.

그 이름에서 분명히 드러나듯이, 징세관의 주요 업무는 세금의 징수였다. 징세관의 평판은 자신이 관할하는 현에서 이미 그 액수가 산정된 필요한 세금 전액을 주기적으로 거둬들일 수 있는 능력에 대개 달려 있었다. 하지만 징세관은 또한 사법권을 지닌 행정사법장관Magistrate직을 담당해 경찰들을 통제했고, 판관으로서 법정에서 송사를 판결했다. 정부에서 중핵적인 위상을 지녔던 각 현의 징세관들은 자기보다 상관이면서 위계에 따라 관등이 나뉜 영국인 관료들에게 책임을 졌고, 자기보다 밑에 있는 수많은 인도인 하급 관리들의 업무를 감독했다. 세금을 징수하는 실제 활동을 책임지고 있었고, 때때로 자신들의 잇속을 위해 순진하고 미숙한 징세관들을 조종할 수 있었던 이 인도인 하급 관리들은 자체적으로 권력을 행사하지 못했기 때문에 승진할 기회가 없었다. 고액의 봉급 지불 · 고위직 독점 · 연금 보장 등의 내용을 포함했던 콘월리스의 여러 개혁 조치들로 인해, 이제 사무역에 종사하지 못했던 동인도회사의 문관들은 청렴결백하고 공평하다는 평판을 들을 수 있게 되었다. 마지막 개혁은 웰즐리 경Lord Wellesley(1760~1842, 재임 1798~1805)이 시행했는데, 그는 1802년 캘커타에 포트 윌리엄 컬리지Fort William College을 세웠으며, 이곳에서 새로 들어온 문관들은 직책을 맡기 전 현지 언어들을 익혔다. 동시에 동인도회사 이사들은 런던 근교에 있는 헤일리버리Haileybury에 컬리지를 세워(1804), 신입 문관들을 2년 동안 교육시키면서 인도로 파견되기 전 기본적인 소양을 닦게 했다.

이 모든 개혁 조치들로부터 인도 행정을 지탱했던 저 유명한 "강철 골격steel frame"인 인도고등문관제Indian Civil Service가 만들어졌는데, 이 제도에 편입돼 봉직했던 영국인들과 많은 인도인들은 이 제도에 자부심을 가졌다. 추가 개혁이 1854년에 일어났는데, 이 때 동인도회사 이사들의 지명을 통한 관리 임용 방식이 시험을 통한 임용 방식으로 교체되었다. 이 제도는 식민지 시대가 지나서도 현재 인도행정직제Indian Administrative Service로 이름만 바뀐 채 존속 중인데, 그 권력은 민주주의 체제에 맞게 축소되었다. 〈그림 13〉에서는 1965년 당시 어떤 현의 행정사법장관이 농촌 일대를 돌아다니면서, 재산 현황을 담은 천으로 된 지도에 여전히 기록되었던 토지소유권을 마을별로 검토하고 있는 모습이 나타나 있다.

민정 체제를 "매우 공정하고 확고하게 영구적으로" 확립시키는 일은 효율적인 군대 조직을 통해 보강되었다. 초기 영국인들은 여러 전투를 치르면서 프랑스인들을 축출하고 방글라 지역 너와브들을 쓰러뜨리는데 그저 소규모 군대로도 족했다. 하지만 외부의 공격으로부터 방글라 지역을 방어하고, 이어 전 인도를 정복하는 일은 별개의 문제였다. 이 과업을 충실하게 수행할 수 있는 군대는 비용이 비싸고 숫자가 적은 유럽인들만으로는 이루어질 수 없었다. 그래서 펄라시 전투 이후 클라이브 자신은 동인도회사를 위해 싸울 인도 군인, 즉 페르시아어 "시파히Sipāhī"[5]에서 유래된 "시포이Sepoy"들을 대거 고용했다. 너와브를 섬겼던 이들을 믿을 수 없다며 거부했던 헤이스팅스는, 어워드에서 비하르에 걸친 경가강 평원 동부 일대에 거주했으면서, 주로 라즈푸트인 집단과 브라머너 계급 등 상층 카스트 집단에 속했던 힌두교인 소농들을 모병 기반으로 삼았다. 사회 내 변란을 어떻게든 피하고 싶었던 헤이스팅스와 그 후임 총독들은, 군대 내에서 카스트 및 종교와 관련해 감정적으로 민감한 여러 사항들을 수용하는데 신경을 썼다. 단체 식사는 피했으며, 해외 파병을 병사들에게 요구하지 않

---

5 오스만 제국에서는 "기병"을 뜻하게 되었으며, 다시 이 단어는 유럽 세계로 넘어가 영어로는 "스파히(Spahi)"로 알려지게 되었다. 한편 인도의 경우, 시포이들은 말을 타는 대신 머스킷총으로 무장한 훈련받은 전문 "보병"의 의미를 띄게 되었다.

그림 13_ 마을 사람들이 모인 상태에서 한 현(縣)의 행정사법장관이 소유권 관계를 확정하기 위해, 마을 내 재산 현황이 담긴 천으로 된 지도에 적힌 이름들을 소리내어 읽고 있는 모습
웃터르프러데쉬주 패자바드, 1965년 촬영

왔고, 군대 주둔지에서 람 릴라Rām Līlā[힌][6]와 같은 여러 힌두교 축제들을 힌두교인 병사들이 거행할 권리가 공식적으로 인정되었다. 하지만 상층 카스트 집단이 행했던 이런 종교의례의 지위를 높이는 이 조치로 인해, 시포이들은 자신들의 특권이 침해받았다는 사실을 알아차릴 때마다 저항하거나 심지어 반란을 일으키게 되면서 정부는 무기력해졌다. 18세기 후반과 19세기 초반 동안 군대의 규모는 급격히 커졌다. 1789년 약 10만 명이었던 동인도회사 휘하의 인도군은 나폴레옹 전쟁 기간 동안 기병과 보병

6 "라머 신의 힘"이라는 뜻으로, 이 축제에서는 라머 신의 일생과 활약상을 재연하는 극이 상연되거나 그를 기리는 무도회가 벌어진다.

을 포함해 15만 5천 명으로 그 규모가 늘어났는데, 이는 전 세계에서 가장 큰 유럽식 상비군 중 하나였다.

시포이군은 당연히 용병으로 이루어진 군대였다. 동인도회사는 병사들이 정기적인 봉급과 연금을 받을 수 있다는 기대(이 일은 당시 인도 내 다른 국가들에서는 흔하지 않았다)를 갖게 하고, 동시에 병사들이 소속된 연대聯隊의 자부심을 고무하게 함으로써 군대의 충성심을 확보했다. 전장에서 승리해 고양된 그런 자부심은, 시포이들이 입은 붉은 상의와 부대에 적용된 엄한 기율을 통해 명백하게 드러났다. 병사였던 시타 람Sītā Rām[힌](?~?)의 자서전에는 어떻게 그가 자기 삼촌의 방문으로 인해 입대를 원하게 되었는지 잘 설명하는 대목이 드러나 있다. "그[삼촌]는 금방울들로 된 정말로 화려한 목걸이를 하고 있었고, 금으로 된 단추들이 달린 특이한 선홍색 상의를 입고 있었다. 그리고 무엇보다도 그는 셀 수 없을 정도로 어마어마하게 많은 무흐르Muhr[페](영어명 Mohur) 금화[7]를 갖고 있는 듯했다. 난 이런 것들을 똑같은 수준으로 가질 때가 오기를 간절히 바랐다." 입대하자마자 그는 훈련장에 들어서게 되었다. "열병식장은 여섯 명이나 여덟 명으로 이루어진 대오들로 뒤덮여 있었는데, 그들은 내가 여태까지 봤던 것 중에 가장 대단한 움직임을 보여주었으며, 이들은 내가 단 한 마디로 못 알아들은 말로 된 명령을 따르고 있었다. 난 마음껏 웃으면서 이러한 광경을 보며 놀란 채 서 있었다. 하지만 훈련을 담당했던 허왈다르Havāldār[힌/우](중사에 해당)가 내 귀를 확 비틀자, 나는 곧장 정신차렸다." 시타 람은 40년 넘게 군에 충직히 복무했지만, 다른 시포이들처럼 그는 유럽인들만 차지할 수 있었던 장교로 승진할 가망이 없었다.

정부를 재조직하는 일과 더불어, 헤이스팅스는 인도의 지리, 역사, 그리고 문화에 통달하려는 수십 년에 걸친 대규모 사업에 나섰다. 태양 아래 있는 모든 것들을 안 다음 분류하고 정리하려는 계몽주의적인 열의에 부분적으로 이끌렸던 인도에 대한 연구는 또한 인도의 새로운 통치자들의 관심을 키웠다. 1784년 헤이스팅스는 이사들에

---

7 무굴제국 시대부터 영령인도 시대까지 제작된 금화. 무흐르 금화 한 닢의 가치는 루피 은화 열다섯 닢의 가치와 비슷했다.

게 다음과 같이 단도직입적으로 설명했다. "지식을 매번 축적하는 일도 그렇지만, 특히 정복할 권리에 기반해 생긴 우리 통치권의 행사 대상이 되는 사람들과 사회 안에서 소통하는 과정에서 얻게 된 지식은 국가에 쓸모가 있다. …(중략)… 이런 지식은 우리가 보살펴줘야 하는 멀리 떨어져 있는 대상들을 끌어들이고 회유하며, 토착민들을 종속 상태로 만드는 쇠사슬의 무게를 줄여주고, 우리 국민의 마음에 의무와 자비심의 감각을 심어준다." 헤이스팅스가 창설했던 주요 기관은 방글라 아시아 학회Asiatic Society of Bengal였다. 윌리엄 존스의 지도에 따라 1784년에 창설된 이 학회는 무엇보다도 인도 고대의 종교 및 우주론 문헌들을 연구하는데 집중했다. 그리하여 성스크르터어를 아는 펀디터들과 긴밀하게 작업하면서 이들로부터 항상 크게 도움을 받았던 이 영국인 학자들은 인도를 위한 역사를 정교하게 만들어냈는데, 이는 같은 시기 유럽 각국에서도 한창 거의 비슷한 방식으로 이루어지고 있었다.

이 역사에서 핵심적인 부분이 된 것은, 바로 인도와 영국이 공유하는 "아려Ārya[성]"적인 언어적 연관성을 통해 이루어진 과거를 발견했다는 중대한 사실이었는데, 이러한 언어적 연관성은 인도를 영국과 이어주었다. 존스가 썼던 대로, 성스크르터어, 그리스어, 그리고 라틴어 사이에는 "우연적으로 아마 존재할 수 있었던 것보다 더 강한 친연성"이 있었다. 그래서 이 세 언어는 "뭔가 공통의 근원으로부터 틀림없이 비롯되었을 것이다." 그래서 연관성을 갖고 있으면서 널리 퍼진 언어들의 묶음이 드러나게 되었는데, 이것이 바로 인도유럽어족이며, 이 어족은 역사가 기록되기 이전 시기 중앙아시아로부터 확산되었다. 더 넓게 보자면, 존스와 그를 계승한 학자들은 연구를 통해 "힌두교"를 위대한 종교이자 고대의 지혜가 담긴 저장소로 만들었으며, 이들은 인도가 고대 그리스와 로마에 비견되는 영광스러운 과거를 가졌다고 여겼다. 19세기 첫 수십 년 동안 이루어진 여러 고고학적인 발견 성과로 인해 인도 고대의 위대함에 대한 이런 확신이 강화되었다. 그 예로 브라미 문자Brahmi script 해독을 통해, 마우려조Maurya[성](기원전 322~기원전 184) 통치기에 인도에서 불교가 오랫동안 우세했다는 사실이 드러났다. <그림 2>에 나타난 기둥의 역사는 이 점에서 의미심장하다. 1장에서 언급한 대로, 14세기 술탄이었던 피로즈 샤는 이 기둥을 자기 궁정에 세웠다. 하지만 그는 이

기둥이 무엇을 의미했는지, 혹은 누가 이 기둥을 새겼는지 알 길이 없었다. 19세기 초반에 여러 발견 성과가 드러나고 나서야, 북인도 전역에 걸쳐 존재하는 다른 기둥들처럼 이 기둥은 그때까지 알려지지 않았으면서 불교를 신봉했던 마우리아 제국의 아쇼카왕(재위 기원전 268?~기원전 233?)과 관련되었다는 사실이 밝혀졌다. 이후 아쇼카왕의 치세는 우호적인 분위기와 비폭력으로 가득한 시대로 여겨졌으며, 20세기에 간디주의를 따랐던 인도 국민국가 수립운동가들은 이를 찬양했다.

여러 문화 사이에 존재했던 관련성을 찾으려는 계몽주의적인 시도에 자극을 받았음에도 불구하고, 인도를 알고자 했던 이러한 동정적인 접근 방식은 자기 문명의 우수성에 대한 영국인들의 신념을 결코 뒤덮어서는 안 되었다. 존스마저도 다음과 같이 설명했듯이, 유럽이 지닌 "진보"의 역사와는 달리, 인도의 역사는 시간이 지나면서 고대의 위대함이 "추악한 성직자들의 모략"과 "미신"으로 타락했다. 그러한 역사적 경로가 영국의 인도 정복을 정당하게 만드는데 일조했던 것은 우연이 아니었다. 인도가 문학과 철학 방면에서 서방에 가르칠 것이 많다고 믿었던 존스 역시, 과학적인 추론 측면에서 인도인들은 "어린애" 수준에 불과하다고 여전히 생각했다. 태고의 순수함을 담고 있던 것으로 여겨졌던 과거의 힌두교와 "타락한" 현재의 힌두교 간 긴장 관계는 할헤드가 쓴 다음 대목에서도 느낄 수 있다.

> 당신의 찬란한 빛줄기가
> 정신의 시선을 향해 원기왕성하게 비춘 적이 있었지.
> 그 때는 애지중지하는 미신이 감히 꿈꿀 생각을 못했고,
> 어리석음이라는 유령이 당신의 빛살 속에서 사라졌을 때였지.

나폴레옹 전쟁 시기가 지나 영국의 자신감이 더 커지게 되면서, 이렇게 근대 서유럽의 "동양학"이 인도 문명에 대해 남겼던 동정적인 평가는 서서히 시들어갔다. 이로 인해 시간이 지날수록 존스가 주장했던 언어 간 연계성은 생물학적인 인종 이론에 그 자리를 내주었는데, 이 이론에 따르면 인도 내 아리아 후손으로 간주된 이들은 인도 토

착민들과 오랜 세기 동안 혼혈되는 바람에 퇴보된 것으로 보여, 자기 유럽 "친척들"과 공유한 것이 별로 없다고 여겨졌다.

더 세속적인 영역에서도 영국인들이 인도로 들여왔던 추상적인 범주들과 인도식 정보 체계들을 통합하는 작업 사이에는 긴장 관계가 존재했다. 역사학자 데이비드 러든David Ludden이 쓴 대로, 18세기 후반 지도제작자였던 제임스 레넬James Rennell(1742~1830)과 같은 이들에 따르면, "진정한 인도 전문가들은 바로 농촌에서 일하고 여행하면서 현지 내 여러 상황들을 관찰하는 과학자들과 훈련받은 행정가들이었다." 현지의 지식과 이해방식은 어떻게 영국인들이 인도를 자기들 것으로 만들었는지 애초부터 결정했다. 영국인들은 인도인 신문 기자들과 우정郵政 사업의 연결망에 침투했고, 여러 토후국 궁정에 대리인들을 심었으며, 농촌을 조사하면서 현지에서 영향력 있는 지주들 및 정보원들과 협력했다. 그 예로, 영국인들이 아니라 현지 공동체의 날카로운 감시를 받았던 "지나가는 행인들"이야말로 마을 경계를 획정하는 주체였다. 크리스토퍼 앨런 베일리Christopher Alan Bayly가 주장했듯이, "식민지 시대의 정보 체계"는 "인도인 선구자들이 이미 닦아놓았던 기반 위에" 구축되었다.

하지만 인도를 더 "과학적으로" 이해하기 위한 지속적인 필요성은, 시간이 지나면서 제도화된 추상적인 지식이 이전 "토착 지식인들의 연결망"을 대체했다는 사실을 의미했다. 1800년 이후 컬린 매켄지Colin Mackenzie(1754~1821)와 프랜시스 뷰캐넌Francis Buchanan(1762~1829)이 진행했던 상세한 조사들은 이 새로운 질서를 분명하게 드러냈다. 토착인 보조원들에 여전히 의존했음에도 불구하고, 이 두 사람은 인도인들의 생활에서 드러나는 모든 양상을 열렬히 조사했다. 〈그림 14〉에 보이듯이, 폐허가 된 사원을 그린 스케치로부터 여러 농작물과 카스트 집단, 그리고 현지 가문들의 역사에 이르기까지, 이들의 작업은 체계적이지는 않았지만 빅토리아 여왕 치세 후기에 등장한 권위있는 관보와 국세조사의 시초가 되었다. 새로운 정보 체계를 대표하는 것은 바로 대삼각측량사업Great Trigonometrical Survey이었다. 1818년에 시작된 이 측량 사업은, 강철로 된 사슬로 잰 기선基線을 이용한 상세한 삼각측량법에 기반하여 나라 전체를 담은 지도를 만들려고 했다. 이 "자오선이 그리는 거대한 원호圓弧"는 그 폭이 남북으로 약 2,400킬로

그림 14_ 〈폐허가 된 사원을 스케치하려는 한 동인도회사 관리〉에 있는 세부 묘사
하인들이 의자 · 필기구 · 칠판을 들고 있는 것을 주목하라. 1810년경

미터에 달했는데, 이 사업은 당시까지 진행되었던 측지測地사업 중 가장 큰 규모의 사업이 되었고, 여태까지 동인도회사가 마주쳤던 군사 · 징세 관련 요구사항들을 아득히 뛰어넘었다. 매튜 에드니Matthew Edney가 주목했듯이, 이 사업의 성과는 인도 지리를 영국인들이 과학적으로, 합리적으로, 그리고 제국적으로 통달했다는 승리를 명확하게 표현한 것이었다. 하지만 이렇게 지도와 통계에 대한 의존도가 심해지면서, 영국인들은 현지 정보에 해박한 인도인들의 여론을 듣지 않게 되었고, 결국 영국인들은 공황

과 두려움을 가졌을 뿐만 아니라 1857년 자신들을 놀라게 했던 거대한 봉기에도 취약해졌다.

식민지 시대 초기 생활의 경우, 영국인들과 인도인들은 특히 관구 수도들에서 비슷한 방식으로 분리되었지만, 두 집단은 서로 친밀감을 공유하면서 서로 결합되기도 했다. 캘커타와 마드라스를 보면, 식민통치가 무력에 의존했다는 사실을 상기시켜주는 요새는 도시가 외부로 확장되게 하는 중심 역할을 맡았다. 마드라스에는 분명하게 구획된 "검은 마을"이 있었는데, 이 마을은 인도인들의 상업 · 거주 전용 지구였다. 1770년 이후로 요새 영역을 넘어 쏟아져 나온 영국인들은 교외에 있는 정원을 발전시켰는데, 이 교외 지역에는 팔라디오풍[8] 대저택들이 흩어져 있었다. 요새와 마찬가지로, 이러한 정착 과정으로부터 새로운 식민지 질서가 등장했다는 사실이 명확해졌다. 1780년대 3천 명이 넘는 유럽인을 포함해 약 20만 명의 인구가 살았던 캘커타는 18세기 말엽에 이르면, 초우링기Couraṅgi[방](영어명 Chowringhee, 시 중심부 구역)에 위치한 기둥 및 주랑현관Portico[9]가 있는 유럽풍 대저택들이 지어진 구역과, 도시 북쪽에 있으면서 인구가 밀집한 인도인 구역으로 확연히 나뉘었다.

이러한 도시들에 거주했던 영국인들은 대개 부유한 네이법이었고 호화스런 생활양식을 정교하게 꾸몄지만, 열대 지방의 풍토병에 대한 저항력이 없었기 때문에 많은 이들은 쓰러져 식민통치 초기에 지어진 무덤에 묻히게 되었다. 캘커타에 있는 파크가Park Street 묘지와 같은 여러 구역들에서, 영국인들은 불멸을 강조하기 위해 우뚝 솟은 기념물들을 세웠다. 이전의 교구 묘지를 대체하게 되면서 모두에게 개방된 이 근

---

8 르네상스 시대 이탈리아 내 베네치아의 건축가 안드레아 팔라디오(Andrea Palladio, 1508~1580)는 고대 그리스 · 로마의 고전 건축 양식에 큰 영향을 받아, 무릇 건물들은 기하학적 법칙에 따라 자연을 모방하면서 대칭 · 조화 · 비례를 추구해야 한다고 주장하였다. 그의 건축 철학은 16세기 이후 영국의 건축 양식에 큰 영향을 미쳤는데, 당시 영국인들은 과도한 장식을 특징으로 하는 프랑스 · 이탈리아 · 네덜란드 등 유럽 본토의 바로크풍 건축 양식에 반발하여, 자기들만의 국민국가적인 건축양식으로서 팔라디오풍 건축 양식을 추구하였다.

9 건물 입구로 이어지는 현관 혹은 건물에서 확대된 주랑柱廊을 가리키는데, 통로 위로 지붕이 덮여 있으며, 기둥으로 지지되거나 벽이 둘러져 있다.

대 양식의 묘지는, 인도에서 처음 시도되고 나중에 유럽에 적용된 제도가 반영된 또 다른 사례를 보여준다. 18세기 후반 동안 네이법들과 일반 군인들은 관습적으로 "비비Bībī[힌]"라 불렸던 정부情婦와 공개적으로 같이 살았다. 이러한 관계로부터 파생된 가정 관련 규정은 본국과 멀리 떨어진 식민지에서는 그런 관계가 흔했기 때문에 들어맞았지만, 영국의 풍토와는 맞지 않았다. 하지만 1790년대에 이르면, 네덜란드령 동인도제도나 포르투갈령 고아[10]와는 달리, 콘윌리스의 여러 개혁 조치로 인해 인도에서 그러한 관계는 점차 공격을 받게 되었는데, 이는 정부를 두는 관습이 지닌 부도덕성도 그렇지만, 이 관습은 헤이스팅스 시대의 "타락한" 관습과 연관되었기 때문이었다. 네이법들은 사생활에서 인도의 풍습을 받아들이고 토속 의상을 입는데 항상 거리를 두었다. 그들은 자신들이 확신했던 인종적인 우수성에 도전하는 쾌락 추구를 절대로 허용하지 않았다. 이로 인해 그들은 자기들이 부렸던 인도인 비비들의 사생아들을 완전한 "영국인"이라 인정하지 않았다. "반半-카스트" 혹은 유라시아인Eurasians이라 낙인찍힌 이 혼혈인들은 1793년 콘윌리스에 의해 정부에서 일할 기회를 박탈당했다. 시간이 지나면서 그들은 공동체를 이루게 되었는데, 이들은 네덜란드령 자와Java 섬의 혼혈 "인도인Indische" 지배층과는 달리, 영국인들과 인도인들 사이에서 불편한 존재가 되었고, 양자의 경멸을 받았다.

도덕에 대한 개혁 조치로 인해 인종 간 분리가 이루어졌다. 더 먼 지역들에서는 적용되는데 다소 시간차가 있었지만, 점차 인도 내 영국인 남성들은 영국인 부인과 함께 벙걸로에서 조신하게 살고, 영국식 의복을 입으며, 공무 외 인도인들과 교류하는 것을 삼가기로 되어 있었다. 역사학자들은 이러한 인종 간 분리가 "멤사히브Memsahib"[11]이라

---

10 포르투갈어를 비롯한 유럽 언어들로는 고아(Goa), 현지 콩컨어(Koṁkaṇī)로는 공이(Gõy, 중간의 õ는 비모음), 고아와 인접한 지역들에서 사용되는 머라타어와 칸나다어, 그리고 힌드어로는 고와(Govā)라 한다. 이 도시에 대한 명칭이 콩컨어를 제외한 인도 현지 언어들에서도 "고와"로 발음되고, 이 때문에 우리가 흔히 알고 있는 "고아"와 유사하다는 점을 감안해 이 도시의 이름에 대한 표기는 "고아"로 계속 유지하기로 한다.

11 마님을 뜻하는 영어 단어 "맴(ma'am)"과, 원래 아랍어로는 "동료"를 뜻했지만 우르두어로는 "나리"로 그 의미가 변화한 "사히브(Ṣāḥib)"이 합쳐진 단어이다.

불렸던 영국인 여성들이 대거 인도로 유입했던 사실에서 비롯된 결과라고 간간이 주장해왔는데, 이 멤사히브들은 남편들에게 부르주아적인 가정家庭을 유지하도록 강요했다. 사실 영국인들의 인종적 거리두기는 정복 사업을 통해 고양된 오만함을 비롯해, 19세기 초반부터 시작된 복음주의적 선교활동 및 훈계적인 자유주의의 확산으로 유지되었다. 영국인들의 인종적 순수성을 구현했던 영국인 여성들은 가정의 영역에서 이런 새로운 인종적 질서를 정말로 분명하게 만들었다.

최근 역사학자들은 18세기 인도에서 식민통치가 시작되어 발생한 여러 변화의 정도를 최소화하려고 했다. 방글라 지역에 세워진 동인도회사 국가에서나 무굴제국 시대 이후 생긴 다른 "국가" 세력들에서나 변화한 정도는 엇비슷했다고 보통 설명된다. 분명히 옛 것의 많은 부분이 유지되었다. 알렉산더 도우Alexander Dow(1735~1779)와 같은 이들이 쓴 글들을 보면, 영국인들은 통치자의 구속받지 않는 의지를 드러내는 전제주의가 무굴제국 시대의 인도 정치 체제를 규정했다고 오래도록 주장했다. 전제적인 통치에 대한 거부에도 불구하고, 영국인들은 처음부터 자신들도 결국 그런 전제적인 통치를 하게 되었다는 사실을 깨달았다. 그 예로, 헤이스팅스에 대한 에드먼드 버크의 고발 내용에 들어있던 핵심에는 바로 총독으로서 그가 예의바른 영국인 통치자가 아니라 인도인처럼 행동했다는 사실이 들어 있었는데, 그가 어워드 지역의 베검Begam[우](영어명 Begum)[12]들과 와라너시의 라자들을 거칠게 다루었던 것이 그 예였다. 이후로 특정 현 내에서 징세 업무를 맡았던 이들의 입장에서 봤을 때, 인도인들의 이해관계를 최대한 유지하면서 통치하는 자비로운 전제군주라는 이상적인 통치자는 여전히 매력적으로 다가왔다. 또한 동인도회사는 다른 방식으로 토착 관습을 수용했다. 통치하는 내내 동인도회사는 델리에 있던 무굴 궁정의 파디샤의 종주권을 인정했다. 동인도회사가 발행했던 동전들에는 파디샤의 옆얼굴이 새겨져 있었으며, 무굴 페르시아어는 1835년까지 공용어 지위를 유지했다. 동인도회사는 또한 전임자들이 했던 것처럼 힌

12 고위층 여성들을 지칭하는 무슬림들의 존칭. 지방 태수나 군사령관, 제후 등에게 사용되었던 튀르크어 존칭 "베그(Beg)"에 여성형 접미사 "엄(-am)"이 붙어져 만들어진 단어이다.

두교인들과 무슬림들의 종교 기관들을 열심히 후원했다.

하지만 1800년에 이르면 새로운 정치적 질서를 위한 토대가 이미 마련된 상태였다. 헤이스팅스의 여러 개혁 조치들은 앞으로 라디카 싱하Radhika Singha가 "법에 의한 전제주의Despotism of Law"라 불렀던 것처럼 참신한 성격을 띠게 되었지만, 새로운 동양 연구는 인도인들이 자기 나라의 과거를 바라보는데 새로운 시각을 마련했다. 힌두교 사원 운영으로부터 형법 내 여러 수칙의 준수까지 매일매일 이루어졌던 관행들은 점점 더 규칙에 얽매이게 되었고, 그로 인해 법을 적용하는 차원에서 이전에 존재했던 유연성이 점차 없어지게 되었다. 무엇보다도, 영국인들은 전례없는 규모를 지닌 군대를 창설했다. 크리스토퍼 베일리가 썼듯이, 동인도회사가 운영하는 국가의 범위, 물리적인 힘을 독점한 이 회사의 역량, 그리고 자원들을 운용할 수 있는 동인도회사의 능력은 "이미 초기부터 이전에 존재했던 모든 토착 정권들과 구별되었다."

정복과 정착

1798년 웰즐리 경이 총독으로 부임하면서, 영국인들은 지난 25년 동안 인도에 존재했던 여러 "국가" 중 일개 세력에 불과했던 상황에서 벗어나게 되었다. 영 제국이 인도아대륙 전체를 아우를 수 있다고 보았던 새로운 시각에 자극받은 웰즐리는 앞으로 20년 동안 벌어지게 될 군사 활동을 개시하게 되었는데, 1818년에 이르러 동인도회사는 실질상 인도의 주인이 되었다. 무력에 의존했던 웰즐리의 정복 사업 외에도, 제국이 되기를 희망하는 공격적인 열의가 커져갔다. 이러한 사실 대부분은 유럽에서 벌어졌던 여러 사건들로부터 비롯된 것이었다. 이 기간 동안 당시 궁지에 몰렸던 영국은 나폴레옹과 상대했는데, 그의 군대는 유럽뿐만 아니라 1798년에는 인도로 향하는 관문이었던 이집트에서도 프랑스군에 승리를 거두었다. 그리고 이렇게 처절하게 진행된 전쟁으로 인해 고양되었던 애국심은, 자국 군대가 정복할 영토라면 영국이 지배할 수 있다는 확신으로 이어졌다. 무언가 이렇게 반항적인 기운은, 동인도회사의 이사들이

그림 15_ 1780년 폴릴루르 전투에 대한 세부 묘사
작자미상의 인도 화가 作, 1820년경

사치스럽다고 비판했던 캘커타 내 웅장한 새로운 정부청사를 지은 장본인 웰즐리를 발렌시어 경Lord Valentia(1744~1816)이 변호한 데에서 발견할 수 있다.

강대한 제국의 수장은 그가 다스리는 나라에 존재하는 여러 편견에 스스로를 맞추어야 한다. 그리고 영국인들은 특히 테무르 가문의 제후들이 했던 훌륭한 업적들을 본받아야만 하는데, 이는 영국인들은 추악한 상업적 기풍에 의해서만 영향 받는다고 우리를 비난하는 강력한 경쟁 상대인 프랑스인들에게 취약점을 보이지 않으려는 이유 때문이다. 한마디로 나는 인도가 회계만 담당하는 정부청사가 아니라 궁정의 통치를 받기를 바라는데, 다시 말해 인도 통치는 머즐린과 인디고를 판매하는 소매상의 차원이 아니라, 제후의 차원을 통해 이루어져야 한다는 점을 뜻한다.

웰즐리는 먼저 마이소르 왕국의 티푸 술탄에 대항할 조치를 실행에 옮겼다. 대규모 경기병 부대가 지탱하는 포병대와 보병대로 구성된 강력한 군대를 보유했으며, 영국인들에게 완강할 정도로 적대적이었던 티푸 술탄은 이미 1780년대 영국인들과 싸워 무승부를 기록한 적이 있었다. 이름이 알려지지 않은 한 인도인 화가가 제작한 <그림 15>은 훈련받은 병사들의 대오에도 불구하고 티푸 술탄의 군대를 물리치는데 실패한 포위된 영국군 부대의 마지막 전열을 보여준다. 동인도회사와 많은 면에서 비슷한 점을 보여준 정복국가였음에도 불구하고, 티푸 술탄의 마이소르 왕국은 영국이 지배한 영토에 둘러싸였고, 또 당시 대혁명에 휩싸였던 멀리 떨어진 프랑스로부터 지원을 받을 수 없었기에, 무제한적으로 저항할 수 있는 충분한 자원들을 장악하지 못했다. 영국인들에게 티푸 술탄은 "동양적 전제군주"의 전형이었고, 그래서 1799년 그의 전사는 영국에 크나큰 기쁨을 안겨다 주었다.

세기가 바뀐 뒤 첫 수 년 동안, 웰즐리는 영령인도의 경계를 북쪽으로는 겅가강 평원 일대로 확대하였고, 머라타인들의 세력을 제국으로 통합시키는 과정에 나섰다. 18세기 말엽에 이르면 머라타인들의 "연맹Confederacy"은 한때 유지되었던 응집성을 완전히 상실했음에도 불구하고, 이 연맹 내 하급귀족 지위에 있으면서 자기들이 다스리는 지역 기반에 의존했던 족장들은 여전히 상당한 자원들을 보유하고 있었다.

일례로, 아그라 근처 그왈리여르에 기반을 두고 있었던 머하드지 신데Mahādjī Shinde[머](1730~1794, 재위 1768~1794)는 1780년대에 자신이 소유하고 있었던 공장에서 생산한 대포로 무장한 강력한 군대를 보유했다. 그럼에도 불구하고 머하라쉬트러Mahārāṣṭra[머] 지역에 있었던 자신들의 원래 기반으로부터 멀리 밀려난 이 족장들은 현지 지배층들과 유럽인 용병들 사이에 체결된 불안한 동맹에 전적으로 의존하고 있었는데, 그들 사이에서

지도 2_ 1798년 당시 인도아대륙

벌어졌던 여러 차례의 분열 및 알력은 영국인들이 이들끼리 싸움을 붙이게끔 만들 빌미가 되었다. 1802년에 체결된 바세인Bassein(현재 이름으로는 워서이(Vasa'i)[머])[13] 조약을 통해, 웰즐리는 푸나에 있던 페쉬와가 중립을 지키게 하였고, 북인도에서 그는 여러 전투를 벌여 1803년에는 델리를 정복해 이 지역에서 머라타인들의 야망을 꺾었다. 하지만 중인도에서는 패권을 차지하기 위한 전투가 아직 끝나지 않았다. 영국인들이 펜다르인 Peṇḍhārī[머](영어명 Pindaris. 약탈을 가하면서 중인도 전역을 종횡했던 비정규 기병대)들을 진압하려고 했던 1817년이 돼서야 마지막 전투가 개시되었는데, 왜냐하면 영국인들의 눈에 머라타인들은 펜다르인들의 후원 세력으로 보였기 때문이었다. 그 다음 해 구즈라트 및 머하라쉬트러 지역 대부분이 동인도회사의 통치 영역으로 넘어왔으며, 반면 패배한 머라타 연맹의 족장들은 영국인들에게 전적으로 의존하는 "보호받는" 제후들로 그 지위가 격하되었다.

주종적 동맹subsidiary alliance 체제가 작동하면서 상당한 성과들이 더 많이 나타났다. 클라이브의 치세에 창안되었으면서 동인도회사와 인도 내 토후들 간에 맺어진 이 동맹 관계는, 이 회사와 우호적이었던 국가들에 군대를 배치함으로써 방글라 지역을 외적의 공격으로부터 보호하는 방식으로 정당화되었다. 동인도회사 편을 들었던 토후는 외부와 내부의 적들로부터 동인도회사의 보호를 받았으며, 군대를 유지할 비용을 대는 것을 비롯해 궁정에 영국인 주재관駐在官(resident)을 받아들이는 것에 동의했다. 이 합의를 통해 토후는 강력한 동맹이었던 영국인들에 대해 확신을 가질 수 있었으며, 영국인들은 자신들의 영토로부터 안전한 거리를 두고 적들과 상대하면서 비용이 많이 드는 자신들의 군대를 유지하는 비용을 다른 토후국들과 분담할 수 있었다. 토후들 중 이와 같이 여러 의무 사항으로 연결된 관계에 일찍이 포섭된 토후들로는 아르카드, 어워드, 그리고 하이다라바드 지역의 통치자들이 있었다. 하지만 체제 작동 측면에서 겉으로는 공평해 보였던 이 합의는 영국의 정복과 인도인들의 파산이라는 결과만 낳았다.

---

13 현 머하라쉬트러주 서쪽 해안가에 있으며, 구즈라트주와 가깝다.

우리가 그동안 보았듯이, 18세기 중반부터 인도 내 토후들은 유지비용이 비싼 군대의 자금을 대는데 주력하게 되면서 "군사재정주의" 노선을 어쩔 수 없이 추구하게 되었는데, 이로 인해 이들은 은행가들과 금융가들의 손아귀에 넘어가게 되었다. 영국인들과의 동맹은 이러한 재정적인 압박을 해결하기는커녕 오히려 더 악화시켰는데, 영국인들은 매년 엄청난 액수를 혹독한 방식으로 악착같이 요구했기 때문이었다. 이러한 주종적 동맹관계 유지에 필요한 비용을 대기 위해 더 많은 세수를 원하게 된 토후들은 훨씬 더 필사적인 방책에 기대게 되었다. 이를 가장 대표적으로 보여주는 사례는 바로 1765년부터 영국인들과 동맹을 맺었던 어워드국이었다. 이 지역에서는 너와브와 라즈푸트인 족장들 간에 싸움이 붙으면서, 세수에 대한 끊임없는 부담으로 인해 양측이 서로 약점을 갖게 되어 그동안 겨우 유지되었던 취약한 정치 체제가 붕괴되었다. 알마스 알리 한과 같은 유력 징세 도급업자들은 국가를 희생하면서 번영해졌지만, 가난해진 현지 족장들은 반란을 일으킬 수밖에 없었다. 세수를 조금씩 늘리려 했던 여러 가지 시도는 오히려 영국인들이 이 불운했던 너와브에게 실정과 억압을 일삼는다는 불만을 제기할 빌미를 주었으며, 자신이 세운 여러 목적들을 달성할 자금이 고갈된 이 너와브는 군인들에게도 봉급을 체불하게 되어 빚의 늪에 더 깊숙이 빠져들게 되었다.

어워드국의 너와브였던 와지르 알리Wāzīr ʕAlī K͟hān[우](1780~1817, 재위 1797~1798)가 1798년에 일으켰던 반란과 같은 전면적인 저항은, 영국인들이 더 고분고분한 통치자를 세우기 위해 궁정 내 파벌들을 조종하게 되면서 영국인들의 훨씬 더 강력한 개입이라는 결과만 낳았다. 웰즐리는 1801년 영령인도로 어워드 지역의 절반을 합병하는 과감한 조치를 통해 이 위기를 일시적으로 해결했는데, 이는 종속국들의 부담을 끝내는데 일조했다. 하지만 어워드 지역 중심부 동서 양쪽에 있던 풍요로운 지역의 할양으로 인해, 이 지역 통치자들은 이전보다 자금에 더 쪼들리게 되었고, 농촌 지대에서 도전적인 기세로 세력을 공고히 했던 무장한 지주들인 탈루크다르Tāluqdār[우]들에게 휘둘리게 되었다. 1815년부터 모든 통치 시도를 포기했던 너와브들은 궁중으로 물러나 세련된 화려함을 지닌 문학 · 음악 · 무용 활동을 후원했는데, 이는 도리어 영국인들의 경멸만 샀다. 〈그림 16〉에 보이는 러크너우 내 코끼리 행진과 화려하게 장식된 건축물들은

그림 16_ 〈러크너우시〉 루돌프 애커먼(Rudolph Ackermann) 作, 1824년

토후들의 생활양식 일부를 묘사하고 있는데, 이는 샷터지트 라이Satyajit Rāy[방](1921~ 1992)의 영화인 〈체스 선수들(1977)〉에서도 드러난다. 영국인들이 그렇게 자주 불평했으면서 1856년 어워드 지역을 최종적으로 합병하는데 구실이 된 "퇴폐" 및 무정부 상태는 상당 부분 영국인들 스스로가 초래한 것이었다.

1818년 머라타인들이 최종적으로 패배하면서, 주종적 동맹 체제는 적으로부터 영국인들을 보호하는 완충 역할을 한다는 원래 목적을 더 이상 수행하지 않게 되었다. 그럼에도 불구하고 많은 국가들이 여전히 존재했는데, 이 중에는 지배 영역을 확장했던 하이다라바드 니잠국과 같은 나라도 있었으며, 이외에도 동인도회사에 패배당했지만 왕좌는 계속 유지할 수 있었던 통치자들로부터 많은 국가들이 생겨났다.

도전받지 않는 패권과 관련된 조건들이 변화했던 상황 속에서도, 이 국가들은 여러 가지로 유용한 목적을 다했다. 라저스탄 지역의 사막과 중인도에 위치한 고원들에 해당되는 건조하고 구릉이 많은 여러 지대는 세수가 적게 나왔기 때문에, 비용이 많이 드는 영국인 관리보다 현지 라자들이 경제적인 측면에서 이러한 지대를 더 효율적으로 관리할 수 있었다. 현지 토후들은 영령인도 내 쌓였던 불만을 잠재우는데 일조할 수 있었는데, 이는 1857년의 대봉기 당시 인도 내 토후들이 영국을 지원했다는 사실로 입증되었다. 또한 토후들의 지속된 통치는 영국인들이 현지 통치자들 뒤에 있는 자신들의 실제 권력을 가리는 데에도 기여했는데, 축제와 종교의례를 통해 드러난 토후들의 권위는 표면적으로는 여전히 온전했다. 하사와 후원 등의 활동을 지속함으로써 토후들의 궁정이 보여준 웅장함은 토후와 신민 간의 관계를 계속 유지시켰고, 자국이 독립을 이미 이전에 상실했다는 사실을 양자가 잊게 만들었다.

"간접통치" 체제는 영국인들의 세심한 감시를 받았다. 토후국들은 자체적으로 군대를 보유하거나, 다른 나라들과 외교 관계를 맺을 수 없었다. 이 체제가 작동되는데 중심이 되었던 것은 바로 토후국들의 수도에 주재했던 "주재관駐在官(Resident)"이었다. 주재관들은 토후국 내 계승 분쟁에 열심히 개입했는데, 이들은 외부인이었지만 해당 토후국 내 은행가들 및 징세 담당 관리들과 가까웠던 재상인 디완들과 동맹을 맺었으며, 시간이 지날수록 이들은 개인교사를 세심하게 선택하여 서유럽의 "진보적인" 정부 관념들을 후계자들이 흡수하도록 훈련시키는데 애를 썼다. 영국인들에게는 불만스럽게도, 토후국들의 통치를 개혁하려는 여러 시도는 그다지 큰 성공을 거두지 못했다. 자신들을 통치했던 영국인들이 도입했지만 아무런 이익도 가져다주지 못했던 여러 혁신적인 요소를 업신여겼던 토후들은 대신 토착 음악과 예술이 주는 위안에 빠지는 것을 선호했다.

19세기 첫 20년 동안에는 또한 인도 경제 자체뿐만 아니라 인도 경제와 영국 간 관계에서 근본적인 변화가 시작되었다. 통치하기 시작하면서 최초 수십 년 동안 동인도회사는 여전히 스스로를 무역 주체라 대체로 여겼는데, 이 회사는 영국 시장용으로 인도산 피륙을 "투자 가치가 있는 상품"이라 여겨 이를 구매하고, 면화와 아편과 같은 상품들을 팔기 위해 중국에 새로운 시장을 개발했다. 특히 아편 무역은 매우 수익성이 높은 것으로 드러났다. 아편 생산은 생산자들에게 지불된 선금에 따라 생산량에 큰 변동이 있었는데, 동인도회사는 아편을 영국인 무역상들에게 팔았고, 다시 이들은 중국으로 아편을 밀수했다. 아편 판매로부터 오는 수익은 동시에 항상 위태로웠던 동인도회사의 재정을 지탱했고, 수요가 증가하고 있던 중국산 차에 대한 구입 대금을 지불하기 위해 금괴를 수출해야 했던 영국인들의 부담을 덜어주었는데, 그 대신 이 아편무역으로부터 발생한 수익은 당시 급성장하고 있었던 영국의 소비 시장에서 설탕 및 초콜릿과 같은 사치품들을 구입하는데 이용되기 시작했다. 1830년대에 이르면 아편은 동인도회사 정부의 총 세입 중 최대 15%까지 차지했다. 1790년대부터 동인도회사는 인도의 시장과 상품 전시회가 모든 진입희망자들에게 열려 있다고 호언장담했지만, 자유무역은 어디까지나 당시 급성장 중인 제국의 재정 및 군사적 필요 사항에서 부차적인 존재에 불과했다.

새로운 세기가 진행되면서, 영국 사무역상들은 산업혁명뿐만 아니라 동양의 새로운 시장들을 확보하려는 기대에도 자극을 받아 동인도회사의 무역독점권에 도전했다. 이에 대응한 영국 의회는 1813년에는 인도에서, 1833년에는 중국에서 동인도회사의 무역독점권을 폐지했다. 동시에 영국과 인도 사이에 무역 수지 관계가 바뀌기 시작했다. 1815년에 이르면 인도산 직물과 다른 수공업 제품들은 영국이나 세계 시장에서 영국제 기계가 생산하는 상품들과 더 이상 경쟁할 수 없었다. 몇 년 만에 영국산 직물들이 인도 시장에 침투하게 되면서, 제조품들을 수입하고 원료를 수출하는 고전적인 "식민지" 경제가 발전하는 시초가 마련되었는데, 이러한 경제 형태는 1920년대까지 앞으로 한 세기 동안 지속되었다. 그러나 전 세계에 걸친 자본주의 체제에 인도를 편입시키는 과정에는 여전히 굴곡이 있었고 불완전하게 이루어졌다. 한때 유럽에서 인기를 얻었고 또 동인도회사 통치 후기 내내 인도에 막대한 수출 이익을 안겨다주었던 청색 염료 인디고의 운명은 흥미로운 사례였다. 유럽인 농장주들은 소농 경작자들에게 인디고를 생산하도록 자주 강요하면서 이들에게 선금을 지불한 뒤 수확물을 확보했는데, 이런 상황 속에서 인디고는 항상 수익 변동이 심했던 부의 원천으로 계속 남아있었다. 유럽 시장은 예측할 수 없었고 경기 동향에 민감했는데, 멀리 떨어져있었던 인도의 농장주들은 이렇게 요동치는 경기에 몹시 취약했다. 생산을 유지했던 채권자들 역시 위험에 처해 있었다. 1827년과 다시 1847년에 일어났던 주식 시장의 붕괴로 인해 거대한 은행 실패가 발생해, 이후 몇 년 동안 유용 가능한 자금의 양을 축소시켰다.

상업적 농업이 마련했던 새로운 여러 기회는 일부 사람들에게는 이득을 안겨다 주었지만, 수공업 생산품을 판매할 해외 시장의 상실은 다카와 무르시다바드Murshidābād[방]와 같은 거대한 직조 중심지들에서 일했던 숙련된 직공들에게는 특히 치명적으로 다가왔다. 농촌 지대에서 직공들은 저렴한 수입 실을 이용해 겨우 생존할 수 있었지만, 생활 유지를 위해 물레에 의한 직물 생산에 의존했던 이들은 대체로 다시 농업으로 몰리게 되었다. 동시에 사치품과 무기를 구입하는데 돈을 아끼지 않았던 인도 궁정의 수가 급격히 줄면서, 많은 상품에 대한 수요 역시 감소했다. 또한 이러한 궁정들의 해체는 이전에 민병대이자 가신들이었던 많은 이들을 토지에 묶어놓게 되었는데, 이는 다시 장인들의 생산에 악영향을 더 끼쳤다.

인도의 부를 노골적으로 약탈했던 시기가 끝나게 되었지만, 19세기 첫 수십 년 동안 동인도회사는 인도를 경제성장의 궤도에 올리는데 이룬 것이 대체로 별로 없었다. 분명히 많은 애로 사항들이 구조적인 성격을 띠고 있었다. 내륙 지대로 쉽게 접근할 수 있도록 운하망이 건설되었던 같은 시기 영국이나 미국과는 달리, 인도의 경우 갱가강과 같은 강들을 통해서만 대부분의 상품들을 운송할 수 있었다. 이로 인해 미르자푸르Mirzāpur[우]와 같이 강변에 있던 마을들은 번영을 누리게 되었지만, 나머지 지역들은 수출 경제의 궤도에서 벗어나게 되었다. 제방과 도로와 같은 사회기반시설의 부족은 해외로부터 유입되는 직접 투자를 방해했는데, 이 때문에 영국인들은 인도 안에서 개인들이 갖고 있던 부가 축적되어 생긴 자본만 유일하게 겨우 운용할 수 있었다. 실제로 인도에 주재했던 영국인들은 인도에 투자하는 대신, 일반적으로 안전한 동인도회사의 채권에 투자함으로써 자기들이 가진 돈을 갖고 본국으로 돌아갔다. 이러한 부의 "유출"을 비롯해, 연금, 채무 변제, 그리고 회사 내 부처들을 유지하는데 드는 비용을 포함한 소위 "본국비Home Charges"를 충당하기 위해 동인도회사는 여러 자금을 인출했다. 이후 이러한 본국비 지불은 앞으로 영국의 경제 수탈에 대해 인도 국민국가 수립운동가들이 비난하는 매우 분명한 대상이 되었다.

1820년대 후반부터 1840년대까지 인도는 또한 루피 가치의 절하와 은 공급의 수축으로 인해 발생한 경제 불황으로부터 큰 타격을 받았다. 이는 부분적으로 전 세계에 걸친 은 부족 현상의 결과였지만, 이러한 상황은 예산 적자를 줄이고자 했던 동인도회사의 통화수축 재정 정책으로 인해 악화되었다. 당시 전반적으로 인도가 짊어져야 했던 가장 무거운 부담은 바로 토지로부터 나오는 세수 수요였다. 군대와 행정 유지에 필수적이었고, 철저하게 현금으로 징수되었던 이 지세 납부는 인도 농촌 지대에 미쳤던 영국의 영향력 중에서도 핵심 사항이었다.

초기에 영국인들은 인도 농촌 사회에 대해 알지 못했기 때문에, 헤이스팅스 치세에 그들이 최초로 시도했던 세수 관리 조치 중에는 세금을 징수할 권리를 임대하고 경매에 부치는 일련의 재앙적인 실험적 조치들도 있었다. 영국인들의 무지뿐만 아니라 이런 혼란스러운 실험적 조치들은, 대체로 관개가 잘 되었던 방글라 속주를 강타한 1770년 기근이 남긴 여파를 크게 악화시켰다. 이 기근으로 인해 방글라 지역 내 인구 최대 1/4이 사망했을 것으로 추정되며, 이 속주 안에서 유용 가능했던 자산들은 이후 수십 년 동안 그 규모가 축소되었다. 18세기에 이르면 영국인들은 토지에 대한 사적 소유권만이 사회 내 안정과 진보를 보장한다고 믿게 되었다. 동시에 프랑스의 중농주의자들은 토지가 모든 부의 근원이라 주장하고 있었다. 그래서 1776년 필립 프랜시스Philip Francis(1740~1818)는 방글라 의회에서 방글라 지역 내에서 "소유권의 원칙Rule of Property"을 수립하는 계획을 제의했다. 프랜시스는 "사적 소유권이 영구적인 조치에 기반해 단번에 확보되지 않는다면, 공공 세수는 나라의 농산물과 함께 빠르게 없어질 것이다."라는 글을 썼다. 그러한 개념은 세습되는 토지귀족이 중요하다고 여겼던 18세기 위그당의 신조에 부합했다. 이 미래상에 따르면, 저민다르들은 당시 영국의 상류층이었던 젠트리Gentry 출신 농장 경영주들과 동급인 인도 내 계층으로, 저민다르가 가진 소유권이 일단 확고해지면, 그는 영국의 젠트리 농장 경영주들처럼 진취성을 띠게 될 것이다. 이러한 계획은 1793년 위그당의 고위 귀족이었던 콘월리스 경의 주도하에 법제화되었는데, 앞으로 방글라 지역에 계속 영향을 미치게 될 지세액 영구확정령地稅額 永久確定令(Permanent Settlement)은 산정된 세액을 영구히 확정함으로써 토지에 대한 완전한 소유권을 이 속주 내 저민다르들에게 귀속시켰다.

불행히도 콘월리스의 지세액 영구확정령은 저민다르의 지위를 완전히 오해했으며, 이로 인해 그 결과는 프랜시스의 기대와는 달리 영국의 경우와 유사하지 않게 되었다. 영국인들이 도래하기 전 인도에서 소유권과 관련된 여러 권리는 토지 "소유자"에게 집중된 것이 아니라, 오히려 토지에 이해관계를 가진 소농 경작자 · 저민다르 · 정부 등의 주체들이 나눠 갖고 있었다. 저민다르는 소농들로부터 "지대地代(rent)"를 징수했으며, 자신의 생활비에 해당되는 몫을 공제하고 난 뒤 나머지 지세를 국가에 "세수"로 보냈다. 저민다르는 자신이 보유했던 세금 징수권을 팔거나 양도할 수 있었지만, 토지 자체는 그럴 수 없었는데, 토지는 그에게 귀속된 것이 아니었기 때문이었다. 하지만 이 새로운 토지 제도에서 소농들은 아무런 권리도 없는 소작농 지위로 전락했던 반면, 저민다르는 자신의 토지에 대해 그 액수가 산정된 세금들을 지불하는데 채무불이행 상태에 놓일 경우 소유주로서 자기 토지 전체를 팔 책임을 지게 되었다. 처음에 저민다르들은 영국인들의 과도하고 요지부동한 요구를 쉽게 만족시킬 수 없었기 때문에, 토지를 시장에 빠르게 팔았다. 이로 인해, 방글라 지역 내 토지의 최대 1/3이

1793년 지세액 영구확정령 시행 이후 20년 동안 그 주인이 바뀌었다고 추정된다. 구매자들은 새로운 정권이 세운 여러 제도에 적응하면서 번영을 누렸던 이들로, 특히 동인도회사와 옛 저민다르들 밑에서 일했던 브라머너 계급 및 카여스터 계급 출신 직원들이 이에 해당되었다.

하지만 옛 소유자들이나 새 소유자들 모두 "진보 중인" 영국 지주의 역할을 다하는데 큰 관심을 갖고 있지 않았다. 값비싼 "진보된 사항들"을 도입하기 위해 기존 경작자들을 완전히 없애는 것은 아예 실현 불가능했다. 그래서 방글라 지역의 저민다르들은 순식간에 지대를 추구하는 계층이 되었는데, 농촌 인구가 기근의 시대로부터 다시 회복하자, 이들은 자기 소작농들로부터 거두어들였던 지대가 증가하게 되면서 점점 더 안락한 생활을 누리게 되었다. 저민다르들은 이 지대를 촌락에서 농업 활동을 지도했던 "조터다르Jotadār[방](영어명 Jotedar)"와 같은 중간급 지주들과 나누었다. 하지만 같은 시기 영국에서 "인클로저" 운동의 주요 특징이었던 소작지들의 합병과는 달리, 방글라 지역에서 경작 활동은 이전처럼 수많은 자그마한 논들에서 진행된 생계 유지를 위한 영세한 수확 활동으로 여전히 남게 되었다.

이와 같은 결과에 실망했던 영국인들은 1800년 이후 저민다르들에 대한 의존을 줄이기 위한 다른 수단을 모색했다. 이런 수단은 마이소르 왕국으로부터 빼앗은 지역에서 토마스 먼로Thomas Munro(1761~1827, 마드라스 총독 재임 1820~1827)가 선구적으로 시도했던 "라이어트와리Raʕiyatwāṛī[우]"[14] 제도라는 형태로 나타났다. 이 제도에서 토지 소유권은 소농 경작자인 "라이어트Raʕiyat[우](영어명 Ryot)"에게 지급되었다. 이러한 정책 변화는 선택의 문제가 전혀 아니었는데, 왜냐하면 당시 마이소르 왕국과 여러 차례 벌였던 전쟁으로 인해 광범위한 농촌 지대에 걸쳐 대지주 계층이 실질적으로 파괴되었기 때문이었다. 당시 영국 전역에 걸쳐 확산되었던 낭만주의 운동에 지대한 영향을 받았던 먼로는 여전히 소농의 단순한 생활을 이상적이라 여기고 있었는데, 그는 이전 방식을

---

14 Raʕiyat[아] "농민(peasant)" + wāṛī[우] "정원(garden), 거주지(dwelling-place), 마을(hamlet)", 영어명 Ryotwari.

거의 손대지 않고 이 소농들을 지배하기를 바랐다. 1820년대 마드라스 관구 내 대부분 지역을 비롯해 인접한 머하라쉬트러 전역에 걸쳐 시행된 이 라이어트와리 제도의 대부분은 그러나 자기기만에 불과했다. 마을 지배층들은 이 제도에서 보상했던 권리들을 자주 가로챘으며, 그리하여 쟁기를 가진 하층 계급 출신 경작자를 토지 소유 측면에서 보호하는 것을 거부했다. 동시에 영국인들은 지세액 영구확정령의 유지를 포기했다. 나라가 번영하면서 증가한 생산물의 몫을 확보하는데 열중했던 영국인들은, 방글라를 제외한 모든 지역에서 산정된 지세액을 20년 혹은 30년마다 개정할 권리를 보유했다. 영국인들이 요구했던 세금 액수가 사회가 감당할 수 있었던 가장 높은 수준으로 항상 정해졌던 상황 속에서, 세금 징수 제도로 인해 사회 내 불만이 지속되었으며, 이러한 불만은 끝내 1857년 북인도 대부분 지역에 걸친 대봉기로 폭발하게 되었다.

필요한 세액을 확정하고 나서, 영국인들은 인도 내 모든 주민들을 분명하게 고정된 장소에 "정착"시킬 더 큰 결심을 하게 되었다. 우리가 보았듯이 18세기는 목축민와 유목민, 군대와 요거 수행자들이 끊임없이 이동했던 시기라는 특징을 지녔다. 이 과정은 19세기 초반까지 이어졌는데, 왜냐하면 펜다르인과 같이 약탈을 일삼았던 집단들이 인도 내 여러 국가들 사이에 존재했던 불명확하고 순찰받지 않는 경계를 마구 넘어 다녔기 때문이었다. 동인도회사의 시각에서 봤을 때, 이들의 활동은 영국인들만이 가졌던 강제적 수단에 정치적인 위협을 가했을 뿐만 아니라 경제적인 손실도 역시 끼쳤는데, 이 유랑자들은 세금 징수 체계의 관할 대상에서 벗어났기 때문이었다. 이러한 "정착화" 대상은 대체로 중인도 내 부족민들이었다. 삼림 지대에 거주하면서 대체로 수렵 채집을 하며 주기적으로 정주 농업 지역들로 침입했던 칸데쉬Khāndesh[머] 지역의 빌인Bhīl[힌/머]과 같은 부족들은 1820년대 여러 차례에 걸친 무장 급습의 대상이 되었다. 역사학자 어재이 스카리아Ajay Skaria가 썼던 대로, 빌인들의 급습에 대해 "영국인들은 협상 대상으로 보지 않았으며, 자신들이 배타적인 주권을 가졌던 영토에 대한 침략 행위로 간주하였다." 삼림 속에 갇히게 된 이 부족민들은 이제 앞으로 "과학적으로" 관리될 삼림 자원들에 대한 권리를 박탈당하거나, 아니면 "야생적이고 유랑을 일삼는" 생활양식을 포기하고 경작을 종사하도록 권유를 받았다. 칸데쉬 지역 내 빌인

사무국이 담당했던 업무 중 하나는, 바로 이들이 정주 농업에 종사하도록 자금 대출 기간을 연장하는 일이었다.

이와 마찬가지로, 18세기에 운반업에 종사하면서 여러 군대의 짐을 나르는 동물들을 길렀던 번자라인Banjārā[힌]과 같은 집단들과 구르저르인Gurjar[힌] 및 바티인Bhāṭī[힌]과 같은 목축민들은, 황무지의 가치가 산정되고 사적 소유권 개념이 설정되면서 자신들의 목초지를 운용하는데 제약이 생겼음을 알아차리게 되었지만, 이들이 고용될 가능성은 군대의 해산으로 인해 줄어들고 있었다. 계속해서 유랑을 고집했던 이들은 의심받게 되었고, "범죄를 일으키는 부족"이라는 오명을 받게 되었다. 이런 의심으로 인해 식민지 시대 역사에서 가장 유명한 사건들 중 하나가 발생했는데, 이는 바로 터그Ṭhag[힌](영어명 Thuggee)인들에 대한 전쟁이었으며, 이 단어로부터 영어에 "서그Thug(폭력배라는 뜻)"란 단어가 유입되었다. 비밀 유지, 피에 굶주린 칼리Kālī[성] 여신에 대한 무조건적인 숭배, 그리고 종교의례 측면에서 여행자들의 목을 졸라 살해하는 풍습으로 악명높았던 터그인들은 영국인들에게 자신들이 감당못할 이국적인 인도에 대한 공포와 환상을 심어주었다. 그래서 영국인들은 다음과 같은 음모론을 상상해냈는데, 그 음모론의 내용을 보면, 도로에 서성거리는 다양한 강도 무리들은 출생과 직업에 따라 범인들로 이루어진 동지회Fraternity를 만들었기 때문에, 동인도회사의 군대는 이런 무리들과 싸우게 되었다는 것이었다. 이후 이들에 대한 전면적인 체포 활동이 잇따르면서, 형법이 일괄적으로 적용될 절차가 마련되었다. 마침내 1839년에 터그인들이 "근절되었다"는 선언이 나왔을 때, 영국인들은 자화자찬하며 야단법석을 떨었다. 이제 영국인들은 인도가 법을 준수하고 세금을 납부하는 소농들로 이루어진 평정된 지역이라 생각할 수 있게 되었다.

전통과 개혁: 동인도회사 치하의 인도 사회

총독 의회 소속 사법 담당 위원이었던 토마스 배빙턴 머콜리Thomas Babington Macaulay

(1800~1859)는, 1834년 나중에 그의 조카가 될 어린 찰스 트레벨리언Charles Trevelyan(1807~1886)에 대해 다음과 같은 글을 썼다.

> 그는 진보적인 동인도회사의 젊은 관리들 중 정말로 활동적인 무리 안에서도 꽤 지도적인 위치에 있다. …(중략)… 그는 잡담을 하지 않는다. 그의 마음은 도덕적이고 정치적으로 진보적인 계획들로 가득 차 있으며, 끓어오르는 열정을 담아 말을 한다. 사람들과 개인적인 교제를 할 때도 그가 꺼냈던 화제들로는 증기선 항해, 토착민 교육, 설탕세 균등화, 동양의 언어들에서 사용되는 문자를 아랍 문자에서 로마자로 대체하는 일 등이 있다.

이러한 감정은 각지의 풍습과 전통이라는 여러 장애물들이 영국의 자유주의적 이상이 갖는 힘 앞에서 쉽게 무너질 것 같았던 당시 만연한 팽창주의적 낙관론을 잘 드러냈다. 영국은 결국 나폴레옹을 완파했고, 유일하게 산업화된 근대 국민국가로서 영국은 "세계의 공장"이 되었다. 복음주의 기독교 교단들은 자신들의 종교가 만방의 사람들이 믿을 수 있는 "구원"의 종교라 확신했다. 아담 스미스Adam Smith(1723~1790)와 제레미 벤담Jeremy Bentham(1748~1832)으로부터 제임스 밀James Mill(1773~1836)과 그의 아들 존 스튜어트 밀John Stuart Mill(1806~1873)에 이르기까지, 자유주의 옹호자들에게 이 이념은 영국에만 적합한 통치 철학이 아니었다. 이 자유주의의 수칙들은 "서방" 문명만이 아니라 문명이라는 말 자체에 깃들어 있었다. 제임스 밀이 1818년에 썼던 『영령인도의 역사History of British India』에서 드러나듯이, 인도에서 자유주의자들은 자신들의 과업은 인도인들을 "가장 노예화된 인간"으로 만든 "전제주의", "성직자들의 모략", 그리고 "미신"의 족쇄로부터 해방시키는 일이라 여겼다.

당연히도 자유주의자들은 고대 인도에서 이루어진 여러 가지 성취를 공경했던 동양학자들의 의견에 동의하지 않았다. 이후 계속해서 영향을 미친 한 구절을 보면, 머콜리는 "'인도와 아랍의 토착 문화 전체'는 '양질의 유럽 도서관 하나에 있는 선반 하나'보다 그 가치가 떨어진다."라 썼다. 자유주의자의 입장에서 영국의 우수성은 의심할 여지가 없었다. 하지만 이와 같은 우수성은 특성상 인종적이거나 심지어 환경에 기인한 것이 아니었다. 다른 이들과 마찬가지로, 인도인들은 법치주의, 자유무역, 그리고 교육을 통해 변화될 수 있었다. 1835년에 썼던 「교육에 관한 제안서Minute on Education"」[15]에서 머콜리가 주장했듯이, 영국의 사명은 영국인들이 인도를 다스리는 것을 돕기 위해 영어에 정통한 일부 인도인들을 양성하는 데에만 그치지 않고, "취향, 견해, 도덕, 그리고 지능 측면에서 영국적인" 이를 만드는데 있었다. 물론 가까운 미래는 아니지만, 때가 되면 그렇게 탈바꿈한 인도는 독립하면서 "우리의 기술 · 도덕 · 문학 · 법을 지닌 불멸의 제국"을 구현하게 될 것이다.

윌리엄 벤팅크 경Lord William Bentinck(1774~1839, 재임 1828~1835)은 개혁 의제를 실현하는 과정에 나섰으나, 이는 앞으로 쉬운 일이 아니었다. 자금이 항상 부족했지만, 벤팅크는 지나치게 빨리 행동하여 인도인들의 반감을 사지 않도록 매우 신경썼다. 그가 첫 번째로 통과시켰던 법안들 중에는 1829년 서티Satī[힌](영어명 Suttee로도 알려짐) 풍습의 폐지도 있었다. 죽은 남편을 화장하는 장작더미 위에 부인을 산 채로 태워 희생시키는 이 풍습은, 당시 영국에 존재했던 공개처형과 같은 구경거리에서 드러난 죽음에 대한 영국인들의 집착 행태와 딱 들어맞았다. 18세기에 영국인 관찰자들은 서티 풍습을 낭만적이고 영웅적인 자기희생 행위로 치켜세웠지만, 벤팅크의 시대가 되면 이 풍습은 야만스럽고 피에 굶주린 신념의 땅인 인도를 단적으로 보여주는 것이라 여겨졌다. 무엇보다도, 서티 풍습은 여성들을 비하하지 않고 오히려 양육해야 할 남성적인 힘이 없었던 인도 남성들의 도덕적인 약점을 드러내기 때문에, 이 여성들을 보호하려면 영국이 나서야 한다고 영국인들은 여겼다.

자유주의와 복음주의를 신봉했던 이들의 분노에 대응하면서도, 벤팅크는 인도인들의 지지를 얻는데 신경썼는데, 그는 누구보다도 브라머너 계급의 펀디터들로 이루어진 위원단에게 이 풍습은 "경전"이 요구한 사항이 아니라는 점을 명확하게 해달라고

---

15 옥스퍼드 영영사전을 찾아보면, minute는 memorandum과 뜻이 겹치며, 여러 뜻풀이 중 "어떤 행동방침을 인가하거나 추천하는 공식 기록(an official memorandum authorizing or recommending a course of action)"이라는 의미도 있다. 따라서 여기서 "minute"는 "제안서"로 번역하는 것이 옳다.

요청했다. 그리고 그는 자신의 조치가 개화된 힌두교인 통치자의 통치 행위라 주장했다. 표면적으로는 그렇게 보일 수는 있어도, 서티 풍습은 사실 널리 행해지지 않았는데, 방글라 전역에서 매년 아무리 최대로 잡아도 서티가 발생한 사례는 8백여 건에 불과했다. 실제로 1780년 캘커타에 거주했던 한 유럽인 여성은 서티로 인한 공포에 대해 생생하게 묘사하는 글을 남겼지만, 동시에 "이와 관련된 다양한 축제들을 목격한 적도 없었고, 그런 축제들에 참가했던 유럽인들을 본 적도 없었다."라 기록했다. 그래서 서티 풍습의 금지는 사회 불안을 야기할 위험 없이 자유주의적인 개혁에 대한 거센 요구를 충족시킬 수 있었다. 한편 북인도의 라즈푸트인들 사이에 성행했던 여아 살해 등 더 만연했던 다른 풍습들에 대한 영국인들의 태도는 매우 소극적이었다.

자유주의 신조에 핵심적인 요소는 바로 교육이었다. 헤이스팅스 시대로부터 동인도회사는 와라너시와 캘커타에 세워진 여러 컬리지들에서 이루어진 성스크르터어 및 아랍어 교육을 지원했다. 여론이 바뀌게 되면서, 이 정책은 소위 "영국화주의자Anglicist"들의 공격을 받게 되었는데, 이들은 서유럽의 과목들과 영어가 교육의 기초가 되어야 한다고 주장했다. 1835년 머콜리가 쓴 「교육에 관한 제안서」에 담긴 강력한 주장을 통해 영국화주의자들이 승리를 거두면서 인도 주요 도시들 안에 정부가 세운 학교들이 설립되었지만, 농촌 지대에는 학교가 지어지지 않았고, 초등 교육에는 아무런 관심도 기울이지 않았다. 여러 종교 교파들이 교육을 통제했던 당시 영국에서는 정부가 운영하는 학교가 존재하지 않았다. 같은 시기에 일어났던 대삼각측량사업, 분리된 묘지, 그리고 이후 도입된 인도고등문관제 경쟁시험 등과 같이, 근대 국가의 여러 제도가 식민지에서 그 모습을 먼저 드러냈는데, 여기서 인도는 본국인 영국에 적용되기 전 행정적인 실험이 이루어지는 일종의 실험실이 되었다고 볼 수 있다. 교육이 서기들을 양성하는 데에만 그 목적이 있지 않았다는 점은 〈그림 17〉에 보이는 퍼트나Paṭnā[힌]에 있는 컬리지와 같은 여러 건축물에서 명백히 드러나는데, 이 컬리지의 우아한 신고전주의적 건축물은 문명화된 근대 세계에 대한 영국의 시각을 보여주었다.

벤팅크 치세 전에도 인도인들은 영국의 통치와 관련된 새로운 서유럽 문화를 받아들이는데 이미 나선 상태였다. 1817년 민간의 영국인들과 인도인들의 주도로, 인도 최초로 영어로 가르쳤던 고등교육 기관인 힌두 컬리지Hindu College가 캘커타에 세워졌다. 1830년대에 이르면 캘커타에서만 수천 명의 인도인들이 영어를 공부하고 있었다. 하지만 이들 중 일부만이 머콜리 등이 가졌던 사상들을 받아들일 준비가 되어있었는데, 이러한 일은 자신들의 문화를 전면적으로 부정할 수 있었기 때문이었다. 영국의 사상을 전면적으로 수용했던 이들 중 가장 유명한 집단은, 바로 힌두 컬리지에 거점을 두면서 사상의 영국화를 열렬히 지지했던 헨리 루이스 비비언 디로지오Henry Louis Vivian Derozio(1809~1831) 등이 참여한 청년 방글라회Young Bengal Group이었다. 반항적으로 소고기를 먹고 위스키를 마셨던 이 청년들은 "비이성적인" 여러 종류의 힌두 풍습을 조롱했으며, 디로지오를 포함해 이들 중 일부는 기독교로 개종했다. 대부분의 인도인 사상가들은 "서유럽"의 강력한 사상들과 마주하면서 "전통"과 "개혁", 그리고 자신들의 사회적 위치를 여전히 유지시켰던 다채로운 문화와 자극적인 새로운 사상들 사이에서 균형을 맞추려고 했다. 여기서 발전 중이었던 다양한 운동들을 평가하는데 지나치게 단순한 이분법을 피하는 것이 매우 중요하다. 1장에서 보았듯이, 힌두교와 이슬람교 모두에서 "전통"은 자체적으로 활력을 갖고 있었던 반면, "개혁"은 다양한 면모를 가질 수 있었다. 관구 수도들과 바로 붙어있는 주변 지대로부터 멀리 떨어진 지역들에서 일어난 종교적인 관습 개혁운동은 서유럽으로부터 별로 영향을 받지 않았고, 그래서 식민지 시대가 되어서도 기존의 방향을 따랐다. 힌두교의 예배의식은 여전히 매력적이었는데, 부족이나 하층 카스트 집단으로부터 거리를 두고자 했던 출세지향적 집단들 사이에서 특히 더 그랬다. 이 중 가장 유명한 개혁운동은 바로 구즈라트 지역에서 스와미나라연Svāmīnārāyaṇ[힌](영어명 Swami Narayan, 1780~1830)이 창시했던 운동이었다. 위쉬누파의 예배의식을 옹호하면서 의례에 집착하는 브라머너교의 행태를 대부분 거부했던 스와미나라연은, 유랑하는 유목민과 전사 공동체들로부터 추종자들을 끌어모았고, 그렇게 하여 이들의 농업적 정주 과정을 가속화시켰다.

19세기 초 가장 중요한 이슬람교 운동은, 앞에서 거론되었지만 샤 월리울라의 여러 개혁 사상과 관련된 운동이었다. 그의 아들이자 쿠르안을 우르두어로 번역했던 샤 아브둘 아지즈 델위Shāh ʕAbdul ʕAzīz Dehlwī[우](1746~1824)가 자세히 설명했던 월리울라의 사상

그림 17_ 퍼트나 컬리지(Patna College)의 정면 1837년경 건설

들은 북인도 내 무슬림 지배층 사이에서 널리 퍼졌다. 쿠르안과 하디스의 계율들을 고수하고, 수피즘에서 비롯된 성인 숭배 활동 안에 있는 대부분의 요소들을 제거하는 일을 포함한 이슬람교 교단 내 종교관습 개혁은, 정치 및 사회 방면에서 질서잡힌 생활을 복원하는데 그 목표를 두고 있다고 많은 무슬림들이 여겼다. 주로 우르두어로 번역된 과학 분야 저작들을 통해 전해진 서유럽의 지식은 1792년에 창설된 델리 컬리지Delhi College에서 교육되었지만, 서유럽의 학문은 이슬람 전통 안에서 여러 원칙들을 고수하는 것을 추구했던 부흥운동에서 별다른 역할을 다하지 못했다. 무슬림 개혁운동가들 중 가장 카리스마가 있었던 인물은 서예드 아흐머드 버렐위Sayed Aḥmad Barelwī[우](혹은 서예드 아흐머드 샤히드(Sayed Aḥmad Shahīd[우]), 1786~1831)였다. 1820년대에 서예드 아흐머드는 겅가강 평원 일대에서 설교하면서, 당시 궁핍한 생활을 했던 무슬림 직공들과 장

인들로부터 지지자들을 끌어모았다. 이전에 통크Ṭoṁk[힌][16]를 지배한 아프간인 통치자가 이끈 군대에서 한때 복무했던 경험을 바탕으로, 1829년 그는 자신의 국가를 세우는 일에 나섰다. 이를 위해 그는 아프간 국경 지대에서 당시 런지트 싱그Raṇjīt Siṁgh[펀](영어명 Ranjit Singh, 1780~1839, 재위 1801~1839)가 다스린 식크국과 전투를 벌였다. 이슬람교 개혁 운동에 별로 관심이 없었던 아프간인들로부터 지지를 확보하는데 실패했던 서예드 아흐머드를 따르는 소규모 집단은 런지트 싱그의 강력한 군대에 상대가 되지 않았는데, 런지트 싱그의 군대는 그를 히말러여 산맥의 고원 지대로 몰아넣었으며, 여기서 그는 전사했다. 하지만 서예드 아흐머드에 대한 기억은 계속해서 살아남아 이후 변경 지대의 무슬림들은 수차례 봉기를 일으켰고, 이에 놀란 영국인들은 이들이 "와하브파Al-Wahhābīyah[아]"[17]와 같은 음모를 꾸미고 있다고 의심하게 되었다.

여러 차례 발생한 반란들로 인해, 동인도회사 통치 시기 동안 영령인도가 불안해졌다. 일부 반란들은 계급 제도에 대한 반감에 호소하는 종교적인 구호에 공감하기도 했다. 1821년 하지 셔리어툴라Hājī Sharīatullāh[방](1781~1840)는 정화된 이슬람교를 설교하기 위해 20년 간의 메카 생활을 끝내고 인도로 돌아왔다. 1830년대에 이르러 그는 방글라 지역 동부에 위치한 농촌 지대 주민들로부터 대규모 추종자들을 모았는데, 이는 퍼라예지Farāyeji[방](우르두어로는 퍼라이지(Farāiḍī), 영어명 Faraizi) 운동으로 알려지게 되었다. 힌두교 사원들 및 축제들을 지원하기 위해 관습적으로 세금 내는 것을 거부했던 그의 추종자들 때문에, 방글라 지역의 힌두교인 저민다르들은 이 운동에 대해 적개심을 갖게 되었다. 셔리어툴라의 아들이었던 두두 미양Dudu Miyāṅ[우](방글라어로는 두두 미와(Dudu Miyā), 1819~1862)[18]은 퍼라예지 운동에 가담한 이들을 조직하면서, 힌두교인 지주들 및 대금업

---

16 현 라저스탄주 동쪽에 있다.

17 18세기 아라비아 반도에서 활동했던 무함마드 이븐 아브둘 와하브(Muḥammad ibn ʕAbd ul-Wahhāb[아], 1703?~1792)가 주창한 이슬람 근본주의 개혁운동. 그는 이슬람교의 기본 교리인 유일신 신앙(Tawḥīd)으로 돌아갈 것을 주장하면서, 성자 숭배나 수피즘의 종교활동은 이슬람교의 본질이 아니라 여기며 이를 배격하였다. 한편 와하브주의를 따르는 이들은 "와하브주의"가 외부에서 부르는 이름이라는 이유로 거부감을 드러내며, 대신 자신들을 "살라프파(As-Salafīyah, 살라프는 아랍어로 조상을 뜻함)"라 불러줄 것을 요구하고 있다.

자들과 영국인 인디고 농장주들에 대항해 경작자들과 장인들이 가질 수 있는 여러 가지 권리를 공공연히 요구했다. 수십 년 동안 퍼라예지 운동의 추종자들은 방글라 지역 동부에서 농민들의 저항 운동을 조직하는데 주도적인 역할을 맡았다.

수많은 반란들은 영국인들이 자신들의 이익을 위해 강압적인 군대를 독점하려는 시도에 도전하려고 했다. 이러한 반란들은 고원과 밀림 지대에서는 부족장들이, 평원 지대에서는 저민다르들이 주로 이끌었다. 일례로 남인도 끝부분에 있있던 팔라이야까르Pāḷaiyakkār[타](영어명 Poligar)인들은 1800년부터 1년 동안 동인도회사의 군대에 맹렬하게 저항하였고, 한편 앞서 언급한 대로 빌인들과 같이 삼림 지대에 거주했던 이들은 1820년대에, 방글라 지역 서부에 거주했던 산탈인Santal들은 1855년에 자신들의 부족적인 생활방식을 보존하기 위해 싸웠다. 이러한 반란들은 동인도회사가 가졌던 막강한 무력 때문에 성공하지 못했지만, 효율적으로 조직되지 못했음에도 불구하고 이런 반란들은 영국의 인도 통치가 낳은 불만이 얼마나 뿌리깊었는지 잘 드러낸다.

새로운 서유럽 학문을 받아들이려고 했던 이들 중에서 그때까지 가장 큰 영향력을 미쳤던 인물은 바로 방글라 지역 출신 학자 람 모헌 라이Rām Mohan Rāẏ[방](영어명 Ram Mohan Roy, 1772~1833)였다. 성스크르터어 · 아랍어 · 페르시아어 · 영어를 익혔으며, 세기가 바뀔 무렵 동인도회사와 그 관리들 밑에서 몇 년 동안 일했던 그는 일원론적 철학을 지닌 고대 우퍼니셔드 문헌들로부터 합리주의적이고 일신교적인 "근대" 인도의 미래상을 만들려고 노력했다. 예배의식에 치중하는 힌두교 관습과 결별한 그는 이슬람교의 유일신 신앙과 기독교의 윤리적 이상주의에 공감했다. 하지만 람 모헌 라이는 기독교 교리 중에서도, 특히 예수 그리스도의 신성에 대한 주장은 "합리적인" 종교를 찾으려는 그의 시도와 양립할 수 없다고 보았다. 이런 추론은, 선교사들의 설교를 규제했던 여러 가지 제약 사항들이 없어지고 나서 "이교도들"을 개종하기 위해 인도로

---

18 미양은 북인도에서 상대방에 대한 경칭으로 쓰이는 단어이며(방글라어에서는 "미와(Miẏā)"로 변형되었다), 두두는 방글라어로 "다다(dādā)"가 변형된 말로, "할아버지(grandfather), 어르신(senior man)"을 뜻한다. 그의 본명은 무흐시눗딘(Muhsīn ud-Dīn[방])이다.

그림 18_
람 모헌 라이(1772~1833)의 초상

이제 막 들어왔던 기독교 선교사들을 어리둥절하게 만들었다. 람 모헌 라이의 신념은 그가 서신을 주고받았던 영국 브리스톨 및 미국 보스턴에 있었던 이신론理神論(deistic)[19]적인 유니테리언교도Unitarians[20]의 신념과 비슷했다. 자신의 신념을 전파하기 위해 그는 1828년 브러머회會Brahma Samāj[성](영어명 Brahmo Samaj)라는 단체를 설립했다. 위엄과 자신감을 갖고 영국인들을 대했던 그의 모습이 〈그림 18〉에 나타난 초상화에 분명히 드러나는데, 이 초상화는 생애 말년 영국에서 그려진 것으로, 영국에서 그는 존경을 받았다.

람 모헌 라이는 자신의 사회 및 정치 계획에 있는 중심적인 가치들을 "진보"와 "계몽"이라 설명했으며, 이러한 자신의 계획으로 인해 그는 벤팅크 주변에 몰려있던 자유주의자들에게 접근했다. 그들과 함께 람 모헌 라이는 영어 교육과 서티 풍습의 폐지를 지지했다. 실제로 1823년 그는 "수학, 자연 철학, 화학과 해부학, 그리고 다른 유용한 과학 학문들을 수용하면서 더 자유주의적이고 계몽된 교육 체계를" 진흥시키라고 정부에 촉구했는데, 이는 머콜리가 이후 수용하게 될 주장들의 토대가 되었다. 하지만 영국인 자유주의자들과는 달리 그는 힌두교의 과거를 거부하지 않았다. 이와 반대로, 딱 이전 세대의 동양학자들처럼 그는 고대의 "경전들"로부터 "순수한" 형태의 힌두교를 보았는데, 이로부터 그는 자신의 합리주의적인 신념을 세울 수 있었고, 또 여기서 그는 이후에 생긴 우상숭배와 서티 풍습이 "제대로 된" 힌두적인 것이 아니라 주장하면서 이러한 관습들에 도전할 수 있었다. 개혁을 향한 확고한 기반을 마련하기 위해 최초 문헌들로 돌아가려는 그의 시도는 앞으로 여러 힌두교 개혁운동에서 지속되는 특징이 되었다.

이런 시각들을 비롯해, 영광스러운 과거로부터 인도가 "쇠퇴"했고, 그러한 쇠퇴를 야기한 장본인으로 중세 무슬림 통치자들을 꼽았던 동양학자들의 견해가 수용되었다.

---

19 계몽주의가 지배했던 17~18세기 유럽에서 등장한 합리주의적 종교관. 신의 존재와 진리의 근거를 인간 이성이 인식 가능한 자연적인 것에서 구하려는 이론이다. 이 이론은 신이 세계의 창조자라는 점은 인정하지만, 신은 세상일에 상관하거나 계시나 기적으로 자신을 드러내는 인격적 주재자는 아니라는 주장을 담고 있다.

20 삼위일체론과 그리스도의 신성을 부정하면서 신격의 단일성을 주장하는 기독교 종파. 자유주의적인 성향을 지니며, 교회와 교리보다 윤리를 중요시한다.

인도의 과거에 대한 이런 이론은 당시 힌두교인들과 무슬림들 사이에서 부상하고 있었던 갈등을 악화시켰다. 자유주의적 사고를 갖고 있었던 람 모헌 라이조차, 수 세기 동안 이루어진 무슬림들의 통치를 인도의 "주민들"이 갖고 있었던 "시민생활 및 종교상의 여러 권리"가 "지속적으로 유린되었던" 시기라 보았다. 이와 반대로, 그런 생각에 빠지지 않았던 문인들, 그 중 포트 윌리엄 컬리지의 집필 의뢰를 통해 1808년 『방글라 지역의 역사History of Bengal』을 저술했던 므릿툰저이 빗달렁카르Mṛtyuñjaẏ Bidyālaṁkār[방](영어명 Mrityunjay Vidyalankar, 1762?~1819)의 입장에서 볼 때, 왕조의 교체는 개별 통치자들이 저지른 실패만을 보여줄 뿐이며, 무슬림이든 심지어 영국인이든 상관없이 더르머Dharma[성]("선업善業")를 더 이상 따르지 않으면 공동선을 위해 통치자들은 교체될 수밖에 없다. 그러한 역사를 만드는 주인공들은 신들과 왕들이지, 인민들이나 근대 국민국가들이 아니었다.

람 모헌 라이는 당시 영향력 있던 타쿠르[21] 가문의 지지를 이끌어냈는데, 그 때 이 가문은 인도 최초의 자본주의적 사업가 중 하나였던 다르카나트 타쿠르Dbārkānāth Ṭhākur[방](영어명 Dwarkanath Tagore, 1794~1846)가 이끌고 있었다. 그의 아들인 데벤드러나트 타쿠르Debendranāth Ṭhākur[방](영어명 Debendranath Tagore, 1817~1905)[22]는 람 모헌 라이가 사망한 뒤 브러머회를 재조직했다. 람 모헌 라이가 갖고 있었던 여러 가지 급진적인 시각은 캘커타 내 교육받은 지도층 사이에서 격렬한 논란을 불러일으켰다. 버드럴로크Bhadralok[방]("존경받을 만할Bhadra 사람들lok")로 알려진 이들로는 상인 · 서기 · 정부 직원 · 지대地代를 받는 지주 등이 있었는데, 이들은 주로 상층 카스트 집단 출신이었으며, 영국인들의 통치하에서 번영을 누렸다. 특히 새로운 학문을 후원했던 이들 중에는, 지세액 영구확정령이 적용되고 나서 사회 내 큰 변화가 일어나는 동안 팔렸던 토지들을 구매

---

21 북인도 현지 언어들의 원래 발음으로는 "타쿠르(Ṭhākur[방/힌])"로, 원래 브라머너 계급 · 라즈푸트인 · 자트인들 중 땅을 가진 중상류 카스트 계급 출신들을 가리켰던 존칭이었다. "타고르(Tagore)"는 이 "타쿠르"가 영어식으로 변형된 것이다.

22 그의 아들이 바로 시집 『기탄절리(Gītāñjali[방], "신에게 바치는 찬가")』로 1913년 아시아인으로서 최초로 노벨문학상을 수상했던 러빈드러나트 타쿠르(Rabindranāth Ṭhākur[방])였다.

한 부자들도 있었다. 대체로 이들은 당시 힌두교 내 대부분의 예배의식을 완강하게 거부했던 람 모헌 라이를 따르는데 주저했다. 1830년 힌두교를 지지하는 더르머회會(Dharma Sabhā[성/방])를 창립했던 라다칸터 데브Rādhākānta Deb[방](1784~1867)가 이끄는 보수주의자들은 진보에 반대하는 완고한 반동세력들이라 자주 비난받았다. 하지만 이들은 람 모헌 라이와 많은 점을 공유했다. 그 예로 데브는 힌두 컬리지를 열렬하게 후원했고, 영어 교육을 지지했다. 그들은 서티 풍습을 폐지하려 했던 벤팅크의 시도에 반대했는데, 이는 그저 이 풍습이 지속되기를 바라는 염원에서 비롯된 것이 아니라, 인도 국내 및 가정생활 영역에 대한 식민지 정부의 간섭을 반대하는 차원에서 비롯된 것이었다. 영국인들이 지지했던 개혁에 대한 이런 거부 운동은, 앞으로 점차 활기를 띠면서 19세기 말 인도 국민국가 수립운동가들 사이에서 다시 일어나게 되었다.

버드럴로크 계층의 여론은 원칙에 입각한 반대 의견뿐만 아니라, "덜Dal[방]"이라 불렸던 방글라 지역 사회 내 당파들에 의해서도 형성되었다. 이 덜들은 데벤드러나트 타쿠르와 라다칸터 데브와 같은 거물들의 지도하에 다양한 카스트 집단들을 서로 연결시켰는데, 이 두 사람은 회원들 사이에서 카스트 집단의 지위 및 오염을 둘러싼 여러 차례 논쟁이 진행되는 가운데 의견을 제시했다. 역사학자 서우미엔드러나트 무커지Soumyendranath Mukherjee가 보여준 대로, 덜의 회원들은 당시 현안에 대한 여론 형성에 자주 영향을 미쳤다. 방글라인들의 또다른 독특한 토론장이 되었던 것은 바로 앗다Āḍḍā[방]였는데, 이는 문화 및 문학을 후원했던 이들의 집에서, 나중에는 카페와 같은 새로운 공공장소에서 서로 대화하기 위해 마련된 비공식적인 모임을 뜻했다.

공적 토론은 19세기 초반 인도에서 새로운 사교社交 행태가 형성되는 계기가 되었다. 인도 내 언어들로 된 문헌들을 번역하고 출판하며, 현지 학자들을 지원하는 일은 창설할 때부터 포트 윌리엄 컬리지가 지녔던 특징 중 하나였다. 그 결과는 "출판문화"였는데, 이는 같은 시기 유럽에서 성장하고 있었던 것과 그렇게 다르지 않았다. 특정 주제에 대한 책들이 출판되고 글들이 유포되면서, 교육받은 인도인들은 정부로부터 배제되었음에도 불구하고, 당시 현안이 거론되었던 자신들을 위한 공적인 무대를 만들어냈다. 그러한 공적 무대를 조직한 이들이 취했던 입장과 상관없이, 공적 모임, 소책자, 그리고 자발적 결사의 존재는 새로운 "근대" 인도가 도래했다는 사실을 알렸다. 캘커타로부터 기원한 이런 공적인 활동 양식은 다른 관구 수도들로 퍼졌으며, 더 느린 속도로 내륙으로 확산되었는데, 이 내륙 지대에서 기독교 선교사들과 벌어진 여러 차례의 토론은 매우 열기를 띠었다. 그럼에도 불구하고, 특히 영국에서 더 자유로웠던 분위기와 비교할 때, 개혁주의적인 미래상은 여전히 식민지 공간이라는 한계로 인해 항상 제약을 받았다.

벤팅크의 뒤를 이은 총독들이었던 위그당의 오클런드Lord Auckland(1784~1849, 재임 1836~1842), 토리당의 엘런버러Lord Ellenborough(1790~1871, 재임 1842~1844), 그리고 연로한 장군이었던 헨리 하딩Henry Hardinge(1785~1856, 재임 1844~1848)은 개혁에 덜 헌신적이었다. 오클런드는 동양 연구에 대한 지원을 재개했다. 한편 1840년대 겅가강 평원 상류 일대에 마지막 정착지를 건설하는 과정에서 제임스 토머슨James Thomason(1804~1853)과 같은 이들은, 여러 촌락 공동체와 정착지를 공유하는 정책을 통해 개인 소유권에 대한 영국인들의 집착을 누그러뜨리려 했다. 그러한 정착지들은 마을 내 모든 거주민들을 포함하는 경우가 거의 없었고, 재산의 분할은 허용되었지만, 인도 내 자족적인 촌락 공동체를 이상시하는 과정에서 수반된 이러한 이주지 개념의 수용은, 개인의 소유권 개념을 사회 전반적으로 강요하는 행태로부터 동인도회사 정부가 한 발짝 물러섰음을 드러냈다.

이 시기에 인도 북서변경지대에서 느리게 전개되고 있던 사건들로 인해 동인도회사는 마지막 정복 활동을 벌였다. 19세기 첫 40년 내내 동인도회사는 동쪽으로는 버마, 북쪽으로는 네팔Nepāl[네]까지 영토를 확장했지만, 서쪽의 변경 지대는 여전히 안정적이었다. 서로 이질적인 식크교도 부족들을 결속시키고 무슬림들과 식크교도를 통합했던 런지트 싱그는, 펀자브 지역에서 약 2만 명의 보병과 4천 명의 기병으로 이루어진 훈련받은 군대를 보유하면서 당시 번영했던 국가를 세웠다. 영국인들은 이 강력한 군대와 싸울 생각이 없었고, 런지트도 동인도회사가 다스리는 영토를 공격하는 것을 조심스럽게 피했기 때문에, 1839년 런지트가 사망하고 나서야 동인도회사는 신두강 일대와 그 너머 지역들을 노리기 시작했다.

첫 번째 목표는 신두강 하류 일대였다. 중앙아시아로 향하는 "대로"로써 영국인들이 환상을 가졌던 신두강 일대의 무역을 장악하고, 아프가니스탄으로 접근하는데 매력적이었던 신드 지역은 완고한 성격이었던 찰스 네이피어Charles Napier(1782~1853)가 1839년과 1842년 사이에 정복했다. 이어 제1차 영국-아프간 전쟁이 벌어졌는데, 영국인들은 당시 북쪽으로부터 힌두쿠쉬Hindu Kush[파] 산맥으로 향하고 있었던 러시아의 진출이 가속화되는 것을 저지하지 위해 산악 지역인 아프가니스탄을 "완충국"으로 만들려고 했기 때문이었다. 앞으로 "거대한 게임Great Game(일명 그레이트 게임)"이 될 이 게임을 시작하는 첫 수였던 이 전쟁은 영국인들에게 재앙적인 사건이 되었다. 카불에 갇힌 영령인도군은 약 1만 5천명 중 본국에 보고하기 위해 살아남은 단 한 사람을 제외하고 전멸당했다. 아프가니스탄을 복속시키려는 시도를 포기한 영국인들은 그 다음 펀자브 지역에 주목했다. 식크교도 족장들 사이에서, 그리고 이들의 군대 안에서 발생한 분쟁은 영국이 개입할 빌미가 되어 1845년 제1차 영국-식크 전쟁이 일어났는데, 전쟁이 끝나고 나서 동인도회사는 라허르Lāhaur[우](영어명 Lahore)에 주재관을 두었다. 영국인들을 지지하여 이익을 도모했던 이들 중 한 명은 바로 점무Jammū[힌/우] 지역의 힌두교인 라자였던 굴라브 싱그Gulāb Siṁgh[펀](영어명 Gulab Singh, 1792~1857, 재위 1846~1856)이었다. 그가 받은 보상은 인구 대부분이 무슬림이었으면서 수풀이 우거진 산악 지대에 위치한 커쉬미르 왕국이었다. 이로 인해, 앞으로 한 세기 뒤 영령인도 정부를 계승한 두 국가 간에 벌어진 가장 고통스럽고, 또 지금도 지속되고 있는 충돌의 씨앗이 뿌려졌다.

헤이스팅스 시대부터 19세기 중반까지 인도에서는 여러 중대한 변화 사항들이 일어났다. 무엇보다도, 1770년대 당시 강력했던 여러 지역 국가들과 동등한 수준의 신생 국가에 불과했던 동인도회사는, 1850년대에 이르면 펀자브 지역 정복을 통해 전 인도아대륙을 장악하게 되어 광대한 인도 제국을 이루게 되었다. 동인도회사의 치하에서, 전 세계에 걸친 자본주의 질서의 수요에 맞추기 위해 인도 경제가 변화되었는데, 그 중에서도 특히 상업적 농업이 장려되기 시작되었다. 또 근대법과 소유권 개념이 도입되었으며, 사회 개혁을 위한 다양한 계획들이 나타났다. 인도의 과거와 실현 가능한 여러 미래상들을 반영한 새로운 사상들이 교육받은 이들 사이에서 전파되기 시작했다. 하지만 결코 "근대화"로 향하는 과정은 단순하지 않았다. 많은 "개혁들"은 종이 상으로만 존재했거나, 자그마한 규모의 도시 지도층들로 그 대상이 한정되었다. 다른 개혁들은 인도인들을 토지에 더 강하게 묶어놓는 결과를 낳았는데, 전사계급 귀족들은 지주로 바뀌었고, 유랑하던 유목민들은 소농 경작자가 되도록 강요받았기 때문이었다. 인도인 상업 및 은행업 지도층들은 식민지 시대에 발생한 여러 가지 새로운 기회로부터 영국인들과 함께 이득을 누렸는데, 카 타고르 회사Carr Tagore & Co.와 같은 합작 사업이 그 대표적인 예였다. 하지만 이들도 19세기 중엽에 이르면 거의 유일한 예외적인 사례인 봄베이의 파르시인들을 제외하고, 수출 부문으로부터 밀려나 수익성이 덜한 내륙 무역에 종사하거나 토지에 결박되었다. 부를 재분배하는데 한때 거대한 원천이었던 남인도의 사원들에서는 소유 자산이 징세 대상이 되었으며, 정부로부터 후원받을 기회를 잃은 이러한 사원들의 운영은 "부정직한" 업무 수행을 이유로 계속해서 감시를 받게 되었다.

다른 변화 사항들이 발생함으로써 인도인들은 자신들의 "전통"으로 여겨진 엄격하게 정의된 개념들과 더 긴밀히 연결되었다. 현지 풍습이 아니라 문헌들이 이제 중요해졌는데, 그 결과로 브라머너 계급은 법만이 인정했던 카스트 관련 규정들 때문에 위계적으로 변해가던 사회에 대한 지배력을 강화하고 그 효력을 연장시킬 수 있게 되었다. 그래서 새로운 재산법은 개인의 에너지를 발산시키는데 그 목적을 두었지만, 이는 곧 영국인들이 정의했던 카스트와 부족 "관습들"에 대한 용인으로 인해 제약을 받았다. 한때 재산을 물려줄 수 있었던 여성들은 "힌두" 법을 유지하려는 영국인들의 결정으로 인해 이 재산법의 적용 대상에서 배제되었다. 이렇게 계급과 종교의례 측면에서 차이를 드러낸 여러 가지 다양한 "전통"은 분명히 영국인들에 의해 발명된 것은 아니었다. 하지만 이런 전통은 이제 엄격하고 이전과는 다른 방식으로 인도 사회를 압박하기 시작했다. 1849년에 더 정력적인 총독이 부임하고, 그리고 10년 뒤 본국직접통치Crown rule[23]가 이루어지면서 이후 상당한 변화가 다방면으로 일어나게 되었다.

---

23 즉, 영국 왕실이 동인도회사를 통해 인도 통치를 허가하는 간접적인 통치 방식 대신, 본국에서 식민지 인도에 대한 통치를 직접적으로 관장하겠다는 의미이다.

제4장

대봉기, 근대 국가, 식민지 속민, 1848~1885

달하우지: 통치권과 통신망의 통합
1857년, 본국직접통치, 그리고 봉기의 여파
인도 통치의 구조화: 치안 · 위생 시설 · 사회 조직
"타고난natural 지도자들"과 근대성의 표현
영어 교육을 받은 지식인층
토착어

제4장

대봉기, 근대 국가, 식민지 속민, 1848~1885

1857년부터 그 다음 해까지 지속된 대봉기는 영국의 통치에 반대하여 북인도 대부분 지역을 휩쓸었으며, 그동안 근대 인도의 시작을 알리는 분기점으로 간주되었다. 하지만 역사적 시기 구분은 항상 임의적인 성격을 띠고 있다. 봉기로 인한 대혼란이 식민통치자들에게 "반란"으로 이해되었거나, 아니면 많은 인도 국민국가 수립운동가들에게 "독립을 향한 최초의 전쟁"으로 해석되었던 식민지 시대로부터 거리를 두게 되면, 단일한 사건에 집중하는 것보다 상당한 규모로 장기적으로 진행된 여러 변화사항에 집중할 수 있다.[1] 게다가 이런 방식을 통해, 우리는 인도 안에서 발생했던 여

1 1857년에서 그 다음 해까지 북인도 및 중인도 대부분 지역에서 일어났던 대봉기에 대해, 당시 식민지 당국은 당연히 이를 "군사반란(mutiny, insurrection)"라 불렀다. 이후 힌두 국민국가주의의 시조가 된 위나여크 사워르커르(Vināyak Sāvarkar)는 1909년에 발간한 『인도독립전쟁사(The History of the War of Indian Independence)』에서, 이 1857년의 대봉기를 "최초의 독립 전쟁(The First War of Independence)"이라 처음으로 칭했다. 이후 이 용어에 대한 사용을 네루 등 유력 정치가들이 지지하게 되면서, "시포이 반란"이라는 용어에 대해 인도 국민국가 수립운동가들은 이를 "최초의 독립 전쟁"이라 대체하거나, 혹은 조금 더 중립적인 의미를 갖는 "1857년 대봉기(The Rebellion/Revolt of 1857)"로 용어가 바뀌게 되었다.
1857년의 대봉기의 경우, 봉기가 대대적으로 발생했던 지역은 겅가강 중류 평원 지대와 중인도 지역에 국한되었으며, 이마저도 토착 세력들에 따라서 시세를 관망하다가 오히려 영국 편에 선 경우도 많았다. 더군다나 봉기 당시 방글라 지역이나 펀자브 지역, 그리고 남인도는 봉기에 동조하지 않았거나 도리어 봉기 진압에 적극 가담하고 옹호하기까지 했다. 이런 대봉기의 복잡한 실상을 고려했을 때, 이

러 사건들과 유명인들에만 집착하는 대신, 더 큰 범위에서 발생했던 여러 가지 변화를 고려하여 당시 인도를 이해할 수 있다. 유럽에서 먼저 "발생"하고 그 다음 인도 등 여러 지역들로 이식되었던 근대성과는 달리, 이렇게 발생했던 많은 변화는 서로 연관되어 있었다.

운하 · 철도 · 전신의 발명을 포함하는 근대의 여러 기술적 혁신 사항들은 유럽에서 이런 기술들이 도입된 지 수 년 만에 인도로 유입되었다. 통치권의 확립, 인구 조사 및 치안유지 활동, 그리고 교육받은 시민을 양성하는데 목적을 둔 교육기관 설립 등 근대 국가 성립에 필수적인 여러 변화 사항 또한 인도 및 유럽 일부 지역에서 대체로 동시에 이루어졌다. 실제로 근대에 등장했던 일부 종교운동 및 기관들은 인도인들에 의해 영향을 받았거나, 아예 인도로부터 기원했다. 앞서 언급한 대로, 시립 묘지는 영국보다 인도에서 먼저 생겨났으며, 영문학이 학교 교육과정의 교과로 지정된 것과 여러 국영 과학 및 조사 기관들의 설립도 그에 해당되는 사례들이다. 또 고리 비쉬워내턴Gauri Vishwanathan이 최근 주장한 대로, 식민통치를 통한 인도와의 관계는 근대 국가의 기본적인 특성 중 하나인 국가에 의한 세속주의의 실천에 필수적인 요소였다. 동시에 인도 및 영국 내 새로운 종교 단체들은 전례없을 정도로 커진 평신도의 교단 정치 개입이라는 공통점도 가졌다. 또 선거 정치가 확대되면서 양국 시민 사회에서는 종교가 지닌 위치를 둘러싼 토론이 진행되었다. 무엇보다도 두 나라 경제는 점점 더 긴밀히 연관되었다.

하지만 "근대 국가"의 시작점으로서 1848년이라는 연도는 근대 국가의 성격을 둘러싸고 유럽과 인도 사이에 생긴 주요한 차이를 알려주는 표지이다. 1848년 유럽에서는 참정권과 정치 개혁을 요구하는 저항의 물결이 온 대륙을 휩쓸었다. 영국에서 노동자

사건을 "최초의 독립 전쟁" 내지 "항쟁"이라 치켜세우는 것은 다소 무리가 있다. 그렇다고 대봉기를 시포이들의 "군사반란(mutiny)"로만 치부하는 것은 당시 영국의 통치 방식에 대해 불만이 누적되어 있었던 경가강 평원 지대 및 중인도 지역 내 당시 정치 · 경제 · 사회 상황을 간과하는 격이 된다. 이 점을 감안했을 때, 1857년부터 이듬해까지 발생했던 이 사건에 대해서는 "대봉기"라는 중립적인 명칭이 제일 적절하다.

들은 길거리에서 차티스트 운동Chartist Movement을 벌여 정치권력을 얻으려고 노력했는데, 이 운동은 경제 불황으로 인해 대중들의 지지를 얻었으며, 마침내 이들의 노력은 1832년 개혁법Reform Act of 1832 제정으로 인해 제한적으로나마 참정권을 확대되어 결실을 맺게 되었다. 인도의 경우 대중의 목소리와 시민사회 수립을 요구하는 정도가 지역마다 크게 달랐지만, 근대적인 자발적 결사와 출판물들이 가장 널리 확산되었던 방글라 지역에서조차, 19세기 말까지 이런 정치 개혁을 요구하는 목소리는 유럽과 비교할 때 상대적으로 작았다. 정치에서나 경제 방면에서나 권위주의적이었던 식민지 국가는 인도인들의 열망을 억눌렀다.

대부분의 역사학자들은, 식민통치 정책에 반영된 여러 경직된 특성들이 인도의 근대성을 결정적으로 형성하고, 심지어는 왜곡시켰다는 점에 대해 이제 동의한다. 이런 접근방식을 통해 식민지 시대 동안 "영국의 통치가 낳은 축복"으로 지나치게 단순히 평가된 사실들을 수정할 수 있는데, 그러한 축복으로 제시된 사실로는 전국의 안정과 통합, 법전 편찬, 영어 사용, 다양한 공공사업, 그리고 여러 가지 사회 개혁 조치 등이 있다. 유럽적인 근대성에 대해 비판하는 영국 및 인도 학자들은 당시에도 이러한 여러 변화 사항들에 어두운 측면이 존재했다고 주장하는데, 인종주의, 군사주의, 식민통치의 일부분이었던 경제적 착취 등이 바로 그것이다. 무엇보다도 이런 어두운 측면들을 "축복"이라 미화하려는 주장은, 인도인들이 자주自主(self-rule)에 도달할 능력이 없다고 하면서 자주를 향한 인도인들의 열망을 꺾으려고 했던 사고방식과 관련되어 있었는데, 이런 태도에 대해 역사학자 프랜시스 허친스Francis Hutchins는 "영구성에 대한 영국의 환상"이라는 용어를 붙였다. 1830년대와 1840년대 영국의 통치는 진보에 대한 기대와 인간의 보편적인 운명에 관한 계몽주의적 관념에 기반했으나, 확실히 그 당시 복음주의와 공리주의에 입각했던 개혁에서도 권위주의적인 색채는 분명히 드러났다. 하지만 1870년대에 이르러 이런 분위기는 달라졌는데, 식민지 관리들 사이에 명백히 존재했던 권위주의적인 태도가 특히 그랬다. 이 식민지 관리들은 영국인들과 인도인들 간에는 본질적인 차이가 존재한다고 대체로 확신했는데, 이러한 차이는 "우월한 인종"이 무제한적으로 정치권력을 장악해야 한다는 주장을 합리화했다.

달하우지: 통치권과 통신망의 통합

19세기 말 존 빔스John Beames(1837~1902)는 1850년대 후반 당시 신입 문관으로 일했던 자신의 과거를 다음과 같이 떠올렸다.

> 그러나 우리가 길을 걷는 동안, (상관) 아덤스(Adams)는 일이 너무 고되어 자신이 이를 제대로 끝낼 수 없다고 나에게 푸념했는데, 그 때 이 사람은 초급자들을 가르치는데 시간이 없었을 거라고 나는 짐작한다. 내가 알고 있는 지식은 페르시아어와 힌두스탄어(Hindūstānī[페])[2]가 전부였으며, …(중략)… 법과 소송 절차에 대해서 나는 아무 것도 몰랐다. …(중략)… 나는 마치 본능에 이끌린 것처럼 "먼저 처리할 송사를 올려 주십시오."라 말했다. …(중략)…
>
> 이 두 사람은 펀자브어를 사용했는데, 난 단 한 마디도 알아들을 수 없었지만, (수석 서기였던) 서리쉬테다르(Sarishtedār[힌])는 그들이 말하는 동안 펀자브어를 힌두스탄어로 통역했고, 덕분에 나는 일을 아주 잘 처리할 수 있었다. …(중략)… 그 다음 나는 나이많은 한 식크교인 성직자와 친분을 쌓으려는 목적으로 펀자브어를 배우기 시작했다. …(중략)… 당시 대부분의 펀자브인들처럼, 이 착한 바이(Bhā'ī)[3]는 친절하고 순진하면서도 지긋하신 아이와도 같은 사람이었다. …(중략)… 그들은 괜찮고 남성다운 면모를 보여주는 인종이다. …(중략)… 당시 펀자브 지역에는 법이 없었다. 우리의 임무는 무엇이 공평하고 옳은지에 대한 상식 및 우리의 감각에 근거해 모든 소송을 판결하는 것이었다. …(중략)…
>
> (헤일리버리 컬리지 동창이자 당시 내 동료였던 엠슬리(Elmslie)와) 나는 아침 5시에 안장 위에 올라타 두세 시간 동안 말을 타면서 일했는데, 돌아다니면서 우리는 여러 경찰서 · 도로 · 다리 · 건설 중인 공공건물 · 나무 심는 작업 · 연락선 등을 사찰하고, 마을 사람들 사이에 토지와 재산을 둘러싸고 벌어진 여러 분쟁을 수습하는 일 등을 했다. 아니면 우리는 말들이

---

2 힌드어와 우르두어가 19세기 말 사용 문자(데워나거리와 아랍-페르시아 문자)와 차용어(성스크르터어와 아랍어-페르시아어) 문제를 둘러싸고 갈라지기 전에 존재했던 전신前身 언어.

3 "형"이라는 뜻으로, 인도에서 친한 상대를 부를 때 쓰는 칭호.

우리를 뒤따르게 한 뒤 아주 오래된 마을에 있는 좁은 길을 따라 걸었는데, 여기서 수많은 경찰, 감독, 그리고 다른 이들이 우리를 뒤따르면서 현지 위생 상태를 개선하기 위한 여러 지시를 내리고, 도로와 배수관을 수리하며, 새로운 길을 넓히고, 쟁의를 포함한 다양한 사안들을 해결했다. …(중략)… 늘 그렇듯이 고된 일들로 하루가 지나갔다.

빔스의 회상에는 19세기 중엽부터 영국의 인도 통치를 이룬 전반적인 태도가 반영되어 있다. 물질적인 진보, 힘든 일에 대한 헌신, 그리고 온정주의적인paternalist 자신감이라는 가치들은 1848년부터 1856년까지 총독으로 부임했던 달하우지 후작Marquis of Dalhousie(본명 제임스 램지(James Ramsey), 1812~1860, 재임 1848~1856)에게 중요했는데, 그들은 펀자브 지역 내 농촌 지대에서 근무했던 젊은 존 빔스와 같은 부류였기 때문이었다. 달하우지는 두 가지 미래상을 갖고 캘커타에 도착했는데, 이 미래상은 이후 100년 동안 이루어졌던 영국의 통치가 작동되는데 중요한 요소들이 되었다. 먼저 달하우지는 영토적 · 법적으로 영국의 통치권을 확고히 하는데 전념했다. 그리고 그는 인도에서 새로운 통신망과 교통망이 갖는 중요성에 대해서도 확신하고 있었다.

달하우지가 부임하자마자 1848년부터 그 다음 해까지 제2차 영국-식크 전쟁이 일어났는데, 이 전쟁이 끝난 뒤 동인도회사는 풍요롭고 전략적으로 매우 중요했던 펀자브 지역을 속주로 병합했으며, 그리하여 영령인도의 강역은 해버르 고개까지 확대되었다. 또한 달하우지는 상업적인 이익을 위해 1852년 버마에서 군사작전을 수행해 버마 하류 지대를 병합했으며, 이후 더퍼린Dufferin(1826~1902, 재임 1884~1888)은 1886년 마침내 버마 전체를 최종적으로 병합하게 되었다. 달하우지의 치세에서 펀자브 지역의 행정은 존 로렌스John Lawrence(1st Baron Lawrence, 1811~1879)와 헨리 로렌스Sir Henry Montgomery Lawrence(1806~1857)라는 두 형제의 강력한 통치하에 서로 뜻이 맞는 관료 집단에 넘겨졌다. 법전 편찬 및 통치체제 수립을 통한 통치와 전제적인 계몽주의 사이에서 발생한 긴장관계 속에서, 이 "펀자브파"는 후자로 기울었다. "현장에서 통치하는 위정자"라는 자신감도 그렇지만, 자신들만이 자족적인 소농 사회에 질서와 번영을 가져다 줄 수 있다는 신념을 가졌던 펀자브 지역 내 관리들은 다른 지역들보다 더 많은 권력을 자유자재로 누렸다. 아무런 경험도 없이 당시 23세에 불과했던 빔스에게 권력을 맡긴 것은 주목할 만하다. 또한 관리들이 가졌던 그렇게 막강한 권력으로 인해 발생했던 비극적인 사건인 1919년 절리앙왈라 바그Jaliāṁvālā Bāgh[펀](영어명 Jallianwala Bagh)[4] 학살 사건 역시 주목할 만하다.

정치적인 통합을 지향하는 두 번째 방식은 바로 토후들의 권력을 줄이려는 시도였다. 달하우지의 관점에서 봤을 때, 이전 정권들이 가졌던 "뿌리깊게 자리잡은 여러 하위 독립국들" 및 "유동적인 경계"라는 특징은 근대 국가의 개념과 부합되지 않았다. 통치를 시작하자마자 달하우지는 다음과 같은 글을 썼다. "없어질 국가들을 우리 영토로 병합하는 정당한 기회를 모두 이용하려는 정책에 그 누구도 시비를 걸 수 없다고 나는 생각한다." 계속해서 그는, 이를 통해 정치적 안정이 이루어지고 재원이 확보되면서 지배를 받는 이들이 더 많은 "이익을 최대한으로" 누릴 수 있기를 바란다고 썼다. "절손絶孫에 따른 실권失權(lapse)"에 대해, 이 개념은 영국인들이 만들거나 그들에게 의존하는 모든 국가 안에서 통치자가 자연상속인 없이 사망하는 것을 뜻한다고 달하우지는 밝혔다. 이를 통해 그는 후계를 이으려는 목적으로 당시 널리 퍼졌던 양자입적 풍습을 인정하지 않기로 했다. 이 조치를 통해 달하우지는 7년 동안 중인도, 방글라, 라저스탄, 그리고 펀자브 고원 지역 내 일곱 개 국가들을 차지했다. 이렇게 차지한 나라들로는 중요한 머라타인들의 나라였던 사타라국Sātārā[머], 나그푸르국, 그리고 잔시국Jhānsī[힌]이 있었는데, 이후 잔시의 여성 통치자는 곧 있을 대봉기에서 활약하게 되었다. 달하우지는 또한 연금을 받는 통치자들에게 여러 명목의 보조금을 주는 관행을 끝내기 위해 "절손에 따른 실권" 원칙을 정당화했는데, 이에 해당되는 통치자들 중에는 푸나를 다스렸던 머라타인 페쉬와의 양자 나나 사헤브 페쉬워Nānā Sāheb Peshva[머](1824~1859)도 있었다. 마지막으로 달하우지는 1856년 인도 전역에서 가장 부유한 국가였던 어워드국을 병합했는데, 여기서는 "절손絶孫에 따른 실권의 원칙Doctrine of Lapse"에 따라서가 아니라 계속되는 실정失政을 구실로 병합을 진행했다. 비록 본국으로부터 항

---

4 바그는 페르시아어로 "정원(garden)"을 뜻한다.

의를 받아 실행하지는 못했지만, 델리에 있던 무굴 궁정에 대해 동인도회사가 법적으로는 신하로서 계속 충성함으로써 그나마 겨우 유지되었던 무굴 궁정의 명목상 인도 통치마저도 달하우지는 폐지하려 했다. 1857년 이후 앞으로 어떤 "봉건적인" 허울이 만들어지든 간에, 영국인들은 군대를 독점하고, 자신들의 손아귀 안에 통합된 통치권을 확실하게 장악하는 원칙을 앞으로도 계속해서 고집하게 되었다.

달하우지가 가졌던 두 번째 미래상은 바로 당시 서유럽을 변화시키고 있었던 새로운 기술들의 수용이었다. 이러한 기술들은 앞으로 인도 국내도 그렇지만 인도와 본국 사이에서 나타나게 될 문화 · 정치 · 경제적 통합에 필수적인 요소가 되었다. 철도, 전신, 우정, 그리고 개량된 증기 운송수단 모두 19세기 후반 제국 체제를 탈바꿈시켰다. 달하우지는 인도에서 철도가 갖는 잠재력을 확신했는데, 그는 철도 부설에 대한 열광적인 분위기가 사회 안에 가득했던 1840년대 동안, 당시 런던에 있던 상공회의소Board of Trade 소장이자 나중에 총리가 될 윌리엄 글래드스턴William Gladstone과 함께 일한 적이 있었다. 그는 철도가 영국의 힘과 문명을 확산시키는데 중요한 열쇠가 될 것이라고 확신했다. 무엇보다도 철도는 영국산 제품의 판로를 넓히고, 영국 산업에서 필요한 면화와 같은 원료들에 접근하는데 도움이 될 것이었다. 또한 철도는 군사적인 이해관계에도 도움이 되었다. 1853년 달하우지가 동인도회사 이사회에 보내는 글을 보면, 병력을 집결시키는데 "지금은 수개월이나 걸리지만, 철도를 부설하면 단 며칠만 걸릴 것이다."라는 내용이 담겨 있다. 달하우지는 철도 부설을 감독했는데, 이 철도 건설은 캘커타 서쪽에 있는 하오라Hāorā[방](영어명 Howrah)와 봄베이로부터 뻗쳐 나오는 두 노선으로 시작했다. 첫 번째 부임지에 도착하기 위해, 1859년 빔스는 하오라로부터 160km가 조금 넘은 거리밖에 떨어져 있지 않았던 그 당시 철도 노선 종점까지 기차를 타고 갔다. 나머지 대부분 여로의 경우, 그는 말이 끄는 수레 위에 실은 짐 위에 걸터앉아 갔는데, 펀자브 지역에 이르는데 총 24일이나 걸렸다. 19세기 말에 이르러, 이 여정은 기차로 사흘 안이면 끝낼 수 있었다.

철도 건설은 19세기 중엽 인도에서 영국의 통치가 작동되는데 새로운 전기轉機가 되었다. 이 사업계획은 각기 다른 지역에서 작업했던 여러 회사를 위해 조달된 영국 자본으로부터 사업자금을 수혈받았다. 동인도회사를 비롯해 1858년 이후 들어선 영령 인도제국정부The Crown는, 사실상 전부 영국인으로 이루어진 투자자들에게 완전 무위험 조건으로 5%, 경우에 따라서는 4.5%의 수익을 보장했다. 이는 최초로 영국 자본이 인도로 투입된 사례였는데, 왜냐하면 동인도회사나 이전 개인 투자자들은 인도 자체에서 조달된 자금들을 통해 자신들의 활동에 들어가는 자금을 충당했기 때문이었다. 대신 인도의 발전에 들어가는 비용을 충당할 수도 있었을 철도 수익은 영국인 투자자들의 호주머니로 들어갔다. 게다가 철도의 건설은 영국 상품의 판로도 마련했다. 철도, 기관차, 철도차량, 기타 제조품, 그리고 심지어 때로는 영국산 석탄 및 영국에서 크레오소트[5]를 바른 발트 지역산 전나무가 인도로 수출되었다. 이는 인도의 산업화에 "승수효과乘數效果"[6]를 발생시킬 "주도적인 부문"으로써의 역할을 다할 수도 있었을 주요 공공사업 계획들이 막상 그런 효과를 내지 못했다는 점을 뜻했다. 철도가 부설되면서 내륙지역과 식민지 시대 항구 도시들, 그리고 도시들끼리 서로 연결되었는데, 이는 영국의 경제적 이해관계가 채광 및 시장에 집중되었다는 사실을 보여주었다. 면화, 황마, 그리고 차茶와 같은 시장판매용 작물들을 수출해 천과 기타 제조품들과 맞바꾸는 식민지 경제의 "고전적" 형태는 철도가 건설되면서 가능해졌다.

전체적으로 철도는 합리적인 비용으로 잘 건설되었다. 철도의 효율성이 구현되는 것을 제약했던 한 가지 사항은 바로 서로 다른 폭을 가진 선로들로 인해 열차가 순조롭게 운행되지 못했다는 점인데, 이는 광궤뿐만 아니라 중요도가 낮은 지역에 철로를 놓는 과정에서 경비를 절감하기 위해 미터 궤간(협궤)도 사용되었기 때문이었다. 하지만 상품 운송비는 급격하게 하락했고, 기근 시 구호품을 제공하는데 빛났던 철도의 가치는 매우 중요했으며, 수많은 인도인들은 가족 상봉 및 성지 방문 등의 목적으로 기차를 이용한 여행에 열광했는데, 이는 첫 선로가 놓이고 나서야 가능했던 것이었다.

---

5 너도밤나무를 증류하여 만든 유액. 자극이 강한 냄새가 나며 살균력과 방부력이 강해 방부제로 많이 쓰인다.

6 경제 현상에서, 어떤 경제 요인의 변화가 다른 경제 요인의 변화를 유발해 파급 효과를 낳고, 궁극적으로는 처음보다 몇 배의 증가 또는 감소로 나타나는 총 효과.

특정 지역에서만 영향이 있었으나, 달하우지는 관개 수로망을 확장시키는 사업에도 정력적으로 나섰다. 그의 재임 기간 동안 약 800km에 달하는 갱가강 수로가 완공되었고, 이 수로는 광대한 내륙지대에 공급하는 관개용수의 원천이 되었는데, 이로 인해 온갖 긍정적 · 부정적 결과가 발생하였다. 장기적으로 봤을 때, 앞으로 가장 분명해졌던 부정적 결과는 바로 광범위한 지역에 걸쳐 나타났던 염류화 현상이었는데, 이는 관개된 토지 표면 위로 지나치게 많은 물이 염분을 끌어올렸기 때문이었다.

인도 내 주요 중심지들을 잇는 전신도 달하우지의 치세 동안 완성되었다. 약 7200km에 달하는 연결망으로 구성된 전신은 정치 · 안보 · 무역 · 산업에 대한 정보뿐만 아니라, 훨씬 더 많은 사적인 소식들을 빠르게 전송하는 것을 가능케 하였다. 영국

그림 19_ 1937년 식민지 정부가 발행한 우표 한 세트

우편을 배송하는 장면들이 포함되어 있다. "다크(Ḍāk[힌])"라는 표가 붙은 더 싼 네 개의 우표는 인간과 동물이 이끄는 수송 차량을 보여주는 반면, 더 비싼 우표들은 기계화된 "우편" 차량을 묘사하고 있다.

과 인도를 연결하는 전선 공사는 1857년 대봉기로 인해 그 진척 속도가 빨라져 1865년에 완공되었는데, 이는 영국과 미국 사이에 놓인 전선 공사보다 한 해 더 빨리 완료된 것이었다. 실제로 사상 최초로 수중에 부설된 전선은, 아마도 1839년 캘커타에 있는 후글리Hugli[방](영어명 Hooghly) 전역에 걸쳐 깔린 전선이었을 것이다.

게다가 1854년에는 정부가 운영하는 우정 제도가 실시되었는데, "1페니 우편penny post" 제도의 도입은 인도가 영국보다 약 15년이나 더 빨랐다. 이제 우편은 국내에서 거리와 상관없이 똑같이 저렴한 비용으로 보낼 수 있게 되었는데, 비용은 발송자가 부담했다. 이러한 편리성은 관청 외곽에 모여 거주한 대필인들과 낭독자들에 자주 의존했던 외진 촌락의 주민들을 포함한 여러 개인들에게 도움이 되었을 뿐만 아니라, 이 시기 등장했던 여러 자발적 결사, 조직, 그리고 출판사들간의 연락 및 자금조달에도 불가결한 요소가 되었다. 인도제국 황제의 지위를 겸했던 조지 6세의 대관식 무렵에 발행된 <그림 19>에 보이는 우표 한 세트에서, 20세기 인도에서도 활용된 다양한 우편배송 서비스를 일부 발견할 수 있다. 또한 19세기 중반에는 증기선을 설계하는데 중요한 여러 개선 사항들이 등장했는데, 그것은 바로 더 빠르고 안전한 철제 선체 및 고압 엔진이었다. 이런 혁신적인 사항들이 등장하는 과정에서 분명한 전환점은 없으나, 주목할 만할 연도는 바로 1848년인데, 이 때 영국 페닌슐러 앤드 오리엔탈 기선회사Peninsular and Oriental Steam Navigation Company(P&O)는 인도양 항로 운항을 위해 최초로 철제 증기선을 구입했다. 1830년대 영국과 인도 간에 편지를 교환하려면 2년도 걸릴 수 있었지만, 1870년에 이르면 수에즈 운하의 개통으로 인해 편지는 한 달 만에 봄베이에 도착 가능했다.

그리하여 달하우지는 통합된 국가가 성립할 수 있는 여러 가지 법적 토대를 마련했는데, 이 법적인 토대는 바로 획정된 여러 경계선들뿐만 아니라, 그렇게 통합된 국가가 앞으로 영향을 미치게 될 개인들을 바탕으로 이루어졌다. 게다가 그는 사회 기반 시설들을 기술적인 측면에서 상당한 수준으로 발전시켰는데, 이 시설들은 이후 무수히 많은 방식으로 국가와 국민들의 일상 경험을 바꾸게 되었다. 1857년 대봉기는 영국인들의 통치 자체에 도전하는 것처럼 보였으나, 이러한 변화들은 결코 뒤집지 못했다.

1857년, 본국직접통치, 그리고 봉기의 여파

1857년 내내, 그리고 1858년까지 북인도는 영국의 인도 통치를 뿌리채 흔들어 놓았던 대봉기에 휩싸였다. 소요가 진정되고 나서, 식민지 정부를 위해 일했던 인도인 관리 서예드 아흐머드 한Sayed Aḥmad Khān[우](옛 표기로는 Syed Ahmad Khan, 영어명 Sayyid Ahmad Khan. 1817~1898)은 대봉기의 원인을 다음과 같이 추론했다.

> 나는 이 반란에는 주된 원인이 하나밖에 없으며, 나머지 원인들은 그로부터 파생된 우연적인 것들에 불과하다고 생각한다. 이 견해는 상상이나 억측에 의한 것이 아니고, 옛 성현들의 관점에 따라 입증된 것이며, 통치 원리에 관해 글을 썼던 모든 이들이 동의하는 것이다. …(중략)… 자신들을 통치하고 있는 정부에서 사람들이 한 몫을 차지하도록 허락해야 정부의 효율성, 번영, 그리고 영속성이 유지될 수 있다. (게다가) 아마 단 한 사람도 예외 없이 인도 토착민들은 정부가 자신들로부터 지위와 위엄을 빼앗았고, 또 자신들을 **억압**했다는 이유로 정부를 비난한다. …(중략)… 뭐라고! (영국인 인도고등문관들은) 자부심과 오만함 때문에 인도의 토착민들이 인간으로서 대우받을 자격이 없다고 생각하지 않았던가? …(중략)… 뭐라고? 가장 높은 지위에 있는 토착민들조차 정부 관리들 앞에서 벌벌 떨었고, 관리들로부터 매우 큰 모욕과 수모를 당할까봐 매일 두려워했다는 것을 정부가 몰랐다고?

무굴 궁정과 가까운 관계를 맺었던 어느 가문 출신인 서예드 아흐머드 한은 1857년 당시 동인도회사에서 일한 지 20년이 되었다. 그는 대봉기 당시 자신이 근무하고 있었던 비즈너르Bijnaur[힌/우](영어명 Bijnor)[7] 마을에서 유럽인 거주민들을 탈출시키고, 한동안 영국인들을 대신해 이 마을의 행정을 맡을 정도로 영국에 명백히 충성을 다했다. 먼저 우르두어로 쓰였고 이후 영어로 번역된 그의 시사평론은 영국인들에게 큰 관심을 끌었다. 당시와 이후 영국인들의 소망과는 반대로, 그는 이 대봉기가 불만을 가진 군

7 현 웃터르프러데쉬주 극북쪽에 있으며, 히마철프러데쉬주와 가깝다.

인들에 의한 반란 수준에 그치지 않는다고 정확하게 지적했다. 그의 주장에 따르면, 대봉기는 오히려 여러 가지로 누적된 불만이 폭발한 것이었는데, 그 원인으로는 영국의 문화정책, 불합리한 세액 산정, 그리고 최근에 추방된 어워드 지역의 너와브를 포함한 현지 지주 및 토후 지배층이 겪었던 수모 등이 있었다. 무엇보다도 서예드 아흐머드 한은 영국인들이 노골적으로 드러냈던 인도인들에 대한 오만함과 멸시를 나무랐으며, 인도인들을 포함하는 자문회의 설립이 중요하다고 주장했다. 영국인들과 인도인들 간 관계에서 바로 이런 차별 문제로 인해 대봉기가 발생했지만, 역설적으로 이 문제는 앞으로 대봉기가 발생하고 나서 매우 오랫동안 지속된 인종 간 거리감이 도리어 강화되는 결과를 낳았다.

대봉기는 방글라 지역 출신 병사들 사이에서 곪아터진 불만이 폭발한 군사 반란으로부터 시작되었다. 버마 파병에 대한 불만이 이미 이들 사이에서 만연했는데, 이 버마 파병을 계기로 1856년에는 시포이들에게 부임하는 지역을 상관하지 말고 복무할 것을 요구하는 내용을 담은 종합지원 관련 입대법The 1856 General Services Enlistment Act이 제정되기까지 했다. 급료 및 제한된 승진 기회에 대한 불만도 존재했다. 또 어워드 지역의 합병 때문에, 당시 동인도회사 군대 인원의 1/3을 차지했던 방글라 지역 내 상층 카스트 집단 출신 시포이들은 불안감을 갖게 되었다. 무엇보다도 대봉기가 발생한 직접적인 원인에는 새롭게 도입된 리엔필드Lee Enfiled 소총이 있었다. 당시 병사들이 이 소총을 사용하려면 탄약통 끝을 입으로 물어 뜯어내야 했는데, 이 탄약통에는 힌두교인들과 무슬림들을 종교적으로 더럽힐 수 있는 돼지 혹은 소의 기름이 칠해져 있다는 소문이 퍼져 있었다. 시포이들이 소총을 싣는 것을 거부하자, 이들은 공개적으로 모욕을 받은 뒤 군대에서 쫓겨나기까지 했다. 1857년 5월 10일, 무더운 인도의 여름 날씨 속에서 북인도에 있는 메러트Meraṭh[힌](영어명 Meerut)[8]에 부임했던 시포이들은 전날 85명이나 되는 자기 동료들이 쇠사슬에 묶여있는 것을 본 뒤, 밤에 들고 일어나 이 도시에 거주하던 영국인들을 학살한 뒤 델리로 진군했다. 여기서 그들은 노쇠한

8 현 웃터르프러데쉬주 북서쪽에 있으며, 허리야나주와 가깝다.

바하두르 샤 2세를 옹립하여 무굴 궁정의 통치를 다시 부활시키려 했는데, 사실 "용맹한"이라는 뜻을 지녔던 이 파디샤의 이름은 시인으로서 활동했던 그의 행적과 전혀 상관이 없었다. 시포이들이 도처에서 봉기의 대의명분에 공감해 결집하자, 영국인들은 비하르로부터 펀자브까지 광대한 범위를 이루는 북인도 일대 및 중인도 내 일부 지역들에 대한 장악력을 상실했다. 일부 지역들에서는 영국인들이 반격하는데 1년이 걸렸다.

수 주 만에, 영국인들의 장악력 상실로 인해 생겨난 정치적 공백을 틈타 농촌 지대에서 불만을 품었던 지주, 소농, 토후, 그리고 상인 집단들은 각자 나름대로의 이유로 무장에 나섰다. 이들에게는 인도에서 영국인들을 축출할 일관된 전략을 갖고 있지 않았다. 무굴 궁정의 파디샤, 어워드 지역의 섭정여왕, 머라타인 족장 나나 사헤브 등은 자신들이야말로 대봉기를 주도하고 있다고 주장했다. 타락한 도덕 질서에 대한 반대를 정당화하기 위해 종교적인 표현이 자주 제시되었지만, 여기서 통합적인 이념은 전혀 존재하지 않았다. 사실 봉기한 일부 세력들은 자신들의 당면한 이익을 좇는데 급급했으며, 머투라 일대에서 "14개 마을의 왕"이었던 데위 싱그Devī Siṁh[힌](영어명 Devi Singh, ?~?)과 같은 이들은 특정 지역에 정착해 부자들을 약탈하고 이웃들과 분쟁을 벌였다. "충성심"과 "반란"은 항상 유동적인 개념들이었다. 한 유력자가 봉기에 가담하게 되면, 이에 대응해 다른 경쟁자들은 전황이 바뀌게 되면 자신들이 이득을 볼 수 있을 거라는 희망을 걸고 대체로 영국인들과 운명을 같이 하게 되었다.

당시 최근에 합병되었던 어워드 지역에서 일어난 사건들과, 더 오래 전에 합병되어 정치적으로 더 안정된 지역들에서 발생한 사건들을 구별하는 것은 중요하다. 루드랑슈 무커지Rudrangshu Mukherjee(방글라어 발음으로 루드랑슈 무카르지(Rudrāṁshu Mukhārjī))가 강력히 주장했던 대로, 어워드 지역에서의 봉기는 모든 계급들이 시포이들과 폐위된 너와브였던 와지드 알리 샤Wājid ʕAlī Shāh[우](1822~1887, 재위 1847~1856)를 위해 싸웠다는 점에서 "대중적인" 운동의 형태를 갖추었다. 대봉기를 지지했던 이들 중 가장 유명했던 집단은 바로 지주에 해당된 탈루크다르들이었다. 이들은 1856년에 일어났던 지세액 산정land settlement 과정에서 마을들을 잃게 되어 피해를 입었는데, 이 때문에 그들은 진흙으로 된 요새들에 의지해 자신들의 추종자, 족친, 그리고 소작농들을 끌어모았다. 많은 소농들은 1856년 자신들의 토지에 대한 소유권을 획득했으나, 영국인들에게는 실망스럽게도 이 소농들은 이전 지주들과 대담하게 맞서는 것은 무모할 가능성이 컸기 때문에 이들은 오히려 지주들과 같은 편에 섰으며, 이들은 다함께 러크너우로 진군해 현지에 있던 소규모 영국군 주둔지를 포위하였다.

인접 북서제諸속주North-Western Provinces[9]에서 발생한 봉기의 경우 상황이 달랐다. 이곳에서 봉기에 대한 대응은 50년이나 지속되었던 영국의 통치 경험으로 인해 결정되었다. 역사학자 에릭 스톡스Eric Stokes가 현지를 자세하게 조사했던 일련의 연구를 통해 드러났듯이, 영국인들이 갖게 된 상업적인 여러 기회들로부터 이득을 누렸던 이 지역 농촌 일대 유력자들은 자기 소작농들 사이에서 일어났던 소요를 진압하면서 영국에 충성하는 편이었던 반면, 부와 영향력을 상실했던 이들은 봉기에 가담함으로써 온 천지를 집어삼킬 듯했던 당시 무정부 상태를 대체로 이용했다. 자트인 · 라즈푸트인 집단을 비롯해 서로 밀접한 관계를 맺고 있었던 농업 공동체들이 토지를 가졌을 경우, 대체로 이 공동체들은 자신들에게 부과된 과중하고 서로 다른 지세액 산정 결과에 저항하기 위해 유력자의 지도 없이 봉기했다. 그래서 북서제속주 내 봉기는 "평정 이후" 봉기라는 방식으로 효과적인 설명이 가능한데, 이 지역 내 봉기는 오랫동안 곪아있었지만 분산되어 있던 여러 불만스런 사항들이 한꺼번에 폭발했다는 특징을 가진다. 이와 반대로 어워드 지역에서의 봉기는 최근에 폐위된 너와브 가문이 주도권을 잡았다는 점에서 "최초의 저항 운동primary resistance"[10]이라 설명된다. 이를 통해 1857년 대봉기를 식민지 시대 초기 단계에서 발생했던 다른 곳에서의 봉기들과 연결짓고, 또

---

9 현재 인도공화국의 웃터르프러데쉬(Uttar Pradesh, 힌드어로 "북부에 있는 주(Northern Province)"라는 뜻)주와 웃터라컨드(Uttarākhaṇḍ, 힌드어로 "북부 지구(Northern Section)"라는 뜻)주를 합친 부분에서 어워드 지역을 제외한 부분. 1901년 식민지 정부가 아프가니스탄과 접경하는 펀자브 지역 북서부 산악 지대를 별개의 속주로 독립시켰던 북서변경속주(North-West Frontier Province, 현 파키스탄의 해버르퍼흐툰흐와(Khaybar Pakhtunkhwā[우])주)와 반드시 구분해야 한다.

10 인도 국민국가 수립운동가들은 시포이 봉기를 영국의 식민통치에 대항해 인도인들이 단합하여 거국적으로 저항한 운동이라 평가한다.

한 당시 발생한 봉기를 그 이후 일어난 국민국가 수립운동 및 근대적인 여러 저항운동과 구별하는 것이 가능해진다.

전반적으로 많은 지역들은 여전히 영국에 충성을 유지했기 때문에 이 대봉기에서 최종 승리를 거두었다. 승리를 거둔 이들 중에는 최근에 정복된 펀자브 지역 출신 병사들이 특히 그러했는데, 이들은 이전에 자신들에게 패배를 안겼던 방글라 지역 출신 시포이들에게 아무런 호감도 갖고 있지 않았다. 게다가 봄베이나 마드라스에 주둔했던 군대도 반란을 일으키지 않았는데, 이는 남인도는 대봉기의 여파로부터 조용했다는 사실을 드러냈다. 가장 분명히 "충성심을 드러낸" 이들 중에는 방글라 지역 지식인층이 있었는데, 이들은 방글라 지역의 저민다르들과 마찬가지로 서유럽식 교육을 받았으며, 자신들에게 번영을 안겨다 준 지세액 영구확정령으로 인해 영국의 인도 통치와 긴밀한 관계를 맺고 있었다. 왕좌를 잃었던 토후들과는 달리, 당시 인도 각지에서 통치 중이었던 토후들은 영국인들을 지지함으로써 자신들의 이익을 가장 잘 도모할 수 있을 것이라는 믿음을 한 치의 의심도 없이 고수했다. 반항적이었던 어워드 지역에서도 많은 지주들은 영국 편에 사절을 파견해 양다리를 걸쳤으며, 그로 인해 종국에는 자신들이 가졌던 토지를 온전히 보호하면서 살아남을 수 있었다.

델리 · 러크너우 · 칸푸르Kānpur[힌](옛 영어명 Cawnpore) 등 북인도 세 도시에서의 저항 운동 및 중인도에서 머라타인들이 주도했던 봉기에 대해 영국은 가장 크게 신경썼다. 진압군은 방글라 지역에서 결집해 경가강을 거슬러 올라간 뒤, 봉기가 일어난 지 한 달 조금 넘는 기간 동안 와라너시와 알라하바드Allahabad[11]를 탈환했다. 진군 도중에 영

---

11 이는 영어명이며, 현지 힌드어나 우르두어로는 일라하바드(Ilāhābād)라 한다. 이 도시 이름의 기원을 보자면, 아랍어로 "알라(Allāh)"는 이슬람교에서 유일하게 믿는 절대신을 가리키는 반면, "일라(ʔIlāh)"는 유일신 알라 외에도 종교적인 숭배를 받는 다른 신격들도 가리킨다. 1575년 아크바르 1세가 이곳에 성채를 짓고 나서 이 지역은 도시로서의 기능을 본격적으로 수행하게 되었는데, 이 때 아크바르 1세는 이곳의 이름을 "일라하바드"로 정했다. 하지만 9년 뒤인 1584년 샤 자한 1세는 이 장소의 이름을 다시 "알라하바드"로 정했는데, 이후로 힌두교인들은 이 도시의 이름을 힌드어식인 "일라하바드"로, 무슬림들은 우르두어식으로 "알라하바드"로 부르는 경향이 생겼다. 이 책에서는 영국인들이 무슬림들의 우르두어식 명칭을 따라 이 도시를 "알라하바드"로 일컬었던 만큼 이를 따르기로 한다.
한편 2018년에 힌두 국민국가주의를 표방하는 정당 인도인민당(BJP)이 장악했던 웃터르프러데쉬 주정

국 군대뿐만 아니라, 심지어 민간인들도 무차별적인 테러를 일으키면서 농촌 지대를 유린하고 사람들을 닥치는 대로 학살했다. 1857년 7월 일명 "관용 선언The Clemency Proclamation"으로 인해 "관대한 캐닝"이라는 별명을 얻게 된 총독 캐닝 경Lord Canning (1812~1862, 재임 1856~1862)은 이런 야만적인 행동을 억제하기 위해 해당 선언을 발표했음에도 불구하고, 인종주의에 근거한 이런 야만적 행위는 진압작전 내내 지속되었다. 여기서 인도인들의 폭력이 드러난 가장 극단적인 사건이 일어났다.

칸푸르에 주둔했던 영국군은 나나 사헤브에게 항복했는데, 그는 처음에는 병사들을 무사히 통과시켜 줄 것이라 약속했지만, 이들이 배에 타려고 하자 그는 병사들에게 포화를 퍼부었다. 영국인 여성들과 아이들도 역시 학살되었는데, 그 희생자 수는 400명 정도였다. 펀자브 지역으로부터 증원된 부대 덕분에 1857년 9월 델리가 함락되었다. 바하두르 샤 2세는 버마로 유배되었고, 왕자들은 살해되었다. 러크너우에서 당시 신임 수석판무관Chief Commissioner이었던 헨리 로렌스 경은 7월에 투항하기 전 잘 요새화된 관저 안에서 유럽인들과 인도인들을 보호했다. 주둔군과 이에 의존했던 이들은 11월이 돼서야 겨우 해방되었으며, 북서제속주는 1858년이 한참 지나서야 영국군이 겨우 완전히 되찾았다. 머라타인 지도자들이었던 나나 사헤브, 타트야 토페Tātyā Ṭope[머](영어명 Tantia Tope, 1814~1859), 그리고 전투 중에 전사했던 잔시의 라니Jhāshīcī Rāṇī[머](영어명 Rani of Jhānsī, 1828~1858)[12]는 중인도에서 전투를 계속했지만, 1858년 6월 그왈리어르가 함락되면서 저항은 사실상 끝났다.

1858년 8월 2일 영국 의회는 인도정부법The Government of India Act을 통과시켜, 동인도회사의 모든 권력을 영국 왕실에 귀속시켰다. 이제 동인도회사는 그저 껍데기에 불과하게 되었고, 이 회사가 가졌던 무역 독점권은 이미 오래 전에 없어진 상태였다. 또 관리들의 임명의 경우, 이들을 후원할 권력도 1853년 경쟁시험이 도입되면서 사라졌

부는 이 도시의 이름을 힌드어인 프러야그라즈(Prayāgrāj)로 개명했는데, 성스크르터어로 "프러야그"는 "희생을 올리는 장소(pra '-앞으로' + yāg '희생하다' + rāj '왕')"라는 뜻이며, 이는 창조주 격인 브러마(Brahmā[성]) 신이 최초의 희생제를 올렸다고 하여 붙여진 이름이다.

12 혹은 본명 러크쉬미바이(Lakṣmībāi[힌])로도 매우 유명하며, 라니는 "왕비"를 뜻한다.

는데, 이로 인해 존 빔스는 동인도회사가 임명했던 마지막 사례 중 하나가 되었다. 본국 안에서 동인도회사와 의회가 같이 인도를 통제하고, 인도 안에서 무굴 궁정에 대해 명목적으로나마 복종했던 행태는, 대봉기로 인해 영국인들이 인명 · 재정 방면에서 막대한 대가를 치르게 된 원인이 되었던 만큼 이제 더 이상 유지할 필요가 없는 이상한 행태로 여겨졌다.

20년마다 동인도회사에 통치 특허를 부여하던 방식은, 이제 인도 관련 사무를 의회가 주기적으로 철저히 검토하는 방식으로 바뀌었다. 본국 내각의 각료이자 인도평의회Council of India의 자문을 받는 인도사무대신Secretary of State for India은 인도정부를 감독할 권력을 부여받았다. 한편 인도 안에서 최고 권력은 부왕副王(Viceroy)에게 귀속되었는데, 이 칭호는 1858년 빅토리아 여왕Queen Victoria(1819~1901, 재위 1837~1901)이 이러한 변화 사항들을 "인도의 토후, 부족장, 그리고 인민들"에게 공포했을 때 총독 캐닝에게 주어진 것이었다. 이미 1853년에 세워졌으면서 영국인 위원들로만 이루어졌던 행정협의회Executive Council로부터 부왕은 앞으로 자문을 받게 되었다. 이 협의회는 이제 입법 절차를 위해 최대 12명으로 된 신규 위원으로 구성되었고 또 그 규모가 계속 불어났는데, 이들 중 절반은 "민간인", 즉 식민지 정부가 고용했던 이들이 아니어야 했다. 이런 작은 움직임으로부터 시간이 지나게 되면서 다음과 같은 문제들을 둘러싸고 인도제국 전역에서 정치적인 이해관계를 타산하는 경우가 흔해졌는데, 그러한 문제들로는 전국 각 지역에 설치될 의회의 숫자 및 그 위계, 각 의회 내 의원들의 수, 관리 출신 위원과 민간인 위원 간 비율, 지명된 위원과 선출된 위원 간 비율, 제출된 안건에 자문할 기회, 토론을 개시할 기회, 심지어 일부 혹은 다른 영역에서 법률 제정권을 가질 기회 등이 해당되었다. 이 모든 문제들에 대한 논의는 일진일퇴를 거듭하면서 진행되었다. 이 헌법 개혁은 서예드 아흐머드 한과 같은 인도인들이 협의를 요구하면서 마련한 대책이었는데, 여기서 세심하게 선택된 인도인 귀족들의 목소리가 부왕의 귀에 전달되었다. 또한 통치 형태가 동인도회사를 통한 간접통치에서 본국에 의한 직접통치로 전환됨에 따라 관료제와 기술적인 구조 역시 더 정교해지게 되었는데, 이런 변화는 같은 시기 영국에서도 일어나고 있었으며, 그러한 변화가 일어났던 부문으로는 경찰, 위생, 산림관리, 그리고 재정 등이 있었다. 인도에 그 부담이 전가되었던 대봉기의 재정적인 대가를 고려했을 때, 재정 부문은 즉각 주목받는 대상이 되었다.

또한 여왕의 선언은 봉기의 원인으로 여겨진 여러 조건들을 고려한 것이었다. 달하우지의 정책을 뒤집은 여왕은 선언을 통해 토후들이 작위를 유지하는 것을 보장했다. 양자입적에 대한 제한이 사라졌고, 토후들이 가진 "여러 종류의 권리 · 위엄 · 영예" 및 영지 내 권력은 인정받게 되었다. 이는 영국의 인도 통치가 끝날 때까지 인도 인민의 약 1/3이 500여명이나 되는 토후들의 "간접" 통치를 앞으로 받게 될 것을 뜻했다. 게다가 정부는 "항구한 평화와 선정善政에 의해서만 실현 가능한 사회 진보"를 기대하는 차원에서 "공공사업을 진흥하고, 인도 내 평화로운 산업을 발전하는데" 주력하기로 하였다. 그리고 이 선언은 "모든 신민들에게 우리의 신념을 강요할 일체의 의도"도 분명히 부인했고, "우리 권위 아래 있는 모든 이들"이 인도 내 종교적인 신념이나 숭배대상에 간섭하는 것을 삼가도록 명했다. 또한 식민지 정부는 "고대로부터 이어진 인도 안의 여러 가지 권리 · 관습법 · 풍습"에도 적절한 관심을 기울이기로 했다.

이 선언에서 표명된 통치 방침은 여러 가지 모순점들을 내포하고 있었으며, 세습 통치자들의 역할을 강조했던 봉건 질서 유지에 대한 내용도 포함했다. 이를 통해 영국인들은 인도 내 토후들과 대지주들을 자신들의 인도 통치를 떠받치는 보수적인 지지 집단들로 만들려는 시도를 대부분 성공시켰다. 또한 이 선언에서는 머콜리와 같은 이들이 주장했던 자유주의 정치 이론 및 영국 의회주의와 관련된 정치적 개념도 드러났다. 이런 개념들이 실현된다면, 세습 통치자들의 지위는 필연적으로 약화될 것이었다. 1859년 캐닝 경은 여러 차례 지방을 시찰한 뒤, 무굴 궁정의 관행을 표면적으로 모방했던 이른바 "더르바르Darbār[우](영어명 Durbar)"라 하는 일종의 어전御殿 회의를 소집해 현지 토후들뿐만 아니라 어워드 지역 대지주들을 포함한 지주들의 권위를 인정했는데, 이제 이들은 영국의 식민통치를 지지하는 귀족 세력으로서 영예를 인정받고 작위를 수여받게 되었다. 버나드 콘의 주장에 따르면, "권위의 핵심으로 여겨진 영국 왕실이 세우고, 그가 다스리는 모든 신민들을 단일한 위계로 조직할 수 있는 사회 질서"가 이미 여기서 싹텄다고 한다. 달하우지의 정책을 뒤집지 않았던 캐닝의 토후 포섭 공작은, 인도 내에서 통합된 통치권을 추구했던 전임자의 과업을 그가 완성했다는 사실을 보여준 것이었다.

이 새로운 질서는 인도가 지닌 성격 자체에 대해 다음과 같은 매우 중요한 가설과 연관되었는데, 그 가설은 곧 인도가 문화 · 사회 · 종교 측면에서 다양한 인민들이 모여 구성된 지역이고, 외지의 통치자만이 그러한 다양성을 평화롭게 담을 수 있다는 것이었다. 이러한 가설은 봉기 이후 등장했던 군사 정책에서 가장 명백히 드러났다. 이 정책의 핵심에는 "전투종족種族(martial race)"에 대한 유사과학적인 이론이 있었는데, 이 이론에 따르면 특정 집단은 타고난 육체적 · 도덕적 특성들 때문에 최고의 전사 집단이 될 수 있다는 가정에 근거하여 병역에 적합한 대상 집단으로 선정될 수 있었다. 이러한 집단들로는 식크교도 · 자트인 · 라즈푸트인을 포함해 누구보다도 충성스런 모든 펀자브인들, 퍼탄인(파쉬툰인)이 포함된 펀자브 지역 무슬림들, 그리고 네팔 출신 고르카인Gorkhā[네](혹은 고르칼리인(Gorkhālī), 영어명 Gurkhas) 등이 있었다. 1875년에 이르면 토착인들로 이루어진 군대의 절반은 펀자브인들로 채워졌는데, 이는 이 지역의 역사에 앞으로 지대한 영향을 미치게 되었다. 게다가 문화적인 차이로 인해 음모가 생겨날 가능성이 사라질 것이라는 전망 하에, 이제 연대 안에서 각 종족 출신들이 섞이게 되었으며, 영국인 장교들만이 포병대를 통제하게 되었다. 영국인 병사들이 영령인도군 안에서 차지하는 비율이 상당히 증가했다. 봉기 당시 영국인 병사 수는 방글라 지역 출신 병사 수의 겨우 1/6에 그쳤지만, 이제 영국인 병사와 인도인 병사 비율은 1:2나 1:3으로 하는 것이 목표가 되었다.

봉기로 인해 영국의 인종주의가 강화되었다. 의심쩍은 시포이들은 대포로 날려버렸다. 델리는 약탈되고 기념물들은 제멋대로 파괴되거나 군사 용도로 전용되었다. 파디샤를 반역 혐의로 재판한 다음 유배시킴으로써, 이전 정권들과 그 통치자들이 지녔던 신성성은 사실상 "깔끔하게 지워졌다." 처음에 무슬림들은 이전 시대에 있었던 자신들의 통치를 회복하려고 시도할 "광신도들"이라는 의심을 받아 영국인들이 불신하는 주요 대상이 되었다. 하지만 20년 만에 무슬림 귀족들은 토후들처럼 영국인들에게 굳건히 충성하는 집단으로 인식되기 시작했는데, 이들의 이런 면모는 "소수집단의" 충성심이 고양되었던 당시 권위주의적 환경을 감안했을 때 보기 드문 것은 아니었다. 이런 전환기 과정에서 서예드 아흐머드 한은 중요한 역할을 맡았다. 그는 1875년 알리거르 ʕAlīgaɽh[우][13]에 앵글로-무함마단 컬리지Anglo-Muhammadan College(MAO)를 세웠다. 이 영국식 교육기관은 신사로서 무슬림들이 갖출 여러 가지 기술 및 보수적인 정치의식을 배양하는데 주력했는데, 이러한 방침은 1858년 서예드 아흐머드 한이 옹호했던 영국에 충성스러우면서도 자문을 받아들이는 정권에 적합한 집단을 양성하는데 그 목적을 두고 있었다.

영국인들은 반란 지도자들을 고결한 상대라 절대로 여기지 않았으며, 오히려 그들 모두를 "불충하다"고 간주한 뒤 이에 맞게 대우했다. 영국인 여성들을 살해했던 나나 사헤브의 행위는 특히 영국인들의 격렬한 증오심을 불러일으켰다. 빅토리아 시기에 제작된 그림들과 대중을 대상으로 한 상업적인 소설들은 그의 행위를 오랫동안 소재로 다루었는데, 이러한 작품들에는 영국 여성들의 "순수성"을 위협했던 강간 및 신체 절단에 대한 끔찍한 내용들로 가득했다. 대봉기가 끝난 2년 뒤 펀자브 지역을 여행했던 존 빔스는 칸푸르를 돌아다니면서 다음과 같은 글을 남겼다.

> 그 날 해질 무렵 햇살은 내가 그 을씨년했던 장소를 서둘러 훑어보기에 충분할 정도로 오랫동안 비치고 있었는데, 이곳은 당시 황량하고 모래로 뒤덮인 폐허에 불과했다. (여성들과 아이들의 시신이 던져졌던) 그 끔찍한 우물은 널판 몇 장으로 표시가 되어 있었고, 지붕없는 집들의 벽은 총탄 자국으로 가득한 상태에서 휘청거렸다. 폐허, 파리, 악취, 그리고 총체적인 고통 및 괴로움이야말로 누구나 다 목격할 수 있었던 것들이었다. 참으로 소름끼치는 장소였다.

---

13 현 웃터르프러데쉬주 서쪽에 있다.

그림 20_ 기념 벽 칸푸르 소재. 1903년 촬영

이 벽은 <그림 20>에서 볼 수 있듯이, 이탈리아 건축가 카를로 마로체티Carlo Marochetti(1805~1867)가 설계했던 대리석 추도관으로 꾸며졌다. 입체적인 관점들 중 일부분만 반영한 이 사진은 인도에서 영국인들이 치렀던 온갖 희생을 본국의 자국민들이 상기하는데 그 촬영 목적이 있었다. 칸푸르는 19세기에 영국인 여행자들이 다녔던 일명 "반란mutiny 여행"의 주요 방문지였는데, 이 영국인 여행자들은 대봉기 이후 유니언잭Union Jack(영국 국기) 깃발이 내려간 적이 없었던 인도제국 내 한 장소인 러크너우 소재 총독대리 공관을 여행한 뒤, 칸푸르와 델리 산맥을 방문했다. "반란" 진압으로 인해 영국인들은 영웅적인 행위와 자기 과시를 통해 통쾌한 느낌을 갖게 되었고, 자신들은 도덕적으로 우수하다고 확신하면서 인도를 통치할 권리를 갖고 있다는 신념도 갖게 되었다. 대중들은 러크너우에 있는 헨리 로렌스의 무덤을 둘러보면서, 그는 자발적으로 "자신의 임무를 다하려 한" 사람이었다는 기억만 갖게 되었다.

인도 통치의 구조화: 치안 · 위생 시설 · 사회 조직

대봉기 당시 분명히 드러난 공포와 인종주의는 이후 수십 년 동안 더 뚜렷하게 나타났는데, 왜냐하면 영국인들은 자신들만을 위해 그 경계가 따로 그어진 공간들을 만들었기 때문이었다. 도시에서 이러한 구역들에는 "민간구역Civil Lines"이라는 이름이 붙여졌으며, 군대 "주둔지들"이 인접해 있었다. 산악 지역에서 영국인들은 개인뿐만 아니라 식민지 정부를 위해 여름철 무더위를 피하는 장소로 기능했던 "산간 피서지들"을 설치했다. 이런 구역들의 설정은, 당시 개선된 여러 종류의 통신 수단으로 인해 현지에 더 쉽게 정착할 수 있게 된 영국인 가족 및 군인들의 숫자가 증가했던 현상과 동시에 일어났다. 이러한 공간들은 인종적인 차이뿐만 아니라, 오래된 도시들의 특징으로 여겨졌던 위협적인 무질서 및 "악취나는 대기"에서 풍기는 느낌과 구분되었다. 게다가 이러한 공간들은 살아있는 경험의 일부로서, 근대성과 대조시키는데 항상 필요했으면서 "중세적" 혹은 "전통적"인 것으로 간주된 도시 내 오래된 구역들과는 달리, 영국 문화가 "현대"와 연결되었음을 나타냈다. "식민지 도시"는 이런 이중성에 존재 기반을 두고 있었다.

같은 시기 급격한 도시 발달, 위생 시설의 운영 실패, 놀랄 정도로 무서운 전염병 확산 등의 문제로 골치를 앓고 있었던 본국의 유럽인들은, 오래된 도시 중심지 안에 만연했던 무질서와 관련해 위와 같은 관심을 갖게 되었다. "독기 이론"에 따르면, 인구가 과밀한 정착지들에서 나오는 물질과 가스가 분해되어 발생하는 불결한 대기로 인해 질병이 생긴다고 여겨졌다. 이 이론은 그럴 듯 했으며, 이 이론이 제시했던 해결책인 배수 작업, 쓰레기 제거, 안전한 물 공급, 그리고 가장 이상적인 방법인 도시 인구 배출 등은 괜찮은 방책이었다. 1842년의 채드윅 보고서The 1842 Chadwick Report를 보면, 하층 계급에 속하는 사람들은 "수명이 짧고, 미래를 못 보며, 무모하고 무절제하며, 육감肉感이 주는 만족에 상습적으로 탐닉한다"는 내용이 있는데, 이 표현은 인도 내 오래된 도시들에 대해서도 똑같이 적용 가능했다. 하지만 인도에서 그러한 인식은 "인종"과 관련되었으며, 공적으로 취해진 모든 행동은 유럽인들의 이익을 우선시했다. 몇 년 전에 일어났던 크름전쟁 때에도 그랬지만, 1857년 대봉기 당시에도 영국인 병사들이 전투보다 질병 때문에 더 많이 사망했는데, 이로 인해 드러난 군인들의 열악한 건강 실태를 확인한 영국은 위생에 가장 먼저 관심을 가졌다.

도시 계획을 추진하는데 건강과 치안이 미친 영향력을 분명하게 보여주는 사례는, 바로 1902년 이후로는 어워드 지역을 합병하고 나서 연합제속주United Provinces(UP)로 알려지게 된 북서제속주의 주도 알라하바드였다. 알라하바드는 겅가강과 여무나강Yamunā[힌](영어명 Jumna)뿐만 아니라, 신화상의 서러스워티Sarasvatī[성](영어명 Saraswati) 강이 합류하는 지점이었으며, 이전부터 계속 인도아대륙에서 유명했던 주요 순례 중심지 중 하나였다. 이 도시의 인구는 일 년 내내 변했는데, 힌두력으로 10번째 달(양력으로 1월에서 2월 사이)인 동계 마그Māgh[성] 달에 순례자들이 합류하면서 이 도시에는 사람들로 가득했고, 12년마다 훨씬 더 많은 사람들이 몰려들었는데,[14] 이 때 전국에서 성자들과 힌두교인들이 인파를 이루며 이 도시로 몰려들었다. 영국인들은 모든 종류의 순례를 두려워했기 때문에, 알라하바드는 위생과 치안을 유지하는데 특히 위험한 장소로 여겨졌다. 이전에 이 도시의 지정학적인 위치를 인정했던 무굴제국 통치자들은 여기에 모습을 드러냈고, 강을 내려다보는 아크바르 1세의 요새가 이 도시에 남아 있었다. 이 오래된 도시에는 두세 개의 주요 도로가 있었는데, 여기서부터 좁은 길들로 이루어진 미로(영국인들은 이렇게 여겼다)가 생겨 인근 지역들로 이어졌으며, 일부 지역들은 계속해서 밤에 대문을 잠가 통행을 통제했다. 수많은 가게 및 창고와 뒤섞여 존재했던 주택들은 안쪽으로 향하는 구조로 되어있었으며 서로 밀집해 있었다. 또 이 도시에는 곡물과 사료를 거래하는 몇몇 시장이 있었다. 위생 관련 위원회 및 시 의회가 설립되면서, 이 오래된 도시의 위생 상태를 개선하기 위한 노력이 있었으나, 이에 필요한 재원은 유럽인들이 거주했던 지역으로만 불균형하게 할당되었다.

알라하바드나 다른 곳에서 철도는 유럽인들이 봤을 때 전략적인 주요 보호 대상으로 여겨졌으며, 철도가 도시를 관통하게 되면서 대봉기 직후인 1858년에는 도시 북쪽에 있는 민간구역과 나머지 구역들을 가르는 장벽이 만들어졌다. 민간구역에서 기존에 있던 마을들은 허물어져 포장도로들과 덮개가 있는 배수로들로 교체되었는데, 이 도로망은 격자무늬로 배열되었고, 새롭게 심은 가로수들이 도로 양 옆을 둘러쌌다. 인구 밀도는 매우 낮았는데, 유럽인 거주민들은 면적이 4만 제곱미터 정도 되는 “벙걸로Bungalow”에 거주했으며, 이 벙걸로는 환기와 방열 기능을 갖추었던 식민지 시대 독특한 주거 양식이었다(그림 21). 민간구역에는 식민지 시대에 유럽인들의 사회생활을 이루었던 정부청사 · 클럽 · 폴로 경기장 · 교회 · 가게 등의 건물들이 있었다. 이웃집 방문 · 무도회 · 특정한 체육 활동 · 사교상의 음주 등 여러 종류의 사회생활 방식은 상류

---

14 이를 쿰브 멜라(Kumbh Melā[성], kumbh ‘항아리’ + melā ‘회합’) 축제라 하며, 알라하바드 외에 쿰브 멜라 축제가 열리는 곳으로는 현재 웃터라컨드주에 위치해 있으면서 경가강과 인접한 허리드와르(Haridvār[힌], 영어명 Haridwar), 머하라쉬트러주 내 나시크(Nāshik[머]) 현縣(district)에 있는 고다워리(Godāvarī[머])강 주위에 위치한 트렴버케쉬워르(Tryambakeshvar[머], 영어명 Trimbakeshwar) 사원, 그리고 머드여프러데쉬(Madhya Pradesh[힌])주에 위치해 있으면서 크시프라(Kṣiprā[힌], 영어명 Shipra)강이 관통하는 웃잰(Ujjain[힌]) 등이 있다.

그림 21_ 벙걸로

민간구역. 알라하바드 소재. 1866년 촬영. 방문객들을 접대하고 인도인들과의 업무가 이루어지는 공간인 집을 둘러싼 베란다와, 굽어진 진입로가 딸려 있으면서 고립된 대형 주택 단지 중심에 있는 벙걸로의 위치에 주목하라.

층의 행동양식을 모범으로 삼았고 철저하게 유럽인들만을 위한 것이었다.

특정 모양을 한 격자 위에 세워진 군대 주둔지는 알라하바드시 바로 북쪽에 있었으며, 유럽인 민간인들을 더 안심시키기 위해 이들의 거주 지역 바로 옆에 위치했다.

두 정착지가 유럽인들과 "토착민들" 간 차이를 완화시키는 역할을 맡았다. 하나는 철도 역사 근처에 있던 유라시아인 혹은 "앵글로-인도인Anglo-Indians"의 정착지였다. 인종적인 차이에 대한 영국인들의 거부감을 생생하게 보여주었던 이 집단은 대체로 이들에게 당혹스런 존재로 비춰졌지만, 이 앵글로-인도인들은 자신들의 충성심이 필요할 것이라는 기대를 갖고, 철도 관련 업무에서 자신들이 가질 수 있는 적절한 역할을 찾아냈다. 다른 하나는 방글라인들의 정착지였는데, 교육 수준이 높았던 이들은 정부를 위해 일하면서 이득을 보게 되자, "오지" 도시들과 마을들에 거주하는 이들의 숫자가 불어났다. 물론 유럽인 사회 주위로 접근 저지선을 단단히 치는 것은 불가능했는데, 하인, 무역상, 그리고 다른 이들은 유럽인들을 위해 마련된 구역들로 들어가거나 거기서 살았으며, 정부 청사, 교육 기관, 보호시설, 무역소, 그리고 왕래가 잦은 프리메이슨 집회소 등 많은 장소들은 인종 간에 규정된 제한적인 교류가 이루어지던 곳이었다.

1869년 빔스는 오리사 지역 해안가에 위치한 어느 작은 마을에 부임했다. "우리가 살았던 작은 사회"에 대한 그의 묘사는, 대봉기 이후 어떤 유럽인들이 이 마을에 살았는지 그 실상을 보여준다. 그는 당시 이 구역에서 가장 높았던 직위인 행정사법장관 겸 징세관 직을 차지하고 있었다. 영국인들 중에는 "합동 행정사법장관, 의사, 경정警正(Superintendent), 기술자, 항만 관리소장, 전신 감독관, …(중략)… 그리고 경찰 보조원 두 명 및 부副행정사법장관"도 있었다. 다른 유럽인들은 선교사들이었는데, 이 때 이들은 영국인들이 아니라 미국의 자유의지침례파Free Will Baptist 선교사들이나 벨기에에서 온 예수회 소속 선교사 한 명으로 이루어져 있었다. 빔스가 봤을 때, 벨기에에서 온 이 예수회 선교사는 현지 고행 수도자처럼 생활했고, 교회 · 학교 · 여러 기숙사 · 수녀원을 짓기 위해 돈을 모으는 그의 모습에 공공사업부 관리들이 감탄했다. 의료 · 경찰 · 공학 · 전신 · 공공사업 부문에서 일했던 관리들을 빔스가 언급했던 사실은 19세기 후반에 출현했던 기술 관료집단의 규모가 커졌음을 보여준다. 그의 글에서는 업무 중 만났던 유럽인들의 면모가 생생히 드러난 반면, 인도인들은 거의 등장하지 않는다.

분리된 도시 거주지를 넘어, 영국인들은 북쪽으로는 히말라야 고원 지역으로, 남쪽으로는 닐라기리Nīlakiri[타/말] 산맥 지역[15]으로 탈출하여, 자기들이 보기에는 질병이 만연한 땅으로부터 더 멀어지려고 했는데, 이러한 움직임은 봉기가 일어나기 훨씬 전부

15 영어명 Nilgiri, 현 케랄람주와 타미르나드주 접경에 위치한 산맥.

터 당시 요양 중이었던 군인들의 휴식을 위해 시작되었다. 1865년 부왕으로서 존 로렌스는 히말라여 고원 안쪽으로 약 80km 정도 더 들어가 있으면서 캘커타에서 약 1450km 떨어져 있는 시믈라Shimlā[힌][16]를 영령인도의 정기 하계 수도로 삼았다. 그러자 선교사들과 토후들은 머수리Masūrī[힌],[17] 코다이까날Koṭaikkāṉal[타],[18] 머리Marī[펀],[19] 아부산Mount Ābu[힌][20]과 같은 지역에 자신들만의 고원 피서지들을 만들었다. 여성들과 아이들은 고원 지역으로 자주 들러 몇 개월 동안 머물렀던 반면 남성들은 부득이하게 근무지에 잔류할 수밖에 없었는데, 이들도 가능할 때마다 이런 휴양지들을 방문했다. 특정 질병에 대한 두려움은 결국 인도에서 살면서 생기게 될 위험성에 대해 가진 여러 종류의 불안감보다 덜 중요하게 여겨졌는데, 이와 같은 생활상의 위험으로는 심신을 쇠약하게 만드는 이 땅에서 너무 오래 머물게 되면 퇴보하게 된다는 공포도 있었다. 고원 지대는 영국을 다시 구현하는데 그 의의가 있었다. 1870년대 리튼 경Lord Lytton이 부왕으로서 당시 비가 내리던 우다가만달람Utakamaṇṭalam[타][21]에 도착했을 때, 그는 "정말로 아름다운 **영국적인** 비요, 매우 상쾌한 **영국적인** 진흙이로구나!"라 열광하면서 말했다. 고원 지대에는 평원 지대의 관공서 대신 영국식 오두막과 시골집, 영국산 꽃들로 가득한 정원, 영국산 과일과 채소, 연주대, 산책로 등이 설치되었는데, 이러한 시설들은 영국의 전원 마을을 구현하기 위해 대개 목재로 지어졌다. 고원 지대에는 학교들이 많았지만, 자금 사정이 괜찮을 경우 유럽인 아동들은 학업을 위해 본국으로 보내졌다. 식민지에 거주했던 영국인들은 퇴임한 뒤 "고향"으로 돌아갔다.

영국인들이 인도 사회로부터 거리를 두면서, 이들은 1857년의 대봉기 이후 훨씬 더 끈질기게 인도 사회를 통제하고 관리하려고 했다. 봉기 이후 수십 년에 걸쳐 형성된

---

16 영어명 Simla, 현 히마철프러데쉬주 남쪽에 위치해 있다.
17 영어명 Mussoorie, 현 웃터라컨드주 서쪽에 위치해 있다.
18 영어명 Kodaikanal, 닐라기리 산맥에 위치한 피서지.
19 영어명 Murree, 현 파키스탄 펀자브주 안에 위치하면서 해버르퍼흐툰흐와주와 붙어있는 산악 휴양지.
20 현 인도 라저스탄주 안에 위치하면서 구즈라트주와 접경해 있는 고원 피서지.
21 닐라기리 산맥에 위치해 있으면서 현 케랄람주와 가까운 휴양지.
영어명으로는 우타카먼드(Ootacamund)라 하며, 줄여서 우티(Ooty)라고도 한다.

여러 종류의 제도 중에는 1878년에 만들어진 인도측량국Survey of India과, 1872년에 처음 시행되고 1881년부터 10년 주기로 인도 전역에 걸쳐 시행된 인도국세조사Census of India가 있었다. 대봉기 이후 정해진 새로운 규정들을 보면, 신문 및 잡지는 관청에 등록되어야 하며(그림 23. 좌측 상단에 있는 숫자를 보라), 도서와 소책자 복사본들은 정부로 보내야 한다고 명시되어 있다. 체계화되었지만 동시에 기존 관습들을 엄격하고 단순하게 만들고 있었던 힌두 및 무슬림 민법 법전들은 1860년대에 마침내 성문화되었다. 유랑하는 집단은 항상 의심을 받아, 이제 유목민들과 다른 유랑민들은 "범죄를 일으키는 가능성"이 있다고 여겨져 "범죄 부족들"로 규정되었다. 19세기 후반 영국에 만연했던 이념 때문에, 범죄를 일으키는 부족들뿐만 아니라, 나약하고 줏대가 없으나 영리한 방글라인들을 포함하는 "여성스런" 인종들 및 앞서 거론했던 "전투" 종족들에 대한 관념과 관련해 유사과학적인 "인종적"인 차이점들이 더 정교해졌다. 요컨대 인도는 고대에 만들어진 여러 종류의 관습법 · 풍습 · 관습들이 현재까지 지속 중인 "살아있는 박물관"이었다.

빅토리아 시기 인도를 연구했던 인류학자들에게 가장 중요하게 여겨진 개념은 "카스트"였는데, 이 개념은 여러 보고서 및 조사에서 상정했던 위계적인 사회구조에 맞아떨어졌고, 동시에 확인과 계량화가 가능한 구체적이면서 측량 가능한 "대상"으로 여겨졌다. 카스트 개념을 점점 더 체계화하려는 시도는 사진의 활용과 깊은 관계를 맺고 있었는데, 사진이 보여주는 "정확한" 이미지들은 과학적인 정확성을 추구하는데 일조했다. "한 집단의 특징을 잘 보여주는 견본들"은 사람들의 골상, 의복, 그리고 관습을 정확하게 측량하는 방법들을 보여주는 사례가 될 수 있었다. 이런 사진들을 수집한 최초의 주요 모음집은 1868년 인도 정부가 여덟 권으로 출판했던 『인도의 주민The People of India』이었다. 예를 들어 <그림 22>에서 나온 유목에 종사하면서 무역업에도 끼어들었던 종족 번자라인들을 찍은 사진에는 그들이 "극도로 정직하다는 평판"을 받는다는 설명이 덧붙여져 있었지만, 이후 이들의 지위는 "범죄 부족"으로 격하되었는데, 이를 통해 정밀함은 허상에 불과하다는 사실이 드러난다. 그런 만큼 카스트 "체제"는 인도 사회 내 무수한 요소들 중 하나에 불과하며, 근대에 일어났던 변화의 산물

그림 22_ 브린자라(번자라인의 다른 명칭) 카스트 출신의 한 남성과 부인
존 포브스 왓슨(John Forbes Watson, 1827~1892)과 존 윌리엄 케이(John William Kaye, 1814~1876) 집필, 『인도의 주민(The People of India)』, 1868년 출판

이다. 또 토후, 현지 유력자, 그리고 상류층 사람들의 강력한 지위를 포함하는 사회 내 다른 요소들도 이와 마찬가지였는데, 이러한 요소들은 당시 행정적인 조치로 인해 그 특성이 강화되었고, 현재는 "전통적인" 것으로 매우 당연시되고 있다.

한 국가 주민들의 실상을 통치자들이 "파악할 수 있도록" 하기 위해 주민, 지역, 그리고 문화를 조사하고 분류하는 일은 전 세계적으로 일어났던 현상으로, 19세기 후반 근대주의의 산물이며, 식민주의에 의해서만 이루어진 것은 아니었다. 그럼에도 불구하고 인도와 같은 식민지 환경 속에서, 사회를 행정적으로 조직하는 과정에서 특히 독립적인 "대중"의 개념과 정부의 대의제 제도에서 비롯된 온갖 한계점은 유난히 그 정도가 심했다. 1857년 이후 정치적 안정을 추구하면서 권위주의적인 성격을 띤 이러한 필요성은 점점 강화되어만 갔다.

"타고난(natural) 지도자들"과 근대성의 표현

방글라 지역 내 어느 지도층 가문 출신이었던 케셔브 천드러 센Keshab Candra Sen[방](영어명 Keshab Chandra Sen, 1839~1894)은 영국의 통치가 시작되고 난 뒤 이 가문의 제3세대에 속했는데, 그의 가문은 식민통치와 얽혀있었던 상업 · 문화 환경과 깊은 관련을 맺고 있었다. 그의 조부는 람 모헌 라이의 친구였다. 그는 힌두 컬리지에서 공부했고, 결국에는 불화하여 갈라서게 되었지만 한동안 신념을 바꾸어 브러머회에 가입해 거기서 왕성하게 활동한 적도 있었다. 영어로 유창하게 발언하는데 천부적인 재능을 가진 연사였던 그는, 인도 전역을 여행하면서 이 단체의 지부를 봄베이 등 방글라에서 거리가 먼 지역들에서도 세웠는데, 특히 정부에서 일하거나 무역에 종사한 방글라인들이 정착했던 곳들이 주요 대상지가 되었다. 빅토리아 여왕이 인도제국의 황제 칭호도 겸하게 된 직후인 1877년에 그는 캘커타에서 다음과 같이 연설했다.

> 충성심은 결코 인격 없는 대상을 향하지 않습니다. …(중략)… 우리의 충성심이 법과 영국

의회에 대한 존중뿐만 아니라, 영국 여왕이자 인도의 여황인 빅토리아를 향한 개인적인 믿음을 뜻한다면 우리는 옳을 겁니다. [박수] …(중략)… 여러분들은 여러 나라의 진보를 가리키는 특별한 섭리의 손가락을 알아보지 못하십니까? 분명히 영국의 인도 통치 내용을 담은 기록은 불경한 역사의 한 장이 아니라, 성스런 역사의 한 장입니다. [환호] …(중략)… 온 유럽은 웨더교 및 불교 문헌에 묻힌 귀중한 보물들을 수집하기 위해, 요새 인도의 고대에 관심을 갖고 있는 듯합니다. 따라서 우리는 영국으로부터 근대 과학을 배우지만, 영국은 인도로부터 고대의 지혜를 배웁니다.

이 연설에서 그랬듯이, 당시 자신과 비슷한 배경을 지녔던 많은 인사들처럼 그가 대체로 영국 자유주의 정치에 등장하는 표현들을 즐겨 말했다는 사실은 아마도 놀랍지 않을 것이다. 하지만 이 짧은 문단에서 언급된 핵심 단어들인 "충성심", "법과 영국 의회", "개인적인 믿음", "여러 나라의 진보", "근대 과학", "인도로부터 고대의 지혜" 등은, 대략 1860년부터 1885년에 걸친 사반세기 동안 앞으로 덜 서유럽화된 다른 이들도 역시 사용하게 될 단어들이었다. 그러한 개념들은 새로이 중요해진 지자체들을 포함한 다양한 장소에서, 그리고 영어뿐만 아니라 토착어들로 된 여러 종류의 장르에서 담론을 구성했다. 이 과정에서 신문 · 잡지 · 대중연설 · 토론 · 탄원 · 시사평론(대봉기에 대한 서예드 아흐머드 한의 글처럼) · 소설 등의 수단을 통해 인도 내 많은 언어들은 근대적인 형태를 갖추게 되었다.

케셔브 천드러 센이 강연하는데 자극을 주었던 사건이었던, 새로운 칭호를 겸하겠다는 빅토리아 여왕의 선언은 대봉기 이후 20년 뒤에 일어났다. 빅토리아 여왕을 "여황"으로 만드는 작업은 영국 본국과 당시 영 제국이 가졌던 최고의 소유물인 인도 사이에 새로운 결속을 다지는데 그 목적이 있었는데, 당시 보수당 출신 총리였던 벤저민 디즈레일리Benjamin Disraeli(1804~1881)가 구상한 이 작업은 영국 본토에서 정치적으로 도움이 되었을 뿐만 아니라, 인도인들의 기질에도 맞는 것이었다. 여황의 칭호는 부왕 리튼 경Lord Lytton(1831~1891, 재임 1876~1880)이 조직한 "제국회동Imperial Assemblage"에서 공표되었다. 이 제국회동은 제국적인 성격을 강조하기 위해 무굴제국의 옛 수도였던 델리에서 개최되었으며, 무엇보다도 토후들, 농촌 유력자들, 그리고 도시 명사들 간의 결속을 인정하고 강화하는데 그 목적을 두었다. 이 때 널리 회자된 구절에 따르면, 이들은 이제 자기들보다 아래에 있는 이들에게는 충성을 요구할 수 있는 자기 주민들의 "타고난natural 지도자들"로, 그리고 영국인들에게는 충성스러운 존재로 여겨졌다. 제국회동에서 리튼은 자신의 충성스런 가신들로 둘러싸인 군주로서 중세적인 분위기가 묻어나는 부왕의 자태를 선보였는데, 그는 수여자 개개인에 맞춰진 유럽식 문장들로 장식된 깃발들을 토후들에게 수여하기까지 했다. 나중에 1903년과 1911년에 있었던 제국회동은 무굴제국의 사용 방식을 모방해 더르바르라 불렸으며, 더 "인도적인" 양식으로 간주된 방식으로 조직되었는데, 이 양식은 인도와 유럽 간의 유사성이 아니라 차이점을 강조했다. 1877년에 리튼이 선언했던 대로, 수 차례에 걸친 이런 제국회동은 제국 안에는 무수히 많은 전통뿐만 아니라 거의 무한할 정도로 다양한 인종이 있고, 이들의 성격을 결정했던 여러 종교를 믿는 주민들 역시 존재함을 명확하게 보여주는데 그 목적을 두었다. 이를 통해 "봉건주의"라는 표현은 "자유주의"라는 표현을 거의 완전하게 밀어냈다.

위와 같은 제국회동 외에도, 영국인들은 "타고난" 지도자들에게 각종 상 · 칭호 · 다양한 특권을 수여하고, 이 시기 점차 중요해지고 있었던 지방 정부들 내 정사에도 관여하여 인도 내 "타고난" 지도자들을 서로 결속시키려 했다. 토후들뿐만 아니라 이 특혜받는 "지도자들"의 범주 안에는 이제 도시 명사들도 포함되었다. 지방 의회들은 정부 행정 관료들이 지배하고 있었고, 각 현의 징세관이 수장이 되었지만, 이러한 의회들에 지명된 "비관료" 출신 이사들이 이제 포함되기 시작되었다. 지방 의회들의 역할이 강화되는 데에는 두 가지 원인이 있었다. 하나는 봉기로 인해 늘어난 재정 압박뿐만 아니라, 루피화의 기준이 된 은 가치의 변동에서 비롯된 물가상승, 그리고 늘어난 군사 및 기타 방면에서의 지출 등이었다. 일례로, 군부 및 영국 내 제조업 관련 이익집단들은 관개, 도로, 그리고 철도 부문에 더 많은 돈을 투자하라고 압박했다. 지방에서만 생겨난 여러 종류의 수요도 존재했는데, 그 중에는 위생("보호") 유지 사업과 공공 경찰 창설을 골자로 하는 1861년의 법에 의해 생겨난 경찰의 여러 임무, 그리고 빅토리아 시기 도시들 안에서 흔히 진행되었으면서 제국에서도 시행하는데 역시 적절하다고 판단된 매우 다양한 범위에 걸친 각종 개선 사업이 있었는데, 그러한 개선 사업이 적용된 대상은 바로 학교 · 공원 · 시장 · 분수대 · 시계탑 등이었다. 이러한 비용들은 이제 물품입시세入市稅(Octrois) · 소득세 · 재산세 · 허가 수수료 등의 수단으로 지방에 전가되었는데, 여기서 경찰은 "이 모든 자금들을 마련하는데 우선적인 책임을 갖고 있었다."

두 번째로, 자유주의적 제국주의자들은 지자체들이 정치 교육을 위한 학교의 역할을 맡기를 바랐다. 이러한 입장에는 역설적인 사항들이 많았다. 첫째로, 물론 이 "자유주의적인" 시각은 필연적으로 인도인들의 "후진성"을 강조하게 되었는데, 진화론에 입각하여 인류 역사를 이해하는 과정에서 통일성을 갖고 있다고 여겨진 영국과는 달리 그렇지 못했던 인도인들에게는 통일성의 부재를 극복할 교육이 필요했다. 둘째로, 자유주의적 시각은 1858년 선언에 내포되어 있는 본질적으로 모순적인 두 가지 정치 표현들을 양립시켰다. 지방의회 의원들은 앞으로 "공론"을 대변하는 목소리가 될 것이었다. 이 개념은 유럽에서 이미 등장했는데, 이는 세습 지도층이나 공동체에 진 각종 의무로부터 해방된 결집된 의견이자, 원칙상 국가로부터 독립된 자주적인 목소리로 이해되었으며, 이런 목소리는 "공공선"을 드러내기로 되어 있었다. 하지만 의회 의원들은 국가로부터 독립된 존재가 아닌, 오히려 국가에 충성스럽다는 이유로 선택되었다. 게다가 이들은 특정 공동체들을 대표할 것이라는 이유로 국가의 인정을 받았다. 이러한 의회 의원들에게 지방의회에 참여하는 일은, 바로 정부 의견에 존중을 표하는 공적인 성명을 내는 것을 의미했다. 이러한 활동은 여러 가지 목적을 가진 영국인 관리들의 사업을 다방면으로 지원하는 것을 뜻했고, 그 뒤로 개인 차원의 자선 활동을 통해 도시 안에 필요한 것들을 충족시키는 활동이 대개 잇따랐다. 또한 이런 활동을 통해, 특정 집단들은 이익이 될 만할 기회들을 대체로 갖게 되었다. 지방 의회들은 이후 똑같은 모순점들을 보여줄 입법의회 및 각종 대의기관으로 앞으로 발전하게 될 핵심적인 기관이었다.

인도인들은 사회 전체에 충성하기로 되어 있었으면서도 동시에 편협하다는 비판을

그림 23_ 우르두어 신문 《리튼 관보》

받았지만, 식민지 시대 제도 안에서 이들에게는 특정 종교나 카스트 집단과 동일시될 우대 조치가 주어졌다. 나라야니 굽타Narayani Gupta가 보여주었듯이, 리픈 경Lord Ripon (1827~1909, 재임 1880~1884)이 부왕으로 재직했을 당시 지방에 선거제가 도입되었을 때, 지정 의석들은 여러 공동체들 중에서도 특히 힌두교인들과 무슬림들을 정치적으로 대표하는 과정에서 어느 정도 "균형을 맞추는데" 보통 이용되었다. 이 두 종단을 구성했던 요소들이 지극히 다양했음에도 불구하고, 이 두 집단은 이제 뭉뚱그려져 "다수"와 "소수"로 개념화되었다. 델리에서 오랫동안 격주로 발간된 우르두어 신문 및 시사평론 잡지이자, 부왕을 기념해 그 이름이 붙여진 《리튼 관보Lytton Gazette》(그림 23)는 식민지 시대 이념에 내재된 긴장 관계를 대체로 반영했다. 이 관보의 어떤 호를 보면, 이 신문은 "봉건적인" 충성심을 강조하면서 1877년에 열린 제국회동을 축하했지만, 근대적인 시민 의식이 담긴 표현들을 이용해 이 제국회동의 개최 목적을 공익Rifāh-i ʕam[우][22]과 결부시키기도 했다. 또한 이 관보는 자신들이 "대중의 요구ʕAwām ki Khwāhish[우]"[23]를 대변한다고 주장했다.

인도인들 사이에 존재했던 온갖 차이점을 강조한 영국인들의 주장과 맞선 또다른 방식은, 바로 인도인들이 전국에 걸쳐 더 큰 힌두 문화를 창출하는데 참여해야 한다는 주장이었다. 그 예로 바수다 달미아Vasudha Dalmia의 연구에서 문단 인사 바르텐두 허리쉬천드르Bhārtendu Harishcaṁdr[힌](영어명 Bharatendu Harishchandra, 1850~1885)는 이제 막 태동 중이었던 힌두 "대중"을 구성하는 인물로 그려진다. 1872년에 작성된 "인도 내 공론"이라는 제목이 붙여진 영어로 된 초기 사설에서 그는 다음과 같이 썼다.

> 미신으로 인한 여러 종류의 구속으로부터 전면적으로 벗어나려 하지 않는다면, 인도의 부활은 기대할 수 없다. 인도의 종교가 그 어떠한 방해나 장애물 없이 수백만 명의 추종자들을

---

22 Rifāh "안락, 편익(comfortable state of life, enjoyment of life, ease, comfort)" + -i "영어의 of" + ʕam "공공의, 일반의(Common, general, universal, public)"

23 ʕAwām '대중(populace, the common people)' + ki '의' + Khwāhish '요구(desire, will, request, demand)'

거느릴 수 있는 종교가 되게끔 하자. 분파주의라는 어두운 그림자가 서유럽 문명의 빛에 의해 사라지게끔 하자. …(중략)… 그리고 모든 문명화된 국민국가들이 갖고 있는 국가 발전의 주요 상부구조를 다지는데 통일성이 그 역할을 다하도록 만들자.

그리하여 허리쉬천드르는 오래된 용어인 "힌두교"에 새로운 역할과 의미를 주입시키기 위해 진보와 "국가 발전"이라는 근대 개념들을 사용했다.

영어 교육을 받은 지식인층

1877년의 제국회동은 기자의 역할을 식민지 정부가 최초로 공인했던 자리였는데, 이 제국회동에 기자들이 초대되면서 전국 각지에서 온 기자들이 서로 만나게 되었다. 이 기자들 중 다수는 토착어 신문들을 발행했으며, 기자들은 당시 인도 전역에서 등장하고 있었던 영어 교육을 받은 지도층으로 이루어진 중요한 대중에 속했다. 이 기자들은 1854년 찰스 우드 경Sir Charles Wood(1800~1885)이 발표했던 교육에 관한 공보公報(Education Dispatch of 1854)의 내용에 따라 시행된 교육정책으로 인해 생겨난 집단이었으며, 운명적인 해인 1857년에 개교했으면서 관구별로 하나씩 있었던 최초의 인도 대학교 세 개를 출범시켰던 근대화를 향한 달하우지의 추진력을 보여주는 또 하나의 증거이기도 하였다. 이 법은 사립 컬리지들의 설립을 자극했으며, 보조금 역시 제공되어 학교 설립을 촉진시켰다.

영어 교육을 받은 초기 지식인 집단에 대해 세 가지 특징이 거론되어야 한다. 첫 번째로, 이들은 각 지역 내에서 오래된 전문직 지도층을 대표하는 이들이었다. 이 사실은 이후 전국에 걸쳐 장기간에 걸친 결과들을 낳게 되었는데, 그 예로 인도 서부 및 남부의 비브라머너 계급 출신들과 같은 비지도층은, 서유럽식 교육을 이미 받았지만 지극히 소수에 불과했던 브라머너 계급 출신에게 기회가 불균형하게 쏠렸다는 사실을 알아차리게 되었다. 두 번째로, 영어 외에 다른 공통의 구어가 없었던 상황에서 영어는 인도 전역으로부터 온 이들을 연결시켰다. 이는 정치적인 여러 연대와 운동을 형성하는데 필수적인 요소였는데, 이는 세계 공통의 언어가 된 영어가 전 세계에 걸친 영국 식민지들에서 사용되었다는 분명한 사실 때문이었다. 게다가 영어 교육을 받은 지식인들 중 다수는 자신들이 주로 종사했던 정부, 사법, 혹은 언론계 이외 영역들에서도 앞으로 경험을 쌓게 되었는데, 이는 지식인들의 단결을 촉진시킨 또 하나의 동력이었다. 세 번째로, 자유주의 정치의 새로운 용어를 더 잘 이해하고 있었던 영어 교육을 받은 지식인층은 곧 "전통적인" 명사들과 앞으로 경쟁하게 되었다. 선거 정치가 도입되자마자 가장 자주 입후보했던 이들은 바로 이 영어 교육을 받은 지식인층이었다.

당연히 이들은 영국인들이 세운 여러 정책에 맞서 자유주의 담론에 사용된 여러 종류의 가치를 자주 사용했다. 그 예로 《리튼 관보》에서 이들은 비판할 거리를 다수 찾았는데, 이 중에는 당시 기근이 만연했던 와중에도 제국회동을 개최했다는 사실 자체도 그렇고, 기근 사태를 완화하기 위한 행정적인 조치가 제한적이었다는 사실도 포함되었다. 게다가 리튼은 기자들이 제국회동에 모였던 바로 그 해 토착어 언론을 심하게 탄압하는 법을 제정했다. 또 그는 1년 뒤 영국 랭카셔Lancashire에서 생산된 면직물이 인도 시장에 아무런 제한을 받지 않고 진입할 수 있도록 수입 관세를 폐지했다. 아프가니스탄에 대한 그의 팽창 정책은 인도와 본국에서 모두 지지를 얻지 못했으며, 이는 1880년 영국 선거에서 디즈레일리 총리가 실각하는데 일조했다. 그 직후 들어선 자유주의 성향을 띤 글래드스턴 내각은 리픈 후작Marquis을 부왕으로 임명했다.

서유럽식 교육을 받은 계층은 리픈을 환영했다. 그는 자유주의적인 정서에 맞추면서 1878년 토착어 언론법Vernacular Press Act of 1878을 철폐했으며, 1882년 자신이 제시한 결의안에서 그는 의원들 중 일부를 선거로 뽑는 의회들을 통해 현지에 자치정부가 수립될 틀을 세웠다. 하지만 리픈의 임기는 당시 사회 안에서 논란이 일었던 일버트 법안Ilbert Bill 때문에 엉망이 되고 말았다. 공직을 맡았던 인도인 위원들은 판사로서 관구 수도들에서 유럽인들이 연루된 소송들을 심리할 수 있었던 반면, 유럽인들은 농촌 지대에서 인도인 판사들처럼 하지 못했던 당시 불합리한 상황에 제동을 걸기 위해, 리픈 내각 내 사법 위원들은 이 법안을 제출했다. 인도 내 유럽인들의 처우에 대한 이와 같은 격렬한 반응은 당시 영국인들의 인종적인 정서가 얼마나 뿌리깊었는지를 잘 보여주었으며, "공론"의 힘이 예상보다 강했음을 드러내었다. 이 문제는 재판에 회부된 유럽인들이 배심원의 절반을 유럽인으로 채워달라고 요구했던 사항을 허락하면서 일단락되었는데, 이 새 정책은 이후 관구 수도들에도 적용되었다. 일버트 법안에 대해 반대를 표명했던 빔스는 당시 일촉즉발의 상황이었던 더 큰 현안들에 대해 다음과 같이 상술했다. "이 법안은 모든 유럽인들에게 몹시 역겹고 모욕적인 것이다. …(중략)… 이 법안은 영국의 인도 통치가 갖는 특권을 손상시키는데 심각하게 일조할 것이다. …(중략)… 이 법안은 머지않아 이 나라의 파괴로 분명하게 이어질 수 있는 혁명적인 요소들을 내포하고 있다." 이 법안의 제정을 통해, 영국인들이 자신들의 식민통치에 인도인들이 참여하는 것을 제한했다는 사실이 또다시 분명해졌다. 여왕은 선언을 발표하면서 공직 채용에 차별이 없을 것이라 약속했지만, 인도고등문관제로 진입하는 일은 이 기간 동안 더 어려워졌을 뿐 절대로 쉬워지지 않았다. 공채 시험은 런던에서만 볼 수 있었으며, 시험에 응시할 수 있는 연령의 상한은 1878년 19세로 낮아졌다. 이렇게 여러 가지로 제약이 걸린 상황에서 그 수가 매우 적은 인도인들만이 합격할 수 있었다.

토착어

19세기 후반은 방글라어 · 힌드어 · 우르두어 · 머라타어 · 타미르어와 같은 현대 인도 언어들이 규정되고 형성되는데 중요한 시기였다. 선교사들, 동양학자들, 정부 관리들, 그리고 무엇보다 이 언어들을 사용했던 화자들은 새로운 사용 방식들을 통해 위 언어들을 변형시켰다. 토착어로 된 영향력 있는 출판물들의 간행은 대체로 신흥 중간계층이 주도했는데, 이 중간 계층 내에서는 "봉건적인" 부류와 "자유주의적인" 부류가 공존하면서 양자가 서로 변화시켰다. 이 장에 언급된 인용문들 중 다수는 토착어들을 형성했던 새로운 장르들을 보여주는 예시들인데, 그러한 예시들로는 시사평론(서예드 아흐머드 한), 대중 연설(케셔브 천드러 센), 신문(《리튼 관보》, 허리쉬천드르), 그리고 밑에 나오는 소설(멀위 너지르 아흐머드 델위) 등이 있다. 토착어 소설은 특히 신흥 계급 안에 존재했던 온갖 긴장 관계, 교육받은 계층들이 취했던 여러 종류의 선택, 그리고 가족 내 소녀들의 사회화 등 각종 현안을 탐구하는 매체가 되었다. 겅가강 평원 및 펀자브 지역의 공용어였던 우르두어로 글을 쓴 멀위 너지르 아흐머드 델위Mawlwī Nazīr Aḥmad Dehlwī[우] (1830~1912)[24]의 인기 소설들은 토후들이 세운 오래된 질서를 부정하고, 대신 새로운 식민지 문화를 옹호했다.

다울라타바드(페르시아어로 "번영하는 마을"이라는 뜻)는 꽤 작은 북인도 토후국이었다. 이 나라는 1년 세수로 약 50만 혹은 60만 루피를 거둬들일 수 있었다. 이 나라에서 일개 풋내기에 불과한 청년이 왕좌에 올랐는데, 아첨하는 고문들과 무절제한 총신寵臣들이 이 기회를 놓치지 않았다. …(중략)… 프리메이슨 회원들과 같은 동지애를 나누면서, 이들 모두는 다울라타바드에 대해 알고 있었다. 그래서 컬림(Kalim[우], "이야기하는 사람")도 이에 대한 소식을 계속 듣고 있었으며, 경건한 신비주의자가 천국을 갈망하는 것처럼 그도 다울라타바드를 매우 방문하고 싶어했다. 그리하여 두 번이나 그는 다울라타바드에 들렀다. …(중략)… 여로에서 그는 토후를 찬양하는 시를 짓기 시작하면서 자신의 시가 토후의 환심을 사기를 바랐다. …(중략)… 하지만 며칠 전 상황이 완전히 뒤바뀌었다. 이 나라에서 저질러진 실정에 대한 소식이 (영국인) 주재관 귀에 들어갔고, 그래서 그는 …(중략)… 토후로부터 모든 권력을 빼앗은 뒤 나랏일을 몇몇 충성스런 노인들로 구성된 "위원회"에 맡겼는데, 왕국의 조직자(Intiẓām ud-Dawlah[우])이자,[25] 왕국의 관리인(Mudabbir ul-Mulk[우])이자,[26] 방심하지 않는 마음을 가진 너와브(Nawāb Bedār Dil[우])이자,[27] 건강한 마을(ʕĀfiyatnagar[우])[28]의 족

---

24 "마울라위(Mawlawī[아])"는 "주인의"라는 뜻이며, "델위"는 "델리의"라는 뜻이다.

25 intiẓām '조직(organization), 운영(management)' + ud '영어의 of' + dawlah '왕국(kingdom, state)'

26 mudabbir '관리인, 장관, 지도자(counsellor, minister, governor, administrator, director)' + ul '영어의 of' + mulk '왕국(realm, state, kingdom)'

27 nawāb '너와브' + bedār '방심하지 않는, 경계하는(watchful, vigilant, alert)' + dil '마음, 심장(heart)'

28 ʕĀfiyat '건강한, 건전한, 안전한(Health, soundness; safety, security; well-being, welfare)' + nagar '마을(town)'

장이었던 K.B.가 의장을 맡았다.

1874년에 쓰인 초기 소설 『너수흐Naṣūḥ[우][29]의 뉘우침』은 당시 우르두어 소설 중 가장 인기가 많았다. 너지르 아흐머드는 델리의 한 명문가 출신으로, 아랍어 및 페르시아어를 공부했지만, 봉기 전에 델리 컬리지에서 근대 학문도 배웠다. 그는 공교육을 담당하는 부서에서 일하면서 1861년 인도 형법을 우르두어로 번역했고, 북서제속주에서 부副징세관으로 승진했다. 그는 대니얼 디포Daniel Defoe(1660?~1731)의 소설 『가정교사, 제1편Family Instructor, Part I』을 이 소설의 모델로 삼은 듯하다. 이 소설은 너수흐로 시작한다. 전염병을 앓고 있던 그는 꿈을 꾸면서 최후의 심판이 이루어지는 법정으로 소환되었는데, 이 법정은 그의 배경을 고려할 때 놀랄 것도 없이 영국의 재판정과 흡사했다. 하지만 예상과는 달리, 이 재판에서 작가가 전지적 시점에서 이야기 전개에 개입하거나 너수흐의 탄원이 언급되지 않았다는 점은 주목할 만하다. 너수흐는 쾌차한 뒤 자신과 자기 가족들의 생활을 개혁하는데 나선다. 이 소설은 영국이 인도를 통치하는 맥락 안에서만 근대적이고 개혁된 진정한 종교가 존재할 수 있다는 주장을 전하고 있다. 너수흐의 아들들인 알림ʿAlīm[우]과 설림Salīm[우]은 각각 식민지 정부와 토착 의학의 새로운 "과학" 분야에서 일사리를 찾게 되었지만, 세 번째 아들인 컬림Kalīm[우]은 시와 비둘기의 세계로 비유된 오랫동안 유지된 귀족 궁정 문화를 상징한다. 앞에서 언급된 인용문에서, 컬림은 인도제국 내 영국 직속령을 떠난 뒤 한 토후국에서 요절하게 된다. 영국인들이 수여한 칭호인 "한 버하두르K͟hān Bahādur[우]"를 통해 그 정치적 지위를 인정받은 귀족에 해당되는 현명한 "타고난 지도자"와 영국인 주재관만이 정직한 통치와 옳은 가치가 실현될 희망을 조금이라도 줄 수 있다. 개혁된 여성에 관한 문제를 다뤄 성공을 거두었던 너지르 아흐머드의 다른 소설은 다음 5장에서 거론될 것이다.

어워드국의 마지막 너와브였던 와지드 알리 샤가 추방되었을 때 그는 어느 시를 노

29 아랍어로 "진실된, 순수한"이란 뜻이다.

래한 것으로 전해진다. 이 시에 있는 "아 아버님, 제 집이 낯설어지고 있네요."라는 구절을 통해, 그는 자기 남편 집을 향해 자신이 태어났던 집을 떠나는 신부의 모습을 자신과 연결지었다. 이 시는 인도의 민간 시 장르인 신부의 애가를 여러 정교한 구조를 가진 우르두어 운문에 맞추었다. 우르두어 전문가에게 이 시는 추방 경험을 반영하는 노래일 뿐만 아니라, 궁극적인 대상을 진심으로 추구하는 한 영혼에 대한 노래였다. 너지르 아흐머드는 작중에서 너수흐가 시 작품들로 가득한 컬림의 도서관을 불태우는 이야기를 담았는데, 이 시들은 너지르 아흐머드에게는 "퇴폐적인" 것이었으며, 너와브를 똑같은 방식으로 비판했던 영국인 비평가들도 이와 같은 태도를 가졌다. 그리하여 토착어로 된 새로운 글들은 "각종 전통"을 그대로 담지 않고, 오히려 새로운 것을 만들고 전하는데 중요한 역할을 맡았다. 다음 장에서 거론될 너지르 아흐머드의 소설들이나 벙킴 천드러 첫토팟다이Baṁkim Candra Caṭṭopādhyāẏ[방](영어명 Bankim Chandra Chattopadhyay, 1838~1894)[30] 혹은 러빈드러나트 타쿠르의 작품들에서, 신흥 중간 계층이 가졌던 가치들은 재구성되고 내면화되었으며, "외래적인" 것이 아니라 현지의 것으로 표현되었다. 더 나아가 토착어들은 새롭게 근대적인 대중을 형성하는데 중대한 역할을 맡았으며, 동시에 지역적이고 종교적인 정체성을 드러내는 여러 가지 표현을 통해 근대성을 보여주었다. 새로운 토착어 문학 작품들이 보여주듯이, 서유럽의 모델들은 인도에 적용되는 과정에서 변형되었다.

---

30 첫토팟다이(마을 이름인 첫터(Caṭṭa)와 "선생님, 사제"를 뜻하는 우팟다이(Upādhyāẏ)의 합성어)는 채타르지(Cyāṭārjī, 영어명 Chatterjee, 첫터에 존칭어미인 "지(ji)"가 붙여짐)로도 표기된다. 이와 비슷한 사례로는 묵토팟다이(Muktopādhyāẏ, "최고위의"를 뜻하는 무카(Mukhya)와 우팟다이의 합성어)의 줄임말인 무카르지(Mukhārji, 영어명 Mukherjee), 번도팟다이(Bandyopādhyāẏ, 마을 이름인 번도가트(Bandyoghāṭ) 중 번도 부분과 우팟다이의 합성어)의 줄임말인 배나르지(Byānārjī, 영어명 Banerjee, 번도가트 중 번(Ban) 부분에 존칭어미 "지"가 붙음) 등이 있다.

제5장

시민 사회, 식민지로서의 제약, 1885~1919

전 지구적인 제국 체제
새로운 계급들, 새로운 협력자들
자발적 결사, 종교 운동, 전통주의 기관
여성과 젠더
1890년대: 자自종단宗團 중심주의Communalism와 각종 천재지변
커즌 경과 방글라 분할령
제1차 세계대전, 새로운 목표들, 새로운 동맹들

제5장

시민 사회, 식민지로서의 제약, 1885~1919

20세기로 들어서기 직전 수십 년 동안, 1857년 이후 이미 그 제도적인 틀이 세워졌던 영국의 제국 체제는 절정에 달했다. 동시에 이 시기에는 자발적 결사들이 광범위하게 늘어나고 정교해졌는데, 그러한 예로는 신문 · 소책자 · 벽보 출판의 급증, 소설과 시, 그리고 정치 · 철학 · 역사 장르의 비소설 출간 등이 있다. 이러한 활동과 더불어 시민 사회에서도 새로운 단계가 출현했는데, 이는 각종 회합 및 행진으로부터 시작해 정치적인 성격을 띤 가두 공연 · 폭동 · 테러활동 등의 형태로 나타났다. 정부의 후원을 받은 여러 토착어들은 이제 새로운 목적을 위해 사용되면서 새로운 형태를 띠게 되었고, 표준화된 규범의 발전으로 더 뚜렷이 구별되기 시작했다. 이런 활동으로 형성된 새로운 사회적인 연대를 비롯해 그러한 활동으로 인해 축적된 제도 안에서의 경험, 그리고 이런 활동이 재정의했던 여러 종류의 문화적 가치는 남은 식민통치 기간뿐만 아니라 그 이후 시기의 특징을 결정하는데 모두 중요한 역할을 맡았다.

하지만 1920년대가 되어서야 영국인들은 인도 내에서 자치가 무한정 발전할 것이라는 가정이 틀렸다고 인정하기 시작했다. 퍼시벌 스피어Percival Spear의 말에 따르면, 더퍼린Dufferin(재임 1884~1888), 랜스돈Lansdowne(1845~1927, 재임 1888~1894), 엘긴Elgin(1849~1917, 재임 1894~1899) 등 19세기 마지막 수십 년 동안 재임했던 부왕들은 모두 "제국의 잡역부

handymen" 수준에 불과했다. 일버트 법안에서 드러난 균열에 동요되지 않고 미래가 이전과 같을 것이라 상상했던 이 부왕들은, 제국의 경제적인 이해를 수호하고, 안전한 국경을 세우며, 정치적인 책임을 제한적으로 지는 정부를 구축하는데 힘썼다. 위와 같은 목표를 추구하는데 진력하면서 뛰어난 재능을 보였던 조지 너새니얼 커즌George Nathaniel Curzon(1859~1925)은 1899년부터 1905년까지 부왕으로 재임하면서 인도인들의 분노를 샀는데, 이 때문에 그 당시까지만 해도 아직 조용하게 있었던 인도국민회의당Indian Natioinal Congress이 전면적으로 부상하게 되었으며, 이후 인도국민회의당은 인도를 독립의 길로 이끌게 되었다. 이후 십 년 동안 대중들의 행동과 이에 대한 정부의 대응이 잇따랐는데, 그 중에는 1906년부터 1910년까지 부왕으로 재임했던 민토가 속주 입법부 내 인도인들의 참여를 약간 확대했던 조치도 있었다. 하지만 제1차 세계대전 기간 동안 통치 부문에서 인도인들이 담당했던 역할은 정부 조직 내에서 거의 대부분 말단 부문에만 진출하고, 군대에 병력을 차출하며, 그리고 충성스러운 지도층 인사들이 자문 역할을 맡는 수준에 그쳤다. 식민지 시대 초기와 연결되는 이런 연속성은 사회 · 정치 · 문화 생활 내 모든 차원에서 변화를 겪고 있었던 당시 사회와 어긋나게 되었고, 동시에 제국의 통치가 인도의 이익을 증진시키는데 도움이 되지 않는다는 점을 인도인들이 점점 더 확신하게 만들었다.

전 지구적인 제국 체제

이후 "인도 국민국가 수립운동의 원로Grand Old Man"로 알려지게 될 다다바이 너우로지Dādābhāī Navrojī[구](영어명 Dadabhai Naoroji, 1825~1917)는 봄베이에 위치한 엘핀스톤Elphinstone 컬리지를 졸업한 수학자였는데, 그는 반세기 동안 영국의 신민으로서 인도인의 권리를 주장했다. 그는 영국 본국 하원 의원으로 선출된 최초의 인도인이었으며, 여기서 1892년부터 1895년까지 그는 인도의 이해관계를 특색있고 명료한 미래상으로 제시하면서 명쾌한 글로 드러냈다. 인도 지도층 인사들이 자기 나라의 통치 문제를 둘러싸고 식민통치자들과 같은 목소리를 내었던 당시 그는 수 세대에 걸쳐 인도 지도층 인사들이 지녔던 가치들을 탁월한 언변으로 표현해냈는데, 이는 다음 발췌문에서 드러난다.

> 이 제안서에서 저는 다음과 같은 진술을 본국의 인도사무대신 각하께서 자애롭고 관대하게 숙고해주시기를 바랍니다. (인도로부터 영국으로 경제적인 부의) 개탄할 만할 유출이 발생한 원인부터 인도의 물질적인 소진, 그리고 인도가 입고 있는 도덕적인 손실에 이르기까지 이 모든 사실은 결코 덜 슬프거나 통탄스럽지 않습니다. …(중략)… (유럽인들) 모두는 인도에 거주하면서 인도의 본질을 물질적이고 도덕적인 측면에서 완전히 잠식하고 있으며, 인도를 떠날 때 그들은 자신들이 가진 모든 것을 갖고 나갑니다. …(중략)… 여러 대학교에서 매년 배출하고 있는 (인도인) 수천 명은 자신들이 매우 특이한 위치에 놓여 있다는 사실을 깨닫고 있습니다. 이들에게는 조국에서 일할 자리가 없습니다. …(중략)… 앞으로 어떤 결과가 오게 되겠습니까? …(중략)… 폭정 및 파괴적인 상황, …(중략)… 혹은 파괴를 일삼는 인물 및 권력일 뿐입니다.

너우로지는 "인도의 선을 위해 인도를 다스린다"라는 영국의 주장이 "그저 순전한 연애소설"에 지나지 않다고 판단했다. "유출"이라는 표현을 통해, 그는 더 큰 범위에서 영국의 경제적인 지위를 근본적으로 뒷받침했던 경제 체제를 이루는 중핵적인 요소를 찾아냈다. 이전 동인도회사가 졌던 빚을 청산하고, 특히 철도 부문을 비롯해 안전하면서도 수익성 있는 자본 투자로 인해 생긴 빚을 갚으며, 본국의 인도사무부India Office[1]을 운영하고, 인도에 판매하기 위한 물품들을 구입하고, 연금과 관련된 자금을 마련하기 위해 매년 엄청난 양의 자금이 영국으로 송금되었다. 너우로지의 주장에 따르면, 이러한 경제적 부담은 소농들에게 과중한 세금이 부과되는 결과로 이어졌다.

---

1 1858년 인도통제청(Board of Control for India)을 대신하여 영국 본국 정부 안에 세워졌으며, 현지 영령인도정부의 통치를 본국에서 감독하는 역할을 맡았다.

19세기 말 루피화가 본위로 삼고 있었던 은의 가치가 영국 파운드 스털링에 대해 하락했을 때, 영국에 지출해야할 양이 증가하게 되면서 이런 경제적인 부담은 급격히 가중되었다. 본국으로 자금을 송금하는 것을 옹호했던 이들은 송금은 그동안 제공된 각종 용역의 비용을 지불하는데 정당한 일이라 주장했지만, 소수의 영국인 비판론자들을 포함한 다른 이들은 인도 국내 투자에 사용되었을 수도 있었던 자원들이 송금으로 인해 영국으로 유출되고 있다고 보았다. 세입의 왕래에서 발생하는 수지도 그렇지만 인도 무역에서 발생하는 흑자로 인해, 영국은 다른 국가들과 무역하면서 생긴 적자를 메꿀 수 있었다. 이 문제는 인도인들의 정치적인 불만을 계속해서 자극시키는 논란거리가 되었다.

1913년에 이르러 인도는 영국산 직물, 철제 및 강철 제품, 기계, 그리고 다른 뛰어난 영국산 제품들을 수입하는 주요 시장이 되었다. 반대로 인도는 영국이 절실하게 필요했던 원료들을 공급했는데, 그러한 원료들로는 면화, 인디고, 황마, 쌀, 기름을 짤 수 있는 식물 종자, 그리고 차茶 등이 있었다. 19세기 말에 이르면, 상업적 농업으로 인해 인도는 국경을 넘어 여러 시장 및 경제적인 흐름과 연결되었으며, 이는 인도 경제 전체뿐만 아니라 상업적 농업에 의존했던 수백만 명의 생활에 여러 가지로 영향을 미쳤다. 이 수십 년 동안 농업에서 공업으로 산업 기반이 바뀌기는커녕, 농업 종사자들의 비율은 오히려 십중팔구 전 인구의 70%를 조금 넘는 수준까지 올라갔을 것이다. 수출용 작물들의 요동치는 대외 의존도를 면화만큼이나 명백히 보여주는 사례는 없었는데, 미국 남북전쟁으로 인해 1850년대 중반에서 1870년대 중반 사이 영국으로 수출되었던 면화의 가치는 3배 가까이 올라갔던 반면, 1900년에 이르면 그 가치는 1850년대 중반과 비교해 겨우 1/9 수준으로 떨어지게 되었다. 제1차 세계대전 기간에 이르러 인디고는 합성염료들이 등장하면서 수출용 작물로서의 가치가 사실상 사라지게 되었고, 그 대신 황마와 차가 주요 환금작물로 부상하게 되었다. 황마와 차는 영국인들의 사업상 이해관계에 의해 재배되었는데, 이들은 토지 및 자본과 관련된 유리한 합의를 얻어냄으로써 이득을 얻어냈다. 상업적 농업으로 인해 소농 경작자들은 소득이 생겼음에도 불구하고, 주식主食인 딱딱하고 질 낮은 곡물들이 이제 많은 지역에서 더 이상 생산되지 않았으며, 이 때문에 소농들은 다른 지역에서 생산된 곡물 수입에 의존하게 되었다. 한 가지 성공적인 사례는 바로 펀자브 지역에서 일어났던 "운하입식지入植地(Canal Colonies)"의 대규모 개발이었는데, 이 지역에서는 새롭게 경작된 토지에 물이 안정적으로 공급되면서 밀 · 사탕수수 · 옥수수의 대량 생산이 가능해졌다. 상업적 경작은 수출 시장뿐만 아니라 국내 소비를 위한 생산에서 그 비중이 점차 증가했다는 특징을 지녔다.

상업적 농업은 무엇보다도 철도에 의해 마련된 운송 체계 때문에 가능해졌다. 19세기 말에 이르면 인도는 세계에서 5번째로 긴 철도 체계를 보유하게 되었다. 수출과 관련된 영국의 이해관계는, 내륙 운송에 불리하게 작용했던 요금 구조 및 여러 항구들을 잇는 항로에 집중했던 정책에서 현저하게 드러났다. 1887년에 신고딕양식으로 완공되었으면서 그림 제작 및 그림 촬영의 인기 소재였던 봄베이의 빅토리아 종착역Victoria Terminus(그림 24)는 런던과 호주 멜번Melbourne에 있던 철도 종착역들과 건축 양식상 유사했으며, 그리하여 이 역사驛舍는 제국 전체 체제에서 인도가 지녔던 핵심적인 위상을 분명하게 드러냈다. 하지만 또한 철도로 인해 인도인들은 자체적인 산업을 가질 수 있게 되었다. 이는 특히 타타Ṭāṭā[구] 및 비를라Biṛlā[힌] 양대 가문과 긴밀한 관계를 맺고 있었는데, 이 두 가문은 인도 동부에 비해 상업적인 이해관계 측면에서 영국의 개입도가 덜했던 지역들에 기반을 두고 있었다. 1877년 파르시인 출신 잠셰드지 타타Jamshedjī Ṭāṭā[구](영어명 Jamsetji Tata, 1839~1904)는 나그푸르에 여황 방직공장Empress Mills을 건립했는데, 이후 그는 봄베이와 엄다와드에 다른 방직공장들을 지었으며, 1907년에는 비하르 지역에 타타 제철공장을 세웠다. 비를라 가문은 원래 라저스탄 지역에서 유래한 마르와르인 씨족 출신이었지만, 19세기 말에 이르러 이 가문은 북인도 무역에서 주도적인 역할을 맡았는데, 이 가문도 제1차 세계대전 동안 타타 가문과 비슷하게 직물 및 철강 산업으로 주력 직종을 옮겼다. 두 가문은 영국 제품들과 경쟁하지 않는 제품들, 즉 중국 시장 수출용인 가닥 수 적은 면화와 방적사紡績絲를 개발하면서 성공을 거두었다.

영국 입장에서 인도가 지닌 가치는 이러한 직접적인 경제적 이득 차원을 훨씬 넘었

그림 24_ 인도대반도 철도 종착역(Great Indian Peninsular Railway Terminus, 혹은 빅토리아 종착역)

봄베이 소재. 이 건축물을 보면 활기 넘치는 베네치아풍 고딕식 디자인과 인도식 장식 및 세부 양식이 조화를 이루고 있는데, 이는 『정글북』으로 유명한 러드야드 키플링(Rudyard Kipling, 1865~1936)의 아버지였던 존 록우드 키플링(John Lockwood Kipling, 1837~1911)의 인도인 제자들이 설계한 것이었다.

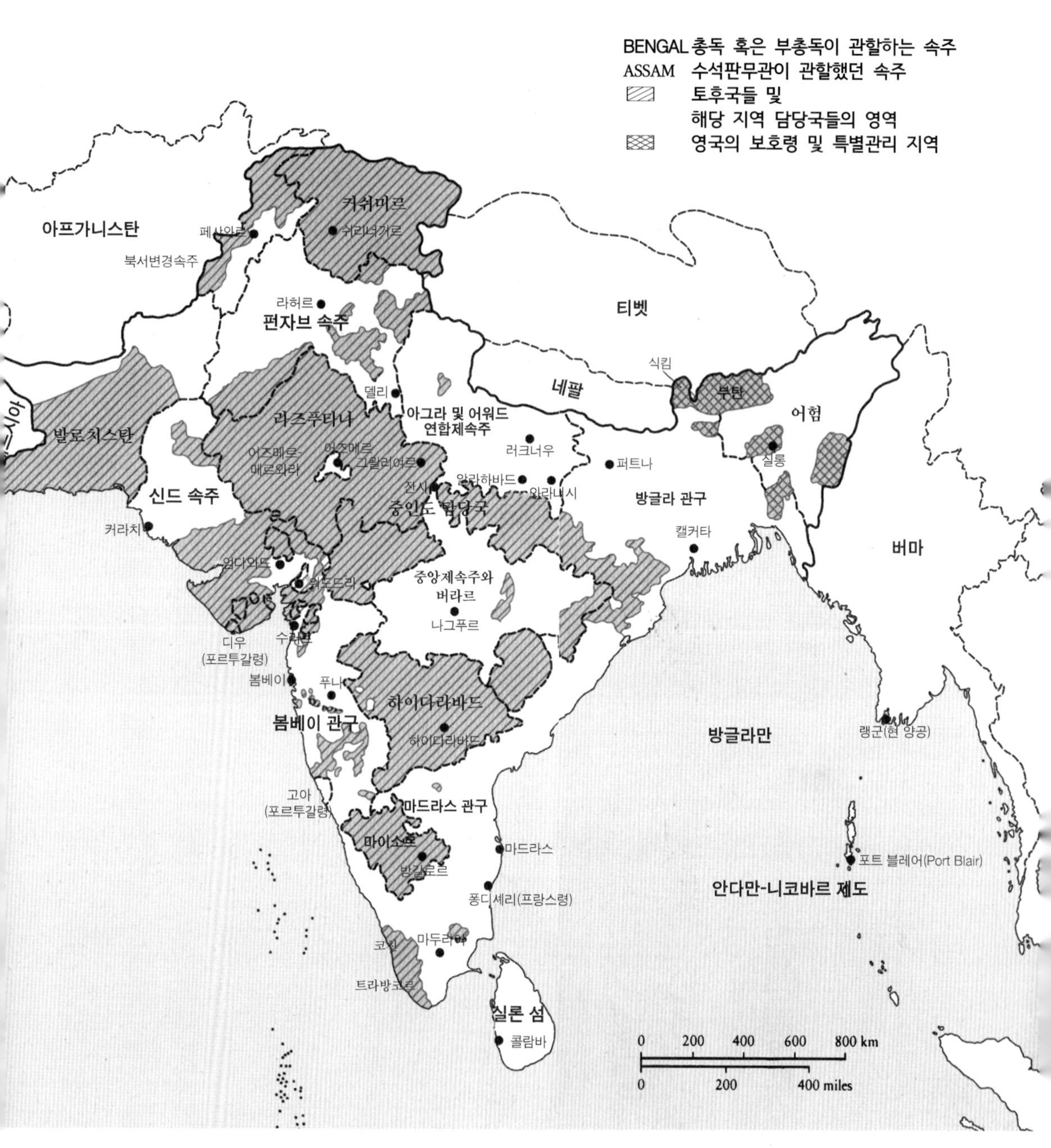

지도 3_ 1900년경 영령인도제국

다. 20세기로 접어들 무렵, 인도는 전 세계를 범위로 한 영 제국 체제가 지녔던 여러 양상들을 드러낸 중심지 역할을 다했다. 가장 중요한 사항 중 하나는 바로 인도가 열대 지역에 있는 영국 식민지들에 기한부로 계약한 노동期限附契約勞動(Indentured Labour) 인력을 송출하는 기반이 되었다는 사실이었다. 이 기한부계약노동은 1830년대 후반 노예제가 폐지되면서 사탕수수 밭에서 흑인 노동력을 대체하기 위한 대안으로 시작되었지만, 영국의 설탕 수요가 늘어나면서 이 기한부계약노동 형태는 점차 흔해졌다. 1870년대 이후 토지 분할 및 영농상의 불확실성에 시달렸던 인도 촌민들은 이 시기에 점점 더 해외로 노동하러 나가게 되었다. 기한부로 노동 계약한 인도인들은 자메이카 섬과 트리니다드 섬, 영국령 기아나(독립 후 가이아나), 모리셔스 섬과 피지 섬, 나탈(Natal, 현 남아프리카 공화국 동부에 위치한 지역), 그리고 말라야 지역으로 갔다. 어떤 이들은 버마, 실론 섬(쉬리랑카), 우간다, 잔지바르(현 탄자니아 동쪽에 위치한 두 개의 작은 섬), 그리고 케냐를 포함한 동아프리카 해안 일대로 이주했다. 〈그림 25〉는 1890년대 철도를 부설 중이었던 인도인 노동자들의 모습을 담고 있는데, 이 철도로 인해 영국은 동아프리카에 새로운 식민지를 차지하는데 속도를 낼 수 있게 되었다. 하지만 1911년과 1920년 사이에 기한부계약노동은 상기한 지역들 내에서 주민들이 이주노동자 유입을 점점 더 반대하게 되면서 끝나게 되었다.

이들 중에는 부왕 찰스 하딩 경Lord Charles Hardinge(1858~1944, 재임 1911~1916)을 비롯해, 1916년 버나러스 힌두 대학교Banāras[힌] Hindu University[2]를 설립했던 머던 모헌 말위Madan Mohan Mālvīy[힌](영어명 Madan Mohan Malaviya, 1861~1946)를 포함한 인도 국민국가 수립운동가들도 있었다. 국민국가 수립운동가들은 이러한 해외 이주로부터 인도를 욕보이는 제국적인 착취 현상이 반영되었던 과장된 이미지를 찾기도 했지만, 동시에 이들은 인도인들이 전 지구에 자리를 잡게 됨에 따라 영광스러웠던 고대가 풍기는 이미지를 상기

2 와라너시는 성스크르터어 카시(Kāshī) 혹은 힌드어 버나러스로도 알려졌는데, 영어명 베나리스는 바로 이 힌드어 버나러스에서 비롯되었다. 참고로 와라너시는 웃터르프러데쉬주 남동쪽에 있으면서 비하르주와 가까운 곳에 있다.

그림 25_ 우간다의 기차 위에 있는 인도인 노동자들
식크교인들과 다른 펀자브인들은 동아프리카 내 영국의 새로운 식민지에서 이런 철도 노선을 건설하기 위해 고용되었다. 1898년경.

시키면서 국경을 뛰어넘는 국민국가 개념인 "대인도Greater India"라는 미래상을 발견했다. 앞으로 간디를 통해 보게 되겠지만, 해외로 이주한 인도인들이 겪었던 여러 가지 어려운 상황에 관여하게 되면서 인도 국민국가 수립운동은 발전을 거듭하게 되었다.

마찬가지로 인도인으로 이루어진 군대는 인도인 납세자들을 희생해가면서 무역 항로를 보호하고 중국과 관련된 영 제국의 이해관계를 수호하기 위해 파병되었는데, 가장 대표적인 사례는 바로 1900년 의화단 운동Boxer rebellion이었으며, 이외에도 동아프리카나 중동 지역에도 인도인으로 이루어진 군대가 파병되었다. 영국인 관리들은 물론이고, 인도인 경찰들과 비서 직원들도 그렇지만, 특히 인도 내에서 임업이나 공공사업과 같은 영역에서 기술을 단련했던 기술직 직원들은 제국 내 다른 지역에서 일자리를 얻었다. 토착 인도인들로 이루어진 여러 무역 집단 역시 인도양 주변에 있던 영국 식민지들로 활동을 넓혔다. 이러한 집단들로는 종파 내 영적 지도자에 해당되는 이맘Imām[아] 아가 한Āghā Khān[우](1877~1957)을 따랐으면서 특히 동아프리카에서 교역망을 구축했던 무슬림 시아파 내 하위 분파인 이스마일파Al-ʔIsmāʕīlīyah[아] 공동체를 비롯해, 신용거래의 장악을 통해 영국령이었던 버마 및 실론 섬에서 상업적 농업 발전에 지대한 역할을 맡았으면서 마드라스에 거점을 두었던 나뚜꼬따이 체띠야르Nāṭṭukkōṭṭai Ceṭṭiyār[타](영어명 Chettiar)[3] 집단이 있었다. 마지막으로 인도를 보유함으로써 영국이 갖는 이점은 측정 불가능할 수준이었는데, 그러한 이점으로는 영국의 국가적 자부심을 드높인다는 점을 비롯해, 본국 안에서 여러 위계들로 나뉘어졌던 젠더 및 계급 간에 빚어진 갈등이 이런 자부심을 통해 가려진다는 점 등이 있었다. 1900년에 부왕 커즌은 다음과 같이 말하길, "우리는 [백인들이 정착한] 모든 지배영토들을 잃어도 여전히 살아남을 수 있겠지만, 인도를 잃는다면 태양은 저물어 가라앉게 될 것이다."

새로운 계급들, 새로운 협력자들

러드야드 키플링의 대작인 『킴Kim(1901년 발표)』을 보면, 인도는 불변하지 않을 특성들을 지니면서도 서로 뚜렷이 구분되는 매우 다채로운 집단들이 어우러져 사는 곳이다. 주인공 킴은 아무 정체성이나 가질 수 있는 카멜레온으로 묘사된 고아이지만, 소설이 전개되면서 그는 실제 그러했듯이 영국인이 되어야만 한다. 게다가 대간선도로Grand Trunk Road[4]를 따라 여행하면서, 킴은 자신만이 이 땅에 살고 있는 모든 이들을 알 수

---

3 타미르어 "체띠야르"는 성스크르터어로 "최고의"라는 뜻을 가진 Shreṣṭha가 변형된 것으로, 시대가 지나 북인도의 인도아려어군에 속하는 여러 언어들에서는 세티(Seṭhī) 혹은 셰티(Sheṭī)로 이어졌다. 세티라는 단어는 또 앞서 언급한 은행업에 종사했던 방글라 지역의 대가문 저거트 셰트(Jagat Sheṭh)에 있는 셰트와 어원을 같이 한다.

있다는 전지적 관찰자 시점에서 식민지 시대 영국이 지녔던 환상을 다음과 같이 구현하고 있다.

> 그들은 긴 머리를 하고 강한 체취를 풍기는 산시(Sānsī[힌])인 무리를 만났는데, 이들은 도마뱀들 및 다른 불결한 음식들을 담은 바구니들을 등에 짊어지고 있었다. …(중략)… 이들이 재빠르게 슬쩍슬쩍 꾸준히 달리자, 다른 카스트 집단들은 이들로부터 멀리 떨어졌는데, 산시인들은 매우 오염된 카스트 집단이라고 간주되었기 때문이다. 이들 뒤를 따라 생긴 짙은 그림자들을 널찍하고 꼿꼿하게 건너면서, 최근 감옥에서 출소했던 어떤 이는 여전히 자신을 얽어매고 있었던 족쇄들에 대한 기억을 떠올렸다. 정부가 가장 정직한 이들보다 죄수들을 더 잘 먹인다는 사실을 명백히 보여주었던 그의 가득찬 배와 빛나는 피부는 산시인들의 먹잇감이 될 수 있었다. 킴은 그러한 발걸음을 잘 알고 있었고, 그들이 지나가면서 이를 큰 놀림감으로 삼았다. 그러자 흐트러진 머리를 한 어느 어칼리(Akālī[펀])[5]가 분노로 이글거리는 눈매를 하고 몰래 다가왔는데, 이 때 이 식크교인은 반짝이고 세련된 강철 고리들이 뿔 위에 달려있는 큰 청색 터번을 쓰고 있었고, 식크교도가 입는 청색 체크무늬 옷을 걸치고 있었다. 그는 식크교도가 세운 한 독립국을 방문하고 돌아왔는데, 여기서 그는 컬리지 교육을 받았으면서 탑 부츠를 신고 하얀 끈이 달린 반바지를 입었던 토후들에게 할사(Khālsā[펀])[6] 집단이 누렸던 고대의 영광을 노래했다. 킴은 이 남성의 신경을 거슬리게 하지 않으려고 애썼는데, 이 어칼리의 성미는 불같고 팔의 움직임은 재빨랐기 때문이었다.

킴이 그려내는 인도와 당시 영국인들 사이에서 만연했던 의견에 의하면, 인도는 길

---

4 2000년이 넘는 역사를 자랑하는 아시아 최고最古 및 최장最長 도로 중 하나이며, 카불에서 시작해 이슬라마바드, 라허르, 델리를 거쳐 겅가강 평원 일대를 횡단해 콜카타까지 이르는 도로이다.

5 "불멸의"라는 뜻을 지니고 있으며, 식크교의 핵심 교리 중 하나인 어칼(Akāl[펀])을 추종하는 이를 뜻한다.

6 원래 아랍어로 "순수한"이라는 뜻으로, 식크교에서는 교단에 입교한 집단을 뜻하게 되었다. 1699년 열 번째 구루였던 고빈드 싱그가 무굴제국의 알람기르 1세에 의해 처형된 뒤, 종족 보존을 위해 전투적으로 변한 이들은 전사 집단으로서의 정체성을 지니게 되었다.

을 떠돌아다니는 미천한 사람들과 영국의 인도 통치 유지를 위해 영국인들과 함께 일하는 이들이 공존하는 곳이다. 이 소설에서 후자는 킴의 보호자 두 명에 의해 드러난다. 한 명은 변경 지대에서 억센 말들을 교역하는 무슬림 머흐부브 알리Maḥbūb ʕAlī[우]이고, 다른 한 명은 교육받은 힌두교인 방글라인 허리 바부Hari Bābu[방](소설에서는 Hurree Babu)이다. 비싸지 않은 판본(그림 26)으로 쉽게 구할 수 있었던 이 영어 소설들을 통해, 영국인들과 인도인 지도층 모두는 인도 사회에 대해 앞으로 오랫동안 유지될 시각을 갖게 되었다.

제국의 통치에 참여하는데 인도인들에게 주어진 기회는 1857년 대봉기 이후 출현했던 이론들로부터 강한 영향을 받았는데, 이 이론들에 따르면 별개의 공동체들로 모자이크처럼 구성된 불변의 인도 사회 질서 속에서 "타고난 지도자들"은 이런 공동체들을 대변한다. 19세기 말엽에 이르면 일부 영국인들과 인도인들은 자유로운 선택 및 투표가 가능한 개인들로 구성된 사회를 구상했던 자유주의 이론을 옹호하기 시작했지만, "자문"을 주된 전략으로 삼는 인도 통치에 대한 "더르바르"적인 시각이 전반적으

그림 26_ 인도철도도서관(Indian Railway Library) 출판사에서 낸 시리즈의 일부로 염가판으로 출간된 러드야드 키플링의 소설들

로 더 우세했다. 토후들과 지주 계급은 권력의 보수적인 보호자로서 계속 그 자리를 유지했던 반면, 폴로 경기 및 호랑이 사냥으로부터 호화로운 여흥거리들까지 귀족적인 색채를 방불케 하는 식민지 시대의 여러 가치들을 후계자들의 머리 속에 심어주기 위해 새로운 컬리지들이 설립되었다.

이 시기 농촌 사회의 지속된 특징으로는 소규모 토지들의 분할, 여러 위계들로 나누어진 소작농들, 그리고 선금을 통해 고율의 수익을 확보했던 대금업 계층이 있었는데, 대금업자들은 높은 세율도 그렇고 대체로 액수에 변동이 없었던 현금 징세 수요를 통해 성장했다. 멀리 볼 때 경제적으로 쓸모없던 것처럼 보였던 농업상 여러 가지 관행은 당시 지주들에게는 합리적이었는데, 안전한 지대 수입이 새로운 종자들이나 기계에 투자해 얻는 불확실한 수익보다 더 가치가 있었기 때문이었다. 더욱이 이 시기 통과된 소작권에 관한 여러 종류의 법은 토지를 소규모로 보유하는 당시 관행을 종결시켰고, 전반적으로 방글라 지역 내 조터다르들과 같은 부농 계급들의 지위를 강화하는 결과를 낳았는데, 이 조터다르들은 자신들의 이해관계가 토지 제도의 안정과 관련되어 있음을 알게 되었다. 1901년에 제정된 펀자브 토지이전법Punjab Land Alienation Act of 1901이 농업과 관련된 재산을 "농업과 무관한" 계층들에 판매하는 것을 금지했다는 사실은 매우 중요하다. 이 법의 목적은 빚에 시달리는 소작농들을 보호하는 데 있었지만, 실제로 이 법안은 당시 토지에 대한 투자를 점점 더 강화했던 도시의 힌두교인 무역 및 대금업자 계층에 대항했던 지주 및 무슬림들의 이익도 강화했다. 이 법안은 자유방임주의와 합리적 경제에 이론적 기반을 둔 제도가 여러 가지 정치적 고려사항에 의해 쉽게 무시될 수 있었다는 점을 보여주는 사례였다.

무슬림들은 정치적 안정에 기여하는 잠재적인 지지 세력이라 여겨져 식민지 정부의 지원을 받았다. 19세기 후반 당시 전 세계에 걸쳐 무슬림들이 음모를 꾸밀 것이라는 위협에 대해 공포를 느꼈던 영국은, 인도 내에서 단호한 입장을 취했던 일신교도 및 이전 통치자들을 지원함으로써 이런 무슬림들의 위협을 대응할 수 있다고 여겼다. 군대 외에는 아무 데서도 제 역할을 찾지 못했던 식크교도 역시 영국의 조종을 받아 사회 안에서 자기 공동체를 구분시키고, 정부에 대해 노골적인 충성심을 표하게 되면 자신들의 이익이 가장 잘 보호받을 수 있다는 점을 알게 되었다. 그러한 충성심이 당연하게 여겨진 것은 아니었다. 그 예로, 연합제속주 내 무슬림들은 1900년 궁정 및 행정 하급 단계에서 사용되는 언어를 둘러싸고 힌드어를 우르두어와 동급으로 지정하는 결정에 경악했는데, 당시 이 속주의 부총독이었던 앤터니 맥도널 경Sir Antony Macdonnell (1844~1925)은 이 결정은 힌두교인들과 무슬림들을 서로 대립시켜 균형을 이루게 하는 방법이라고 정확히 파악했다. 아랍-페르시아 문자로 쓰이고 페르시아어로부터 단어를 대량으로 차용한 우르두어와, 성스크르터어 표기에 사용되는 데워나거리Devanāgarī[성] 문자로 쓰이면서 성스크르터어로부터 단어를 더 많이 빌린 힌드어는 언어학적으로 같은 언어이다. 우르두어는 18세기 이후 북인도 전역의 공통어였으며 도시 내 교육받은 이들이라면 대체로 이 언어를 알고 있었지만, 와라너시의 바르텐두 허리쉬천드르 등은 자신들의 국민국가주의적인 문화 운동의 일환으로 힌드어 사용을 옹호했다. 하지만 전반적으로 이 시기 무슬림 대변인들은 식민지 상태에 놓여 있었던 다른 지역 내 소수집단들처럼, 자신들의 이익은 기존 제도와 부합해야 가장 잘 보호받을 수 있다고 보았다.

서유럽식으로 교육받은 계층은 시민 사회에서 당시 점점 더 높아져 가던 목소리를 대변했다. 공식 교육을 받은 이들은 소수에 그쳐 1921년 전 인구의 겨우 3%에 불과했으며(이 때 남녀 비율은 5:1이었다), 자원 투자는 계속 고등교육에 집중된 상태였다. 영어 교육을 받은 이들은 전 인구의 1%도 채 안 되었다. 앞서 너우로지의 글에서 알 수 있는 것처럼, 대학 교육을 받은 이들은 정부에서 일자리를 얻는 것을 주된 목표로 삼았다. 상업 부문에 인도인들이 참여하는 것에 구조적으로 강력한 제약 사항들이 존재했던 당시 상황 속에서, 공직을 비롯해 법 · 의학 · 교육 · 언론 부문 등 근대에 등장한 직종들은 이들이 선호했던 일자리였다. 하지만 영어에 능통했음에도 불구하고, 1880년대 중반까지 인도고등문관제 시험에는 단 12명의 인도인들만이 합격해 관계에 진출할 수 있었다.

이들의 숫자가 불어나면서, 교육받은 인도인들은 통치체제 안으로 점차 편입되었다. 1882년에 제정된 지방의회법Municipal Council Act of 1882은 현지 통치기구들에 교육 ·

위생 · 보건과 같은 부문에 대한 책임과 더불어, 이후 비난받게 되었지만 현지에서 여러 명목의 세금을 부과할 권리를 부여했다. 1892년 인도의회법Indian Councils Act of 1892은 속주 입법회 선출에 제한 선거의 원칙을 도입하였고, 지방 의회에 매년 예산을 결정할 기회를 부여했다. 그 예로, 최초의 인도 국민국가 수립운동가 중 하나이자 학교에서 영문학 · 수학 · 정치경제학을 가르쳤으면서 인정많고 생각이 뚜렷했던 고팔 크루쉬너 고컬레Gopāḷ Kṛṣṇa Gokhale[머](영어명 Gopal Krishna Gokhale, 1866~1915)는 푸나 지방의회로부터 시작해 봄베이 입법회, 그리고 마지막으로 제국입법회Imperial Legislative Council (1902~1915 재임) 의원으로 지냈다. 이 의회에서 그는 선정善政의 이득에 대해 비판적이고 창조적인 내용이 담긴 연설을 발표했는데, 그가 주장한 이득으로는 보통교육의 필요성, 정부 내 인도인 관리 비중의 확대, 그리고 더 많은 일자리 기회 등이 있었다.

19세기 말 교육받은 인도인들에게 개방된 한정된 공적 역할은 정치 토론뿐만 아니라 문학 논평의 대상이 되기도 했다. 그 중 가장 유명했던 논평들로는 우르두어 시인이자 하급 판사였던 아크바르 일라하바디Akbār Ilāhābādī[우](1846~1921)가 지었던 신랄한 내용을 담은 2행연구二行聯句(couplet)[7]와, 부副행정사법장관이었던 벙킴 천드러 첫토팟다이가 썼던 방글라어로 된 풍자 작품들이었다. 제한된 승진 기회에 대한 이들의 경험은 자신들이 차지했던 상대적으로 하급 공직 지위에서 분명히 드러났는데, 이는 식민지 정부에 아첨하는 충성스런 집단들을 조롱하는데 기름을 부었다. 일례로 아크바르는 다음 시를 발표하면서, 식민지 정부에 충성했던 알리거르의 무슬림들이 영국인 통치자들로부터 보잘것없는 보상을 받았던 사실을 떠올리게 하였다.

> 50명에서 100명이 좋은 자리를 차지한다면, 어떻게 하라는 건가?
>
> 그 어느 나라도 50명에서 100명의 사람들로 존립한 적이 아직 없었다네.

---

7 이 시 양식에서 한 구절은 두 개의 연속적인 운율을 가지며, 완전한 생각을 형성하기 위해 같은 음보를 갖는다는 특성을 지니고 있다.

1885년 영어교육을 받은 약 70명의 인도인들은 봄베이에 모여 인도국민회의당을 창당했다. 근대 식민지 세계에서 가장 오랫동안 존속했으면서 인도 국민국가 수립운동의 중심이었던 국민회의당은 남아프리카를 비롯한 다른 지역에서 발생했던 여러 종류의 국민국가 수립운동의 모범이자, 인도가 독립한 뒤 초기 수십 년 동안 안정을 가져다 준 동력이 되었다. 국민회의당 창당을 촉진시킨 주역은 인도고등문관제에서 일했던 전 관리 앨런 옥테비언 흄Allan Octavian Hume(1829~1912)이었는데, 그는 일버트 법안을 둘러싸고 사회적으로 공분이 일었을 때 인도 국민국가 수립운동가들의 이해관계를 대변한 적이 있었다. 하지만 초기 단계에서 국민회의당이 보여준 응집력의 비결은 바로 전국에서 온 인도인들이 공유했던 이해관계 및 공통된 경험이었는데, 많은 이들은 법조계나 공직 진출을 위해 런던에서 공부하며 성장했다는 공통점을 갖고 있었다. 이들은 당시 인도에서 급격하게 확대되고 있던 다양한 통신망을 적극적으로 이용했다. 앞서 언급한 철도와 더불어, 우편 배송 서비스는 19세기 말에 이르러 그 사용빈도가 서너 배나 증가했으며, 신문의 경우 1885년에서 1905년 사이 영자 신문의 숫자는 거의 두 배로 증가해 약 300종에 이르렀으며, 토착어로 쓰인 신문의 숫자는 이보다 더 많이 증가했다.

많은 국민회의당 당원들은 정부에 인도인들의 이익을 대변하기 위해 더 많은 현지 조직들에 일찍이 참여한 바 있었다. 이 중에는 초창기인 1868년에 마드라스에서 세워진 트리플리케인[8] 문학회Triplicane Literary Society와 이후 1894년에 세워진 마드라스 공회公會(Ceṉṉai Makājaṉa Sapai[타], 영어명 Madras Mahajana Sabha)[9]도 있었다. 인도고등문관제의 고위급 관료가 되기 위해 노력했던 총명한 학생이었으나 사소한 이유로 해고당한 슈렌드러나트 번도팟다이Surendranāth Bandyopādhyāy̌[방](영어명 Surendranath Banerjea, 1848~1926)는 1876년 캘커타에서 인도협회Indian Association를 세웠다. 이와 비견될 만할 단체들로는 알라

---

8 트리플리케인은 영어명이며, 현지 타미르어로는 티루왈리께니(Tiruvallikkēṇi)이다. 현재 첸나이에 있는 구區 중 하나이다.

9 mahajana는 영어로 "대중, 공소(public)", sabha는 "모임, 회會(society)"에 해당된다.

하바드 인민협회Allahabad People's Association(1885년 설립), 라허르 인도협회Indian Association of Lahore (1877), 푸나 공회Puṇe Sārvajanik Sabhā[머](영어명 Poona Sarvajanik Sabha, 1867),[10] 데칸(덕컨) 교육회Deccan Education Society(1884), 캘커타 전국 모함메드교도(무슬림) 협회National Mohammedan Association in Calcutta(1877), 그리고 봄베이 관구 협회Bombay Presidency Association(1885) 등이 있었다.

국민회의당 창당인들은 무슬림들을 회의에 끌어들이기 위해 열심히 노력했다. 그 예로 흄은 봄베이의 변호사이자 시아파 내 보라 분파Bohrah[우][11]의 지도자였던 버드룻딘 태여브지Badr ud-Dīn Ṭayyabjī[우](영어명 Badruddin Tyabji, 1844~1906)를 초청해, 1887년 마드라스에서 개최했던 국민회의당 회의를 주재하게 하였다. 하지만 서예드 아흐머드 한이나, 캘커타의 총명한 변호사이자 종교사상가였던 서예드 아미르 알리Sayed Amīr ʕAlī[우](옛 표기로는 Syed Ameer Ali, 1849~1928) 등 대부분의 무슬림 지도자들은, 국민회의당이 인도를 구성하는 두 개의 서로 다른 "공동체"의 이익을 대변할 수 없다고 주장했다.[12] 서예드 아흐머드 한은 "인도는 힌두교인들과 무슬림들이라는 아름답고 광택있는 두 눈을 가진 신부와도 같다."고 누차 반복하면서, 영국식에 기반한 대의제 정부는 인도에 맞지 않다고 그는 주장했다. 국민회의당에서 비무슬림들과 공동의 강령을 마련하는데 전념했던 태여브지조차, 정체성은 개인이 속한 종교공동체에 달려있다는 주류 의견에 동의했다.

이와 반대로 국민회의당의 미래상에 따르면, 개인 자신과 카스트, 공동체의 이해관계는 "공공선" 및 국민국가로서의 인도에 귀속되어야 했다. 초창기에 국민회의당은 서예드 아흐머드 한처럼 영국의 통치가 지속되는 것에 대해 의문을 갖지 않았다. 당원들은 대개 법조계, 언론계, 그리고 교육계를 대표했으며, 일부는 사업가였으며, 소수

---

10 sārvajanik "공공, 대중" + sabhā "모임, 회會"

11 정식 명칭은 보라 다우디야(Bohrah Dāʔwūdīyah)이며, 다우디야에서 다우드(Daʔwūd[아])는 영어의 "데이비드(David)"에 해당된다. 한편 "보라"는 원래 구즈라트 지역에서 무역 및 대금업에 종사하면서 이슬람교로 개종한 집단을 가리키며, "무역"을 뜻하는 성스크르터어 vyāvahārika에서 비롯되었다. 따라서 원래 어원을 고려하여 이 집단에 대한 명칭은 "보흐라" 대신 "보라"로 칭하기로 한다.

12 이를 "두 국민 이론(Two-Nation Theory)"라 부르기도 하며, 1940년 라허르 결의안에 반영된 무험머드 알리 지나의 파키스탄 수립 주장의 이념적 근거가 되었던 이론이기도 하다.

만이 지주나 상인이었다. 이들은 입법회에 인도인들이 더 많이 참여하고, 경쟁시험에 응시할 수 있는 연령 상한을 올리며, 런던뿐만 아니라 인도에서도 시험을 주최함으로써 인도고등문관제의 문호를 인도인들에게 제대로 개방하기를 원했다. 이들은 이 시기 인도에서 나오는 세입의 절반이나 이르렀으면서, 1880년대 군대의 버마 파병으로 인해 생긴 군사 지출의 삭감을 지지했다. 초기 국민회의당은 수 차례에 걸친 탄원 및 연설을 통해 식민지 정부에 "충정어린 반대" 활동을 벌였다. 창당 이후 첫 20년 동안 국민회의당은 이후 인도 정치에서 보여준 중요한 역할을 이 때는 아직 별로 보여주지 못했다. 종교적인 논란거리 및 사회 개혁과 관련된 모든 문제들을 피했던 국민회의당은, 당시 사회 · 문화와 관련해 광범위하고 강렬했던 개혁 운동으로부터 거리를 둔 상태였다.

자발적 결사, 종교 운동, 전통주의 기관

새로운 민중극이 나타나고 전투적인 전통이 부활했을 뿐만 아니라 새로운 결사들이 우후죽순으로 등장하면서, 이 시기 시민 사회를 비롯해 많은 이들의 일상생활이 변화했다. 이 새로운 움직임은 앞으로 계속 영향을 미칠 사회변화의 배경을 고려해 파악할 필요가 있다. 새로운 시장, 통신 수단, 그리고 연결망은 개인을 더 넓은 무대로 이어주었으며, 새로운 사회 교류 방식들을 만들어낸 새로운 환경으로 이전에는 신참자였던 이들을 끌어들였다. 이 시기 인도 전체 인구에서 도시민이 차지하는 비율은 여전히 꽤나 일정해, 5천명 이상 거주하는 정주지를 기준으로 그 수치가 10%도 안 되었음에도 불구하고, 세 관구 수도를 포함한 여러 도시들은 상당히 성장했다. 마을은 사라질 수도 있었지만, 철도가 마을에 들어서게 될 경우 그 마을은 규모가 두 배로 불어날 수 있었다. 상업적 농업의 확대와 같은 변화로 인해 농촌 지대 내 일부 집단 역시 이득을 누리게 되었다. 여하튼 여러 사회종교 조직들이 등장하면서 자존감과 관련된 새로운 개념들, 공동체, 그리고 사회적 지위가 등장하게 되었다.

1881년에 시작되어 10년 주기로 실시된 국세조사는 집단의 지위를 사회적으로 인정하는 중요한 기반이 되었다. 당시 부상 중이었던 많은 카스트 집단은 국세조사에서 열거된 여러 카스트 집단 중에서도 더 높은 지위를 얻기를 희망했기 때문에 여러 결사단체들을 조직했는데, 이를 일반적으로 "서바Sabhā[힌]('모임, 회會')"라 했다. 회원들은 사회에서 선호하는 다양한 행동을 벌이기로 동의했는데, 이러한 행동은 은거 생활을 강화하거나 단정한 의복을 입는 등 여성들의 통제와 같은 문제들에 주로 집중되었으며, 일부는 채식주의나 절주 생활을 유지하기도 했으며, 때때로 브라머너 계급의 종교 의식을 따르기도 했다. 이러한 과정에 대해 작지만 놀랄만할 사례는 문화적인 변화의 규모뿐만 아니라, 상대적으로 모호하고 미천한 집단들이 국세조사에 집계되는 과정에서 어떻게 이득을 챙길 수 있었는지 그 과정도 매우 잘 드러낸다. 그 사례를 보면, 펀자브 지역에 거주했던 머텀Mahtam[힌](Mahton으로도 표기됨) 집단은 1911년 국세조사 당시 자신들의 역사와 행동방식에 따라 상층 지위를 지닌 라즈푸트인으로 등재되고자 했다. 이 지역의 국세조사 담당 관리는 이전 정부에서 시행했던 조사에 근거해, 이전에 이들은 수렵민인 동시에 쓰레기 더미나 뒤지는 집단이었다가 농경민으로 전향했다고 보았지만, 펀자브와 커쉬미르 지역의 라즈푸트인 대표회Rājpūt Pratnik Sabhā[힌]는 이들을 라즈푸트인으로 인정했다. 이렇게 이들이 정부의 인정을 받아 국세조사 결과를 바꾸었다면, 이 집단에는 군대에 입대하고 펀자브 지역정부의 저민다르들이 운영하는 장학금을 신청할 자격이 생겼을 것이었다. 사회적 지위를 둘러싼 이런 협상들은 이후 수십 년 동안 인도 전역으로 확산되었다. "카스트" 집단은 더 넓은 지역에서 여러 집단들과 관계를 점점 더 구축했고, 집단 내 소속감 및 정체성도 더 뚜렷해졌다. 잡지를 발간하고 진정서를 제출하며 공식단체를 조직했던 여러 카스트 집단들의 운동은, 이 시기 다양한 형태를 띠면서 대대적으로 일어났던 근대적인 조직 설립 운동에 속했다. "카스트 체제"는 불변하기는커녕 이 시기에 새로운 모습을 띠게 되었다.

이렇게 "대중에 의한" 문화적인 변화뿐만 아니라, 토후, 지주, 그리고 상업 및 무역 종사 계층도 종교·문화 생활을 후원했다. 이러한 계층들이 맡았던 역할은 식민지 시대 인도 사회의 문화·사회 생활을 이해하는데 매우 중요하다. 번영을 누리고 있었던 여러 가문 및 개인들은 공연, 종교의례, 문화 혹은 종교 조직들을 후원함으로써 통치자들과 평민들로부터 정당성을 얻었다. 토후들과 지주들은 그러한 후원 활동을 벌이고 이에 따른 종교의례를 준수하면서, 정계에서 밀려났을 때에도 이들은 지지 기반을 보전할 수 있게 되었다. 그 예로 대서사시 『라마여너』의 휘황찬란한 상연을 해마다 후원했던 마이소르 토후국의 머하라자Mahārājā[힌]("대왕")들처럼, 버나러스의 라자들은 이러한 공연들을 지원했던 상업 및 은행업 지도층의 공동체 정체성 구성에 『라마여너』의 상징들이 핵심적인 요소가 되도록 기여했는데, 이 과정에서 이들뿐만 아니라 공연에 참가했던 전문가, 공연가, 그리고 관중들도 중요한 역할을 맡았다. 토후들과 지주들 역시 예술적인 음악과 전통 의학을 장려하는데 중추적인 역할을 맡았는데, 무엇보다도 이들은 성스크르터어 문헌 전통에 기반한 의학 체계인 아유르웨더 의학뿐만 아니라 그리스-아랍 전통에 기반한 의학 체계 티브 유나니를 모두 후원하는 근대 학교들을 설립했는데, 20세기 이르러 티브 유나니는 인도 바깥에서 이미 사실상 사라진 상태였다.

이 시기에 형성된 조직들은 다양한 활동을 벌였다. 사실 이런 활동을 목적에 따라 "종교적", "사회적", 혹은 "정치적"이라 단순하게 분류하기는 어렵다. 여러 카스트 결사Sabhā의 사례에서 분명히 드러나듯이, 어떤 카스트 조직은 경우에 따라 종교적인 숭배 방식과 의례를 바꾸는데 주력할 수도 있었고, 회원들이 준수할 의복 착용 및 식단 규정뿐만 아니라 집단의 성격도 바꿀 수 있었으며, 정부 내 여러 조직들에 특정 행동을 요구할 수도 있었다. 초점을 어디에 두던 간에, 이런 결사들은 저렴한 평판인쇄기의 등장으로 인해 생긴 기회들을 결코 놓치지 않았다. 그 예로 어므릿서르에서 찍은 사진을 보면, 당시 이 신성한 도시를 점점 더 많이 찾았던 방문객들에게 성스러운 소재들을 복제한 상품들과 소책자들을 홍보하는 식크교인 서적상들의 모습이 나타난다(그림 27).

반세기 전 방글라 지역에 설립된 브러머회와 같은 개혁 단체들은 개인과 집단을 "진보"시킨다는 강령을 채택했다. 푸나 공회의 창립자이자 봄베이 고등법원 판사직까지 승진했던 머하데우 고윈드 라너데Mahādev Govind Rānade[머](1842~1901)는 1887년 전국사회회의National Social Conference를 설립했는데, 이 단체는 전국 각지에서 온 여러 개혁단

그림 27_ 서적상들 어므릿서르에서 1908년 촬영

체들을 결집시키는데 그 목적을 두었다. 남인도의 경우, 칸두쿠리 위레샬링감 판툴루(Kandukūri Vīrēshaliṅgaṁ Pantulu[텔], 영어명 Kandukuri Veeresalingam Pantulu, 1848~1919)는 1887년 라자만드리Rājamaṇḍri[텔][13] 사회개혁협회Rajahmundry Social Reform Association[14]를 세웠으며, 1892년에는 마드라스에 힌두사회개혁협회Hindu Social Reform Association를 설립했다. 1905년 라너데의 젊은 동료이자 제자였던 고컬레는 인도의 종복협회Servants of India Society를 설립했는데, 이 협회는 한때 예수회와 힌두 금욕주의 조직들을 모범으로 삼았으며, 교육을 진흥하고 소녀들 및 억압받는 계급에 속한 이들의 지위를 향상시키는데 힘을 다할 핵심적인 활동가 집단을 조직하는데 그 설립 목적을 두고 있었다.

19세기 말 수십 년 동안 머하라쉬트러 및 마드라스 지역에서 비브라머너 계급 출신들은 브라머너 계급의 지배에 맞서 시민 사회에 더 참여하려는 움직임을 보이기 시작했다. 전통적으로 정원사 일을 맡았던 말리Māḷī[머] 카스트 집단 출신이자 도시에서 교육을 받았던 조티라우 고윈드라우 풀레Jotīrāv Govindrāv Phule[머](영어명 Jyotirao Phule, 1827~1890)는 브라머너 계급의 종교의례 및 사회 권력에 도전하기 위해 1873년 진리추구회Satyashodhak Samāj[머][15]를 설립했는데, 콜하푸르Kolhāpūr[머]의 머하라자로부터 후원을 받아 당시 잘 나가고 있던 머라타인 카스트 집단들이 주로 그를 지원했다. 마드라스 지역 내 비브라머너 계급 출신들은 더 많은 교육 및 구직 기회를 노렸는데, 여기에는 당시 브라머너 계급 출신들은 마드라스 관구 내 인구의 겨우 3% 정도를 차지하는데 그쳤지만, 대학 졸업자의 70%를 배출했던 불합리한 상황이 반영되어 있었다. 머하라쉬트러 지역에서처럼 남인도에서는 당시 번영하고 있던 중간 카스트 집단들이 낸 항의의 목소리가 가장 컸는데, 그러한 집단들로는 웰랄라르Vēḷāḷar[타](영어명 Vellalar),[16] 렛디Reḍḍi[텔](영어명 Reddy),[17] 캄마Kamma[텔],[18] 나야르Nāyar[말](영어명 Nair)[19] 등이 있었다. 드라위더

---

13 현재는 원래 이름이었던 라자마헨드라와람(Rājamahēndravaraṁ[텔])로 개칭되었다.

14 라자만드리(Rājamaṇḍri[텔])는 현재 안드라프러데쉬주 북동부에 있는 한 도시인데, 공식 명칭인 라자마헨드라와람(Rājamahēndravaraṁ[텔])으로 알려져 있으며, 영어명으로는 라자먼드리(Rajahmundry)이다.

15 satya "진리(truth)" + shodhak "추구(seeking), 탐험(exploring)" + samāj "모임, 회會, 협회"

16 현 인도공화국의 타미르나드주와 케랄람주 일대에 분포해 있다.

Drāviḍa[성] 어족을 연구했던 19세기 중반 영국인 학자들의 연구 성과를 따랐던 이 비브라머너 계급 출신들은 당시 부상 중이었던 인도 역사에 대한 선형적인 서술에 근거하여, 북인도로부터 유입된 것으로 추정되면서 통치 지도층이라 자처했던 "아려"계 브라머너 계급 출신들과는 달리, 자신들이야말로 원래 남인도의 "드라위더" 주민들이라고 주장했다. 서로 다른 여러 문헌들과 상징들에 집중하기는 했지만, 이러한 여러 종류의 운동은 새로운 각종 조직 형태, 더 높은 사회적 지위 요구, 그리고 행동방식의 개혁 측면에서 카스트 집단 간 유동성을 주장했던 다른 운동들과 유사했다.

가장 성공적이었던 사회 · 종교 개혁 운동 중 하나는 바로 서러스워티 더야넌드 Sarasvatī Dayānand[구](영어명 Saraswati Dayanand, 1824~1883)가 1875년에 설립한 아려회Ārya Samāj[힌]였다. 그의 가르침은 자신의 고향 구즈라트 지역이 아닌 북쪽의 연합제속주 및 펀자브 지역에 훨씬 더 큰 영향력을 미쳤다. 이 단체는 여성들과 관련해 더 큰 개혁 의제를 다루고 있었는데, 그러한 의제들로는 조혼 반대, 과부 재가 지지, 소녀들의 교육 활동 등이 있었다. 또 이 단체는 태어나면서부터 생기는 사회적 지위의 영향력을 최소화하는 조치를 지지했다. 아려회는 웨더를 핵심적인 종교 문헌으로 삼았는데, 이는 행동방식과 종교적인 숭배 측면에서 앞으로 지속될 기준들을 마련했던 황금시대의 산물이었다. 또 이 단체는 우상숭배와 다신교를 반대했다. 도전적인 입장을 가진 힌두교인들이었던 이 단체 회원들은 다른 신앙을 가진 교인들과 공적으로 토론을 벌였으며, 무슬림들과 기독교인들 측의 개종 활동 때문에 힌두교도가 사라질 것이라는 근거 없는 공포를 조장하면서, 이들은 비힌두교도와 하층 카스트 집단 출신들을 "슛디 Shuddhi[성]"라는 축제를 통해 개종하거나 정화하는 새로운 종교의례들을 고안해냈다. 커트리 카스트 집단, 어로라Arorā[펀] 카스트 집단, 어그러왈Agravāl[힌](영어명 Aggarwal)[20] 카스

---

17 현 인도공화국 내 텔랑가나주와 안드라프러데쉬주에 거주하는 카스트 집단.

18 현 인도공화국의 안드라프러데쉬주 내 중부 해안가 지역들인 군투루(Guṇṭūru[텔], 영어명 Guntur)와 프라카샴(Prakāshaṁ[텔], 영어명 Prakasam) 일대에 거주하는 카스트 집단.

19 현 케랄람주 일대에 분포해 있다.

20 상인 · 대금업자 · 은행업자 카스트 집단인 버니야(Baniyā[힌], 영어명 Bania)에 속하는 집단. 이들은 인도공화국 북부 · 서부 · 중부에 걸쳐 널리 거주하며, 종교적으로는 주로 힌두교 내 위쉬누파에 속한다.

트 집단 등 출세지향적인 교역 · 전문직 카스트 집단들이 아려회의 핵심적인 지지층이 되었는데, 이들은 당시 사회가 급격히 변화하는 가운데 힌두적이고 "근대적"인 면모를 갖기 위해 개혁주의적인 아려회에서 공동체의 존립 기반을 찾았다.

카스트 제도 · 우상숭배 · 사원 운영에 대해 과격한 반대 주장을 제시했던 아려회는 그 영향력을 넓히는데 한계가 있었다. 방글라 지역에서는 서유럽화된 계층들까지 포함한 많은 사람들은 쉬리 라머크르쉬너 퍼러머헝서Shrī Rāmakṛṣṇa Paramahaṁsaḥ[성](방글라어 발음으로는 스리 람크리쉬너 퍼러머헝셔, 영어명 Sri Ramakrishna Paramahamsa, 1836~1886)의 성스럽고 카리스마적인 가르침에 이끌렸는데, 그는 기존 형태의 신념에 그리 많이 도전하지 않았다. 라머크르쉬너는 다양한 형태로 나타난 절대신을 열정적으로 숭배하는 사례들을 들면서, 그 형태는 어머니 여신, 시타Sītā[21] 여신, 라머 신, 크르쉬너 여신, 예언자 무함마드, 심지어 예수 등이라 제시하였고, 추종자들이 자기 자신으로부터 신성을 찾도록 고무하였다. 라머크르쉬너의 제자인 너렌드러나트 덧터Narendranāth Datta[방](1863~1902)는 카여스터 카스트 집단 출신이면서 한때 서유럽식 교육을 열광적으로 옹호했으나, 이후 그는 법을 공부할 계획을 포기하고 라머크르쉬너를 따르면서 스와미 위웨카넌더Svāmī Vivekānandaḥ[성](방글라어 발음으로는 샤미 비베카넌더Sbāmī Bibekānanda, 영어명 Swami Vivekananda, 1863~1902)로 알려지게 되었다. 그는 카스트 제도와 우상숭배를 옹호했고, 1893년 시카고에서 개최된 세계종교의회World Parliament of Religions에 참석하면서 힌두교의 자부심을 새롭게 다지는데 기여했다. 직후 미국과 유럽 각지에서 설교했던 그는 웨단터Vedānta[성] 학파[22]의 힌두교가 보편적인 신앙이며 모든 종교가 통합된 형태라 소개했다. 비록 그 자신은 식민지 시대 서유럽 문명의 영향을 강하게 받았음에도 불구하고, 위웨카넌더는 "영적인 동양"을 대변하는 이로서 명성을 얻게 되었다. 빈민 구제 사업을 펼친

21 대서사시 『라마여너』에 등장하는 라머의 아내인 여신.

22 말 그대로는 "지식(Vedah[성])의 끝, 또는 결론(Anta[성])"이라는 뜻을 갖고 있다. 『우퍼니셔드』의 가르침을 중시하였으며, 절대자 브러머(Brahma[성])를 인식함으로써 해탈에 이른다는 이론이 이 학파의 주된 교리이다. 이 학파에 따르면, 모든 현상세계는 환영幻影('Māyā[성]')이며, 개별적 영혼인 아트먼(Ātman[성], '자아自我')과 브러머는 다르지 않다고 강조한다.

기독교 선교사들로부터 자극받은 그는 서유럽식 교육을 받은 인도인들이 사회봉사 정신을 함양하도록 주력했는데, 이는 라머크르쉬너 선교단Ramakrishna Mission이 펼친 각종 사회 · 종교 활동으로 이어졌으며, 이후 간디에게 영향을 미쳤다.

라머크르쉬너 선교단은 다른 개혁 단체들처럼 단체 조직 측면에서 서유럽의 영향을 받아 새로운 모습들을 드러냈지만, 기존에 존재했던 단체들도 이 시기에 변화를 겪었다. 학식있는 브라머너 계급 출신들은 지방 내 권력층의 지지를 받아, 도덕적인 행동에 대한 여러 기준들을 세우기 위해 더르머회의 지부들을 오랫동안 이용했다. 당시 여러 결사집단들은 성스크르터 전통의 서나터너 더르머Sanātana Dharma[성]("영원한 법")를 여전히 지지하고 있다고 주장했지만, 이들은 새롭게 등장한 지식인 계층을 포함하고 있었고, 영국의 선례를 따라 조직되었으며, 문화 · 사회 정체성과 관련된 여러 현안들을 새롭게 해석함으로써 사회 변화를 더 분명하게 수용했다. 그런 상황을 감안할 때, 브러머회 및 아러회처럼 표면상 새롭게 등장한 단체들만이 힌두교 안에서 근대적인 변화를 나타냈다고 결론짓는 것은 틀린 얘기가 될 것이다. 이와 마찬가지로, 서예드 아흐머드 한이나 아미르 알리와 같은 저명한 근대화주의자들 외에도 무슬림들이 주도한 다른 여러 다양한 운동 단체들도 개혁에 나섰는데, 이 중 데우번드Devband[힌/우](영어명 Deoband)[23]와 관련이 있던 단체들이면서 아흐머드 러자 한 버렐위Aḥmad Raḍā Khān Barelwī [우](1856~1921)가 세웠던 "순나(전통)를 따르는 사람들의 모임Jamāʕat Ahl-e Sunnat[우]"와 "하디스를 따르는 사람들Ahl-i Ḥadīth[우]"이라는 단체들이 특히 그러했다. 토착어를 사용하고 역사적인 단체들을 활용했던 이들을 포함해, 모든 종교사상가들은 당연히 기독교와 영국문화가 제기한 도전뿐만 아니라, 당시 변화된 사회 · 정치적 맥락에 대해서도 대응했다. 힌두교인들이든 무슬림들이든, "전통"을 대변한다고 주장했던 이들은 "근대적"인 것과 상호작용하면서 위와 같이 대응하였다. 그러한 사상가들은 "전통적인 인물"이라 지칭하는 것보다 "전통주의자"라 지칭하는 것이 훨씬 더 나을 텐데, 이들은 문헌 · 종교의례 · 사회생활 · 제도 측면에서 기존에 용인된 전통과 더 긴밀하게 연결

---

23 현 웃터르프러데쉬주 극북서쪽에 있는 도시. 히마철프러데쉬주와 접경한다.

되어 있다는 신호를 보내었고, 동시에 이들은 자신들을 둘러싼 새로운 세계에 의식적으로 참여하는 모습도 보였다.

바르텐두 허리쉬천드르는 북인도의 힌두교인 전통주의자 중에서 가장 영향력 있는 인물이었다. 그는 서유럽식 교육 및 제도와 긴밀히 관련된 이들이 전통 교육을 받았던 브라머너 계급에게 종교 문제들을 둘러싼 권위를 넘기는 것을 거부했던 대표적인 사례였으며, 보고서, 사설, 잡지 편집장에게 보내는 편지, 문학 작품, 번역문과 같은 간행물을 포함한 새로운 매체들을 적극적으로 이용해 공론을 형성했다. 이를 통해 그는 힌드어의 근대적인 형태들을 발전시키는데 중심적인 역할을 맡았다. 허리쉬천드르는 응집력 있는 힌두교를 규정하는데 위쉬누파의 예배의식을 이용했다. 초창기 그의 활동의 기반이 된 단체는 바로 카시 더르머회Kāshī Dharma Sabhā[성][24]였는데, 이 단체는 더 급진적인 여러 힌두 개혁주의 운동 단체들에 대응해 와라너시의 머하라자가 1860년대에 세운 것이었다. 허리쉬천드르는 힌두교를 비판했던 당시 기독교인들 및 동양학자들에 대항해, 벅티 신앙을 단일하고 인격적인 신을 향한 종교적인 숭배 행위로 해석하여 이 전통의 연속성을 주장하였으며, 이미지로 구현된 신에 대한 숭배가 갖는 지속적인 가치를 주장했다.

무슬림들의 경우, 1868년 북인도에 위치한 데우번드에 설립된 학문 기관으로부터 성장했으면서 이슬람 전통 교육을 받은 울라마들이 주도했던 데우번드 운동은 위와 비슷한 개혁 방식을 드러냈다. 데우번드의 마드라사Madrasah[아][25]는 고전 이슬람 문헌들을 가르쳤다. 하지만 이 학교는 영국식 학교로부터 교실에서 교육을 진행하는 형식을 차용했고, 산문을 짓는데 사용하는 언어로 우르두어를 장려했으며, 출판물 구독 · 간행 · 연례 모임을 통해 지지자들 간 연결망을 구축했다. 서예드 아흐머드 한과 같은

24 카시는 와라너시를 지칭하는 다른 이름이며, 성스크르터어로 된 주요 고대 종교문헌 중 하나인 르그웨더(Ṛgvedaḥ)에 이미 등장한 지명이다. 카시는 성스크르터어로 "커쉬(Kash-), 빛나는"라는 단어에서 파생되었는데, 이 때문에 와라너시는 "빛의 도시"라는 명성도 얻고 있다.

25 이슬람권에서 이슬람교 교리와 율법, 관련 학문들을 가르치는 교육기관. 전근대 시기 동아시아 유교 사회의 서원이나 향교와 비교할 만하다.

합리주의자들과는 달리, 데우번드파는 수피 교단 내 전통에 해당되는 성자들과의 개인적인 관계, 예배의식, 그리고 종교지도자의 카리스마에 대한 믿음을 중시했다. 바수다 달미아가 힌두교에 대해 주장했듯이, 각종 전통주의적 조직 및 가르침은 이후 오랫동안 존속하게 되었다. 당시 이미 변화한 조건들에 대해 이러한 조직들과 가르침이 어떻게 대응했는지와 상관없이, 이 개혁가들은 자신들의 역사적 전통, 친숙한 상징, 그리고 언어에 의존하여 성공을 거두었다.

힌두교인들과 무슬림들의 운동은 예배의식을 중시하는 유신론뿐만 아니라, 모방과 숭배 대상이 되는 인격적인 대상을 발견하는데 초점을 두었다는 측면에서 공통점을 지니고 있었다. 허리쉬천드르와 방글라 지역의 벙킴 천드러 첫토팟다이는 크르쉬너 여신이 가진 여러 면모들 중에서도, 특히 대서사시에 등장하는 크르쉬너의 면모가 실천주의적인 이상적 인간상이라 찬양했다. 이런 주장들은 펀자브 지역 출신 무슬림 시인이자 철학자였던 무험머드 이크발Muḥammad Iqbāl[우](1876~1938)[26]이 주장했던 것들과 놀랄 정도로 비슷했는데, 그는 "동양"을 낭만적으로 묘사했던 내향적인 심령론Spiritualism에 대항해 실천하는데 참고할 만할 역사적인 모범 사례들을 위와 비슷한 방식으로 기렸으면서도, 동시에 동양이 세속적으로 성취했던 것들을 경멸하기도 했다. 실제로 시블리 노마니Shiblī Noʕmānī[우](1857~1914)가 썼던 전기傳記 작품들처럼, 하디스의 가치에 더 크게 주목했던 19세기 무슬림들은 종교적인 숭배 행위와 이상적인 인간의 대상으로서 예언자 무함마드를 위와 비슷한 방식으로 찬양했다. 대체로 펀자브 지역 및 연합제속주 내 일부 출세지향적 무슬림들에게만 영향력을 미쳤지만, 자신을 예언자 무함마드, 크르쉬너 여신, 그리고 예수와 동일시했던 미르자 굴람 아흐머드Mirzā G͟hulām Aḥmad[우](1835~1908)가 남겼던 여러 가지 가르침[27]은, 19세기 말엽 이상적인 모범을 지향했던 종

---

26 사후 존칭으로 "알라마(ʕAllāmah[우], '매우 박식한(most learned)')"가 붙여졌다.

27 일명 아흐마드(Al-Aḥmadīyah[아])파로 알려졌다. 이 종파의 창시자 아흐머드는 자신을 당시 세상의 최후 환란 속에서 악과 불평등으로부터 대중을 구제할 마흐디(Mahdī[아], 구세주)라 하면서, 자신이 예언자 무함마드와 동급의 인물이라 천명하였다. 이러한 교리로 인해 예언자 무함마드를 최후의 예언자로 여기는 순나파와 시아파 모두 이 종파를 이단으로 여기고 이 종파에 속한 이들을 무슬림으로 대우하지 않고 있으며, 이 때문에 이들은 인도공화국 내 무슬림 공동체와 파키스탄에서 심한 박해를 받고 있다.

교적인 숭배 행위가 이루어진 사례를 극적인 형태로 보여주고 있다. 새롭게 등장한 석판화 중에서도 특히 당시 서유럽에서 등장한 구상화와 사진으로부터 영향을 받았던 화가 라자 라위 와름마Rājā Ravi Varmma[말](영어명 Raja Ravi Varma, 1848~1906)가 선구적으로 시도했던 회화 양식은, 신들을 더 인간적인 형태를 띤 모습으로 묘사했다. 그렇게 신들은 종교적인 숭배 행위의 대상뿐만 아니라 이상적인 모범이 되기도 했으며, 자신을 도야하는 방식을 확립하는 데에도 일조했다(그림 28). 석판화는 널리 복제되어 광고와 달력에 자주 이용되었다(그림 31).

여성과 젠더

19세기 후반에 발생한 여러 운동에서는 여성과 관련된 가르침들이 중심이 되었는데, 여기서 여성들은 올바른 도덕 질서를 구현하는 매우 강력한 상징적인 존재로 묘사되었다. 당시 현안들로는 여성들의 문해율, 조혼 풍습이 만연했던 당시 소녀들에게 특히 영향력을 미쳤던 결혼 연령의 문제, 과부들의 재가 기회, 그리고 무슬림들의 경우 일부다처제 풍습 등이 있었다. 게다가 개혁가들은 결혼식을 비롯해 인생에서 중요한 행사들을 대체로 더 단순하고 덜 사치스럽게 치르자고 주장했다. 이러한 문제들은 종단을 초월해 힌두교인들뿐만 아니라 무슬림들, 식크교인들, 마즈다숭배교도인 파르시인, 그리고 인도 기독교인들 역시 관련된 사안이었다. 영국인들이 인도 사회를 비판하면서 그 핵심적인 사항으로 여성의 열악한 지위 및 대우를 오래도록 거론했다는 사실을 고려할 때, 이는 놀랄 일이 아니었다. 이런 현안들을 다룰 권한이 있다고 주장했던 서유럽식 교육을 받은 "세속적인" 집단들이 갖게 된 새로운 역할은 여러 종단에서 비슷하게 드러났는데, 이전에 그러한 권한은 경전 교육을 받았거나 사회 내 종족宗族 지위로 그 위상을 유지했던 이들의 전유물에 불과했다.

무슬림들의 경우, 데우번드파가 보여주었던 사례는 여성의 행동에 관한 새로운 문제가 서유럽식으로 교육받고 영어에 친숙했던 이들에 그치지 않고 사회적으로 중요해

그림 28_ 〈셔쿤털라의 탄생〉
라위 와르마 作, 이 유아용 음식을 선전하는 광고에 실려 있다.

졌음을 잘 보여준다. 20세기로 들어설 무렵 데우번드 출신 개혁가 멀라나 무험머드 아쉬러프 알리 타나위Mawlānā Muḥammad Ashraf ʕAlī Thānawī[우](1863~1943)가 우르두어로 썼던 영향력 있는 책인 『천국의 보석Bihishtī Zewar[우]』은, 한 사상가가 이슬람교 안에 존재했던 별도의 전통을 따라 자신의 사상을 발전시키면서도, 그의 사상이 식민지 시대라는 맥락에 의해 어떻게 영향을 받았는지를 잘 묘사하고 있다. 어린 소녀들을 위한 지침서 목적으로 집필된 이 작품은 글을 읽기 위한 독본 역할을 맡고 있는데, 저자가 말하는 것처럼 이 책은 여성 독자를 "일반적인 알림ʕĀlim[아]('이슬람교에 밝은 무슬림 학자'[28])"과 동등한 이로 만들기 위해 종교의례 및 사회 규범들, 고전시대 여성들의 삶 및 예언자 무함마드 자신으로부터 그 사례를 끌어온 고결한 행동 모범들, 그리고 엄격한 영적 · 도덕적 규율과 관련된 가르침들을 언급함으로써 작자의 주장을 충분히 자세하게 제시하고 있다. 이 책은 또한 어떻게 과부들이 경제적으로 자립하기에 충분한 소득을 마련할 수 있는지 여러 가지 제안을 제시하고, 우편 제도와 철도 여행 등 여러 가지 새로운 도전을 어떻게 대할지 조언을 주며, 서적 보관과 가계 관리에 대한 상세한 설명도 다루고 있다. 또한 이 책은 여성들의 민간요법과 관례적인 여러 종류의 기념행사, 그리고 여성들의 교제에 관한 전통적인 방식들에 대해서도 비판하고 있다. 여성들은 글을 읽을 수 있고 교육받아야 하지만, 정확하게 설정된 범위 안에서만 그런 활동이 이루어져야 하며, 이들은 주로 집안에 머물면서 남편들의 통제를 따라야 했다.

종단을 넘어 여성의 가정생활에 관한 새로운 이상적인 모습 역시 20세기로 넘어가기 직전 수십 년 동안 그 모습을 드러냈다. 이런 이상적인 모습에서 여성들은 정부와 선교사들이 제시한 예시에 근거한 행동양식의 모범을 따라 교육받고 "점잖게 행동해야" 했다. 하지만 그러한 모범들과 극적으로 대비되어, 이들은 또한 신성한 종교 전통을 유지해야 했다. 게다가 식민지 시대 가치들이 지배했던 당시, 여성들은 바깥 세계와 대비해 "식민화되지 않은 가정家庭"이라는 공간을 보호하는 존재로 간주되었다. 방

28 이 단어의 복수형이 바로 이슬람권에서 이슬람 교리와 법학에 밝은 지식인층을 가리키는 "울라마(ʕUlamāʔ[아])"이다.

그림 29_ 〈첫번째 강타〉
칼리가트풍 회화, 니바런 천드러 고쉬(Nibaran Chandra Ghosh) 作, 1880년경

글라 지역에서 이러한 여성상은 그르허러크쉬미Gr̥halakṣmī[성]("집의 여신")로 알려졌다. 이 현안들은 1873년 방글라 지역에서 발생해 한때 세상을 시끄럽게 했던 한 살인 사건[29]이 왜 그렇게 강한 주목을 받았는지 잘 말해준다. 이 사건은 여러 잡지에서 대대적으로 다루어졌을 뿐만 아니라, <그림 29>에서 복제된 것과 같이 칼리가트풍Kālīghāṭ[방] 회화를 포함한 수많은 예술 작품을 비롯해 약 19개의 희곡 작품들이 이 사건을 다루었다. 캘커타에 있는 주요 순례 성지로부터 이름을 따왔던 칼리가트풍 회화는, 순례자들이 많이 방문하는 시장에 판매하려는 목적으로 신들의 역동적이고 우아한 이미지들을 나타내기 위해 영국식 회화와 수채화를 모범으로 하면서도 이를 변형시켰다. 19세기 중엽에 이르러, 이러한 회화들은 새로운 중산층을 풍자 대상으로 삼기 시작했는데, 이들의 남녀 관계가 특히 주 대상이 되었다. 저 유명한 1873년의 사건을 들어보자면, 당시 캘커타 교외의 한 마을이었던 타러케셔르 사원의 주지住持(head priest, "머헌트Mahant[성]")는 불임 치료를 빙자하여 엘로케시Elokeshī[방]라는 한 여성을 유혹했다. 캘커타의 관리이자 그녀의 남편이었던 너빈Nabīn은 이 소식을 알게 되자 분노한 나머지 부인의 목을 베었다. 엘로케시의 삶과 죽음은 당시 공공 영역에 존재했던 여성 문제를 잘 집약해 드러내고 있는데, 점잖은 여성들에게 점점 더 꺼림칙한 장소가 되었던 당시 사원에서 이 사건이 벌어졌다는 점도 중요하지만, 이 사건에는 가정 바깥에서의 교육과 같이 새로운 형태의 공적 행위와 연관된 여성들의 문제가 얽혀 있었다는 점이 훨씬 더 중요하다. 그러한 행위는 가정이라는 신성한 공간도 그렇고, 여성의 올바르고 희생적인 행위를 더럽힐 위험성을 갖고 있었다. 자신의 우산과 손가방을 든 모습을 한 너빈은 식민지 시대 도시에 거주했던 신민인데, 그는 동정심을 가진 전형적인 남성상을 보였음에도 불구하고, 가정의 보호자로서 마땅히 수행해야 할 역할을 다하지 못하고 있다. 스와티 처토파디아이Swati Chattopadhyay(방글라어로는 샤티 첫토팟다이Sbātī Caṭṭopādhyāy)의 주장에 의하면, 이렇게 유린당한 엘로케시라는 인물은 "유린당한 방글라 지역 사회뿐만 아니라 전국의 사회구조" 바로 그 자체였다. 마찬가지로 수십 년 뒤에 나온 러빈드러

29 이 사건이 발생했던 사원의 이름을 따 타러케셔르(Tārakeshbar[방]) 사건이라고도 한다.

나트 타쿠르의 유명 소설 『가정과 세상』[30]은, 집안 내에서 수행해야 할 신성화된 역할에 반항하는 한 여성의 비극적인 운명을 잘 드러내고 있다. 이렇게 새롭게 등장한 가정생활에는 새로운 제약들이 있었지만, 여기서 여성들은 유럽의 모범을 단순히 모방하기보다는 새로운 기술들과 학식을 수용했다.

곧 이 "새로운" 여성들은 작가로서, 그리고 개혁의 옹호자로서 그 역할을 자임하게 되었다. 당시 보수적인 사회 풍습에 구애받지 않았던 여성 토후 보팔Bhopāl[힌]의 베검은 부르카Burqaʕ[아]를 머리에서 발끝까지 입고는 소녀들의 교육을 장려하기 위해 이리저리 여행을 다녔다. 성스크르터어 고전들을 엄격하게 교육받았던 펀디타 러마바이 서러스워티Paṇḍitā Ramābāi Sarasvatī[머](1858~1922)는 인도 전국을 여행하며, 여성들의 교육과 사회 개혁을 옹호하면서 이에 대한 자신의 시각을 뒷받침하는 소책자들을 썼다. 25세의 나이로 남편을 여읜 그녀는 영국을 여행해 영어를 배우고 의학을 공부한 뒤 기독교로 개종했는데, 여기서 그녀는 기독교를 자신만의 용어로 해석했다. 1888년 그녀는 봄베이에 집안에서도 과부들이 공부할 수 있는 학교를 세웠고, 이어 푸나에도 한 곳을 더 세웠다. 덕컨고원 지역 내 브라머너 계급 출신 여성이었던 겅거바이 프란셩커르 야그니크Gaṅgābāī Prāṇshaṁkar Yājñik[구](영어명 Gangabai Pranshankar Yagnik, 1868~1937)는 가장 성공적이었던 여성 교육기관 중 하나인 "위대한 칼리 학교Mahākālī Pāṭhshālā[방]"[31]를 1893년 캘커타에 세웠는데, 이 학교는 힌두교의 종교·도덕 원칙들을 학생들이 함양하는데 그 목적을 두고 있었으며, 부유한 지주였던 더르벙가Darbhaṁgā[힌](영어명 Darbhanga, 현 비하르주 북부에 위치)의 머하라자로부터 후원을 받았다. 방글라 지역 무슬림이었던 로케아 사카와트 호센Rokeẏā Sākhāoẏāt Hosen[방](영어명 Rokeya Sakhawat Hossain, 혹은 줄여서 베검 로케아Begum Rokeẏa, 1880~1932)는 소녀들을 위한 학교들을 세웠고, 여성들의 극단적인 은거 생활을 비판했다. 또한 호센은 1905년에 발표한 탁월한 풍자소설인 『술타나의 꿈Sultānār Sbapna[방]』을 포함해 다양한 방면에서 작품을 지었는데, 이 소설에서 남성과 여성의 역할은

30 현지 방글라어로는 "거레 바이레(Ghare bā'ire), '집에서 바깥에서'"이다.
31 mahā "큰, 위대한" + Kālī "칼리 여신" + pāṭhshālā "학교"

뒤바뀌어 있다. 이런 상상의 세계 속에서, "여성들은 방해받지 않고 뛰어난 지능을 통해 태양열과 공기를 이용한 기계들과 같은 각종 개량품을 만들어냈다. 대중들은 세상에 완전히 만족해 있었고, 전쟁이 일어날 가능성은 없었으며, 남성들은 저나나Zanāna[힌/우/방][32]에 갇혀 있었다."

여성의 행위에 대해 새로운 방식들이 등장하면서 사회 정체성을 구성하는 새로운 경계들이 생겨났다. 그 중 하나는 특권을 더 갖고 있는 이들과 덜 갖고 있는 자들 간의 경계였다. 멀위 너지르 아흐머드 델위가 1869년 우르두어로 쓴 대중 소설『신부의 거울Mirāt ul-ʕĀrus』의 첫 부분을 보면, 한 고위직 여성이 길가에 있는 자신의 딸이자 고집이 센 아크바리에게 어서 집으로 들어오라고 성급하게 외치는 대목에서 그런 경계가 드러난다. 하인들 및 미천한 출신들과 어울리는 이 소녀로부터, 당시 마땅히 준수해야 한다고 여겨진 행위에 대해 그녀가 완강히 저항하는 모습이 비유적으로 드러나고 있다. 브러머회나 아려회의 영향을 받은 가문 출신의 딸들과 비슷한 처지에 있는 아크바리는 하층 계급 출신들과 다르게 행동하도록 요구를 받았다. 그러나 사회 · 종교적 개혁이 계급 간 경계를 긋는 역할을 맡았다면, 그 개혁으로 인해 설정된 종단 간 경계는 훨씬 더 눈에 잘 띄었을 것이다. 또한 아크바리는 무슬림처럼 행동하기로 되어 있었는데, 왜냐하면 다른 가르침들은 힌두교인들을 대상으로 하였기 때문이었다. 이런 운동은 근본적으로 공동체 간 분열을 비슷한 방식으로 조장했다는 점에서 비극적이고 역설적이었다.

그리하여 다양한 개혁 운동은 개인의 선택에 기회를 주었다는 점에서 서로 비슷했다. 이런 개혁 운동은 대체로 특정 경전을 강조했고, 자신들의 해석이 역사적인 연속성을 지닌다고 주장했으며, 헌신적인 행위와 모방을 위해 이상적인 신 혹은 인물을 제시했다. 이런 운동은 민중들의 관습이나 신념 대신, 규범적이고 경전에 부합된다고 여겨진 것들로 여성들을 포섭하려 했다. 개혁 운동은 특정 일자 및 시각時刻으로 사람

---

32 보통은 원래 페르시아어가 변형된 영어명 Zenana로 알려졌으며, 전근대 한국으로 치면 규방閨房에 해당된다.

들을 결박시키고 인척 집단들을 묶어주었던 현지 관습들로부터, 대체로 농촌 지대에 거주했던 추종자들을 해방시켰다. 그리하여 이 개혁운동은 전문직, 무역, 관직, 그리고 사업에 종사했던 유동적인 신흥 집단들의 필요 사항들을 이상적인 방식으로 들어줄 수 있었다. 하지만 이 과정에서 종단과 계급 사이에 여러 경계들이 그어졌으며, 이런 경계들은 일상생활과 사교 영역에 자리잡으면서 근대 국민국가의 개인주의적인 이상적 모습들과 긴장관계를 유지하며 존재하게 되었다. 이러한 긴장관계는 공동체의 이미지에 이상적인 여성의 이미지를 더하는 과정에서 분명히 드러난다. 여성은 때로는 언어(타미르나드 지역에서 타미르어는 여신 타미르따이Tamiḻttāy[타]로 비유되었고, 매춘부라 경멸받은 베검 우르두어와 달리 힌드어는 "너그리Nagrī[힌] 여왕"로 비유되었다), 지역(어머니로 비유된 방글라 지역), 그리고 어머니 여신"바러트 마타Bhārat mātā[힌]"으로서 인도 자체를 나타내는데 이용되었다. 공동체를 구상하는 일은 항상 배제된 타자를 상정하는 일을 수반했다.

1890년대: 자自종단宗團 중심주의(Communalism)[33]와 각종 천재지변

여러 종단, 특히 힌두교인들과 무슬림들 간에 존재했던 여러 경계들은 1890년대 내내 극적으로 분명해졌다. 온건한 위웨카넌더의 가르침조차 남성적인 덕목을 추종하고 힌두교의 영광을 불러일으키는 애국심과 결합되어 있었다. 벙킴 천드러 첫토팟다이의

33 근현대 인도사에서 Communal(ism)이라는 단어가 사용될 경우, 그 지칭 대상은 카스트, 부족 등 다른 범주의 공동체들보다 힌두교나 이슬람교, 시크교 등 "종단宗團"(특정 종교 집단 내 분파에 해당되는 종파宗派(Sect)와는 분명히 다른 개념이며, 한국종교지도자협의회 소속 '한국 7대 종단'을 생각해보라)을 가리키는 경우가 거의 대부분이다(예: 힌두교-이슬람교 종단 간 갈등, 힌두교-식크교 종단 간 갈등). 그리고 종단 내부의 배타적인 정체성을 확립하면서 타 종단을 적대시하는 이 정치적 · 종교적 운동의 특징을 고려할 때, 이 운동의 명칭에 단순히 "주의"만 붙일 것이 아니라 "자自"와 "중심주의"라 단어를 덧붙이는 편이 Communalism의 실제 양상을 온전히 설명하는데 더 효과적이다. 한편 드물지만 Communal(ism)이 가리키는 대상이 종단 말고 카스트, 부족 등 다른 부류의 공동체들일 경우, 이 상황에서는 "공동체의, 자自공동체 중심주의"로 번역하는 것이 적절하다.

방글라어로 된 소설들은 신화적인 "역사"를 창조해냈는데, 여기에서 용감한 힌두교인들은 억압적인 무슬림 폭군들을 물리치는 모습으로 나온다. 무슬림 작가들도 역시 무슬림들은 "지하드Jihād[아]('성전')"와 "배신"을 일삼는다고 하는 동양학자들의 비판에 맞서기 위해, 그리고 공동체의 자부심과 자존감을 드높이기 위해 역사에 주목하게 되었다. 1879년 알타프 후샌 할리Alṭāf Ḥusayn Ḥālī[우](1837~1914)가 발표한 대서사시 『무섯더스Musaddas[우]』는 과거에 무슬림들이 누렸던 영광과 대비해 당시 무슬림 세력이 정치적으로 쇠락해가고 있음을 애통해하는 내용을 담고 있으며, 이크발의 시와 같이 아브둘 헐림 셔러르ʕabd ul-Ḥalīm Sharar[우](1860~1926)가 쓴 낭만주의 소설들은 기독교인들이 아니라 무슬림들이 남유럽을 지배했을 시기 시칠리아섬과 이베리아반도 내 무슬림들이 펼쳤던 통치를 찬양했다. 과거에 대한 이런 찬양은 특히 머하라쉬트러 지역에서 두드러졌는데, 이 지역에서 머라타어로 된 오래된 연대기들은 시와지 1세가 다스렸던 시기로부터 다루기 시작하면서 통치자들의 영웅적인 공훈들을 거론했다.

이러한 노력에 중심적인 인물은 바로 위대한 인도 국민국가 수립운동가였던 발 겅가더르 틸러크Bāḷ Gaṁgādhar Ṭiḷak[머](1856~1920)[34]였다. 고컬레와 같이 브라머너 계급에 속한 치트파원 카스트 집단 출신이면서 그와 초기에 협력했던 틸러크는, 힌두적인 국민국가로서 인도를 기리고 식민통치에 반대하는데 점점 더 급진적인 태도를 취하게 되었다. 그의 유명한 좌우명은 "스워라즈Svarāj[힌]('자주自主', 영어명 Swaraj)[35]는 내가 태어나면서

---

34 별칭 로크마녀(Lokmānya[머], "인민(Lok)의 인정(Mānya)을 받은 자"), 본명 케셔우(Keshav[머]) 겅가더르 틸러크.

35 본 번역에서는 일제강점기 조선의 "자치운동"이 주는 느낌이나 현 중국의 "자치구" 등이 주는 어감을 고려하여, "자치自治"와 "자주自主"라는 단어 사용에 엄밀성을 가하기로 했다. 역사적인 사용 맥락을 고려하자면, 사전을 찾아봤을 때 "자치"는 단순히 "자기 일을 스스로 다스리는 것"이라는 문자적 의미만 포함하는 것이 아니라, "식민지 상태를 유지한 상태에서 현지 주민들이 어느 정도 독자적으로 행정 업무를 수행하는 일"이라는 뜻을 담고 있다. 한편 "자주"는 사전에서 "남의 도움이나 간섭을 받지 않고 스스로 자기 일을 처리하는 것"이라 정의되어 있는데, 이는 "자치"보다 더 강한 주체적인 의미를 담고 있다. 따라서 이 책에서는 "self-rule"이라는 단어에 대해 글의 맥락에 따라 적절하게 "자치" 혹은 "자주"를 구별해 사용하기로 한다. 한편 "swaraj"에 대해서는 "자주"로, "self-governing/self-government"에 대해서는 "자치/자치정부"로, "home-rule"에 대해서는 "자치"로, "autonomous/autonomy"에 대해서는 글의 맥락에 따라 "자주(적인), 혹은 자치(적인)"으로 번역하기로 한다.

지닌 권리요, 나는 그것을 가질 것이다."였다. 행진, 기념행사, 그리고 그가 간행한 머라타어 신문 《케서리Kesarī[성/머], "사자lion"》를 통해, 틸러크는 정부의 여러 조치에 대해 강력한 비판을 던졌다. 그러한 비판의 최초 사례는 바로 성관계 동의연령 법안Age of Consent Bill에 대한 그의 도전이었는데, 1891년에 상정된 이 법안은 결혼과 관련해 성관계가 가능한 하한 연령을 10세에서 12세로 올리는 내용을 담고 있었다. 사회 개혁가들 사이에서 오랫동안 쟁점이 되었던 이 성관계 동의연령 문제를 놓고, 그는 이 문제는 영국인들이 관장할 것이 아니라 힌두교도 자신들이 결정할 것이라 주장했다.

1893년 틸러크는 코끼리 머리를 한 신이자 시워 신의 아들인 거네셔Gaṇesha[성], 혹은 거너퍼티Gaṇapati[성][36]의 탄생을 기리는 인기 많은 축제를 거행했다. 그리하여 그는 이전에는 연례적으로 치러진 가문 축제들의 집합에 불과했던 이 축제를 웅장한 공개행사로 탈바꿈시켰다. 이 축제가 진행되면서 며칠 동안 행진, 음악 연주, 그리고 음식 대접이 끊이지 않았으며, 이웃, 카스트, 혹은 직업에 따른 기부금 조성을 통해 축제가 조직되었다. 대체로 학생들이었던 소년들로 이루어진 무리들은 거네셔를 찬양했을 뿐만 아니라 힌두교와 국가적인 영광을 기리고, 당시 정치 현안들을 다루기 위해 훈련을 받고 음악을 연주했다. 일례로, 초기에 축제 조직자들은 사람들에게 금주할 것과 더불어 "스워데시Svadeshī[힌](영어명 Swadeshi)"[37] 물건을 후원하도록 당부했다. 동시에 이들은 힌두교인들에게 소들을 보호하고, 7세기 후사인 이븐 알리와 그의 추종자들의 순교를 추모하기 위해 시아파 무슬림들이 조직했으면서 힌두교인들도 이전에 자주 참여했던 무하람 축제에 불참할 것을 호소했다.

틸러크는 힌두교도 사회의 통일성을 영국인들에게 과시하면서, 이를 통해 식민지 정부가 무슬림들을 편애하는 것이 잘못되었음을 드러내기 위해, 그리고 교육받은 지도층 사회를 넘어 온 사회에 국민국가 수립을 위한 정신을 세우기 위해 거너퍼티 축

---

36 코끼리로 표현된 신으로, 행운 · 예술 · 학문 · 지성을 상징하는 신이다. 거네셔(Gaṇesha[성]), 위나여커(Vināyaka[성]), 필라이(Piḷḷai[타])라 불리기도 한다.

37 본래는 '자국'이라는 뜻으로, 이후 운동이 전개되면서 '국산'이라는 뜻으로 바뀌었다.

그림 30_ 거너퍼티 축제 행진 인도 머드여프러데쉬주 서쪽에 있는 다르에서 1913년 촬영

제와 같은 행사들을 이용하려고 했다. 한 지역 마을에서 벌어졌던 축제를 찍은 사진(그림 30)은 행사에 결집한 군중들을 비롯해, 행사가 진행되면서 발생 가능한 폭력 사태를 막기 위해 대기 중인 무장 경찰들, 그리고 독특한 납작 모자를 쓰면서 코끼리에 올라탄 머하라쉬트러 지역 브라머너 계급 출신들이 축제에서 중심적인 역할을 다하고 있는 모습을 담고 있다. 1895년 틸러크는 두 번째 연례 축제를 개시했는데, 1장에서 이미 확인했듯이 머라타인 통치자이자, 무굴제국의 세력에 저항하면서 숨겨진 무기로 한 무슬림 귀족을 배신하고 살해했던 유명한 사건으로 조망을 받은 시와지 1세를 기리는 것이 이번 축제의 목적이었다. 이렇게 역사적으로 재구성된 모든 일들은 식민통치에 저항하는 방식을 담는데 그 목적을 두었지만, 식민지 시대 제도를 고려해 집단 간에 드러난 차이점들을 사회학적인 시각에서 분석할 때, 이런 일들은 힌두교인들과 무슬림들 간의 악감정 역시 부추겼다.

무슬림들과 분명히 구분되는 힌두교인들의 차이점은 소[牛] 보호 문제로 인해 대중들 사이에서 벌어진 소요로 커졌다. 소의 복지에 관한 문제는 일찍이 1860년대 펀자브 지역에서 식크교 내 종파인 쿠카Kūkā[펀](혹은 남타리Nāmdhārī[펀]라고도 함)파가 최초로 거론했던 사안인데, 이 문제를 다시 아려회가 다루게 되었고, 이 단체의 지도자 더야넌드는 힌두교인들에게 이 현안에 대해 정부에 탄원함으로써 "소 도축 행위"에 항의하라고 촉구했다. 1893년 아려회는 채식주의와 소 보호라는 상호 관련된 문제들을 둘러싸고 갈라졌다. 소 도축방지협회Gaurakṣiṇī Sabhā[성][38]를 비롯해 소 보호와 관련된 협회들이 1880년대에 세워졌다. 소는 모성과 다산과 관련된 여러 이미지들을 구현하는 강력한 상징이었는데, 소를 보호하는 신인 크르쉬너 여신을 향한 종교적인 숭배 행위가 재개되면서 소는 새로운 중요성을 띠게 되었다. 소 보호는 육류 섭취 거부를 포함해 상층 카스트 집단이 준수했던 여러 종교적인 규율들을 따르고자 했던 출세지향적인 이들의 지지를 받았다. 이 운동은 또한 "정통주의" 입장의 사회비평가들에 대항해 자신들의 신뢰도를 굳히고자 했던 개혁가들에게도 기회가 되었다. 이 운동을 지지하는 여러 주

38 gaur "소" + a "없음, 아님" + kṣiṇ "도축" + sabhā "협회"

장들 중 특히 서유럽식 교육을 받았던 이들의 주장은, 소 도축으로 인해 유제품을 계속해서 생산하는 원천이 제거되면 물리적이고 도덕적인 측면에서 국가가 쇠약해진다는 내용을 대체로 담고 있었다. 그리하여 "신경쇠약"과 같은 질병들을 둘러싸고 같은 시기 유럽에서 일어나고 있었던 논쟁처럼, 소 도축 문제는 국가가 퇴보하는 것처럼 보인다는 사람들의 불안감이 당시 더 커지고 있었다는 사실을 반영했으며, 결과적으로 이는 육체를 다지는데 열광적으로 집착하는 흐름으로 이어졌다. 비록 소고기를 먹지는 않지만, 여전히 강해질 수 있다는 사실을 인도인들은 영국인들에게 과시해야 할 필요성을 실감하고 있었다. 1892년부터 그 다음 해까지 논쟁이 격렬해진 원인은, 성관계 동의연령 법안 자체도 그렇지만, 이 법안 제정으로 인해 발생한 영국의 간섭으로부터 토착 관습들을 보호하려는 의지 때문이기도 했다. 그리하여 이 운동의 발생 원인은 다각적이었으며, 나중에 이 운동을 격화시킬 반무슬림 감정이 주된 원인은 아니었다.

각종 소 보호 협회들은 탄원서를 준비하고, 가두 행진에 나섰으며, 이 문제를 다룬 극을 상연하기까지 했다. 소 보호 운동가들은 대체로 무슬림들이었던 도축업자들을 고소했으며, 무슬림들이 해마다 거행하는 이둘 아드하ʕīd ul-ʔAḍḥā[아][39] 축제를 위해 소들이 희생되는 것을 막았고, 소를 매매하는 정기시定期市 혹은 정육점으로 소들이 향하는 것을 **노상**에서 저지하려고 했다. 또한 이들은 소를 사육했을 뿐만 아니라 병들고 늙은 동물들을 보호하는 일을 지원했다. 이들의 호소는 대중에게 널리 전파되었는데, 이들은 가구 단위로 곡물을 기부했으며, 힌두교인들 사이에 벌어진 범죄들을 처벌하는데 법원과 협력해 그림자 정부를 만들기까지 했다. 결국 1893년 양 종단 간에 폭동이 일어났는데, 이는 소를 종교적으로 보호받는 대상이라 여긴 사법부의 결정(사실은 법원이 지지한 것이 아니었다)을 현지 관리들이 고수하지 않고 있다는 잘못된 믿음으로 인해 발생한 것이었다. 이 법적인 논란거리는 그 이후 이어진 신문 및 소책자를 통한 여러 차례의 토론과 더불어, 법적 권리와 입법 자격에 대한 식민지 시대의 표현 방식이 어느 정도

---

39 아브라함이 자신의 아들 대신 동물을 희생으로 바친 것을 기념하는 무슬림들의 명절.

로 일상의 언어 및 사고의 일부가 되었는지를 잘 보여주고 있다. 소와 관련된 여러 가지 복잡한 활동은 당사자들이 공유한 경험의 일부가 되었는데, 이러한 경험은 국민국가 안에 존재하는 도덕적 공동체의 성격을 정의했다. 사실 소고기는 무슬림들이 특별히 높게 치는 음식은 아니었으며, 소고기 섭취는 빈민층과 주로 관련되어 있었다. 소 역시 희생제에 필요한 대상도 아니었는데, 희생제를 거행하는데 주로 사용된 동물은 염소들이었기 때문이었다. 그러나 무슬림들은 이 문제에 대해 법이 그들에게 부여했던 권리들을 재확인할 필요성을 점점 더 강하게 느끼게 되었는데, 이는 인구 다수를 이루는 힌두교인들이 무슬림들의 다른 종교 활동들도 역시 제한하는 것을 막기 위해서였다. 이 논의는 소에 초점을 두기는 했지만, 훨씬 더 큰 문제들이 여기에 얽혀 있었다.

1893년에 일어났던 힌두교인들과 무슬림들 간 폭동으로 인해, 인도 서부, 북서제속주, 어워드, 비하르, 심지어 버마의 랭군Rangoon(버마어로는 양공Yangon까지 포함한 지역들에서 100명 이상의 사망자가 발생했다. 아주 멀리 떨어져 있는 지역들로 폭동이 확산되는 가운데, 전신과 신문은 폭동 소식을 전파함으로써 또다른 소요를 뒤이어 촉발시키는데 그 위력을 발휘했다. 도축에 대한 법 규정이 크게 변하지 않을 것이라는 점이 명확해지면서 폭동은 사그러들었다. 그러나 폭동은 앞으로 오랫동안 이어질 기억을 사람들에게 남겼다. 국민회의당 내 많은 당원들이 소 보호 운동을 개별적으로 지원했다는 사실은, 자신들의 이익에만 집중하는 조직들을 세워야 무슬림들의 이익이 가장 잘 보호받을 수 있다고 대부분의 무슬림 지도자들이 판단하게 만드는 결과를 낳았다. 일부 힌두 국민국가 수립운동가들에게 소 보호 운동가들의 행위는 자부심을 불러일으켰는데, 이러한 행위는 힌두교인들은 수동적이고 비활동적이라는 당시 인식에 도전했기 때문이었다.

1890년대 발생한 두 가지 천재지변 사태는 사람들이 더 직접적으로 행동에 나서는 원인이 되었다. 하나는 1896년과 1899년 몬순철 당시 강수량의 부족으로 인해 기근이 발생했다는 점이었다. 특히 덕컨고원 지역에서 그 피해가 극심했는데, 이 지역에서는 환금작물 재배로 인해 매년 수확량이 더 요동을 치게 되었고, 자유무역의 원칙을 고수함으로써 필수 원조품들의 전달에 제약이 있었기 때문이었다. 절망에 빠진 농촌 민중들은 경우에 따라 토지세 납부를 거부하기도 했고, 법적 권리를 보호받기 위해 매우 명확하게 정당한 방식으로 행동에 나섰다. 두 번째 천재지변 사태는 선腺페스트bubonic plague였는데, 이 전염병은 1890년대 말 봄베이 항구를 통해 인도에 유입되었다. 전염병에 대해 영국인들은 사람들을 분산시킨다는 매우 공격적인 대책들을 세움으로써 오히려 전염병을 확산시키는데 일조했는데, 이 때문에 정부는 대중들로부터 대대적인 저항을 받았다. 1897년 차페커르 삼형제(맏형 다모더르 차페커르(Dāmodar Cāphekar[머], 1869~1898), 둘째형 발 크루쉬너 차페커르(Bāḷ kṛṣna Cāphekar, 1873~1899), 막내 와수데우 차페커르(Vāsudev Cāphekar, 1880~1899))는 이전에 이미 거너퍼티 축제 때 있었던 행진에 참가하고, 사회 개혁가들에 대항하는 직접 행동을 취하기 위해 준군사 조직을 세운 적이 있었다. 이 삼형제는 식민지 정부 총독이 주관했던 빅토리아 여왕 즉위 60주년 기념행사가 끝난 뒤 행사장을 떠나고 있었던 당시 전염병 담당 장관 월터 랜드Walter Rand(1863~1897)와 그의 호위 무관 찰스 에거튼 애어스트Charles Egerton Ayerst를 암살했다. 이 사건을 거론했던 틸러크의 간행물들의 내용은 도발적이라 여겨졌고, 가해자들의 신상이 거의 확실하게 드러나지 않았기 때문에 그는 선동 혐의를 받아 8개월 동안 투옥되었다.

1890년대는 극도의 고통으로 가득했던 시기였으나, 이에 대한 행정적인 대응은 매우 미숙했다. 기근과 전염병 때문에 인도 국민국가 수립운동가들은 당시 진행된 군사 작전들이 무익하다고 여겼는데, 그러한 군사 작전으로는 영국인 차 생산자들의 이해관계를 반영해 인도아대륙 동쪽 끝에 있는 어험Asam[어](영어명 Assam)[40] 및 머니푸르Maṇipur[성] 지역으로 영령인도제국의 강역을 넓히는 일을 비롯해, 부족 간 불만이 고조되고 있으면서 군사력 증강이 지속되던 북서변경지역의 칼라트Qalāt[발][41] 및 치트랄Citrāl[파](영어명 Chitral)[42]로 제국의 영역을 확대하는 일 등이 있었다. 1894년 세입을 늘리려는 추가

---

40 어험어에서 /sh/, /ṣ/, /s/에 해당되는 글자들은 모두 "ㅎ[x]"발음이 난다.

41 현 파키스탄 발로치스탄주 중부에 있는 한 현縣이다.

42 현 파키스탄 해버르퍼흐툰흐와주 북부에 있는 한 현으로, 아프가니스탄과 붙어있다.

적인 시도로 정부는 수입 면직물에 관세를 부과했으나, 그 직후 이런 보호 조치 때문에 발생한 부작용을 상쇄할 필요성만 생기게 되자, 그 대책으로 5%의 물품세가 지방 각지에서 생산된 물품들에 동등하게 부과되었다. 이 물품세는 인도의 산업을 희생해 영국인 제조업자들의 이익을 챙기려는 식민지 정부의 관심사를 단적으로 보여준 상징적인 사례였다. 새롭게 제정된 기근법Famine Code의 여러 조항들을 비롯해 곡식을 철도로 운송할 수 있는 국가적인 역량에도 불구하고, 현금과 수입 식량에 점점 더 의존하고 있었던 많은 소농들은 절박한 상황에 놓였다. 19세기 초반에 분명하게 나타났던 꾸준한 성장과 대비해, 경기 침체와 기근, 그리고 전염병으로 인해 1890년대 전체 인구는 감소하게 되었다.

커즌 경과 방글라 분할령

조지 너새니얼 커즌은 1899년 인도에 부임했는데, 그는 자비로우면서도 전제적인 통치자들이 관장하는 효율적인 행정이 인도에 최상의 효과를 가져다줄 수 있다고 확신했다. 그는 끊임없이 일했고, 언변이 좋았으면서 뛰어난 업무 효율을 보였으나, 동시에 고압적이고 오만하기도 했다. 그는 부족들에게 부과하는 여러 명목의 세금을 이용해 그동안 문제가 끊이지 않았던 영령인도의 북서 지역을 안정시켰고, 무슬림들이 다수를 차지하는 별개의 속주인 북서변경속주North-West Frontier Province를 창설했으며, 동시에 혼동을 피하기 위해 북서제속주와 어워드North-Western Provinces and Oudh를 연합제속주United Provinces로 개명했다. 그는 티베트로 원정대를 보낸 뒤 티베트가 중국 내 자치 지역이라는 사실을 인정했다. 인도 국내의 경우, 그는 비대해진 관료제의 규모를 줄이기 위해 노력했다. 이외에도 그는 별도로 분리된 경찰 업무 개설, 토지 가치 산정의 합리화 시도, 상업 및 산업 담당 부처 신설, 농업 연구 지원, 그리고 역사적인 기념물들을 연구하고 보호하기 위한 인도고고조사국Archeological Survey of India의 창설 등 여러 노력을 기울였다. 그는 특히 타즈 마할을 중시해, 중앙에 있는 묘를 향해 화려한 빛을 반사하는 고정 기구들을 설치하여 이 영묘를 아름답게 꾸몄다. 커즌의 통치 방식은 대학 교육에 관한 여러 문제들을 연구하는 위원회 위원들을 임명하는 데서 명백히 드러났는데, 여기서 단 한 명의 인도인도 위원회에 포함되지 않았다. 고등교육에 대한 정부의 통제를 강화하는 것처럼 여겨진 1904년에 제정된 대학법The 1904 Universities Act은 고컬레와 교육받은 인도 지도층의 공분을 사 비판을 받았다. 공적으로 드러난 대중들의 격렬한 반응은, 커즌이 상상했던 대로 행정적인 효율성만이 계속해서 대중들을 만족시키고 활발하게 정치 활동을 했던 이들의 불만을 누그러뜨릴 수 없었다는 사실을 명백하게 보여주는 신호였다. 이 모든 것은 이후 1905년에 공포된 방글라 분할령에서 훨씬 더 분명히 드러났다.

방글라 지역은 효율적으로 다스리기에 너무 큰 속주로 오랫동안 여겨졌다. 그리하여 커즌은 방글라 동부 지역을 어험 지역과 통합해 당시 인구가 약 3100만 명이나 되는 새로운 속주를 만들었으며, 이로 인해 나머지 반쪽 방글라 서부 지역은 비하르와 오리사 지역을 통합하게 되면서 인구 약 5000만 명의 또다른 속주가 서쪽에 탄생했다. 이렇게 재조정을 하더라도 두 속주는 당시 전 세계 주요 국가들보다 인구가 여전히 더 많았다.[43] 하지만 이런 식으로 방글라 속주를 분할하게 되면서 무슬림들은 방글라 동부에서 다수를 차지하게 되었고, 반대로 방글라 서부에서는 비하르인이나 오리사인 등 비방글라인들이 다수를 형성하게 되었다. 영어 교육을 받았던 방글라 지역 중산층은, 이 조치는 자신들의 사랑스런 조국을 갈라놓는 처사이자 자신들의 권력을 약화시키려는 식민지 정부의 노골적인 수작이라 보았다. 방글라 분할령에 반대하기 위해 이들은 스워데시 운동을 조직해 국산 제품들을 애용하고 영국에서 수입된 물품들을 불매할 것을 촉구했다. 이 운동은 슈렌드러나트 번도팟다이와 다른 온건파들이 주도했지만, 테러 활동에 전념했던 소규모 집단들도 이 운동에 나섰다.[44] 역사학자 수

---

43 1900년 기준으로 조선의 인구는 1700만 명 정도, 일본 본토의 인구는 4400만 명, 영국 본토의 인구는 4500만명, 독일 제국의 인구는 5600만 명, 미국 본토의 인구는 7600만 명 정도였다.

44 특히 인도국민회의당 내 과격파의 수장이었던 발 정가더르 틸러크와 더불어, 펀자브 지역 출신의 유력 정치인 랄라 라즈퍼트 라에(Lālā Rājpat Rā'e, 영어명 Lal Lajpat Rai, 1865~1928)와 방글라 지역 출신

및 서르카르Sumit Sarkar(방글라어 발음으로 슈미트 셔르카르Sumit Sarkār)가 주장했던 대로, 이 운동의 가담을 통해 방글라 지역 내 정치적 주도권은 힌두교인 남성 버드럴로크 계층 및 지대地代를 추구하는 계층들이 쥐고 있었다는 점이 분명해졌다. 그리하여 소농 계층은 주로 무슬림들이었던 상황 속에서, 이 운동 자체는 당시 성장 중이면서 분열을 조장하는 성격을 띠어가던 "힌두교인들"과 "무슬림들"이 갖고 있었던 종교 정체성을 강화시켰다.

이전 수십 년 동안 인도 국민국가 수립 움직임에서 드러난 대부분의 표현들은 "방글라 지역"을 중심적인 충성 대상으로 만들었는데, 이는 저 유명한 소설인 『복이 넘치는 수도원Ānandamaṭh[방]』[45]에서 드러난다. 이 소설의 작가 벙킴 천드러 촛토팟다이는 방글라 지역을 어머니 여신으로 등치시켰는데, 무슬림들의 억압으로부터 방글라가 해방되는 일은 방글라가 낳은 투지로 가득 찬 아들들의 투쟁으로 쟁취될 것이었다. 노래 「번데 마터럼Bande Mātaram[방]」[46]은 저명한 문예 인사였던 러빈드러나트 타쿠르Rabindranāth Ṭhākur[방](영어명 Rabindranath Tagore, 1861~1941)에 의해 곡이 붙여져, 1905년 이후 인도 국민국가 수립운동의 비공식적인 송가頌歌가 되었다.[47]

> 어머니시여, 저는 당신께 절하겠어요!
>
> 갈 길을 재촉하는 당신의 개울들로 가득하며,
>
> 과수원에서 나오는 당신의 빛으로 환하며,

비펀 천드러 팔(Bipin Candra Pāl, 영어명 Bipin Chandra Pal, 1858~1932)은 스워데시 운동을 주도하면서 동시에 방글라 분할령 실시에도 저항하였는데, 당시 이렇게 세 사람이 인도 정계를 주도했던 상황을 세 사람의 이름을 따 "랄-발-팔 삼두정치(Lal-Bal-Pal Triumvirate)"라 한다.

45 『우퍼니셔드』와 『버거워드 기타』를 보면, 윤회('성사러Saṃsāra[성]')를 끝내는 일은 지극한 행복을 뜻하는 "아넌더(Ānanda[성])"로 표현된다. 또 방글라어 단어 maṭh는 "수도원(monestary), 사원(temple), 신전(shrine)"을 뜻한다. 이 때문에 이 소설의 제목은 영어로 "Abbey of Bliss"로 알려져 있다.

46 방글라어로 "어머님께 절합니다."라는 뜻이다.

47 원서 원문에서는 분량상 가사 대부분이 생략되어 있지만, 「번데 마터럼」이 인도 국민국가 수립운동에서 차지하는 막대한 중요성에도 불구하고 국내에는 아직 전문이 번역돼 소개된 적이 없는 만큼, 이 번역본에서는 「번데 마터럼」의 가사 전부를 번역하기로 했다.

기쁨으로 차오르는 당신의 바람으로 시원해지며,
검은 들판을 뒤흔드는, 강력한 어머니이시자,
자유로운 어머니시여.

달빛이 내는 꿈들의 영광은
당신의 나뭇가지들과 위풍당당한 개울들을 비추면서,
꽃피는 나무들의 모습을 한
어머니시여, 당신은 편안함을 주시면서,
소리낮춰 달콤하게 웃고 계시네요!
어머니시여, 저는 당신의 두 발에 입을 맞추면서,
당신은 달콤하게 소리낮춰 말하시는군요.
어머니시여, 당신께 저는 절하겠어요.

검이 칠천만의 손들을 후려치면서
그리고 칠천만의 비명이 울리면서
당신의 무시무시한 이름이 바닷가에서 바닷가로 퍼지고 있을 때,
누가 당신의 땅에서 당신이 약하다고 말했나요?
강력하고 쌓아올려진 수많은 힘을 가진
당신을 저는 어머니이자 주인님이라 부르겠어요!
당신이 지켜준 자들이여, 일어나 지켜주세요!
대지와 바다로부터
누구든지 적들을 몰아내
자유로워진 그녀를 향해 저는 외칠 거라네요.

당신은 지혜이자, 법이자,
심장이자, 영혼이자, 숨결이요,

당신은 우리 마음 속에 있으면서 죽음마저 정복하는
경외롭고도 신성한 사랑이네요.
당신의 힘은 팔에 힘을 북돋아주네요.
당신의 아름다움과 매력도 그러하고요.
우리 신전들에서 신성해진 모든 그림들은
오로지 당신의 것이네요.

당신은 두르가 여신이자, 숙녀이자,
윤기 나는 검들을 휘두르는 두 손을 지닌 여왕이시네요.
당신은 연꽃 왕관을 쓴 러크쉬미 여신이자,
백 가지 음색을 내는 무사(Mousa, 영어 뮤즈Muse) 여신이네요.
비할 바 없이 순수하고 완벽하시며,
갈 길을 재촉하는 당신의 개울들로 가득하며,
과수원에서 나오는 당신의 빛으로 환하시며,
검은 빛깔을 내는 아! 공평하신
어머니이시여, 당신의 귀를 빌려주세요.

당신의 영혼에는 보석과 같은 머릿결도 그렇고,
영광스런 신성한 미소가 있네요.
당신은 이 세상 모든 지역 중에 가장 사랑스럽고,
잘 지켜진 두 손으로부터 부가 쏟아져 나오네요!
어머니시여, 어머니는 제 것이에요!
달콤한 어머니시여, 저는 당신께 절할게요,
위대하고 자유로운 어머니시여!

테러 활동을 벌인 비밀 결사단체들에서 활동한 이들은 방글라를 인정많은 어머니보다는 힘과 파괴의 여신이자 시워 신의 아내인 칼리 여신이라 여겼는데, 이들은 칼리 여신에 무기를 바쳤다. 칼리 여신이 등장하는 석판화로 된 담배 광고(그림 31)는 스워데시 운동과 더불어, 거국적인 투쟁이 촉발할 수 있는 힘의 이미지를 신흥 중산층의 소비재와 연결짓고 있다. 이 모습을 통해 담배는 그저 "좋은 담배 한 대"로 그치지 않고 정치적이고 힌두적인 성격을 띤다.

전국의 인도 국민국가 수립운동가들은 방글라 지역을 위해 영국인들의 오만함과 여론에 대한 경멸, 그리고 이들의 노골적인 전략처럼 보였던 분할통치에 대해 분노했다. 캘커타는 여러 집회와 외국 상품들을 불태우는 불길, 탄원, 신문, 그리고 전단으로 가득했다. 소요는 특히 펀자브 지역과 봄베이, 그리고 푸나 시로 확산되었다. 인도 서부의 거너퍼티 축제는 1905년에 부활했으며, 점차 반영反英적인 색채를 띠게 되면서 1910년경에 이르면 영국 측의 탄압을 받게 되었다. 커즌은 국민회의당을 이미 힘을 잃은 세력이라 여겼으나, 이후 자신의 마지막이면서도 중요한 조치인 방글라 분할령을 통해, 그는 국민회의당이 새로운 힘뿐만 아니라 대중들의 지지를 동원할 새로운 전술들을 갖추게 하는데에도 일조했다.

1905년 커즌은 사임했는데, 이는 방글라 지역에 혼란을 초래한 것 때문이 아니라, 자신이 신중하게 선임했던 총사령관 키치너 경Lord Kitchener(1850~1916)과의 권력 다툼에서 패배했기 때문이었다. 같은 해 본국에서 자유당이 선거에서 승리해 존 몰리John Morley(1838~1923, 재임 1905~1910)가 본국의 인도사무대신으로 임명되었다. 고컬레를 존경하고 아일랜드에 자치권home-rule을 부여하는데 기여했던 몰리는 대대적인 개혁 조치를 통해 인도 내 온건 정치 세력들의 충성을 확보하기로 결심했다. 커즌의 후임이자 새로 발족한 내각에서 위그당 좌파에 속했던 민토 경Lord Minto(1845~1914, 재임 1905~1910)은 몰리와는 반대로, 개혁의 주된 요소로써 행정구역 내 모든 단위에서 토후들을 참가시키는 자문 회의들을 설치하는 것을 선호했는데, 이는 통치 방면에서 지속된 "더르바르" 방식에 그가 집착했다는 사실을 명백히 드러낸다.

한편 소요가 점점 더 커지자 민토는 이를 가혹하게 탄압하기로 했다. 선동 혐의로 많은 이들이 체포되었고, 시위대는 경찰의 공격을 받았다. 1905년 러시아에 대한 일

그림 31_ 〈자신의 배우자인 시워 신을 짓밟고 있는 칼리 여신〉
캘커타 내 버우바자르(Bowbazar) 가에서 판매되었으며, 칼리 여신이 그려진 담뱃갑에 붙여진 다색으로 석판인쇄된 달력, 1908년

본의 승전 소식은 유럽 세력에 대한 아시아 국가의 첫 번째 승리로써 시위대를 고무시켰다. 하지만 인도의 냉혹한 현실은 시민들의 자유에 대해 훨씬 더 많은 제약 사항들이 가해졌다는 사실을 분명하게 드러냈다.

1906년 국민회의당 대표로 선출되었으면서 "온건파Moderates"였던 고팔 크루쉬너 고컬레는, 당원 다수의 지지에 힘입어 여러 헌법 개혁 사항들을 약속했던 몰리에게 계속 압력을 가했다. 하지만 틸러크가 주도하면서 국민회의당 안에서 강한 목소리를 내고 있었던 세력인 "과격파Extremists"는 이제 더 급진적인 행동을 요구하게 되었다. 온건파와 과격파 간에 긴장관계가 지속되면서 1907년 국민회의당이 분열되었다. 같은 해 선동 혐의로 기소당했던 틸러크는 6년 간 수감 선고를 받아 버마의 만달레이Mandalay로 이송되었다. 이후 10년 동안 국민회의당은 온건파들이 지배하게 되었다. 틸러크의 가까운 동료들 중에는 영국에서 교육을 받았던 방글라인 어러빈더 고쉬Arabinda Ghoṣ[방](영어명 Aurobindo Ghose, 1872~1950)도 있었다. 라머크르쉬너와 위웨카넌더에 열광하고 벙킴 천드러 첫토팟다이의 소설이 남긴 메시지에 공명했던 고쉬는, 이전에 일부러 멀리했던 자신의 방글라적인 뿌리를 되찾고 분할령에 대한 투쟁에 나섰다. 그러나 테러 활동을 했다는 의심을 받아 투옥되고 나서, 1910년 그는 영적으로 헌신하는 생활에 나서기 위해 프랑스령 퐁디셰리로 물러나 칩거했다. 거기서 종교적인 국민국가주의에 대해 많은 사람들이 그의 열정과 미래상에 매료되어 그를 따랐다.

한편 방글라 분할령과 제안된 여러 개혁 조치들은 무슬림들의 대응을 일으켰다. 무슬림 지도자들은 방글라 분할령을 원래 지지하지 않았다. 하지만 방글라 지역은 힌두교인들의 땅이라는 암시를 담은 「번데 마터럼」에 나타난 여러 표현들도 그렇고, 현지에서 생산된 스워데시 옷감을 살 형편이 못 되었던 가난한 무슬림들을 향한 압력, 그리고 힌두교인들로 이루어진 군중들의 난동에 직면했던 그들은 이제 입장을 바꾸기 시작했다. 무슬림들의 대변인들은 인도 동부에서 자신들의 입지를 확보하기 위해 새로운 속주 창설을 지지하게 되었다. 당시 영국인 관리들은 옛 방글라 지역에서 힌두교인들의 지배에 대한 대항 세력으로써 무슬림들의 이익을 별도로 배당할 가능성을 열심히 이용했다. 방글라 지역 동부에서 다카의 소이어드 너와브 알리 초우두리Soiyad

Na'oẏāb Ālī Coudhurī[방](영어명 Syed Nawab Ali Chowdhury, 1863~1929)가 이끌었던 소규모 무슬림 지도층은 속주 신설로 인해 무슬림들의 교육과 고용 기회가 늘어날 것이며, 이들은 캘커타의 지배로부터 벗어나 경제 · 정치적 발언권을 확대할 수 있을 것이라 기대했다. 방글라 지역 내 무슬림 공동체는 상류 지역 속주들에 거주하고 있었던 무슬림들의 견해와 점점 더 가까워지게 되었는데, 당시 이 지역들 내 무슬림들은 교육 · 고용 · 정치적 발언권 측면에서 자신들이 불이익을 받고 있다고 생각하고 있었다.

알리거르 컬리지의 영국인 교장의 중재로, 봄베이에 기반한 이스마일파 지도자 아가 한 3세(1877~1957)[48]가 이끈 약 35명의 무슬림들은 1906년 가을 민토와 접견했다. 이들이 제출한 여러 헌법 개혁안들을 보면, 이들은 자신들의 수적인 우세뿐만 아니라 정치적인 중요성을 반영할 의원 선출권을 무슬림들에게 부여할 것을 부왕에게 촉구했다. 이들의 주장에 의하면, 무슬림들은 "별도의 이해관계를 가진 별개의 공동체인데, …(중략)… 이러한 이익은 다른 공동체들과 나눌 수 없는 것이지만, …(중략)… 지금까지 제대로 대표되지 않았다." 서예드 아흐머드 한이 최초로 제기했던 이 주장들을 들어줄 수 있는 적격자는 바로 민토였다. 부왕은 다음과 같이 답변했는데, "인도 대륙 내 주민들을 구성하는 여러 공동체의 신념들과 전통들을 무시하고 개인에게 참정권을 부여하는 것을 목적으로 삼는다면, 인도 안에서 선거를 통한 의원 선출은 반드시 나쁜 결과를 남기며 실패할 것이라고 나는 매우 확신하며, 당신들의 말이 맞다고 믿는다." 인도는 각자가 하나의 공동체로서 의원 선출권을 가질 만할 별개의 공동체들로 이루어진다는 인식을 공유함으로써, 식민지 정부와 상층 무슬림들의 이익이 바로 여기서 수렴되었다.

몰리-민토 개혁Morley-Minto Reforms으로 알려진 1909년 인도의회법Indian Councils Act of 1909은 여전히 영국인들이 확고하게 장악하고 있던 행정부를 통제하거나, 자문에 의한 "더르바르"식 통치를 뒤집을 권한을 입법부에게 주지 않았다. 하지만 이 개혁은 비록

48 "아가 한"은 특정 개인의 이름이 아니라 이스마일파의 종교 지도자인 이맘의 명칭이며, 아가 한 3세의 본명은 술탄 무험머드 샤 경(Sir Sulṭān Muḥammad Shāh[우])이다.

중앙 의회에는 해당되지 않았지만, 지방 소재 의회들에서 관리 출신이 아닌 인도인들이 다수 의석을 차지할 기회를 마련했으며, 선거의 원칙이 모든 행정 단위에 적용되었다. 선거의 진행 방식은 대체로 간접 선거였다. 속주 및 현縣 의회, 상공회의소, 대학, 지주들, 그리고 차와 황마 농장주들과 같은 특별 유권자단 등을 포함한 다양한 공공 주체들은 지방 의원들을 선출했으며, 다시 지방 입법부들은 중앙 입법회 의원들을 선출했다. 이 다수의 입법부에 소속된 의원들은 추가 질문들을 던지고 회의에서 결의안들을 상정할 권한을 이제 부여받았다. 그리하여 의회들의 규모가 약간 확장되었으며, 이에 따라 의회들의 권한 역시 확대되었다. 앞으로 화근이 될 혁신적인 조치 중 하나는, 바로 지방 및 중앙 입법부 안에 최초로 무슬림들만이 투표할 수 있는 분리 유권자단separate electorates이 설정되었을 뿐만 아니라, 의회들 안에서 무슬림들을 위한 지정 의석들이 배정되기 시작했다는 점이었다.[49] 이 조항은 무슬림만이 전체 무슬림들을 대표하거나 무슬림들의 이익을 보호할 수 있다는 사실을 내포했는데, 이러한 인식은 앞으로 다가올 수십 년 동안 인도 내 정계에 만연해지게 되었다. 이런 상황 속에서 1906년 12월 다카에서 전인도 무슬림연맹All-India Muslim League이 구성되었다. 당시 이 조직은 소수의 지주 및 귀족 지도층만을 포함했지만, 모든 무슬림들의 이익을 향상시키는데 그 목적을 두었다.

1911년 새로운 부왕 찰스 하딩 경은 굉장한 구경거리가 된 제국 더르바르를 델리에서 개최했다. 이 때 영령인도제국의 황제를 겸하면서 새로 즉위했던 본국의 조지 5세George V와 그의 왕비는 자기 인도인 신민들 앞에 직접 그 모습을 드러냈는데, 이는 영국이 인도를 통치하면서 재임 중인 영국 왕이 인도를 방문했던 유일한 사례였다. 점점 더 그 목소리가 높아져 가던 자치에 대한 인도인들의 여러 요구 사항들에 대해, 행사용으로 만들어진 어마어마하게 큰 천막들과 원형극장을 갖추었던 이 호화스런 행사에 비견될 만할 더 극적인 행사는 존재하지 못했을 것이다. 그 이미지는 무굴제국 파

49 즉, 무슬림 대표들을 선출하는데 다른 집단들이 아닌 오직 무슬림들만이 그럴 자격을 갖고 있다는 얘기이다.

디샤로서의 부왕을 묘사한 것이었으며, 행사 순서의 조직, 선물 교환, 토후들에게 부여된 중심적인 역할, 그리고 무굴제국 시대 지어진 붉은 요새(그림 1)에 출현한 부왕의 모습 등 이 모든 사항들은, 영국인들이 인도를 다스리는 적절한 방식이라 상상했던 것을 드러내는데 그 목적이 있었다. 인도제국의 황제를 겸했던 조지 5세는 세 가지 "성은聖恩(boon)"을 발표했다. 첫 번째는 캘커타에서 델리로의 천도였는데, 이는 그동안 철저하게 비밀로 지켜진 결정이었다. 델리는 제국의 중심에 더 가까운 도시로 판단되었고, 하계 수도였던 시믈라로 가는 데에도 더 편리했지만, 영국인들은 또 이 발표가 당시 충성스럽다고 여겨진 무슬림 신민들과 자신들을 무굴제국의 영광이 남긴 기억과 연결시키는 조치라 여겼다. 물론 천도는 당시 활발했던 정치 운동의 중심인 캘커타로부터 멀어지려는 움직임이기도 했다. 무굴제국 시대 조성된 구 델리의 남쪽에 위치해 있으면서 이후 뉴델리로 알려지게 될 새로운 수도를 건설하는 계획은 에드윈 러첸스 경Sir Edwin Lutyens(1869~1944)과 허버트 베이커 경Sir Herbert Baker(1862~1946) 등의 건축가들에게 맡겨졌다. 광활한 부왕의 궁전에 초점을 두었던 보자르Beaux-arts풍[50] 수도에 대해 이들이 가졌던 제국적인 미래상은, 인도가 민주주의 국가로서 독립하기 전 십수년의 공사 기간 안에 실현되기 어려운 것이었으며, 실제로도 그리 되었다.[51]

두 번째 "성은"은 방글라 분할령의 취소, 더 정확히 말하자면 속주 경계를 다시 설정하는 일이었다. 어험, 비하르, 그리고 오리사 지역은 자체적으로 권리를 지닌 속주들로서 별도의 행정적인 지위를 갖게 되었으며, 동서로 양분되었던 방글라 지역은 다시 합쳐졌다. 마지막으로 세 번째 "성은"으로써 방글라 지역은 마드라스 관구와 봄베이 관구와 비견될 만할 수준으로 총독이 직할하는 속주로 승격되었는데, 이는 방글라 지역의 규모와 중요성을 고려할 때 적절한 조치였다. 1907년에 일어났던 내부 분열로

---

50 프랑스어로 "순수 예술(fine arts)"을 뜻하며, 건축과 회화 측면에서 고대 그리스·로마 시대의 예술을 철저하게 지향하는 고전주의적인 성향을 보인다.

51 부왕 관저가 착공된 것은 1912년의 일로, 1929년에 겨우 완공되어 1931년에 개관되었다. 1947년 인도가 독립하고 나서부터 이 부왕 관저는 "대통령궁(힌드어로 라쉬트러퍼티 버원(Rāṣṭrapati Bhavan), rāṣṭra '국가' + pati '지도자, 원수' + bhavan '궁전')"으로 개칭되었다.

인해 그 세력이 약해졌고 새로운 개혁 조치들에 만족한 국민회의당은 소요를 중단했으나, 방글라 분할령 취소에 배신당했던 무슬림 지도자들은 점차 자신들의 정치적 기반에 대한 확신을 잃게 되었다. 더르바르라는 구경거리가 만든 안정성이라는 환상은 새로운 문제들과 새로운 지도자들, 그리고 새로운 동맹들로 인해 깨졌다.

제1차 세계대전, 새로운 목표들, 새로운 동맹들

제국 더르바르가 거행된 뒤 십 년 동안, 인도 정계는 무엇보다도 국제적으로 발생한 사건들에 의해 그 추이가 결정되었다. 1912년 방글라 분할령 취소에 놀란 무슬림들의 여론은, 러시아뿐만 아니라 그리스 및 발칸반도에서 일어난 여러 봉기에 맞선 오스만 제국을 보호할 의사를 영국이 갖고 있지 않았다는 사실로 인해 영국과 더 멀어지게 되었다. 19세기 말부터 무슬림들은 오스만 제국 술탄의 위상을 전 세계 무슬림의 할리파Khalīfah[아][52]로 보느냐의 문제를 두고 토론을 벌였다. "이슬람 세계"라는 개념과 같이 할리파를 지지하는 편은 기존 제도보다는, 서유럽의 인종주의와 제국주의보다 더 높은 이상을 추구하는 쪽과 더 관련되어 있었다. 서예드 아흐머드 한이든 미르자 굴람 아흐머드 및 아흐머드 러자 한 버렐위와 같은 종교 지도자들이든 간에, 충성파 대변인들은 술탄은 전 세계 무슬림들에게 모든 영적 권위를 갖고 있다는 점을 부정했다. 그 대신 젊고 서유럽식 교육을 받았던 일부 무슬림들이 오스만 제국과 할리파를 처음으로 지지했는데, 그 중에는 영문 주간지 《동지들Comrades》를 발간했던 무험머드 알리 저허르Muḥammad ʕAlī Jawhar[우](영어명 Muhammad Ali Jauhar, 1878~1931), 펀자브 지역에서 우르두어 신문 《저민다르Zamīndār》를 간행했던 저퍼르 알리 한Ẓafar ʕAlī Khān[우](1874~1956), 그리고 한때 캘커타에서 테러 단체에 가담하기도 했으면서 우르두어 주

---

52 본래 "대리인", "계승자"의 의미를 지녔으며, 이슬람권("움마(ʔUmmah[아])") 전체 종교 지도자의 위상을 지닌 칭호이다. 한편 술탄은 세속적인 정치 지도자의 의미를 지닌 칭호이다.

간지 《초승달Al-Hilāl[우]》을 발간했던 멀라나 아불컬람 아자드Mawlānā Abu 'l-Kalām Āzād [우](1887~1958) 등이 있었다. 이들은 다른 이들과 함께 당시 영향력 있던 러크너우의 울라마 집단에 곧바로 합류했다. 1912년 제1차 발칸전쟁이 발발했을 때 이들은 오스만 제국군을 지원하기 위해 의료지원대를 파견했으며, 히자즈 지역에 있는 순례 장소들의 보호를 지원하기 위한 조직이 구성되었다.

"범이슬람"에 대한 호소는 영국에 대한 구세대의 충성으로부터 벗어나 국민회의당과 동맹을 맺는데 주력하려는 움직임으로 이어졌다. 1912년 무험머드 알리 저허르가 주도한 계파는 러크너우에서 열렸던 무슬림연맹 전체회의를 지배하여, 자치 정부를 요구하는 결의안을 통과시켰다. 이듬해 1913년, 칸푸르에 위치한 한 마스지드에서 신성모독을 일삼았던 영국인들의 행동으로 인해 폭동이 일어나, 23명이 사망하고 수십 명이 체포되었다. 이 사건은 식민지 정부와 무슬림들 사이에 극도로 곤두선 관계가 위태로웠음을 보여주었고, 또 최초로 보수 충성파가 청년 급진단체와 연합하면서 현지의 소요가 전국 무슬림들의 이익과 연관될 수 있는 정도를 보여주는 단서가 되었다.

1914년 8월 영국은 본국과 인도를 포함한 제국 전체의 유지를 위해 독일에 선전포고했다. 모든 정당들은 놀랄 정도로 기민하게 영국을 전적으로 지지했다. 그 해 11월, 오스만 제국이 적국이 되었음에도 불구하고 무슬림연맹은 오스만 제국도 지지했다. 하지만 연합국 진영The Allies이 전후 성취할 목표라고 주장했던 자결권Self-determination을 인도가 이제 가질 수 있다는 기대가 전쟁 기간 동안 고조되고 있었다. 이를 위해 새로운 여러 동맹 관계가 온건파와 급진파, 국민회의당과 무슬림연맹 간에 형성되었다.

전쟁을 총력적으로 수행하는 과정에서 인도는 막대한 희생을 치렀다. 100만 명을 훨씬 웃도는 인도 병사들이 징집되었는데, 영령인도군은 프랑스뿐만 아니라 중동에서도 작전을 수행하면서 모든 전선에서 막대한 인명 피해를 냈다. 전비 지출을 위해 인도로부터 나온 세입의 투입도 역시 상당하여, 1916년부터 1918년까지 매년 전비 수요가 대략 10%에서 15%까지 상승했다. 외부 시장과의 교역은 지장을 받았다. 1918년 몬순철 당시 부족한 강우량 때문에 식량 부족 현상이 나타났다. 곡물 가격이 거의 두 배로 올랐으며, 수입품들의 가격은 거의 세 배나 올랐다. 전쟁 기간은 인도의 일부 주요 토착 산업 발전에 절호의 기회가 되었는데, 특히 면직물 및 철강 산업이 그러했다. 하지만 전체 인구로 봤을 때 전쟁 기간은 급작스런 고통이 유지된 기간이었으며, 1918년 전 세계로 확산된 인플루엔자 범유행병으로 인해 고통은 더 강화되었다.

인도에서 영국군이 사실상 철수했음에도 불구하고, 1912년 부왕 찰스 하딩 경이 델리에 제국의 새로운 수도를 두는 과정에서 발생한 폭탄 테러와 같이 전쟁 전처럼 극적인 테러 활동들은 전쟁 기간에는 발생하지 않았다. 해외에서 가장 주목할 만한 사례는 바로 북미 서부 해안 지역에서 일어났던 사건들이었다. 이곳에서 약 1만 5천명에 이르는 대체로 펀자브 지역 출신 이주민들을 중심으로 한 식크교도 활동가들은 거더르당Ghadar[펀]("혁명")을 조직해 인도 국내에서 봉기를 일으키려고 했다. 전쟁 초기 많은 거더르당 당원들은 인도로 돌아와 방글라 지역 내 공모자들과 합류하려는 기대를 걸고 있었지만, 대부분의 당원들이 사전에 체포되는 바람에 이 계획은 무산되었다. 한편 영국인들은 전쟁 기간 동안 전 세계에 걸쳐 범이슬람주의 운동가들이 공모할 것을 역시 두려워하고 있었다. 데우번드파의 주도적 인물이었던 멀라나 메흐무드 허선 데우번디Mawlānā Meḥmūd Ḥasan Devbandī[우](영어명 Maulana Mahmud Hasan Deobandi, 1851~1920)은 히자즈 지역에 있던 튀르크인들과 연결망을 구축하려고 했으나, 영국인들에게 신병이 인도되어 1917년부터 1920년까지 몰타에 구금되었다. 다른 데우번드파 출신 인물이자 마찬가지로 식민지 당국에 체포되었던 멀라나 우배둘라 신디Mawlānā ʕUbayd ul-lāh Sindhī[신](1872~1944)는 북서변경 지대에서 소요를 일으키려는 목적으로 독일인들 및 튀르크인들과 협력관계를 맺기 위해 아프가니스탄으로 갔다. 오스만 제국이 전쟁에 뛰어들 때부터 종전 협정이 맺어지기 전까지 무험머드 알리 저허르와 그의 형 멀라나 셔커트 알리Mawlānā Shawkat ʕAlī[우](1873~1938)는 구금되어 있었다. 영국인들은 이렇게 내부의 잠재적인 위협들을 극도로 억압적인 조치들로 대응했는데, 그중에서도 1915년 3월에 제정된 인도방위법Defence of India Act은 시민들의 권리를 광범위하게 제약했다.

1915년 만달레이에서 새롭게 돌아온 틸러크는 국민회의당에 다시 입당했는데, 이는 자신의 성향이 온건해졌기 때문이기도 했고, 그 해 고컬레뿐만 아니라 자신의 온건파 동료였던 피로즈샤 메타Phirojhshāh Mehtā[구](영어명 Pherozeshah Mehta, 1845~1915)가 사망했기 때문이기도 했다. 인도 정계는 새로 형성된 인도자치연맹Home Rule Leagues이 펼친 여러 활동으로 더더욱 다시 활기를 띠게 되었는데, 이 단체의 이름과 목적, 그리고 행동 방식은 아일랜드 국민국가 수립운동가들의 운동 전개 방식으로부터 영향을 받았다. 이 단체의 주도권은 영국인 여성이었던 애니 베선트Annie Besant(1847~1933)가 쥐었는데, 그녀는 신지학神智學(Theosophy)[53] 개종자로 인도에 온 뒤, 곧바로 마드라스 바로 남쪽에 붙어 있는 아다이야르Aṭaiyār[타](영어명 Adyar)에 근거지를 둔 신지학협회Theosophical Society 회장이 되었다. 러시아 출신 여성이었던 헬레나 블라바츠키Helena Blavatsky(1831~1891)가 창시한 종교운동이었던 신지학협회는 사회 개혁, 초자연적인occult 수행을 통한 단련, 그리고 서유럽 문명보다 시기적으로 앞섰던 고대 힌두교의 지혜에 대한 찬양을 뒤섞어놓으며 설교 활동을 펼쳤다. 이 운동은 서유럽식 교육을 받았던 인도인들 사이에서도 선풍적인 인기를 끌었는데, 고컬레도 한동안 이 운동에 주목했으며, 인도와 유럽에 있던 소수의 유럽인들도 이 운동에 매료되었다. 자신의 신지학협회 추종자들을 핵심 지지 집단으로 이용한 베선트는 마드라스와 봄베이의 여러 신문을 통해 활동을 펼치면서 자치연맹의 전투적인 정치 활동에 대한 관심을 높였다. 그리고 틸러크는 자치연맹의 지부를 설립했는데, 이 지부는 대체로 인도 서부에 기반을 두고 있었다. 두 단체는 토론 집단 및 독서실을 여러 군데 세웠고, 정기 간행물들뿐만 아니라 전단과 그림엽서도 도처에 뿌렸으며, 수차례 순회 강연을 조직했고, 여러 희곡 작품 및 노래를 이용해 자신들의 주장을 전파했다. 그로 인해 조직의 규모가 지리적으로 확대되었으며, 자치를 옹호하는 사회 계층들이 다양해졌다. 베선트는 1917년 구금되었으며, 이로 인해 전쟁이 끝날 무렵 그녀는 더 조용한 노선의 정치 운동을 전개했다.

1915년과 1916년 국민회의당과 무슬림연맹은 첫 번째는 봄베이에서, 그 다음에는 러크너우에서 만났다. 러크너우에서 두 당은 이후 "러크너우 협정Lucknow Pact"으로 알

53 우주 및 자연의 불가해한 비밀 중에서도 인생의 근원 혹은 목적에 대한 각종 의문을 신神에게 맡기지 않고 연구에 천착하여, 학문적 지식이 아닌 직관에 따라 신과 신비로운 합일을 이루면서 그 본질을 인식하려는 종교적 학문.

려지게 된 결의안을 채택해, 선출된 의원들이 모든 의회 의석의 과반을 이루고, 참정권을 확대하며, 분리 유권자단을 설정할 것을 요구했는데, 여기서 분리 유권자단의 경우 무슬림들이 소수인 속주들에서는 무슬림들에 대한 "가중치"가 반영되었다. 이 마지막 조항은 무슬림 비중이 속주 전체 인구의 14%에 불과했으나 앞으로 전체 의석의 50%를 확보하게 될 연합제속주와 같은 지역들에서는 유리하게 작용했지만, 무슬림들의 의석수가 절반을 조금 넘겼던 방글라 및 펀자브 지역의 경우 무슬림들의 의석수 비중이 펀자브에서는 딱 50%만, 방글라에서는 겨우 40%만 차지하게 되면서 이들에게 불리해졌다. 독립할 무렵 무슬림들의 핵심적인 정치 지도자가 될 무험머드 알리 지나 Muḥammad ʕAlī Jināḥ[우](영어명 Muhammad Ali Jinnah, 1876~1948)[54]는 이 협상에 참가했다. 런던에 있을 때 너우로지와 고컬레로부터 강한 영향을 받았고, 1910년 제국입법회 의원에 선출되었던 이 봄베이 출신 법정변호사barrister는 전쟁 발발 전 무슬림연맹 지도부가 더 적극적인 자세를 취하자 이 당에 가입했다.

1917년 인도 내 주요 정당들 사이에 맺어진 동맹과 맞서게 된 자유당 소속 인도사무대신 에드윈 먼터규Edwin Montagu(1879~1924, 재임 1917~1922)는 인도에서 "자치" 기관들, 더 나아가 최종적으로 "책임정부responsible government"[55] 수립을 본국 정부가 지향한다고 발표했다. 하지만 전쟁 말엽에 두 가지 변화 조짐이 당시 곧 형성되려고 했던 새로운 질서의 방식을 바꾸어놓았다. 1915년 모헌다스 커럼천드 간디Mohandās Karamcand Gāṁdhī[구](영어명 Mohandas Karamchand Gandhi, 1869~1948)는 지난 20년 동안 남아프리카에서 인도인들의 이해관계를 수호한 뒤 고향 인도로 돌아왔다. 1917년에서 그 다음 해까지 그는 구

---

54 지나 가문은 원래 구즈라트 지역에서 시아파로 개종한 무슬림 가문이었다. 파키스탄 건국의 아버지로서 사망 후 그에게는 "위대한 지도자(Qāʔid-i Aʕẓam[우], '카이디 아점', 영어명 Quaid-e Azam)" 또는 "국부國父(Bābā-i Qawm[우])"라는 존호가 붙여졌다.
그동안 그의 이름은 한국에서 "진나"로 알려졌으나, 우르두어로는 "지나"로 발음되며, 원향原鄕인 구즈라트 지역에서도 이 가문의 이름에 대해서는 원래 표기인 "진나(Jinnah)" 대신 "지나(Jhiṇā)"로 표기하는 만큼, 이 책에서도 이 인물의 이름을 앞으로 "진나" 대신 "지나"로 표기하기로 한다.

55 국민 주권의 원리에 따라 국가 기관이 국민에 대해 책임을 지는 정치. 구체적으로 말하자면, 내각 책임제 하에 정부가 의회에 대해 정책 시행의 책임을 지며, 의회의 신임에 따라 정부가 존립하는 정치 형태를 가리킨다.

즈라트 지역 중부에 있는 케다Kheḍā[구]에서 세금 납부를 거부하기 위해,[56] 비하르 지역 서부에 있는 첨파런Campāraṇ[힌]의 인디고 농장주들, 엄다와드의 제조공장주들, 그리고 정부 관리들과 맞서, 이전에 남아프리카에서 자신이 고안해낸 수동적인 저항 방식들을 사용하기 시작했다. 한편 1918년 정전협정이 맺어지고 나서, 승전국들이 오스만 제국의 영토를 분할하고 아라비아 내 성지들을 포함한 주요 지역들을 연합국들에 의존하는 현지 괴뢰 통치자들에게 넘기려고 하자, 무슬림들은 이에 대해 분노와 실망을 표하면서 1919년 전인도 힐라파[57] 위원회All-India Khilafat Committee를 조직하였다. 종전 후 뒤이은 혹독한 탄압 속에서, 간디와 국민회의당 내 다른 지도자들, 그리고 힐라파 운동가들은, 인도인들에게 정당한 통치권을 넘기는 것을 거부하고, 빈민들을 착취하며, 중동 내 무슬림들의 영토에 유럽 제국주의의 새로운 식민지를 만들려는 정책이야말로 영국인들의 배신적인 면모를 보여준다는 공통된 도덕적인 인식으로 뭉쳤다.

편자브 지역 출신 철학자이자 문인이었던 무험머드 이크발은 자신의 가장 유명한 시 중 한 작품에서, 식민지뿐만 아니라 유럽에서도 존재했던 전 세계에 걸친 억압과 착취 행태를 당시 인도가 겪고 있던 곤경과 연관짓는 관점을 잘 드러냈다. 이크발은 이슬람교의 신화적인 예언자인 히드르Al-Khiḍr[아](히즈르Khizr[페]라고도 한다)[58]의 목소리를 빌려, 지배자들과 피지배자들을 어리석게 만드는 분파Qawm[아]("sect"), 인종Nasl[아]("race"), 그리고 피부색Rang[페]("colour") 등과 같은 범주들은 인간들이 실제로 필요한 것들로부터 멀어지게 만들고, 근본적으로 타락한 자본주의적 제국주의의 이해관계를 키우는 "가상의 신들"이라고 비판하면서 다음과 같은 내용의 시[59]를 썼다.

---

56 1918년 케다에 홍수가 닥치면서 기근이 들자, 당시 농민들은 관리들에게 구호품을 요구했다. 이 때 간디는 자신의 추종자들을 이끌고 농민들의 편에 서서 세금 납부 거부 운동을 전개했다.

57 아랍어로 Khilāfah. 할리파를 종교적 · 정치적 지도자로 모시면서 이슬람권 전역에 할리파의 통치력을 행사하는 국가.

58 위대한 지혜나 신비한 지식을 지닌 알라의 올바른 종이면서 경전 쿠르안에 언급되지 않은, 존재가 모호한 인물이다.

59 출처는 이크발의 대표적인 시집 『종소리(Bāng-i Darā[페], "The Sound of Bell")』 제162편 중 후반부인 「히드르의 답변(Jawāb-i Khiḍr[페])」 편에 일곱 번째로 딸려 있는 시 「자본과 노동(Sarmāyah wa Miḥnat[페])」 이다.

가게! 내 전언을 노동자에게 전달하게.

이는 그저 하디르(히드르)가 보내는 전언이 아니라 피조물이 보내는 전언이라네.

교활한 자본가는 자네를 다 우려먹었소.

오랫동안 자네가 갖고 있었던 것은 꿈들이었지, 보상이 아니었다네... …(중략)…

암살자들은 자네한테 대마초를 투여했고,

알게 모르게 노망을 부리는 자네는 그걸 환락이라 생각한다네.

인종, 인민, 교회, 왕권, 문명, 피부색 등등,

“제국주의”는 이 용어들을 진정제로 이용해왔다네!

무지한 이들은 가상의 신들 때문에 사라졌고,

그들의 활기는 혼미 상태로 빠졌다네.

일어나게! 전 세계가 모이는 회의로 향하는 새로운 길이 열렸소.

동방과 서방에서 자네의 시대가 시작되었다네.

제국주의가 쳐놓은 그물로부터 벗어나기 위해, 러빈드러나트 타쿠르처럼 이크발은 “아시아” 혹은 “동양”의 여러 상징들 혹은 더 자주 “이슬람”에 의존했는데, 이는 분열 없는 공정하고 인간적인 사회를 그린 미래상을 노래하는데 목적이 있었다. 하지만 다른 지역들에서처럼 인도에서도 “가상의 신들”이 곧 횡행하게 될 참이었다.

제6장

식민통치 질서의 위기, 1919~1939

개혁과 억압
간디의 등장
간디라는 이름의 힘: 지지자들과 반대자들
비협조운동의 동향
농업 및 산업 분야에서의 여러 대변동
제2차 비협조운동, 1927~1934
새로운 기회, 그리고 새로운 충돌
산업과 경제

제6장

식민통치 질서의 위기, 1919~1939

1919년은 인도 근현대사에서 분수령이 되는 해였으며, 이후에 이런 때는 없었다. 1918년에는 이미 준비 중이었던 먼터규-쳄스퍼드Montagu-Chelmsford[1] 개혁 법안이 제정되었다. 이 개혁은 인도 국민국가 수립운동가들이 점점 더 요구했던 "자주"인 스워라즈를 인도인들에게 부여하지는 않았지만, 인도인들이 자신들의 운명을 결정하게 될 시기가 곧 도래할 것이라는 점을 예고하고 있었다. 하지만 이 해에는 또 억압적인 롤랫법이 통과되었으며, 어므릿서르 학살 사건이라는 재앙스러운 일이 발생하기도 했다. 대부분은 아닐지라도 많은 인도인들에게 이 개혁은 독이 든 성배가 되었다. 대신 이들은 정치 행동과 관련해 새로운 방식을 선택하게 되었는데, 그것은 바로 "비폭력·비협조운동"이었으며, 이 운동의 새로운 지도자인 모헌다스 커럼천드 간디는 남아프리카에서 20년 동안 체류했다가 이제 인도로 갓 돌아온 상태였다. 간디는 전 세계에 도덕적인 면모를 띤 지도력을 보여주면서 앞으로 상징적인 인물로 오랫동안 남게 될 것이었다.

1 쳄스퍼드(1865~1933)는 1916년부터 1921년까지 인도 총독을 맡았던 쳄스퍼드 경(1st Viscount Chelmsford)을 가리킨다.

개혁과 억압

1917년 8월, 에드윈 먼터규는 영국이 인도를 통치하는 목적은 "영 제국의 불가결한 부분인 인도 안에서 책임정부를 점진적으로 실현하기 위해 자치 기관들을 서서히 발전시키는 일"이 될 것이라고 천명했다. 이 선언은 인도를 통치하는데 옛 "더르바르"식 정치를 결정적으로 부인하는 것이었다. 그 대신 인도는 캐나다 · 호주 · 뉴질랜드와 같이 백인들이 정착한 자치령Dominion들의 선례를 따르게 될 것이었다. 또한 이는 교육받은 이들을 정치적으로 대표할 수 없는 소수집단이라 무시하는 대신, 이들이 미래에 인도의 정당한 지도자들이 될 것이라는 자신감을 영국인들이 갖고 있다는 사실을 분명히 뜻했다. 먼터규가 선언을 발표하면서 강하게 지적했던 것처럼, 이들은 "지적인 측면에서 우리 영국인들의 자식들이며, 이들은 우리가 이전에 마련해 놓았던 사상들을 이미 흡수한 상태"였다. 하지만 영국은 개혁의 속도를 조절할 권리를 갖고 있었는데, 그 개혁은 앞으로 느리고 신중하게 진행될 것이었으며, 영국인들은 인도인들이 이 개혁으로부터 이득을 누릴 만했기 때문에 개혁이라는 성은을 그들에게 하사하는 것이라 여겼다.

자치로 향하는 과정의 첫 번째 단계로, 영국인들은 양두정치Dyarchy라 하는 기발한 헌법적인 조치를 마련했는데, 이 양두정치에서 정부가 갖고 있던 여러 기능들은 둘로 쪼개졌다. 널찍한 정원 도시인 뉴델리에 소재하면서 당시 정부청사가 공사 중에 있었던 중앙정부의 권력은 여전히 영국인들이 전적으로 장악했지만, 속주의 경우 농업 및 교육 부문을 비롯해 불가피하게 세율을 올릴 임무와 같은 일부 권한들은 지방 입법부를 책임지는 인도인 장관들에게 이임되었다. 또 이렇게 새롭게 들어선 지방 입법부를 선출할 수 있는 유권자층이 확대되었는데, 이제 이 유권자층은 성인 남성 인구의 약 1/10을 구성하게 되었다. 영국인 총독들은 법과 질서와 같이 "지정"된 중요 대상들은 직접 통제했다.

인도에서 영국인들이 개혁에 나서는 동시에 공황에 빠진 나머지 강압적인 수단에 의존하지 않았더라면, 국민회의당마저도 이 개혁 조치를 기꺼이 수용했을 수도 있었

그림 32_
힌드어 희곡 『온 나라가 노래하는 다이어의 악행(National Song on Dyer's Misdeed)』의 표제지
머노허르 랄 슈클(Manohar Lal Shukla) 지음, 1922년

다. 혁명을 목적으로 하는 단체들의 테러활동이 부활하고, 전후 경제적 혼란으로 인해 발생한 불확실성을 두려워한 나머지, 1919년 초 정부는 전시 비상사태 동안 이미 시행 중이었던 배심원 없는 재판 및 경찰의 무제한적인 구류 권한에 대한 효력을 상당 부분 지속시키기로 했다. 이 법안을 마련했던 법관의 이름을 따 롤랫법Rowlatt Acts으로 알려진 조치들로 인해 인도인들은 강하게 분노했는데, 인도인들에게 이 법은 전쟁 당시 자신들이 치렀던 여러 가지 희생에 대한 영국인들의 가혹한 보답이었다. 이 법이 통과되자 인도인들은 새로운 항의 방식을 취했는데, 그 중 가장 유명했던 것은 전국적인 동맹휴업(일명 "허르탈Hartāl[힌]")이었으며, 이외에도 주요 도시들에서는 시위가 빈발했다. 때때로 폭력 사태로 커진 이러한 항의 방식은 효과적이어서, 일부 지역 정부들은 계엄령을 선포했다. 펀자브 지역에 있는 어므릿서르에서 현지 주둔군을 지휘하고 있었던 장군 레지널드 다이어Reginald Dyer(1864~1927)는 1919년 4월 13일, 담으로 둘러싸인 절리앙왈라 바그 정원 안에서, 불법이었으나 평화적인 방식으로 집회를 벌이던 군중들을 무력으로 해산시키는 책임을 직접 맡았다. 그는 정원 입구에 고르카인 부대를 배치시킨 뒤 군인들이 시위대를 향해 발포하도록 명령했는데, 이로 인해 당시 정원 안에 갇혀 있었던 시위대 중 약 370명이 살해되고 천 명 이상이 부상을 입었다.

영국의 인도 통치 역사 중 최악의 사건이었던 이 끔찍한 학살 사건은 단발적인 사건으로 끝났으나, 식민통치의 부당함을 드러내는 상징이 되어 이후 연설 · 노래 · 연극 작품 등에서 자주 등장했다. 〈그림 32〉는 이 사건 직후 발표된 힌드어로 된 희곡의 표제지를 보여주고 있다. 이 삽화를 보면, 도움을 비는 여성으로 비유된 "펀자브 지역" 위에는 경찰로 묘사된 "계엄령"이 있고, 식민지 정부의 약속을 담았던 법전은 땅에 내팽개쳐 있으며, 간디로 나타난 "서트야그러허Satyāgraha[성]"[2]는 절망감에 가득 찬

---

2 satya[성] "진리" + āgraha[성] "꽉 붙들음" = "진리의 견지堅持". 남아프리카에서 "서트야그러허" 개념을 창안했을 때, 간디는 다음과 같이 이 개념을 정의한 바가 있다.

"'서트여(진리)'는 사랑을 뜻하고, '아그러허(견지)'는 힘을 내는 만큼 힘과 동의어로 볼 수 있다. 그래서 나는 인도인들의 운동인 서트야그러허를 힘이라 부르기로 했는데, 이 힘은 진실과 사랑, 혹은 비폭력으로부터 탄생한 것이다." (M. K. Gandhi, *Satyagraha in South Africa,* (Navajivan: Ahmedabad),

채 이를 지켜보고 있다. 이 학살 사건은 인도인들이 어떻게 지배를 받아야 하는가에 대해 당시 많은 영국인들 사이에 만연해 있었던 인식을 명확하게 드러내었다. 이 사건에 대해 다이어는 자신의 잘못을 뉘우치지 않았다. 나중에 그는 군중들에 대한 발포로 인해 펀자브 지역 내에서 폭동이 방지되는 "도덕적인 효과"가 생겨났다고 강변했다. 그의 생각에 의하면, 아이 같은 인도인들은 버릇없이 굴면 엄하게 처벌되어야 하며, 그들은 스스로 다스릴 능력이 없었다. 기존 질서에 반대하게 되면 사회 안에 무정부 상태만 초래될 수 있었다. 식민지 정부는 그가 장교 직에서 물러나도록 강요했고, 먼터규도 이렇게 폭력에 의존하는 것을 강력히 반대했지만, 다이어는 영국으로 돌아온 뒤 승전 영웅처럼 대접받고 3만 파운드의 후원금을 받는 등 후한 대우를 누리게 되면서 징계는 별로 소용이 없었다. 이후 인도 내에서 독립운동이 전개될 때 헌법 개혁을 반대했던 일부 영국인들은 영국 정부가 결코 무시할 수 없을 정도로 강력한 세력으로 계속 남아있었다. 그 중심에는 보수당 지도자이자 대중들의 인기를 받고 있었던 윈스턴 처칠이 있었는데, 1935년에 그는 개혁 조치를 지지하지 않고 정부에서 물러나기까지 했다.

간디의 등장

사건 자체도 그렇지만, 간디가 어므릿서르 학살 사건에 대한 조사보고서를 "얄은 속임수로 가득한 눈가림"이라 평가했던 대로, 정부가 이 사건에 대한 책임을 부인하는데 완전히 실패하면서, 인도인들은 영국인들이 선의를 갖고 있다는 신념을 완전히 버리게 되었다. 간디는 1920년에 "나는 현재 정말로 사악한 인간들로 가득 찬 정부를

1928, p. 102.)

이런 연유로 "서트야그러허" 운동은 "진리의 힘(Truth-Force)" 운동이라 불리기도 한다.

사랑할 마음을 더 이상 가질 수 없다."라 썼다. 1919년까지 인도 정계에서 그다지 주목받지 못했던 간디는 이 난국을 타개하기 위한 방법을 모색하는데 나서게 되었다. 그리하여 그는 인도 독립의 주역이 되었을 뿐만 아니라, 20세기 가장 독창적이고 영향력 있는 사상가 중 하나로 부상하게 되었다. 구즈라트 지역 내 현지 토후가 다스리던 서우라쉬트러Saurāṣṭra[구][3]의 버니야 카스트 가문 출신으로 1869년에 태어난 간디는, 말을 잘 안 듣고 수줍지만 야심찬 인물로 성장했다. 어린 부인을 고향에 남겨두고, 자신이 속한 카스트 집단으로부터 추방하려던 가족들의 협박에 반항하면서, 간디는 18세에 법정변호사가 되기 위해 영국에 유학했다. 귀국한 뒤 당시 법정변호사들 간 경쟁이 치열했던 봄베이 법조계에서 밀려난 간디는 1893년에 남아프리카로 떠났다. 현지 내 유일한 인도인 변호사였던 그는 현지 인도인 재계의 이익을 수호하면서 곧장 많은 돈을 모으게 되었다. 하지만 백인 정착자들이 지배했던 이 식민지에서 인종차별을 겪고 나서, 그는 남아프리카 내 식민지 통치자들, 그리고 1910년 이후로는 네덜란드계 아프리카너인Afrikaner에 대항해 인도인들을 규합하는데 나서게 되었다. 남아프리카에서 간디가 겪었던 경험은 이후 인도 독립투쟁 과정에서 그가 주도권을 장악하는데 이후 소중한 자산이 되었다. 무엇보다도 백인과 흑인 사이에 인도인 공동체가 소규모로 존재했던 남아프리카 식민지 사회의 경우, 지역 · 종교 · 카스트와 같은 범주들이 중시되었던 본국과 달리, "인도인"이라는 공통된 정체성은 이런 범주들보다 필연적으로 우선시되었다. 간디가 활동했던 시대로부터 지금까지 정치인이든 비디아더 수러즈프러사드 나이폴Vidiadhar Surajprasad Naipaul(1932~2018)[4] 혹은 아흐메드 샐먼 러쉬디Ahmed

---

3 정확히 말하자면 서우라쉬트러는 구즈라트 지역 중 반도 부분에 해당되는 지역인데, 간디는 이곳 서부 해안가에 있는 포르번더르(Porbandar[구])에서 태어났다. 그가 다섯 살이 되던 해에 그의 가족은 거주지를 반도 중심부 쪽에 있는 라즈코트(Rājkoṭ[구])로 옮겼는데, 여기서 간디는 유년기를 보냈으며, 그의 집은 이후 라즈코트에 위치하게 되었다.

4 영국령 트리니다드 토바고에서 태어났으면서 영국 국적을 가진 그의 경우, 조부가 인도에서 트리니다드 토바고로 이주해 정착하게 되면서 가족들은 영어만 사용하게 되었다. 따라서 그의 모어는 힌두스탄어가 아니라 영어였다. 옥스퍼드 대학교를 졸업한 그는 1971년에는『자유 국가에서(In a Free State)』로 부커상(Booker Prize)을, 2001년에는 노벨문학상을 수상하였다.

Salman Rushdie(1947~)[5]와 같은 작가들이든, 이들은 대체로 해외 거주 경험을 통해 조국이 가진 복잡성과 통일성에 대한 통찰력을 갖게 되었다.

간디가 가졌던 독특한 사회 · 정치적 관점은 구즈라트 지역에서 그가 성장했던 사실로부터 유래된 점도 큰데, 당시 구즈라트 지역은 세계적인 시야를 가진 지도층들을 형성시켰던 거대한 관구 수도의 환경과는 사뭇 달랐다. 구즈라트 지역 내 여러 토후국들 안에 존재했던 작고 고립된 마을에서 영어교육이 진행되는 경우는 드물었지만, 간디 가문은 이 지역에서 많은 추종자들을 거느리고 있었던 자이너교와 깊은 관계를 맺고 있었다. 교역에 종사했던 버니야 카스트에 대한 소속감 외에도 자이너교와의 관계는 그가 힌두교의 비폭력적인 특성을 구현하는데 도움이 되었는데, 왜냐하면 자이너교를 믿는 상인들은 일상 속에서 폭력과 살생을 기피하기 때문이었다. 청년 시절 간디는 이런 유산을 떨쳐내고, 남성성을 추구해야 할 이상적인 모델로 삼았던 영국인들을 따르면서 스스로를 재정립하려고 몸부림치기도 했다. 영국인들의 인도 통치는 그들이 거칠고 남성적이며 육식을 하기 때문에 가능했다는 주장이 당시 인도인들 사이에 만연했던 여론이었다. 따라서 영국인들을 몰아내기 위한 방법은 그들이 하는 방식을 통해 이들을 앞지르는 것이었다. 이런 목적을 달성하기 위해 간디는 몰래 고기를 먹기도 했다.

이런 모든 시도는 별로 만족스럽지 못했고, 어머니의 불안을 가라앉히기 위해 그는

---

5 커쉬미르 지역 출신이면서 봄베이로 이주했던 무슬림 부모 슬하에 성장한 그는 영국 캠브리지 대학교를 졸업하고 1981년 『한밤중의 아이들(Midnight's Children)』로 부커상을 받았다. 하지만 그는 무슬림들의 관점에서 보면 예언자 무함마드 및 이슬람교를 모독하는 내용으로도 해석될 수 있는 여러 부분들이 담긴 작품 『악마의 시(The Satanic Verses)』를 1988년에 발표하면서, 전 세계 무슬림들로부터 엄청난 지탄을 받게 되었다. 이로 인해 이듬해인 1989년, 당시 이란의 최고 종교 · 정치 지도자 어야톨러(Āyatollāh[현대페르시아어])였던 루홀라 호메이니(Ruḥollah Khomeinī[현대페르시아어], 1902~1989)는 살만 루쉬디와 이 책의 출간 및 번역 작업에 관여한 이들에게 사형을 선고하는 파트와를 내렸다. 그래서 1991년 일본에서는 이 책을 번역하고 있던 교수가 의문사하는 일이 발생했으며, 그 외에도 튀르키예와 노르웨이에서 해당 책을 현지어로 번역한 이들이 살해 위협을 받거나 습격받는 일들이 일어났다. 본인도 2022년 프미국 뉴욕에서 강연 중 테러 공격을 받아 중상을 입기도 했다. 한편 인도와 파키스탄 등지에서는 이 책에 항의하는 폭동이 일어났으며, 이 때문에 두 나라에서 이 책은 여전히 금서로 지정되어 있다.

고기에 손을 대지 않겠다고 다짐했으면서도, 영국 체류 시절 초기 그는 이 전략을 고수했다. 그는 빅토리아 시대 후기에 유행했던 근사한 옷을 입었으며, 춤을 추고 바이올린을 연주했지만, 나중에 그는 이러한 일들을 포기한 뒤 결국 채식주의로 돌아가고 대중들에게 연설하면서 위안을 얻었다. 영국인 채식주의자들과 연대하면서 그는 일부 서유럽 사상을 접하게 되었는데, 이 서유럽 사상은 당시 빅토리아 시대에 유행했던 남성성에 대한 주류 담론 앞에서 대체로 빛을 보지 못했음에도 불구하고, 그를 강하게 매료시켰다. 무엇보다도 평화주의와 도덕적인 삶에 전념했던 레프 톨스토이Lev Tolstoy(1828~1910)와 영국의 존 러스킨John Ruskin(1819~1900),[6] 그리고 미국의 헨리 데이비드 소로Henry David Thoreau(1817~1860)[7]의 저작들을 읽은 간디는, 물질주의만을 추구하는 서방에 대한 자신만의 비판 사상을 구체화하기 시작했다. 동시에 그는 자신이 가진 유산과 타협하는 방식을 찾게 되었다. "여성적인" 자질들을 약한 것과 연결시키는 것을 부인한 그는 "새로운 용기"라는 이론을 구축하기 시작했는데, 이 용기를 통해 비폭력과 수동적인 저항은 강한 것으로 바뀌게 된다. 그의 주장에 따르게 되면, 남성인 자신뿐만 아니라 여성도 역시 강해질 수 있다.

남아프리카에서 1893년부터 1914년까지 약 20년 동안 머물렀던 간디는 사회에 대한 자신만의 새로운 시각을 정립했다. 이 시각의 핵심에는 물질적인 것들에 대한 서방 세계의 집착, 그리고 그런 물건들을 얻기 위해 필요한 경쟁의 문화를 향한 그의 통렬한 비판이 존재했다. 영국산 제품들의 구입 외에도, 산업을 발전시키는 것 자체도 지양되어야 했다. 그는 기계가 "근대 문명의 주된 상징이며, 엄청난 죄악을 상징한다."라 썼다. 그 대신 그는 사회 내 각 구성원이 이타적으로 서로를 돌보는 인도 전통 촌락을 구상하면서, 사회를 기반으로 하는 단순한 생활이라는 이상적인 모습을 제시했다. 1909년 그가 쓴 『인도의 자주Hind Swaraj』에서 드러난 진정한 독립은, 정부 안에

---

6 예술 평론가이자 작가, 사회사상가로 광범위한 분야에서 저작을 남겼는데, 그는 자연과 예술, 사회 간의 연관성을 강조하였다.

7 철학자이자 문인으로, 물욕과 인습, 그리고 사회와 국가에 저항해 자연과 인생의 진실을 추구하는 생활을 지향하였다.

서 영국인들을 인도인들로 대체하는 것으로 끝나는 단순한 문제가 아니었다. 진정한 독립은 상향식으로 사회를 전면적으로 변화시키는 것을 필요로 했는데, 이를 통해 모든 개인들은 스스로 가진 진정한 영적 가치를 깨닫게 되기 때문이었다. 간디 입장에서 봤을 때, 이상적인 국가의 모습은 거의 자족적인 촌락들이 느슨하게 연결된 상태로 모여 이루어진 공화국이었다. 간디는 라머 신이 다스리는 신화적인 고대 왕국을 떠올리면서 자신이 구상했던 이상적인 사회를 다음과 같이 묘사했다.

> 내 생각에 자주(Svarāj[힌])와 "라머라즈여(Rāmarājya[성])"[8]은 하나이자 동일하다. …(중략)… 통치자와 신민들이 서로 솔직하게 대할 때, 양자가 순수한 마음을 갖고 있을 때, 양자가 스스로를 기꺼이 희생하고자 할 때, 양자가 세속적인 기쁨을 누리면서 절제력과 자제력을 발휘할 때, 그리고 양자 사이가 부자父子 관계처럼 좋을 때, 우리는 그런 상태를 "라머라즈여"라 한다.

정치적인 차원에 그치지 않고 도덕적인 차원에서 인간 사회의 변혁을 추구했던 간디는, 당시 많은 인도 국민국가 수립운동 단체들 사이에 만연했던 해방을 위해 수단과 방법을 가리지 말아야 한다는 주장을 수용할 수 없었다. 지도자는 폭력을 무조건 피해야 하며, 추종자들은 그 어떠한 타격을 받더라도 보복하지 말고 이를 받아들일 수 있도록 무조건 단련되어야 했다. 이와 마찬가지로 간디가 새로운 인도를 세울 수 있는 기반이라 제시하면서 사회 변혁을 가능케 하는 사랑은, 부유한 저민다르의 억압을 받고 있는 불가촉천민까지 포함하는 모든 인도인들뿐만 아니라 영국인들도 포함 대상으로 삼아야 했다. 무슬림들이든, 힌두교인들이든, 기독교인들이든, 그 누구도 본질적으로 무가치한 존재가 아니었다.

이윽고 간디는 더 활동적인 성격을 띤 서트야그러허 운동에 나서기 위해 "수동적인

---

8 직역하면 "라머 신의 왕국"이라는 뜻으로, 간디의 용법에 따르면 순수한 도덕적 권위에 기반하면서 인민 주권이 실현된 "정의로운 사회"를 뜻한다.

그림 33_ 집필용 탁자 곁에 누워있는 간디

저항" 방식을 포기했다. 간디가 내세운 서트야그러허 운동은, 자주自主를 실현시킬 수 있는 개인들이 국민으로서 규합된 인도를 창출해낼 여러 가지 행동을 포괄하는 것을 그 목적으로 삼았다. 무엇보다도 이 운동에는 어떤 한 사람이 자신을 반대하는 이도 무조건 항상 존중하고, 심지어 사랑하는 과정을 통해 서로 공유하는 진실을 추구함으로써 각종 분쟁을 해결하는 일도 포함되었다. 그가 보기에 채식은 격정을 일으키는 고기와 같은 음식 소비뿐만 아니라, 동물들에 대한 폭력 행사를 지양하는 효과를 가지고 있었다. 여기서 더 나아가 간디는 결혼한 상태에서조차 성적인 금욕("브러머처려 Brahmacarya[성]"[9])을 실천해야 한다고 주장했으며, 이에 따라 그는 오랫동안 결혼 생활을

---

9 Brahma는 불변하는 실제와 절대적인 의식과 관련된 자아이며, Carya는 "따르다, 행위, 행동, 진행" 등의 의미를 갖고 있다. 두 단어가 합치게 되면 "브러머로 가는 길" 혹은 "브러머를 추구하는 행위"라는

함께 했던 부인과 더 이상 성관계를 갖지 않게 되었다. 탐욕의 절제는 옷차림을 단순하게 하고, 손으로 잣은 천인 "카디Khadi[힌]"[10] 착용 장려를 통해 달성될 수 있었다. 간디 생각에 따르면, 모든 인도 국민국가 수립운동가들은 매일 일정 시간 동안 물레를 돌리는데 시간을 할애해야 했다.

둔부에 샅바만 입은 머하트마Mahātmā[성]("위대한Mahā 영혼ātman")의 홍미로운 모습(그림 33)만 보고, 독선적이고 과시적이라는 비판을 듣는 간디 철학의 여러 가지 맹점을 도외시해서는 안 된다. 그는 반대자들을 사랑할 준비가 되어있었으나, 이는 오로지 자신이 세운 조건 하에서만 이루어질 수 있었다. 무슬림, 여성, 불가촉천민 등 당시 사회 안에서 큰 부분을 차지했던 집단들에 대한 그의 태도는, 이들이 내세웠던 불만이 정당하다고 인정할 능력이나 의사를 그가 갖고 있지 않았다는 점에서 명확히 드러났는데, 이는 바람직한 도덕 질서를 구상했던 그의 개념과 부합하지 않았다. 무엇보다 간디는 힌두 사회 내 카스트 제도나 가부장적인 가족 구조를 전면적으로 부인하는 것을 절대로 지지하지 않았다. 일례로 간디는 카스트 제도의 경직성을 완화하고 불가촉천민의 지위를 개선하려고 했지만, 그는 상층 카스트 계급에 속한 힌두교인들을 명백히 지지하는 발언을 자주 꺼냈다. 간디가 수차례에 걸쳐 감행했던 단식 행위 역시, 자신의 시각에서 봤을 때는 여러 가지 잘못을 속죄하기 위해 스스로 정화하는 작업을 거치거나 고통을 감수하는 일종의 행위였지만, 그 비폭력성에도 불구하고 단식 행위는 여전히 심하게 강압적인 면모를 띠고 있었다.

간디는 자신이 힌두교를 대변한다고 절대로 주장하지 않았고, 그는 힌두적인 인도를 공공연하게 추구하지 않았다. 실제로 그가 강하게 내세웠던 비폭력 정신은 힌두 전통의 핵심적인 가치인 적이 없었다. 이후 등장할 힌두 국민국가주의자들과는 달리, 간디는 힌두교인들이 지배하는 인도가 아니라 여러 종교 공동체들이 연합해 수립된 인도를 추구했다. 그렇지만 간디가 하는 모든 행동방식, 입었던 의복 및 그가 사용했

뜻이 생긴다.

10 혹은 원래 형태인 컷더르(Khaddar[힌])라 부르기도 한다.

던 어휘는 힌두교의 색채를 강하게 풍겼다. 그가 볼 때 종교는 국민국가를 단합시키는 아교와도 같은 것이었다. 그가 다른 공동체들과 접촉했을 때에도, 이 "머하트마"는 매우 힌두적인 감성을 분명하게 구현하고 있었다. 시간이 지나면서 그는 이 힌두적인 감성을 자신의 정치적인 장점으로 재빠르게 이용했지만, 그 대가는 엄청났다.

간디의 성격만으로는 인도 국민국가 수립운동 과정에서 그가 주도권을 갖게 된 사실을 온전히 설명할 수 없다. 인구 절대 다수가 문맹이었던 당시 인도 사회에서 그가 지녔던 매력의 상당 부분은 자신이 만든 시각적인 상징성으로부터 비롯되었는데, 그는 평범한 농민처럼 3등석 칸을 타면서 기차로 전국을 여행하고, 힌두 성자("성냐서 Saṁnyāsa[성])"처럼 둔부만 가린 모습으로 대중들 앞에 나타났다. 여행하면서 기차역마다 내린 뒤, 그는 대중들 앞에 모습을 드러내 연설을 진행했다. 그리고 그런 이미지들은 언론 보도와 사진, 그리고 당시 새로운 매체였던 뉴스 영화를 통해 그 효과가 증폭되었다. 더욱이 간디는 앞으로 강렬한 효과를 남길 수 있는 정치 행동 전략을 인도 내 정치 지도층에 제시하였다. 소수의 온건파는 여전히 입헌주의에 의존해 계속 항의만 했지만, 어므릿서르 학살 사건 이후 이 전략이 실패했다는 것은 매우 분명하게 드러났다. "가두"에서 벌이는 대중영합주의자들의 정치 역시 효과를 잃은 지 오래되었다. 1892년 소 보호 운동 이후 대중들의 감정이 폭발하면서, 영국의 식민통치에 대한 강렬한 적대감이 사회 안에서 지속되었다. 이러한 저항 운동은 방글라 분할령의 철회 등 여러 가지 성공을 나름대로 거두었으나, 비밀 결사들의 음모나 가두에서 소란을 피우는 군중들로는 인도가 독립할 가망성이 별로 없었다. 게다가 계급 간 조화를 추구했던 도덕주의자로서, 간디는 교육받은 지도층이 의존할 수 있는 매우 중요한 인물이 되었다. 국민회의당 지도부는 마르크스주의자들이 아니었으며, 이들은 계급 간 적개심을 조장함으로써 자신들의 유리한 사회적 지위를 위험에 빠뜨리려 하지 않았다. 간디 영입을 통해, 국민회의당 지도부는 교육받은 이들로만 이루어진 소규모 유권자층에 포함되지 못했던 수많은 사람들의 지지를 효과적으로 단번에 받을 수 있게 되었다. 또 이들은 자신들의 유리한 사회적 지위에 가해질 수 있는 위협을 통제 가능한 지도자를 갖게 되었다.

간디라는 이름의 힘: 지지자들과 반대자들

1919년에 이르러, 간디는 "머하트마 간디 만세!Mahātmā Gāndhī ki Jay![힌]"를 외치며 새로운 정치 흐름에 민감하게 반응하는 대중들의 지지를 얻게 되었다. 하지만 그의 매력은 인도 각 지역마다 다르게 느껴졌고, 많은 이들은 간디를 따르면서 그를 "머하트마"로 만들었다. 따라서 간디의 국민국가주의를 이해하기 위해서는 먼저 그를 지지한 이들과 그들이 간디를 지지한 이유, 그리고 간디를 지지하지 않은 이들에 대해 설명할 필요가 있다. 인도 대부분 지역에서 호응을 얻지 못했던 간디는, 오스만 제국의 힐라파Khilāfah[아] 개념을 옹호하는 무슬림들과 동맹을 맺고 나서야 비협조운동에 대한 국민회의당의 지지를 확보할 수 있었다. 무슬림들의 표가 없었더라면, 1920년 9월에 있었던 비협조운동에서 국민회의당은 성공을 거두지 못했을 것이다. 하지만 힐라파 운동가들에게는 자신들의 지도자들이 별도로 존재하고 있었으며, 경우에 따라 자신들이 우선시하는 문제들이 따로 있었다는 점에서 간디를 지지했던 다른 집단들과는 달랐다. 간디를 가장 열렬히 지지했던 추종자들은 그와 가장 가까운 출신 배경 및 정서를 공유했던 이들이었다. 간디는 고향 구즈라트 속주의 수도 엄다와드 근처에 자신의 아쉬럼Āshram[성][11]을 세웠으며, 이 아쉬럼이 위치한 농촌 일대에서 그는 농민운동을 조직하는데 성공했다. 상인들 및 전문직 종사자들이 파티다르Pāṭīdār[구] 카스트 집단에 속한 부유한 지주들과 결집하면서 성립된 "와니Vāṇī[머]('상인')-워킬Wakīl[우]('변호사')-파티다르" 동맹은 간디가 진행했던 사회 · 도덕 운동뿐만 아니라 정치활동을 확실하게 지지한 핵심 세력이 되었다. 물레나 돌리는 그가 구상했던 이상적인 사회에 동의하지 않을 것이라 여겨졌던 구즈라트 지역 내 매우 부유한 상인들 및 실업가들마저도, 간디가 벌였던 여러 운동에 시간과 돈을 아낌없이 투자했다. 어쨌든 이들은 카스트 및 지역 문제에 대해 서로 공통된 가치들을 갖고 있었고, 간디가 스워데시 운동을 통해 국산품 사용을 장려했던 만큼 이들은 자신들의 제조 사업에 간디의 운동이 도움이 될 것이라 판

---

11 종교 수행을 위해 세운 힌두교의 승원僧院.

단했다.

구즈라트 이외 지역에서, 간디의 국민국가주의는 겅가강 평원 중부 일대에서 가장 강렬한 지지를 받았는데, 특히 연합제속주와 비하르 속주에서 그러했다. "힌두스탄" 지역 중에서도 인구가 가장 많았던 이 핵심 지역들 내에서 간디는 자신을 열렬히 따르는 추종자들을 얻게 되었는데, 그러한 이들로는 고윈드 벌러브 펀트Govind Ballabh Pant[힌](1887~1961)와 모틸랄 네루Motīlāl Nehrū[힌](1861~1931) 등이 있었지만, 그 중에서도 특히 모틸랄의 아들 저와허를랄 네루Javāharlāl Nehrū[힌](영어명 Jawaharlal Nehru, 1889~1964)는 나중에 간디가 선택한 후계자가 되었다. 구즈라트와 같이 이 지역들에서도 간디는 전문직 지도층, 상인 공동체, 그리고 훨씬 더 그 수가 많았던 농민들의 마음을 사로잡았다. 하지만 간디의 계획을 실현시키는데 이들이 기여했던 것은 구즈라트 지역 내 상황과 대체로 달랐다. 산업화된 서방 세계와 어깨를 나란히 할 수 있는 근대 인도를 만드는데 전념했던 네루 부자 등은, 간디의 이상사회가 풍기는 목가적인 분위기나 그의 훈계적인 금욕주의에 별로 매료되지 않았다. 당시 청년 저와허를랄 네루는 사회주의 러시아를 경제 발전의 모범으로 삼기까지 했다. 그가 1936년 국민회의당 전당대회에서 연설한 바에 따르면,

> 저는 사회주의를 통하지 않고서는 인도 인민이 겪고 있는 퇴보 및 예속 상태, 만연한 실업, 그리고 빈곤의 종식 문제를 타개할 방법을 못 찾겠습니다. 이를 위해서는 현재 정치 · 사회 구조에 대한 대대적이고 혁명적인 각종 변화가 필요한데, …(중략)… 그러한 사항들로는 제한된 범위를 넘어선 사적 소유권의 종식, 그리고 현재 이윤만 쫓는 사회체제를 전 사회를 위한 봉사라는 고결한 이상으로 대체하는 일 등이 있습니다. …(중략)… 미래가 희망으로 가득 차 있다면, 그것은 대체로 소비에트 러시아가 제시한 미래상 및 소련이 그동안 해온 것 때문입니다.

그러나 저와허를랄은 간디가 "수백만 명의 인도인들을 고무시킨 위엄 있는 사람"이며, 그 때문에 영국인들에 대한 두려움을 떨쳐낸 인도 인민은 "허리를 곧게 펴고 머리를 꼿꼿이 세우게 되었다."라고 인정해야 했다. 한편 한계에 봉착한 무력한 입헌주의

나 자멸적인 테러활동 대신, 간디의 정치운동은 인도 국민국가 수립운동이 성공할 가능성을 보여주었고, 다시 부상 중인 인도의 "진정한" 영혼을 구현하는 이 "머하트마"의 정치적인 방식을 통해 인도인들은 자부심을 가질 수 있었기 때문에, 네루 부자와 많은 이들은 간디의 비협조운동에 협력했다. 협력의 대가는 결코 작지 않았는데, 왜냐하면 간디의 운동에 참여함으로써 이들은 정부로부터 수여받았던 각종 작위 및 훈장을 반납했고, 돈을 많이 벌 수 있는 법조계 활동을 포기하게 되었으며, 오랫동안 감옥 생활을 하게 되었기 때문이었다. 하지만 저와허를랄 네루가 자서전에서 썼던 대로, 그는 이런 희생을 반갑게 받아들였는데, "우리는 목전에서 인도를 변모시키고 있는 효과적인 정치 운동에 나서는데 만족하고 있었고," 심지어 "우리가 반대파보다 도덕적으로 우월하다는 유쾌한 느낌"까지 받았기 때문이었다.

비하르와 연합제속주에서 널리 울려퍼졌던 "머하트마 간디 만세!"라는 구호는 히말러여 산맥 일대까지, 아래로는 해당 지역 내 대지주들로부터 억압받고 있던 소작농들까지 퍼져나갔다. 하지만 이렇게 외딴 지역들에서 이런 구호가 가난에 시달리던 농민들 사이로 퍼지게 되면서, 간디의 메시지는 예상치 못했던 형태들을 띠게 되었다. 간디뿐만 아니라 각 지역 내에서 그를 자발적으로 지지했던 운동가들은 농민들을 위해 스스로 할 수 있는 적합한 역할을 찾아냈다. 수천 명이나 되는 농민들이 몰려나왔는데, 이들은 "머하트마"로부터 신神이 보이는 범위 안에 추종자가 보이게 되면 그 사람은 축복을 얻게 된다는 "더르셔너Darshana[성][12]"를 받고자 했다. 하지만 이들은 지시 사항 없이 멋대로 행동할 수 없었고, 어떤 경우에라도 자신들의 생활을 결정했던 계급 간 엄청난 격차에 도전할 수도 없었다. 그러나 농민들의 행동과 신념을 억제하는 것은 결코 쉽지 않았다. 샤히드 아민Shahid Amin(우르두어 발음으로 셔히드 아민Shahīd Amīn)이 강력하게 주장했듯이, 간디가 전국적으로 운동을 이끌었던 최초 시기부터 농민들은 이 "위대한 영혼을 가진 머하트마"가 잘못된 일들을 바로잡고, 농촌 사회에서 지주와 농민 간의 일방적인 권력 관계를 바꾸는 일을 마술처럼 가능하게 할 초자연적인 힘을

---

12 힌드어로는 더르션(Darshan), 성스크르터어 어근인 "보다(dṛsh)"에서 비롯되었다.

가진 소유자라 여겼다. 그가 내리는 은총은 나무와 우물이 되살아났다는 과장된 형태로 나타나기까지 했다.

> 후마윤푸르(Humāyūnpūr[우]) 모헐라(Moḥallāh[우])[13]에서, …(중략)… 변호사(Vakīl) 바부 유걸 키쇼르(Bābū Yugal Kishor[힌](영어명 Babu Yugal Kishore)의 정원으로 떨어졌던 죽은 나무 두 그루가 다시 되살아났다! 이는 머하트마지(Mahātmājī[성], "지"는 극존칭어)의 은총 때문이라고 많은 이들이 믿는데, 왜냐하면 나무들을 잘랐던 이가 말하길, 머하트마지가 가진 영적인 힘이 진짜라면 잘린 나무들은 스스로 일어날 것이라 했기 때문이다! 수천 명이나 되는 인파가 여기로 매일 몰려들고 있고, 남녀 가리지 않고 버타샤(Batāshā[힌], 사탕의 일종), 돈, 그리고 각종 장신구들을 바친다.

사실 사람들이 느꼈던 여러 종류의 고통을 제거할 수 있었던 이로서, 간디는 힌두교 내 수많은 신들의 반열에 오를 만했으며, 스워라즈는 앞으로 다가올 종말의 성격을 갖고 있었는데, 이 종말의 시기에서 온갖 명목의 세금 및 억압은 사라지게 될 것이었다. 이런 이상적인 국가의 질서가 더 빨리 도래하도록 연합제속주 농민들은 주저하지 않고 간디의 이름으로 바자르Bāzār[페][14]들을 약탈하고 지주들을 습격했다. 마침내 1922년 2월 공포에 사로잡힌 간디가 비협조운동을 전면적으로 중단하게 만든 사건이 발생했다. 연합제속주 내 고러크푸르Gorakhpur[힌]현에 있는 처리 처라Caurī Caurā[힌](영어명 Chauri Chaura)의 농민들은, 당시 현지 경찰서 안에 있었던 22명의 인도인 경찰들을 감금한 뒤 건물에 불을 질렀는데, 이 때문에 건물 안에 있던 경찰들은 전원 살해되었다.

일부 지역 및 집단들은 간디의 비협조운동을 거의 지원하지 않거나 소극적인 지지도 드러내지 않았다. 토후국들뿐만 아니라 인구가 별로 없었던 인도 중부 고원 지역

---

13 이슬람권과 그 영향을 받은 지역들에서 "구區"을 가리키는 명칭으로, 아랍어 발음으로는 마할라(Maḥallāh)이다.

14 중동 및 남아시아 지역에서 점포들이 밀집되어 있는 정기 전통시장.

에서 간디의 메시지는 별로 호응을 얻지 못했는데, 대체로 도시 내 학생들이었던 국민회의당 소속 자원활동가들은 이런 지역에 접근할 방법을 찾지 못했기 때문이었다. 1858년 이후 영국인들로부터 권력을 겨우 유지하고 있었던 토후들은 당시 거세게 일었던 국민국가 수립운동으로부터 자신들의 독립을 유지하기로 결심했으며, 철도와 신문은 정글로 빽빽이 뒤덮여 있던 내륙 지대에 영향력을 미치지 못했다. 사회 최하층이었던 장인들과 토지가 없는 이들은 절박한 생존 투쟁에 정신이 없어, 여전히 이 운동으로부터 떨어져 있었다. 앞으로 보게 되겠지만, 실제로 불가촉천민들을 비롯한 일부 집단들은 자신들을 위해 행동하려는 간디의 시도를 위선적이라 경멸하면서, 자신들이 직면했던 여러 문제를 해결해줄 지도자들의 지도하에 따로 뭉치는 것을 선호했다.

간디와 그의 새로운 정치 활동 방식에 대해 가장 강하게 반대했던 세력이, 비협조운동이라는 새로운 방식을 제시했던 이 건방진 구즈라트인 때문에 자신들의 기존 지위가 위협받을 것이라 여겼던 이들이었다는 사실은 그리 놀랄만할 일이 아니었다. 마지못해 간디를 겨우 따르게 된 세력은 1920년 이전에 국민회의당을 이끌었던 이들이었는데, 특히 캘커타 · 봄베이 · 마드라스 내 교육받은 지도층들이 이에 해당되었다. 일례로, 입헌적인 방식에 거의 전적으로 의존했던 방글라 지역 버드럴로크 계층은 사법 활동과 입법회에 참여함으로써 상당한 이득을 누렸는데, 이들은 그러한 이권을 포기하려 들지 않았으며, 자신들이 통제할 수 없는 결과를 야기할 각종 대중운동을 일으키는데 관심을 갖지 않았다. 방글라 지역 내 국민회의당의 우두머리였던 칫터런전 다쉬Cittarañjan Dāsh[방](영어명 Chittaranjan Das, 1870~1925)[15]는, 1920년 9월에 열린 국민회의당 특별회의에서 자신이 비협조운동을 막을 수 없다는 사실을 깨닫고 나서야 막판에 겨우 간디를 지지하게 되었다. 마찬가지로 머하라쉬트러 지역 내 틸러크의 지지자들도 늑장을 부리다가, 1920년 틸러크가 사망하고 나서야 더 젊고 더 전투적인 정치 활동가들이 간디가 주도하는 운동에 겨우 참여할 수 있게 되었다. 시인 러빈드러나트 타쿠르와 같은 이들은, 간디가 세계적인 시각을 통해 더 넓은 공감대를 형성하는 것을

---

15 존칭으로 "데쉬번두(Deshbandhu[방], '나라(Desh)의 벗(Bandhu)')"

마다하고, "좁은" 시각에만 몰입된 정치를 한다고 그를 싫어했다. 타쿠르는 "모든 사람들에게 그는 그저 '물레를 돌리고 짜라, 물레를 돌리고 짜라.'만 말할 뿐이다."라고 썼다. 한편 고컬레와 협력하면서 온갖 정치적인 수완을 익히며 입헌주의를 고수하고 있었던 무험머드 알리 지나는 국민회의당을 탈당했는데, 그는 종교적인 색채가 짙은 간디의 대중운동이 부적절하다고 여겨 이를 지지하지 않고 대신 무슬림연맹에 입당하였다. 궁극적으로 지나의 이탈은 매우 중대한 결과를 낳았다.

또한 특정 집단이 열렬한 지지를 받게 되면, 지역 내 경쟁 세력들이 반대파에 합류하거나 계속 침묵하는 상황이 벌어졌다. 일례로 1919년 봄베이에서 발생한 허르탈의 경우, 구즈라트인 상인 계층 출신들이 이 동맹휴업을 주도하자 머라타인 산업 노동자들은 집 밖으로 나오지 않았다. 당시 이 움직임을 관찰했던 어떤 사람은 다음과 같은 글을 남겼다. "머라타인들은 자신들이 머라타인이며, 그(간디)는 구즈라트인임을 잊은 적이 거의 없다. 머라타인들 사이에서 간디를 향한 인기는 기복이 심하다." 한편 펀자브와 마드라스 지역의 경우 카스트와 계층 간에 존재했던 적개심으로 인해, 1920년대 내내 간디는 이러한 지역들 내에서 지지 기반을 확대하는데 제약을 받았다. 두 속주 내 국민회의당의 주요 지지자들은 도시 상인들과 전문직 종사자들이었다. 펀자브 지역의 경우 이들은 국민회의당 안에서 우세했기 때문에, 힌두교인들 혹은 무슬림들, 지주와 소작농을 가리지 않고 이 지역 농촌 인구 대다수는 지주가 주도권을 갖는 펀자브연합당Punjab Unionist Party이라는 자신들만의 경쟁 정당을 조직했다. 1901년에 제정된 토지이전법이 시행된 이래로 영농인들의 이득으로 유지되고 계급을 초월했던 이들의 선거 동맹은 부족 간 관계로 더욱 강화되었으며, 개혁된 정치 체제에 적극 참여했던 농촌 지대 펀자브인들은 1940년대 중반까지 연합당이 권력을 유지하는데 기여하였다. 남인도 내 타미르 지역의 경우, 브라머너 계급 공동체는 오랫동안 국민국가 수립운동 세력이 내세웠던 대의명분에 도전하였고, 애니 베선트가 주도하는 자치연맹을 지배하고 있었는데, 그런 상황 속에서 의심이 많았던 비브라머너 계급 출신들은 영국인들 대신 브러머너 계급이 인도를 대신 지배하는 것을 지지할 이유가 없었다. 또한 이들은 힌드어를 국어로 삼자는 간디의 주장에 반감을 갖고 있었다. 그리하여 부유했던 비브러머너 계급 출신 지주들은 남인도자유연맹South Indian Liberal Federation(혹은 정의당Justice Party)을 조직했는데, 이 당은 1920년대 내내 정부와 대학교 안에서 자신들의 공동체를 위해 배정된 일자리 수를 더 늘리기 위해 영국인들과 협력했다.

우리가 봤듯이, 러크너우 협정의 결과물인 국민회의당과 무슬림연맹 간 동맹은 종전이 가까워지면서 더 힘을 얻었다. 오스만 제국이 패배하면서 1920년 가혹한 세브르Sèvres 조약이 체결되자, 점점 더 많은 인도 무슬림들은 오스만 제국의 술탄이 독립을 잃을까봐 우려하기 시작했는데, 이들의 주장에 따르면 이슬람권 전체의 할리파로서 오스만 제국 술탄의 지위는 전 세계 무슬림들의 율법과 신앙을 지탱하는 기둥이었다. 이 문제 때문에 무슬림들은 최초로 대중운동을 전개했는데, 이들은 수차례 집회를 벌여 연설하고 시위를 벌였다. 그리하여 힐라파 운동을 통해, 인도 무슬림들은 그 독특한 조직과 동원 가능한 모든 상징들을 이용하여 당시 부상하고 있던 "인도 무슬림"에 대한 정체성을 정의할 수 있었다.

전후 처리에서 오스만 제국에 가혹한 제재를 가하려 했던 영국에 대항해, 보수적인 데우번드파로부터 알리거르에서 서유럽식 교육을 받은 졸업생들까지 수많은 무슬림들은 간디 편으로 훨씬 더 기울게 되었는데, 간디의 시각에서 봤을 때 오스만 제국에 대한 영국의 대우는 인도에 대한 영국의 대우만큼이나 비난을 받을 만했다. 하지만 이때만큼이나 위에서 언급한 무슬림들 중 일부가 개인 자격으로 국민회의당에 입당했던 적은 이전에 없었다. 비록 간디와 긴밀한 관계를 맺고 활동을 조직하기는 했지만, 전인도 힐라파 위원회는 별도의 조직으로 계속 남았다. 그리고 인도울라마협회Jamiʕat ʕUlamā-i Hind[우](영어명 Jamiat Ulema-e Hind)에 속한 울라마 집단이 구체화했으면서 이 위원회가 가졌던 인도의 미래상은, 간디 자신이 꿈꾸었던 이상적인 사회만큼이나 이상적이었다. 울라마협회가 제시한 제안들은 힌두교인들과 무슬림들이라는 두 개의 분리된 공동체로 이루어진 인도를 전제로 했는데, 여기서 각 공동체는 자신들만의 법, 법원, 그리고 교육 체계를 갖추고 있었다. 식민통치에 반대하는 입장을 내세웠지만, 울라마협회는 목적과 열망을 공유하는 시민들로 이루어지면서 권위와 주권이 있는 정부를 요구했던 국민회의당의 목소리에 별로 관심을 보이지 않았다. 그 대신 전국에 분산된 채 언어와 풍습에 따라 자기들끼리도 분열된 인도의 무슬림들은, 딱 간디가 구상했던 촌락 공동체와 같이 교우敎友들과 떨어져 있으면서 고립적인 생활을 스스로 선택할 것이었다.

1947년 이후 인도 국민국가 수립운동가들은 국민회의당-힐라파 동맹이 계속 유지되었다면, 양자 간 조성된 우호 분위기가 지속되는 가운데 인도가 양분兩分Partition되지 않은 채 독립할 수 있었을 것이라 하면서 이 시절을 자주 그리워한다. 분명히 1916년부터 1922년까지 이 기간은, 양대 종단 간에 앞으로 다시는 절대로 회복되지 않을 조화로운 관계가 유지되었던 시기였다. 그러나 두 종단 사이에서 드러난 여러 가지 간극은 좁혀지지 않았다. 간디나 힐라파 지도자들이나, 이들은 인도 내 종단들이 핵심적인 정치 주체라 강하게 믿었다. 실제로 국민회의당과 힐라파 운동가들이 각각 동시에 별도로 주최했던 수 차례의 행진 및 회합으로 인해, 두 종단 간 간극은 커진 나머지 마침내 고착화되었다. 힐라파 운동의 깃발 자체도, 힌두교인들이 상서롭게 여겼던 별자리 "섭타르시Saptārshi[성]('일곱saptā 명의 현자ṛshi')"나 유니언잭 깃발처럼 이슬람교의 상징인 초승달을 선보임으로써 종단 간 차이점을 시각적으로 분명하게 드러냈다. 그리하여 힌두교인들과 무슬림들 간 연합은, 그들을 이어주었던 가닥이 하나라도 끊어지자마자 와해되었다는 사실은 놀랍지 않다. 1924년 오스만 제국 대신 들어선 아타튀르크Atatürk(본명 무스타파 케말 Mustafa Kemal, 1881~1938)가 이끄는 신생 튀르키예 공화국은 힐라파 제도를 폐지했다. 이렇게 서로 공유하는 불만 사항이 없어진 가운데, 먼터규-쳄스퍼드 개혁이 제시한 권력이양 약속으로 인해 각 진영이 품고 있었던 정치적 야망이 커지면서, 힌두교인 및 무슬림 지도자들은 종교적으로 서로 구별되는 종단별 상징들을 이용함으로써 추종자들을 동원하는 쪽으로 점점 더 기울어졌다. 그 결과는 폭동과 상호비난으로 점철된 시기의 도래였다.

비협조운동의 동향

간디가 비협조운동을 전개하면서, 영국인들은 표면상 처리하기 아주 힘든 진퇴양난의 상황에 빠졌다. 수년 간 영국인들은 인도 국민국가 수립운동가들을 다루는데 훨씬 더 효과적인 전략들을 마련했다. 온건파들은 회유하거나 무시할 수 있었으며, 혁명을 목표로 하는 테러리스트들은 투옥시켜 몇 년 동안 계속 가둬놓을 수 있었다. 하지만 간디의 비협조운동은 영국인들에게 당혹스러운 새 방식이었으며, 이들은 간디를 어떻게 다룰지 처음에는 그 방책을 마련하지 못했다. 본국의 보수당과 인도 주둔군은 무력을 통한 전면적인 진압을 주장했다.

그러나 제2의 어므릿서르 학살 사건이 일어나는 것을 극도로 꺼렸으며, 특히 간디를 지지하지 않았던 많은 이들로부터 새로운 양두정치 헌법에 대한 지지를 확보하는데 열중했던 식민지 정부는, 훨씬 더 많은 인도인들의 반감을 살 정책들을 시행해 발생할 위험을 무릅쓰고 싶어하지 않았다. 더욱이 평화롭게 시위를 진행하는 수많은 이들을 구타하고 투옥하게 되면, 영국인 전체는 아니더라도 식민지 정부는 세계뿐만 아니라 심지어 자신들의 눈에도 깡패처럼 보이게 될 것이라는 점을 스스로 깨닫고 있었다. 실제로 간디는 자신이 도덕적으로 높은 위치에 있다는 주장을 통해 영국인들의 양심에 호소하였는데, 이를 통해 그는 영국인들이 자신에게 강압적으로 행동하게 되면, 자신들이 세운 원칙들이 훼손될 것이라는 자괴감을 그들이 느끼게 한다는 목표를 어느 정도 갖고 자신만의 정치 활동을 벌였다. 하지만 식민지 정부는 간디를 공개적으로 인정하거나 그의 정치적인 요구들을 수용할 수 없었다. 대부분의 영국인들에게 인도 통치는 여전히 중요했는데, 이는 1920년대 인도 시장이 영국산 수출품의 주요 판매처로써 상당히 유망했다는 부분적인 이유 때문이었다. 또한 찰스 프리어 앤드류스Charles Freer Andrews(1871~1940)와 같은 몇 안 되는 기독교인 자유주의자들을 빼고, 영국인들은 간디를 신뢰하지 않았다. 1931년 즈음 간디를 "반벌거숭이 파키르Faqīr[아](영어명 fakir, '금욕수행자')"라 조롱하면서 그를 거부했던 처칠은 영국인들의 여론을 대체로 충실히 반영하고 있었다. 앞으로 보게 되겠지만, 부왕들은 간디와 타협하고자 하는 충동을 간간이 느꼈으나, 그러한 시도는 제국주의적이고 보수적인 영국인들의 강렬한 반대로 인해 항상 제약을 받았다.

그리하여 영국인들은 공작이라는 정교하면서도 복잡한 정책을 쓰는 쪽으로 기울었다. 영국인들이 봤을 때, 간디가 인도인들의 눈에 순교자가 되지 않도록 이들은 그를 온화하게 대우해야 했다. 하지만 동시에 영국인들은 간디가 아니라 자신들이 정치 향방의 주도권을 쥐고 있다는 점을 모두가 분명히 알도록 충분히 단호하게 행동해야 했다. 그 일환으로 영국인들은 간디를 단번에 구금하는 대신, 그가 빠지게 될 함정들을 충분히 파놓고 그를 몰래 괴롭히면서 감시했다. 1920년부터 1922년까지 진행된 비협조운동 기간 동안 간디에게 이렇게 제약을 가하는 정책은 큰 효과가 있었다. 비협조운동을 전개하면서 그는 처리 처라 사태가 발생하기 전까지 별로 방해받지 않았다. 그러고 나서 인도인들의 여론이 비협조운동에 반대하는 쪽으로 기울고 간디가 직접 비협조운동을 취소하자, 영국인들은 소요를 일으키지 않고 그를 구금할 수 있는 때가 다가왔다고 판단했다. 선동 혐의로 체포된 간디에 대한 재판은 봉기를 일으키기는커녕, 제1차 비협조운동의 종언을 알렸을 뿐이었다. 간디와 상대하면서 단련했던 기술들을 써먹는 유연한 전술을 통해, 영국인들은 자신들을 압도할 수도 있었던 국민국가 수립운동이 폭발하지 못하게 하는데 성공했다. 이들은 대중들의 흥분이 고조되는 시기가 끝나 잠잠해질 시기를 이용해 권력의 이양 속도를 조절했다. 그러나 공작만으로는 식민지 정부의 권위가 지속적으로 줄어드는 것을 멈추거나 뒤집을 수 없었다.

간디의 제1차 비협조운동이 끝나게 되면서, 국민회의당과 식민지 정부 간의 관계는 결코 우호적이라 할 수는 없었지만, 이 관계를 통해 1922년부터 1947년까지 사반세기 동안 인도 국민국가 수립운동이 발전하는 과정에서 그 특징이 된 여러 가지 인식이 형성되었다. 그 중 첫 번째는 간디가 폭력적인 혁명을 일으키는데 의존할 수 없을 것이라는 영국인들의 확신이었다. 1919년 이후 몇 년 동안 많은 영국인들은 자신이 통제할 수 없는 폭풍에 휩싸였다고 믿었다. 처리 처라 사태가 몰고 온 여파를 통해, 영국인들은 식민지 정부에 협력하지는 않더라도 간디는 여전히 비폭력운동에 전념하고 있다는 사실을 다시 확인했다. 이는 그냥 무력에 의존하는 것보다 감시하고 기다리면서 약하게 제약을 가하는 정책이 효과적임을 드러냈다. 간디는 어므릿서르 학살 사건 이후 군대를 통한 통치를 부인했던 영국인들이 아마도 자신들이 믿었던 도덕적인 가치들에 대한 자신의 호소가 먹혀 양심에 가책을 느꼈을 것이라 생각했고, 그리하여 비폭력운동은 계속 유지 가능하다는 희망마저 가졌을 것이다. 폭력 혁명은 도덕적으로 잘못되었을 뿐만 아니라 불필요하기까지 했다.

극도로 도발적인 상황 속에서도 분명히 국민회의당은 폭력 사태를 눈감아 줄 수 있었는데, 이는 이후 1942년에 발생한 "인도를 떠나라!" 운동에서 가장 잘 드러났다. 반면에 영국인들은 대규모 시민 불복종 운동에 직면하게 될 때마다 라티lāṭhī[힌][16] 찜질 및 대대적인 체포 등의 강경 조치로 시위를 진압했다. 그렇지만 영국인들과 국민회의당은 비록 진정으로 비롯된 선의는 아니었지만, 놀랄 정도로 합리적인 방식으로 정치적인 거래를 진행했다. 이상하게 들릴 수 있겠지만, 이러한 거래는 감옥에서 가장 뚜렷하게 그 효과가 드러났는데, 국민회의당 지도자들이 투옥되어 있을 때, 이들은 일반 죄수들에게는 불허되었던 책, 방문객, 그리고 음식을 받을 수 있는 특별한 대접을 받았다. 1922년 선동 혐의로 체포된 간디에 대한 재판은 그러한 분위기를 반영했다. 1919년에 발생한 여러 사건으로 인해 자신이 어떻게 영국의 인도 통치에 대한 "불만을 드러내게" 되었는지 자세히 변호하고 난 뒤, 간디는 이어 "자신에게 가해질 수 있는 최고 형량을 기꺼이 받겠다."는 의사를 밝혔다. 그러자 판사는 원래대로라면 그는 6년 동안 금고형을 받아야 한다고 말했지만, 정부가 나중에라도 형기를 줄일 수 있다면 "자신보다 더 기쁜 사람은 없을 것"이라 덧붙였다. 간디 또한 이 재판을 이용해 자신의 정치 활동에서 드러난 중심 요소들을 극적인 방식으로 분명하게 나타내려고 했다. 다른 피고인들처럼 힘없고 모욕당하는 처지에 놓이는 것을 거부했던 그는 단호하게 죄를 인정하면서도, 다른 사람들이 벌였던 행동에 대한 책임을 스스로 짊어지기까지 했다. 이 과정에서 그는 "정의"에 대한 영국인들의 관념은 식민주의와 양립할 수 없다는 이유로 부인하면서도 동시에 이를 수용하기도 했다. 동시에 고통을 자신에게

16 남아시아에서 경찰들이 사용하는 크고 육중한 나무 곤봉.

돌림으로써, 그는 만인의 선을 위해 희생하려는 자로서 성인聖人 같은 자신의 위상을 드높였다.

처리 처라 사태 이후 비협조운동의 중단으로 분명해진 것처럼, 독립을 위한 운동은 앞으로 해마다 지속적으로 유지되지 않았다. 이와는 반대로, 1920년대와 1930년대, 그리고 1940년대까지 이어지는 국민회의당의 활동은 그 강도와 초점 측면에서 여러 차례 상승과 하강 국면을 반복했다. 여기서 세 가지 주요한 주기를 확인할 수 있다. 각 주기를 보면, 먼저 영국인들이 오판한 나머지 저지른 도발적인 행동으로 시작되었다. 그 다음 대중들의 분노가 고조되어 간디의 주도하에 시민 불복종 운동이 전개되는 것으로 그 절정이 드러났다. 이에 영국인들은 양보와 체포라는 방식을 신중하게 구사하면서 이에 대응하게 되었다. 점차 그 기세가 꺾이게 된 불복종 운동이 가라앉게 된 뒤, 국민국가 수립 운동을 꾀했던 주요 인사들의 행동은 점점 잠잠해지게 되어 한동안 침묵이 지속되었다. 이 기간에 간디는 정계에서 물러난 뒤 스스로 "건설적인" 일이라 여겼던 것에 전념하게 되었는데, 무엇보다도 손으로 물레를 돌리는 일을 장려하고 불가촉천민들의 생활 조건을 개선하는 작업이 이에 해당되었다. 한편 국민회의당 내에서 더 열심히 정치에 관여하고 있었던 당원들은, 식민통치 체제하에서 권력을 행사할 수 있는 훨씬 더 큰 기회를 보장했던 입법부 개혁이라는 식민지 정부가 제시한 유혹에 빠지게 되었는데, 이로써 그들은 영국인들이 인도 안에 세웠던 정치적 질서에 순응하게 되어 비협조운동을 포기하게 되었다. 이러한 정치 방식은 이후 다른 도발적인 사건이 국민국가를 수립하고자 하는 열광된 분위기를 다시 폭발시킬 때까지 지속될 것이었다.

1922년 이후 비협조운동이 잠잠해지게 되자, 일부 저명한 국민회의당 정치가들 중에서도 칫터런전 다쉬와 모틸랄 네루는 경쟁 선거에 다시 참여하기 위해 국민회의당에서 탈당해 자주당Swarajist Party을 창당했는데, 자주당은 선거에서 승리해 먼터규-쳄스퍼드 개혁 이후 들어선 의회에 진입하는데 성공함으로써, 이전에는 이루지 못했던 내부로부터의 국민회의당 파괴라는 목표를 달성하였다. 이와 동시에 간디가 추진했던 카디 운동은 전인도 방적인紡績人 협회All-India Spinners Association라는 조직을 통해 전개되었다. 간디주의 노선을 따르는 국민국가 수립운동가들에게 카디의 중요성은 그저 경제적인 자립을 상징하는 차원이나, 혹은 수공업에 종사했던 장인들의 작업 가치가 확정되는 차원을 훨씬 넘어섰다. 이 거칠고 단순하며 대체로 하얀 이 천을 사용하게 되면서, 지역뿐만 아니라 카스트, 계급, 그리고 종교상의 여러 가지 차이점이 없어지게 되었는데, 이로 인해 카디를 입는 사람은 인도 국민의 보편적인 구성원이라는 점이 명확하게 드러나게 되었다. 인도는 따로따로 노는 공동체들로 이루어진 지역이기 때문에 공동체마다 존재하는 다양한 의상이야말로 인도인들이 자주自主를 이루는데 적합하지 않다는 사실을 시각적으로 드러낸다고 본 영국인들의 관점을 거부한 카디는 통일되고, 규율이 잡혔으며, 서로 화합하는 인도를 창출해냈다.

카디는 더 나아가 인도 여성들에게 새로운 기회를 마련했다. 이전에 국민국가주의적 색채를 띤 표현은 여성들을 내부의 "영적인" 인도를 수호하는 존재라 규정했지만, 이제 물레를 돌리고 카디를 입는 인도 여성들은 국민국가를 건설하는데 적극적인 역할을 맡게 되었다. 이는 결코 쉽거나 단순한 변혁이 아니었다. 많은 지도층 여성들은 이전에 매춘부, 과부, 그리고 가난한 이들이나 입는다고 생각했던 거친 하얀 천을 입기 위해, 자신들의 높은 사회적 지위를 드러냈던 희미한 빛을 내는 비단 사리Saṛī[힌]들을 안 입는 것을 매우 꺼리고 있었다. 여성들뿐만 아니라 네루 등 일부 남성들도 질감을 살리면서 촘촘히 짠 천을 입는 선에서 타협하려고 했다. 하지만 여전히 카디는 중요했는데, 간디가 남긴 글에 따르면, 이 천은 "인도의 모든 형제자매들을 정화시키고 고결하게 하며, 일상생활의 가난과 질곡으로부터 해방시키는 것을 도우면서 하나로 뭉치게 하기" 때문이었다. 카디가 보여준 힘은 1919년과 1924년 국민회의당 대회 참가자들이 입었던 의상이 서로 대조되면서 시각적으로 쉽게 드러난다. 1919년 대회(그림 34) 당시 여전히 참가자들 대부분은 서유럽식 복장 차림이었으나, 1924년 국민회의당 노동자 회의(그림 35)에 참석했던 사람들은 대부분 간디가 썼던 "토피Ṭopī[힌](챙 없는 모자의 일종)"를 쓰면서 단순한 카디 천으로 된 의복을 입었다.

농업 및 산업 분야에서의 여러 대변동

간디가 주도하는 국민회의당의 부상과 더불어, 전간기에는 계급 문제를 둘러싼 항의 운동도 부상했다. 이런 운동은 전쟁 말엽에 일어난 경제적인 혼란으로 인해 발생하게 되었다. 1917년부터 1920년에 이르는 짧은 기간 동안 물가는 거의 50%나 상승했으며, 이로 인해 가난한 이들의 주식을 이루었던 질 낮은 곡물 가격은 더 질이 좋은 작물 가격보다 더 빨리 상승했다. 몬순철 강우량이 부진하고 1918년에는 인플루엔자 범유행병이 창궐하게 되면서, 이 기간 동안 주민들의 생활이 어려워지면서 다양한 시위가 일어났다. 그 중 가장 유명했던 것은 바로 연합제속주와 비하르 지역에서 1920년부터 1922년까지 전개된 농민협회Kisān Sabhā[힌] 운동이었다. 바바 람 천드르Bābā Rām Caṁdr[힌](영어명 Baba Ram Chandra, 1864/1875~1950)가 이끌었으면서 대중들의 이목을 사로잡았던 이 운동은 어워드 지역 남부 및 동부 내 지주들이 다스렸던 여러 현에서 가장 큰 지지를 얻었으며, 국민국가를 수립하려 했던 이들이 아닌 농민들의 이익을 모든 의제의 최우선 사항으로 삼으려고 했다. 높은 식량 가격 때문에 더 부담스러워지고 불공평했던 지대地代 납부를 거부하도록 소작농들에게 호소했던 람 천드르는, 농민들이 지주들의 재산을 노리는 폭력 시위를 일으키도록 몇 차례나 선동했다. 폭도들은 또한 생활필수품들에 대한 고정 가격을 보장받기 위해 여러 바자르와 상인들의 재산을 공격하기도 했다. 히말러여 고원 주민들은 보호구역으로 지정된 삼림 지역에 무단 침입 후 불을 놓아 자신들의 불만을 표출했다. 하지만 농민들의 이런 항의 시위는 그다지 효과를 내지 못했다. 영국인들은 지주들의 반발을 묵살하고 지대 인상에 상한을 두면서, 땅을 빌려 경작하는 소작농들이 쫓겨나는 것을 막는 법을 강제로 통과시켰다. 그러나 이 법은 농촌 권력의 기반을 근본적으로 바꾸지 못했다. 실제로 농민들이 지주들의 권력에 도전하자 지주들은 정계에 뛰어들게 되었는데, 지주들이 설립한 일명 전국영농인당National Agriculturalist Party은 연합제속주에서 양두정치 체제가 발족되면서 출범했다.

위. 그림 34_ 1919년 어므릿서르에서 개최된 국민회의당 전체회의에 참석한 대표들
아래. 그림 35_ 1924년 남인도 내 국민회의당 소속 노동자들 현장(懸章, sash)을 맨 저와허를랄 네루가 앞쪽 가운데에 있다.

이런 농민 운동에 대한 국민회의당의 지원은 영국인들의 지원과 별반 다르지 않았다. 그동안 농촌 촌락에 단 한 번도 발을 들여놓은 적이 없었던 당시 청년 저와허를랄 네루는, 1920년 농민들의 고통에 공감하기 위해 "농민들 사이에서 한동안 이리저리 돌아다닌 뒤" 돌아왔다. 우리가 앞서 봤듯이, 이후 사회주의적 이상에 고무된 그는 더 공평한 부의 분배가 완전한 독립에 필수적인 요소라 주장했다. 국민국가 수립을 위한 투쟁에 나서는 바람에 자주 투옥되었던 네루는 농촌 지대에서 지도력을 발휘할 기회를 갖지 못했다. 간디의 경우, 그는 계급에 기반한 모든 종류의 소요 사태에 대해 분명히 적대적이었다. 그는 농촌 지대 내 투쟁이 영국인들에 대항할 경우에만 이를 지지했는데, 그의 이러한 성향은 인디고를 불리한 조건으로 재배할 것을 강요했던 영국인 농장주들에 저항해 농민들이 일으켰던 참파런에서 발생한 초기 서트야그러허 운동과, 그가 치밀하게 조직했던 "납세 거부 운동"에서 잘 드러났다. 후자의 경우, 1928년 바르돌리Bārḍolī[구]에서 일어난 운동도 그렇고, 자신의 고향인 구즈라트 내 몇몇 지역에서 땅을 갖고 있던 파티다르 카스트 집단 소속 농민들은 정부가 요구했던 토지세 납부를 거부했다. 자본주의적인 사익 추구와 거리가 먼 사회를 원했던 간디는, 인도 내 부유한 지주들 및 실업가들에게 일반인들과 가난한 이들의 대리자로서 행동해 줄 것을 호소했다. 각 계급이 조화를 이루어야한다는 주장은 물론 국민회의당의 정치적인 이해관계에도 도움이 되었는데, 한 계급이 다른 계급에 대항하지 않는다면 모든 이들은 식민통치에 반대하는 투쟁에 나서는데 협력할 수 있을 것이기 때문이었다. 게다가 이런 조언은 국민회의당 지지 기반이 된 집단들에게 불리하지 않았다. 부유한 마르와르인 실업가들도 그렇고, 토지에 묶여 있었던 하위 카스트 계급 농민들의 도움을 받아 자신의 농토를 경작했던 농민 소유주들도, 자신들에게 매우 불리한 계급투쟁이나 토지 재분배를 그다지 지지하지 않았다. 앞으로 보게 되겠지만, 1937년부터 1939년까지 정부 내각을 장악할 때나 1947년 이후나 국민회의당은 엄청난 여파를 남길 농지개혁법을 제정하지 않았다.

제1차 세계대전 이후 정치적으로 불안한 시기에 전례없을 정도로 도시에 몰려들었던 공장 노동자들은 파업을 일으켰는데, 그 결과로 인도 내에서 최초로 여러 노동조합이 발생했다. 전인도 노동조합회의All-India Trade Union Congress를 통해 국민회의당은 당시 급성장 중이었던 노동운동을 통제해 자신들의 국민국가를 수립하는데 이 단체를 귀속시키려고 노력했다. 하지만 중산층 출신이었던 국민회의당 지도부는 현장 노동자들이 보였던 호전성을 억제할 수 없었다. 그리하여 노동자들을 조직하는 과정에서 당시 갓 등장했던 공산주의자들이 활약하게 되었다. 1917년 러시아에서 발생한 볼셰비키 혁명의 성공에 고무된 헌신적인 혁명가이자, 처음에는 멕시코에서, 그 다음에는 신생 소련에서 망명 생활을 했던 마너벤드러나트 라이Mānabendranāth Rāy̐[방](영어명 M. N. Roy, 1887~1954)는 1920년 인도공산당을 창당했다. 1920년대 중반이 되면 이 당은 정부로부터 활동을 금지당하고 라이는 여전히 망명 중인 상태였지만, 공산주의자들은 여러 조합들을 설립해 인도의 방직·황마·강철 공장·철도 작업장에서 파업을 조직했다. 1928년 봄베이 직물공들이 봉급 삭감에 대해 항의하기 위해 6개월 넘게 계속 파업하고 있었을 때, 공장 노동자들로 이루어진 여러 위원회들은 통합한 뒤 공산주의자들이 이끌었던 공장노동자조합Girṇī Kāmgār Saṁdhaṭnā[머]("Mill Workers' Union")을 조직했는데, 이 조합은 전성기 대략 6만 명의 조합원들을 보유하고 있었다.

하지만 그러한 성공은 오래가지 못했다. 정부의 탄압은 강경했다. 1929년 각지에서 진행된 "음모" 재판을 통해 모든 주요 공산주의자 지도자들은 4년 이상 투옥되었다. 간디와 국민회의당으로부터 지지를 얻지 못했고, 많은 지도자들은 육체노동을 한 적이 없었던 상층 카스트 집단 출신이었기 때문에, 심지어 노동자들로부터도 의심을 받았던 인도공산당은 그 정치적 위상을 굳히는데 큰 어려움을 겪었다. 이 당시 마오쩌둥의 강력한 지도하에 있었던 중국공산당과는 달리, 인도공산당은 농촌 지대로 절대로 파고들 수 없었다. 인도공산당은 비하르 지역에서 활동했던 스와미 서자넌드 서러스워티Svāmī Sahjānand Sarasvatī[힌](영어명 Swami Sahajanand Saraswati, 1889~1950)와 같이, 불만을 품은 농민 지도자들의 지지를 받았던 지역들에서만 성공을 거두었다. 더욱이 모스크바로부터 하달된 "노선"이 급작스럽게 바뀌면서, 인도인 공산주의자들은 이에 당혹감을 감추지 못하면서 무기력해졌다.

"공식적인" 국민국가 수립운동과 완전히 동떨어져 있었던 정치적 흐름은 바로 오랫동안 지속되고 있었던 대중영합주의populism였는데, 이 정치적인 흐름은 간디가 이끌었던 국민회의당 혹은 공산주의자들의 지도를 받지 않았다. 간디가 활약했던 이 시기에도 힌두적인 요소를 강하게 띠면서 폭력을 옹호했던 이 대중영합주의에는, 19세기 말 소 보호 운동 및 20세기 초 테러리스트들의 활동이 지녔던 요소들이 계속 유지되었다. 크리스토퍼 피니Christopher Pinney의 최근 연구에 따르면, 그동안 일반적인 역사 서술에서는 이런 사실이 잘 드러나지 않았는데, 이 사실을 보여주는 증거들도 그렇지만, 무엇보다도 이 운동 자체가 인쇄물이나 전단을 포함한 여러 종류의 시각적 형태를 갖고 진행되었기 때문이었다. 정치적인 인물을 신으로 비유했던 이 대중영합주의에 기반한 국민국가 수립운동은 영국인들과 맞서다가 죽은 이들을 순국열사로 기렸다. 이들 중 가장 유명한 이는 바로 퍼거트 싱그Bhagat Siṁgh[펀](영어명 Bhagat Singh, 1907~1931)였다. 1928년 12월 퍼거트 싱그는 라허르에서 한 고위급 경찰을 살해했고, 수개월 뒤 그는 입법부 회의장에 폭탄을 투척했다. 유죄를 선고받고 교수형에 처해진 그는 영국식 의복과 행동거지를 선보임으로써 한동안 발각되지 않을 수 있었는데, 이렇게 영국식 의복과 행동거지를 흉내냄으로써 그는 불멸의 명성을 얻었다. 영국의 트릴비trilby 모자를 쓴 모습으로 항상 묘사된 그는, 자신의 뒤를 이었던 슈바쉬 천드러 버슈Subhāṣ Candra Basu[방](영어명 Subhas Chandra Bose, 1897~1945)[17]처럼 간디와 대조되는 인물상이었다. 이후 퍼거트 싱그가 국민국가 수립운동가들의 반열에 모셔지고, 사진과 전단에 실린 그의 얼굴이 널리 퍼지면서, 영국인들과 간디주의 노선의 국민국가 수립운동이 억누르려고 했던 대중영합주의적 국민국가 수립운동의 위력이 분명히 드러났다.

---

17 사후 인도인들은 인도 독립에 헌신했던 그의 행적을 기려 "네타지(Netāji[방/힌], '지도자netā + 님ji')"라는 존칭을 붙였다.

제2차 비협조운동, 1927~1934

1927년 먼터규-첼스퍼드 개혁의 법적인 개정 과정이 2년 동안 이루어질 것이라 예상했던 영국 정부는, 자유당 소속 존 사이먼 경Sir John Simon(1873~1954)이 통솔하는 위원회를 조직해 인도 헌법을 다시 개혁하는 일을 이 위원회에 맡겼다. 하지만 인도인들이 이에 감사할 것이라 기대했던 것과는 달리 영국인들은 도리어 이들의 반감만 샀는데, 왜냐하면 당시 위원회 위원들은 전원 본국 의회 의원들이었기 때문이었다. 국민회의당 및 무슬림연맹으로부터 힌두 국민국가주의자들 및 온건 자유주의자들까지 극도로 다양한 범위를 보여주었던 당시 인도인들의 여론을 고려할 때, 전원 영국인들로 이루어진 이 위원회는 인도인들이 스스로 운명을 결정할 수 없으며, 자신들을 위해 법률을 제정해 줄 전지적인 부모를 필요로 하는 어린애들에 불과하다는 점을 암시했다. 이 실수로 인해 간디의 제2차 비협조운동이 시작되었는데, 이 두 번째 비협조운동은 1931년에 잠깐 중단된 것을 빼고 1930년부터 1934년까지 지속되었다.

이렇게 예상치 못했던 인도인들의 적대감과 마주치면서 영국에서 새롭게 등장한 노동당 정부의 지지를 받았던 부왕 어윈 경Lord Irwin(1881~1959, 재임 1927~1931)은, 헌법이 개정되는 과정을 통해 인도는 궁극적으로 "자치령" 지위에 오르게 될 것이라는 선언을 발표했다. 하지만 이미 1917년에 먼터규는 이와 거의 비슷한 내용을 발표했고, 여전히 독립으로 이행하는 구체적인 일정표가 제시되지 않았다. 그럼에도 불구하고 캐나다와 호주처럼 백인 정착지들이었던 자치령 정부들이 당시 내정 및 외정 문제에 대한 자체적인 권한을 완전히 장악했던 만큼, 어윈의 선언은 영국이 자치령이었던 인도를 계속해서 지배하려는 기대를 완전히 버렸음을 암시했다. 사이먼 위원회에 대한 인도인들의 불신이 사그러들 기미를 보이지 않고, 비협조운동이 재개될 기미가 보이자, 1930년 램지 맥도널드Ramsey Macdonald(1866~1937, 재임 1929~1935) 총리가 이끄는 본국 정부는 또다시 양보할 수밖에 없었다. 버림받은 사이먼이 혼자서 고민하도록 내버려둔 영국인들은 런던에서 원탁회의를 수차례 열었다. 이 회의에는 인도 안에서 정치 여론을 대표하는 모든 집단들이 초대되었는데, 여기서 헌법 개혁에 대한 합의가 이루어질 수 있다는 기대가 생겼다. 이런 기대를 걸었던 맥도널드는 실수를 범하게 되었다.

1928년 비협조운동을 진행하기 위해 여러 가지 절차가 준비되고 있었던 동안, 인도 국민국가 수립운동가들은 스스로 통치자를 제시할 수 있다는 일종의 공동 전선을 서둘러 구축했다. 이와 관련된 문서들 중 가장 유명하면서 모틸랄 네루가 작성했다 하여 그의 이름을 딴 일명 "네루 보고서"는 즉각적인 자치를 요구하였기 때문에 영국인들이 받아들기 어려웠을 뿐만 아니라, 국민회의당과 대부분의 무슬림들 사이에 이미 커지고 있었던 간극을 넓혔다. 공동체별 분리 유권자단 설정을 약속했던 1916년 국민회의당의 결의를 부인한 네루 보고서는 1947년 이후 등장했던 제안과 거의 같은 연방제 인도라는 구상을 제시했는데, 그 주된 내용으로는 강력한 중앙정부가 나머지 모든 권력을 장악하고, 중앙 입법부 안에 무슬림 공동체를 위한 지정된 의석을 별도로 할당하지 않는다는 것이었다. 무슬림들의 우려를 달래기는커녕, 네루 보고서는 오히려 "힌두교인들에 의한 인도 통치"를 국민회의당이 추구하려 한다는 의심을 무슬림들 사이에서 다시 불러일으키기만 했으며, 국민국가 수립운동에 동참하는 소수의 무슬림들을 제외하고 대부분의 무슬림 정치 지도자들은 서로 단합해 국민회의당에 반대하게 되었다. 일례로 지나는 입법부 의석의 1/3이 무슬림들 전용으로 할당되고 나머지 권력은 속주로 이양된다는 확답을 받을 수 있다면, 자신은 분리 유권자단 설정 요구를 포기할 준비가 되어있다는 입장을 밝혔다. 후자의 목표는 무슬림들이 인구 다수를 차지하는 속주들에서 무슬림들이 상대적으로 자치를 누리는데 그 목적이 있었으나, 이는 인도 전역에 걸쳐 각종 정책을 강력하게 추진할 수 있는 강력한 중앙정부를 간절히 원했던 네루 등의 생각과 필연적으로 반대될 수밖에 없었다.

이러한 불신은 이후 앞으로 극복되지 못했다. 하지만 무슬림 지도자들이 서로 옥신각신하면서 정계 동향은 한동안 불분명했다. 이들은 이슬람교에 기반을 둔 정책들을 절대로 도입하려 들지 않았으며, 오히려 인도 무슬림들의 이해관계를 보호하려는 전략들을 찾으려고 했다. 의견 불일치로 인해, 그들은 이러한 목적을 달성하는데 가장 효과를 드러낸 헌법이라는 수단에 의존하게 되었다. 이 시기에 사람들은 무슬림들로 이루어진 독립국이 수립될 것이라는 생각조차 하지 못했다. 힐라파 운동 지도자였던 무험머드 알리 저허르는 1930년 즈음 다음과 같이 썼다. "나는 동등한 규모를 지녔지만 중심점이 다른 두 집단에 속해있는데, 하나는 인도이고 다른 하나는 무슬림 세계이다. …(중략)… 우리는 이 두 집단에 속해있으며, 그 어느 집단으로부터라도 떠날 수 없다."

제2차 비협조 혹은 시민 불복종 운동은 제1차 비협조운동과 많은 요소들을 같이했다. 하지만 제2차 비협조운동은 여러 가지로 독특한 특성도 갖고 있었다. 가장 놀랄 만한 것은 바로 1930년 3월 비협조운동을 재개하기로 한 간디의 결정이었는데, 그는 자신의 아쉬람으로부터 바닷가까지 약 390km의 거리를 행진한 뒤 바닷물을 끓여 소금을 불법으로 생산하였다. 염세는 정부 세수의 주된 원천이 아니었기 때문에, 국민회의당 내 많은 인사들은 그가 보였던 이러한 움직임을 경멸했으며, 영국인들은 당혹스러워하며 그저 관망하기만 했다. 하지만 이 소금 행진은 천재적인 발상이었다. 생활필수품에 대한 접근권을 둘러싸고 영 제국주의와 맞서기 위해 막대기를 손에 쥐고 성큼성큼 앞으로 걸었던 간디의 노쇠해 보이는 모습은, 곧장 인도 전역뿐만 아니라 전 세계에 걸쳐 지지를 받는 관심 대상이 되었는데, 특히 미국에서 이 소금 행진은 간디가 처음으로 미국 대중들의 관심을 받는 계기가 되었다. 이 행진에서 드러난 강력한 시각적인 형상은 카디를 입은 시위대의 행진으로 더더욱 그 효과가 강화되었는데, 이 시위행진에는 여성들도 최초로 끼어있었다. 식민지 정부는 행진이 벌어진 직후 간디를 체포했지만, 이 때문에 정부는 피해를 입게 되었다. 조직 측면에서 더 규율이 잡혔고, 10년 전 전개했던 비협조운동보다 기대를 덜 받았던 이번 시민 불복종 운동은 인도 전역으로 급속히 확산되었다. 게다가 이번 운동은 당시 닥쳤던 대공황으로 인해 더 큰 호소력을 가질 수 있었다. 물가가 하락하면서, 재배 작물들의 수익이 감소함에도 불구하고 토지세 액수에 변동이 없자, 농부들은 시민 불복종 운동에 적극 가담했으며, 상인들은 호황기보다 침체기에서 일어나는 동맹휴업이 경제적으로 훨씬 덜 부담스럽다고 느꼈다.

이 두 번째 시민 불복종 운동에는 이전에 불참했던 몇몇 집단들도 참가했다. 최초로 여성들이 가두에 나서기 시작했고, 삼림 지구에 걸린 각종 규제에 반대하는 시위들이 중인도에서 일어났다. 인도 북서부에 있었던 북서변경속주는 원래 폭력 사태가 빈발하는 지역으로 악명이 높았지만, "변경 지역의 간디"로 나중에 알려지게 된 아브둘 가파르 한ʕAbd ul-Ghaffār Khān[파](1890~1988)이 이끄는 이 지역 무슬림 파쉬툰인들의 운동은 간디의 이번 시민 불복종 운동과 제휴했다. 하지만 북서변경속주를 제외하고, 1920년과는 달리 이번 비협조운동에 대한 무슬림들의 참여는 불길할 정도로 제한적이었다. 간디가 이제 남인도로 진출하기 시작했다는 점은 무엇보다도 가장 중요한 사실이었다. 1920년대에 남인도인들은 국민국가 수립운동에 대해 여전히 냉담한 태도를 보였다. 하지만 1930년에 이르러 비브라머너 계급 출신들이 정부 및 대학교 내에서 훨씬 더 많은 일자리를 차지하게 되자, 남인도자유연맹은 자신의 임무 대부분을 달성했다. 수마티 라마스와미Sumathi Ramaswami(타미르어로 수마디 라마사미Sumati Rāmacāmi)가 밝힌 대로, 당시 타미르 시인들과 지식인들은 시워 신이 드라위더적인 기원을 갖고 있다고 주장하면서 그 실체를 구성하고, 성스크르터어 대신 타미르어를 경외받을 만한 여신으로 신격화하는 등, 이들은 타미르적인 여러 상징들을 활용하면서 점점 더 자신감을 얻고 있었던 남인도 문화를 일구는데 일조했다. 이들에게는 국민국가주의나 간디나 더 이상 위협적인 존재가 아니었다. 게다가 국민회의당 지도부는 더 많은 남인도 대중들과 소통할 가교를 세우는데 더 정력적인 활동을 벌이고 있었다. 출세지향적인 농민 집단들 사이에서 특히 반향을 일으켰던 국민회의당의 계획은 바로 금주법에 대한 지지였는데, 남인도에서 야자나무로부터 즙을 받아 발효된 야자즙을 마시는 행위를 보이는 사람은 자신이 하층 카스트 집단에 속한다는 사실을 드러냈기 때문이었다. 1930년대 중반에 이르러, 국민회의당은 무능한 남인도자유연맹을 제치고 남인도에서 가장 우세한 정치 조직이 되었다. 그럼에도 불구하고 드라위더인들이 느꼈던 독자적인 정치적 감정은 여전히 강력했다. 이 기간 동안 그러한 감정은 이로드 웽가다빠 라마사미Īrōṭu Veṅkaṭappā Rāmasāmi[타](영어명 Erode Venkatappa Ramasamy, 1879~1973)[18]의 지도하

18 사후 타미르인들은 그에게 "페리야르(Periyār[타], '위대한, 연로한')"라는 존칭을 붙였다. 원래 그의 본명에는 자신의 카스트 출신이 반영되어 있는 "나야까르(이 책의 제2장 주18 참조. 영어명 Naicker)"가

에 전개된 전투적인 "자존自尊(self-respect)" 운동으로 드러났다.

이렇게 대중들 사이에서 호소력을 점차 얻게 된 국민회의당과 맞선 영국인들은 국민회의당의 손에 자신들의 권력이 잠식당하는 것을 두려워하기 시작했다. 특히 처칠 등 본국의 보수당원들은 1931년 3월 간디가 당시 막 완공되었던 뉴델리의 부왕 관저 안에 발을 들여놓은 뒤, 부왕 어윈 경과 표면상 동등한 조건으로 협상했던 모습을 보면서 아마도 가장 놀랐을 것이었다. 간디만큼이나 독실했고, 간디와 비슷하게 도덕적인 성향을 보였던 어윈은 자신이 마주한 상대에게 관심을 보여주기로 마음먹은 상태였다. 그로 인해 간디-어윈 협정Gandhi-Irwin Pact이 체결되어 시민 불복종 운동이 잠시 중단되었고, 간디는 제2차 원탁회의에 참가하게 되었다. 이로 인해 영국인들은 별다른 성과를 거두지 못했지만, 국민회의당 역시 이 협정으로부터 즉각적인 이익을 조금도 갖지 못했기 때문에 네루 및 다른 인사들로부터 "변절"이라는 비난을 받았다. 하지만 이러한 사건들로 인해, 국민회의당은 당시 태동 중이었던 인도인들의 국민국가를 대표하는 전례없는 정당성을 가졌다는 사실이 명확히 드러났다. 간디가 런던에서 아무런 성과를 거두지 못한 채 빈손으로 돌아온 뒤 1932년 초 간디-어윈 협정이 깨졌을 때, 영국의 인도 통치가 여전히 유효하다는 사실을 보여줌으로써 인도 내 영국 지지파를 안심시키는데 열중했던 새 부왕 윌링든 경Lord Willingdon(1866~1941, 재임 1931~1936)은 유난히 살벌할 정도로 국민회의당을 강하게 탄압했다. 3개월 만에 약 4만 명의 인도인들이 체포되었고, 간디를 포함해 많은 이들이 최대 2년 동안 구금되었다.

새로운 기회, 그리고 새로운 충돌

국민회의당이 행동하지 못하게 된 상태에서 영국인들은 식민지 정부를 자체적으로 재조직하려는 움직임을 보였다. 그 중 가장 중요한 조치는 바로 인도 내 토후들을 정

더 들어갔지만, 나중에 그는 이 부분을 본명에서 떼어냈다.

치 체제로 끌어들이려는 노력이었다. 1920년 토후원土侯院(Chamber of Princes)[19]이 창설되기 전 서로 분리되어 있었던 토후들은, 영국인들이 자신들의 우위를 굳히기 위해 만들었던 "봉건적인" 인도의 이상적인 대표들로 주목을 받았다. 국민회의당이 전개했던 비협조운동이 점점 힘을 얻자, 자신들의 정치적 취약성을 갑자기 깨닫게 된 토후들은, 영국인들과 인도 내 토후국들이 단일한 연방제 국가로 통합되어야 한다고 주장했다. 이 계획은 이제 처음부터 새로운 인도로 편입될 토후들뿐만 아니라 다른 집단들에도 이득이 되었다. 무슬림 지도자들 중 일부는 연방제가 국민회의당에 대항하는 보수적인 집단들을 동맹 대상자들로 만들 수 있는 수단이라 여겼으며, 영국인들의 경우 연방제 국가는 국민회의당이라는 거대한 세력을 약화시킬 수 있는 천재일우의 수단이라 여겼다. 대부분의 영국 보수당원들은 인도가 독립될 가능성을 절대로 인정하려 들지 않았다. 1931년 런던에서 보수당 정부가 들어선 뒤, 당시 인도사무대신이었던 새뮤얼 호Samuel Hoare(1880~1959, 재임 1931~1935)가 말한 대로, 보수당은 인도를 계속 보유하려는 차원에서 "책임정부와 비슷한 형태의 정부는 인도인들에게 주겠지만, 통치를 실제로 조종할 수단들은 우리가 계속 갖고 있는" 방식들을 마련하기로 결정했다. 이는 국민회의당 정치인들은 속주들 안에서만 활동하게 하여 그 정치적인 영향력을 제한시켜야 하는 반면, 무슬림들, 토후들, 그리고 식크교인들 및 불가촉천민과 같은 여러 집단들이 권력을 나눠 갖는 중앙정부는, 정치적으로 의존할 수 있는 이들의 수중에 놓여 영국의 이해관계를 유지하게 될 것이었다.

이 목표를 달성하기 위해 제정된 1932년 "제諸공동체에 관한 판정Communal Award"은, 일명 다양한 "소수집단"들에 대해 분리 유권자단 설정을 포함한 여러 종류의 특별대우 조치를 취하려고 했다. 분리 유권자단에는 무엇보다도 불가촉천민 집단도 포함되었는데, 이들은 간디에 대항하여 비므라우 암베드카르Bhīmrāv Āmbeḍkar[힌](영어명 Bhimrao Ambedkar, 1891~1956)의 지도하에 뭉치기 시작했다. 힌두교도 공동체로부터 불가촉천민들

19 힌드어 표기로는 "Narendra Maṇḍal, nar '사람' + indra '신神' + maṇḍala '모임', 즉 '인간의 모습을 한 신들의 모임', 혹은 '현인신원現人神院'"이다.

이 이탈하는 것을 원치 않았고, 스스로 이 억압받는 이들의 수호자라 자처하면서 이들을 "허리전Harijan[힌]('신hari의 아이들jan')"이라 불렀던 간디는 여전히 투옥 상태였지만 이 판정이 폐기되도록 "죽음도 불사하는 중대한 단식 투쟁"에 나섰다. 간디의 건강이 악화되자, 불가촉천민 유권자들로만 이루어진 분리 유권자단은 인도 각지 입법부에서 불가촉천민들만을 위해 지정된 의석들로 대체한다는 타협이 이루어졌다. 이 타협으로 위기가 해소되었고, 불가촉천민들은 우물, 도로, 사원, 그리고 다른 공공장소를 다른 집단들과 동등하게 접근할 수 있다는 권리를 보장받게 되었다. 이 타협은 앞으로 신생 국가 인도가 불가촉천민들을 다른 집단들과 똑같은 권리를 가진 국민으로 인정하겠다는 사실을 예고했지만, 이들의 처우가 상당히 개선되려면 앞으로 수십 년이나 걸리게 되었다. 현재 "덜리트Dalit[힌]('억압받는')"로 알려진 불가촉천민들은, 지금도 자신들의 열악한 지위에 대한 사회적인 낙인으로부터 완전히 자유롭다고 말하기는 어렵다.

제공동체에 관한 판정에 이어 1935년 인도정부법The Government of India Act of 1935이 제정되었다. 인도에 대한 보수적인 이미지를 반영했던 이 법은 연방 중심지에 대한 조항을 두었으며, 양두정치의 요소를 제거하면서 지방 자치를 상당히 확대했는데, 여기서 장관들은 이제 정부 내 모든 부처들을 관장하면서 자신들이 관할하는 현지 입법부에 책임을 지게 되었다. 보수당 소속 의원들이 이 법안을 작성하면서 애초에 의도한 것은 아니었지만, 앞으로 지대한 영향을 미치게 될 결과가 법안 통과 이후 나타나게 되었다. 연방의 중심지는 주요 토후들 중 절반 이상이 이 조항에 동의할 때 효력을 얻을 수 있었다. 하지만 1935년에 이르러 토후들은 급속히 자신감을 잃게 되었다. 연방제 도입으로 인해 자기 나라가 주권을 상실할 것을 두려워했고, 영국의 통치 하에서 인도인 정치가들이 서로 실컷 싸우는 것을 지켜보는데 만족했던 토후들은 더 좋은 조건을 위해 협상하기 시작했고, 마침내 계획 전체를 망쳐놓았다. 영국인들은 토후들을 너무 궁지로 몰아넣는 것을 꺼리고 있었는데, 왜냐하면 토후들은 본국 의회 내 "강경" 보수당원들과 협력했던 강력한 지지자였으며, 뉴델리에 있는 관리들은 연방 중심지가 몇 년 더 영국인들의 수중에 놓이는 것을 원했기 때문이었다. 1930년대 말 몇몇 토후국에서 토후들의 전제정치를 개혁하는 것을 지지하는 대중운동이 일어났는데, 현지 국민회의당 당원들이 이 운동을 지지하게 되면서 연방제에 대한 토후들의 지지가 약화되었다. 하지만 토후들은 이후 이런 근시안적인 행동에 대한 대가를 치르게 되었는데, 자신들을 후원했던 영국인들이 본국으로 철수하게 되면, 이들은 새로운 정치 질서가 수립되는 가운데 제도적인 기반뿐만 아니라 자신들을 지지할 이들도 없어지게 되면서 해안가에 표류한 고래처럼 고립될 운명이었기 때문이었다.

속주의 경우, 새로운 법이 제정되면서 정치에 새로운 동력이 발생하였다. 우선 유권자층이 상당히 확대되었는데, 성인 전체 인구의 약 1/6에 해당되면서 일부 여성 유권자들도 포함했던 약 3천만 명의 인도인들이 이제 투표권을 갖게 되었다. 무익한 충돌로부터 점점 더 벗어나게 된 국민회의당 지도자들은, 1920년대 중반이 다가오기 십년 전처럼 선거가 재개되기를 간절히 기대하고 있었다. 하지만 이들은 이전보다 훨씬 더 강한 위상을 갖고 있었다. 간디를 수장으로 한 국민회의당은 시민 불복종 운동을 전개하면서 최고의 위치에 올라섰으며, 당내 자원 활동가들은 당의 메시지를 전국으로 전파했다. 이제 국민회의당에 남은 일은 인도 최고의 국민국가 수립운동 조직이라는 위상을 득표수로 입증하는 것뿐이었다. 1935년 인도정부법이 적용된 선거를 통해, 국민회의당은 대중운동 조직에서 정당으로 탈바꿈하는 과정에 나섰다. 1937년 선거에서 여러 속주 입법부 내 총 약 1500개의 의석 중 758석을 차지하는 놀라운 결과를 거머쥔 국민회의당은 마드라스, 봄베이, 중앙제속주, 비하르, 그리고 연합제속주를 포함한 일곱 개의 속주에서 정부를 구성했다.

관계에 진출한 국민회의당은 자신들의 약속을 별로 지키지 않았다. 국민회의당은 1935년 인도정부법을 뒤집지 않고, 오히려 영국인 속주 총독들과 우호적인 분위기 속에서 협력했으며, 전임자들이 했던 것처럼 법과 질서를 유지했다. 상업 및 전문직 지도층들과 상당한 수의 농민들로 이루어진 조직으로서, 국민회의당은 부채를 탕감하는 여러 조치 외에는 대대적인 농지개혁을 시행하지 않았다. 또한 수뇌부가 정책을 결정하면서 인도 전역에 영향을 미쳤던 하향식 의사결정 구조와, 현지 지도자들이 추종자들의 지원을 받아 이익을 도모하는 마당에서 그 정치적인 중요성이 점차 커졌던 속주들을 둘러싸고, 국민회의당은 상반되는 이 두 가지 의사결정 방식 사이에서 골머리를 않았다. 그럼에도 불구하고, 국민회의당의 내각 구성으로 인해 발생한 장기적인 효과들은 엄청났다. 하나는 그동안 대중 선동 및 반대 구호 제시에만 익숙했던 국민회의당 정치가들이 통치 경험을 쌓는 훈련을 받게 되었다는 단순한 사실이었다. 1939년 제2차 세계대전이 발발했을 때, 유능해지고 경륜이 쌓였던 국민회의당 정치가들은 통솔권을 갖고 인도를 다스릴 준비가 잘 되어 있었는데, 실제로 이들은 몇 년 뒤 통치를 직접 수행하게 되었다.

하지만 불행히도, 현지 국민회의당 정부들은 자신들의 상대였던 무슬림들의 마음을 사로잡는데 완전히 실패했다. 이렇게 된 원인은 국민회의당이 무슬림들의 강한 불만에 대체로 둔감했거나, 이를 의도치 않게 무시했기 때문이었다. 일례로, 연합제속주에서 새 정부가 구성되는 과정에서 국민회의당은 연정을 요구했던 무슬림연맹의 제안을 묵살했다. 국민회의당은 당시 연합제속주의 무슬림연맹 지도자였던 처두리 헐리쿠저만Cawdhurī Khalīq uz-Zamān[우](영어명 Chaudhry Khaliquzzaman, 1889~1973)에게, 무슬림연맹 당원들은 당을 해체하고 국민회의당의 강령을 수용해야만 새 정부에 참여할 수 있다고 오만한 태도로 말했다. 입법부 의석의 절대 다수를 차지한 국민회의당은 무슬림연맹의 지원을 필요로 하지 않았다. 하지만 국민회의당이 연합제속주 입법부 내 비지정 의석의 대부분을 차지했던 상황에서도 무슬림연맹은 무슬림 지정 의석 중 29석이나 차지했던 반면, 국민회의당은 자기 당이 지정 의석 중 단 한 석도 얻지 못했던 사실을 알아차리거나 신경쓰지 않는 듯했다. 게다가 사회주의적 이상에 빠졌던 네루 등은, 무슬림연맹의 지도자들을 "봉건" 지주들의 이해관계를 대표한다고 간주하면서 이들을 불신했다. 그 동기가 무엇이었든 간에, 이렇게 고압적인 태도로는 무슬림들의 마음을 사로잡을 수 없었다.

국민회의당으로부터 모욕을 받아 분개한 무슬림연맹은 대중들의 지지를 얻기 위해 더 노력하게 되었으나, 이는 결코 쉬운 일이 아니었다. 1937년 선거에서 무슬림연맹은 인도 전역에서 전체 무슬림 중 5%도 안 되는 득표율을 보였으며, 무슬림들이 다수였던 속주들에서 단 한 곳도 여당으로 등극하지 못했다. 펀자브와 방글라 지역에서는 지역 정당들이 권력을 장악했다. 이러한 정당들의 지도자들이나 추종자 대부분은 무슬림들이었고, 이들은 인도 전역의 무슬림들을 둘러싼 여러 문제에 대해 지나를 지지하기로 약속했으나, 그 어느 정당도 순수히 종단을 따라 구성되지는 않았다. 방글라 지역의 경우, 아불 카심 퍼즐룰 허크Ābul Kāshim Fazlul Hak[방](영어명 Abul Kasem Fazlul Huq, 1873~1962)가 지도하면서 1937년 이후 연립 정부를 수차례 이끌었던 소작농당Kṛṣak Prajā Pārṭi[방](영어명 Krishak Praja Party)[20]은 방글라 지역 동부 내 소작농들의 지위를 개선하는데 전념했다. 한편 펀자브 지역의 경우, 시컨더르 허야트 한Sikandar Ḥayāt Khān[펀], 1892~1942)이 이끌면서 힌두교인 당원들을 오랫동안 보유했던 펀자브연합당은, 자신들이 이 지역 내 모든 농민 계층들의 이익을 수호한다고 항상 자처했다.

그밖에 무슬림들이 상당히 있었으나 소수집단에 불과했던 속주들에서, 국민회의당과 무슬림연맹은 1930년대 후반 내내 권력을 차지하기 위해 서로 다투었다. 무슬림 정치가들의 수뇌부에 손을 뻗치기 위해 국민회의당은 "대중 접촉" 운동을 개시했는데, 이는 무슬림 지도자들의 반감만 샀을 뿐이었다. 이로 인해 이 무슬림 지도자들은 무슬림연맹으로 새로운 당원들을 입당시키려는 노력을 더 기울이게 되었다. 한편 무슬림 지도자들은 각 지역 내 국민회의당 정부들이 힌두교인들을 편애하고, 소와 힌드어와 같은 여러 힌두적인 상징들을 선전하는 것에 대해 불만을 품었다. 이런 불만은 정책 수립 과정에서 그다지 핵심적인 요소는 아니었는데, 국민회의당 지도부는 모든 집단에 대해 공평한 태도를 보이려고 노력했지만, 대체로 농촌 지대 출신이었던 사람들이 일자리와 권력을 얻기 위해 국민회의당에 대거 가입하게 되면서 국민회의당의 힌두적인 성격은 강화될 수밖에 없었기 때문이었다. 1939년에 이르러, 중앙 정계를 국민회의당이 장악할 것이라 두려워했던 많은 무슬림들은 자신들의 이익을 보호하기 위한 새로운 방식들을 궁리하기 시작했다. 이중에는 인도 무슬림들은 자신들로만 이루어진 별개의 국가를 수립할 자격을 갖고 있다는 새로운 발상도 있었다. 하지만 다른 이들은 여전히 통일된 인도라는 개념을 고수했다. 1940년 국민회의당 대표였던 멀라나 아불컬람 아자드는 이러한 입장을 다음과 같이 매우 효과적으로 표현했다.

---

20 kṛṣak "소농(peasant)" + prajā "소작농(tenant)"

나는 인도인인게 자랑스럽다. 나는 인도 국민이라고 하는, 결코 나뉠 수 없는 통일된 집단의 일부이다. …(중략)… 이슬람교는 이제 힌두교처럼 인도라는 지역에서 큰 부분을 차지한다. 힌두교가 여기 인도에서 수천 년 동안 사람들이 믿는 종교였다면, 이슬람교 역시 천년 동안 이 사람들이 믿는 종교였다. 어느 힌두교인이 자신은 인도인이고 힌두교를 믿는다고 자랑스럽게 말할 수 있다면, 우리 역시 우리는 인도인이고 이슬람교를 믿는다고 똑같이 자랑스럽게 말할 수 있다.

산업과 경제

전간기에는 정치적으로 온갖 극적인 사건들이 일어났을 뿐만 아니라, 국민국가 수립운동이 거세게 일어나는 동시에 뼈를 깎는 듯한 극심한 불경기가 이 시기 내내 발생했다. 인도를 강타했던 여러 위기 중 1918년 인플루엔자 범유행병과 1930년대 대공황은 인도 바깥에서 발생하였다. 그럼에도 불구하고 이런 위기들은 궤멸적인 타격을 인도에 입혔다. 비교적 안정이 유지되었던 1920년대 중반이 끝나고 발생했던 대공황으로 인해 물가가 급락했다. 이 때문에 농민들이 재배했던 작물들의 가격이 절반 수준으로 폭락했고, 인도산 농산물을 수출할 해외 시장들의 규모가 줄어들었다. 설상가상으로 식량 및 원자재 가격이 수입 공산품 가격보다 더 급격히 하락했다. 현금으로 고정된 각종 명목의 토지세뿐만 아니라 누적된 부채를 포함해 농장주들이 지출해야 했던 비용은 여전히 변하기 않았기 때문에, 농민들에게 경제적인 착취 상황은 훨씬 더 감당할 수 없는 수준이 되었고, 이들의 실질적인 부담은 가중되었다.

인구 증가 및 지력 고갈이라는 악재가 더해지면서 불경기는 더 가중되었다. 1920년대까지 인도 인구는 기근 · 빈곤 · 질병이 만연해지면서 사망률이 높아져 증가세가 꺾였다. 1910년 이후 50년 간 대규모 기근이 사실상 거의 없어진 것을 비롯해 보건 상태가 약간 개선되면서, 인구 증가가 느리면서도 점차 가속화되기 시작되었다. 전간기 인구 증가율은 평균적으로 1년에 1%를 상회한 수준이었다. 불행히도 식량 생산 증가율은 인구 증가율에 미치지 못했다. 분명히 작물의 상업적 재배는 확대되었고, 관개된 지역도 늘어났다. 하지만 이러한 상황은 대체로 펀자브 지역에만 국한되었다. 전간기에 펀자브 지역은 히말라야 산맥에서 비롯된 여러 강들로부터 계속해서 물이 공급되는 대규모 운하 연결망의 수혜자가 되었는데, 이로 인해 이 지역은 현재까지도 남아시아 지역 내 곡창지대 역할을 맡고 있다. 하지만 훨씬 더 집약적인 경작이 이루어진 인도 내 미작 지역들에서는 기껏해야 이전 수준과 같은 정도로 쌀 생산이 겨우 유지되고 있었다. 이 때문에 인도의 1인당 곡물 생산량은 전반적으로 하락하게 되었다. 방글라 지역에서 그 감소율은 1911년부터 1941년까지 30년 동안 거의 40%에 달했는데, 이로 인해 생긴 식량 부족분은 버마에서 쌀을 수입함으로써 겨우 충당할 수 있었다.

공업 부문은 전체 인도 경제에서 여전히 작은 부분을 차지하고 있었지만, 농업 부문보다는 상당히 더 나은 상태에 있었다. 전간기에 여전히 영국의 통치하에 놓여있었지만, 인도 경제는 식민지 시장으로서 오랫동안 영국에 종속되었던 상황으로부터 서서히 벗어나기 시작했다. 이 과정은 인도 최고의 제조업이었던 면직물 산업에서 가장 두드러지게 나타났다. 1913년 약 220만km나 되는 길이의 천을 수입한 것을 정점으로 하여, 면직물의 수입량은 이후 급격하게 감소했다. 1930년대 말에 이르러, 인도 내 공장들에서 생산된 피륙은 국내 시장의 2/3을 차지했다. 동시에 공업은 기존 중심지였던 인도 서부로부터 벗어나 확산되기 시작했으며, 오랫동안 무역에 활발하게 종사했던 몇몇 공동체들 중 마르와르인들과 체띠야르인들은 최초로 제조업 부문에 투자하기 시작했다. 당시 성장 중이었던 도시 중산층 시장에서 소비자들의 물건 구입을 장려하기 위해 스워데시 운동이 추구하는 이상적인 모습들이 자주 이용되었다. 〈그림 36〉에 있는 광고는 한 직물 회사가 생산품들을 어떻게 인도와 동일시했는지를 잘 보여준다.

점차 커져가는 인도 제조업의 중요성에 대응하고, 간디주의 노선의 국민국가 수립 운동과 투쟁하는 인도 실업가들의 지지를 확보하는데 열중했던 식민지 정부는 본국으로부터 거센 항의를 받았음에도 불구하고, 그동안 본국 산업의 이해관계를 배려해왔던 기존 입장을 포기하게 되었다. 1920년대 중반부터 "차별적인 보호" 조치가 강철 ·

그림 36_ 인도 지도의 모습을 한 사리 입은 여성이 그려진, 일라이어스 데이비드 서순 유한책임회사 (Elias David Sassoon & Co., Ltd.)가 생산한 "EDSU(E. D. Sassoon United Mills)" 섬유 광고

직물 · 설탕 · 종이 · 성냥과 같은 주요 부문들에 적용되었다. 하지만 이러한 조치들로 발생한 효과는 정부의 재정 부족 때문에 한계가 있었다. 특히 1930년대에 경제 위기가 터지면서 인도는 영국과 마찬가지로 통화수축을 지향하는 재정 정책을 시행했기 때문에, 식민지 정부는 경제 위기 대책을 마련하는데 방해를 받아 속수무책으로 당할 수밖에 없었다. 그럼에도 불구하고, 새로운 산업 및 관세 정책으로 인해 시간이 지나면서 인도 경제는 유럽인들의 지배로부터 해방되었으나, 동시에 이 정책 때문에 인도는 세계에 대한 장벽을 치게 되었다. 국민국가 수립운동에 고무된 이러한 내향적인 경제성장 추구는 1980년대까지 지속되었다.

국민회의당과 영국인들이 서로 계속 경계했던 전간기에, 이후 수십 년 동안 지속될 여러 종류의 전례 및 제도가 마련되었다. 무엇보다도 이렇게 투쟁이 지속되면서 인도 국민회의당은, 중앙 정계에는 경륜있는 지도부가 있고, 인도 내 수많은 촌락에는 당에 헌신하는 지지자들이 존재하는 규율잡힌 국민국가 수립운동 세력으로 성장했다. 20세기 중반에 발생했던 여러 대사건을 겪으며 부상했으면서 다른 "신생 국민국가"들과 비견될 수 없는 이 조직 구조는, 수천 명이나 되는 사람들이 가두에서 시위를 벌이거나 선거장에서 투표하게 하여, 인도 정계에서 1970년대까지 지속되는 국민회의당의 지배를 확고하게 만들었다. 실제로 수 년 동안 식민지 정부를 제외하고 유일하게 전국 단위 정치 세력이었던 국민회의당은 국민국가라는 "상상된 공동체"를 분명하게 드러냈다. 소금 행진이 대중들을 자극했던 것처럼 영국인들과 극적으로 대결하기도 했지만, 장기적으로 볼 때 더 중요했던 사실은 바로 대중이라는 집단의 규모가 점진적으로 확대되었다는 것이었다. 양두정치 하에 발족한 여러 속주 입법부로부터 1937년부터 1939년까지 이어진 정부 내각 구성까지, 인도인들은 자신들의 나라를 운영하는 책임을 질 수 있는 기회를 점차 갖게 되었다. 여기서 특히 중요했던 것은 바로 대중들의 정치 참여를 독려하는 적절한 수단인 선거의 제도화였다. 독립할 무렵에 이르면, 민주적인 정치 방식은 인도에서 뿌리깊게 자리잡힌 나머지, 이를 부인하는 것은 상상조차 할 수 없게 되었다. 결국 국민회의당과 식민지 정부 간 거래로 인해 양자는 수 년 동안 서로 타협할 수밖에 없게 되었고, 또한 순조로운 권력 이양뿐만 아니라 자유로운 사회를 지속 가능하게 만드는 방식들을 통해, 양자는 실행 가능한 것의 한계점이 무엇인지를 분명히 알게 되었다고 우리는 생각할 수도 있다.

하지만 동시에 이러한 새로운 정치는 이전에는 별로 중요하지 않았고, 1920년대 자치정부가 생겼더라면 사라졌을 수도 있었던 사회 갈등을 더 크게 만들었다. 그 대신 무슬림 · 비브라머너 계급 · 농장주 등 영국인들이 이용했던 여러 집단들은 이제 강렬한 경쟁 구도에 참여하는 당사자가 되었다. 더 많은 사람들이 권력을 얻고자 했지만 중앙 정계 진출의 문은 좁았기 때문에, 카스트와 공동체 간에 유지되었던 지방 내 긴장 관계는 정치적으로 더 중요해졌고, 집단 간에 존재했던 여러 유동적인 경계들은 경직화되어 완전히 고착되었다. 투표 행위 자체는 사람들이 개인 자격으로 의도적인 선택을 하도록 유도함으로써 이 과정을 가속화시켰다. 국민회의당이 모든 인도인들을 자신의 통치하에 두면서 이들을 통합시키려고 하자, 이에 반발하여 다른 집단에 충성하는 움직임이 새로운 정치권력이 등장한 속주 안에서도 뿌리내리게 되었다. 국민국가와 공동체, 간디의 보편주의, 그리고 강렬한 지역주의 모두 전간기에 부상하면서 그 내실이 다져졌다. 이로 인해 1940년대는 승리와 비극의 시기로 점철되었다.

제7장

1940년대: 승리와 비극

협상에서 8월 "봉기"까지
지나와 "파키스탄" 구상
전쟁과 기근
시믈라 회의부터 내각사절단까지
학살과 인파양분兩分(Partition)
국민국가의 정의 과정: 토후, 커쉬미르 지역, 피랍 여성
힌두교도의 권리와 간디의 암살

제7장

1940년대: 승리와 비극

1939년 9월 3일, 제2차 세계대전이 발발하자 영령인도제국의 부왕 린리스고 경Lord Linlithgow(1887~1952, 재임 1936~1943)은 나치 독일에 선전포고했다. 2달 뒤, 고압적인 영 제국주의가 건재함을 인도인들에게 다시 확인시키는 것처럼 간주되었던 이 일방적인 선전포고에 대한 항의 표시로, 여러 속주 내 국민회의당 내각은 모두 사퇴했다. 1940년 3월, 국민회의당의 지배로부터 "벗어날" 천재일우의 기회를 노렸던 무슬림연맹은 라허르에서 개최되었던 연례회의에서 파키스탄 결의안Pakistan Resolution을 통과시켰는데, 이 결의안은 무슬림들로 이루어진 독립된 국가라는 그 실체가 불분명한 요구를 갖고 있었다. 이제 제2차 세계대전으로부터 시작해 국민회의당의 마지막 비협조운동, 무슬림국민국가 수립운동의 발흥, 마지막으로 1947년의 독립으로 이어지면서 격동의 1940년대를 지배할 여러 사건들이 발생할 무대가 마련되었는데, 이는 인도아대륙을 두 나라로 가르게 될 파국으로 이어졌다.

인도에서 영국이 폈던 정책의 특징을 분명하게 드러냈으면서 도발적인 처사이기도 했던 추축국 진영에 대한 일방적인 선전포고는 전술적으로 큰 실수였다. 국민회의당 내각의 사퇴는 틀림없이 이에 못지않은 큰 실수였는데, 이 사퇴로 인해 협상이 계속 지연되면서 1942년 8월 "봉기"로 폭발하게 될 불복종 운동이 결국 일어나게 되었다.

1930년대 말 영국과 인도는 우호적인 관계를 유지하는 상황에서 점차 이별하는 과정으로 나아가고 있었다. 인도와 관련된 영국의 이해관계는 전 세계에 걸쳐 경제적 차원의 국민국가주의가 거세지면서 약화되고 있었고, 한편 1937년 이후 정계에서 국민회의당 소속 정치인들은 앞으로 독립된 인도를 다스리는데 긍정적인 신호가 될 통치력을 보여주었다. 하지만 제2차 세계대전의 발발과 국민회의당 내각의 총사퇴는 모든 것을 뒤바꿔 놓았다. 처음에는 히틀러와 싸우고, 1941년부터는 일본과 싸우면서 이제 갑자기 궁지에 몰리게 된 영국인들은 인력 및 군수품 등 여러 방면에서의 자원뿐만 아니라, 인도가 제공했던 안전한 여러 종류의 기반을 수호하는데 필사적이었다. 이미 중동과 동남아시아에서 전쟁을 수행 중이었던 영령인도군은 1942년 일본군이 어험 지역으로 진출하게 되자, 본국을 수호하기 위해 그 규모를 열 배로 불릴 수밖에 없었다. 거대한 규모의 군대를 유지하고 무장시키는데 처절히 나섰던 영국인들은 인도 내 투자금을 소모했는데, 이로 인해 전쟁이 끝나고 나서 인도는 그동안 영국에 항상 채무를 지고 있었던 관계에서 벗어났으며, 영국은 인도에 10억 파운드나 되는 부채를 지게 되었다.

협상에서 8월 "봉기"까지

1939년부터 1942년까지 국민회의당과 영국인들은 서로 경계하고 탐색하면서, 전쟁으로 인해 발생한 위기 상황으로부터 결정적인 이익을 취하려고 했다. 하지만 1942년 여름에 부상했던 위기 사태는 그 어느 편도 선택하지 않았던 결과였다. 제1차 세계대전이 발발했던 1914년과는 달리, 1939년 당시 국민회의당은 전쟁을 수행하는데 무조건적으로 지지를 표명하지 않았다. 식민지 정부가 자신들의 지원은 당연하게 여기면서 정작 승전을 위해서는 자신들을 부당하게 대우할 것이라고 판단했던 국민회의당은, 이번 전쟁을 이용해 전시에는 영국인들과 협력하면서도 전쟁이 끝나면 이들이 값비싼 대가를 치르게 만들기로 결심했다. 하지만 1930년대 유럽을 순방했던 저와허를랄 네루와 같은 자유주의적 국제주의자들은, 파시즘에 대한 투쟁이라는 성격을 갖고 있었던 이 전쟁에서 인도가 추축국 진영과 맞서 싸우는 것을 특히 지지했다. 분명히 국민회의당 내 일부 인사들은 매우 다른 견해를 갖고 있었다. 비폭력운동에 전념했던 간디는 참여할 수 없었으나, 우리가 앞으로 보게 되겠지만, 슈바쉬 천드러 버슈를 비롯한 몇몇 인사들은 파시스트 세력과 협력함으로써 인도를 해방시키려 했다. 그러나 네루의 입장이 국민회의당 운영위원회 내에서 주류였기 때문에, 국민회의당의 일관된 협상 태도는 인도가 해방을 위한 이 전 세계적인 투쟁에 참가는 해야 하겠지만, 전쟁이 끝나고 독립될 경우에만 인도는 이 투쟁에 유의미하게 나설 수 있다는 것이었다. 1940년 프랑스가 함락되고 1942년 초 일본군이 싱가포르와 버마를 함락시키는 등 영국이 궁지에 몰리게 되자, 협상을 둘러싸고 국민회의당 지도자들은 훨씬 더 절박한 입장에 처하게 되었다. 그러나 이런 상황에서도 국민회의당은 근본적이고 즉각적인 권력 이양에 대한 원론적인 입장은 결코 포기하지 않았다.

한편 점점 더 초조해진 영국인들은 전쟁에 대해 국민회의당의 지지를 받으려고 했다. 전장에서 위기가 일어날 때마다 국민회의당에 더 좋은 조건이 제시되었다. 1942년 4월 스태퍼드 크립스 경Sir Stafford Cripps(1889~1952)이 항공편으로 델리를 방문했을 때, 영국인들은 전쟁이 끝날 무렵 제헌의회를 소집함으로써 인도에 독립을 선물할 의사를 표명했지만, 여기서 그들은 영령인도 내에서 독립을 원치 않는 집단이나 지역이 앞으로 등장하게 될 새로운 국가에 합류하도록 강요받아서는 안 된다는 중요한 단서를 달았다. 전쟁 동안 협력을 받기 위해, 영국인들은 인도인들에게 앞으로 부왕 직속 행정협의회에서 인도인들이 더 많은 자리를 차지하게 될 것이라고 약속했다. 영국은 여기서 이전보다 훨씬 더 양보할 준비가 되어있었는데, 이는 바로 전 세계에 걸쳐 당시 거세게 일어나고 있었던 반식민주의적인 감정을 영국이 부분적으로 받아들이는 것이었다. 무엇보다도 당시 영국에 없어서는 안 되었던 동맹국이었으면서 프랭클린 루스벨트Franklin Roosevelt(1882~1945, 재임 1933~1945) 정권 하에 있었던 미국은, 영 제국을 유지하기 위해 자신들이 전쟁을 수행하는 것은 아니라고 주장했다. 그리하여 델리 내 미국 대표였던 루이스 아서 존슨Louis Arthur Johnson(1891~1966)은 영령인도정부가 인도 내 정치 세력들과 합의하도록 영국 측에 계속해서 압력을 넣었다.

그럼에도 불구하고 크립스 사절단은 성공하지 못했다. 국민회의당이 요구했던 대로 사절단은 부왕의 행정협의회를 인도 입법부에 책임을 지는 내각으로 바꾸거나, 국방부를 인도인들의 손에 넘기는 것에 대해 합의조차 하지 못했다. 노동당 소속 좌파 당원이자 네루의 친구였던 크립스는 합의를 성사시키기 위해 최선을 다했다. 그러나 양측은 서로를 매우 불신했으며, 영향력 있는 많은 정계 인사들은 이런 협상이 지속되는 것을 바라지 않았다. 1942년에 이르러 열렬한 제국주의자였던 윈스턴 처칠이 전시 연립정부의 수장이 되었는데, 그는 자신은 "영 제국이 종언을 고하는 것을 주재하는" 왕의 총리가 되지 않겠다고 밝혔다. 영국의 패전이 가능하다고 예상했던 간디 역시, 크립스 사절단의 제안은 "파산 중인 은행이 발행하는 날짜를 늦춰 적은 수표"에 불과하다고 잘라 말했다. 크립스 사절단의 제안에서 분명히 드러난 것처럼, 전쟁이 끝나고 독립시킬 것이라는 약속을 어기는 일은 앞으로 가능하지 않았지만, 당시 사면초가에 몰렸던 영국의 입장에서 전시에 인도를 통제하는 일은 승전에 필수적인 요소였다.

협상이 무산될 위기에 놓이자, 국민회의당은 점점 더 절박해졌다. 1942년 8월 국민회의당은 "인도를 떠나라!" 운동Quit India Movement(힌드어로는 '바러트 초로Bhārat Choṛo!')으로 알려진 거대한 저항 운동에 나서기로 결심했다. 1920년부터 1922년까지, 그리고 1930년부터 1932년까지 간디가 전개했던 두 차례의 불복종 운동과는 달리, 1942년 8월의 불복종 운동은 규율이 잡힌 시민 불복종 운동이 아니었다. 오히려 국민회의당 지도부가 초기에 강제로 투옥되었다는 이유로 인해, 이번 운동은 하위 지도자들, 학생들, 그리고 다른 활동가들이 운동의 주도권을 차지하게 되면서 조직화되지 않은 폭력으로 폭발했다. 며칠 만에 이 8월 "봉기"는 1857년 대봉기 이후 영국의 인도 통치에 가장 큰 위협이 되었다. 간디주의 노선의 비폭력운동에서 드러난 신비로움은 이번 불복종 운동의 독특한 성격을 대체로 가렸다. 실제로 이번 불복종 운동에서 간디의 역할은 그 자체로 논란 대상이 되어왔다. 투옥되는 바람에 자신의 추종자들과 연락할 수 없었던 그는 이 운동을 주도할 수 없었다. 그러나 이전에 인도를 군인에 의해 폭행을 당하는 젊은 여성으로 비유했던 그는, 이번에는 인도가 강간에 굴복하지 말고 필사적으로 맞서 싸워야 한다고 주장했는데, 그의 생각에 따르면 폭력을 행사하는 것이 비겁하게 구는 것보다 나았다.

봉기는 처음에는 봄베이에서 거세게 일어났는데, 이곳에서 공장 노동자들은 수차례에 걸쳐 파업을 진행하고 경찰을 습격했다. 하지만 봉기의 중심지는 곧 농촌 지대로 바뀌게 되었는데, 특히 연합제속주, 비하르 지역, 그리고 방글라 지역 극서부 일대가 이에 해당되었다. 경가강 동부 지역에서 역시 많은 지지를 얻었으면서 1857년 대봉기와 이상할 정도로 그 모습이 겹쳤던 이 "인도를 떠나라!" 운동은 농민들이 주도하는 저항운동의 모습을 띠게 되었다. 와라너시로부터 퍼트나까지 전투적인 학생들은 소농 및 중농 계층과 합류했는데, 이전에 이 농민들은 국민회의당과 관련없는 급진적인 농민협회 조직들을 구성했다. 이들은 힘을 합쳐 영국의 인도 통치 기반이 되었던 정부 자산 및 통신망에 대한 대대적인 공격을 개시했다. 수백 곳의 철도역과 철도가 곳곳마다 파괴되었으며, 전선뿐만 아니라 전신주 및 기타 시설들도 촌민들이나, 경우에 따라서는 코끼리들에 의해 망가졌다. 농민협회 운동이 가장 강력했던 비하르 지역에서는 약 170곳에 달하는 경찰서, 우체국, 그리고 각종 정부 기관이 파괴되는 바람에, 이 지역과 나머지 지역 간 연락이 한동안 완전히 단절되기도 하였다. 연합제속주에서는 여러 현의 행정기관들이 붕괴되었으며, 방글라 지역 남서부에 위치한 메디니푸르 Medinīpur[방](영어명 Midnapore)에서는 "국민" 정부가 수립되었다.

이 운동에서 드러났던 대중들의 열망에도 불구하고, "인도를 떠나라!" 운동은 영국인들을 인도로부터 쫓아내지는 못했다. 오히려 이 운동은 가차없이 진압되었다. 전시 상황에서 전국에 배치된 막대한 규모의 병력을 동원하고, 동시에 전쟁을 구실로 국내의 폭도들을 가혹하게 진압할 수 있다고 믿었던 영국인들은 약 50개의 대대를 동원해, 고립된 지역들에서 게릴라들의 저항이 지속되었던 몇몇 지구를 제외하고는 6주를 조금 넘기는 기간 동안 모든 봉기를 진압했다. 모든 국민회의당 지도자들은 종전까지 거의 3년 동안 계속 구금되었다. 그럼에도 불구하고 이번 불복종 운동은 식민지 시대에 발생했던 마지막 대중 운동이었고, 앞으로 더 이상의 비협조운동이 발생하지 않고 5년 뒤 인도가 바로 독립했다는 이유 때문에, 이후 많은 이들이 돌이켜 봤을 때 이

"인도를 떠나라!" 운동은 이상을 위해 대중들이 희생정신을 발현했던 순간으로 기억되었으며, 따라서 이 운동은 신화적인 위상을 지니게 되었다. 이 운동이 일어나면서 영웅적인 인물들이 등장했는데, 그 중 대표적인 인물은 사회주의자였던 재프러카쉬 나라연Jayprakāsh Nārāyaṇ[힌](영어명 Jayaprakash Narayan, 1902~1979)으로, 그는 네팔과의 접경지대에 "임시정부"를 수립했다. 전문직 및 재계 주요 인사들도 역시 이 운동에 조용히 동조했다. 한편 연합제속주 동부에 위치한 아점거르Aʕẓamgaṛh[우](영어명 Azamgarh)나 연합제속주 중동부에 있는 패자바드Fayḍābād[우](영어명 Faizabad)에 근무했던 몇몇 경찰 및 하급 관리들은, 시간이 지난 뒤 당시 영국인들이 도망갔을 때 어떻게 자신들이 상부와 계속해서 연락했는지, 혹은 폭도들에 대항해 어떻게 고립된 경찰서들을 지켰는지 회고했다. 위기 당시 자신들의 본분을 지켰다는 이들의 자부심은 "1942년 해방 투사"가 회상했던 온갖 자랑스러운 기억과 함께 존재했다.

지나와 "파키스탄" 구상

내각 총사퇴로부터 시작해 협상 결렬을 거쳐 마지막으로 "인도를 떠나라!" 운동으로 비화되었던 국민회의당의 저항적인 태도로 인해, 영국인들은 전쟁 지지층을 확보하기 위해 다른 세력을 알아볼 수밖에 없었다. 어떤 이들은 국민회의당의 불만이 이렇게 폭발하는 바람에 영국인들은 정치적인 주도권을 다시 쥐게 되었고, 이로써 영국인들이 국민회의당보다 자신들의 이해관계에 더 부합되는 집단들에게 권력 이양을 준비할 기회까지 생겼다고 생각했다. 이렇게 이득을 본 집단들 중 가장 많은 이득을 챙긴 집단은 바로 무슬림연맹이었다. 1940년 무슬림연맹이 무슬림 공동체의 정치적인 목표로써 "파키스탄 수립"이라는 구상을 당헌으로 삼았을 때, 이 구상은 당시 존재한 지 고작 십 년에 불과했다. 인도 무슬림들은 이제 태동 중인 국민이며 자치를 누리는 정치체를 가질 권리를 갖고 있다는 개념은 시인 무험머드 이크발의 여러 작품에서 처음 그 표현이 등장하는데, 여기서 파키스탄은 무슬림들이 인구 대다수를 이루는 인도 북서부 지역들을 가리켰다. 이 정치체는 1933년 영국 캠브리지 대학교에 재학 중이었던 한 학생[1]에 의해 "파키스탄Pākistān[페]"이라는 이름이 붙여졌으며, 따로따로 떨어져있는 국가들이 결합한 거대한 연방의 개념으로 구상되었다. "파키스탄"이라는 국가의 명칭은 이 나라가 포함하고자 했던 여러 지역의 이름에 있는 철자들로부터 비롯되었으며[2], "순수한 땅"[3]이라는 뜻도 갖고 있었다.

이런 개념들은 오랫동안 인도 정계에서 실현 가능한 사항이 아니었는데, 왜냐하면 "파키스탄"을 반드시 구성하게 될 인도 북서부 및 동부 무슬림 다수 지역들의 경우, 해당 지역 내 존재하는 지역 정당들에 의해 무슬림들의 이해관계는 충분히 잘 보전될 수 있을 것이라 여겨졌지만, 인구 소수 집단에 불과했던 다른 지역 내 무슬림들은 자신들이 제외될 "파키스탄"으로부터 아무런 이득도 얻지 못할 것이었기 때문이었다. 하지만 1940년 빠르게 독립으로 향하고 있었던 당시 급박한 상황 속에서 인도 무슬림들의 운명을 둘러싸고, 무슬림연맹은 헌법을 제정할 경우 "무슬림들이 인구 다수를 이루는 지역들은 서로 묶여야 하고, 인도는 내부 행정구역들이 각각 자치를 누리고 주권을 지닌 '독립된 국가들'로 구성되어야 한다."라고 선언할 수밖에 없었다. 그 해 지나는 무슬림연맹의 당수로서 전 당원을 향한 연설에서 다음과 같이 표명했다.

> 무설먼들(무슬림들)은 사람들이 흔히 이해하는 것처럼 소수 집단이 아니다. …(중략)… 무설먼들은 국민에 대한 그 어떠한 정의에도 부합되는 국민이 될 수 있으며, 자신들의 조국·

---

1 1933년 1월 28일, 당시 영국 캠브리지 대학교에서 법학을 전공하고 있었던 처두리 레흐머트 알리(Cawdhurī Reḥmat ʕAlī[우], 영어명 Choudhry Rahmat Ali, 1897~1951)는 자신의 소책자 「지금 아니면 절대로 못한다! 우리는 생존할 것인가 아니면 영원히 사라질 것인가?(Now or Never! Are We to Live or Perish Forever?)」에서 이 "파키스탄"이라는 개념을 처음으로 제시하였다. 그는 이 소책자를 당시 런던에서 진행되었던 제3차 원탁회의에 참석 중인 영국 정부 및 인도 대표단에 송부했으나, 당시 그의 이런 제안은 그다지 호응을 얻지 못했다.

2 펀자브(Panjāb)의 "P", 아프간인(Afghān, 여기서는 파쉬툰인)의 "A", 커쉬미르(Kashmīr)의 "K", 그리고 발로치스탄(Balochistān)의 "Stan"이 합쳐진 단어이다. 중간의 i는 발음의 편의성을 위해 덧붙여졌다.

3 pāk[페] "순수한" + stān[페] "땅", 중간의 i는 발음을 쉽게 하기 위해 붙여졌으며, "(무슬림들로만 이루어진) 순수한 땅"을 뜻한다.

> 영토 · 국가를 가져야만 한다. 우리는 자유롭고 독립된 인민으로서 이웃들과 평화롭고 조화롭게 살기를 바란다. 우리가 최선으로 생각할 수 있는 방식으로, 그리고 우리만의 이상과 부합되면서 우리 인민의 특질에 따른 우리의 영적 · 문화적 · 경제적 · 사회적 · 정치적 삶을 우리 인민이 최대로 발전시킬 수 있기를 우리는 바란다.

하지만 실제로는 이와 달리 당시 확실하게 결정된 사항은 없었으며, 불가피하다고 생각된 것도 별로 없었다. 무엇보다도 1947년에 출현했던 파키스탄이라는 국가가 1940년의 결의안에서 비롯되었다는 오해를 피하는 것이 중요하다. 이 7년 동안 무슬림들의 정치 동향은 대체로 논쟁거리가 되어왔지만, 1946년까지 지나나 지방 무슬림 지도자들이나 영국인들이나 인도-파키스탄 양분兩分(이하 인파양분)이 결국 일어날 것이라 예상하거나 별로 바라지 않았다. 실제로 많은 무슬림들은 그 어떠한 형태의 양분도 완전히 반대했다. 1940년대 초 당시 시컨더르 허야트의 펀자브연합당은 앞으로 건국될 파키스탄에서 중심 지역이 될 펀자브를 안전하게 장악하고 있었으며, "파키스탄" 건국으로부터 이 당은 아무런 이득을 얻을 수 없었다. 데우번드의 울라마 집단을 비롯해 많은 울라마 집단은 독립된 인도 안에서 여러 종교공동체 사이에 협력을 심화시키고, 무슬림들이 자신들의 도덕성을 도야하게 만드는데 주력했다. 그렇기 때문에 이러한 집단들은 인도의 양분에 대해 반대했다.

인파양분이 거의 완전히 이루어질 무렵까지도, 파키스탄의 국경 설정도 그렇지만 특히 파키스탄이 하나 혹은 두 개의 국가로 이루어져야 하는가에 대한 문제도 여전히 제대로 해결되지 않은 상태였다. 수정주의적인 주장을 담고 있는 아이샤 잘랄Ayesha Jalal(우르두어 발음으로 아이샤 절랄ʕāʔishah Jalāl)의 저작 『유일한 대변인The Sole Spokesman』을 보면, 처음에 지나는 "파키스탄"을 별도의 국가로 생각하지 않고 전후 합의에서 제시할 유용한 정치적 협상 패로 생각하고 있었다. 이 점에서 볼 때, 1940년의 결의안은 수십 년 동안 지속되었던 전략을 계승했는데, 그 전략은 바로 식민지 시대의 전형적인 통치 개념에 중심적인 요소인 "공동체"였다. 이 공동체라는 개념을 이용해, 무슬림들은 분리 유권자단, 지정 의석, 혹은 무슬림들이 다수를 이루는 속주들이라는 수단을 통해 더 나은 지위를 확보하려고 했다. 그럼에도 불구하고, 이 단순한 개념인 "공동체"를 제시함으로써 파키스탄 수립 구상은 당시 자신들의 정치적인 지위에 대해 매우 우려하고 있었던 무슬림들에게 매력적인 수단이 되었다. 또한 영국인들은 전시에 무슬림들의 지지를 확보하기 위해, 그 어떠한 형태가 되든 간에 속주들은 독립 인도로부터 "떨어져 나갈 수 있다는" 조항이 담긴 크립스 사절단 제안에 이 파키스탄 구상을 포함시켰다.

전쟁과 기근

한편 일본군이 어험 지역의 정글 지대를 통과하면서, 전쟁 중인 인도에서 위기 사태가 발생했다. 각종 위기사태 중 가장 파멸적인 결과를 초래했던 것은 바로 1943년에 일어났던 방글라 대기근이었는데, 이 기근으로 인해 약 200만 명이 사망했을 것으로 추정된다. 이전에 방글라 지역에서 유일하게 발생했던 대기근인 1770년의 기근은 식민통치 초기에 일어났던 반면, 1943년의 대기근은 행정적인 실패에 기인한 것이었다. 일본군이 점령했던 버마로부터 쌀 수입이 끊겨 식량이 부족해지자, 정부는 군대와 동요된 캘커타 시민들을 위해 충분한 식량 공급이 가능하도록 농촌 지대에서 도시로 곡물을 공출하는 결정을 내리는 바람에 위기가 증폭되었다. 이로 인해 방글라 지역에서는 전쟁 내내 굶주림과 죽음의 분위기가 팽배했는데, 오랫동안 지속되었던 풍요의 땅이라는 "금빛의 방글라(쇼나르 방글라Sonār Bāṁlā[방])"의 이미지는 이후 절대로 회복되지 못했다.

인도-버마 전선에서는 일본군과 영국군뿐만 아니라 두 인도 군대도 서로 대치했다. 이 두 군대의 존재로 인해 식민지 시대로부터 오랫동안 이어져 내려온 충성심이라는 전통뿐만 아니라, 전쟁에 적합한 "전투종족"이 따로 존재한다는 신념도 분명히 붕괴했다. 1945년에 이르면, 200만 명을 상회하는 규모에도 불구하고 군대 규모를 더 확대하는데 필사적이었던 영국인들은 1860년대 이후 인도군의 특징이 되었던 모병 전략을 포기했다. 군인들이 전국에서 징집되었고, 전쟁 상황이 급박해지자 인도인 장교들은 영령인도군 사상 처음으로 부하들과 병사들을 통솔할 수 있는 위치에 오르게 되었다. 그리하여 1945년에 이르러 인도는 수뇌부를 제외하고 전 계급에서 "국민총화"를 이루는 동시에 독립으로 향할 준비가 된 군대를 보유하게 되었다. 하지만 영국인들에 대한 충성은 더 이상 당연한 것으로 여겨지지 않게 되었다. 영국인들에 대한 불만이 가장 잘 드러났던 사례는 바로 슈바쉬 천드러 버슈가 지휘하는 군대였는데, 이 군대는 처음에는 싱가포르가 함락되고 나서 일본군의 포로가 된 인도인 병사들로 이루어졌다.

네루와 더불어, 버슈는 국민회의당 안에서 더 좌파적이고 사회주의적인 성향을 띠었던 계파를 오랫동안 이끌었다. 버슈는 반식민주의도 그렇지만 간디보다 더 평등주의적인 사회 및 젠더 정치에 매우 헌신적인 태도를 보였으며, 그는 1939년에 거머쥐었던 국민회의당 대표직을 불신임당하자 간디와 완전히 결별했다. 국민회의당에서 소외되고 영국의 감시 대상이 되자, 버슈는 영국에 대항할 수 있는 동맹으로써 파시스트 세력들을 지지하기로 결정한 뒤 인도를 떠났는데, 처음에 그는 히틀러 치하의 독일로 갔다가 다시 독일 잠수함을 타고 당시 일본이 점령했던 싱가포르로 향했다. 그가 모았던 군대에는 포로들뿐만 아니라 싱가포르 내 다른 인도인 거류민들도 포함되어 있었는데, 이 중에는 "시포이 봉기"의 여성 영웅이었던 잔시의 라니의 이름을 딴 신설 여군 분대도 있었다. 인도국민군Indian National Army(힌두스탄어로는 Āzād Hind Fawj[우])으로 알려졌으면서 해방된 인도를 대표한다고 자처했던 이 군대는 버마에서 영국군에 대항해 군사작전을 펼쳤으나, 델리로 진군하는 목적을 달성하는 데에서는 미미한 성과를 올리는데 그쳤다. 인도국민군의 구호였던 "델리로 가자!Dilli calo[방/힌]"는 1857년의 기억을 불러일으켰다. 이 군대가 파시스트 세력과 연계되었다는 이유로 거부감을 드러냈던 인도인들은 인도국민군의 활동상을 듣고 큰 자부심을 갖게 되었다. 전쟁이 끝난 뒤인 1945년 말 영국인들은 각각 힌두교인, 무슬림, 식크교인으로 구성되었던 세 명의 인도국민군 장교들을 불충의 혐의로 재판하려고 했지만, 전국에 걸쳐 이에 항의하는 시위가 대대적으로 일어났고, 이후 많은 인도인들은 인도국민군이 인도의 해방을 위해 헌신했던 투사들이었다는 평가를 내리게 되었다. 정작 버슈는 전쟁이 끝난 직후 비행기를 타고 일본군 점령지로 이동하려다가 추락 사고로 사망했다.[4] 그가 벌였던 저항적인 국민국가 수립운동 및 파란만장한 그의 인생으로 인해, 버슈는 자신의 고향인 방글라 지역뿐만 아니라 인도 전역에서 거의 신화적인 인물이 되었다. 자신과 같은 이가 권위주의적으로 통치하는 해방된 인도를 꿈꾼 전쟁 당시 버슈의 미래상 대신, 영웅적이고 전투적인 그의 신화적인 모습은 오늘날 인도 안에서 계속 기억되고 있다.

시믈라 회의부터 내각사절단까지

종전이 가까워지면서, 영국인들은 인도의 미래에 대한 협상을 재개했다. 1945년 6월 부왕 웨이벌 경Lord Wavell(1883~1950)은 하계 수도 시믈라로 간디, 지나, 그리고 이제 막 석방된 국민회의당 주요 정치인들을 불렀다. <그림 37>에는 네루와 지나가 협상 중 휴식을 취하고 있는 모습이 드러난다. 웨이벌은 자신과 총사령관을 제외하고, 과도정부를 운영하기 위해 전원 인도인으로 이루어진 행정협의회를 구성함으로써 정치적인 난관을 해결하려고 했다. 행정협의회는 "카스트 제도의 적용을 받는 힌두교인들"과 무슬림들이 동수를 이루게 하여 무슬림들의 핵심적인 요구 사항들을 들어주려고 했지만, 지나가 모든 무슬림 위원들을 무슬림연맹이 지명할 권리를 요구하면서 협상이 무산되었다. 인도 무슬림들의 "유일한 대변인"이라 자처했던 지나는, 무슬림들의 여론을 대표하는 측면에서 국민회의당이나 펀자브연합당의 권리를 인정하고 양보할 태도를 전혀 보이지 않았다. 영국인들이 지나 없이 시믈라 회의를 진행시키는 대신

---

4 정확히 말하자면, 일본이 항복을 선언한 날로부터 3일이 지난 1945년 8월 18일, 버슈는 싱가포르를 출발해 중국 랴오둥반도의 다롄을 경유해 도쿄로 가려고 했지만, 중간에 비행기 연료 공급 문제로 그는 대만의 타이베이에서 잠깐 머물게 되었다. 하지만 타이베이에서 다롄으로 가려는 도중, 타이베이 상공에서 비행기가 폭발하는 바람에 그는 전신에 심한 화상을 입고 직후 절명했다.

그림 37_ 시믈라 회의 도중 정원을 걷고 있는 저와허를랄 네루(왼쪽)와 무험머드 알리 지나(오른쪽)
1945년 6월 촬영

협상이 결렬되도록 방치했던 사실은, 무슬림연맹이 전시에 식민지 정부와 협력하면서 확보했던 영향력을 여실히 보여주는 것이었다.

이후 몇 달 동안, 영국인들은 인도에서 발생한 사건들을 통제할 힘도 의지도 상실했다. 1945년 7월 클레멘트 애틀리Clement Attlee(1883~1967, 재임 1945~1951)가 주도하는 노동당 내각이 처칠이 이끈 보수당 정부를 대신했다. 일부 주장처럼 노동당이 제국을 유지하는데 꼭 반대만 했던 것은 절대로 사실이 아니었지만, 그래도 애틀리의 승리는 인도 독립의 대의명분도 그렇고, 특히 국민회의당의 주장에 동조하는 적임자가 생기게 하는데 일조했다. 더 중요한 사실이지만, 승전했음에도 불구하고 영국은 전쟁을 수행하면서 어마어마한 타격을 입었다. 영국은 정치적으로 불안한 인도를 강제로 굴복시키는데 필요한 자원이나 인력을 제대로 보유하지 못한 상황이었다. 영국 대중들은 새롭게 들어선 사회주의 친화적인 정부가 약속했던 일자리 및 주택 공급을, 영국의 인도 통치를 재확립하는데 들어갈 값비싼 비용보다 더 우선시했다. 인도만 하더라도 1946년 봄베이에서 발생했던 해병들의 반란으로 인해, 하급 장교들의 충성이 더 이상 굳건하지 않다는 사실이 명백해졌다. 게다가 영국이 인도를 통치하는데 “강철 골격”이 되었던 인도고등문관제의 고위 관리들도 1945년에 이르면 인원의 절반은 인도인들로 채워졌으며, 이 인도인 관료들은 영국에 계속 충성하면서도 곧 들어설 독립 정부에서 일할 기대감을 갖기 시작했다. 1946년에 이르러, 웨이벌 등이 깨달은 것처럼 영국이 바랄 수 있었던 것은 그저 “영국을 위해 선택된” 인도인들이 권력 이양을 준비하는 것뿐이었다.

영국의 인도 통치 “최종 단계”의 첫 번째 라운드는, 1945년에서 1946년으로 넘어가는 겨울철 동안 진행되었던 총선거로 시작되었다. 이 총선에서 비주류 정당들이 밀려나게 됨으로써, 이전에는 직접 서로 대항한 적이 없었던 국민회의당과 무슬림연맹은 나란히 정계를 주도하게 되었다. 국민회의당은 1937년 총선의 결과를 이번 선거에서도 대체로 반복해서 누리게 되었는데, 이는 1942년 8월 운동에서 보여준 주도적인 역할을 유권자들이 인정하게 되면서 더 강화된 국민회의당을 향한 우호적 평판으로부터 생겨난 것이었다. 비무슬림들도 투표 가능한 유권자층을 대상으로 했을 때 국민회의당은 중앙 입법부에 대한 총 득표 수 중 90%를 차지했으며, 여덟 개의 속주에서 지방 내각을 이루었다. 한편 무슬림연맹은 중앙 입법부 내 무슬림들에게 지정된 의석 중 30개를 차지했으며, 속주 의회들에서 무슬림 전용으로 배정된 총 500석 중 442석을 차지했다. 1937년에 암울한 성과를 보여줬던 것과는 완전히 달리, 무슬림연맹은 자신들만이 인도 무슬림들을 대표한다는 지나의 주장을 뒷받침하게 되었다. 이는 선거 차원에서 발생한 극적인 변화였지만, 무슬림연맹에게 투표했던 이들에게 이 선거가 무엇을 의미했는가는 당장 분명하게 드러나지는 않았다.

〈그림 37〉에서 보이는 것처럼, 서유럽식 의복을 입었으면서 냉정했고, 냉담하면서도 우아했던 인물 지나는 카리스마적인 지도자라는 느낌을 명확하게 풍기지는 못했다. 사실 시믈라 회의에 참석했던 웨이벌로부터 오늘날 역사학자들에 이르기까지 많은 이들은, 협상에서 서로 양보하는 것을 원치 않았던 지나의 오만함이 혐오스러울 정도는 아니더라도 정말로 짜증날 만하다고 느꼈다. 하지만 그의 개성에서 뿜어져 나왔던 힘은 매력적이었다. 당시 젊은 여성 지식인이자 나중에 파키스탄 국제연합(UN) 대표로 부임하게 될 베검 샤이스타 수흐러워르디 이크라물라Begam Shāʔistah Suhrawardī Ikrām ul-lah[우](영어명 Begam Shaistah Suhrawardi Ikramullah, 1915~2000)는, 지나가 "매우 무례하고 남들을 무시한다"는 얘기를 이전부터 들어와 처음에는 지나를 만나는데 주저했지만, 그를 만난 뒤로는 "지나의 말을 듣고 나서 확신을 안 가질 수 없었다."라 회고했다. 그녀의 말에 따르면, 지나는 "자신의 관점에서 본 진실에 정말로 철두철미하고 일편단심의 태도를 갖고 있었으며, 이에 대해 분명한 확신을 갖고 있었기 때문에 다른 사람들도 역시 확신을 안 가질 수 없었다." 의도적으로 계속 모호한 존재로 남아있었던 파키스탄 수립에 헌신했던 그의 이런 개인적인 매력은, 무슬림 국민국가 수립운동의 근대적이고 이상적인 형태라 할 수 있는 알리거르 대학교와 같은 기관들에서 수학한 무슬림 공동체로부터 가장 큰 성공을 거두었다는 사실은 놀라운 일이 아니었다.

무슬림연맹이 특히 무슬림들이 인구 다수를 차지하는 속주들에서 규모가 더 큰 농촌 대중의 지지를 받는 일은 더 어려웠다. 국민회의당이 주도하는 인도 안에서 자신들의 입지가 축소될 것을 우려했던 지도층과는 달리, 펀자브 및 방글라 지역 무슬림들은 이미 자치권을 가진 상황에서 해당 속주들 내에서 인구 다수를 차지하는 자신들의 지위를 누리고 있었다. 그러나 파키스탄이 앞으로 존재하려면 이 속주들의 지지를 받는 것은 필수였으며, 그래서 지나는 무슬림연맹에 대한 이들의 충성을 확보하는데 나섰다. 방글라 지역에서 퍼즐룰 허크가 지도했던 소작농당은 그때까지도 자력으로 입법부 안에서 다수를 차지한 적이 없었는데, 이 때문에 소작농당은 연립정부를 구성할 다른 정당들과의 관계에 항상 신경쓰고 있었다. 1940년 이후 국민회의당과 무슬림연맹이 서로 대치하게 되면서, 소작농당의 정치적 기반은 점차 흔들리게 되었으며, 대기근의 위기가 덮쳤던 1943년에 퍼즐룰 허크의 내각은 방글라 지역에서 무슬림연맹을 이끌었던 카자 나지뭇딘Khājā Nājimuddīn[방](영어명 Khwaja Nazimuddin, 1894~1964)의 정부에 자리를 내줬다. 펀자브 지역의 경우, 연합당은 종단을 넘어 지주와 농민 사이를 연결시켰던 친족 및 씨족 간 관계에 의존하였으며, 무슬림들이 연대할 것을 호소하는 주장에 대해 훨씬 더 저항적인 태도를 취했다. 연합당의 지도자이자 펀자브 속주의 총리였던 시컨더르 허야트는 인도 전역에 걸친 각종 문제에 대해 지나의 의견을 따르기로 합의했지만, 그가 1942년 심장마비로 급사하고 나서 그의 뒤를 이었던 멀리크 히즈르 허야트 티와나Malik Khiḍr Ḥayāt Ṭiwānā[펀](1900~1975)는 1944년 지나와 관계를 단절했는데, 이 때문에 무슬림 속주들 중 가장 중요했던 이 속주에서 양당 간에 치열한 접전이 벌어지게 되었다.

연합당을 견제하려고 했던 지나의 전략은 크게 두 가지로 나뉘었다. 첫 번째로 그는 연합당을 구성했으면서 느슨하게 결집된 여러 지주 집단들 사이에 만연했던 파벌 경쟁을 이용하고자 했으며, 두 번째로 그는 이 씨족 집단들의 수장들을 거치지 않고 농민 유권자들에게 직접 다가가려고 노력했다. 그리하여 그는 농촌 지대에 분산된 수피 성지"한카Khānqāh[페]"(혹은 "자위야Zāwīyah[아]")를 관리하고 있었던 피르Pīr[페](수피교단 내 영적 지도자)들에게 도움을 요청했다. 이 피르들은 지나의 행동을 정당화했다. 그런 뒤 도시들로부터 쏟아져 나온 학생들을 이용한 지나는 "이슬람이 위험에 처해 있다!"라는 구호로 펀자브 지역 내 농촌 지대 유권자들을 결집시켰다. 지나가 꼭두각시들을 부리는 주인처럼 지도층의 조종에 의해서만, 혹은 농민들을 그럴 듯한 구호로 속여서 승리를 거머쥐었다고 상상해서는 안 된다. 1947년 이후 인도인들이 대체로 생각해온 것과는 달리, 지나는 계략과 술책을 통해서만 파키스탄을 만든 것은 아니었다. 오히려 펀자브인들과 다른 무슬림들에게 제시된 "파키스탄 건국"의 미래상은 당시 무슬림들의 열렬했던 종교적인 충성심을 계속해서 가득히 담고 있었다. 이전에 개인의 신앙은 사회 정체성과 별로 관련이 없었는데, 식민지 시대에 "무슬림"은 "객관적으로" 고정된 무슬림 공동체의 일원으로 정의되었다. 사실 종교적인 구호는 선거 과정에서 엄격하게 배제되었다. 하지만 1946년 선거 운동이 진행되면서 종단중심적인 구호가 난무했던 엄중한 분위기 속에서 모든 상황이 뒤바뀌었다. 무슬림연맹 활동가들은 농촌 지대를 순회하면서 이슬람교에 대한 개인의 헌신을 무슬림 공동체의 연대와 결합시켰다. 투표 행위는 개인을 무슬림 공동체 전체와 통합시키는 종교의례적인 행위가 되었다. 당시 선거를 감독했던 어떤 이의 보고에 의하면, "내가 어디로 가든 모든 사람들은 '바이Bhāī[힌],[5] 무슬림연맹에 투표하지 않는다면 우리는 '카피르Kāfir[아]('이교도')가 될 거라네.'라고 계속해서 말하고 있었다."

그 결과로 일반 무슬림 유권자들에게 파키스탄은 두 가지를 동시에 뜻하게 되었다. 하나는 파키스탄은 인도 무슬림들을 위한 근대적인 국민국가로서, 이는 식민지 시대 무슬림들이 오랫동안 전개했던 정치 운동이 낳은 결과였다. 하지만 동시에 파키스탄은 무슬림들의 정체성을 드러내는 상징으로써 국가 내 일반적인 각종 구조들을 넘어섰다. 일반적으로 지적하는 것처럼 파키스탄은 이슬람교의 이상적인 정치 질서를 드러냈는데, 이 질서에서 이슬람적인 생활의 실현은 앞으로 이 나라의 종교의례적인 권위와 결합될 것이었다. 이 파키스탄은 정치가들이 그저 세속적인 일들을 다루는 장場으로만 그 역할이 한정되지 않을 것이었다. 1946년에서 그 다음 해에 걸쳐 대규모 유혈 사태가 도처에서 발생했을 때, 파키스탄은 공상 같은 실체로부터 영토를 가진 국가로 그 성격이 변하였다. 하지만 독립 이후 파키스탄은 그 이슬람적인 성격이 명백히 드러나면서 무슬림들로 이루어진 "순수한" 땅이라는 기원에서 비롯된 유산을 버릴

---

5 북인도 현지 언어들로 '형제'를 뜻하며, 상대에게 친근함을 표현할 때 사용하는 존칭이다.

수 없었는데, 여기서 파키스탄의 이슬람적인 성격은 지나가 의도한 것이 아니었다.

두 정당이 서로 반목하면서 아무런 합의도 도출하지 못한 영국인들은 1946년 3월 인도로 파견된 고위급 내각사절단에 스스로 계획을 마련할 권한을 부여했다. 독립된 인도에 대한 사절단의 제안에는 복잡하고 세 부분으로 구성된 연방 개념도 있었는데, 이 연방제의 핵심적인 특징은 바로 여러 속주들이 모여 만들어진 대행정구역들의 창설이었다. 이 대행정구역들 중 둘은 동쪽과 서쪽에 있는 무슬림 다수의 속주들을 이루게 될 것이었으며, 나머지 다른 하나는 중앙과 남쪽에 있는 힌두교인 다수의 지역들을 포함할 것이었다. 정부가 가진 대부분 기능에 대해 책임을 진 이 대행정구역들은 국방 · 외무 · 통신 등을 관장하는 연방정부에 귀속될 것이었다. 이 계획을 통해 영국인들은 국민회의당이 그렇게도 원했던 통일 인도를 보전하면서, 동시에 대행정구역을 설정함으로써 "파키스탄 수립"을 원했던 지나의 요구도 살릴 수 있기를 원했다. 이 제안을 통해 지나는 독립국 개념보다는 속주들로 구성되어 자치를 누리는 대大정치체 개념이자 자신이 가장 원했던 파키스탄 수립을 막판에 거의 실현할 뻔했다. 방글라와 펀자브 지역 총 인구의 약 40%를 구성하면서 비무슬림들이 인구 다수를 이루는 여러 현들이 파키스탄 수립으로 인해 찢어지는 상황을 지나는 어떻게든 피하고자 했는데, 1944년에 이미 그는 이런 방식을 통해 생겨날 파키스탄을 "불구가 되고mutilated, 훼손되었으며maimed, 좀먹은moth-eaten" 파키스탄이라 표현했다. 서쪽으로는 펀자브, 동쪽으로는 방글라라는 핵심 속주들을 중심으로 모든 속주들을 파키스탄으로 통합시킴으로써, 지나는 둘로 찢어진 지역들 안에서 무질서가 발생하면서 동시에 자신들의 권력을 잃어버릴 것을 두려워했던 속주 무슬림 지도자들을 회유할 수 있었다. 게다가 방글라와 펀자브 지역 인구에서 상당한 비율을 차지했던 힌두교인들도, 힌두교인들이 인구 다수를 이루는 여러 속주들 안에 거주하는 상당한 수의 무슬림들과 마찬가지로 공평한 대우를 보장받게 될 것이었다.

무엇보다도 지나는 자신의 파키스탄이 힌두 인도와 동등한 지위에 놓이기를 원했는데, 이는 속주들을 여러 개의 대행정구역으로 묶음으로써 최상의 조건으로 실현될 수 있다고 생각했다. 무슬림들의 인도가 힌두교인들의 인도만큼이나 "국민국가"를 이룰 자격을 갖추고 있기 때문에, 지나는 다수결의 원칙이 지배하는 국가인 자유민주주의 인도라는 구상을 부인했으며, 무슬림들은 모든 중앙정부 기관에서 힌두교인들과 동등한 대표권을 가질 권리가 있다고 주장했다. 이 시각에서 볼 때, 무슬림들을 소수 공동체로 파악하는 시점에서 무슬림 공동체 내 구성원들은 자신들을 대표하는 이를 자유롭게 선택할 수 있다는 자유주의에 입각한 선거 논리는, 무슬림들과 비무슬림들은 두 개의 고정되고 분리된 정치 단위를 이루는 구성원들이며, 각 정치 단위마다 자치 기관들을 보유할 권리가 있다는 주장에 밀릴 수밖에 없었다. 실제로 이런 이분법의 표현으로써 지나는 내각사절단이 주장했던 세 개의 대행정구역 대신 파키스탄과 힌두스탄이라는 두 개의 대행정구역만을 선호했을 것이었다. 그럼에도 불구하고 무슬림연맹은 내각사절단의 제안을 수용했다.

이제 공은 국민회의당에 넘겨졌다. 이렇게 대행정구역으로 묶는 계획으로 통일된 인도는 보전이 가능하나, 국민회의당 지도부도 그렇지만 특히 이제 간디의 후임으로 선택된 네루는, 내각사절단의 제안에 따르게 되면 영령인도의 계승자라 자처했던 국민회의당은 이후 중앙정부가 목표들을 달성하는데 너무 약해질 것이라는 결론으로 기울게 되었다. 국민회의당 내에서도 네루가 주도했던 친사회주의 계파는 독립된 나라의 미래를 그리는 과정에서, 식민지 시대의 열악했던 제반 상황에서 벗어나 인민들의 가난을 일소하고 산업화된 국가로 발전할 수 있는 인도를 계획하고 조종할 수 있는 강력한 중앙 정부를 원했다. 인도 재계 역시 강력한 중앙정부를 지지했다. 실제로 1944년에 당시 주요 실업가들은 이른바 봄베이 계획Bombay Plan을 세우면서, 국가 주도하에 기간산업들을 급속히 발전시키는 계획을 수립하였다. 1946년 7월 10일 자극적인 내용이 담긴 연설에서, 네루는 지나의 파키스탄 구상에 핵심적인 요소이면서 속주들을 여러 집단들로 묶는 대행정구역 설정 구상을 거부한다고 천명했다. 속주들은 자유롭게 아무 집단이나 합류할 권리를 갖고 있어야만 하며, 그렇지 않으면 아무 것도 되는 게 없을 것이라고 그는 발언했다. 이 연설을 통해 네루는 내각사절단이 제시한 계획을 사실상 무산시켰으며, 이로 인해 통일 인도가 수립될 일말의 희망도 사라지게 되었다. 권한이 너무 강한 속주들도 그렇고, 무슬림연맹이 대표하는 것으로 여겨진

그림 38_ 캘커타의 폭도들 1946년 8월 촬영

종단 및 지주들의 이해관계 때문에 정국 운영에 차질이 빚어지는 국가보다는, 차라리 완전히 독립된 파키스탄이 더 낫다고 국민회의당이 마지못해 결론을 내리게 된 것이었다.

학살과 인파양분兩分(Partition)[6]

여러 "대행정구역"으로 이루어진 파키스탄 구상이 거부당하자, 궁지에 몰린 지나는 점점 더 절박해졌다. 이제 그는 자신이 이전에 그 실현 가능성을 일축했던 "좀먹은" 파키스탄을 받아들일 수밖에 없었다. 최종 합의에 이르는데 자신이 결코 무시당할 존재가 아니라는 점을 국민회의당에 강력히 드러내기 위해, 지나는 파키스탄 수립을 위

---

6 영어 단어 "Partition", "Division"의 역어에 대해서는 "분할", "분단", "분리" 등이 있으나, 역사적 · 정치적 맥락 속에서 이 세 단어가 갖는 뉘앙스는 조금 다르기 때문에 Partition=분할, Division=분단이라는 일대일 방식으로 기계적으로 번역할 수는 없다.
우선 자의가 아니라 외부 주체에 의해 한 나라나 지역이 갈라진 경우에 대해서는 "분할"이라 칭하기로 한다. (예: 18세기 말부터 19세기 초까지 러시아, 프로이센, 오스트리아에 의한 폴란드의 분할, 제1차 세계대전 이후 영국, 프랑스 등 승전국 진영에 의한 오스만 제국의 분할, 1905년 행정적 효율성을 이유로 방글라 지역을 동서로 나누려고 했던 커즌 총독의 방글라 분할령 등)
그리고 갈라진 두 나라가 통일을 지향하는 경우에는 "분단"이라 칭하기로 한다. (예: 한국-북한, 서독-동독, 중국-대만, 북베트남-남베트남, 북키프로스-남키프로스 등)
또 한 나라의 일부가 그 지역 사람들의 자의로 떨어져 독립하는 경우를 "분리독립(=secession)"으로 칭하기로 한다. (예: 1971년 파키스탄에서 방글라데쉬가 분리독립, 2011년 수단에서 남수단이 분리독립, 그리고 1831년 네덜란드로부터 벨기에가 분리독립)
하지만 인도-파키스탄 사례의 경우, 식민지 상태에서 독립하자마자 바로 동등한 지위의 두 나라로 갈라졌기 때문에 파키스탄이 인도로부터 "분리독립", 혹은 "분립"했다고 말하기는 어려우며(특히 1971년 방글라데쉬가 파키스탄으로부터 "분리독립"했다는 사실을 감안할 때 "분립"은 자칫하면 "분리독립"을 연상하게 되기 쉽다), 또 현재 두 나라는 통일할 의지를 전혀 보이고 있지 않다는 점에서 "분단"에 해당되지 않는다. 마지막으로 인도와 파키스탄 간에 국경선을 그은 것은 영국 측이지만, 인도가 갈라진 근본적 이유는 당시 근대 이후 인도 국내 힌두교인-무슬림 종단 간 고질적인 갈등이라는 점에서 "분할"에 정확히 해당되지 않는다.
따라서 역자는 많은 고민 끝에, 인도와 파키스탄이 독립하자마자 갈라진 것에 대해서는 "분단", "분리독립", "분립", "분할"이 아닌 "양분兩分"이라는 말을 사용하고자 한다.

한 "직접행동"으로 노선을 바꾸었다. 당시 지나는 아마도 몰랐겠지만, 그는 다가오는 독립을 망칠 폭동과 학살에 대한 공포를 불러일으켰다. 1946년 8월 16일부터 20일까지 캘커타에서 폭도들은 도시 거리들을 돌아다니며 학살극을 벌였는데, 이로 인해 양 종단에 걸쳐 약 4천 명이 살해되었고, 수천 명이 부상을 입거나 집을 잃었다(그림 38). 비하르 지역에서는 약 7천 명이 살해되었고, 이어 방글라 지역 동남부에 있는 노아칼리Noyākhālī[방](영어명 Noakhali)현에서는 이보다 더 적은 수의 힌두교인들이 살해되었다. 지나가 적극적으로 그런 학살 사태가 일어나기를 바랐을 리는 없겠지만, 양측 간에 쌓인 분노가 폭발한 나머지 간디가 직접 노아칼리를 방문했을 때도 양측에 비폭력을 호소하는 그의 간곡한 권고는 아무런 소용도 없었다.

이어 펀자브 지역을 장악하려는 투쟁이 1947년에 발생했다. 무슬림연맹은 무슬림 유권자층의 지지에 힘입어 이 속주에서 승리를 거머쥐었음에도 불구하고, 입법부 내 의석수가 이제 10석으로 줄어들었지만 연합당 소속 의원들이 국민회의당과 어칼리 식크교인들과 동맹 관계를 유지하면서 멀리크 히즈르 허야트 티와나의 지도하에 내각을 수립했다는 사실이 지나에게 전해지자 그는 격분했다. 그 해 3월 지나는 시민 불복종 운동을 벌여 티와나 정부를 전복시켰다. 뒤이어 발생한 폭동은 이후 펀자브 지역에서 엄청난 규모의 대학살 사태로 확산될 도화선이 되었다. 하지만 펀자브 지역 내 경쟁 양상은 그저 힌두교인들과 무슬림들이 서로 대치하는 데에만 있지 않았다. 이러한 경쟁으로 인해 발생한 가장 큰 피해를 입게 될 집단은 바로 펀자브 속주 내 식크교인들이었다. 속주 중부에 있는 라허르와 그들의 성지였던 어므릿서르 주변에 몰려 거주했던 이들은 펀자브 지역 전체 인구에서 상당한 비중(약 13%)을 지닌 소수집단이었지만, 그 어느 현에서도 다수를 차지하지는 못했다. 그리하여 이 지역이 양분되는 것을 식크교인들은 절대로 원하지 않았다. 이들은 미덥지 못한 무슬림들이 다스리는 파키스탄으로 편입될까봐 두려워했다. 아마도 이들은 힌두교인들이 다수를 이루는 현들과 무슬림들이 다수를 이루는 현들의 경계를 따라 펀자브 지역 전체가 양분되는 것을 훨씬 더 두려워했는데, 이로 인해 두 개의 신생 국가들로 분열된 상황 속에서 소수집단인 자신들은 힘을 잃게 될 것이기 때문이었다. 하지만 통일된 인도가 유지될 가능성이 없어진다면, 국경을 획정하는 문제에서 힌두교인들과 무슬림들이 각각 인구 다수를 이루는 현들을 분리시키는 선을 따라 양국의 경계를 결정하는 일보다 더 공정한 다른 방식은 없었다.

인도 북부와 동부가 대혼란에 빠지게 되자, 영국 총리 애틀리는 1947년 2월 영령인도제국의 최후의 부왕으로 젊은 호남이었던 루이스 마운트배튼 경Lord Louis Mountbatten, 1900~1979, 재임 1947.02.21.~1947.08.15.)을 임명한다고 선언했다. 마운트배튼은 1948년 6월까지 권력을 이양하라는 지시를 받았는데, 이 시점은 곧 1947년 8월 15일로 앞당겨졌다. 본국의 보수당원들은 이를 "허둥지둥 도망치는 짓"이라 맹렬히 비난했지만, 전쟁이 끝난 뒤 수 년 동안 악화되었던 당시 영국의 열악한 경제 상황을 감안할 때, 당시 영국 정부는 질서를 유일하게 확립할 수 있었던 후임 정부들로 권력을 서둘러 이양해야 할 강한 동기를 갖고 있었다. 그리하여 어마어마한 압박 속에서 시계가 재깍재깍 서서히 지나가는 마당에 마운트배튼과 그를 따르는 관리들은 여러 가지로 중대한 결정을 내려야 했는데, 그러한 결정들로는 영령인도정부의 권력이 둘이나 셋, 혹은 더 많은 독립국들로 넘어가게 될지, 그리고 이러한 독립국들 간 경계선이 어디에 그어질지 등이 있었다. 게다가 본국의 영국 왕실하고만 연결되었으면서 인도의 입헌체제 안에서 제대로 인정받지 못했던 토후국들의 운명도 해결해야 할 과제로 남아 있었다.

마운트배튼이 부왕에 취임할 무렵, 통일된 인도는 선지에서 제외된 상태였다. 하지만 독립국이 두 개가 될 것이라는 보장은 결코 없었다. 먼저 발칸 계획Plan Balkan이라는 계획을 통해 마운트배튼은 각 속주에 권력을 넘기는 방안을 제시하면서, 이들이 인도나 파키스탄에 합류하거나 계속해서 독립된 상태를 유지할 수 있게 하였다. 이미 이 계획에 대한 내용을 알았던 네루는 인도가 여러 작은 국가들로 쪼개지는 이른바 진정한 "발칸화"를 어떻게든 피하려고 했기에, 1935년 인도정부법에 따라 권력을 바로 두 개의 자치령으로 넘기는 것을 마운트배튼이 동의하도록 했는데, 여기서 두 자치령은 권력 이양 과정을 순조롭게 하기 위해 영英 공방共邦(The Commonwealth)[7]에 여전히

7　그동안 "영연방"으로 번역되어 왔으나, 이 "커먼웰스(Commonwealth)"는 국제법상으로 단일 주권국가

잔류하게 될 것이었다. 이 시점에서 두 가지 다른 선지가 사라졌다. 하나는 통일된 독립 방글라라는 구상이었는데, 이 계획은 멀리 떨어져 있는 펀자브 지역에 복속되는 것을 주저했던 방글라 지역 무슬림 지도자들이 제시한 것이었다. 하지만 조야 채터지 Joya Chatterji(방글라어 발음으로 저아 채타르지Jaẏā Cyāṭārjī)가 주장한 대로, 현지 국민회의당은 1905년 당시 자신들이 그렇게도 격렬히 반대했던 방글라 지역의 양분을 선호했는데, 이를 통해 국민회의당은 최소한 자신들이 장악하고 있었던 서쪽 절반을 확보할 수 있었다. 중앙정부와 마찬가지로, 방글라 지역 양분에 대한 책임은 양분을 표면적으로 반대했던 이들에게 대체로 있었다. 사라진 다른 한 선지는, 바로 1940년 파키스탄 결의안에 따라 동쪽에서 무슬림들로 이루어진 독립국을 수립하는 것이었다. 하지만 1947년에 이르러 "두 국민국가" 이론에 대해 집착했던 지나는 다음과 같은 결과가 발생할 것을 우려하여 동쪽에서 독립국을 수립하는 방안에 대해 반대했는데, 즉 국경위원회[8]가 캘커타를 인도 측으로 넘긴다는 판정을 내려 방글라 동부 지역이 수출품을 운송하고 처리할 주요 지점을 상실하게 되면, 이 지역은 앞으로 경제성장이 어려워질 것이기 때문이었다. 1971년 약 25년이 지나고 나서, 파키스탄 내에서 차별 대우를 받아 불만을 품었던 방글라 동부 지역 사람들은 방글라데쉬라는 국가를 건국해 독립을 추구하게 되었다.

단위로 인정되고 있는 "연방聯邦(Federation 내지 Confederation)"과는 분명히 다른 개념이다. "커먼웰스"의 어원을 살펴보면(참고: www.etymonline.com), 15세기 중엽부터 등장한 이 단어는 16세기에 이르면 "공통된 이해관계를 가진 이들이 통합된 정치체(any body of persons united by some common interest)"라는 뜻을 갖게 되었고, 17세기에는 "공화정이나 민주정 정부가 수립된 국가(state with a republican or democratic form of government)"라는 의미가 더해졌다. 따라서 "커먼웰스"에는 우선 "공共"이라 단어가 붙어야 맞다.

여기에 더해 20세기 초반부터 영 제국은 자치령(dominion)들에 정치적인 자치권을 점차 부여하기 시작하면서 캐나다, 호주, 인도 등 영 제국 내 식민지들은 점차 독립국으로 변해가면서 영국 본국 왕을 상징적 수장으로 여기기 시작했는데, 이런 사실을 감안할 때 "커먼웰스"에는 나라를 뜻하는 "방邦"을 붙이는 것이 맞다. 따라서 "커먼웰스"에 대한 역어로 역자는 뜻이 혼동되기 쉬운 "연방" 대신 "공방共邦"이라는 단어를 만들어 쓰기로 한다.

8 시릴 래드클리프(Cyril Radcliffe)가 위원장으로 있던 이 국경위원회는 펀자브 및 방글라 속주를 가르는 국경을 그었다. 따라서 이 위원회가 1947년 8월 16일 발표한 인도와 파키스탄 간에 획정된 국경선을 래드클리프선(Radcliffe Line)이라 부른다.

1947년 8월 15일 자정, 저와허를랄 네루는 인도의 첫 번째 총리로서 델리에 있는 의사당에서, 인도가 드디어 해방되었다는 선언을 전 인도인들에게 자부심을 불러일으키는 방식으로 발표했다. 그는 의회에서 다음과 같은 감명깊은 연설을 진행했다.[9]

오래 전 우리는 운명과 만날 약속을 했습니다. 이제 완전하거나 혹은 완벽하지는 않지만, 상당한 정도로 우리의 약속을 지킬 시간이 다가왔습니다. 세계가 잠들고 있는 자정을 기하여, 인도는 이제 깨어나 생기와 자유로 향할 것입니다. 낡은 것으로부터 벗어나 새로운 것으로 나아가고, 한 시대를 끝내며, 오래도록 억압받았던 이 나라의 영혼이 외칠 수 있는 좀처럼 쉽게 오지 않는 역사적인 순간이 다가왔습니다. 지금 이 엄숙한 순간 우리는 인도와 국민들, 그리고 인류의 더더욱 큰 대의명분을 위해 헌신하겠다고 맹세할 필요가 있습니다.

역사가 시작될 무렵 인도는 끝나지 않을 길을 추구하였으며, 흔적 없이 지나간 수 세기 동안 인도는 온갖 노력을 기울이면서 성공과 실패를 수없이 겪었습니다. 행운과 불운 모두 겪는 과정에서 인도는 그러한 길을 포기하거나, 우리 마음을 다 잡게 하였던 숭고한 목표를 잊은 적이 없습니다. 오늘 우리는 불운의 시기를 끝내고, 인도는 스스로를 다시 발견하고 있습니다. 우리가 오늘 축하하는 이 성취는 우리를 기다리고 있는 더 큰 승리와 성과로 향하는 하나의 발걸음이자 열린 기회일 뿐입니다. 우리는 이 기회를 이용해 미래에 발생할 도전과 맞설 정도로 용감하고 현명합니까?

자유와 권력은 책임을 수반합니다. 그런 책임은 독립된 인도 인민을 대표하는 주체인 의회가 지고 있습니다. 자유를 얻기 전, 우리는 노동으로 생긴 모든 고통을 견뎌왔고, 우리의 마음은 이런 고통이 남긴 서러움 때문에 무겁습니다. 그러한 고통의 일부는 지금까지도 계속되고

---

9 이 독립 선언 연설은 저 유명한 「운명과 만날 약속(Tryst with Destiny)」으로 알려지게 되었다. 이 책에서는 이 연설의 첫 몇 문장만 수록되어 있지만, 인도 독립을 전 세계에 장엄하게 선언했던 이 연설이 역사 속에서 지니는 무게와 의의를 독자들이 느낄 수 있도록 길지 않은 이 연설의 전문을 번역하기로 하였다.

있습니다. 하지만 과거는 이미 지나갔으며, 이제 우리에게 손짓하는 것은 바로 미래입니다.

미래에 안일하거나 정적인 모습이 아닌 끊임없이 노력하는 모습을 보인다면, 우리는 그동안 자주 다져온 여러 맹세와 더불어 오늘 우리가 다질 맹세도 실천하게 될 것입니다. 인도를 위해 일한다는 것은 현재 고통에 시달리고 있는 수백만 명을 위해 일한다는 것을 뜻합니다. 또 이는 가난과 무지와 질병과 기회의 불평등을 끝내는 것을 의미합니다. 우리 세대에서 가장 위대한 사람이 그동안 가졌던 야망은 바로 모든 사람들의 눈물을 닦아주는 것이었습니다. 이는 불가능할 수도 있겠지만, 눈물과 고통이 존재하는 한 우리의 일은 끝나지 않을 것입니다.

그래서 우리는 여러 꿈을 실현시키기 위해 노동해야 하고, 일해야 하며, 열심히 일해야 합니다. 그러한 꿈들은 인도를 위한 것일뿐만 아니라 세계를 위한 것이기도 한데, 모든 국가와 인민은 오늘날 서로 긴밀하게 연결된 나머지 그 어떤 국가나 인민도 동떨어져 살 수 없기 때문입니다. 평화는 쪼갤 수 없는 것이라고 다들 얘기하는데, 이는 자유도, 지금의 번영도, 그리고 더 이상 따로 노는 수많은 파편들로 갈라질 수 없으면서 하나로 된 이 세계에 존재하는 재앙도 마찬가지입니다.

우리가 대표하는 인도 인민 여러분, 우리는 이 위대한 모험 속에서 여러분들이 신념과 자신감을 갖고 우리와 같이해 주시기를 호소합니다. 지금 우리는 사소하고 파괴적인 비판을 가하거나 악의를 갖거나, 혹은 비방을 일삼을 때가 아닙니다. 우리는 인도의 모든 아이들이 살게 될 자유로운 인도라는 고결한 대저택을 건설해야 합니다.

독립 이후 지금까지 인도공화국 독립일 기념행사에서 중심이 된 이미지는, 바로 샤자한 1세가 지었던 역사적인 붉은 요새의 성벽 위에서 전국을 향해 연설하고 있었던 네루의 모습이었다. 〈그림 39〉은 델리의 역사적 명소인 자미 마스지드Jāmiʿ Masjid[페] 맞은편에 있는 붉은 요새의 성벽 위에 서 있으면서 인도 국기 밑에 있는 네루의 모습을 보여준다.

그림 39_ 네루가 1947년 독립일에 델리에 있는 붉은 요새에서 신생 국민국가로서의 인도 건국을 선포하고 있다.

하지만 독립은 폭동과 학살이라는 끔찍한 공포 때문에 크게 빛이 바랬는데, 특히 펀자브 지역에서 그 양상이 심했다. 서둘러 권력을 이양하려는 마운트배튼의 결정이 혼란을 야기했는가에 대해서는 그동안 오래도록 논란의 대상이 되어왔다. 과도기 기관들을 설치하고 문제가 발생한 지역들에 군대를 미리 파병하는 조치 등으로 영국인들이 인도를 1년 더 지배했더라면, 권력이 평화롭게 이양되면서 두 나라 정부가 질서를 유지하는데 더 잘 대처할 수 있었을 것이라는 주장이 제기될 수도 있다. 하지만 조기 이양이라는 "충격 요법"을 통해, 영국은 당시 옥신각신 중이었던 인도 정치인들이 지지부진한 협상을 끝내고, 더 이상 억제할 수 없을 정도로 가중되는 혼란에 대해 인도 정치인들이 책임을 질 수밖에 없게 하는데 성공했다는 주장도 역시 존재한다.

1947년 3월, 무슬림들이 인구 다수를 이루었던 펀자브 지역 서부에서 무슬림들이 힌두교인들과 식크교인들을 공격하면서 폭력 사태가 최초로 발생했다. 독립이 가까워지면서 폭력 사태는 지역 전체로 확산돼 모든 공동체들이 이에 휩싸였는데, 특히 식크교인들은 토지와 성지를 포함한 자신들의 공동체가 1947년 8월 16일에 선포된 국경 판정으로 인해 둘로 쪼개지는 비극을 겪게 되었다. 펀자브 지역에서 격화된 폭력 사태는, 그동안 사이가 좋았던 사람들이 하룻밤에 이웃들을 강간하고 살해하는 이유 없는 광란으로부터 대체로 시작되었다. 그러한 이야기들은 서아더트 허선 먼토Saʕādat Ḥasan Manṭo[펀](영어명 Saadat Hasan Manto, 1912~1955)의 단편 소설들과 후쉬원트 싱그Khushvant Siṁgh[펀](영어명 Khushwant Singh, 1915~2014)의 감명깊은 소설 『파키스탄행 열차Train to Pakistan』와 같은 허구적인 이야기에서 잘 묘사되었다. 하지만 학살이 무차별적으로 일어난 것은 아니었으며, 학살의 참상과 관련된 새롭고 자세한 내용은 최근에 그 전모가 드러났다.

오랫동안 영령인도군의 인적 구성에 주축이 되었으며, 입대 가능한 남성들의 1/3이 전장에서 복무했을 정도로 고도로 군사화되었던 펀자브 지역에는 1947년 당시 전직 군인들이 많았다. 이들 중 다수는 바로 식크교인들이었는데, 이들은 인파양분으로 인해 가장 큰 피해를 보았던 상황 속에서 군사훈련 경험 및 근대적인 무기 사용법을 이용해, 조직적이고 체계적인 방식으로 여러 촌락, 열차, 그리고 피난민 행렬을 공격했다. 이전에 인도국민군이나 영령인도군에서 복무했던 이들과 함께, 이들은 "저타Jathā[펀](식크교인들의 무장 단체)"라는 기동대를 조직해 공격 대상을 지목한 다음, 펀자브 지역 동부에 위치하면서 무슬림들이 인구 다수를 이루는 촌락들을 대체로 새벽 3시 혹은 4시에 습격했다.

그러한 급습은 식크교인들만 자행한 것이 결코 아니었다. 특히 무슬림들이 힌두교인들이 주로 사는 촌락들을 공격했을 때, 대체로 남성들은 여성들의 순결이 더럽혀지지 않도록 이들에게 우물로 뛰어들도록 강요한 다음 끝까지 싸웠다. 국경을 넘어 피난민들을 태운 열차들은 특히 더없이 좋은 공격 대상이 되었다(그림 40). 이 열차 차량들이 매복 습격을 받거나 탈선되면, 이 불운한 승객들은 차량에 앉아있거나 선로 바깥으로 나왔다가 봉변을 당했다. 열차 차량들이 수백 구의 시체들을 실은 채 목적지로 도착한 경우가 허다했다. 이렇게 시체들로 가득한 열차 차량들이 도착하자 피해를 입은 공동체에서는 복수를 다짐하였다.

인명 피해는 막대하여, 그 추정치는 수십만 명에서 100만 명까지 이른다. 하지만 살아남았던 이들마저도 공포에 사로잡혀, 이들 사이에서는 자기 공동체 안에 있어야만 안전할 수 있다는 인식이 광범위하게 지배하게 되었다. 이러한 인식으로 인해 인도든 파키스탄이든 안전한 피신처에 정착한 이들은 자국에 대한 강력한 충성심을 갖게 되었다. 이 사실은 파키스탄에 특히 중요했는데, 무슬림들을 원조함으로써 파키스탄은 최초로 그 실체가 명확한 영토 국가가 되었기 때문이었다. 신변에 대한 공포 때문에 남아시아사에서 전례가 없는 대규모 이주가 발생했다. 1947년 말 겨우 3~4개월 동안 약 500만 명으로 추산되는 힌두교인들과 식크교인들이 펀자브 지역 서부에서 인도로 이주했으며, 반면 550만 명의 무슬림들은 반대 방향으로 이주했다. 현재 "종족種族 청소"라 하는 현상과 비슷한 양상을 보여주는 대규모 이주로 인해, 인도령 펀자브 지역의 인구 60%는 힌두교인들이, 35%는 식크교인들이 차지했던 반면, 파키스탄령 펀자브 지역은 거의 전적으로 무슬림들로 이루어지게 되었다. 상대적으로 그 규모가 작기는 하지만, 비슷한 이주 현상이 방글라 서부 및 동부 지역에서도 발생했는데, 펀자브 지역과는 달리 방글라 지역에서 도망가는 피난민들에 대한 치명적인 공격과 그로 인한 인명 피해는 훨씬 더 적었다. 소속 종단이 달랐으나 이주하지 않았던 이들은 대체로 적과 같은 취급을 받았다. 델리만 하더라도 인파양분 이후 수개월 동안 붉은 요새 안에서 겁에 질려 있었던 무슬림들은 사람들의 의심과 적개심을 강하게 받았다. 결국 인파양분으로 인해 약 1250만 명이나 되는 인도인들이 고향을 떠나게 되었다.

정권 수립 과정에서 각축을 벌였지만, 이제 국경을 맞대게 된 신생 두 정부는 놀라운 속도로 폭력 사태를 잠재울 수 있었다. 대부분의 지역에서 두 나라 정부는 1947년이 끝나기 전 폭력사태를 진압했다. 이를 통해 두 계승 국가들이 수립되는 과정에서,

그림 40_ 피난민들을 태운 열차 차량 1947년 촬영

국가 수립의 기반이었던 식민지 시대 국정 운영의 각종 구조들이 회복력을 갖고 있었음이 분명하게 드러났다. 영국인 관리들은 파키스탄 측에만 남아있었는데, 파키스탄에는 아무 것도 없는 상태에서 중앙정부를 구성해야하는 어려운 일이 있었기 때문이었다. 그럼에도 불구하고 규율잡힌 군대와 관리들을 보유했던 양국은 피난민들의 재정착을 주선하고, 이보다도 더 중요한 국가의 권위와 정당성을 되찾는 작업에 서둘러 나섰다. 잠시 약해지기는 했지만, 남아시아 내 국가의 권위는 절대로 무너지지 않았다. 더 나아가 이러한 회복력을 이용해, 새 정부들은 과도기 당시 혼란이 벌어졌을 때

출현했던 온갖 도전을 억누를 수 있었다. 그렇게 잠재웠던 도전 중에는 공산주의자들이 지도했던 여러 농민운동이 있었는데, 이 농민운동은 국민회의당 혹은 무슬림연맹에 소속되어 있으면서 새로운 정부들을 통제했던 보수적인 지도층의 지배를 위협했기 때문이었다. 이 중 가장 유명한 사례들은 바로 소작농과 부족민이 주도했으면서 생산된 작물을 더 공평하게 분배할 것을 요구했던 방글라 지역 내 테바가Tebhāgā[방] 운동[10]과, 당시 하이다라바드 니잠 토후국에서 대규모로 일어났던 텔랑가나 봉기였는데, 이 봉기에 가담했던 수천 명의 빈농들은 니잠 토후국의 정부에 대항해 게릴라전을 벌였으나 인도군에 의해 진압되었다.

국민국가의 정의 과정: 토후, 커쉬미르 지역, 피랍 여성

텔랑가나 운동은 인도아대륙 전역에 걸쳐 산재했던 수백 개 토후국들의 운명이 달려 있었다는 점에서 극도로 복잡한 큰 문제의 일부였다. 식민지 시대 토후들은 영국인들하고만 관계를 유지했기 때문에, 독립이 다가오면서 이들은 완전히 고립되었다. 토후들은 영국으로부터 아무런 도움도 기대할 수 없다고 잘라 말한 마운트배튼은, 토후들에게 새로운 정권들과 되도록이면 최상의 조건으로 타협하도록 권고했다. 인도가 더 발칸화되는 것을 피하는데 전념했던 새 정부들 역시 이 토후국들을 병합하기로 결심한 상태였다. 지도상에서 자신들의 국가들이 갑자기 사라지는 것을 당연히 꺼렸던 토후들은 시간과 더 나은 조건을 새 정부에 애걸했다. 하지만 그러한 하소연은 소용이 없었는데, 강력한 인도 정부와 달리 고립된 토후들에게는 협상 진행을 가능케 하는 힘이 거의 없었기 때문이었다. 병합으로 인한 충격을 완화하기 위해, 당시 내무부

10 방글라어로 "테(Te)"는 "3"을, "바그(Bhāg)"는 "나눔"을 뜻한다. 본래 농민들은 지주들에게 소출량의 1/2를 세금으로 내야 했는데, 이런 과중한 세금 부담을 줄이기 위해 농민들은 세율을 1/3으로 낮출 것을 요구하여 이 운동을 일으켰다.

장관이었던 월렙바이 저웨르바이 퍼텔Vallabhbhāī Jhaverbhāī Paṭel[구](영어명 Vallabhbhai Patel, 1875~1950)[11]과 그의 보좌관 와빨라 팡군니 메논Vappālā Paṅkuṇṇi Mēṉōṉ[말](영어명 Vappala Pangunni Menon, 1893~1965)은 단계적으로 일을 진행하면서, 처음에는 토후국들에 인도 연방에 그냥 가입할 것을 요청하고 난 뒤 나중에 행정적인 완전 병합에 나섰으며, 이들은 토후들에게 두둑한 내탕금內帑金(privy purse)을 제공했다. 대체로 수 시간 안에 권력을 넘기지 않으면 민중 봉기와 같은 저항 운동에 직면할 것이라는 고압적인 명령을 담은 협박과 공갈을 번갈아 사용하면서, 퍼텔 등은 독립할 무렵 몇몇을 제외한 모든 토후들을 연방에 귀속시키는데 성공했다. 이후 이전에 토후국들이었던 지역을 병합해 일부는 이웃 속주들로 통합시키고 다른 지역들은 서로 묶어 별도의 속주들로 만드는 작업이 1948년에 진행되었다.

몇 안 되는 저항 세력의 대표적인 토후국은 바로 하이다라바드 니잠 토후국이었다. 큰 영토와 많은 인구를 자랑했던 이 토후국의 지도자이자 무슬림이었던 니잠은 독립을 선택했는데, 그는 자국 내 무슬림 귀족층으로부터 징집했던 비정규군을 이용해 독립하려고 했으나, 그 꿈은 헛된 것이었다. 이 토후국은 사방이 인도 영토로 둘러싸였으며, 자기 신민들의 대다수는 힌두교인들이었고, 그의 비정규군은 텔랑가나 지역의 저항 세력조차 복속시킬 수 없었다. 마침내 1948년 9월 인도군이 하이다라바드로 진군함으로써, 덕컨고원 지역에서 유일하게 이슬람 문화와 교육을 수도 하이다라바드에서 꽃피우면서 2세기 동안 지속되었던 니잠 왕조가 종언을 고했다. 그 다음 주요 저항세력은 힌두교인이었던 커쉬미르 지역의 머하라자였다. 북인도 평원으로부터 떨어져 있으면서 높은 산맥으로 둘러싸인 커쉬미르 지역은 인도와 파키스탄과 모두 접경했던 유일한 주요 토후국이었다. 그래서 이 토후국의 통치자는 둘 중 하나를 적절하게 골라 한 쪽에 합류할 수 있었다. 어느 편을 선택할지 주저했던 머하라자는 우유부

11 토후국들을 통합하는 과정에서 그가 보여준 탁월한 사무 처리 및 과단성으로 혹시나 발생할 수 있었던 인도 국내의 정치적 혼란을 방지한 공로로, 사후 그에게는 "서르다르(Sardār[우/힌/페]), '사령관', '우두머리'"라는 칭호가 붙여졌으며, "인도의 철인(Iron Man of India)"이라는 별명도 붙여졌다.

단하게 있다가, 파키스탄 비정규군이 자신의 영지로 침입하게 되자 마음을 굳혀 1947년 10월 인도로 귀부歸附했다. 그리하여 오늘날까지도 지속되고 있는 인도와 파키스탄 간에 물고 늘어지는 충돌이 시작되었으며, 여기서 인질로 전락하게 된 커쉬미르 주민들은 지금까지도 엄청난 고통을 겪고 있다.

커쉬미르 지역은 풍부한 광물 및 여러 자원을 보유했기 때문에, 혹은 네루 가문의 발상지였기 때문에 정치적으로 그렇게 중요한 위치를 차지하고 있었던 것은 아니었다. 오히려 이 지역은 양측에 국민국가로서 자신들의 존립 이유를 정의하는데 핵심적인 문제들을 제기했기 때문이었다. 파키스탄의 경우, 커쉬미르 지역 내 압도적인 무슬림 인구가 핵심적인 문제였다. 인도로 합류했던 커쉬미르 머하라자의 결정은 영령인도가 양분되었던 논리에 배치되었다. 파키스탄은 무슬림들의 고향이라는 상징성에 그 존립 기반을 두고 있었다. 파키스탄인의 시각에서 볼 때, 인도 전역에 흩어진 채 남겨진 수백만 명의 무슬림들은 어쩔 수 없었지만, 커쉬미르 지역은 무슬림들이 인구 다수를 차지하는 지역이었던 만큼 파키스탄에 마땅히 귀속되어야 했다. 사실 커쉬미르 지역이 평범한 인도의 속주였다면 이 지역은 애초부터 거의 확실히 파키스탄의 일부였을 것이었다. 힌두교인 머하라자가 자신이 거느리는 무슬림 신민들의 이익 추구를 일부러 방해하도록 내버려둬서는 안 된다는 것이 파키스탄인들의 주장이었다. 파키스탄은 부당하다고 판단했던 이 상황을 바로잡기 위해 앞으로 25년 동안 인도와 세 차례에 걸쳐 전쟁을 벌이게 되었다. 1948년에 터진 제1차 인도-파키스탄 전쟁에서 파키스탄은 커쉬미르 지역 서부 일부와 더불어 길기트Gilgit[우]와 발티스탄Bāltistān[우]의 북부 지역들을 차지했다. 그러나 파키스탄은 이 지역의 심장부를 이루는 쉬리너거르Shrīnagar[성]를 중심으로 한 풍요로운 계곡 일대는 절대로 차지할 수 없었다.

인도 입장에서 볼 때는 다른 문제들이 중요했다. 네루와 국민회의당은 파키스탄이 건국되는 것을 부득이하게 용인했음에도 불구하고 "두 개의 국민국가" 이론을 받아들인 적이 없었다. 이런 시각에서 볼 때 인도는 힌두교인들의 땅을 뜻하는 "힌두스탄"이 아니었다. 지나에게 뼈아픈 패배를 당했던 네루는 자신의 국가야말로 영령인도의 적법한 계승자라 주장했다. 이 연속성을 강조하기 위해 그는 새로운 국가를 "인도"라 불렀으며, 마운트배튼이 명목상 총독으로 1년 동안 더 머물도록 요청했다. 이와 반대로 파키스탄은 자신이 총독으로 군림할 수 있도록 요청했던 마운트배튼의 제안을 거부했으며, 대신 지나 자신이 총독 직위를 맡았다.

국민회의당의 시각에서 볼 때 인도는 영령인도의 계승자였을 뿐만 아니라 세속국가이기도 했는데, 이 세속국가에서 무슬림들은 다른 소수집단들처럼 원칙상 힌두교인 시민들과 대등한 지위에 있었다. 스스로 선택한 것이든 어쩔 수 없이 그렇게 된 것이든, 인파양분 이후 남겨진 수백만 명의 무슬림들이 이미 인도 전역에 살고 있었다. 커쉬미르 지역 주민들을 편입시키는 일은 이 신생 국가가 갖고 있는 포용적인 본질을 더 분명히 드러내는데 적격이었다. 인파양분 과정에서 합의된 사항들에 따르면, 커쉬미르 머하라자의 귀부는 완벽하게 적법했기 때문에 네루는 이를 취소할 아무런 근거도 찾을 수 없었다. 사실 이와는 반대로, 그는 파키스탄 측 침입자들이 쉬리너거르로 진격하자 이들을 쫓아내는데 도움을 구했던 머하라자의 요청에 대응해 자신이 적절하게 행동했다고 생각했다.

하지만 이러한 고려 사항들로는 분쟁을 끝낼 수 없었다. 국제적인 지원을 요청했던 파키스탄은 이 커쉬미르 문제를 이제 갓 등장했던 국제연합에 상정했다. 1948년 국제연합은 통제선Line of Control을 따라 휴전을 중재했으며, 그런 뒤 감시인단을 커쉬미르 지역에 파견해 통제선을 관리하고 양측이 휴전 협정을 준수하는지를 감시했다. 이 국제연합 감시단은 현재까지도 여전히 커쉬미르 지역에 상주하고 있다. 머하라자가 귀부했을 때, 네루는 이후 커쉬미르 지역의 지위를 결정하기 위해 해당 지역 주민들이 참가하는 전체 투표의 시행에 동의했다. 하지만 이 전체 투표는 지금까지도 시행된 적이 없다. 인도의 입장에서 볼 때, 이 지역에서 "침입자들"을 철수시키지 않았던 파키스탄의 태도는 전체 투표 시행을 위한 조건들을 무효로 만드는 것이었다. 1972년 파키스탄은 협상을 통해 분쟁을 해결하기로 합의했지만, 논의가 계속 진행되었음에도 불구하고 양측은 합의를 보는데 그동안 아무런 진전을 보지 못했다.

커쉬미르 지역은 두 나라를 둘러싼 여러 문제들 중 가장 뜨거운 문제로 남아있다. 어떤 때는 인도를 지지하고, 다른 때는 파키스탄으로부터 암암리에 군사적인 지원을 받아들이는 커쉬미르 주민들과 마찬가지로, 이 지역 지도자들도 그 중간 지대에 여전히 놓여 있다. 만일 자유로운 선택이 주어진다면, 이 지역 주민 대다수는 인도나 파키스탄 둘 중 하나와 통합되기보다는 네팔이나 부탄과 같이 히말라야 산맥에 있는 국가로 독립하는 것을 선호할 것이란 예상이 우세하다.

국민국가의 정체성을 둘러싼 여러 문제가 독립 이후 몇 년 동안 생겨나게 되면서, 커쉬미르 지역만이 유일한 문제가 아니었다. 인파양분 과정에서 일어났던 폭동 와중에, 촌락들이나 피난민 행렬들에 대한 공격에서 살해되지 않고 납치되었던 피랍여성 문제 때문에 대중들은 강렬하게 분노하게 되었다. 현재 파키스탄 펀자브주 동부에 위치한 구즈랑왈라Gujrānwālā[펀]에서 있었던 피난민 공격에 대해, 한 인도인 관리는 "학살이 끝나고 나서 소녀들은 사탕처럼 분배되었다."라고 썼다. 대체로 팔리거나 강간당한 뒤 버려진 이 여성들은 때로는 자신들을 납치했던 이들과 강제로 결혼하게 되었다. 그러한 납치 건수는 대략 4만에서 5만 건 사이에 이르는 것으로 추정되고 있는데, 이는 부분적으로 식크교인 저타들의 활동 때문이며, 납치된 무슬림 여성 수는 납치된 힌두교인와 식크교인 여성 수를 합친 것보다 아마 두 배가 될 것이라 보고 있다. 1947년 말 질서가 회복된 직후, 두 나라 정부는 납치된 여성들을 찾아내 이들이 "적절하게" 귀속되어야 할 국가로 돌아갈 수 있게 하는 작업에 나섰다. 이 작업에 들인 두 나라의 노력은 납치로 인해 발생한 공포뿐만 아니라, 두 나라의 정치적·종교적인 특성을 실제로 정의했던 종단宗團중심적communal 논리가 보여준 힘을 명백히 보여준다. 무슬림 여성들은 파키스탄에 있어야 했고, 힌두교인들과 식크교인들은 인도에 있어야 했다. 세 종단의 도덕률에 따르면, 이 여성들은 자기 가족들은 아닐지라도 최소 "고국"으로 돌아와야 했다. 특히 힌두교인들은 자신들의 국가를 젠더 관련 용어들과 연결지으면서, 자국 내 여성들은 "어머니"의 순수성을 대표한다고 상상했기 때문에, 여성들의 피랍은 힌두교인들의 강렬한 분노를 불러일으켰으며, 이 문제를 둘러싸고 제헌의회에서도 열띤 토론이 일어났다.

커쉬미르인들의 경우와 마찬가지로, 이런 논리로는 여성들 자신의 의사나 욕구를 거의 설명하지 못했다. 고향으로 돌아왔던 많은 여성들은 대체로 가족들의 환영을 받았지만, 일부 남성들은 이들이 "정조를 잃었다는" 이유로 받아들이려 하지 않았다. 때때로 수치심을 잔뜩 느끼고 자신들의 기구한 운명을 한스러워했던 여성들은 그런 반응을 예상했기 때문에 귀향을 주저했다. 많은 여성들은 아이들과 남편들과 같이 살면서 새로운 거주지에 정착했으며, 정주지를 떠날 의사를 보이지 않았다. 한편 어떤 이들은 자기 모든 친척들을 잃었다. 한 여성은 자신을 "구출한 이"에게 "저는 예전 남편을 잃었고 이제 다른 남성한테 마음을 두고 있습니다. 당신은 제가 인도로 가기를 바라지만, 그곳에는 제가 알고 지내는 사람이 없습니다."라 말했다. 하지만 인도나 파키스탄 정부에 이러한 사항들은 전혀 중요하지 않았다. 1954년까지 강제 본국 송환은 공식 정책으로 유지되었다.

힌두교도의 권리와 간디의 암살

1948년 1월 30일 머하트마 간디는 뉴델리에서 기도 모임을 주재하다가 한 힌두교인 광신도에 의해 암살되었다. 저와허를랄 네루는 라디오 중계를 통해 전 인도에 이 비보를 전하면서, 슬픔에 잠긴 온 나라에 "우리로부터 빛이 빠져나와 도처에 어둠만 가득합니다."라 말했다. 향년 78세였던 머하트마의 사망으로 인해 온 인도는 깊은 상실감에 빠졌음에도 불구하고, 간디는 전쟁이 끝난 뒤 인도 정계에서 점차 소외되고 있었다. 간디는 네루에게 처음에는 1946년부터 1947년에 이르는 과도 정부의 수장직을, 그 다음에는 독립 인도의 총리직을 맡김으로써 그를 자신의 후계자로 지정했으며, 권력을 이양하는 과정에서 수반되는 정책 및 행정상 여러 문제에 대해 그가 주도권을 갖도록 하였다. 인파양분이 현실로 다가오는 것을 깊이 애통해하면서, 간디는 양분 협상에 대해 냉담한 태도를 보였다. 사실 그런 재앙적인 결과를 피하기 위해 그는 지나가 통일 인도의 총리로 임명되어야 한다는 과격한 제안까지 했으나, 이에 대해 주변으로부터 싸늘한 묵묵부답만이 돌아왔을 뿐이었다. 이후 간디는 독립 인도를 수립하는 임무를 달성한 국민회의당이 이제 해체되어야 한다고 주장했으나, 역시 아무런 반응도 없었다. 그럼에도 불구하고 이 기간 내내 방글라 지역에 있는 노아칼리부터 북인도를 거쳐 델리에 이르기까지, 간디는 폭력 사태를 가라앉히려 하는데 전념했던 여전히 매력적이고 영웅적인 인물이었다. 게다가 죽기 직전 간디는 인도의 정치 동향에 대해 마지막이자 결정적인 개입을 감행했다. 당시 내각은 인도가 양분되지 않을 경우를 대비해 현금으로 된 자산 지분을 마련한 상태였는데, 그 가치가 약 4000만 파운드 스털링에 달했던 이 현금 자산 지분은 인파양분이 합의되었음에도 불구하고 계속해서 내각이 갖고 있었던 상황이었다. 이에 대해 간디는 기도와 금식을 병행하면서, 당시 인파양분 때문에 의기소침한 분위기 속에 있었던 내각에 이 현금 자산 지분을 파키스탄에 넘기라고 압박을 가했다.

간디의 암살로 인해, 국민회의당이 이끌었던 식민통치에 대항하는 투쟁 기간 동안 거의 주목을 받지 못했던 힌두 국민국가주의가 대중의 시야에 등장했다. 하지만 이는 간디의 암살자인 너투람 고드세Nathurām Goḍse[머](1910~1949)의 극단적인 행위로 갑자기 수면 위로 부상한 것이 아니었다. 우리가 5장에서 봤듯이, 오히려 힌두 국민국가주의는 19세기 말에 일어났던 소 보호 운동에 그 기원을 명백히 두고 있다. 1915년 힌두대연합Hindu Mahāsabhā[힌][12]이 출범하면서 힌두 국민국가주의를 구현하려는 단체가 생기게 되었다. 대체로 연합제속주와 펀자브 지역에 기반했으면서 열렬 힌두교인들이 느슨하게 연합했던 이 힌두대연합은 소 보호 운동과 힌드어 옹호 활동에 나섰으며, 더 넓게는 힌두교인들을 대상으로 한 교육 및 사회복지 활동에도 전념했다. 이 단체의 목적과 회원 자격은 대체로 국민회의당과 그렇게 눈에 띄게 구분되지 않았는데, 펀디터 머던 모헌 말위와 같은 이들도 두 단체에서 활동했기 때문이었다. 아마도 힌두대연합을 국민회의당과 가장 뚜렷하게 구분시켰던 것은, 바로 데워나거리 문자로 쓰였으면서 성스크르터어의 영향을 많이 받은 힌드어의 보급이었다. 이와 반대로 인도인들을 한데 묶을 언어를 만드는데 열중했던 간디는, 데워나거리 문자와 아랍-페르시아 문자로 쓰인 북인도의 공통 토착어인 힌두스탄어의 사용을 지지했다.

---

12 mahā "큰" + sabhā "협회, 연합, 회의"

"힌두성性"으로 번역되는 "힌두트워Hindutva[힌]" 이념을 초기에 지지했던 이들 중에서 가장 두드러진 인물은 바로 위나여크 다모더르 사워르커르Vināyak Dāmodar Sāvarkar[머](1883~1966)[13]였는데, 그는 힌두트워라는 용어를 본격적으로 널리 사용하기 시작했다. 틸러크와 고컬레처럼 영어로 교육받았으면서 브라머너 계급 내 치트파원 카스트 출신이었던 사워르커르는 청년 때부터 혁명 활동에 가담했다. 오랫동안 투옥되었다가 풀려났던 그는 힌두대연합의 주도권을 차지했다. 1923년 "힌두트워"에 대한 평론에서 그는 힌두교인들의 위대함과 통일성을 찬양하며 다음 글을 썼다.

> 다른 조건들이 동등한 상황에서, 국민국가가 완벽하게 단결되고 화합할 수 있는 이상적인 조건들은 …(중략)… 자신들이 매우 사랑하는 땅에 살고 있는 이들의 경우에서 찾을 수 있는데, 이들의 선조들이 살았던 땅은 그들이 믿는 신들과 천사들, 그리고 선지자들과 예언자들이 사는 땅이기도 하며, 이들의 역사가 전개된 무대 역시 자신들의 신화가 전개된 무대이기도 하다. 힌두교인들은 전국적인 단결, 화합, 그리고 위대함을 동시에 실현할 수 있는 이런 이상적인 조건들의 축복을 받은 유일한 족속이다.

힌두 국민국가주의는 1925년 국민자원단Rāṣṭrīya Svayamsevak Saṁgh[힌](영어명 Rashtriya Swayamsevak Sangh, RSS)[14]의 결성으로 더 전투적인 성격을 띠게 되었다. 대체로 상층 카스트 집단 소속 머하라쉬트러 지역 출신들로 구성된 이 조직은, 간디의 국민회의당에 대항해 잘 통솔된 간부 중심적인 당으로 조직되었다. 이 당은 선거에서 다른 단체들과 경쟁하거나 대중을 대상으로 활동 기반을 두는 것을 추구하지 않았으며, 오히려 획일적이고 준군사적인 세포 조직을 통해 당원들을 결집시켰다. 비록 간디 자신은 "머하트마"로서 힌두적인 색채를 띤 용어들로 인도인들에게 다가왔지만, 그는 독립된

---

13 현재 그의 추종자들은 그에게 "위르(Vīr[성]), '영웅(적인), 투사, 용감한'"라는 존칭을 붙이기도 한다.

14 rāṣṭrīya "국가의, 국민의" + svayamsevak "자원自願" + saṁgh "조직, 단체". 음역이 아닌 번역으로는 "National Volunteer Organization"가 된다.

인도가 모든 공동체들의 구성원들을 포용해야 한다고 주장했다. 이와 반대로 국민자원단은 인도는 힌두교인들로 이루어진, 그리고 힌두교인들을 위한 땅이라는 미래상을 제시했다. 독일 파시즘을 연상케 하는 인종주의적인 색채를 지닌 이런 신화적인 국민국가주의를 지지했던 국민자원단은 철저히 반무슬림적이었다. 무엇보다도 국민자원단은 인파양분에 관여한 무슬림들을 포용하는 일조차 반대했는데, 이 당의 지지자들은 인파양분 때문에 조국이 "산 채로 해체"되고 있다고 맹비난을 가하기까지 했다. 독립이 가까워지자, 국민자원단은 학생, 피난민, 그리고 도시 중하위 계층들로부터 지지받았는데, 이들은 당시 사회에 만연했던 폭력 사태와 혼란을 두려워하고 있었다. 이들이 볼 때, 힌두 "어머니"를 보호하는 일은 자신들이 그렇게도 증오했던 약하고 여성적인 인도를 가장 뚜렷하게 체현했던 인물을 제거함으로써 쉽게 달성될 수 있었는데, 그 인물은 바로 모헌다스 간디였다. 고드세는 국민자원단 지지자이자 사워르커르의 추종자였기 때문에, 간디 암살 이후 힌두 국민국가주의가 격렬한 증오의 대상이 되었던 것은 놀라운 일이 아니었다. 국민자원단은 몇 년 동안 불법단체로 지정되었고, 이 단체가 행하는 폭력에 대한 공포 때문에 인도가 힌두 국가가 되어야 한다고 공공연하게 지지하는 정당들의 결성 및 정계 활동이 매우 어려워졌다. 1975년부터 1977년까지 진행된 인디라 간디의 자의적인 통치에 대한 반대로 인해 힌두 우익 세력들은 그제서야 다시 정치적으로 부상할 기회를 얻게 되었으며, 간디가 사망한 지 40년이 넘은 1990년대가 돼서야 힌두 우익 세력들은 간디 암살 세력이라는 낙인으로부터 마침내 벗어날 수 있게 되었다.

1950년에 이르러서야, 인도는 독립이라는 승리에도 불구하고 제2차 세계대전, 인파양분, 그리고 전례없는 대규모 폭력사태 발생이라는 보기 드문 지난 십 년을 겨우 넘길 수 있었는데, 이는 다른 나라에서 이전에 별로 겪지 못했던 것이었다. 그럼에도 불구하고 많은 부분들이 1940년대에 생겨난 각종 트라우마를 극복하면서 별로 바뀌지 않은 채 지속되었다. 인도 국민국가 수립운동을 주도했던 국민회의당은 강해진 상태에서 앞으로 있을 선거에 준비된 채로 부상했다. 국민회의당은 간디가 지도권을 네루에게 넘기고 나서 독립 후 첫 25년 동안, 지도부 내 변화에 대해 일말의 갈등도 없이 정치적 협상을 진행했다. 무엇보다도 규율잡힌 관료조직과 군대 등 국가를 지탱하는 여러 구조들은, 영국인들로부터 두 계승 국가들로 정권 이양이 별다른 혼란 없이 진행되면서 온전하게 유지되었다. 1950년 1월 26일 새 헌법이 반포되면서, 이제 인도는 국민국가 건설과 경제 발전이라는 두 가지 새로운 목표가 생긴 새 시대를 맞이하게 되었다.[15]

15 이 인도공화국의 새 헌법은 식민지 시대에 제정된 1935년 인도정부법을 대신하는 것이다. 1월 26일로 날짜를 지정한 이유는, 1930년 1월 26일 라허르에서 국민회의당이 인도가 앞으로 자치령의 지위를 유지하기보다는 "완전한(pūrṇa) 자주(Svarāj), Purna Swaraj"를 누릴 것이라고 천명했던 공식 선언에서 비롯된다.

제8장

국민회의당의 통치: 민주주의와 발전, 1950~1989

새로운 정치 질서
새로운 경제 질서
전쟁, 기근, 정치적 혼란
인디라 간디의 집권
인민당에 의한 막간의 통치와 인디라 간디의 귀환
네루 왕조의 종언 - 라지우 간디, 1984~1989

제8장

국민회의당의 통치: 민주주의와 발전, 1950~1989

1947년부터 1949년까지 존재했던 제헌의회에서 치열한 토론 끝에 타결된 산물인 인도 헌법은 현재까지 인도 정계를 지배해온 여러 가지 원칙 및 제도를 수립했다. 네루는 "근대적인" 자유 인도를 만들려고 했던 만큼, 이 헌법이 적용된 인도는 식민지 시대 유산의 많은 부분을 단호하게 부인했다. 영 공방의 일원으로 남기는 했지만, 인도는 공화국으로 선포되었으며, 헌법이 반포되자 영국 왕실에 대한 충성을 끝냈다. "공화국의 날Republic Day"로 알려진 1월 26일에는 해마다 뉴델리에서 대규모 열병식이 거행되며, 이 기념일은 인도가 국민국가의 기반을 다진 것을 축하하는 주요한 날로 남아있다. 영국의 인도 통치와 연관되어 있는 제국 내 부왕의 통치 방식을 거부한 신생 인도는 여전히 영국 본국의 정치 관행을 모범으로 삼았다. 헌법은 영국 의회 및 정부의 방식을 따랐는데, 이로 인해 의회는 양원제로 구성되었고, 총리는 민의원民議院에 해당되는 "로크 서바Lok Sabhā[힌]"[1]라 불리는 하원[2]에서 다수당이 선출했다. 네루가

---

1 lok '사람, 인민' + sabhā '의회, 모임, 협회'

2 상원은 "연방의원"으로 번역되는 라즈여 서바(Rājya Sabhā[힌])인데, 상원은 인도 전역을 관할로 두면서, 연방 및 주가 공유하는 공통조직의 설치 · 변경 · 폐지 등에 관한 법안을 심의하고 통과시키거나, 주가 관할하는 사항에 대해 심의 · 표결하는 고유 권한을 가진다. 한편 하원은 내각을 불신임할 권리를

총리직을 맡았던 반면, 옛 부왕 관저에서 집무하는 대통령은 영국의 군주와 같이 국가의 상징적인 수장 역할을 맡았다. 예전 식민지 시대에 존재했던 분리 유권자단 제도는 분열을 조장한다는 이유로 폐지되었으며, 그 대신 영국을 참고로 하여 모든 유권자가 투표 가능한 소선거구제가 시행되었다.

그럼에도 불구하고 옛 식민지 시대 통치의 여러 요소들이 새 질서에서도 존속했다. 일례로 1935년 인도정부법에 존재했던 약 200개의 조항들이 새로운 헌법으로 통합되었다. 중심부를 비롯해, 이전에는 속주province들이었으나 이제 주state들이 권력을 나누었던 연방의 권력 구조는 여전히 건재했다. 비상사태 발생 시 속주 총독 및 입법부 의장이 선출된 내각을 무시하고 전제적인 방식으로 권력을 행사하는 것을 용인했던 1935년의 인도정부법 조항 역시 상당한 수준으로 건재했다. 독립 인도에서 이러한 전제적인 권력은 반항적이었던 주 정부들을 협박하기 위해, 그리고 예외적이지만 "비상사태"에 입각해 전국에 걸친 권위주의적인 통치를 정당화하기 위해 자주 사용되었다. 게다가 인도행정직제로 명칭이 바뀐 인도고등문관제의 행정 구조는 여전히 그대로 유지되었다. 영국인들과 똑같이 공정한 통치를 구현하는데 목표를 두고 교육받았던 인도인들이 이제 영국인 관료들을 대체하게 된 상황에서, 이 "강철 골격"은 독립 이후 찾아온 혼란기 동안 새 정부가 안정을 찾는데 필수적인 기반으로 여겨졌다. 새 헌법에 통합된 한 가지 미국 사상이 있다면, 그것은 바로 대법원이 입법부에서 제정된 법을 사법적인 측면에서 심사할 권력을 가졌다는 점이었다. 제헌의회는 자치 촌락들에 분산된 권력과 약한 중심부를 지닌 간디식의 정당 없는 정부 형태를 전혀 고려하지 않았다. 신생국 인도는 고대에 대한 환상을 모범으로 삼지 않았다.

모든 이들은 새 인도가 보통선거의 원칙과 언론 및 표현의 자유가 유지되는 민주국가여야만 한다는 점에 대해 동의했다. 하지만 "불가촉천민들"과 기타 사회적 약자

갖고 있으며, 금전, 재정과 관련된 법안을 심의하고 의결에 부치는 고유 권한을 가진다.
상원과 하원 모두 금전, 재정과 관련된 법안을 제외한 다른 법안에 대해 심의하고 이를 의결을 부칠 수 있으며, 헌법수정안의 심의 및 통과 여부를 결정하는 권한을 공통적으로 가진다.

집단들에 대한 계속된 차별로 인해 골치를 앓고 있던 국민회의당은, 이 집단들이 새로운 입헌 질서 안에서 정치적인 발언권을 갖는 것을 보장하는 행보에 나섰다. 그 중 하나는 "불가촉천민" 출신의 탁월한 지도자였던 암베드커르를 헌법 기초起草 위원회장으로 임명한 것이었다. 미국 뉴욕에 있는 컬럼비아 대학교를 졸업했던 암베드커르는 1932년 제공동체에 관한 판정을 둘러싸고 간디와 팽팽한 교착상태를 유지했기 때문에, 그 이후로 간디와 화해한 적이 없었다. 힌두교를 "진정한 공포의 소굴"이라 불렀던 그는, 간디주의가 이룬 모든 성과는 "힌두교의 표면을 매끄럽게 만들어 근사하고 점잖은 것처럼 보이게 만들었을 뿐이었다."고 폄하했다. 1956년 사망하기 전에 그는 불교로 개종했다. 새 헌법은 불가촉천민제를 금지했지만, 장기간에 걸쳐 더 중요했던 것은 이전에 불가촉천민들이었던 이들과 마찬가지로 당시 불리한 처지에 있었던 삼림 거주 부족들을 위해 입법부 내에 지정의석들을 할당한 것이었다. 이 집단들은 헌법에서 특별히 별도의 범주로 열거되었기 때문에 "지정카스트 및 부족Scheduled Castes and Tribes"으로 알려지게 되었다. 이러한 여러 카스트 집단에 속한 구성원들은 자기들만이 입후보가 가능한 정규 선거구들을 가질 수 있었다. 이를 통해 중앙정부는 식민지 시대 방식이었던 분리 유권자단 제도를 이용하는 것을 피하면서도, 입법부 안에 "불가촉천민들"을 위한 자리를 마련하였다. 불가촉천민만을 위한 지정의석의 할당은 이런 공동체들의 안녕에 대한 중앙정부의 관심을 명백하게 보여주는 증거였다. 앞으로 우리가 보게 되겠지만, 시간이 지나면서 이 지정의석 할당제는 교육제도와 행정 업무 측면에서 이러한 집단들에 특혜를 주는 조치로도 발전했으며, "지정" 카스트들에 대한 이런 혜택 때문에 다른 "후진backward" 계급들도 이와 비슷한 대우를 요구하게 되었다.

네루가 지도하는 국민회의당은 세속주의와 사회주의 원칙도 고수했다. 당원 중에서 힌두교인들이 차지하는 비중이 절대다수였음에도 불구하고, 국민회의당은 항상 세속적인 조직임을 자처했고, 네루는 인도가 세속국가가 되어야 한다고 확신했다. 1940년대와 1950년대에 특히 인도가 독립과 동시에 양분되고 간디가 암살된 이후 이 원칙은 공공연하게 반대를 받지는 않았다. 일례로, 힌두교적인 상징이나 심지어는 국민회의당 당기를 장식했던 간디의 물레를 채택하는 대신, 네루는 불교 신자 군주였던 아쇼

그림 41_ 알라하바드현(district)에 있는 풀푸르 마을을 방문했던 위재러크쉬미 펀디트가 마을 선거 집회에서 연설하는 모습

커왕의 사자 기둥머리를 국기와 화폐(그림 44)의 중심에 놓는 조치를 통해 국가를 종교와 국민회의당 모두로부터 떼어놓는데 신경썼다. 교회와 국가 사이에 "장벽"을 세우려고 했던 미국과는 반대로, 인도의 세속주의는 인도 내 모든 다양한 종교들을 포괄하면서 유지시키려고 했다. 종단별로 학교와 법전이 따로 있는 상황에서, 이런 종류의 세속주의는 실천하기 어려웠다. 더군다나 이 정책으로 인해 "종단"을 향한 충성이 지속되었는데, 이는 민주주의를 지향하는 사회 안에 있는 개인주의와는 맞지 않았다. 더 나아가 헌법에는 여러 지침 중 사유재산의 기본권뿐만 아니라 경제적 정의를 중시하고 이를 실현하고자 하는 내용도 들어있었는데, 여기서 경제적 정의는 공동선과 부

의 공평한 분배를 증진시키기 위한 방법으로써 국가 내 물질적 자원들을 분배하는 일이라 정의되었다. 어디까지, 그리고 어떤 방식으로 이 사회주의적인 이상이 구체화되었는가는 이 장의 핵심적인 주제가 될 것이다.

인도에서 보통선거의 원칙이 적용된 최초 총선거는 1951년에서 1952년으로 넘어가는 겨울철에 시행되었다. 2억 명의 유권자층이라는 거대한 규모로 자유선거를 시행하는 일은 전 세계에서 전례가 없는 일이었다. 이후 50년 동안 앞으로 일어나게 될 수많은 선거 중 최초였던 이 선거를 성공적으로 치르면서, 영국의 인도 통치가 이루어진 마지막 수십 년 중에서도 특히 1937년과 1946년 선거에서 이미 드러난 인도인들의 정치적 숙련도는 이 1951~1952년 총선거를 통해 분명하게 드러나게 되었다. 독립할 무렵 폭력이나 군사 쿠데타가 아닌 투표야말로 정부를 발족시키는 방식이라는 원칙은 인도 내 모든 계층들에게 받아들여졌다. 총리직을 맡는 동안 네루는 민주적인 절차를 흔들림 없이 고수함으로써 인도인들의 정치적 행태에 이 원칙을 뿌리깊게 심어놓았다. 〈그림 41〉은 네루의 여동생이었던 위재러크쉬미 펀디트Vijaylakṣmī Paṇḍit[힌](영어명 Vijayalakshmi Pandit, 1900~1990)와 같은 저명인사조차 1964년 총선에서 승리하기 위해 오지에 있는 마을들에서도 지지를 확보해야 했던 상황을 잘 보여준다.

1951~1952년도 총선에서 국민회의당은 전국 및 주 단위에서 모두 낙승했다. 새로 들어선 하원에서 국민회의당은 총 489석 중 364석을 얻었다. 인도에 독립을 안겨다 준 정당으로서의 매력을 잘 이용했고, 순교자가 되었던 머하트마 간디가 남긴 성스러운 유산이라 스스로 포장했던 국민회의당의 이번 선거 승리는 별로 놀라운 것이 아니었다. 하지만 국민회의당에 대한 지지는 결코 절대적인 것은 아니었다. 실제로 총 득표수 중 국민회의당은 겨우 약 45%만 확보했다. 나머지 표는 수많은 야당, 우파 정당, 좌파 정당, 그리고 지역 정당들이 나눠가졌는데, 이들은 국민회의당이 정계의 중심을 장악하면서 주변부로 밀려났다. 대중에 대한 국민회의당의 제한적인 인기와 국민회의당의 입법부 장악 간에 발생한 괴리는 앞으로 다가올 수십 년 동안 인도 정치의 한 특징이 되었다.

인도가 독립한 이후 첫 20년이라는 기간은 네루의 시대라 할 수 있다. 여러 가지 요소가 어우러져 1950년대에서 1960년대까지 걸친 인도 정계의 특성이 결정되었는데, 이러한 요소들로는 중재 정치, 경제발전 추구, 그리고 지리멸렬한 언어 지역주의를 억제하려는 힘겨운 싸움 등이 있었다. 이 모든 요소는 네루라는 권위있는 인물을 통해 적절하게 연관되었다. 네루는 집권한 뒤 수 년 동안은 고압적인 태도를 보였던 월럽바이 퍼텔과 권력을 나눌 수밖에 없었지만, 1950년 퍼텔이 사망하자 그는 당시 유일하게 남은 도전자였던 국민회의당 운영위원회 수장 푸루숏텀 다스 턴덤Puruṣottam Dās Ṭanḍam[힌](영어명 Purushottam Das Tandon, 1882~1962)을 자신의 권력 밑에 굴복시키는데 성공했다. 그 때부터 1964년 사망할 때까지 네루는 인도 정계에서 도전받지 않는 절대적인 위상을 갖게 되었다. 의심받지 않는 지위를 가졌으면서도 반대파에게 가차없는 태도를 보이거나 보복을 가하지 않고 활동하면서, 네루는 행정부, 군부, 그리고 입법부에 자신의 의사를 관철시켰다. 많은 이들로부터 존경을 받은 나머지 "펀디트지"라는 존칭을 받았으면서, 자신의 셰르와니Shervānī[힌][3] 한가운데 장미가 꽂힌 인상적인 모습을 보였던 네루는, 신생 독립국으로서 인도의 존재감을 국내뿐만 아니라 전 세계에도 드러냈다.

새 인도에 대한 네루의 미래상은 펀자브 평원에 있는 천디거르Caṇḍīgaṛh[힌/펀](영어명 Chandigarh)의 건설에서 가장 뚜렷하게 드러났다. 펀자브주의 옛 수도였던 라허르가 파키스탄에 넘어가자, 인도 정부는 새로운 대체 주도州都를 서둘러 마련해야할 필요성을 느꼈다. 네루에게 이 장소는 완전히 새로운 도시여야 했는데, 그가 한 말에 따르면 "과거의 전통으로부터 해방된 자유 인도를 상징하고, …(중략)… 또 미래에 대한 국가의 신념을 표현하는" 것이어야 했다. 그리하여 식민주의로 인해 더럽혀진 인도-사라센 양식과 같은 기존 건축 양식들은 부적절했으며, 오리사주의 새로운 주도 부버네스워러Bhubanesvara[오](영어명 Bhubaneswar)에 있는 주정부 청사를 짓는데 채택되었던 고대 "힌두적인" 양식도 마찬가지로 부적합했다. 그 대신 네루는 프랑스인 건축가이자 국제적으로 명성이 높았던 르코르뷔지에Le Corbusier에게 의탁했는데, 그는 테두리가 뚜렷하

3 혹은 Sherwani, 긴팔을 한 인도식 외투.

그림 42_ 천디거르에 있는 한 건축물에서 드러난 세부 양식

고 색깔이 선명한 공공건물들이 들어선 완전히 현대풍의 도시를 설계했다(그림 42). 도시 전체는 "구역들"을 철저하게 획정하는 계획에 입각해 조성되었는데, 이 구역들 안에서 다양한 위계로 이루어진 공무원용 주택들은 지위 고하에 따라 묶여졌으며, 이 주택들뿐만 아니라 도로와 공원도 세심하게 공들인 뒤 배치되었다. 이 대담한 구상은 찬사를 받기도 했지만, 천디거르는 인도 안에 존재한 여러 조건들과 건축적인 유산을 무시했다는 비판을 자주 받아왔다. 건물들이 너무 제멋대로 뻗어나가는 모습을 보이고, 장엄함이 지나치다 못해 위압적이기까지 했던 이 도시는 인도인들의 일상과 동떨어져 있는 것처럼 보였다. 그러나 20세기 후반에 어울리는 인도의 창조를 위해 르코르뷔지에의 국제주의적인 모더니즘을 이용하는 것이 바로 네루의 의도였다.

이와 같은 네루의 이상주의는 1950년대 인도 영화에서도 발견할 수 있다. 대중적이고 접근하기 쉬우면서, 봄베이 내 거대 영화사들의 산물이자 머지않아 "벌리우드Bollywood"로 알려지게 될 상업 영화들은 인도에서 당시 이런 영화들이 제작되었던 분위기를 반영했다. 영화 음악은 점차 대중들 사이에서 유행하게 되었는데, 처음에는 라디오를 통해, 그 다음에는 카세트테이프를 통해 전파되었다. 현실 도피적인 일상 이야기 외에도, 네루 집권 시기에 제작된 영화들은 인도 국민국가주의의 여러 이상적인 모습들뿐만 아니라, 개발과 도시 생활이 제기하는 온갖 도전도 명확하게 드러냈다. 많은 대중 영화들은 "자아"보다 "국가"를 앞세우는 "근대적인" 인도인의 모습을 그려내는 스타들을 선보였다. 다른 영화들은 도시 생활 속에 도사리는 각종 위험과 서민들이 가졌던 희망을 동시에 배치하면서 양자를 대립시켰다. 1955년에 제작된 영화 〈쉬리 420Shree 420("속임수 씨", 인도 형법에 있는 한 조항을 암시하는 숫자이다)[4]〉를 평한 한 비평가에 따르면, 주인공의 국가 정체성을 대대적으로 찬양하는 매우 유명한 노래를 통해 이 영화는 인도의 근대성을 드러내는 일종의 우화 역할을 맡고 있다고 지적했는데, 여기서 이 주인공의 국가 정체성은 자신이 입은 옷으로 묘하게 상징된다.

---

4 인도 형법 제420조는 절도와 사기에 대한 처벌을 규정하는 내용과 관련된 조항이다.

그림 43_ 영화 〈쉬리 420〉 포스터 1955년.

내 두 신발은 일본 것이고,
내 바지는 영국 것이라네.
내 머리 위의 붉은 모자는 러시아 것이지만,
내 마음은 힌두스탄 것이라네!

Merā jūtā hai Jāpānī,
ye patlūn Inglistānī;
Sar pe lāl ṭopī Rūsī,
phir bhī dil hai Hindustānī.

네루 집권 시기를 전형적으로 보여주는 또다른 영화는 바로 1960년에 제작된 〈위대한 무굴인Mughal-e Azam〉[5]이었다. 이 영화는 네루를 아크바르 1세에 비견하면서 그를 이상적인 인물로 만드는 역사적인 우화 역할을 맡고 있는데, 여기서 네루는 힌두교인들과 무슬림들이 행복하게 공존하면서 개인들이 국가의 선을 위해 자신들의 욕구를 기꺼이 희생하고 있는 나라를 통치하는 모습으로 그려진다. 관객들의 초점을 잃지 않도록, 이 영화는 "나는 인도다"라는 대사를 읊조리면서 지평선으로부터 올라오는 인파 양분 이전의 인도를 그린 지도로 시작하고 또 끝나는데, 여기서 아크바르 1세는 존경받는 독실한 신도로 나타난다. 한편 1957년에 제작된 영화 〈어머니 인도Mother India〉는 더 큰 선을 위해 강도였던 자신의 아들을 스스로 살해하는 여성을 상징적인 방식으로 국가와 등치시켰다. 낙관적인 분위기를 가진 이 영화들은, 정의가 이기고 국가의 자유로운 제도로 인해 해방된 나라에 충성심을 가진 시민들이 양성되는 나라 인도를 찬양하고 있다.

새로운 정치 질서

1950년대 정치 체제는 현지에 이해관계를 갖고 있었던 다양한 당 "지도자들"과 네루의 지도력 사이에 협력이 효과적으로 작동되면서 유지되었다. 부지런하게 선거 유세에 임했던 네루의 모습과 더불어 간디가 선택한 후계자로서 그가 지녔던 위상으로

5 우르두어로 Mughul-e Aʕẓam, "위대한(Aʕẓam) 무굴인(Mughul)".

인해 국민회의당은 선거에서 성공을 거두었지만, 국민회의당의 권위는 당 조직을 통해서만 행사될 수 있었다. 1920년대 비협조운동을 전개하기 위해 대중들을 처음 동원함으로써, 간디는 국민회의당을 인도 내 촌락들에 깊이 영향력을 행사할 수 있는 강력한 조직으로 만들었다. 1937년 선거 이후로 국민회의당은 정치적 선동을 주로 일삼는 조직에서 선거 득표에 의존하는 조직으로 서서히 변모하였다. 1950년대 네루는 당 내에서 최고 지위에 오른 상태였지만, 당이 운영되는 기본 구조까지 통제하지는 못한 상태였다. 틀림없이 그는 국민회의당에 없어서는 안 될 존재였다. 그가 사임하겠다고 당에 위협할 때마다, "펀디트지시여, 저희를 버리지 마소서."라는 간곡한 외침이 의사당에 울려퍼졌다. 하지만 그의 내각에는 까칠한 성격이었던 국방장관 웽갈릴 키루쉬난 키루쉬나 메논Veṅkālil Kiruṣṇaṉ Kiruṣṇa Mēṉoṉ[말](영어명 Vengalil Krishnan Krishna Menon, 1896~1974) 외에도, 고윈드 벌러브 펀트, 서다시우 칸호지 파틸Sadāshiv Kānhojī Pāṭīl[머](1898~1981), 모라르지 데사이Morārjī Desāī[구](1896~1995) 등 보수적인 인사들이 네루를 둘러싸고 있었는데, 이들은 주state와 현縣(district) 단위 당 조직들을 장악함으로써 자신들의 권력을 공고히 한 상태였다. 마찬가지로 주지사들은 국민회의당 운영위원회에 참여하여 중앙정부와 연결되어 있었지만, 이들은 자신들이 지배하는 주들에서 권력을 행사하는데 대체로 독립적인 지위에 있었으며, 이 인사들 모두는 국민회의당이 운영되는데 기여했다. 본질적으로 당 지도자들은 현들에 있는 하급 당원들에게 일자리와 개발 자금을 나누어 주었으며, 이 하급 당원들은 이 자금을 각 촌락에 있는 매우 중요한 "표밭vote banks"을 관리하는 이들에게 넘겼는데, 이들은 대체로 부농 카스트 계급 출신 지도자들이었으며, 동료들이 국민회의당에 투표하도록 독려했다. 이러한 방식은 "정당 내 하부 조직machine"에 기반해 운영되는 미국 시카고식 정치를 연상케 하는데, 정치적인 후원은 각 지역 내에서 표를 얻기 위해 서로 거래하는 방식으로 이루어졌으며, 지역 내에서 전체 득표는 하부 국민회의당 조직을 통해 상층부로 한데 모아졌다.

하지만 대중영합적인 정치는 1950년대 인도에서 결코 존재하지 않았다. 새 헌법이 제정되자마자 네루는 인도 속주들의 재조직이라는 결코 순탄치 않은 과제와 씨름해야 했다. 이 문제의 기원은 식민지 시대와 깊게 관련되어 있었다. 영국인들이 속주들을 만들면서 수백 개나 되었던 인도 내 토후국들을 이런 속주들과 분리시킬 때, 그들은 행정적 편의성과 당시의 정치적인 필요성만 고려했다. 그 결과로 몇몇 언어 집단 중에서도 특히 오리아어Oṛiā[오]와 텔루구어 사용자들은 둘, 심지어는 세 속주들로 찢겨졌던 반면, 다른 언어 사용자들은 마드라스와 봄베이 관구와 같이 여러 언어들이 사용되는 큰 속주들로 통합되었다. 1947년 이후 토후국들을 병합함으로써 복잡하고도 더 제멋대로 획정된 행정구역들이 추가되는 바람에 상황이 더 꼬였는데, 이런 행정구역들 중 소수는 마이소르나 하이다라바드처럼 독립된 큰 토후국들이었지만, 다른 소규모 토후국들은 중인도에 있었던 머드여바러트Madhya Bhārat[힌][6]와 같이 통제하기 힘든 대규모 행정구역 단위로 성급하게 통합되었다.

1920년 국민회의당을 자신의 방식으로 재조직하기 위해, 간디는 언어사용지역 경계를 따라 속주에 있는 국민회의당 위원회들을 조직했다. 언어사용지역을 따라 접근하는 방식을 통해, 국민회의당이 인도 내 다양한 집단들의 여러 요구 사항에 더 잘 대응할 수 있을 것이라 간디는 판단했다. 하지만 독립 후 이렇게 언어사용지역에 기반한 속주들을 주州라는 행정구역으로 바꾸는 것이 가능해졌음에도 불구하고, 네루는 이에 대해 보수적인 자세를 취했다. 인도의 해체를 야기할 수 있는 또다른 양분과 "발칸 계획"이라는 화근을 남기지 않기 위해, 네루는 그 어떠한 종류의 분리주의도 조장할 수 있는 가능성을 원천차단하기로 결심한 상태였다. 총리직에 있었던 동안 인도의 통합을 유지하는 일은 항상 그의 최대 우선순위였다. 하지만 민주주의 지도자로서 그는 남쪽에서부터 시작해 서쪽과 북쪽으로 확산되었으면서 점점 더 그 목소리가 커져갔던 언어사용지역에 기반한 주 설치 요구를 무시할 수 없었다. 텔루구어를 사용하는 안드라인Āndhra[텔]들은 여러 언어들이 사용되고 있었던 마드라스 관구 안에서 더 교육수준이 좋았던 타미르어 화자들이 자신들을 지배하고 있는 것에 대해 오랫동안 불만을 갖고 있었으며, 그래서 이들은 독립되기 훨씬 전부터 자신들만으로 이루어진 주 설치를 요구했다. 네루가 이를 완강히 거부하자, 안드라인들의 지도자였던 폿티 쉬리라물루

6 madhya "중中" + Bhārat "인도", 1948년부터 1956년까지 존속했으며, 말와 연합으로도 알려졌다.

그림 44_ 인도 10루피 지폐 복제품

Poṭṭi Shrīrāmulu[텔](영어명 Potti Sreeramulu, 1901~1952)는 금식을 감행해 1952년 12월 아사하기에 이르렀다. 3일 뒤 정부는 안드라주를 설치하기로 합의했다.

이렇게 되자, 주를 재조직하는 절차는 중단할 수 없게 되었다. 1953년 8월 주 재조직위원회States Reorganisation Commission이 설치되었으며, 1956년에 발간된 해당 위원회 보고서의 내용에 입각해 언어에 따라 14개의 주로 나뉘어졌으면서 전면적으로 재조직된 인도가 탄생했다. 케랄람Keraḷaṁ[말](영어명 Kerala)주는 말라얄람어Malayāḷam[말] 화자들을 위해 설치되었으며, 옛 마이소르는 카르나타카로 그 이름을 바꾸어 칸나다어 사용자들을 위한 주가 되었다. 나중에 타미르나드Tamiḻnāṭu[타](영어명 Tamil Nadu)로 개명한 마드라스주는 타미르어 화자들이 거주하는 본거지가 되었으며, 그 밖에 여러 많은 주들이 그러한 과정을 거쳤다. 연합제속주가 이름을 바꿨던 웃터르프러데쉬주와 비하르주와 같이 인구가 밀집해 있으면서 힌드어 사용자들이 집중 거주했던 주들과, 이미 단일 언어사용지역이었던 서방글라주West Bengal는 별로 영향을 받지 않았다. 여기에 더해, 중앙정부가 직접 통치하는 여섯 개의 작은 연방직할지Union Territories가 만들어졌다. 주 재조직 작업으로 인하여, 주민들의 강렬한 감정을 평화롭게 받아들임으로써 언어에 기반한 새로운 지역 정치도 동시에 생겨났는데, 이러한 형태의 정치는 분리주의 운동에 대한 열광적인 분위기를 억누르는데 일조했다. 사실 국민회의당은 인도 전역에 걸쳐서도 그렇지만, 권력에 대한 이런 분리주의적 움직임을 민주적인 방식으로 성공적으로 대응하는데 더 익숙해진 상태로 부상했다. 언어 다양성에 대한 이런 수용 방식은 인도 지폐에서도 발견 가능하다. 〈그림 44〉에서 영어와 힌드어가 눈에 더 띠기는 하지만, "10루피"라는 단어는 인도의 모든 공식어 14개로 인쇄되어 있다.

하지만 네루 정부는 옛 봄베이 관구와 펀자브 속주를 재조직하는 것은 피하려고 했다. 옛 봄베이 관구는 북쪽으로는 구즈라트어 화자들이, 남쪽으로는 머라타어 화자들이 거주하는 두 개의 언어사용 지역으로 분명히 그 경계가 구별된 채 나뉘었지만, 이 관구의 수도였던 봄베이시는 인구 구성이 복잡했는데, 구즈라트인들은 무역과 산업 부문에서 우세했던 반면, 이 도시 인구 다수를 이루었던 머라타인들은 노동자 계층을 이루고 있었다. 하지만 식민지 시대로부터 이어진 옛 구조를 유지하려는 이런 노력은 처음부터 잘못된 것이었다. 다른 지역 내 변화에 자극받은 새로운 두 정당이 동시에 갑자기 등장하게 되어 머하라쉬트러주 분리 설치를 요구하게 되었다. 봄베이시에서 수차례에 걸쳐 폭동이 발생하는 바람에 사상자까지 생기게 되자, 1960년 구즈라트주가 머하라쉬트러주로부터 분리되었으며, 나중에 뭄버이로 개명하게 된[7] 봄베이는 후자의 수도 지위를 유지했다.

펀자브주는 훨씬 더 다루기 까다로운 문제였다. 1947년 이후 인도 측에 일부 지역이 남은 이 주에서 펀자브어 화자들과 힌드어 화자들은 서로 공존했지만, 이 주는 식크교도 공동체라는 별도의 종교 공동체가 근거를 둔 본거지이기도 했다. 식크교인들은 이 주 안에서 펀자브어를 사용하는 화자들의 상당수를 차지했으며, 이들은 어칼리 최고당Shromaṇī Akālī Dal[펀](줄여 Akali Dal)[8] 창당을 통해 펀자브어 화자들만의 주 창설을 위한 운동을 조직했다. 이렇게 별도의 주 창설을 요구하는 움직임은, 필연적으로 식크

---

7 1995년의 일이다.

8 shromaṇī "지고의, 최고의(supreme)" + Akālī "어칼리", 이 책의 196쪽 주5 "어칼리" 항목 참조" + Dal "정당"

교인들이 자신들만의 본거지를 요구한다는 인상을 대외적으로 주게 되었다. 인파양분이라는 뼈아픈 경험을 겪었던 네루는 종교 신념에 따른 주를 창설하는 것에 대해서는 극력 반대하였다. 결국 네루가 사망하고 나서야 주의 재조직 작업이 1966년에 일어났는데, 이때는 종교가 아니라 언어적인 명목으로 펀자브어 화자들을 위한 펀자브주가 분리되었다. 힌드어 화자들이 거주했던 나머지 지역은 허리야나Hariyāṇā[힌](영어명 Haryana)와 히마철프러데쉬Himācal Pradesh[힌](영어명 Himachal Pradesh)[9]로 나뉘어 각각 주 지위를 획득했다. 하지만 인도 연방에서 식크교인들의 위치는 여전히 해결되지 않은 채 남았고, 1980년대 내내 중앙정부를 괴롭히게 되었다.

네루는 또다른 종류의 영토 문제에 대해서는 무력을 사용함으로써 해결했다. 인도에서 영국이 철수했음에도 불구하고, 프랑스와 포르투갈이 인도 안에서 보유했던 자그마한 식민지 구역들은 여전히 영향을 받지 않았다. 프랑스는 퐁디셰리를 중심으로 하는 인도 내 자국의 영토들을 인도에 평화롭게 넘기는데 동의했다. 하지만 고아를 450년 동안이나 지배했던 포르투갈은 완강하게 저항했다. 포르투갈의 태도에 격노했던 네루는 결국 1961년 포르투갈령 영토로 군대를 진격시켜 현지 포르투갈 주둔군을 쉽게 물리치고, 고아와 더불어 구즈라트 지역에 있던 옛 포르투갈령 디우Dīv[구](유럽 언어들로는 Diu) 및 더먼Damaṇ[구]도 인도 연방에 병합시켰다. 이전에 식민지들이었던 이 지역들은 여전히 독특한 성격을 갖고 있는 별도의 행정구역(정확히 말해서는 연방직할지)으로 현재까지 남아있다.

새로운 경제 질서

독립하기 훨씬 전 인도의 지도자들은, 식민지 시대의 주요 특징이었던 경제적인 후진성이 무조건 극복되어야 한다는 결의를 갖고 있었다. 그동안 우리가 봤듯이, 독립

---

9 "눈으로 뒤덮인 주州(himā[성] '눈' + acala[성] '산, 암석')"라는 뜻이다.

하기 전 수 년 동안 국민회의당은 반식민주의적 저항 운동을 위해 계급 간 차이를 억누르려고 했다. 하지만 독립이 가까워지면서 급격한 사회 변화를 원했던 이들을 억누르는 일은 훨씬 더 어려워지게 되었다. 그로 인해 처음에는 간디의 지도하에서, 그 다음에는 네루의 지도하에서 국민회의당 지도부는 사회주의 혁명을 부르짖는 좌파의 요구를 막아야 했는데, 이 사회주의 혁명이 일어나게 되면 유산계급이었던 지도층은 노동자과 농민이 각 주를 지배하게 되면서 쫓겨날 수도 있었다. 1934년에 조직되었으면서 마르크스주의에 경도되었던 국민회의당 내 사회주의 계파Congress Socialist Party는 이후 10년 동안 국민회의당이 좌경화되는데 일조했다. 이 시기 동안 소련이 주도권을 장악하고 있었던 인터내셔널The International과 연계된 인도공산당Communist Party of India(CPI) 소속 급진 활동가들이 이 계파에 합류했다. 영령인도정부의 강도 높은 탄압으로 인해 이미 약해진 인도공산당은 소련의 지시에 따라 제2차 세계대전을 지지함으로 인해 중앙 정계의 신뢰를 잃었지만, 그럼에도 불구하고 이 정당은 많은 지식인들에게 여전히 매력적으로 다가왔으며, 농촌 지대 내 빈농 계층으로부터 추종자들을 얻었다. 독립할 무렵 공산주의자들은 하이다라바드 지역 내 텔랑가나 봉기에서 주도적인 역할을 맡았으며, 또한 방글라와 케랄람 지역에서 수차례 전투적인 농민운동을 일으키기도 했다.

사회주의에 대한 네루의 태도는 항상 이중적이었다. 자신의 교육 경험과 신념으로 인해 국민회의당 내 사회주의 계파에 대해 관심을 가졌음에도 불구하고, 그는 이 계파의 일원이었던 적은 없었다. 간디와 마찬가지로 그는 폭력을 혐오했으며, 인도 정계에서 국민회의당은 인도 사회의 분열을 조장하는 동력이 아니라 통합을 추진하는 동력이 되어야 한다는 신념을 항상 갖고 있었다. 그렇지만 더 평등한 사회 질서를 구축해야 한다는 필요성을 절실히 느꼈던 네루는, 총리로서 농지개혁 및 인도 경제에 대한 국가 차원의 통제를 위해 훨씬 더 포괄적인 조치들을 지지하게 되었다. 1947년 처음에는 정책의 목표로 제시했지만, 1955년에 이르러 국민회의당은 "계획은 사회주의에 입각한 사회 구조에 따라 수립되어야 하며, 여기서 주요 생산수단은 사회적인 소유 혹은 통제하에 놓인다."라는 원칙을 공식적으로 고수하게 되었다.

가장 먼저 취해진 조치는 바로 저민다르제制(Zamīndārī[우])의 폐지였다. 1946년 국민회의당의 강령으로 통합된 이 조치는 1950년대 초 입법부에 상정되었다. 이런 법안들에 있었던 조항들은 주마다 달랐으나, 이 조항들은 대체로 토지 소유 범위에 상한을 두었으며, 대토지 소유자들의 소유권을 주 정부들에 귀속시켰다. 1950년대 말에 이르면, 식민지 통치가 시작되는 시기까지 그 연원을 거슬러올라갈 수 있는 농촌 지대 내 대부호들의 대토지 소유는 인도에서 종적을 감추게 되었다. 그러나 실제로 변화한 수준은 미미한 정도에 불과했다. 사회주의자들의 항의에도 불구하고, 지주들은 빼앗긴 모든 토지에 대해 보상받을 수 있었다. 더 나아가 헌법에 따라 토지 개혁의 주체는 중앙정부가 아니라 주였는데, 이로 인해 각 주의 국민회의당 지부를 지배했던 부유한 농민 카스트 출신들은, 토지 소유 범위의 상한이 충분히 높게 설정되었기 때문에 토지 개혁으로 인해서 자신들은 경제적으로 피해를 받지 않을 것이라 보았다. 게다가 저민다르제 폐지 법안 자체에는 허점들이 가득했다. 토지 소유 범위에 대한 상한 법안이 발표되기 전, 가족 내 식구에게 토지를 분할해 나눠주거나, 토지를 임야 혹은 개인이 경작하는 용도로 두는 등의 꼼수를 통해, 많은 지주들은 상당한 수준으로 자신들이 보유했던 토지들을 보전할 수 있었고, 이를 통해 새로운 정치 질서가 자리잡는 상황에서도 이들은 자신들의 기반을 유지하게 되었다. 토지가 없던 농민들은 저민다르제 폐지를 통해 이득을 거의 보지 못했으며, 경작 중이었던 소작농들은 자신들이 경작하는 토지에 대한 완전한 권리를 얻기 위해서 수 년 동안 계속해 정부에 세금을 지불해야 했다.

저민다르제 폐지 다음으로는 농지개혁과 관련된 여러 가지 조치가 취해졌다. 농촌 사회의 근본적인 변혁을 선언했던 이 야심찬 계획은 미미한 변화 조치들을 제시하는 데 그쳤다. 그 어디에서도 적용되지 않았던 한 가지 계획은 바로 공동경작이었다. 같은 시기 공산당이 지배하던 중국의 인민공사人民公社 사례로부터 자극을 받았으며, 농민들이 경작하는 자그마한 토지보다 더 큰 땅만이 더 생산적인 농업을 가능케 할 것이라는 확신을 가졌던 네루는, 1959년 국민회의당에 압력을 가해 "집단협동영농"을 위해 토지 병합을 촉구하는 결의안을 통과시키게 했다. 이 계획으로 인해 토지를 소유했던 권세있는 카스트 집단들은 더 가난한 이웃들과 자신들의 토지를 공유해야 할 수도 있게 되었다. 이로 인해 현지 내에서 자신들이 가졌던 권력을 전면적으로 위협받게 된 이들은 크게 반발하였고, 결국 이 계획은 무산되었다. 부유한 촌락 지도층의 이해관계와 부합되었기 때문에 더 성공했던 조치들은 바로 1952년에 시행된 공동체개발계획Community Development Programme과 1959년에 시행된 "펀차여트에 의한 통치Pañcāyatī Rāj[힌]"였는데, 이 두 조치는 서로 연관되어 있었다. 전자는 전국을 수많은 개발 구역들로 쪼갠 뒤, 각 구역마다 훈련받은 일꾼들을 촌락 단위로 두었는데, 이들은 개량된 종자 및 비료 등을 사용하는 법에 대해 농민들에게 조언을 줄 수 있었다. 후자는 일종의 자치 기관이 되었는데, 이 기관의 이름은 현지에서 "다섯Pañcā[성] 명의 원로들"로 이루어진 전통회의체[10]에서 따왔다. 각 구역에서도 그랬지만, 특히 마을 펀차여트에는 현지 내 각 공동체가 선호했던 각종 사업과 관련된 개발 계획들을 마련하고 정부 기금을 할당하는 업무가 주어졌다. 이 계획의 이면에는, 민주적인 방식으로 모두의 이익을 위해 같이 일하면서 더 이상 정부 지원을 수동적으로만 받지 않는 인도 촌민들에 대한 미래상이 깔려 있었다. 하지만 이렇게 좋은 목적을 가진 표현에도 불구하고, 토지를 소유한 권세있는 카스트 집단 출신들은 펀차여트에 관여함으로써 이 새로운 기관들의 실권을 사실상 장악했다. 이들은 부족한 개발 기금을 자신들이 소유한 농장들로 빼돌렸는데, 이를 통해 이들은 촌락과 상부 정치지도층 사이에서 중개자 역할을 맡아 그 지위를 공고히 했다. 네루 집권 시기 각종 농촌 개발 계획이 실시되면서, 당시 성장 중이던 지주들은 식민지 시대 농업 부문에서의 비효율성을 타개할 필요성을 느끼게 되었다. 그러나 이러한 계획들은 수억 명이나 되는 인도 내 가난하고 토지 없는 촌민들 사이에서 만연했던 소득 불평등과 빈곤 현상을 완화하는데 기여하지는 못했다. 위노바 바웨Vinobā Bhāve[머](본명 위나여크 너러허리 바웨Vināyak Naraharī Bhāve, 1895~1982)가 주도했던 부단Bhūdān[힌](영어명 Bhoodan)[11] 운동과 같이 간디주의 노선에 기반했던 계획들은 토

---

10 성스크르터어로 "장소(stead), 거처(abode)"를 뜻하는 āyatana의 형태가 줄어 āyat가 되었으며, 뒤의 ī는 "-의"라는 뜻이다. 결국 Pañcāyat는 오로회의五老會議로도 번역 가능하다.

지 없는 이들에게 토지를 증여하자고 주장하여 대중들로부터 많은 관심을 받았음에도 불구하고, 경작 가능한 토지를 더 공평하게 분배하는데 별로 성공을 거두지 못했다.

새로운 인도에 대한 네루의 구상에 또다른 핵심적인 요소는 바로 계획경제였다. 이를 위해 1950년 그는 계획위원회를 설립했는데, 이 위원회는 인도의 발전을 위해 5개년계획을 연속해서 구상했다. 제1차 5개년계획은 1951년부터 1956년까지 농업 부문 성장에 초점을 두었고, 제2차 5개년계획은 공업 부문 성장에 초점을 두었다. 계획을 추진하면서, 정부는 공업 기반을 상당히 확대하는데 주력하였다. 강철 부문과 같은 중공업은 소비재 생산보다 더 우선시되었고, 수입품 대체 조치는 경제 부문에서 인도의 자급자족 경향을 강화시켰는데, 이는 1930년대 대공황 때부터 이미 진행 중이었던 세계 자본주의 체제로부터 인도의 이탈 현상을 훨씬 더 심화시키는 결과를 낳았다. 그리고 공공 부문은 투자 기금을 할당하는 측면에서 민간사업보다 우선시되었다. 철도 · 항공 · 에너지 생산과 같이 각종 중요한 활동을 비롯한 "경제를 움직이는 최고 부문들"은 전적으로 정부의 통제하에 놓여있었다. 〈그림 45〉에서 보이는 것처럼, 영국의 지원을 받아 세워진 서방글라주 서부에 있는 두르가푸르Durgāpur[방] 내 제철소와 같이, 공업 부문에서 정부가 착수했던 여러 다른 사업들이 민간 소유 하에 놓여있던 사업들과 병행해 추진되었다.

10년 동안 경제개발계획이 추진되면서, 식민지 시대 마지막 수십 년 간 불황에 빠졌던 경제가 개선 국면에 접어들었다. 농업 생산은 제1차 5개년계획 동안 25%나, 제2차 5개년계획 동안에는 20%나 상승했다. 공업 생산은 1960년대 초까지 매년 평균 약 7% 성장했다. 전반적으로 제1 · 2차 5개년계획 동안 인도의 국민 소득은 매년 약 4% 성장했다. 하지만 이와 같은 미미한 성공에는 막대한 비용이 뒤따랐다. 공업 부문에 계획의 초점이 모아지면서, 농업 생산을 향상시키는데 이용될 수도 있었던 자금이 과시적인 계획들을 추진하는데 전용轉用되었고, 이로 인해 인도는 이후 수십 년 동안 그렇지 않아도 부족한 자금을 계속해서 앞으로 잡아먹게 될 비효율적인 "애물단지white

11 bhū "땅" + dān "선물", 즉 "토지증여"

그림 45_ 두르가푸르의 제철소 서벵골주, 영국의 지원을 받아 건설되었다.

elephants"들을 떠안게 되었다. 공업 부문에서 자급자족을 강조하였기 때문에 소비자 물가가 상승했으며, 인도 전국에는 힌두스탄 앰버서더 차Hindustan Ambassador car와 같은 제품들로 가득하게 되었는데, 이 차의 디자인은 40년이나 변하지 않았다. 인도의 자본가들은 강한 규제를 받았지만, 이들은 경쟁의 공포를 느끼지 않고 국내 시장을 장악했다. 마오쩌둥의 사회주의와는 달리, 네루의 사회주의는 절대로 경제 전체를 장악하려 들지 않았다. 허가 · 면허 · 신용장이 오고가는 것 외에, 네루의 사회주의는 소규모 상인들과 대금업자들로 이루어진 광대한 세계를 절대로 통제하지 못했다. 인도 주재 미국 대사로 있었던 존 케네스 갤브레이스John Kenneth Galbraith(1908~2006)는 "인도에서 사회주의 원칙은 극히 일부 부문에만 적용되고 있으며, 실제로는 사회 거의 전 영역에 걸쳐 무정부상태가 지속되고 있는데, 인도야말로 세계에서 이런 사례를 잘 보여주는 제일 큰 나라"라 평했다.

경제 발전도 그렇지만, 인도 여성들을 그동안 속박했던 장애물들을 제거하려는 노력도 정부 차원에서 이루어졌다. 여성들은 헌법이 규정하는 대로 완전한 투표권을 얻게 되었고, 투표권을 행사하는데 아무런 제약도 받지 않게 되었다. 네루 집권 시기 입법부에서 통과된 몇몇 법안들은 개정된 힌두 법의 일부에 속했으며, 이런 법들은 힌두교인 여성들에게 이혼 소송을 제기할 권리, 남성들과 동등한 조건으로 재산을 물려줄 권리, 그리고 아이들을 입양할 권리를 부여했다. 1961년에는 신부 측 가정에서 신랑 측 가정에 내는 더헤즈Dahez[힌/우](일명 다우리Dowry)[12] 관행이 금지되었다. 하지만 현실적으로 여성들에게는 자원이 별로 없었고, 이들은 육체노동 현장에서 널리 적용된 온갖 불합리한 조건들로 인해 자유롭지 못했다. 이런 경향이 특히 농촌 지대에서 심했다는 사실을 고려하자면, 해당 법들은 여성들에게 선의를 표명하는 것 이상의 효과를 보여주지 못했다. 1975년에 발간된 「평등을 향하여」라는 제목이 달린 정부 보고서에서는 당시 소녀들과 여성들이 직면했던 광범위한 차별이 적나라하게 드러났는데, 이 보고서의 발간으로 인해 인도 내 여성 운동이 새롭게 활기를 띠게 되었다.

전쟁, 기근, 정치적 혼란

1950년대가 끝날 무렵, 노쇠해가던 네루는 이전에 미처 예상치 못했던 여러 위기와 마주치게 되었다. 식량 생산은 정체하게 되다가 감소하기 시작했다. 동시에 중국과의 예기치 못한 충돌은 인도의 외교 정책을 수렁에 빠뜨렸다. 처음부터 네루는 냉전 체제 속에서 인도를 비동맹운동 진영과 연결시키는 노선을 취했는데, 간디의 이상주의

---

12 보통 이 결혼지참금은 영어단어인 "다우리(Dowry)"로 알려졌으나, 남아시아 현지에서는 "더헤즈"라 한다. 이 단어는 아랍어 "지하즈(Jihāz, '장비, 도구'라는 뜻)"에서 기원하였다. 현지에서 사용하는 단어와 발음을 우선하는 본 역서의 원칙에 따라 여기서도 "다우리" 대신 "더헤즈"로 표기하기로 한다.

에 부분적으로 공감했으면서 마오쩌둥의 중국과 수카르노Sukarno의 인도네시아와 같이 인도와 비슷한 태도를 갖고 있었던 국가들처럼, 그는 미국과 소련이라는 두 초강대국 사이에서 인도를 중재자적인 국가로서 그 지위를 자리매김하려고 했다. "인도인들과 중국인들은 서로 형제Hindi-Chini-Bhai-bhai"라는 구절로 인상깊게 요약되는 중국과 인도 간의 우호 관계는 중국이 티베트를 점령하고 나서 산산조각이 났다. 1959년 티베트의 종교 지도자인 딸래 라마 14세(티베트어로 Tā la'i bla ma, 영어명 Dalai Lama, 1935~)가 수천 명의 피난민들을 데리고 인도로 망명했는데, 여기서 그는 피신처를 마련하고 현재까지도 망명 생활을 유지하고 있다. 3년 뒤인 1962년, 카쉬미르 지역 북쪽에 있는 아크사이 친Aksai Chin은 이전에 영국인들이 인도령이라고 주장은 했지만 차지한 적은 없었던 분쟁 지역이었는데, 그 해 네루는 이 지역에서 중국군을 몰아내려고 했지만 성공하지 못했고, 이에 중국군은 보복 차원에서 인도를 침공했다. 이 전쟁에서 놀랄만할 힘을 보여준 중국군은 어험 지역의 평원까지 방해받지 않고 진격했다. 중국군이 일방적으로 동부 히말러여 산맥 지대로 철수하기는 했지만, 이들은 아크사이 친 고원을 절대로 포기하지 않았다. 이렇게 중국으로부터 당한 모욕적인 패배뿐만 아니라 중인전쟁 이후 중국은 파키스탄과 친선을 다지는 쪽으로 기울게 되었으며, 이 때문에 인도는 미국과 한동안 더 가까워지게 되었다. 이런 정세 변화로 인해 경제개발에 투자될 막대한 양의 자금이 군대 부문으로 전용되었는데, 그동안 군대는 정부 지원에서 소외된 채 식민지 시대 이후 변함없이 유지되고 있었다. 그가 추진했던 사회주의적 정책들이 전반적으로 흔들리고 있던 상황 속에서, 네루는 1964년 5월 서거했다. 그의 뒤를 이어 온건파였던 랄 버하두르 샤스트리Lāl Bahādur Shāstrī[힌](1904~1966)가 총리직에 올랐다.

1965년 동안 인도는 또다른 여러 위기에 시달렸다. 그 중 하나는 언어와 관련된 문제로부터 비롯되었다. 제헌의회는 데워나거리 문자로 쓰인 힌드어가 새 인도의 공용어가 되어야 한다는 결정을 내렸다. 파키스탄과의 관련성으로 인해 인도 사회 안에서 곱지 않은 시선을 받게 된 우르두어는 공공 영역에서 빠르게 그 자취를 감췄고, 그 대신 성스크르터어의 영향을 많이 받은 힌드어가 학교 현장과 전인도 라디오 내 열렬 지지자들의 지원을 받아 보편적으로 사용되기 시작했다. 영어에서 힌드어로 번역하는 불편함을 줄이기 위해, 헌법은 15년 동안 유예기간을 두어 식민지 시대 당시 통치자의 언어였던 영어를 점차 퇴출시키고자 했다. 하지만 힌드어를 모어로 하는 이들은 인도 국민의 절반도 안 되었으며, 북인도에 집중되어 있었다. 인도 남부와 동부의 비힌드어 화자들은 자신들의 언어가 사회 안에서 낮은 지위로 떨어지고, 또 얼마 안 되는 정부 기관 내 일자리를 놓고 경쟁하는 과정에서 자신들이 불리해지는 상황을 좌시할 수만은 없었다. 그리고 많은 인도인 지도층은 "세계로 향하는 창窓"으로써 영어가 이전처럼 인도 내에서 그 사용 지위가 유지되기를 원했다.

그리하여 1965년 15년의 이행기가 끝나자, 반힌드어 감정이 인도 전역에 걸쳐 대규모로 폭발하게 되었다. 이 소요가 중점적으로 발생한 지역은 타미르나드주였다. 자신들의 "모어"가 아름답고 순수하다고 열렬히 믿었던 이 타미르인들은, 분신 등 극단적 수단을 통해 북방에서 침입한 새 언어와 맞서 싸웠다. 마침내 지역 간 소통을 위해 주로 사용되는 교섭상의 언어associate language로서 영어의 지위가 유지되는 타협안이 도출되었다. 영어를 계속해서 사용함으로써, 교육받은 인도인들은 영어가 통용되는 전 세계로 무제한적으로 접근할 수 있게 되었다. 하지만 인도 안에서 영어가 계속 사용되자, 인도 사회 안에서는 카스트와 종교뿐만 아니라 지금도 이어지고 있는 또다른 격차가 생겨나게 되었다. 그것은 바로 영어를 구사할 수 있으면서 지도층 지위를 유지하게 된 전 인구의 5%도 안 되는 소수 인구와, 그 사용 지역이 한정되어 있는 토착어만 구사할 수 있어 일상생활에서 여러 불편 사항들을 감수해야만 하는 절대 다수의 인구 사이에 발생한 격차였다. 앞서 살펴본 언어사용지역에 기반해 설치된 주들의 경우에서처럼, 반힌드어 소요에 대처하는 과정에서도 중앙정부는 남인도 내 언어 지역주의를 수용하게 되었는데, 바로 이 과정에서 인도 민주주의의 강점이 여실히 드러나게 되었다. 우리가 앞으로 더 보게 되겠지만, 북동부와 북부에서 이후 발생했던 여러 지역주의 운동은 인도의 통일성을 더 매섭게 시험하게 되었다.

1965년에는 또 그동안 지속되었던 파키스탄과의 긴장 상태가 전면적인 전쟁으로 폭발하게 되었다. 커쉬미르 지역에서 주민투표를 실시하는 것에 대해 거부했던 인도에 불만을 가졌던 파키스탄은 처음에는 자국 남쪽에 있는 인도 구즈라트주 내 컷츠

Kacch[구](영어명 Kutch) 일대의 사막Raṇ[구](영어명 Rann, 보통 두 단어를 합쳐 Rann of Kutch라 한다) 지대를 탐사했고, 9월에는 커쉬미르 지역에 게릴라들을 먼저 침입시킨 뒤 정규군을 파병했다. 그러자 인도는 펀자브 평원에 걸쳐 라허르 교외로 다수의 탱크 부대를 배치시키는 것으로 응수했다. 3주 동안 전투가 진행되고 나서(제2차 인도-파키스탄 전쟁), 1966년 1월 소련의 중재에 의해 인도 총리 샤스트리와 당시 파키스탄의 대통령 겸 국방장관이었던 장군 아유브 한Ayub K͟hān[우](1907~1974, 재임 1958~1969)은 소련 타쉬켄트에서 만나 정전협정을 체결했는데, 이 정전협정으로 인해 양국 간 관계는 상호 적대감정이 폭발하기 전으로 회복되었다. 1971년 방글라데쉬에서 독립을 위한 투쟁이 벌어졌을 때(제3차 인도-파키스탄 전쟁)와, 1999년 커쉬미르 지역 내 눈으로 뒤덮인 봉우리들의 영유권 문제를 둘러싼 충돌(제4차 인도-파키스탄 전쟁) 등 이후 수차례에 걸친 군사적 충돌 때문에 양국 간 긴장관계는 지속되었지만, 인도아대륙에서 인도공화국이 군사적으로 우위에 있고, 파키스탄은 무력으로 커쉬미르 지역을 점령할 수 없다는 점이 확연해졌다.

타쉬켄트 회담이 끝난 뒤, 총리 샤스트리는 심장마비로 갑자기 사망했다. 이는 후계자 문제를 둘러싼 위기로 이어졌는데, 이 때 공교롭게도 경제 위기마저 가중되었다. 이 후계자 문제는 네루의 외동딸이었던 인디라 프리여더르시니 간디Indirā Priyadarshinī Gāṁdhī[힌](1917~1984, 재임 1966~1977/1980~1984)를 다음 총리로 지명하면서 해결되었다. 그녀는 일찍이 아내를 여의었던 아버지 저와허를랄 네루를 위해 총리 관저의 퍼스트레이디 역할을 맡았으며, 샤스트리 내각에서 정보방송부 장관직을 맡고 있었다. 1966년 당시 48살이었던 그녀는 1960년 자기 남편이었던 피로즈 저항기르 간디Phirojh Jahāṅgīr Gāṁdhī[구](영어명 Feroze Gandhi, 1912~1960)[13]가 심장마비로 급사하면서 이미 과부인 상태였으며, 아들 둘이 있었다.

인디라 간디는 한때 엄중한 경제 상황과 직면했다. 1965년 몬순철 강우량의 부족과 더불어 이듬해 1966년에 닥친 가뭄으로 인해, 1년 만에 곡물 생산량이 약 19%나 감

---

13 그는 모헌다스 커럼천드 간디와 아무런 혈연 관계가 없었다. "간디"라는 성은 구즈라트 지역 내 버니야 카스트 집단뿐만 아니라 펀자브 지역 내 커트리 및 어로라 카스트 계급에서 널리 사용되는 성이다.

소하는 전례없는 위기가 발생했다. 기근이 닥칠 것이라는 공포에 사로잡힌 인도는 절박한 상황 속에서 미국에 도움을 요청했다. 수입된 곡물로 인해 재앙은 피했지만, 경제 발전은 완전히 중단되었다. 이 위기 순간에서 인디라 간디는 공공부문 산업에 투자하는 것에 초점을 두었던 자기 아버지의 정책을 포기하고, 무슨 수를 쓰더라도 농업 생산량을 증가시킬 수 있도록 하는 조치를 취했다. 미국의 원조를 더 받기 위해, 그녀는 루피화 가치를 절하했으며, 식량의 자급자족을 이루기 위해 미국 포드 재단 Ford Foundation 및 록펠러 재단Rockefeller Foundation이 선구적으로 추진했던 새로운 농업 전략에 의존하게 되었다. 이 전략의 핵심에는 멕시코와 필리핀에서 개발된 높은 생산량을 보이는 새 종자 품종들이 있었다. 농업과 관련된 일련의 계획들이 추진되면서, 이 새 종자 품종들의 보급 외에도 화학 비료 및 개선된 관개 시설 사용도 진행되었다. 이 사업의 목적은 한 장소에서 한꺼번에 이 모든 투입 요소들을 한데 묶음으로써, 한 장소에서 씨를 뿌리고 다른 장소에서 비료를 뿌리는 것처럼 이전 네루 집권 시기에 이루어졌던 평등주의적 계획에 입각한 비효율적인 생산 행태를 피하는데 있었다.

그 결과가 바로 소위 "녹색혁명"이라는 것이었다. 1967~1968년 회계연도[14]만 해도 인도 농업 생산량은 26%나 뛰어올랐으며, 국민소득은 9%나 상승했다. 공업 생산량마저 회복되기 시작했다. 매년 2%가 넘는 급격한 인구 증가율에도 불구하고, 인도는 마침내 자국민들을 먹여 살리는데 성과를 낼 수 있었다. 첫 번째로 60년대 말에 있었던 경이로운 성장률을 유지하는 것은 절대로 가능하지 않았다. 또 인도는 매년 요동치는 몬순철 강우량에 대한 의존도가 여전히 높았다. 1970년 곡물 생산량은 총 1억 톤에 달했지만, 이후 5년 동안 단 한 번도 곡물 생산량은 이 수치를 넘어서지 못했다. 이 문제의 부분적인 원인은 녹색혁명의 성과가 불균등했다는 사실에 있었다. 밀의 새 품종들은 대형 농장 내 물이 계속 공급되는 관개 시설에서 다른 작물들과 같이 재배되면서, 생산량이 "비약적으로 증가"하는데 훨씬 더 민감한 반응을 보이는 것으로 나타났다. 반면 쌀의 경우, 인도의 풍토에 새 품종들이 상대적으로 덜 맞았고 경지들은 대

14 인도의 회계연도는 4월부터 그 다음해 3월까지이다.

체로 자그마하고 도처에 흩어져 있었기 때문에, 생산량 측면에서 밀과 같은 증산 효과를 보여주지 못했다. 1980년에 이르러 인도 내 전체 밀 생산량의 75%는 관개된 논에서 재배되었던 반면, 쌀의 경우는 42%에 그쳤다. 펀자브주와 허리야나주를 비롯한 인도 내 밀 재배 중심지는 "녹색혁명"으로 인해 "곡창지대" 이상의 역할을 인도에서 다하게 되었다. 이와 반대로 쌀 재배 지대였던 방글라 지역을 비롯해 대규모 관개가 불가능했던 중인도 고원에서 건지乾地 농법dry-farming으로 쌀을 경작했던 지역들은 계속 낙후되었다.

"녹색혁명"은 또한 사회 불평등이라는 결과도 남겼다. 새로운 투입 요소들은 대토지에서 최상의 효과를 냈을 뿐만 아니라, 성공은 각종 경영 기술 및 융자에 달려있었는데, 이러한 것들은 정치적인 연줄을 가진 부유한 이들만이 가장 효과적으로 차지하고 있었던 상황이었다. 그리하여 새로운 농업으로 인해 생긴 부를 재분배하기는커녕 과세조차 하지 않는 등 정부가 생산량을 극대화하는 것 외에 다른 노력을 기울이지 않았던 상황 속에서, 가난한 촌민들뿐만 아니라 약간 자금 사정이 나은 이들도 비교적 점점 뒤처지게 되었다.

곡물 생산의 자급자족 달성을 강조함으로써 농촌 지대에서 기아 현상은 사라지게 되었지만, 이로 인해 균형잡힌 경제성장이 지체되는 장기적인 부정적 결과가 발생했다. 농촌 지대에서 소득, 고용, 그리고 소비를 유발할 수 있는 상업적 농업을 장려하는 조치가 거의 이루어지지 않았다. 프랜신 프랭클Francine Frankel이 밝혀낸 대로, 인도의 산업화를 추동시킬 구매력이 향상되는 대신, 보조금, 최저 보장 가격, 그리고 정부의 수매 보장이라는 조치들은 효율적인 생산에 뛰어들 시장의 동기를 약화시켰다. 동시에 빈민들은 정부가 운영하는 배급 상점에서 시장 가격보다 낮은 가격으로 곡물을 구하는 배급 체제로 연명하게 되었다. 이로 인해 특히 농촌 지대에서 심했던 소득 불균형 현상이 지속되면서, 대중들이 소비할 제조품들이 유통될 국내 시장은 성장하는 데 큰 제약을 받았다. 이로 인해 인도의 경제성장률이 떨어지게 되었는데, 1960년대 매년 3.6%에 달했던 경제성장률은 1970년대에 들어서 2.4%로 감소했다. 우리가 앞으로 보게 되겠지만, 1990년대 경제성장률이 다시 올라가게 되었음에도 불구하고 초기에 구조적인 개혁을 시행하는데 실패했기 때문에, 인도 인구의 상당수는 아직도 겨우 연명하는 비참한 생활수준에 머물러 있다.

소외된 이들 사이에 만연했던 박탈감을 이용해, 인디라 간디는 1970년대 자신의 정치 경험을 쌓게 되었다. 그러나 아래로부터의 그러한 도전은 반대 없이 진행될 수 없었다. 이에 대한 불길한 신호로, 1969년 타미르나드주 내 탄자우르Tañcāvūr[타](옛 영어명 Tanjore, 현재 표기 Thanjavur)현에서 지주들로 이루어진 한 집단이 예전에 "불가촉천민들"이었던 42명을 오두막에 가두어놓고 불태워 살해한 사건이 발생했다. 전반적으로 봤을 때, 녹색혁명으로 촉발된 희망에도 불구하고, 1960년대는 인도 정계의 운영에 근본적인 변화를 가져다주지 못했다. 네루 집권 시기에 있었던 낙관적인 기대와는 반대로, 이 1960년대는 더 암울하고 비관적인 시기였다.

인디라 간디의 집권

국민회의당 내 "요인要人들의 모임syndicate" 사이에서 진행된 논의 끝에 총리직에 등극했던 인디라 간디는 이들에게는 고분고분한 인물이어야 했는데, 네루의 딸이라는 그녀의 인기를 이용해 당내 지도자들은 1967년 선거에서 이득을 볼 수 있었기 때문이었다. 또한 당내 요인들은 그녀의 좌파적 성향 역시 자신들의 보수적 성향을 가리는데 충분하다고 여겼다. 하지만 시작부터 인디라 간디는 주체적으로 행동하기를 원했다. 그녀는 처음에는 망설이다가, 점차 자신을 아버지가 지녔던 세속적이고 사회주의적인 가치들의 수호자라 자처하게 되었다.

1967년 총선거는 국민회의당에 다시 활기를 불어넣기는커녕, 수십 년에 걸쳐 간디가 마련하고 네루가 다져놓았던 이 강력한 조직에 종언을 고하는 시작점이 되었다. 하원에서 국민회의당이 차지한 의석의 규모는 100석을 넘는 수준에서 약 20석을 더 차지하는 정도로 쪼그라들었던 반면,[15] 자유로운 기업 활동을 옹호했던 자유당Svataṁtra[힌](영어명 Swatantra),[16] 힌두 국민국가주의 정당이었던 인도인민연맹Bhārtīya Jan Saṁgh[힌][17]과 같은 우파 정당들, 그리고 공산주의자 및 사회주의자들로 구성된 좌파 정당들이 더 많은 의석을 얻었다. 주별 득표 상황을 보면 국민회의당이 입었던 손실은 훨씬 더 치명적이었다. 서방글라주와 케랄람주에서는 공산주의 계열 정당들이 정권을 차지했으며, 언어 문제로 인한 소요를 이용했던 드라위더 진보연맹Tirāviṭa muṉṉēṟṟak kaḻakam[타](영어명 Dravida Munnetra Kazhagam 혹은 "Dravidian Progressive Federation", DMK)이 마드라스에서 권력을 장악했고, 우파정당들이 연립한 정부들이 몇몇 북부 주들에서 정권을 장악하게 되었다. 이때부터 자원의 혜택을 별로 받지 못했지만 케랄람주는 독자적인 개발 계획에 나서게 되었는데, 20세기 말에 이르러 이 주는 문맹을 거의 퇴치하고 남성과 여성 간 성 평등을 거의 이룬 주가 되었다.

1967년 총선 참패 이후 국민회의당은 서방글라주와 마드라스의 타미르나드주에서 그 지지세를 확실히 회복했는데, 이 때 정당 내 요인들의 영향력이 실추된 반면, 이 선거로 인해 인디라 간디는 2년 뒤인 1969년에 이들과 불화를 겪으면서 자신을 밀어주었던 옛 후원자들과의 관계를 결정적으로 단절하게 되었다. 국민회의당이 밀었던 인도 대통령 지명자를 거부했다는 이유로 당에서 축출된 인디라 간디는 자신이 직접 운영하는 인디라 국민회의당Congress (I) Party[18]을 조직했으며, 그러고 나서 자신의 위치를 공고히 하기 위해 재빠른 움직임을 보였다. 먼저 그녀는 전국에서 가장 규모가 큰

15 이 선거 직전인 1962년에 시행되었던 제3차 하원 선거에서 국민회의당은 총 494석 중 361석이나 차지하여 압도적인 다수 정당이 되었던 반면, 1967년 제4차 하원 선거에서는 국민회의당이 차지했던 의석수는 총 520석 중 283석으로 축소되어 의석수의 겨우 과반을 넘을 수 있었다.

16 sva "자기, 자아" + tantra "지배" - 역주

17 Bhārtīya "인도의" + jan "인민" + saṁgh "연맹(league)", 보통 줄여서 Jan Sangh으로 표기한다.

18 여기서 "I"는 자기 이름인 "인디라"의 첫 글자이며, 창당 당시 원래 이름은 "요구계열 인도국민회의당(Indian Congress Party (Requisitionist), 줄여 Congress(R))"이었는데, 이름이 바뀌게 된 것은 1970년대 말의 일이며, "신(新)국민회의당"이라 불리기도 했다. 이와 반대로 기존의 인도국민회의당은 "조직계열 인도국민회의당(Indian Congress Party (Organization), 줄여 Congress(O))"이라 불렸으며, "구(舊)국민회의당"이라 불리기도 했다. 1971년 인디라 간디의 당이 총 521석 중 352석을 얻는 대승을 거두자, 소수 정당으로 전락한 조직계열 국민회의당은 재프러카쉬 나라연이 이끄는 인민당(Janata Party)와 합당해, 1975년 인디라 간디의 비상사태 선언 이후 실시된 1977년 총선거에서 인디라 간디의 당을 누르고 여당이 되었다.

은행들을 국영화하여 자신의 좌파적인 성향을 입증했는데, 이러한 조치는 대중들의 찬사를 받았다. 그러고 나서 그녀는 타미르나드주의 드라위더 진보연맹 및 인도공산당(CPI)[19]와 동맹을 맺음으로써 총리직을 유지할 수 있게 되었다. 이를 통해 거의 15년 동안 이루어진 "인디라 간디의 통치"가 시작되었다. 드라위더 진보연맹과의 동맹은 의도치 않은 결과를 가져왔다. 드라위더 진보연맹의 지지를 확보하기 위해 인디라 간디는 이 당의 본거지였던 타미르나드주에 발전 기금을 쏟아부을 수밖에 없었다. 그 결과로 남인도인들은 중앙 정부와의 관계가 지니는 가치에 대해 재고하게 되었으며, 이로 인해 분리독립할 계획을 완전히 버리게 되었다.

한편 경제 성장이 1970년대까지 계속 부진하면서, 인도 전역에 걸쳐 사회가 점점 더 불안해졌으며, 도시 내 공장 노동자들부터 빈민 및 토지 없는 이들까지 불만을 가진 모든 이들이 가두로 쏟아져 나왔다. 이 중 가장 불길했던 움직임은 바로 넉샬바리Nakshālbāṛi[방](영어명 Naxalbari)[20] 운동Naxalite Movement이었는데, 서방글라주를 중심으로 한 이 운동은 마오주의식 혁명을 일으키기 위해 무장투쟁을 옹호하면서, 학생들과 부족민들뿐만 아니라 농촌 지대 내 땅을 빼앗긴 이들로부터도 지지를 이끌어냈다. 이렇게 대중운동이 고조되는 가운데, 인디라 간디는 그 핵심을 자처하려는 움직임을 보였다. 국민회의당 내 기구를 통해 일을 추진하려는 노력을 포기한 그녀는, 국내 기성 정치 지도자들 대신 대중들에게 직접 호소했다. 이 전략은 1971년 선거에서 성공을 거두었다. "빈곤을 끝내고 나라를 구하자!G͟harībī Haṭāo Desh Bacāo[힌]"[21]라는 구호를 내세운 신생 인디라 간디의 국민회의당은 1967년에 입었던 패배를 만회하고 하원에서 352석을 차지하는 놀라운 결과를 거두었는데, 이는 1950년대에 있었던 수차례 선거에서 자기 아버지가 이끌었던 국민회의당이 거둔 의석수와 거의 비슷했다.

---

19 여기서 인도공산당(CPI, Communist Party of India)은 중소분쟁 및 중인전쟁, 당내 노선 차이로 인해 1964년 떨어져 나온 마르크스주의 인도공산당(Communist Party of India(Marxist), 약칭 CPI(M))와 구분되어야 한다. 전자는 중국공산당의 마오주의를 추종했으며, 후자는 소련공산당의 노선을 따랐다.

20 서방글라주 북쪽에 위치하면서 네팔과 접경한다.

21 g͟harībī '가난' + haṭāo '제거하다의 2인칭 복수 명령형' + desh '나라' + bacāo '구하다의 2인칭 복수 명령형'

총선 승리에 의기양양해진 인디라 간디는 자신의 좌파적인 정책들을 계속해서 추진했다. 토지 보유에 대한 "기본권"을 제한하는 수정헌법을 강행 통과시키면서, 그녀는 1947년 여러 주로 토후국 국토를 병합하는 것에 대한 보상으로써 인도 내 각지의 토후들에게 수여되었던 내탕금 제도를 폐지했다. 보험 회사들과 석탄 탄광들에 대한 국유화가 그 뒤를 이었다. 1971년 인디라 간디는 또한 소련과 동맹을 체결함으로써 미국과의 우호 관계를 끝냈는데, 당시 인도는 중인전쟁 때부터 시작된 파키스탄에 대한 미국의 계속된 지원에 이미 불만이 쌓인 상태였다. 하지만 그녀의 최대 승리는 1971년 12월 제3차 인도-파키스탄 전쟁에 있었다. 1960년대 말부터 파키스탄은 1600km나 서로 떨어져 있던 동쪽 영토와 서쪽 영토 간에 엇갈리는 이해관계를 조정하는데 정신이 없었다. 그동안 펀자브인들이 국가의 대소사를 장악하는데 대한 방글라인들의 분노는, 1971년에 이르러 대대적인 저항 운동으로 폭발하게 되었다. 당시 파키스탄의 대통령이자 총사령관직도 겸임하고 있었던 장군 여흐야 한Yaḥyā K͟hān[우], 1917~1980(재임 1969~1971)은 이 저항 운동을 무력으로 진압하려고 했기에, 인도는 방글라인들을 지원하기로 했다. 처음에 인도는 방글라인 반란 세력을 비밀리에 지원하다가, 12월에 이르러 전면적으로 동파키스탄을 침공했다. 그러자 동쪽에서 파키스탄의 권력은 놀랄 정도로 붕괴하여 파키스탄 군대가 항복하게 되었는데, 인도군이 접수한 포로의 수만 해도 10만 명에 육박했다. 방글라데쉬라는 새로운 국가가 등장하게 되면서, 이제 서쪽 영토만 갖게 된 파키스탄은 이전보다 그 규모가 절반으로 축소되었으며, 이로 인해 인도아대륙에서 인도공화국이 갖는 우위가 확고해졌다.

이런 정책들을 추진하는 일 외에도, 1971년 총선 승리로 인해 새로운 정치 질서가 등장할 기회가 생겼다. 누구나 이 독특한 "인디라 간디의 통치"의 특성을 결정했던 세 가지 요소들을 찾을 수 있을 것이다. 첫 번째는 옛 득표 중개자들을 통해서가 아니라 농민들을 직접 동원하는 방식이었다. 이는 농촌 지대의 권세있는 부유한 카스트 집단 출신들을 뛰어넘어 소위 "후진계층들"뿐만 아니라 불가촉천민들 및 무슬림들로부터도 지지를 구하는 것을 분명하게 뜻했는데, 이 집단들은 국민회의당이야말로 자신들에게 가해지는 억압에 대항할 수 있는 유일하게 의지 가능한 정당이라고 항상 여겼다. 이 새로운 정치 방식은 대중영합적인 권위주의 혹은 국민투표에 입각한 민주주의라 부를 수도 있는 방식이 시작되었음을 알렸는데, 이러한 방식에서는 인디라 간디라는 인물만이 오로지 중요했다. "인디라는 인도요, 인도는 인디라다"라는 구호는 이렇게 지도자 개인에 대해 초점을 맞추었던 당시 상황을 효과적으로 드러냈는데, 이는 필연적으로 모든 행정단위 내에서 국민회의당 조직이 지녔던 위상을 저하시켰다. 사실 비판을 억누르기 위해 인디라 간디는 자신들의 본거지 지역에서 확보했던 정치적인 지원에 따라 당 지도자들을 선택하는 관행을 버리고, 대신 자기 마음대로 "충성스런 이들"을 지명하는 정책을 폈다. 시간이 지나 농촌 지대 내 정치적인 지지 기반이 축소되면서, 국민회의당은 인도 전역에 걸쳐 자신들의 고압적인 지도자에 알랑거리는 아첨꾼들의 집단으로 전락했다.

마지막으로 이 새로운 대중영합주의는 "빈곤을 끝내고 나라를 구하자!"라는 솔깃한 구호들을 사용함으로써 대중들의 기대를 높이는 위험을 무릅쓰게 되었는데, 특히 빈민들에게 이러한 기대는 쉽게 충족될 수 있는 것이 아니었다. 20년 동안 계획경제가 추진되었음에도 불구하고, 극심한 빈곤 상황은 여전히 인도에 뿌리깊게 자리잡은 상태였다. 1971년에 실시된 한 조사의 추정에 의하면, 농촌 인구의 38%, 도시 인구의 거의 절반이 "버스티Basti[힌]('판자촌')"라 불리는 허름한 판잣집이 밀집된 구역에 몰려 살았고, 정규직을 갖지 못한 상태에서 이들은 열량 섭취 기준으로 극도로 빈곤한 생활을 영위했다. 이렇게 거대한 인구의 생활수준을 향상시키는 일은 매우 좋은 시절에도 엄두를 내지 못할 일이었다. 하지만 인디라 간디의 각종 사회주의적 조치들은 토후들에게 지급되었던 내탕금 폐지와 같이 상징적인 수준에 그친 것은 아니었지만, 현안을 수박 겉핥기식으로 다루었다는 점에서 한계가 많았다. 농촌 지대에서 소득을 늘리는 여러 계획들을 추진했음에도 불구하고, 그녀는 인도의 곡물 생산 증가에서 중요한 역할을 담당했던 농촌 내 부농들을 감히 적으로 만들지 못했다. 동시에 행정 부문에서 점차 커져가던 부패 및 부자들 사이에서 만연했던 세금 회피로 인해 전면적인 빈곤 퇴치가 거의 불가능해졌다. 이전에 "강철 골격"이었던 인도행정직제조차 다양한 이익집단들 및 이들을 대표했던 정치가들의 떠들썩한 여러 요구 사항에 시달렸기 때문에,

온갖 정치적 풍파가 자신들에게 휘몰아 닥치자 이들의 근무 의욕이 점점 꺾이게 되었다. 경제 성장과 사회 정의라는 서로 대립되는 목적 사이에서 갈팡질팡하고, 농촌 지대 내 의존할 만할 행정기관이 부재한 상태에서, 정부는 무기력한 상태에 빠졌다.

식량 부족 현상이 심해지고 실업률이 올라가는 상황 속에서, 1974년에 일어난 전 세계적인 에너지 위기는 급격한 물가상승을 촉발시킴으로써 경제 위기가 더 악화되었는데, 여기서 야당 정치인들이 활약할 기회가 생기게 되었다. 이 중 가장 유명한 인물은 바로 당시 연로한 사회주의자이자 간디주의 노선을 추종했던 재프러카쉬 나라연이었다. 한때 간디처럼 빈민들에게 봉사하기 위해 정계에서 물러난 적이 있었던 그는, 인디라 간디와 비교했을 때 결코 뒤처지지 않는 도덕적 권위를 갖고 있었다. 국민회의당 내 고참이자 인디라의 오랜 경쟁자 모라르지 데사이의 정치적 근거지였던 구즈라트주에서 중산층들이 거대한 시위를 일으킨 가운데, 데사이와 연대했던 재프러카쉬는 인디라 간디에게 중대한 위협이 되었다. 찢어지게 가난했던 주였던 비하르주를 자신의 정치적 기반으로 삼았던 상황에서, 재프러카쉬는 이곳에서 지지자들을 동원하면서 원외院外대중운동인 "전면적인 혁명"을 촉구했다. 이로 인해 인도 전역에 걸쳐 파업과 시위행진, 단식 투쟁과 연좌 농성이 점점 더 빈번해졌다. 마침내 1975년 6월 12일, 1971년에 있었던 인디라 간디의 선거는 부정선거로 점철되었으므로 무효라는 고등법원의 판결이 나오면서, 위기 상황은 절정에 이르렀다. 사임하는 대신 자신의 반대파들에 대항하는 선제공격에 나서기 위해, 인디라 간디는 2주 뒤인 6월 26일 임시 비상사태Emergency를 선언했다.

비상사태로 인해 각종 규제가 적용되면서, 인신보호영장을 포함한 모든 종류의 시민의 자유권이 유예되었고, 엄격한 언론 통제가 발효되었으며, 야당들의 활동이 금지되었고, 인디라 간디를 반대했던 수만 명이 인정사정없이 투옥되었으며, 1976년 3월에 있을 의회 선거도 연기되었다. 1975년 7월, 의회가 소집되어 선거 부정에 대한 모든 혐의를 소급해 인디라 간디에게 면죄부를 주는 수정헌법이 통과되었다. 무정부상태의 공포에 대한 유일한 대안이라는 이유로 많은 중산층 인도인들이 지지했던 비상사태는, 인디라 간디 자신의 정치적 생존과 긴밀하게 연결됨으로 인해 시작부터 부정적인 성격을 띠었다. "빈곤에 대한 직접적인 타격"이라 재차 선언했음에도 불구하고, 비상사태는 그러한 운동을 수행할 수 있는 아무런 새로운 제도도 만들지 못했다. 그 대신 이탈리아 파시즘을 연상케 하는 방식으로, 정부는 국민들에게 규율과 근면에 전념하도록 강요하면서 인도를 발전시키려 했다. 공무원들은 정각에 출근했고, 밀수와 세금 회피 사건들은 급격히 감소했으며, 노동 현장에서 강요된 평화는 공업 부문의 성장이 다시 이루어지게 하는데 일조했다. 날씨마저도 우호적이었는데, 1975년 몬순철 고른 강우로 인해 곡물 생산량은 무려 1억 2100만 톤을 기록했으며, 그 결과로 물가상승폭이 줄어들었다.

이렇게 표면적으로는 "효율성"이 생긴 것처럼 보였지만, 그 이면에는 대가가 뒤따랐다. 비상사태 당시 발효된 규제들이 적용된 약식재판 절차에는 정부 관리들의 고압적이고 오만한 태도와 빈민들에 대한 경멸이 대체로 수반되었다. 특히 두 가지 조치는 대중의 강렬한 분노를 자아냈다. 이 두 조치는 인디라 간디가 자신의 둘째 아들이었던 선재 간디Sanjay Gāṁdhī[힌](1947~1980)에게 맡겼던 무제한의 권력과 긴밀히 관련되어 있었는데, 인디라 간디는 국민회의당 내 당시 점차 커져가던 공산주의자들의 영향력과 맞서기 위해 그를 발탁했다. 첫번째 조치는 빈민가 철거였다. 벽으로 둘러싸인 비좁은 길들과 골목들이 미로처럼 복잡하게 얽혀있었던 무굴제국 시대 때 지어진 구舊 델리는, 당시 지난 몇 년 동안 개발을 거치면서 점점 더 혼잡해졌다. 구 델리는 여전히 많은 무슬림들뿐만 아니라 수많은 작업장 및 상인들의 본거지였다. 델리를 근대적이고 아름다운 도시로 만들기로 결심했던 선재는, 도시 전체를 가로질러 자미 마스지드의 대문까지 이어지는 넓은 길을 가로막았던 수많은 판잣집, 가게, 그리고 거주 구역들을 대대적으로 철거하는 작업에 나섰으며, 이로 인해 약 50만 명이 집을 잃은 것으로 추정된다.

급증하는 인구를 통제하는 일은 오랫동안 정부의 우선순위 사항에 해당되었다. 하지만 마을 게시판에 가족계획에 관한 포스터를 붙이는 것 외에는 별다른 실천적인 조치들이 취해지지 않았다, 이로 인해 인도 인구는 계속 증가하여 1971년에 이르면 약 6억 6000만 명에 이르게 되었을 뿐만 아니라, 설상가상으로 인구 증가율 역시 올라가게 되었다. 1960년대에 이르러 인구 증가율은 매년 2%를 상회했다. 선재는 인구 증가 억제의 대의명분을 실현하는데 열정적으로 나섰다. 이미 아이를 둘 이상 가진 남성들에게 불임 시술을 강제하는 조치가 법령으로 의무화되었다. 높게 설정된 목표 수치를 달성하기 위해, 빈민들과 사회적 약자들은 경찰서로 자주 끌려가 강제로 불임 시술을 받았다. 정부 측의 이런 가혹한 움직임으로 인해, 사람들은 불임 시술 때문에 정력을 잃을 뿐만 아니라 자손들을 못 낳을 것이라고 두려워하게 되었다. 그로 인해 이후 몇 년 동안 인도에서는 자발적인 출산 억제의 필요성을 주장하는 운동이 제대로 시작되지 못했다. 위 두 조치를 비롯해, 정부 측의 다른 독단적인 조치들은 국가 헌법에 "세속주의"와 "사회주의"라는 표어와 통합됨으로써 정당화되었다.

이 기간 동안 국가에 대해 만연했던 환멸감을 아마도 가장 잘 보여주는 영화는, 바로 1975년에 개봉되었으면서 선풍적인 인기를 끌었던 〈화염Shole[힌](영어명 Sholay)〉이었다. 이 영화에서 한 강도는 풀려나자마자 가족을 죽인 뒤, 지방의 지주("타쿠르Ṭhākur")이자 예전에 자신을 체포했던 경찰관의 두 팔을 잘랐다. 그러자 이 타쿠르는 지인이자 잡범이었던 재Jay[힌]와 위루Vīrū[힌](영어명 Veeru)에게 도움을 요청했는데, 용감한 모습을 보인 이들은 힘을 합쳐 악당 겁버르 싱그Gabbar Siṁh[힌](영어명 Gabbar Singh)를 체포했다. 국가의 무기력한 제도 대신, 영화 〈화염〉은 최하층 계급을 추켜세우고 있는데, 여기서 최하층 계급은 타쿠르를 위해 자신의 목숨을 바쳤으면서 초대형 스타 어미타브 벗천Amitābh Baccan(영어명 Amitabh Bacchan, 1942~)이 역을 맡았던 주인공 재라는 인물로 묘사되고 있다. 대체로 적대적으로 그려진 것과 반대로, "봉건적인" 지주 역시 국가가 할 수 없는 것을 대신 할 수 있는 좋은 사람으로 대개 묘사되었다. 몇 년 뒤 실제로 하급 카스트 집단 출신 여성이었던 풀런 데위Phūlan Devī[힌](1963~2001)는 가혹한 결혼 생활에 시달렸을 뿐만 아니라 권세있는 마을 카스트 집단 구성원들에 의해 윤간을 당하자 집에서 탈출하였는데, 이후 그녀는 웃터르프러데쉬주 남부에 있는 험준한 산골짜기에 있는 한 은신처에 머물면서 강도단을 이끌며 복수할 기회를 노리게 되었다. 이런 그녀의 이야기는 영화 〈화염〉과 마찬가지로 대중의 관심을 크게 끌었다. 1980년대에 이르러 대중들은 국가를 근본적인 문제들을 해결할 수 있는 주체라 더 이상 여기지 않았다.

인민당에 의한 막간의 통치와 인디라 간디의 귀환

선재의 빈민가 철거 및 강제 불임시술 조치로 인해, 그동안 인디라의 가장 강력한 두 지지층이었던 무슬림들과 빈민들이 이반하게 되었다. 그리하여 인디라가 사회 기층에서 끓어오르는 분노를 알아차리지 못한 채 자신의 비상사태체제 정권을 합법화하려는 기대를 갖고 1977년 3월 갑자기 선거를 실시했을 때, 그녀는 오히려 총리직에서 밀려나게 되었다. 인민당Janata Party 밑에 뭉친 인디라의 반대 세력들은 하원에서 295석을 얻음으로써 154석을 차지하는데 그친 국민회의당을 압도하였는데, 이로 인해 30년 동안 연속 집권했던 국민회의당의 통치는 끝나게 되었다. 모라르지 데사이는 비국민회의당 출신으로는 처음으로 인도 총리직에 올랐다. 인도 유권자들은 자신들의 민주주의를 분명히 소중하게 여겼고, 이를 포기할 의도가 전혀 없었다. 당시 벌어진 선거 운동에 대해 한 기자가 다음과 같은 기사를 썼는데, 외딴 농촌 지대 내 마을 청중들은 "시민의 자유, 기본권, 그리고 사법부의 독립에 관한 수준높은 주장들"에 대해 우호적으로 반응했다.

금욕적인 브라머너 계급 출신이자, 매일 요거 요법을 수행하기 위해 자신의 오줌을 마시는 기행으로 유명했던 모라르지는 80세의 나이에도 불구하고 걸핏하면 말썽을 부리는 연립정부를 중재하면서 이끌었다. 이 연립정부는 사회주의자들을 비롯해, 처드리 처런 싱그Caudhrī Caraṇ Siṁh[힌](영어명 Chaudhary Charan Singh, 1902~1987)가 이끌었으면서 농본주의적이었던 인도대중당Bhārtīya Lok Dal[힌]과 같은 지역정당들까지 다양한 정치 성향을 아우르는 여러 국민회의당 반대 세력들로 구성되었지만, 이 연립정부는 우파정당 전인도인민연맹Akhil Bhārtīya Jan Saṁgh[힌](줄여서 Jan Sangh)이 지배하고 있었다. 1948년 간디 암살 이후 신뢰를 잃었던 힌두 우익세력은 인민당 정부 참여를 통해 대중들의 지지를 얻을 기회를 확보했으며, 이제 힌두 우익세력은 국민자원단 간부단의 지도에 따라 확실히 더 "힌두적인" 형태를 띤 인도 국민국가주의를 전파하기 시작했다. 하지만 인도 내 시민들이 누릴 자유와 실행 가능한 연방제를 회복한다는 명분으로 모였지만, 인민당 정부는 시작부터 내부의 다양한 구성원들 간에 벌어졌던 여러 분란으로 인해 파행을 거듭했다. 무엇보다도 인민당 내에서 위태롭게 유지되고 있었던 각종 이해관계 간 균형을 맞추는 대신, 당내 몇몇 지도자들은 자신들의 사익을 위해 모라르지 데사이를 총리직에서 해임하고자 했다.

공업 대신 농업에 투자하는데 초점을 두었고, 간디주의 노선에 따라 영세산업 기술 발전을 강조했던 인민당의 여러 정책들은 어느 정도 성공을 거두었다. 곡물 생산량은 1977~1978 회계연도 기준으로 약 1억 2600만 톤을 기록했으며, 1978~1979 회계연도에는 1억 3100만 톤을 기록했다. 그러나 당 지도자들 간 알력은 좀처럼 해결되지 못했다. 1979년 모라르지 데사이는 강제로 사임하게 되었으며, 대신 비브라머너 계급 출신이자 자트인 카스트 집단 출신이었던 처런 싱그가 총리가 되었다. 하지만 의회에서 여당이 과반을 이루는데 실패했던 그는 한 달도 못 돼 물러났다. 그가 사임하게 되면서 인민당 연정이 붕괴했다. 1980년 1월에 실시된 선거로 인해 국민회의당은 이미 신뢰를 잃었던 인디라 간디를 수장으로 한 채 다시 여당이 되었다. 1990년대 인도가 다시 연립정부의 난립에 시달리게 되었다는 사실을 고려할 때, 인도 정치 체제를 오랫동안 지배했던 국민회의당에 효과적으로 도전할 수 있는 야당을 규합하는 것은 결코 쉬운 일은 아니었다.

여전히 회복력을 갖추면서 불굴의 성격을 지녔던 인디라 간디가 이끈 국민회의당은, 1980년 총선에서 총 하원 의석수의 무려 2/3이나 장악하는 큰 성과를 거두었다. 당의 전통적인 정치 기반이 북인도에서 남인도로 옮겨졌다는 사실을 보여준 인디라 간디는 안드라프러데쉬주Āndhra Pradesh[텔]에서 입후보했다. 하지만 그녀는 재빨리 자신의 독단적인 통치 방식을 다시 선보였다. 선재를 자신의 후계자로 키우면서, 그녀는 자신이 총애하고 자신에게 충성하는 수많은 추종자들의 국민회의당 후보로 선재가 선거에 "출마"할 수 있는 자격을 그에게 부여하기까지 했다. 그러나 선거를 치른 지 6개월 만에 선재는 1980년 6월 불의의 비행기 충돌 사고로 인해 사망했다. 비탄에 잠긴 인디라 간디는 대신 선재의 형이자 인도항공의 조종사였던 라지우 간디Rājīv Gāṁdhī[힌](1944~1991)에게 의지하였고, 라지우에게 네루 가문의 정치적 운명을 맡겼다.

권좌에 복귀하자마자 인디라 간디는 종족種族과 종단에 따라 유권자들의 환심을 사려고 하였으며, 정치적 이득을 위해 여러 종단중심주의 집단들을 조종해 이익을 챙겼다. 사실 여당과 야당은 이미 신뢰를 잃었던 "세속주의"를 포기한 상태였다. 종족이라는 "패"를 이용하는 이런 행태는 공공연하게 일어나는 대신 대개 조용히 진행되었다. 그럼에도 불구하고, 국민회의당이 그동안 전통적으로 고수했던 세속주의 원칙이 이렇게 폐기되면서 인디라 간디는 앞으로 실패하게 되었으며, 이로 인해 1940년대 이후 처음으로 인도 내에서 분열을 조장하는 종단중심적 정치 행태가 고착화되었다. 식크교인들이 이 해롭고 새로운 정치 행태에 처음으로 휘말려들게 되었다. "녹색혁명"의 최대 수혜자이자 펀자브어가 공용어인 주가 생겼음에도 불구하고 만족하지 못했던 일부 식크교인들은, 당시 펀자브주와 허리야나주의 공동 주도였던 천디거르[22]를 자신들에게 넘겨 펀자브주만의 주도로 삼을 것을 요구했다. 미국, 캐나다, 기타 다른 곳에 이주했던 해외 교포들의 열광적인 호응에 고무된 이 식크교인들은, 이제 자치 수준을 넘어서 아예 식크교도 국가인 할리스탄Khālistān[펀][23] 독립을 요구하기 시작했다. 한편 식크교의 종교활동과 관련된 문제들을 둘러싼 내홍과 더불어, 기존 어칼리최고당 내 온건파 지도부에 대한 반대로 인해 1970년대 말부터 근본주의적 성향이 강했던 젊은 설교자 선트 저르낼 싱그 핀드랑왈레Sant Jarnail Siṁh Bhiṇḍrāṁvāle[펀](영어명 Jarnail Singh Bhindranwale, 1947~1984)가 부상하게 되었는데, 그는 할리스탄을 건국할 것을 대외적으로 천명했다. 어칼리최고당이 인민당 정권을 지지하고 펀자브주 정부를 장악하자, 인디라 간디는 어칼리최고당을 축출하기로 결심하면서 핀드랑왈레를 후원하게 되었다. 그러한 지원은 그의 극단주의적인 요구 사항을 더 키웠을 뿐이었다. 1984년에 이르러 핀드랑왈레와 그를 추종한 무장 세력들은 어므릿서르에 있으면서 식크교인들의 가장 성스러운 사원인 황금사원[24] 안에서 농성하면서, 식크교인들의 국가가 수립될 때까지

---

22 천디거르시는 주(state)가 아니라 중앙정부가 직접 관할하는 연방직할지(Union Territory)이다. 즉 천디거르는 연방직할지로써의 기능을 다할 뿐만 아니라 펀자브주 및 허리야나주의 공동 수도 기능도 겸하고 있는 것이다.

23 "할사"(이 책의 196쪽 제5장 주6 "할사" 항목 참조)들의 나라라는 뜻이다.

24 현지어로 "허리먼더르 사히브(Harimaṁdar Sāhib[펀], hari '신' + maṁdar '사원' + Sāhib '주인, 님(경칭)'"라 부르기도 한다.

그들은 여기서 떠나지 않겠다고 맹세했다.

자신을 해칠 수 있는 호랑이에 올라탔던 인디라 간디는 이제 이 호랑이로부터 내릴 수 없게 되었다. 할리스탄 독립을 용인하는 것은 불가능했는데, 파키스탄과 접경한다는 민감한 정치적인 이해관계가 얽혀있었던 펀자브주는 인도의 안보에 중요한 역할을 맡았기 때문이었다. 그리하여 그녀는 핀드랑왈레의 운동을 분쇄하기로 결정한 뒤, 군대를 파병해 황금사원을 공격하게 했다. 핀드랑왈레뿐만 아니라 사원 안에 집결해 있던 수천 명이나 되는 다른 식크교인들 역시 학살되었으며, 약 100명의 군인들도 작전 중 전사했다. 하지만 1919년 절리앙왈라 바그 학살 사건 이후 또다른 어므릿서르 학살 사건이 된 이 "푸른별 작전Operation Bluestar"으로 인해 인디라 정권이 잃었던 것 중 가장 큰 것은, 바로 인도 전역에 거주하면서 당시 이 학살로 인해 분노로 가득 차 있었던 식크교인들의 충성심이었다. 이 중에는 인디라 간디의 경호원들도 있었다. 1984년 10월 31일, 인디라 간디가 성벽으로 둘러싸인 공관구역 내 정원에 있는 자신의 관저에서 집무실로 이동하려고 할 때, 두 명의 식크교인 경호원이 그녀에게 총을 난사하여 그녀는 즉사했다.

오랫동안 인도의 믿을만할 지도자였던 인디라 간디의 암살 소식이 전해지자, 전국에 걸쳐 대중들이 격분했다. 당장 델리에 대규모로 거주했던 식크교인들에게 분노의 초점이 집중되었다. 수염과 터번 때문에 눈에 잘 띄었던 식크교인 남성들은, 보복에 굶주려 있으면서 도시 거리를 돌아다녔던 폭도들에게 특히 쉬운 표적이 되었다. 방화범들과 살인자들로 구성된 무리들은 경찰과 국민회의당 정치인들과 결탁했으며, 이때 경찰과 정치인들은 식크교인들이 거주하는 집들의 위치를 알려주었는데, 이를 통해 폭도들은 사흘 동안 거리낌없이 광기 어린 난동을 부릴 수 있었다. 델리에서만 1천 명이 넘는 무고한 식크교인들이 살해되었고, 수천 명이 집을 잃었다. 범인들 중 아무도 재판에 회부되지 않았다.

네루 왕조의 종언 - 라지우 간디, 1984~1989

1984년 라지우 간디는 젊고 잘생겼으며 매력적인 인물이었는데, "깔끔 씨Mr. Clean"로 불린 그는 "대부godfather"와 같은 자기 형과는 현저하게 대조되었다. 그리하여 어머니가 암살되자, 온 나라에서 그가 차기 총리가 돼 달라고 요청하는 목소리가 빗발쳤다. 순교자가 된 자기 어머니의 유일하게 남은 아들이라는 동정심을 재빨리 이용했던 그는 1984년 12월 총선을 시행했다. 벌리우드 영화의 아이돌과 비견될 만할 인상을 풍겼던 라지우는, 국민회의당이 그동안 이겼던 선거 중 가장 큰 승리를 거두면서 권좌에 오르게 되었다. 하원에서 국민회의당은 415석을 얻음으로써 총 의석수의 무려 80%나 차지하게 되었으며, 총 득표수의 48%가 조금 넘는 득표율을 기록한 국민회의당은 이전 선거들과 비교할 때 절대 다수의 유권자들로부터 더 많은 지지를 확보하게 되었다.

총리직에 오른 라지우는 자기 어머니의 일부 정책들을 되돌렸다. 비록 효과는 별로 없었지만, 그는 국민회의당 조직에 다시 활기를 불어넣으려고 했다. 중앙정부에 권력을 강하게 집중시키려고 했던 인디라 간디의 정책을 뒤집으면서, 그는 국민회의당 반대파 정당들과 지역 정당들을 포용하려고 노력했다. 펀자브주에서 그는 1985년 어칼리최고당과 합의를 맺어, 이 당이 다시 정계에서 활동할 수 있게 하였다. 천디거르를 펀자브주 관할 영역으로 완전히 넘길 수 있었던 이 합의는 불행히도 절대로 완전하게 이행되지 못했으며, 할리스탄 건국에 열정적으로 나섰던 이들이 산발적으로 일으킨 테러 활동을 종식시키는 데에도 성공하지 못했다. 그 결과로 펀자브주는 1987년 대통령이 직접 관할하게 되었으며, 이듬해 1988년에는 펀자브주에 비상사태가 선포되었다. 식크교인들이 저지르는 폭력 사태는 이제 준군사적 역할을 맡게 된 경찰들이 상대하게 되었는데, 이들은 주 전역을 돌아다니면서 법적인 제약을 받을 두려움 없이 식크교인 청년을 괴롭히고 구류했다. 1990년대가 되서야 펀자브주 내에서 질서가 마침내 겨우 회복되었다.

라지우가 그동안 국민회의당이 유지하고 있었던 전통과 결별했던 것 중 가장 중요한 것은 바로 인도를 세계 자본주의 체제에 편입시킨 것과, 이를 통해 민영 기업의 장점을 설파한 것이었다. 1980년대에 이르면, 인도는 경제적인 측면에서 지난 50년의 기간 중 대부분을 세계와 담을 쌓고 지내왔다. 인도 사회 내 많은 유력 집단들은 이런 상황이 자기들에게 유리한 조건이라 여겼다. 허가증 발행을 담당했던 부패한 관료들과 비효율적인 제조업자들 모두 고립된 국내 시장 및 "검은 돈"의 은밀한 거래로부터 이득을 챙겼다. 힌두 우익세력이나 사회주의 좌파세력과 마찬가지로, 정치가들은 미국 문화와 제품들이 안겨줄 "타락"으로부터 인도가 벗어나는 것을 환영했다. 식민지 시대 사고방식을 갖고 있었던 다른 이들은, 모든 자본가들에 대해 의심을 품으면서 이들은 이기적이고 착취적인 존재라 여겼다. 컴퓨터와 유동적인 자본이라는 새로운 세계를 경계하면서도, 라지우는 낡은 "허가증에 의한 통치Permit/Licence Raj"가 인도의 경제발전을 방해한다고 자신과 똑같이 생각했던 젊고 현대적인 경영인들과 연대하려고 했다. 회사의 규모를 규정했던 각종 규제들이 철폐되었고, 부유세와 상속세의 세율이 줄어들었으며, 컴퓨터와 같은 첨단기술 제품들과 텔레비전 · 자동차 등 내구소모재의 수입을 제한했던 복잡한 인가 절차가 간소화되었다. 그러나 전 사회에 걸쳐 이념적인 차원에서 반대 목소리가 지속되었기 때문에 라지우 정권은 여기서 더 진전하지 못했다. 전면적인 개혁은 1990년대 돼서야 겨우 진행되었다.

인도가 외국인 투자를 허락하면서 보팔에서 재앙적인 사고가 발생하게 되었는데, 이 사고는 지금까지 인류 역사상 최악의 산업 재해로 기록되었다. 1984년 12월 미국 회사인 유니언 카바이드Union Carbide가 운영하는 살충제 생산 공장에서 가스가 경보기에 감지되지 않은 채 누출되었는데, 주로 가난에 찌들었던 노동자들이 거주한 공장 근처에 유독한 가스가 퍼졌다. 약 7천 명이 가스를 흡입하면서 즉사했으며, 도시 안에 거주하던 수천 명은 이로 인한 후유증으로 사망하거나 각종 만성질환에 시달리게 되었다. 이후 유니언 카바이드에 대한 소송이 물밀듯이 빗발쳤으며, 이에 이 회사는 마침내 소송들을 취하하는 조건으로 약 4억 7천만 달러를 피해자들에게 배상하기로 합의했다. 피해자들 중 상당수는 보상을 거의 혹은 아예 받지 못했으며, 당시 이 회사의 사장이었던 워런 앤더슨Warren Anderson(1921~2014)에게 이 사고에 책임이 있다며 그를 고소하려는 시도는 아무런 성과를 거두지 못했다.

경제 정책에서 몇몇 혁신적인 조치들을 선보였음에도 불구하고, 라지우는 자기 어머니가 의존했던 종단중심적 정치라는 위험한 정치 행태로부터 완전히 벗어나지 못했다. 당시 무슬림들은 가혹한 조치가 제일 먼저 적용되는 대상이었는데, 1985년 인도 대법원이 내렸던 샤 바노Shāh Bāno[우] 판결 사건이 바로 그 경우에 해당되었다. 워런 헤이스팅스가 통치하기 200년 전부터 존재해왔던 서로 분리된 힌두 법전 및 무슬림 법전이라는 이 곤혹스러운 문제는 인도가 독립된 이후에도 해결된 적이 없었다. 헌법은 신생국가인 인도가 자국 내 모든 다양한 주민들을 대상으로 하는 통일민법Uniform Civil Code을 제정하도록 규정하는 내용을 담았지만, 그러한 통일민법은 제정된 적이 없었다. 네루 정권은 힌두 법전을 개혁하고 성문화했지만, 무슬림법은 무슬림들의 반감을 살 것을 우려하여 그대로 놔두었다. 전 남편에 생활비를 요구했던 한 무슬림 이혼 여성의 소송 사건을 다룬 샤 바노 판결 사건에서, 대법원은 생활비는 수개월만 지급 가능하다고 규정한 무슬림법을 무시하고, 대신 형법에 따라 여성이 극빈 상태에 빠지는 것을 막기 위해 필요한 만큼 생활비를 지급하도록 명령했다. 무슬림 속인법의 권위에 공공연히 도전했던 이 판결로 인해 대부분의 무슬림들은 모욕감을 느꼈는데, 당시 종단 간에 불신이 팽배했던 분위기 속에서 이 판결은 인도 내 엄청난 규모의 무슬림들의 공통된 가치를 위협하는 것처럼 보였기 때문이었다. 무슬림들은 대체로 두려운 소수집단이라 간주되었던 인도에서, 이 오래된 속인법은 파키스탄에서는 문제가 되지 않았는데, 파키스탄의 경우 가족법은 1960년대에 상당히 개정되었기 때문이었다.[25]

당시 라지우 간디는 샤 바노 판결 사건에 대해 별로 신경쓰지 않았고 또 공통된 민법을 틀림없이 선호했던 것으로 보이지만, 그럼에도 불구하고 그는 이와 같은 대법원의 결정에 반대함으로써 보수적인 무슬림 유권자들이 국민회의당을 지지할 것이라 판

---

25 아유브 한 집권 시기인 1961년에 파키스탄 정부는 "무슬림가족법(Muslim Family Law)"을 제정했다. 이 법에는 일부다처제를 폐지하고, 현재 부인의 동의 없이 남편의 일방적인 재혼을 금지하며, 이슬람 율법인 샤리아에서 남편이 부인에게 "이혼한다"고 세 번 외치면 이혼 성립이 가능한 일명 "탈라크 Ṭalāq[아]" 풍습을 불인정하는 등의 내용이 담겨 있었는데, 여기서 당시 파키스탄 정부가 여권 향상에 신경을 썼음이 드러난다.

단하면서 이를 천재일우의 기회라 여겼다. 그리하여 그는 무슬림들 사이에서 발생한 분쟁들은 무슬림 속인법에 따라 해결되어야 한다는 내용을 담으면서 샤 바노 판결을 뒤집는 법안을 의회가 강행 통과하도록 하였다. 그는 "무슬림들이 자신들의 속인법을 검토하면서, 그들이 원할 경우 자신들의 법을 바꾸게 하는데 이 법안의 목적이 있다"고 밝혔다. 그럼에도 불구하고 국가의 개입이라는 위험한 전례가 생겼다. 더 나아가 샤 바노 판결 사건으로 인해 국민회의당 반대파들에게 여당을 공격할 빌미가 생겼는데, 이들은 정부가 인구 다수를 이루는 힌두교인들 대신 무슬림들에게 특별법을 제공함으로써 정부가 무슬림들만 "편애한다"는 의심을 갖기 시작했다. 또한 무슬림들이 여성을 "학대"한다고 하는 편견에 초점이 모이면서 대중들은 당시 인도 여성들이 시달렸던 각종 학대 행위를 외면하게 되었는데, 이 때 인도에서는 여아 방치도 그렇지만, 새 부인으로부터 결혼지참금을 또 받아내기 위해 남편이나 그 가족들이 어린 신부에게 불을 놓아 잔혹하게 살해하는 등의 온갖 만행이 여성들에게 행해지고 있었다.

이전에 실론Ceylon이라 불렸던 쉬리랑카Shrī Laṁkā[싱][26] 내 종족種族 간 정치에 대한 라지우의 간섭은 훨씬 더 재앙스러운 결과로 나타나게 되었다. 싱할라어Siṁhala[싱]를 사용했던 인구 다수를 차지하는 불교도 싱할라인들과, 소수집단이지만 인구의 상당수를 차지하며 파끄Pākku[타](싱할라어로는 포크Pōk, 영어명 Palk) 해협을 마주하면서 인도 내 타미르인들과 관계를 맺었던 힌두교도 타미르인으로 나뉘었던 쉬리랑카는 독립 이후로 두 종족 공동체 간에 위태로운 우호관계를 겨우 유지하고 있었다. 1983년 싱할라인 우월주의자들은, 싱할라인들이 주로 거주하는 쉬리랑카섬 남부에서 타미르인들을 쓸어버리기로 결심했다. 이 인종청소로 인해 발생한 폭력 사태에 맞서 타미르인들은 "타미르 호랑이Tamil Tigers"[27]를 조직해 게릴라전을 펼침으로써 저항 운동에 나섰는데, 이들은 야르빠남Yāɻppāṇam[타](싱할라어 Yāpanaya, 영어명 Jaffna) 반도 주위에 있는 섬 북부 지역을 독립

---

26 1972년 실론 정부는 영국 자치령(Dominion) 지위를 포기하고 공화국으로 정체를 바꾸면서 국명도 영국식인 "실론" 대신, 성스크르터어로 "신성한(Shrī) 섬(Laṅkā)"을 뜻하는 "쉬리랑카"로 바꾸었다.

27 정식 명칭은 타미르이람 해방 호랑이(Tamiɻīɻa Viṭutalaip Pulikaḷ("Liberation Tigers of Tamil Eelam"))이다. 이람(Īɻam)은 고대 타미르어로 쉬리랑카를 가리키는 명칭이다.

시키려고 했다.

이에 인도 내 타미르인들은 쉬리랑카에 있는 동포들에게 동정심을 보였고, 라지우는 처음에는 포위된 야르빠남에 있던 반란군에 공중에서 보급품을 투하하는 등의 방식으로 이들을 비밀리에 지원했다. 정부군과 반란군 간 충돌이 교착 상태에 빠지자, 쉬리랑카 대통령은 "평화유지군"을 쉬리랑카에 파병해달라고 인도 정부에 요청했다. 이 평화유지군은 선거를 치르기 위해 타미르인 테러리스트들을 무장 해제시키려는 목적을 갖고 있었다. 하지만 타미르 호랑이는 무장 해제 요구를 거부했으며, 대신 인도군과 교전했다. 전투가 잇따라 사상자가 속출했으며, 이 때문에 인도군은 양측의 신뢰를 곧장 잃었다. 마침내 1990년 인도 정부는 자국군을 철수시켜 이 무익한 전쟁으로부터 발을 뺐다. 그럼에도 불구하고 인도를 향한 타미르인들의 분노는 여기서 그치지 않았다. 오랫동안 투쟁했던 타미르 호랑이 세력은 분리주의 운동을 벌이면서 새롭고 강력한 수단을 고안해냈는데, 그것은 바로 자살폭탄테러였다. 1991년 5월 타미르 호랑이는 쉬리랑카 내전에 대한 인도의 개입에 라지우 간디가 책임이 있다고 보고, 이 공격수단을 그에게 써먹었다. 라지우가 타미르나드주에서 선거 운동을 벌이던 도중, 테러 단체인 타미르 호랑이의 조직원으로 추정된 한 여성이 선거 유세 중이었던 그에게 다가간 뒤, 자기 몸 안에 숨겨놓았던 폭탄을 터뜨렸다. 이로 인해 라지우와 암살자, 그리고 구경꾼 열 몇 명이 즉사했다. 이 사건 이후 몇 년 동안 자살폭탄테러는 팔레스타인, 이라크, 러시아, 그리고 다른 곳에서 있는 궁지에 몰린 테러 집단들이 즐겨 사용하는 수법으로 널리 이용되었다.

하지만 암살될 당시 라지우는 총리직에서 물러난 상태였으며, "깔끔 씨"라는 그의 평판은 각종 추문으로 인해 손상된 상태였다. 이 중 가장 심각했던 것은 보포스Bofors 사건이었는데, 라지우는 국방과 관련된 계약을 체결하면서 이 스웨덴 탄약 회사로부터 "리베이트"를 받은 혐의로 고발당했다. 이렇게 되자 라지우는 당시 재무부 장관이었던 위쉬워나트 프러타프 싱그Vishvanāth Pratāp Siṁh[힌](영어명 Vishwanath Pratap Singh, 1931~2008)를 축출하는 것으로 대응했는데, 그러자 그는 라지우와 맞서게 되었다. 중간 선거에서 패배한 라지우는 1989년 가을 유권자들에게 다가갔다. 의석을 둘러싸고 서로 경쟁하지 않는다는 주요 야당들 간의 선거 협정으로 인해, 야당들은 국민회의당 후보들을 물리칠 수 있는 역량을 급격히 강화하게 되었다. 그 결과로 국민회의당은 하원 총 의석의 40%도 안 되는 의석을 차지하였다. 위쉬워나트 프러타프 싱그는 소수 여당 정부의 수장으로 등극했는데, 이 연립정부는 자신의 지지자들, 공산주의 정당들, 그리고 새로 부상 중이었던 인도인민당Bhārtīya Jantā Pārṭī[힌](영어명 Bharatiya Janata Party, BJP)이 위태롭게 연대하면서 겨우 성립되었으며, 인도인민당은 1980년에 인민당이 붕괴하고 나서 재조직된 인민연맹으로부터 비롯되었다.

라지우의 패배와 암살로 인해, 인도 독립 투쟁에서 20년 간 주도권을 차지했던 저와허를랄 네루 가문의 약 40년에 걸친 인도 통치가 끝났다. 모틸랄 네루부터 시작해 저와허를랄 네루, 그의 딸 인디라 간디, 그리고 마지막으로 그녀의 두 아들까지, 네루 가문은 20세기 대부분의 기간 동안 인도 정계에서 중심적인 역할을 맡았다. 무엇보다도 인도의 독립을 이루고, 이후 강력한 민주 국가로서 인도의 정치적 기반을 다졌던 이 가문의 역할은 과장될 수 없다.

제9장

새천년을 맞이하는 민주주의 인도: 번영, 빈곤, 권력

1990년대와 힌두 국민국가주의의 발흥
경제 자유화
아시아의 세기

제9장

새천년을 맞이하는 민주주의 인도: 번영, 빈곤, 권력

우리는 이제 오늘부터 독립한 자유로운 인민이며, 과거의 짐으로부터 해방되었습니다. 우리는 지금 맑고 다정한 두 눈으로 세계를 바라보고 있고, 신념과 신뢰를 갖고 미래로 향하고 있습니다.

- 저와허를랄 네루, 1947년 8월 15일 뉴델리에서 방송

모든 국부國父들이 내놓는 희망섞인 말들은 수십 년이 지나면 어느 정도 비꼬아져서 읽히는 경향이 있다. 때로는 공허하게 들리는 국부들의 말은 또한 그동안 성공이 많았음을 드러내기도 하는데, 전 세계 최대 민주주의 국가(그림 46)임으로 자부하는 인도가 특히 그렇다. 새천년에 들어설 무렵, 기존의 정치 체제로부터 소외된 이들조차 열몇 번의 총선거와 수백 번의 주 선거에 참여함으로써 정치적 권리를 높은 수준으로 행사할 수 있게 되었다. 1997년 자유 인도의 첫 50년을 마무리하는 과정에서, 덜리트 집단 출신이었던 코쩨릴 라만 나라야난Koccēril Rāman Nārāyaṇan[말](1920~2005, 재임 1997~2002)이 대통령에 취임했는데, 그는 "불가촉천민" 계급이 갖고 있었던 진보와 열망을 반영한 매우 상징적인 인물이었다. 대통령직을 이전에 무슬림들이 이미 세 번이나 맡은 적이 있었다는 사실도 중요하지만, 인디라 간디가 암살되었을 때 당시 대통령이 식크교인

이었다는 사실 역시 매우 주목할 만하다. 대법원은 정부 및 정계 최고 지도자들을 뇌물과 부패 혐의로 기소했을 뿐만 아니라 공익과 관련된 소송을 적극 처리함으로써, 시민들의 자유가 효과적으로 유지되는데 기여하였다. 인도의 언론은 이전부터 특정 집단에 구애받지 않는 독립적인 면모와 활발한 움직임으로 그동안 유명했다. 경제 자유화는 도시 중산층의 성장을 자극했으며, 전 세계 소프트웨어 산업에서 인도가 주요한 역할을 맡는데 기여했다. "벌리우드" 영화 및 이와 관련된 문화가 세계로 점차 확산되고, 관광 산업과 예술, 지혜, 그리고 수공예품의 주요 생산지로 그동안 유명했던 인도가 부상하면서, 전 세계 사람들은 점점 더 많이 인도에 만족하게 되었다.

하지만 이와 동시에, 농촌 지대에서든 도시 빈민가에서든 인도 인민들은 가난으로부터 차마 헤어날 수 없을 것처럼 보였다. 1990년대에는 또한 무슬림들뿐만 아니라

그림 46_ 선거 시간 - 인도

기독교인들, 부족민, 그리고 덜리트 집단을 향한 대규모 폭력사태가 일어났다. 1992년 호전적인 힌두교인들에 의해 바부르 마스지드Bābrī Masjid[페]가 파괴된 직후, 무슬림들에 대한 집단 학살이 일어나 최소 1천 명이 사망했다. 이보다 훨씬 더 큰 조직적인 폭력사태가 10년 뒤 구즈라트주에서 일어났다. 힌두 국민국가주의 정당인 인도인민당이 점차 세를 불려나가면서, 인도 내에서 세속주의 전통과 다원적이고 활력있는 종교 문화가 과연 유지될 수 있을 것인가에 대한 우려가 일어났다. 인파양분 이래로 해결이 요원해 보이는 커쉬미르 지역 분쟁은 1990년대에 이르러 사실상 내전 상황으로 악화되었고, 여전히 해결되지 못한 채로 남아있다. 파키스탄과의 긴장 관계 역시 지속되어 폭발적인 충돌이 간간이 발생하고 있는데, 그 대표적인 예로는 1999년 커쉬미르 지역 내 카르길Kārgil[힌]현으로 파키스탄군이 침입한 사건과, 2008년 파키스탄에 근거지를 둔 테러리스트들이 뭄버이에서 일으킨 테러 공격 등이 있다. 계급 혹은 카스트 집단 간 긴장관계 또한 1990년대 내내 분명하게 드러났는데, 후진 카스트 집단들을 추가로 지정하는 것을 지지하는 먼덜위원회Mandal Commission[1]의 보고서 내용을 실행하는 것에 반대하는 항의 시위들이 1990년에 일어났으며, 이런 긴장 관계는 최하층 카스트 계급들과 부족민들이 연루된 폭력 사태가 주기적으로 발생하면서 지속되었다. 여성들은 심각할 정도로 제약을 받았는데, 이들에게 힘이 없다는 것을 가장 분명하게 보여주었던 사실은 바로 "결혼지참금으로 인한 살해"[2]였다. 인도뿐만 아니라 남아시아 전체에 만연한 성비 불균형 문제는 소녀와 여성에 대한 차별적인 보건 및 영양 실태를 여실하게 드러내는 더 중요한 단서였는데, 이런 차별적인 실태는 식량이 극도로 부족했던 상황에서 더 두드러지게 나타났다. 특히 농촌 지대에서 심각했던 기초적인 보건 및 교육 시설들이 부족함으로 인해, 많은 사람들은 자유로운 생활을 누리는데 큰 제약을 받았다. 빈곤과 불평등이라는 "과거의 짐"은 여전히 많은 인도 인민

---

1 1980년 당시 총리 모라르지 데사이는 자신의 동료였던 빈데쉬워리 프러사드 먼덜(Bindeshvarī Prasād Maṇḍal[힌], 1918~1982)에게 기타후진계층의 처지 개선을 위해 이들의 실태를 조사하는 임무를 맡겼다.

2 남편과 아내가 결혼지참금 문제를 둘러싸고 다투다가 남편이 아내를 학대하거나 심지어는 살해하는 경우를 말한다.

들을 억누르고 있었다.

1990년대에 가장 심각했던 충돌 사건들은 종교적인 성격을 띠고 있었는데, 특정 지역 내에서 발생했던 충돌 사건들은 종교적인 것으로 그 성격이 바뀌었으며, 카스트 문제로 인한 온갖 충돌 사건 역시 종교적인 것으로 문제의 초점이 옮겨졌다. 현재 인도 안에서 벌어지고 있는 집단 간 종교적인 충돌은 과거로부터 계속 유지되고 있는 영국 식민주의의 유산이라고 주장하는 사람들도 있다. 여러 공동체corporate groups야말로 사회를 이루는 주요 단위라 정의했던 식민지 시대 통념에 따르게 되면, 문화들 간에 존재하는 본질적인 각종 차이점들은 고찰할 필요가 없다고 이들은 주장한다. 북아일랜드, 팔레스타인, 말레이시아, 그리고 인도와 같이 영국의 식민통치를 겪었던 지역들은 모두 독립 이후 종족 간 종교적인 충돌을 심하게 겪었다. 또한 인도는 식민지 시대 경제 체제가 남긴 온갖 유산으로 인해 사회 및 경제 발전에서 심각히 어려운 상황에 놓이게 되었는데, 여기서 우리는 "과거의 짐"이라는 것이 쉽게 없어지는 것은 아니라는 사실을 알 수 있다.

하지만 식민지 시대 인도의 과거가 모든 것을 다 설명하는 것은 아니다. 독립 이후 수 년 동안 인도의 통치자들은 직접 각종 정책들을 수립했는데, 이런 정책들에는 인도 사회가 개인들을 위한 사회가 될지, 아니면 여러 공동체들을 위한 사회가 될지를 둘러싼 매우 모순적인 상황이 반영되어 있었다. 분리 유권자단 제도를 폐지함으로써 인도 헌법은 "무슬림"과 같은 식민지 시대의 범주들을 없애고, 그 대신 국가와 상호작용하는 자유로운 개인상을 전제하는 자유주의적인 미래상을 반영하려고 했다. 하지만 독립 이후 설립되었으면서 어떤 것을 인권, 혹은 더 넓은 차원에서 시민권이라 정의할 수 있을지 논의했던 연방 소수집단위원회Federal Minorities Commission 등의 기관들에서 "소수집단"이라는 범주를 자주 사용하고, 이 범주 자체가 일상생활에서 중요한 상식으로 자리잡으면서, 국가와 자유로운 개인 간의 관계를 이상적으로 여겼던 자유주의적 목표는 허상으로 끝나게 되었다. 게다가 종교에 따라 민법들을 따로따로 구분했던 식민지 시대의 옛 정책은 각 종교 집단마다 속인법이 별도로 유지되면서 존속하게 되었다.

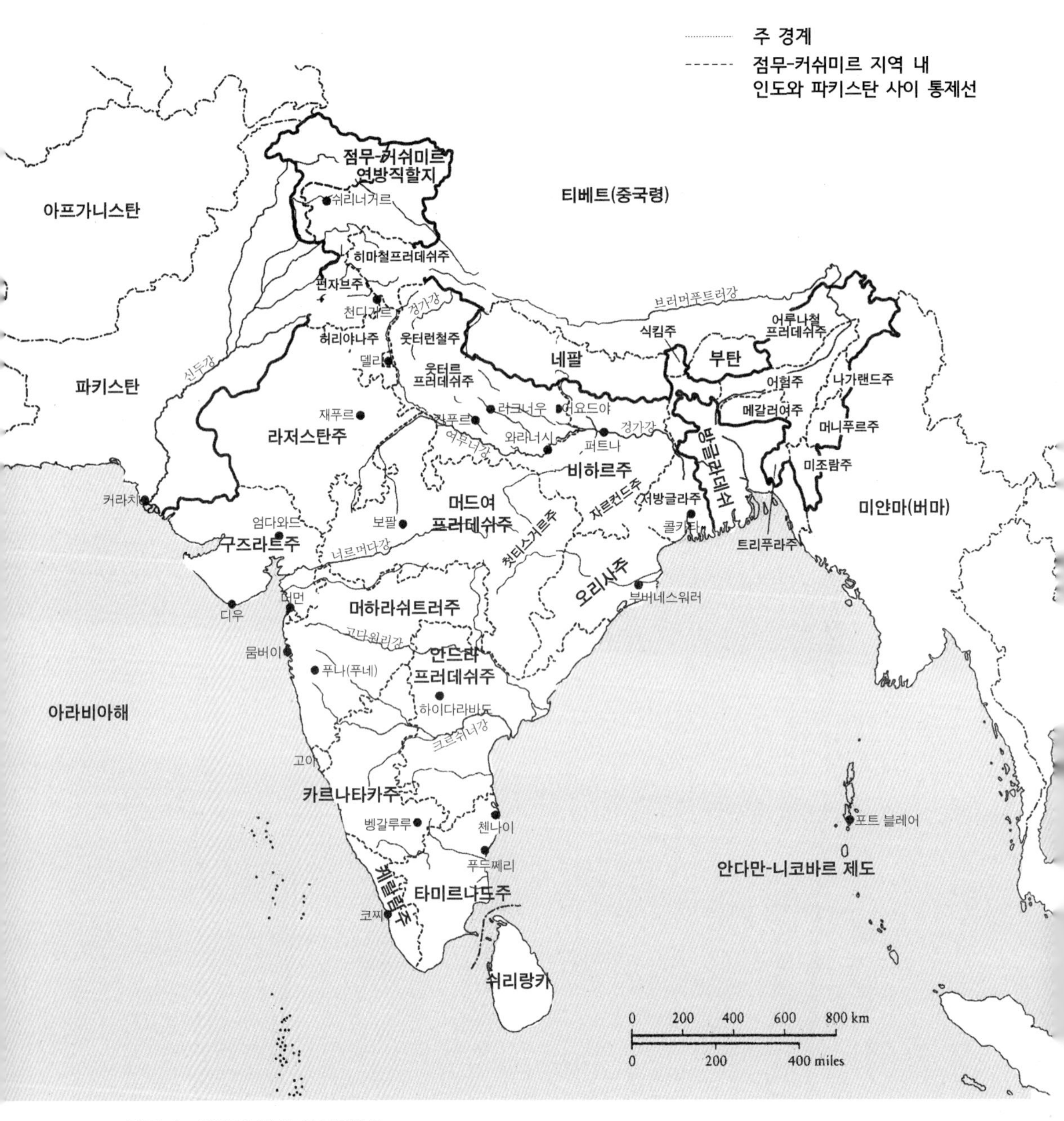

지도 4_ 2000년 당시 인도공화국

이렇게 법률상으로 명기된 다원주의는 원래는 일시적으로만 효력이 있는 것으로 간주되었으며, 통일민법은 신생 인도 정부가 제정했던 "지시적인 원칙들" 중 하나였다. 하지만 결국 "힌두" 법전만이 입법 개혁의 대상이 되었고, 그리하여 독립 인도의 규범적인 법으로 사실상 등극했다. "불가촉천민" 계층을 비롯해, 마찬가지로 불리한 위치에 놓여 있었던 "부족민들" 역시 공직 임용 및 교육 차원에서 배려받는 방식으로 헌법상의 인정을 받았다. 그리하여 이 조항으로 인해, 일명 기타후진계층Other Backward Classes(OBC)들[3]뿐만 아니라 가난에 시달렸던 기독교인들, 불교인들, 그리고 나중에는 무슬림들을 포함한 여러 집단들이 이와 비슷한 대우를 요구하였다. 국세조사에서 사회 내 분열을 조장하는 카스트 범주들을 일일이 나열하는 일은 1930년대 이후 중단되었지만, 2000년대에 일부 집단들은 자신들의 권리를 보장받기 위해 이런 범주들을 사용하는 것에 대해 찬성했다. 결국 인도는 국민들을 개인 혹은 공동체 구성원들로 대우하는 과정에서 발생한 여러 가지 모순적인 문제로부터 빠져나오지 못했던 것이었다.

종교적 "소수집단", 하층 카스트 집단, 혹은 부족민이 연루된 이런 긴장 관계는 독립 이래로 존재했지만, 21세기로 넘어갈 무렵 이 문제는 다시 맹렬해졌다. 여기에는 다양한 정치적 · 경제적 요소들이 작용하게 되었는데, 무엇보다도 1980년대에 매우 제한된 범위로 시작되었으면서 1990년대부터 서서히 추진되었던 경제 자유화와 관련된 요소들이 특히 그랬다. 경제 자유화와 함께 인도는 케이블과 위성 텔레비전, 영화, 소비자를 대상으로 한 상업 광고, 인터넷, 그리고 해외 이주민과의 연결망을 통해 세계로 점차 문호를 개방하였다. 소비자 중심으로 변해가는 텔레비전과 더불어, 훨씬 더 분명해진 새로운 경제체제에서 이득을 본 사람들의 생활방식으로 인해, 계급 및 지역별로 격차가 커지면서 이들 간 긴장관계가 격화되었다. 더 부유했던 농부들이 승자가 되었던 녹색혁명의 사례에서와 같이, 자유화로 인한 농업, 천연자원, 그리고 공공 부문에서의 보호 철폐는 승자와 패자 간의 간극을 훨씬 더 벌려놓았다. 이로 인해 경제

---

3 지정카스트 · 지정부족 · 기타후진계층과는 달리, 경제와 교육 측면에서 다른 카스트 집단과 대비해 유리한 지위에 놓인 카스트 집단을 "선진카스트(Forward Caste)" 집단이라 한다.

적인 특혜를 둘러싸고 경쟁자들에 대한 폭력사태가 발생했으며, 현지 및 카스트 집단들의 이익 수호 운동이 일어났고, 중앙정부는 군사 · 문화 · 경제 측면에서 국가 통합에 위협으로 여겨진 것들을 물리력으로 억누르려고 했다. 2000년대에 이런 긴장 관계는 "아디와시Ādivāsī[힌]" 집단이라는 가난한 부족민들 사이에서 가장 단적으로 드러났는데, 이들은 인도 동부 및 중부 내 건조하면서도 정글로 뒤덮인 내륙 지역들에 흩어져 살고 있었다. 이 아디와시 집단은 정부가 세운 계획으로부터 거의 이득을 보지 못했고, 삼림 · 수력 · 광물 자원이 최대한으로 개발되면서 자신들이 갖고 있었던 토지에 대한 권리를 침해받았다. 경찰들에게 집중적인 지원이 가해지고, 때때로 훈련이 덜 된 현지 민병대를 추가적으로 지원하는 조치도 취해졌지만, 스스로 마오주의자나 "넉

그림 47_ 대(對)반란 및 정글전(戰) 컬리지(Counterinsurgency and Jungle College)에서 훈련받고 있는 간부 후보생들 첫티스거르(Chhattisgarh)주에서 촬영. 여기서 이들은 대서사시 『머하바러터』에 나오는 전사 가문인 "판더워"와 "카우러와"의 이름이 붙여진 두 집단으로 나눠졌다.

살바리주의자"라 칭했던 반란군들은 1990년대 말에 이르러 전국 25개 현에서 기반을 확보했으며, 유혈 투쟁으로 비화된 이 분쟁을 협상으로 해결할 전망은 별로 없어보였다(그림 47).

사회 불만을 권위주의적으로 억눌렀던 중국의 방식과는 달리, 인도에서 사회적인 대립은 그 정도가 아무리 극적이라 할지라도 주로 기존 정치 구조의 틀 안에서 해결되는 양상이 지속되었다. 1989년에 이르러 국민회의당은 더 이상 정계에서 통치권을 독점적으로 행사할 수 없게 되었으며, 그 어느 당도 국민회의당이 한때 누렸던 대중의 대대적인 지지를 얻지 못했다. 아므리타 바수Amrita Basu와 어툴 콜리Atul Kohli는 1990년대에 분명해진 국민회의당 및 관료제의 쇠퇴, 그리고 "세속주의, 사회주의, 그리고 네루식 민주주의"라는 독립 이후 자리잡았던 규범적인 제도의 쇠퇴를 인도 국가의 "탈제도화de-institutionalization"라 지칭했다. 이로 인해 생긴 공백은 구체제의 쇠퇴와 맞물려 민주적인 경쟁 구도가 증가하는 양상과 시기적으로 겹치면서, 정치적인 경쟁 관계에서 새로운 구도가 등장하게 되었다. 국민회의당에 도전했던 세력들로는 힌두 국민국가주의 정당뿐만 아니라, 하층 카스트 집단들과 다양한 지역들을 대표했던 정당들도 있었다. 어툴 콜리는 인도가 "요란스런 민주주의"가 되었다고 언급했는데, 이는 1990년 비디아더 수러즈프러사드 나이폴이 현재 인도 안에서는 정치적으로 "백만 개의 반란"이 일어나고 있는 중이라 적절하게 지적했던 것과 일치한다. 수많은 집단들의 여러 요구 사항들이 이렇게 폭발한 것은 개발도상국들 내 민주주의의 특징으로 보이며, 이를 민주주의가 실패했다는 증거로 보거나 이런 상황이 필연적으로 영구하게 지속될 것이라고 폄하해서는 안 된다.

1990년 이후에는 인도인민당, 국민회의당, 그리고 다양한 지역 정당들이 참여한 다양한 연립정부들이 들어서게 되었다. 초기에 "인민정당Jantā Dal[힌](영어명 Janata Dal)"[4]의 통

4 이 당은 1988년 "인민당(Janata Party)" 내 여러 계파, 인도대중당, 그리고 기타 정당들이 합쳐져 만들어졌다. 앞서 등장한 "인민당"과 비교할 때, 이 당의 이름에 쓰인 "덜(dal, '모임, 정당')"은 사실 "파티(party)"와 뜻은 같다. 그러나 두 당은 분명히 서로 다른 당인만큼, 양자를 확실히 구분하기 위해서 두 당은 번역어 측면에서도 분명히 구별되어야 한다.

치가 1989년부터 1990년까지 지속되고 난 뒤, 인도 안에서는 계급, 종교, 그리고 젠더 간 긴장관계가 정치적으로 조성될 무대가 마련되었다. 1991년부터 1996년까지 이어진 파물라파르티 웽카타 나라싱하 라우Pāmulaparti Veṅkaṭa Narasiṁhā Rāvu[텔](영어명 P. V. Narasimha Rao, 1921~2004, 재임 1991~1996)의 국민회의당 연정 시기의 특징으로는 경제 자유화의 본격적인 시작, 전 세계에 대한 문화 및 경제 개방, 그리고 국가 발전을 저해하는 국가 통제 조치의 해제 등이 있다. 마지막으로 1996년부터 1998년까지 연합전선United Front 연정이 잠깐 유지된 뒤, 1998년부터 2004년까지 지속되었던 인도인민당 정권 시기에는 연정을 지속시키는 새로운 전략들뿐만 아니라, 경제 · 문화 · 군사 측면에서 바깥 세계를 지향하는 새로운 주장도 나타냈다. 2004년 선거에서 총리 먼모헌 싱그Manmohan Siṁgh[펀](영어명 Manmohan Singh, 1932~, 재임 2004~2014)가 이끄는 국민회의당은 다시 여당이 되었는데, 2009년 선거에서 다시 승리하면서 국민회의당이 차지한 의석수는 하원 총 의석수의 절대 다수에 근접하게 되었다. 그럼에도 불구하고 인도인민당과 지역 정당들은 계속해서 여러 주의 입법부들을 다수 장악하게 되었다.

1990년대와 힌두 국민국가주의의 발흥

1989년은 전 세계적으로 중대한 변화가 일어났던 해였다. 인도에서도 이 연도는 새로운 시기의 막을 여는 시기가 되었다. 인민정당 연립정부에는 최초로 힌두 국민국가주의 정당이자 도시 내 상층 카스트 집단을 지지 기반으로 두고 있었던 인도인민당이 포함되었는데, 이 당은 하원 의석 총 545석 중 약 86석을 얻었다. 이 연립정부는 1년을 넘기지 못하고 서로 연관된 여러 문제들과 처음부터 씨름하게 되었다. 그 중 하나

여러 가지로 고심한 끝에, "덜"의 의미를 살리면서 "파티"와 구별하기 위해, 역자는 먼저 등장했으면서 이후 국민회의당에 반대했던 정당들이 수립되는 효시가 된 "Janata Party"에 우선권을 부여하여 이 당의 번역어를 "인민당"으로 정했으며, 그 뒤에 등장한 "Janata Dal"의 번역어는 "인민정당"으로 정했다.

는 지역 분리주의 운동이었다. 1990년 인도군은 다른 나라와 국경을 접하고 있었던 커쉬미르, 펀자브, 그리고 어험 지역에 배치된 상태였다. 진압 과정에서 가장 성과가 드러난 대상은 바로 펀자브주 내 식크교도 분리주의 세력이었다. 1990년에만 해도 정부군과 분리주의 세력 간 충돌로 인해 약 4천 명의 희생자가 발생했지만, 중앙정부는 저항세력에 대한 진압 작전 및 회유책이라는 일종의 당근과 채찍을 같이 사용함으로써 펀자브주 정계는 곧 정상으로 돌아갈 수 있었다. 1992년이 되서야 펀자브주 안에서 선거가 정기적으로 실시될 수 있었다. 어험주에서는 펀자브주에서와 마찬가지로 "자결" 운동이 발생했는데, 이 운동은 대체로 방글라인 이주민이었던 비어험인들이 상업, 농어업과 광업을 포괄하는 채취 산업, 정부 내 요직들을 장악하게 되면서 일종의 "국내 식민운동"이 어험주에서 일어나게 되자, 어험인들이 이에 분개하면서 촉발된 측면이 있었다. 펀자브주에서와 마찬가지로 1990년부터 이듬해까지 이 운동은 절정에 달했다. 여기서도 중앙정부는 주요 무력 작전들을 전개함과 동시에, 정치적으로 주민들을 제도 안으로 끌어들이는 양면적인 수단을 활용하였으며, 이로 인해 결국 어험 지역 주민들은 헌법이 보장하는 범위 안으로 편입될 수 있었다. 하지만 어험주 동쪽 너머 국경 지대에 거주하는 미조인Mizo, 나가인Naga, 기타 "부족민"들은 멀리 떨어진 델리 중앙정부의 통제하에 놓이는 것을 결단코 거부한 채 인도 중앙정부의 권위에 계속해서 도전하고 있다.

커쉬미르 지역만큼 분리주의 운동이 좀처럼 해결될 기미를 보이지 못한 지역은 없었다. 1989년에는 이후 앞으로 지속될 반란이 시작되었는데, 이는 파키스탄의 비밀 지원으로 인해 촉발된 것이었다. 이 무장 봉기는 커쉬미르 지역에 대한 중앙정부의 대우에 대해 현지 주민들이 실망했던 사실로부터 비롯되었다. 중앙정부가 선임했으면서 현지 선거를 조종했던 지도자들의 강압적인 태도와 더불어, 현지 주민들의 염원이었던 자치 요구를 거부하는 태도로 인해, 마침내 커쉬미르인들은 점무-커쉬미르 해방전선Jammu and Kashmir Liberation Front을 결성했는데, 이 운동은 종교적인 목표가 아닌 정치적인 목표를 갖고 있었다. 힌두 펀디터들은 소규모였지만, 처음에는 머하라자들 밑에서, 그 다음에는 영령인도 정부를 계승한 국민회의당 정부 치하에서 유리한 지위를 확보하고 있었다. 현지에 큰 영향력을 갖고 있었던 지도층인 이 힌두 펀디터들은 독특한 커쉬미르 문화를 전파하면서 인도와 문화적인 유대를 맺고 있었는데, 무장 봉기가 극에 달하면서 이들은 궁지에 몰리게 되었다. 이들 중 약 10만 명 이상이 1990년대 초 잠무-커쉬미르 연방직할지를 떠났는데, 이들과 관련된 문제는 곧 힌두교인들의 권리 문제로 부상하게 되었다. 중앙정부가 "용의자들"을 색출하고 파키스탄인 "잠입자들"을 제거하려고 하면서, 이 지역 내 모든 주민들은 강력한 탄압을 받게 되었다. 1990년대 말에 이르러 이 지역에서 커쉬미르인 대 인도군 병사 혹은 준군사 경찰 간 인구 비율은 약 5:1에 달할 정도가 되었고, 충돌로 인해 약 3만 명이 희생되었다. 이후 폭력 사태가 줄어듦에 따라 주민들이 선거에 광범위하게 참여하게 되었는데, 이로 인해 정치적인 안정이 이 지역에서 아직 뿌리내리지 못했음에도 불구하고 현지 주둔 병력은 줄어들게 되었다. 커쉬미르인들은 파키스탄으로 귀속을 추구하는 대신 인도 안에서 어느 정도 자치를 추구할 것이라는 게 일반적인 견해이다.

하층 카스트 집단 및 계층들의 여러 희망 사항과 관련된 각종 문제와 더불어, 이런 문제들과 필연적으로 관련된 무슬림 공동체의 요구 사항들 역시 1990년대 초에 점화되어 이후 계속해서 인도 사회에서 중요한 문제로 거론되었다. 인민정당 연립정부를 붕괴시킨 사태는, 바로 1980년에 작성되었으나 오랫동안 효력이 없었던 먼덜위원회 보고서의 내용을 이행하기로 한 정부의 결정에서 비롯되었다. 이 보고서에는 연방정부 및 공공부문 내 공직뿐만 아니라, 고등교육 기관 내 입학생 정원에 기타후진계층 출신들을 의무적으로 할당하는 조치를 권고하는 내용이 포함되어 있었다. 기타후진계층에 속한 인구는 지정카스트 및 부족민 인구만큼이나 많은 것으로 추정되었고, 이 세 집단은 합쳐서 전체 인구의 거의 절반을 차지했으나, 사회 내 지도층에 해당되는 인도행정직제 정원의 겨우 2%만을 차지하고 있었다. 먼덜위원회에서 제시했던 권고안들은 해당 집단들이 인도행정직제 내에서 차지하는 비율을 헌법상 최대로 허용 가능한 49.5%까지 끌어올리는 내용을 담고 있었는데, 이 수치는 상층 카스트 집단들의 사회적 지위가 오랫동안 도전받고 있었던 남인도에서 해당 지역 주 정부들 내 전체 공직 정원에서 이런 집단들에 배정된 정원 비율보다도 더 높았다. 이 보고서는 상층 카스트 집단들에 대한 비난을 주저하지 않았는데, 보고서의 주장에 따르면 이들은 "나머지 카스트 집단들을 온갖 부당한 방식으로 종속시켰다." 1990년 9월에 이르러 북인도 전역의 상층 및 하층 카스트 집단들은 델리에 모여 서로 싸우고 시위를 벌였는데, 이로 인해 델리는 마비 상태에 이르렀으며, 인도인민당은 정부에 대한 지지를 철회했다. 미국에서 차별철폐조처The Affirmative Action에 반대하는 이들이 주장하는 것처럼, 인도인민당과 다른 반대파 정당들도 이 계획은 사회 분열을 조장하고, 능력있는 이들이 거둔 성과가 보상받지 못하게 되며, 사회적으로 불리한 집단들 내에서도 부유한 이들에게만 혜택이 돌아간다고 주장했다. 1992년 대법원은 먼덜위원회 보고서의 합법성을 확인하였고, 이어 정부는 보고서의 내용대로 이행하기로 했다.

먼덜위원회 보고서 사태는, 인도인민당이 세계힌두협회Vishva Hindū Pariṣad[힌](World Hindu Council; VHP)와 함께 주도하면서 격화되었던 다음 사태와 발생 시기가 겹쳤다. 이 두 단체는 웃터르프러데쉬주 중동부에 있는 어요드야에 위치해 있으면서, 무굴제국이 통치했던 1528년에 지어진 마스지드가 서 있는 바로 그 장소에 라머 신에게 바치는 힌두교 사원을 짓자고 거세게 요구했다. 이 요구의 내력을 거슬러 올라가자면, 1949년 당시 기적이 일어났다고 주장했던 활동가들은 이 마스지드에 라머 신상을 불법적으로 설치하려고 했는데, 이 시도를 막았던 정부는 이후 참배객들에게 이 마스지드를 더 이상 개방하지 않았다. 힌두교인 활동가들은, 이 마스지드를 지은 이들이 라머 신이 태어난 바로 그 장소에 서 있었던 고대 힌두교 사원을 파괴했다고 주장했다.

라머 신에 대한 개인의 헌신적인 숭배뿐만 아니라, 가을마다 벌어지는 디왈리Divālī[힌][5] 축제 동안 라머 신의 이야기를 매년 재연하는 행사는 특히 북인도 지역 내 종교생활의 일부로 오랫동안 자리잡았다. 라머 신과 관련된 이러한 전통은, 1987년부터 그 다음 해까지 총 78화에 걸쳐 매주 일요일 아침마다 텔레비전에서 방영되었으면서 라머 신의 이야기를 다루고 있는 대서사시 『라마여너』를 각색한 드라마 시리즈 때문에 새로운 중요성을 띠게 되었다. 이 TV 시리즈는 국영 방송사인 두르더르션Dūrdarshan[힌](영어명

---

5 성스크르터어인 디파월리(Dīpāvali, dīpā "빛" + āvali "행렬, 줄")에서 유래하였다.

Doordarshan)[6]에서 방영되었다. 이 TV 드라마는 그동안 인도 텔레비전에서 방영된 프로그램 중 가장 선풍적인 인기를 끌었으며, 비평가들은 이 TV 드라마로 인해 그동안 지역 및 현지에 따라 수많은 판본을 지니고 있었던 이 『라마여너』가 획일화된 이미지를 갖게 되었다고 평했다. 게다가 텔레비전에 의해 표현됨으로써 이 『라마여너』는 더 구체적이고 역사적인 성격을 띠게 되었다. 신들은 텔레비전에서 "인간의 형상"을 갖게 되었다. 예를 들어, 라머와 그의 이복동생이었던 버러터Bharata[성]는 회화 속에서 라머 신과 크르쉬너 여신을 그렸던 이미지들이 종래 그러했던 것처럼(그림 10) 푸른 피부를 띠고 있지 않았다. 어요드야라는 장소가 지도상에서 점점 더 구체적인 장소가 되었다. 매체의 영향력은 그 자체로 중요한 사건이 되었는데, 이는 여러 가족들과 이웃들이 같이 텔레비전을 관람함으로써 일종의 종교의례가 새로 생겼다는 점에서 특히 그랬다. 이 TV 드라마의 대성공은 상업적으로도 블록버스터급에 해당되는 사건이었는데, 이 TV 드라마가 처음 방영되었을 때뿐만 아니라 이를 녹화한 비디오 카세트의 판매, 파생 상품들의 독점 판매, 그리고 이에 편승한 각종 출판물과 다른 상품들의 출시 등을 통해 상인들은 이 새로운 "라마여너 광풍"을 이용했다. 국영방송은 이 인기를 놓치지 않고, 그 다음해인 1988년부터 1990년까지 『라마여너』만큼이나 중요한 힌두 대서사시인 『머하바러터』를 연속극으로 방영하였다.

1990년 10월 인도인민당 당수였던 랄 크리쉬너 아드와니Lāl Kṛṣṇa Āḍvāṇī[힌](영어명 Lal Krishna Advani, 1927~)는 마차를 탄 양 도요타 자동차를 타고 인도 전역을 순회했다. 자신을 라머 신처럼 꾸몄던 그는 새로운 사원을 건설할 벽돌을 모으는 탁월한 정치 전략을 선보이면서 전국을 돌아다녔다. 당시 아드와니는 아마도 신중한 태도를 보였겠지만, 그를 따라다녔던 추종자들은 "무슬림들이 있을 곳은 파키스탄 아니면 '커버르스탄 Qabarstān[우]'[7]밖에 없다!"와 같은 구호를 흥얼거렸다. 아드와니가 어요드야에 접근하게

---

6 dūr "먼(distant, tele-)" + darshan "시야, 눈(vision)"의 합성어이며, "텔레비전"이라는 단어를 형태소에 따라 힌드어로 번역한 단어이다.

7 이는 속어 형태로, 원 형태는 qabristān "묘지"이다.

되면서 유혈사태가 발생할 것을 두려워했던 정부는 그를 체포했고, 바부르 마스지드에 대한 그 어떠한 공격 시도도 차단했다. 하지만 라머 신으로 묘사된 아드와니의 이미지는 훨씬 더 영향력 있는 인쇄물과 TV 매체에서 계속 유지되었다. 그 예로, 의기양양해하면서 전투적인 모습을 드러낸 그의 모습은(그림 48) 미국 타임지와 그 위상이 맞먹는 인도의 유력 일간지인 《인디아 투데이India Today》 표지를 장식했다.

그림 48_ 라머 신처럼 분장한 랄 크리쉬너 아드와니의 모습

전국적으로 가장 권위있는 많은 전문 역사학자들은 무굴제국이 이 마스지드를 짓기 위해 힌두교 사원을 파괴했다는 증거는 없다고 주장했으며, 어떤 학자들은 어요드야는 18세기 당시 어워드 지역을 지배하고 있었던 무슬림 통치자들의 후원 아래 유명 힌두교 순례지로 부상했다고 지적했다. 하지만 다른 학자들은, 어요드야에 대한 역사성은 추정 수준에 불과하기 때문에 정부 정책을 시행하는데 이를 근거로 하는 것은 부당하다고 하면서, 그러한 토론에 참여하는 것마저도 거부했다. 그러나 인도인민당 및 그 부속 조직들은 대중을 동원하는데 이보다 더 좋을 수 없는 상징을 찾아냈다. 이들의 주장에 따르면, 라머 신의 출생지가 갖는 중요성은 사실의 문제가 아니라 신념의 문제였으며, 이는 "국가의 영예"와 관련된 핵심적인 요소였다. 힌두교 사원이 틀림없이 있었을 것이라는 이러한 힌두교인들의 입장은, 해당 장소를 새로 발굴 조사하겠다는 인도고고조사국의 결정으로 인해 힘을 얻었다.

2년 뒤인 1992년 12월 6일, 카르세워크Kārsevak[힌][8]라 불렸던 힌두교인 자원노동자들이 북인도 전역뿐만 아니라 일부는 저 멀리 남인도로부터 올라와 어요드야의 바부르 마스지드로 집결한 뒤, 벽돌을 하나하나씩 떼어내면서 이 마스지드를 철거했다. 경찰과 주 당국은 사두Sādhu[성],[9] 전투적인 활동가, 도시 청년, 그리고 대놓고 폭력을 행사하는 불량배들이 이 사원으로 몰려드는 모습을 대체로 그냥 지켜보기만 했다. 13명의 무슬림들이 곡괭이와 칼로 살해되었으며, 기자들은 공격을 받았고, 이들이 가진 카메라는 빼앗겼다. 이전에 이 마스지드에 대한 공격에서도 그러했던 것처럼, 세계힌두협회 활동가들은 이번 사건에서도 중심적인 역할을 맡았다. 1992년 바부르 마스지드 파괴 사건 이후 대규모 반무슬림 폭동이 전국적으로 일어나 약 1천 명이 학살되었는데, 희생자 중 거의 대부분은 무슬림들이었으며, 이 중 상당수는 봄베이에서 발생했다. 여기서 "시와지의 군대당Shiv Senā[머]"[10]과 당 지도자였던 발 케셔우 타커레Bāḷ Keshav

---

8 kār "일(work)" + sevak "자원가, 종, 하인(servant)"

9 금욕주의를 견지하면서 요거를 수행하는 힌두교도.

10 Shiv(ājī) "시와지" + senā "군대"

Ṭhākare[머](영어명 Bal Keshav Thackeray, 1926~2012)는 경찰과 관리들의 묵인하에 공격의 선두에 나섰다. 인도인민당과 세계힌두협회 지도자들은 이 폭력사태로부터 거리를 두기 시작했다. 폭력 사태에 곧장 대응하지 않았다는 대대적인 비판을 받자, 나라싱하 라우 정부는 인도인민당이 장악했던 네 곳의 주 정부를 해산하고 인도인민당의 고위 지도자들을 체포했다.

라머 신 사원 문제를 둘러싸고 인도 사회에 본격적으로 등장하게 된 힌두 국민국가주의 조직들은, 이 조직들을 묶어준 조직Saṁgh "가족"에 해당되는 "성그 퍼리와르Saṁgh Parivār[힌](영어명 Sangh Parivar)"[11]으로 알려졌다. 그 핵심에는 1925년에 설립된 간부 기반의 준군사 조직인 국민자원단이 있었는데, 이 단체는 "샤카Shākhā[힌]"라 불리는 지부에서 청년들이 체력과 자제력을 함양하도록 이들을 훈련시켰으며, 힌두 이념의 부활을 촉진시켰다. 국민자원단은 조직원 중 한 명이 간디를 암살하면서 극적인 형태로 대중들 앞에 부상하게 되었고, 이로 인해 이 단체는 이후 활동이 금지되었다. 인도인민당의 가장 유명한 조직원이었던 어탈 비하리 와즈페이Aṭal Bihārī Vājpeyī[힌](영어명 Atal Bihari Vajpayee, 1924~2018, 재임 1998~2004)와 랄 크리쉬너 아드와니 등은 국민자원단과 오랫동안 관련을 맺고 있었다. 이들은 독립 후 등장했던 인도인민연맹의 창시자였는데, 이 인도인민연맹은 1977년부터 1979년까지 지속되었던 인민당Janata Party 연립정부에 참여한 이후 인도인민당으로 재창당했다. 넓게는 국민자원단과 관련된 이 조직들은 대학생·노동자·농민을 대상으로 했으며, 조직원들은 교육에 힘썼을 뿐만 아니라, 기독교의 영향력을 두려워한 나머지 이를 차단하기 위해 부족민들과 농촌 지대 내 주민들의 사회적 지위 향상에 주력했다.

역시 중요한 위상을 갖는 세계힌두협회는 1964년에 창설되었는데, 이 단체는 기독교 선교사들의 활동에 맞서고 힌두교의 가르침을 전 세계에 퍼뜨리기 위해 힌두교 내 여러 종파 지도자들을 규합하였다. 이 단체는 문화 및 사회봉사 목적을 지니고 있었으며, 아려회가 추진했던 여러 개혁운동을 연상케 하는 계획들뿐만 아니라 이런 개혁

---

11 saṁgh '조직, 단체' + parivār '가족'

운동의 실행 배경이 된 우려마저 담고 있었다. 이 단체가 벌였던 활동에는 과부 및 버림받은 부녀들에 대한 교육 및 직업 훈련, 특히 "부족"과 빈민가 지역에서 "하층 카스트 집단" 출신 사제들을 훈련시키는 계획, 카스트와 결혼지참금 문제 개선에 초점을 둔 사회개혁계획, 그리고 버려진 사원들을 수리하고 활용하는 계획들이 포함되어 있었다. 라머 신의 충직한 원숭이 동료였던 허누만Hanumān[성]의 이름을 딴 버즈렁그 여단Bajrang̐ Dal[힌](영어명 Bajrang Dal)[12]은 세계힌두협회의 비호 아래 운영되었으며, 이 단체 조직원들은 항상 무슬림들과 싸울 준비가 되어 있는 폭력배들로 널리 알려졌다. 다른 주들로부터 이주노동자들을 수용하는데 격렬히 반대했으면서 초창기에는 머하라쉬트러주에 기반했던 시와지의 군대당은 1990년대 말에 이르면 "성그 퍼리와르" 계열 단체들과 느슨한 관계를 맺게 되었다. 이러한 단체들은 이념을 공유했을 뿐만 아니라, 세대를 불문하고 남녀 모두에게 공동체, 상호 협조, 그리고 출세지향적 정신을 불어넣었다. 이렇게 호전적인 성격을 가진 종교를 근대 국민국가주의로 주입시키게 되면서, "성그 퍼리와르" 계열 단체들은 "전통적인 것"과는 거리가 멀어지게 되었으며, 20세기 전 세계에 걸쳐 존재했던 각종 유사한 운동과 많은 특성들을 공유하고 있었다.

1990년대 힌두 국민국가주의 운동에서 매우 중요한 요소들 중 하나는, 바로 종단과 계층 간의 긴밀한 관계였다. 먼덜위원회 보고서 및 다른 조치들이 중산층의 이해관계에 도전하는 것처럼 보였던 만큼, 소상공인, 상인, 그리고 사무직 노동자들이 핵심 지지층을 이루었던 인도인민당은 힌두 종단 내의 통일을 위해 계층 간 갈등의 타당성을 부정하는 주장을 널리 퍼뜨렸다. 여기서 무슬림들은 다수가 이루는 정체성을 만드는데 기여하기는커녕 오히려 이를 실패하게 만드는 원흉으로 여겨지면서 그 희생양이 되었다. 많은 시사평론가들은 힌두교인들 사이에서 경제적인 경쟁 구도를 야기하는 "먼덜위원회 보고서의 지침들" 대신, "외부인"에 대항하여 힌두교인들을 단합시킬 수 있는 "먼디르Mandir[힌](힌두 사원)" 조직 운동에 눈길을 돌리려는 이 힌두 국민국가주의 집단들의 의도를 포착해냈다. 게다가 정부 공직 및 고등교육기관 내 정원에서 낮은 비

---

12 Bajrang̐(ablī) '허누만' + dal '여단(Brigade), 단체, 당'

율을 차지하여 상대적으로 불리한 처지에 놓여 있었던 인도 무슬림들은, 물질적으로나 정치적으로나 위협을 받고 있었던 여러 하층 카스트 집단들과 경제적·정치적으로 관련되어 있었다. 젠더와 관련된 선입견 역시 1990년대 무슬림들과 하층 카스트 집단들에 대한 사회 내 주류 담론이 유지되는데 일조했다. 힌두 국민국가주의자들의 입장에서 봤을 때, 무슬림 남성들은 어머니 조국과 인도 여성들을 "겁탈"했던 외지에서 온 침략자였다. 무슬림 남성들은 여성들을 억압하는데, 이는 인도인 남성들에 대한 식민지 시대 담론을 전반적으로 연상케 하는 인식이었다. 하지만 무슬림 여성들은 힌두교인 남성들에게 복종함으로써 구원받을 수 있었다. 하층 계급 여성들은 오랫동안 상층 계급 집단들의 합법적인 먹잇감이었다. 여성들의 복종은 "남성성"과 "영예"를 정의하는데 이용되었다. 이 주제들은 명확하게 이념적인 표현들로 드러났을 뿐만 아니라, 영화 및 다른 허구적인 문학 매체들에서도 드러났다.

인도인민당은 1990년대에 치러진 수차례 선거에서 계속하여 세를 불려나감으로써 그 위상을 확고히 했다. 1998년에 이르러 인도인민당은 비록 의회에서 자력으로 다수당의 지위를 차지하지 못했음에도 불구하고 총 득표수에서 국민회의당과 거의 동수를 점했으며, 하원 의석 수에서도 다른 경쟁 정당들을 압도하게 되었다. 1990년에 인도인민당은 지역 정당들을 능숙하게 회유함으로써 연립정부를 구성하는데 성공하였으며, 이 연립정부는 앞으로 5년 동안 그 임기를 다하면서 유지되었다. 연정 성립에 기여했던 정당들을 배려하기 위해 인도인민당은 당연히 "힌두적인" 의제를 잠시 내려놓아야 했다. 어요드야 사원의 건설에 여전히 진척이 없었으며, 법원은 이 문제에 대해 여전히 심의 중이었다. 또 인도인민당 정부는 통일민법을 제정하는데 일체의 노력도 기울이지 않았으며, 외부인들이 커쉬미르 지역에 토지를 보유하는 것을 금하는 헌법 370조를 폐기하려는 시도도 보이지 않았다. 인도인민당은 자신들의 국정 운영을 "성그 퍼리와르" 계열 단체들이 네루식의 "사이비 세속주의"라 비판했던 것에 대해, 자신들이야말로 "진정한 세속주의"를 실현하고 있다고 주장하면서, 자신들의 세속주의야말로 진정으로 소수집단들을 보살피고 아끼는 형태라고 강조했다. 1990년대 당시 분명해졌던 반무슬림 감정은 이제 국제적인 무대로 확산되었는데, 여기서 그 무대가 국경 "침입자" 문제를 야기하는 파키스탄, 커쉬미르, 방글라데쉬이든 중동이든 간에 무슬림들은 인도에 각종 문제와 위협을 제기하는 존재로 간주되었다. 이에 따라 인도는 그동안 팔레스타인을 지지해왔던 전통적인 외교 노선을 극적으로 뒤집고 이스라엘을 국가로 인정하였다.

그동안 핵확산금지조약에 서명하는데 계속 거부했던 인도 정부는, 1974년 이후 처음으로 외딴 사막에 위치한 시설에서 1998년 5월 핵무기를 공개적으로 실험했다. 인도는 이번 핵실험이 증강 중인 중국의 핵무기 역량에 대항하는 조치라 정당화했지만, 파키스탄은 인도 측의 핵실험이 자국에 대한 도전이라 여기고 곧바로 핵실험을 실시함으로써 이에 맞대응했다. 여러 차례에 걸친 이러한 핵무기 실험은 인도인들 사이에서 자긍심을 불어넣었으며, 남아시아 지역에서 인도의 패권을 더 확고히 하는 증거가 되었다. 1999년 봄 통제선을 넘어 카르길 지역으로 침입한 파키스탄은 그 부적절함으로 인해 인도뿐만 아니라 타국으로부터 비난을 대대적으로 받았으며, 해발고도가 높고 빙하로 뒤덮인 이 지역에서 양국 군대는 교전하며 많은 사상자를 내었다. 사건이 이렇게 급박하게 전개되는 상황 속에서, 와즈페이는 자신이 속한 당을 넘어 전폭적인 지지를 받았다. 인도 바깥의 이슬람 국가들에 대해 강경한 노선을 취했던 인도인민당은, 세계힌두협회와 국민자원단의 힌두트워 이념으로부터 상당 부분 거리를 둘 수 있었다.

그럼에도 불구하고 인도인민당의 집권 기간 동안 힌두교-이슬람교 종단 간에 끔찍한 폭력 사태가 갑자기 발생했다. 2002년 구즈라트주 동쪽에 위치한 고드라Godhrā[구]라는 한 마을 기차역에 정차 중이었던 열차에 불이 붙었는데, 이로 인해 어요드야로부터 귀환 중이었던 다수의 힌두교인 "카르세워크"들이 사망했다. 그 직후 구즈라트주 전역에 걸쳐 수 주 동안 무슬림들을 향한 집단학살 사태가 집중적으로 벌어졌다. 초기에 불이 일어난 원인은 결국 알아내지 못했지만, 당시 힌두교인들이 대체로 의심했던 대로 해당 마을 기차역 승강장에 있었던 무슬림 행상인들이 기차에 타고 있었던 승객들로부터 괴롭힘을 받은 나머지 불을 고의적으로 질렀다는 주장은 사실이 아닐 가능성이 상당히 높다. 당시 인도인민당이 장악하고 있었던 구즈라트주 주정부는 힌두교인들의 "보복 행위"를 억제하려고 하기는커녕, 오히려 이에 뒤따르는 폭력 사태를 암묵적으로 용인했다. 세계힌두협회와 인도인민당 활동가들이 이끄는 폭도들은 주도 엄다와드시 당국의 기록에 기반한 컴퓨터 출력물을 이용해 무슬림들이 운영하는 가게들과 거주지들을 찾아냈으며, 그 다음 이들은 무슬림들을 바깥으로 끌어낸 뒤 무차별적으로 살해하고 강간하고 나서 건물들에 불을 질렀는데, 이러한 사태가 발생했던 사흘 동안 경찰들은 수수방관 상태였다. 엄다와드로부터 시작한 폭력 사태는 구즈라트주 내 다른 도시들과 농촌지역으로 확산되었다. 주 전역에 군대가 배치되고 나서야 질서가 겨우 회복되었다. 최소 1천 명이 살해당하고 15만 명이 난민수용소로 피신했다. 일부 무슬림들만이 이전에 살았던 동네로 돌아갈 수 있었다.

당시 너렌드러 다모더르다스 모디Narendra Dāmodardās Modī[구](1950~, 총리 재임 2014~현재)가 다스리고 있었던 구즈라트주의 인도인민당 주 정부는 이 사태와 연루된 사실과 관련해 아무런 처벌도 치르지 않았다. 인도인민당이 집권하고 있었던 중앙정부는 오히려 고드라의 무슬림들을 비난했으며, 모디에게 아무런 책임을 돌리지 않았다. 2002년 12월 구즈라트주가 총선거를 실시했을 때, 인도인민당은 주 의회에서 절대 다수를 차지하였으며, 이후 10년 동안 모디는 구즈라트주 총리뿐만 아니라 인도 정계에 중요한 정치인으로 남게 되었다. 거의 10년 뒤인 2011년, 33명의 무슬림들을 집 안에서 산 채로 불태워 살해했던 31명의 폭도들은 이 끔찍한 폭력 행위에 대해 마침내 유죄를 선고받았다.

2002년 이후 인도 무슬림들은 문화적인 상징들을 보호하는 대신, 자신들의 불리한 경제적인 지위를 개선하는 정치 활동에 점차 초점을 두게 되었다. 가지고 있는 토지의 1/3씩을 각각 두 힌두 단체들에게 넘기고 나머지 1/3은 무슬림 단체에 넘길 것을 명령했던 어요드야 마스지드 분쟁에 대한 고등법원의 판정이 2010년에 내려졌음에도 불구하고, 사회 내에서 아무런 폭동도 일어나지 않았다. 무슬림 공동체의 열악한 경제 상황은 2006년에 서처르 위원회에서 발간했던 보고서Sachar Report[13]에서 생생히 드

13 델리 고등법원의 수석재판관이었던 라진더르 서처르(Rājindar Sacar[펀], 영어명 Rajinder Sachar,

러났는데, 여기서 무슬림들의 소득 및 교육 수준은 가장 후진적인 힌두 "지정" 카스트 집단들보다 아주 조금 나은 수준에 불과했다. 무슬림들은 세속주의 전통을 지녔던 국민회의당을 자신들의 보호자라고 오랫동안 여겼지만, 그러한 관계는 1990년대 들어 흔들렸다. 많은 사람들의 생각과는 달리, 커쉬미르 이슬람당Jamāʕat-i Islāmī Kashmīr[우](영어명 Jama'at-i Islami in Kashmir) 외에 인도 안에서는 이슬람교의 원칙에 기반한 "근본주의" 정당들이 없었다. 인도뿐만 아니라 파키스탄과 방글라데쉬에서 무슬림들이 세운 최대 단체는 초국적인transnational 성격을 지녔던 "전도협회Tablīgh-i Jamāʕat[우]"였는데, 이 협회의 역사적 중심지는 뉴델리에 소재한 니자뭇딘 중앙 마스지드Niẓām ud-Dīn Markaz Masjid[우][14]에 있었다. 이 운동은 무슬림들이 흠잡을 데 없을 정도로 예배 활동을 엄격하게 준수하도록 요구했고, 유흥을 즐기고 소비재를 사용하는 것을 무슬림들이 지양해야 한다는 "반反문화적인" 행태를 보였으며, 무슬림들의 일상생활 내에서 도덕성을 고양할 목적으로 다른 무슬림들에게 선교 행위를 펼치는 것을 강조했다. 대체로 무슬림들은 인도 내 다른 집단들처럼 자신들의 이익을 가장 잘 지켜줄 수 있을 것 같은 정당들을 지지해 왔는데, 서처르 보고서가 발표되고 나서 이들은 모든 무슬림까지는 아니더라도, 하층 카스트 집단 출신 무슬림들에게 법적인 측면뿐만 아니라 다른 측면에서도 의무할당제를 도입할 것을 요구하게 되었다.

새천년을 맞이하는 시점에서, 모든 정치적인 동향이 정당들 간 충돌과 폭력사태의 발생으로 점철된 것은 아니었다. 여성들과 하층 카스트 집단들에게 각종 권리를 부여하는 문제는 당시 주요 현안 중 하나였다. 1975년 여성의 지위에 대해 언급했던 정부 보고서로 인해 이미 어느 정도 자극을 받은 상태에서, 1980년대에 이르면 여성에 대한 각종 보호 조치를 취하는 법안들이 의회에서 통과되었다. 하지만 평론가들은 결혼지참금으로 인한 학대, 강간, 여성에 대한 온갖 폭력행위, 그리고 남아를 출산하기 위

1923~2018)가 지휘했다.

14 유명한 인도 수피 성인 무험머드 니자뭇딘 얼리야(Muḥammad Niẓām ud-Dīn Awliyāʔ[우], 1238~1325)를 모신 영묘靈廟(Dargāh[페]) 근처에 있다.

해 태아기에 성별을 감식하는 행위까지 다루는 법들의 내용이 제대로 조직되지 않았으며, 법원에서 피고인들에게 유죄를 제대로 선고하지 못했다고 주장했다. 2006년 오랫동안 운동이 전개된 끝에, 가정 내 폭력행위를 억제할 법안이 결국 통과되었다. 많은 이들은 여성들의 여러 요구 사항들을 성공적으로 처리하는 전략 중 하나는, 이들을 지정카스트 및 부족 집단처럼 사회적으로 불리한 위치에 있는 집단으로 대우하는 것이라고 생각했다. 1992년에 통과된 수정헌법에서는 선출된 지자체와 마을 펀차여트에 권력을 더 부여하는 내용이 들어갔다. 이 현지 지자체 내에서 여성들은 전체 의석의 1/3뿐만 아니라, 여러 마을 사이에서 직무가 교대되는 "서르펀츠Sarpañc[힌][15]라 하는 촌장직 자리의 1/3도 할당받았다. 카르나타카주는 1980년대 여성들에 대한 의무할당제를 처음으로 시행했으며, 라지우 간디는 민주적으로 선출된 마을 회의를 제도화하려는 움직임의 일환으로써 이 의무할당제를 전국적으로 시행하자고 제안했다. 1990년대 중반에 이 제도가 시작되면서, 선출된 여성들 중 딱 절반은 하층 카스트 집단 출신들이었는데, 이러한 현상은 부분적으로 하층 계급 출신 여성들이 자신들보다 더 혜택을 누렸던 여성들보다 공적 영역에서 일하는데 더 익숙했기 때문에 가능했던 것이었다. 건강 · 교육 · 개발과 관련된 현안 처리뿐만 아니라, 여성들은 특히 주류판매점 운영에 대한 반대시위에 힘을 보탰다. 여성들은 주류판매점들이 집안 내 남성들을 망치고 있다고 정확하게 판단했는데, 남성들이 이렇게 된 주 원인은 가게 주인들뿐만 아니라 주류 소비를 독려했던 상층 카스트 집단들 및 고용주들에게도 있었기 때문이었다. 여성들로 구성된 펀차여트 위원들은 또한 가정 안에서 발생하는 각종 위기에 개입했다. 1999년에 있었던 한 신문에 실린 인터뷰 기사를 보면, 브라머너 계급 출신이자 이전에 마을 이장직을 맡았던 한 남성은 어떤 서르펀츠에 대해 다음과 같이 분노해하면서 논평했다. "정부는 권력을 완전히 뒤집어엎었다. 정부는 그들을 우리 위에 군림하게 하고 있다. 우리는 원래 통치하는 사람들이었지만, 이제 여성들이 통치하고 있는 중이다." 그럼에도 불구하고, 내부에서 선출된 상층 카스트 집단 출신 남성

---

15 sar "우두머리" + pañc "다섯"

연장자들로 이루어진 마을회의들은 마을 내 여러 분쟁에 대해 판결을 내리고, 전통적인 결혼 풍습을 유지하는데 중요한 역할을 대체로 계속해서 맡고 있다.

새천년에 들어설 무렵, 하층 카스트 집단, 빈민, 그리고 문맹자라는 인도 사회 내 가장 억압받는 일원들은 여러 정당에 가입하고 점점 더 많이 투표에 참여하게 되었는데, 이러한 동향은 여성들에서도 보인다는 사실이 분명해졌다. 실제로 빈민과 하층 카스트 집단 출신들에게 투표란 정말 말 그대로 자신들의 권리를 확보하는데 스스로 보유했던 유일한 무기였다. 미국과 같은 나라들과는 달리 인도의 빈민들은, 비율상으로 봤을 때 부유한 이들보다 점점 더 많이 투표에 참여하고 있는데, 부자들은 최근까지도 정치 참여가 자신들의 지위 유지에 필수적이라 여기지 않고 있다. 이로 인해 하층 카스트 집단들은 자신들의 이해관계를 무시한다고 여겨진 정당들을 정계에서 쫓아내는데 일조했는데, 이와 같은 사례에는 2004년 총선거 당시 인도인민당도 포함되었다. 그리고 이 집단들은 자신들이 이끄는 지역 정당들을 대체로 지지하고 있다. 이와 관련해 어떤 한 사람의 다음과 같은 이야기는 주목할 만하다. 타미르나드주의 "불가촉천민" 출신 여성 위람마Vīrammā[타]는 한 정당 소속 당원들이 매일 아침마다 마을로 와서 가난한 마을 주민들을 교육시키고, 각종 억압 및 카스트 집단 간 분열에 맞서 저항하라고 주민들에게 촉구하는 모습을 잘 묘사했다. 이렇게 변화할 가능성에 대해 의구심을 품고 있었지만, 위람마는 전인도 안나 드라위더 진보연맹Aṉaittintiya Aṇṇā Tirāviṭa Muṉṉēṟṟak Kaḻakam[타](영어명 All India Anna Dravida Munnetra Kazhagam)[16]을 창당했으면서 1987년까지 10년 동안 타미르나드주 정부를 이끌었던 영화배우 마라뚜르 고팔라 라마찬드란Marattūr Gopāla Rāmacandran[말](영어명 Maruthur Gopala Ramachandran, 1917~1987)을 언급하면서 다음과 같은 말을 덧붙였다. "M. G. 라마찬드란을 보세요. 이 사람은 우리를 위해 자기 목숨도 바칠 거라니까요."

---

16 여기서 안나는, 드라위더 진보연맹을 오랫동안 이끌었으면서 타미르나드주의 초대 총리였던 칸지와람 나다라잔 안나두라이(Kāñcīvaram Naṭarācaṉ Aṇṇāturai[타], 영어명 Conjeevaram Natarajan Annadurai, 1909~1969)의 이름을 따온 것이다.

그림 49_ 건설 중인 암베드커르 신상 와라너시에서 촬영

역사적으로 국민회의당의 본거지였던 웃터르프러데쉬주에서는, 브라머너 계급 출신이 아닌 비非상층카스트 출신 정당 두 단체가 해당 주 정계에서 전례없을 정도로 두각을 크게 드러내고 있다. 덜리트 집단을 핵심 지지층으로 삼고 있는 "대중회大衆會(Bahujan Samāj[힌])"[17]를 이끄는 덜리트 집단 출신 여성 마야워티Māyāvatī[힌](영어명 Mayawati, 1956~)는 주 총리를 여러 차례 역임했다. 주 내 여러 도시들에 암베드커르와 자신을 위한 기념물들을 짓는 급진적인 모습(그림 49)을 보이면서도, 그녀는 브라머너 계급 출신들과 다른 지도층 카스트 집단들과도 동맹을 추구해왔다. 물라염 싱그 야더우Mulāyam Siṁh Yādav[힌](영어명 Mulayam Singh Yadav, 1939~)가 이끄는 사회주의당Samājvādī[힌] Party[18]의 핵심

17 bahujan '대중, 다수' + samāj '협회, 공동체'

지지층은, 전통적으로 소를 치는 카스트 집단이자 기타후진계층으로 분류되었던 야더우Yādav[힌] 카스트 집단과 무슬림들로 이루어져 있었다. 이 당은 주 정계에서 마야워티의 당과 경쟁하였다. 웃터르프러데쉬주의 동쪽에 있는 비하르주에서는 정치적 이력으로는 화려하지만 각종 부패 추문에 휩싸였던 랄루 프러사드 야더우Lālū Prasād Yādav[힌](1948~)가 1990년부터 15년 동안 주 정부를 지배했다. 하지만 2005년 이후로 인민정당연합당Janata Dal United Party을 이끌었던 니티쉬 쿠마르Nitīsh Kumār[힌](1951~)는 후진적이라는 인식이 박혀있는 비하르주의 이미지를 개선하고, 경제성장을 촉진시키는데 목표를 둠으로써 카스트 정치를 넘어서려는 움직임을 보이고 있다.

경제 자유화

1991년 나라싱하 라우가 이끄는 국민회의당 연립정부가 발족하면서, 이전 10년 동안 이미 드러난 여러 문제들로 인해, 국가의 통제, 보조금, 그리고 공공부문 사업을 통한 "사회주의적 발전 과정"이라는 종래 중시되었던 가치가 심하게 흔들리고 있다는 사실이 명확해졌다. 정부의 재정적자는 1980년대 동안 거의 두 배로 증가했으며, 산업 국가로서 인도의 위상이 추락했고, 이미 미미한 수준에 불과했던 공산품 수출은 같은 부문에서 다른 개발도상국들의 점유율이 증가하게 되면서 하락했다. 1980년대 들어선 정권들은 모두 단편적인 경제 자유화를 시도하였는데, 면허를 받아야 사업이 가능했던 관행을 많은 산업 부문에서 철폐했고, 수입품에 대한 최대 수용 할당량을 관세로 대체했으며, 대기업들이 규모를 확대하는 것을 허용했다. 의회에서 강력한 다수당이 되었음에도 불구하고, 라지우는 경제적 자립과 빈민 구제 문제에서 손을 놓는 것처럼 보였던 포괄적인 경제 자유화 정책에 대한 지지를 얻지 못했다. 집권 여당들이 유권자들로부터 지지를 잃을까봐 두려워하면서, 경제 자유화는 1990년대 내내 진

---

18 samāj "사회society" + vādī "주의-ism"

행되면서 타협적이고 모순된 온갖 조치로 인해 지장을 받게 되었다.

정권을 장악했던 나라싱하 라우 정부는 매년 지불해야 하는 엄청난 부채 상환 및 외환 보유고의 고갈이라는 문제에 봉착하였고, 낮은 신용등급으로 인해 인도 정부는 외자를 유치하기 위해서 금 보유고를 늘릴 수밖에 없었다. 이 시점에서 인도 정부에는 국제통화기금International Monetary Fund(IMF)에 손을 빌려, 이 기구가 요구했던 "구조조정structural adjustment" 정책을 시행하는 길밖에 없어 보였다. 게다가 소련의 붕괴로 인해 중앙정부가 기획하는 계획경제가 효력을 잃게 되고, 인도로부터 더 많은 공산품들을 수입해왔던 소련과의 협정이 끝나게 되었다. 당시 재무부 장관이었던 먼모헌 싱그가 계획했던 정부의 첫 번째 예산안은 각종 개혁조치를 취하는데 초점을 두었는데, 그에 대한 보상으로 인도는 IMF로부터 약 14억 달러를 지원받는데 성공했다. 루피화 가치는 20%나 절하되었고 부분적으로 태환이 가능해졌으며, 수출 보조금은 폐지되고 관세율은 낮아졌으며, 몇몇 공공 산업부문은 그 규모가 축소되었고, 대부분의 산업에 대한 면허제가 폐지되었다. 주식시장이 개설되었고, 각종 명목의 세금을 단순화하고 합리화하려는 시도들이 이루어졌다. 그리하여 각국 경제가 전 지구적인 경제 체제로 점차 통합되어가는 전 세계적인 추이에 인도도 끼어들게 되었다. 개혁이 추진되기 시작한 지 3년 동안 인도의 국내총생산 증가율은 매년 7%에 달했다.

새로운 경제체제에서 특히 성공적이었던 부문은 바로 소프트웨어 개발 부문이었다. 카르나타카주의 주도 벵갈루루Beṁgaḷūru[칸](옛 영어명 Bangalore, 2014년에 현재 이름으로 개칭되었다)는 인도의 "실리콘 밸리"로 부상했으며, 그 다음 안드라프러데쉬주의 주도 하이다라바드[19]는 최첨단 기술들을 보유한 국제 기업들이 입주한 중심지로 부상했다. 특히 인도에 투자하도록 권유받았던 이들 중에는 일명 해외거주 인도인들non-resident Indians(NRI)도 있었다. 이들 중 많은 수는 미국으로 이주했던 사업가들로, 이들은 미국에서 선 마이크로시스템사Sun Microsystems와 핫메일Hotmail과 같은 주요 기업들을 설립했다. 1990년대

19 2014년에 텔랑가나주가 안드라프러데쉬주로부터 분리되어 신설됨으로써, 하이다라바드는 텔랑가나주의 주도가 되었다.

말에 이르러, 캘리포니아 실리콘 밸리에 있는 최첨단 기업들의 약 1/4은 인도인 이주민들이 운영했고, 미국 내 남아시아계 공동체는 1인당 소득을 볼 때 나라 전체에서 가장 부유했다.

1990년대 초 인도인민당과 좌파 정당들은 나라싱하 라우와 먼모헌 싱그가 추진했던 경제 정책들을 함께 비판하면서, 이와 같은 경제 정책들은 경제적으로 자급자족을 추구했던 기존 정책의 종말을 가져왔다고 개탄했다. 이 반대 정당들은 경제적 개혁 조치는 실업과 물가상승을 유발하는 지름길이며, 외국의 사치스런 문화와 제품들로 인해 소수의 지도층들이 타락할 위험만 가져다준다고 주장했다. 경제 개방을 둘러싼 불안감은 경쟁에 대한 두려움뿐만 아니라, 자유화가 인도의 토착문화 및 도덕적 혹은 "가족적 가치"에 위협을 가져다줄 것이라는 우려를 담고 있었는데, 특히 "가족적 가치"라는 단어는 1998년 총선거 당시 인도인민당 측의 선거 유세에 널리 사용되었다.

스워데시 혹은 자급자족에 기반한 경제적이고 도덕적인 주장들뿐만 아니라, 나라싱하 라우 내각과 이후 이어진 정권들에서 이루어진 경제 개혁과 관련해 두 가지 매우 다른 비판점 역시 제기되었다. 하나는 개혁이 그렇게 충분하게 진전되지 않았다는 단순한 비판이었다. 매 순간 정치 지도자들은 유권자층으로부터 표를 잃을 위험뿐만 아니라, 비효율적인 정부 산업부문들을 축소시킴으로써 직원들의 대량 해고와 같은 일들이 벌어져 사회 불안이 촉발될 가능성도 우려하고 있었다. 이들은 기본 식료품들의 가격을 계속해서 낮은 수준으로 유지시키는 보조금 제도를 폐지하거나, 농업 부문에 세금을 부과하고 싶어하지 않았다. 당시 개혁을 두려워했던 유권자층이 존재했는데, 중산층들은 비료 · 전력 · 통신 수단에 대한 보조금 제도로부터 혜택을 받고 있었으며, 노동자들은 공공부문 사업에 고용된 상태였고, 관료들은 이들의 후원을 통해 이득을 보았으며, 하층 카스트 집단 출신 농민들은 국가의 자원을 더 할당받고자 했다. 이와 관련된 더 심각한 문제는 바로 노후한 사회기반시설을 부실하게 관리하는 정부의 무능함이었는데, 이는 전력 · 교통 · 통신 등 모든 부문에서 여실히 드러났다.

두 번째 주요 비판점은, 바로 인적 자본에 대한 적절한 투자에 관련해 잇따라 등장했던 정권들의 실패였다. 1998년 노벨경제학상을 수상했던 아마르티어 센Amartya Sen(방글라어 발음으로 어머룻터 센, 1933~)은 이에 대해 다음과 같이 매우 잘 명료하게 설명했다.

> 독립한 지 50년이 지났지만, 인도 성인 절반은 여전히 문맹 상태이며, 성인 여성의 경우 무려 2/3 이상이나 읽거나 쓰지를 못한다. 이 점에서 현재 인도는 19세기 메이지 유신을 단행했던 당시 일본보다 훨씬 열악하며, 시장지향적인 경제 개방이 시작되기 전 동아시아 및 동남아시아에 있는 남한 · 대만 · 중국 · 태국 등이 성취했던 것보다 매우 뒤떨어져 있다. …(중략)… 인도의 개혁 지도자들은 …(중략)… 문해 및 산술 능력 측면에서 국민들을 폭넓게 교육시키는 일뿐만 아니라, 국민들이 다 같이 공유하고 참여하는 경제 성장을 촉진시킬 수 있는 완전한 토지 개혁 실시, 양호한 보건체제 구축 등 다양한 사회 정책들을 이행하는데 실패했다. 인도는 국제무역으로 인한 이득을 누리고, 각종 제약과 한계를 제거함으로써 경제 성장률 전반을 끌어올리는 데에는 그동안 어려움을 겪지 않았다. …(중략)… 그러나 경제적으로 주어진 여러 기회를 활용하는 측면에서 인도 내 많은 집단들은 여기서 여전히 배제되어 있는 상태이다.

인도인민당은 국민회의당과 연합전선 정부가 추진했던 경제 자유화에 대해 강력하게 비판했다. 그러나 1998년 이후 정권을 장악했던 인도인민당 정권은 앞으로 추진할 계획의 핵심적인 사항으로 경제 개혁을 꼽았다. 전임 정부들처럼 인도인민당도 스스로 설정했던 목표를 달성하는데 필요한 통합된 정책들을 조속히 시행할 수 없었는데, 그 원인은 대체로 내부 분열 때문이었다. 특히 소비재에 대한 외국인 투자에 저항하는 스워데시 운동식의 반대 분위기는 인도인민당과 "성그 퍼리와르" 계열 단체들 사이에서 전반적으로 만연했다. "스워데시"라는 용어 자체는 20세기 초에 시작된 국민국가주의 운동의 색채를 강하게 드러냈는데, 이제 이 용어는 IMF, 세계은행, 관세 및 무역에 관한 일반 협정General Agreement on Tariffs and Trade(GATT), 그리고 세계무역기구World Trade Organization(WTO)로 가장한 외국의 경제적 지배에 대한 공포를 인도 내에서 다시 불러일으켰다. 그럼에도 불구하고 와즈페이는 절실하게 필요했던 외국인 투자를 끌어들일 정책들을 서둘러 시행했다. 외국인 투자는 더 이상 제조나 사회기반시설 부문으로

만 제한되지 않고, 소비재 부문까지 허용되었다. 특정 소비재 부문을 제외하고, 합작 투자를 할 때 인도 측 지분이 과반을 넘어야 한다는 요구사항도 없어졌다. 인도인민당은 이전에 반대했던 다른 조치들도 취하여, WTO의 규칙에 맞추기 위해 특허법을 개정하고 보험 부문에서 외국인 투자를 허용했다. 2000년에 이르러, 세속주의 원칙과 얼마나 차이가 있었는지와 상관없이, 인도인민당이나 국민회의당의 개혁가들은 경제 정책에 대해서는 차이점보다 공통점을 분명 더 많이 가졌다. 사회주의 경제체제가 적용된 지 40년이 지나고 나서야 이제 경제 자유화를 지지하는데 전국적인 합의가 이루어진 것이었다. 와즈페이의 말에 따르자면, "스워데시는 현재 상황에서 인도의 경제 기반을 (강화하는데) 기여하는 것이라면 뭐든지 될 수 있다."

경제 부문에서 특히 기대를 받았던 것은, 바로 오래된 정책 및 부적절한 사회기반 시설이라는 기존 장애물들을 극복 가능한 기술 개발의 가능성이었다. 와즈페이는 통신 부문에서 정부 독점을 철폐하고 면허제를 축소하여 긍정적인 평가를 받았다. 농촌 주민들은 극적인 변화를 보여주었는데, 이들은 휴대폰과 태양열로 가동되는 컴퓨터를 보유했고, 날씨와 마케팅과 관련된 정보, "전자상거래" 시설, 그리고 정부 관료들과 연락할 수 있는 새로운 접근 방식을 갖게 되었다. 선거관리위원회는 이제 농촌 지대 내에서 투표를 시행하는데 컴퓨터를 이용하는 시도를 선보였다. 또한 새로운 소통수단의 등장으로 인해 인도는 새로운 종류의 "서비스" 부문을 활용할 수 있는 특별한 기회를 갖게 되었는데, 컴퓨터 소프트웨어 프로그래밍, 의료 처방과 같은 사무 서비스, 그리고 공학기술 서비스와 같은 다양한 서비스 부문의 수출이 바로 그에 해당되었다. 잠재적인 수출 서비스로 부상하기 시작한 다른 서비스 부문들로는 영어로 이루어지는 고등교육, 제약 부문에서의 임상 실험, 영화와 음악을 포함한 연예 부문, 운송수단 정비, 그리고 전화 광고 등이 있었다. 이런 부문에서 인터넷은 상당히 중요한 역할을 맡았으며, 해외 인도인 이주민들은 더 이상 "두뇌유출"을 유발하는 집단으로 간주되지 않고 인도 사회에 귀중한 인재들로 그 진가를 발휘하게 되었다. 2010년에 이르러 해외 인도인들이 본국으로 매년 송금하는 액수는 총 550억 달러에 이르렀다.

최첨단 기술 부문은 2004년 인도인민당 정부의 뒤를 이었던 먼모헌 싱그의 국민회의당 정부에서도 극적인 성장을 이어나갔다. 나라싱하 라우 정부에서 재무부 장관을 역임했던 먼모헌 싱그는 결국에는 개혁 조치 시행에 공을 세웠다. 초창기에는 외국계 은행과 같은 기업들로부터 자료 처리에 대한 외주를 받았고, 해외 기업들의 서비스를 신뢰했던 고객들에 대한 기술 지원을 제공하는데 그쳤던 인도의 정보기술Information Technology(IT) 산업은, 새로운 세기에 들어서면서 10년 동안 급성장하며 전 세계 경제를 이끄는 주요 경제 주체로 부상하는 새로운 역할을 맡게 되었다. 1년에 때때로 20%나 되는 성장률을 보여주면서 2004년 한 해에 230억 달러라는 경이로운 매출을 보여준 인도 IT산업의 급성장으로 인해, 인도는 외주와 소프트웨어 및 하드웨어 산업 부문 발전을 비롯해, 국제수지 흑자와 외환보유고 급증이라는 이득을 누리게 되었다. 초기에 일어났던 이와 같은 성장은 외국의 수요 급증에 기인한 것이었는데, 여기서 미국은 성장 기여도의 약 2/3이나 차지했다. 2000년대 말 봉급상승률이 증가하고 국내 수요가 늘어나면서, 이제 인도의 IT산업은 그저 "기술 지원"만 하는 수준에서 벗어나 창조적인 혁신을 거듭하는 존재로 발돋움하고, 외국 기업들의 자본을 보충하기 위해 현지 벤처기업의 자본을 창출하는 단계로 진화하기 시작했다.

확장 중인 인도 경제에서 점점 더 커져가는 각종 기회로 인해 기업가 정신이 고양되었고, 공학 및 기술 부문에서 고급 기술을 가진 인재들이 해외로 수십 년 동안 이주해왔던 경향이 끝나게 되었다. 미국에서 산업화가 절정에 달했던 시기에 허레이쇼 앨저Horatio Alger(1832~1899)가 썼던 자수성가식 출세 소설들의 내용과 비슷한 성공담이 인도에서도 이미 생겨났다. 그 예를 들자면, 수닐 파르티 미털Sunīl Bhārtī Mital[펀](영어명 Sunil Bharti Mittal, 1957~)은 1500달러를 빌려 영세한 자전거 사업을 운영하면서 자신의 사업을 시작했는데, 1980년대에 그는 일본에서 휴대용 발전기를 수입하는 쪽으로 사업 방향을 바꾸었으며, 그 다음에는 휴대폰을 수입하다가 점차 제조하는 방식으로 사업을 넓혀나갔다. 1990년대 이동전화 기술이 한창 발전할 때 미털은 이동전화 회사를 세워 뉴델리에서 사업운영권을 확보하였는데, 이는 통신 서비스를 국영기업이 무려 100년간 독점해왔던 인도 내 관행에 종지부를 찍는 사건이었다. 바르티Bharti 그룹이라는 거대한 재벌이 된 미털의 기업은 2005년에 이르면 그 시가총액이 무려 20억 달러에 달했으며, 약 5천 명의 직원을 고용하게 되었다.

최첨단 기술의 발전뿐만 아니라 점차 소비자 지향적으로 변해가는 인도 경제가 2000년대 마지막 무렵 어떻게 작동하고 있었는지 살펴보려면, 델리의 위성도시인 구루그람Gurugrām[힌][20]을 보기만 하면 된다. 지금으로부터 그리 오래되지 않았던 1980년대만 해도 델리와 이웃하면서 자트인 카스트 집단에 속한 목축민들의 조용한 상업 중심지에 불과했던 이곳은, 이제 26개의 쇼핑몰과 7개의 골프연습장, 그리고 280만 제곱미터에 달하는 상업 부지를 보유하고 있다. 이 도시가 급성장한 비결은 수도 뉴델리와 바로 붙어있다는 지리적 이점에 있기도 하나, 동시에 비뚤어져 보이는 시각이기도 하지만 효율적인 사회기반시설과 통치기관이 부족한 인도의 열악한 현실에 있기도 했다. 현지에 도시 개발 계획을 담당하는 기관들이 부재했기 때문에, 개발자들은 자신들이 원하는 대로 땅을 사들여 최첨단 기술을 보유한 노동자들을 수용할 수 있는 아파트 단지들을 지을 수 있게 되었으며, 마찬가지로 미국의 제네럴일렉트릭사General Electrics(GE)와 같이 외주사업 초기 인도로 진입했던 기업들은 사업 활동을 벌이면서 아무런 제약도 받지 않게 되었다. 그 결과로 2010년에 이르러 구루그람은 약 150만 명이 거주하는 도시가 되었다. 일반적인 도시 시설도 없던 상태에서, 개발자들과 회사들은 전력, 물, 경비원, 자사 직원들의 통근 등과 같이 회사 운영에 필요한 요소들을 자력으로 마련했다. 사실상 구루그람은 자족적인 구역들이 모인 장소가 되었는데, 각 구역은 이 도시에서 필요한 온갖 건축 사업으로부터 주거 경비 및 가사노동까지 각종 육체노동 서비스를 제공했던 빈곤한 이주노동자들이 거주했던 판자집들로 둘러싸여 있었다. 효율적인 사회기반시설을 구축한 정부의 사업을 잘 보여주는 델리 지하철의 최근 확장은 구루그람의 고질적이고 끔찍한 교통정체 문제(그림 50)를 완화하는데 기여할 것이고, 이 도시를 델리 수도권으로 더 긴밀하게 통합시킬 것이다.

구루그람의 사례는, 인도가 어떻게 번영하는 도시 경제와 대체로 빈곤한 농촌 경제

---

20 이전에는 "구르가웅(Gurgāṁv, 영어명 Gurgaon)"으로 불렸다. 2016년 허리야나주 정부가 이 도시의 이름을 현재의 명칭으로 바꾸었으나, 현지인들 중에 여전히 이 도시를 구르가웅이라 부르는 경우도 많다.

그림 50_ 오후 5시 30분 구루그람에 있는 고속도로

라는 "양분된 경제"가 병존하는 지역이 되었는지도 역시 분명히 보여준다. 전 인구의 대략 20%만 거주하고 있는 도시들의 경우, 도시민들은 서유럽이나 미국과 거의 차이가 없는 소비자 주도의 세계 속에서 살고 있다. 늘어나는 소득과 더불어, 오랫동안 절실히 요구되었던 사회기반시설 건설 계획에 해당되는 인도 4대 대도시(뉴델리, 뭄바이, 콜카타, 첸나이)를 잇는 새로운 도로망이 건설될 것이라는 소식이 전해지면서, 외국산이나 국내산을 막론하고 수십 개의 디자인을 가진 자동차들에 대한 수요가 폭발했는데, 각종 자동차들은 옛 힌두스탄 앰버서더 차를 대신해 시장 점유율을 둘러싸고 경쟁 중이다. 구루그람의 특징인 쇼핑몰, 외부인들의 출입을 제한하는 봉쇄형 주택 단지들, 그리고 아파트 단지들은 이제 인도 내 모든 대도시들에서 그 모습을 드러내기 시작했다. 교육받은 인구가 빠르게 증가하면서, 인도는 이제 전 세계 그 어떠한 나라들보다 높은 신문 발행 부수를 자랑하고 있다. 인터넷의 등장으로 인해 신문 발행 부수가 감소했던 서방 세계와는 달리, 인도에서 신문 판매량은 2005년부터 2009년까지 단 5년 만에 약 40%나 증가했다. 1980년 당시 국영방송 단 한 개만 존재했던 TV 채널 대신, 인도에는 이제 시청자들을 온갖 종류의 프로그램들로 이어주는 500여개의 케이블 및 위성 채널들이 존재한다. 부자들만이 그러한 혜택을 누리는 것이 아니라, 전체 도시민 중 최대 80%의 주민뿐만 아니라 많은 촌락 거주민들도 텔레비전을 들여놓거나 텔레비전에 공동으로 접근할 기회를 갖게 되었다고 추정된다. 부와 일자리를 얻을 기회가 확산되면서, 대가족 형태는 이제 대체로 부모가 집 밖에서 일하면서 부모와 자녀들이 서로 떨어져 사는 핵가족 형태로 대체되었다. 하지만 유럽이나 미국과는 달리 가정부는 여전히 많은 도시에서 손쉽게 구할 수 있다. 관광과 친지 방문을 포함하는 해외여행 역시 흔해졌다.

2010년대에 들어서면서 더 놀라운 것은 바로 반부패를 명분으로 한 중산층의 활발한 정치 참여 운동이 갑자기 급부상했다는 점인데, 이는 투표소에서만 그치지 않고 가두에서도 벌어졌다. 많은 공무원들에게는 실망스럽게도, 인도인들은 2005년에 제정되었으면서 정부 기록들을 공개하는 것을 골자로 하는 정보접근권에 관한 법Right to Information Act이 주는 이득을 완전하게 누리게 되었다. 더 나아가 2011년 여름에는 독립 이후 거의 발생하지 않았던 정치 시위 형태인 단식 파업이 일어났다. 대부분의 정치인들과 정당들을 경멸하면서 자신들을 제대로 보살피지 않았던 정부에 좌절한 수천 명의 인도인들은 길거리로 나섰는데, 이들은 "인민의 수호자Lokpāla[힌]"[21]라 하는 강력하면서도 독립된 반부패 정부기구 설치를 요구하는데 지지를 보냈다. 이 시위는 무당파였던 키선 바부라우 허자레Kisan Bābūrāv Hajāre[머](1937~)[22]가 이끌었는데, 그는 미지근한 태도를 보였던 의회에 자신의 의지를 관철하기 위해 단식 파업을 반복해서 사용했다. 이 "언나 운동"이 인도 정치의 새로운 방식을 대표하게 될지, 아니면 중산층의 불만이 잠깐 폭발한 것에 불과하게 될지는 계속 두고봐야 한다.

---

21 loka '사람, 인민' + pāla '수호자'

22 애칭으로 언나(Aṇṇā[머], "연장자, 아버지") 허자레로도 불린다.

급격한 성장에도 불구하고, 번영 중인 인도 중산층은 여러 가지 구조적인 제약으로 인해 방해를 받고 있다. 2010년에 이르러 서비스 부문은 인도 국내총생산의 약 55%를 차지했다. 제조업과는 달리 정보기술산업도 그렇고, 타국도 그렇지만 인도 내에서 제공되는 관련 산업들은 비숙련 직업과 관련된 일자리가 창출될 기회를 마련하는데 한계를 갖고 있었다. 지역 간 불균형은 더 나아가 출세의 가능성을 제약했다. 인도 서부 및 남부에 있는 여러 주들은 서비스와 기술 부문에서 준수한 성장세를 보였지만, 인도 동부에 있는 주들과 갱가강 평원지대 동부에 있는 주들은 이와 대조적으로 자급농업의 수렁에 빠지고, 쇠퇴 중인 중공업 공장들이 몰려있는 상태에서 더더욱 쳐지게 되었다. 두 주가 특히 주목할 만하다. 하나는 구즈라트주로, 대부분의 다른 주들보다 더 나은 사회기반시설을 갖고 있으며, 민간기업 운영 측면에서 오래된 역사를 갖고 있는 이 주는 선구적인 위상을 차지하고 있는데, 특히 산업 측면에서 그러하다. 인도 인구의 5%에 불과하지만, 구즈라트주는 인도 전체 국내총생산의 약 16%, 총 수출의 약 22%를 차지하고 있다. 1인당 소득 증가 측면에서 선두적인 지위를 차지하지는 않지만, 인도 남서부에 있는 케랄람주는 성비, 문해율, 그리고 인구성장률과 같은 삶의 질을 보여주는 지표에서 준수한 결과를 보여주고 있는데, 이러한 성과는 제1세계 국가들에 비해서도 크게 떨어지지는 않는 수준이다.

대부분의 인도 농촌 지대 중에서도, 특히 극도로 가난한 부족민들의 거주 지역과 도시 내 빈민촌과 같은 곳들은 아직도 경제 성장의 이득을 누리지 못하고 있다. 공식 추정에 의하면, 인도 전체 인구의 약 1/3은 절망스러운 수준의 빈곤에 시달리고 있고, 많은 이들은 생존에 필수적인 여러 사항들을 박탈당할 위기에 직면하면서 근근이 살아가고 있다(그림 51). 동시에 농업 생산성은 대체로 해마다 겨우 2~3%의 성장률을 보이는데 그치고 있는데, 이는 인도 전체 국내총생산 성장률에 심각하게 못 미치는 수준이다. 농촌 지대 역시 부분적으로 전 세계에 걸쳐 일어나고 있는 지구온난화 때문에 가뭄과 홍수가 잇따라 닥치면서 심하게 타격받고 있다. 2011년 독립기념일 당시 먼모헌 싱그 총리는, 연설 중에 "인도에는 농업 부문에서 또다른 녹색혁명이 필요하다."라고 발언했다.

위. 그림 51_ 정세가 불안한 머니푸르주에서 한 장교가 도로를 차단 중인 현지인들을 해산시키려는 중이다. 2010년 촬영

아래. 그림 52_ 한 마을에 있는 교실 머드여프러데쉬주에서 촬영

그럼에도 불구하고, 변화는 농촌 지대에도 다가오고 있다. 온갖 종류의 학교들이 각지의 절박한 수요를 맞추기 위해 전국에 걸쳐 설립되었으며, 질적인 측면에서 불확실한 부분이 때때로 있기는 하나 대부분의 마을에서 교육 활동이 이루어지게 되었다 (그림 52). 전력을 공급하는 전선은 이제 아주 작은 마을에도 보급되었다. 게다가 정부는 경제난을 타개하고 소득을 어느 정도 재분배하는 일을 촉진시키는 여러 가지 조치들을 시행하게 되었다. 2005년에 제정된 전국농촌고용보장법National Rural Employment Guarantee Act은 모든 이들이 1년에 최소 100시간 동안 보수를 받으면서 일할 수 있는 권리를 보장했다. 게다가 주 내 학교들에 재학하는 모든 아이들은 이제 점심 때 급식을 받게 되었다. 정부는 또한 모든 이들이 신원확인 수단을 갖는 것을 보장하는 야심찬 계획에도 착수했다. 사회보장번호나 신원을 확인할 수 있는 다른 수단이 그동안 없었던 이 나라에서, 빈민들은 부패한 현지 공무원들의 횡포에 시달려왔다. 홍채와 지문 인식 정보를 수집하는 생체 데이터베이스를 이용하는 이 계획은 사기에 악용당하기 쉬운 카드가 아니라, 인도 전 인구 약 12억 명의 시민들 각각에 대해 은행 계좌 고유번호와 개설권을 만드는데 그 목적을 두고 있다. 이를 통해, 신원이 확인된 상황에서 빈민들은 자신들에게 주어진 각종 권리와 서비스를 제대로 행사할 수 있게 될 것이라고 몇몇 사람들은 기대하고 있다. 하지만 다른 사람들은 빈곤 상태를 완화하는데 목적을 둔 이 조치들이, 그동안 정치적인 측면에서 식량 및 기타 품목들에 대한 보조금 제도와 관련된 관행과 결합됨으로써 경제성장률이 낮아질 수 있다고 우려한다.

아시아의 세기

아시아 대륙에 의해 지배될 것이 확실시되는 21세기 세계에서, 인도의 미래를 전망하는 한 가지 유용한 방식은 바로 인도의 "거대한" 경쟁국인 중국과 나란히 비교하는 것이다. 많은 측면에서 중국의 우위는 현재로서 분명하다. 모든 이들이 선호하는 발전 척도인 국내총생산 성장률의 경우, 매년 10%의 성장률을 기록하는 중국은 8%의 성장률을 보이는 인도보다 더 앞서고 있고 안정적인 모습을 보이고 있으나, 동시에 그 성장 속도가 느려지고 있다. 인도는 몇 년 안으로 중국을 따라잡을 수 있게 될 것이다. 그러나 삶의 질과 관련해 여러 가지 측면과 생활수준에서의 진보를 보여주는 척도를 보면, 인도는 더 열악한 상황에 놓여 있다. 2010년 현재 중국의 기대수명은 73.5세이지만, 인도의 기대수명은 64.4세에 불과하다. 사회복지 수준을 잘 보여주는 매우 중요한 표지인 5세 이하 유아사망률의 경우, 인도는 천 명 당 50명이었지만, 중국은 천 명 당 19명에 불과했으며, 영양결핍 상태에서 생활하고 있는 이들의 비율은 인도가 중국보다 훨씬 더 크다. 이 부분에 대해, 혹자는 인도의 경우 그 수치가 43%나 달하는 반면, 중국은 겨우 7%에 불과하다고 추정한다. 재학 평균 기간에 관한 추정치의 경우, 인도는 대략 4.4년이지만 중국은 7.5년으로 나타났으며, 놀랍지도 않지만 성인 문해율의 경우 중국은 94%인 반면 인도는 74%에 불과하다. 보건 부문에 대한 정부 지출의 경우, 중국은 국내총생산의 거의 2%를 차지하는 반면, 인도는 그의 절반 정도에 불과하다.

인도는 인력 자원에 대한 투자 측면에서 분명히 우세에 있으며, 모든 지표들이 중국에 유리한 것만은 아니다. 인도에는 상당히 젊은 인구가 있다. 중국의 한 자녀 정책으로 인해 인도 인구의 31%는 15세 미만이지만, 중국의 경우 그 수치는 고작 20%에 불과하다. 이 "인구학적인 배당금"은, 교육이 제대로 이루어질 경우 인도가 다음 수십 년 동안 번영할 수 있게 하는 동력인 생산성 높은 노동력이 될 것이다. 인도의 산업생산은 급증하는 국내 수요로 인해 역시 급격히 상승 중이다. 2011년 7월 미국 포드사는 인도에 자동차 공장을 짓겠다는 계획을 발표했는데, 이러한 포드사의 움직임은 인도에 급료가 좋은 일자리를 제공하는데 도움이 될 것이며, 한창 확장 중인 인도 자동차 시장에 지분을 확보하기 위한 조치이다. 영국 《이코노미스트》 주간지는 번영 중인 구즈라트주가 1990년대 중국 남부에 있는 광둥성이 그랬듯이 인도 산업 발전의 동력이 될 것이라고 전망하기까지 했다.

그러나 번영으로 가는 인도의 행보는 절대로 중국과 같지 않을 것이다. 무엇보다도 인도는 자유롭고 열린 사회이며, 모든 부문에 걸쳐 영어를 구사할 수 있는 잘 교육받은 전문직 직장인들은 창의력을 필요로 하는 전 세계 시장과 연결되어 있다. 앞으로 다가올 미래에 인도에서 등장하게 될 창조성 및 혁신의 수준이 어느 정도로 이루어질지 추정하는 것은 불가능하다. 그리고 인도가 존중받는 민주주의 국가라는 단순한 사실도 결코 무시할 수 없다. 아마르티어 센은 2011년 5월 중국과 대비해 인도의 "삶의 질"에 대한 평가를 내리면서 그는 다음과 같이 썼다. "대부분의 인도인들은 수많은 정당, 체계적인 자유선거, 검열받지 않는 언론, 표현의 자유, 독립된 사법당국, 그리고 살아있는 민주주의의 여러 다른 특징들을 포함해, 자국의 민주적인 정치사회 구조가 갖고 있는 진가를 강하게 믿고 있다." 센은 표현의 자유는 사람들이 누리고 소중히 여기는 것이라 하면서 글을 마무리짓고 있다. 사회의 복지는 전통적인 사회적 지표들만으로 전부 다 포괄돼 설명되는 것은 아니다. 빈곤 상태를 끝내고 효율적인 통치 구조를 확보하는 과제를 비롯해 해결해야 할 일들이 여전히 많지만, 자유 및 민주주의 유지 측면에서 독립 이후 인도가 거두었던 각종 성과들은 전 세계 신생 국가들 사이에서도 독보적이라 할 수 있겠다.

부록

용어해설

벅티Bhakti[성] **신앙** 힌두교 전통에서 숭배 및 영적인 종교수행과 관련된 접근법으로, 주로 성인이나 스승의 중재를 통해 개인이 신에게 다가간다는 특징을 갖고 있다.

브라머너Brāhmaṇa[성] **계급** 성스크르터 고전 전통에서 가장 순수하고, 사제로서 각종 의무를 행사할 자격을 가진 워르너 혹은 계급 범주.

불교도Buddhist 가우터머 붓더(Gautama Buddhaḥ[성], 기원전 563~기원전 483)를 따르는 무리. 자이너교의 창시자 머하위러와 같이, 그는 브라먼교의 의례가 가진 권위를 부정했다. 그는 고통은 존재로부터 떨어질 수 없으며, 니르와너(nirvāṇa[성], "열반")라고 하는 깨달음의 상태에 이르기 위해서는 누구나 다 자아와 여러 감각들을 소멸시키는데 노력해야 한다고 가르쳤다. 위대한 왕인 어쇼커왕의 지원을 받았던 불교는 기원후 10세기에 들어 인도아대륙에서 대체로 사라졌다. 불교는 "불가촉천민" 출신 지도자였던 암베드커르에 의해 20세기 중반에 부활했다.

덜리트Dalit[힌] "억압받는"이라는 뜻을 가졌으며, 이전에 불가촉천민들이었던 이들이 자신들의 공동체를 가리키는데 사용한 용어이다. 최근 수십 년 동안 간디가 사용했던 용어인 "허리전(Harijan[힌], '신hari의 아이들jan')"을 대체했다.

더르바르Darbār[우] "왕의 접견", "알현장", "궁정", "토후국의 행정 정부"이라는 뜻을 갖는다. 영어명으로는 durbar이다.

디완Dīwān[페] 무굴제국 치하에서 한 지역을 다스렸던 수석 민정 행정관. 디와니(Dīwānī)는 민정 혹은 징세에 관련된 행정권을 가리킨다.

팩터Factor 인도에 거주하면서 영국동인도회사에 소속된 "대리상代理商"을 뜻한다. "팩토리(Factory, 상관商館)"라는 용어는 교역품들을 저장하는 창고를 가리켰다.

세금징수도급인Farmer 정부에 일정액을 납부하는 보상으로, 특정 지역 내에서 여러 명목의 세금을 징수할 권리를 확보하기 위해 값을 부른 사람에게 사용된 징세 관련 용어.

하디스Ḥadīth[아] 예언자 무함마드의 언행을 언급한 전승傳承.

허르탈Haṛtāl[힌] 억압이나 학대에 저항하는 방식으로써 시장에 있는 모든 상점들의 영업을 중단하는 행위.

이맘Imām[아] 이슬람교에서 예배를 주도하는 지도자(순나파 기준). 시아파에서는 예언자 무함마드의 존경받는 남성 후손들을 가리키는데, 시아파 다수를 이루는 열두 이맘파(아랍어로 ʔIthnā ʕAsharīyah, 영어로 The Twelver)에 따르면 열두 명, 이스마일파에 따르면 일곱 명의 이맘이 대대로 계승되다가 단절되었다.

자기르Jāgīr[페] 무굴제국 시대에 봉직에 대한 보상으로 중앙정부가 제한된 기간 동안 하사했으면서, 토지조사를 통해 이미 그 액수가 산정된 세금을 봉지에서 거둬들일 수 있는 권리. 자기르를 보유한 이를 "자기르다르(Jāgīrdār[페], dār는 '~을 가진 이'를 뜻함)"라 한다.

자이너교도Jaina[성] 붓더처럼 브라먼교의 의례를 부정하고, 금욕적이고 세속을 부정하는 철학적 · 도덕적 체계를 가르쳤던 머하위러(Mahāvīraḥ[성], 기원전 599년~기원전 527년)를 따르는 이들. 상업 방면에서 특히 성공을 거둔 자이너교인들은 대부분 구즈라트주와 뭄버이에서 소규모 공동체를 이루며 거주한다.

자트인Jāṭ[힌] 북인도의 소농 및 영농 집단.

예수회원Jesuit 로마 카톨릭 교회에 소속된 예수회 회원으로, 1534년 성 이그나티우스 로욜라(St. Ignatius Loyola)가 설립했다. 포르투갈인들이 인도에 교역 거점들을 설립한 이래로 일찍부터 인도에 존재해왔다.

지즈야Jizyā[아] 비무슬림들에게 부과된 인두세. 이 지즈야를 납부하면 비무슬림들은 보호받을 자격을 얻으면서 병역 의무를 면제받을 수 있었다.

조터다르Jotadār[방], 영어명 Jotedar 방글라 지역에서 저민다르와 소농 경작자 사이에 있었던 징세 중개인. 한국으로 치면 마름 정도의 지위와 비교할 만하다.

카여스터Kāyastha[머] 북인도 내 카스트 집단으로, 이들 중 많은 수가 무굴제국 시대부터 정부 관료나 서기, 회계사 등으로 일했다.

할리파Khalīfah[아], 영어명 caliph 계승자. 예언자 무함마드의 후계자들에 대해 특히 사용되었다.

커트리Khatrī[힌/우] 북인도 내 카스트 집단으로, 카여스터 카스트 집단처럼 이들 중 많은 수는 무굴제국 시대부터 정부 관료나 서기, 회계사 등으로 일했다. "크셔트리여(Kṣatriyaḥ[성])"가 음운 변화를 거쳐 변형된 단어이다.

힐라파Khilāfah[아]) "할리파의 관청" 혹은 "위엄"이라는 뜻이며, "힐라파 운동"이라는 용어는 오스만 제국 술탄의 지위를 전 세계 무슬림들의 영적인 지도자로까지 끌어올리려고 했던 움직임을 가리킨다.

크셔트리여Kṣatriyaḥ[성] 성스크르터 고전 전통에서 군사력을 행사하고 희생제를 거행할 자격을 가진 워르너 혹은 계급 범주.

만사브Manṣab[페] 무굴제국의 제도에 있었던 관등으로, 만사브를 가진 관료들은 관등의 고하에 따라 정해진 규모의 기병들을 중앙정부에 공급할 의무를 지고 있었다. 만사브를 보유한 이를 "만사브다르(Manṣabdār[페])"라 불렀다.

네이법Nabob 너와브 항목을 보라.

나이브Nāʔib[우] “대리인”이라는 뜻으로, 무굴제국 시대 속주(Ṣūbah[페])를 다스렸던 주지사에 대한 존칭이었다.

너와브Nawāb[우] 무굴제국의 주지사로, 영령인도 시기에는 관습상 무슬림 토후와 족장에게 붙여졌다. 너와브라는 명칭이 변형된 네이법이라는 용어는 인도 안에서 벼락부자가 된 영국인들을 가리켰다.

오스만 제국오스만 튀르크어로 Devlet-i ʕAlīye-i ʕOsmānīye, 영어명 Ottoman Empire 오스만 튀르크인들이 14세기부터 16세기까지 약 2세기에 걸쳐 정복했던 소아시아 및 발칸반도 지역에 기반을 둔 광대한 제국으로, 제1차 세계대전이 끝난 1918년에 해체될 때까지 존속했다.

펀디터Paṇḍita[성] 학식있는 브라머너에게 붙여진 존칭. 영어로는 특정 주제의 전문가 혹은 권위자를 뜻하는 “펀디트(Paṇḍit[힌], 영어명 Pundit)”로 전해졌다.

펀차여트Pañcāyat[성] 마을, 카스트, 혹은 다른 집단과 관련해 분쟁을 중재하는 법정이자 협의회 역할을 맡는 회의체. “다섯(Pañcā[성])” 명의 원로들이 모인 전통적인 모임으로부터 비롯되었으며, 오로회五老會라 번역 가능하다.

파르시인Pārsī[구] 마즈다숭배교 항목 참조.

페르시아어Fārsī[페], 영어로 Persian 델리술탄국, 무굴제국, 그리고 전근대 시기 인도에 존재했던 국가들 안에서 문예 부문 및 관공서에서 사용된 공용어.

페쉬와Peshvā[머], 영어명 Peshwa 머라타인들이 다스린 지역에 존재했던 세습 재상직. 1720년부터는 머라타연맹의 통치자를 사실상 뜻하게 되었다.

피르Pīr[페] “연장자”라는 뜻으로, 수피 교단 혹은 사원의 창시자 내지 수장.

관구Presidency “관구장管區長(President)”의 관저를 원래 뜻하며, 여기서는 17세기 마드라스 · 봄베이 · 캘커타에 설치된 영국동인도회사의 세 중심지들을 가리킨다.

라자Rājā[힌] 원래는 “왕, 통치자”라는 뜻으로, 영령인도 시기 토후뿐만 아니라 족장, 저민다르, 그리고 실권자를 가리키는데 사용된 명칭. 항상 그런 것은 아니지만 관습적으로 대개 힌두교인들에 한정되어 명칭이 붙여졌다.

라즈푸트인Rājpūt[힌] “왕(rājan)의 아들(putra)”을 뜻하는 성스크르터어로부터 비롯되었다. 북인도와 북서인도에 근거를 두었던 라즈푸트인 씨족들은 중세 및 무굴제국 시대에 출현해, 무굴제국의 중앙정부와 대체로 동맹을 맺으면서 전쟁을 수행하는 제후들의 역할을 맡았다.

서바Sabhā[힌] 결사나 협회, 의회, 협의회, 법정 등을 뜻한다. “회會”의 의미라 보면 된다.

성스크르터어Saṁskṛtam[성] 인도유럽어족에 속한 고대 언어로, 브라머너 계급이 발전시킨 법률 및 종교의례 전통에서 사용된 신성한 언어였다.

서트야그러허Satyāgraha[성] “진리의 힘”이라는 뜻으로, 반대자와 함께 “진리”를 같이 추구하고 상호 존중에 근거해 분쟁을 해결하는 방식을 설명하기 위해 간디가 만들어낸 신조어.

사이드Sayīd[아], Sayyid로도 표기되며, 우르두어로는 서예드Sayed 예언자 무함마드로부터 자신들의 가계가 비롯되었다고 주장하는 무슬림들.

지세액地稅額 확정 Settlement 특정 토지에서 나오는 고정된 세액을 납부할 책임과 관련해, 개인 혹은 집단과 도달한 합의를 구체적으로 명시하려는 목적으로 경작에 대한 과세의 맥락 속에서 사용된 식민지 시대 징세 관련 용어. 이 지세액 확정을 통해 토지에 대한 실질적인 소유권도 명확해졌다.

샤이흐Shaykh[아], 우르두어로는 섀흐 (1) 수피 교단의 스승에 붙여진 명칭 (2) 예언자 무함마드의 동료들로부터 자신의 가계가 비롯되었다고 주장하는 무슬림.

샤리아Sharīʕah[아] 율법 · 윤리 · 예절 측면에서 무슬림들에게 생활 규범을 안내하는 규칙들의 총체.

시아파Shīʕah[아] 이슬람교에서 두 번째로 큰 종파. 이 종파는 예언자 무함마드 사후 그의 지위를 계승했던 네 명의 할리파들을 부정하는 대신, 그의 사위 알리(ʕAlī[아])와 그의 후손들인 이맘들이 가진 각종 권리를 지지한다.

슈드러Shūdraḥ[성] 성스크르터 고전 전통에서 가장 낮은 지위에 있는 워르너 혹은 계급 범주. 이들은 자신들보다 상위에 있으면서 더 순수한 세 워르너를 위해 일해야 할 의무가 있다.

식크Sikkh[펀] "제자"라는 뜻으로, 교조인 구루 나너크의 길(Panthāḥ[성])을 추종하는 이들을 가리킨다. 성스크르터어 "시크샤(shikṣā, '지도instruction, 가르침teaching')"에서 비롯되었다. 벅티 신앙 항목도 참조하라.

수피Ṣūfi[아] 도덕적인 실천 및 규율을 통해 이슬람교의 내적 자질을 수양하는 이들이며, 안내자 · 스승 · 중재자로서 활동하는 수피 스승들과 관련되어 있다. "신비주의자"의 뜻도 포함되어 있다.

순나파Al-Sunnah[아] 예언자 무함마드(570~632)의 후계자들을 선택하는데 이루어진 전원합의의 원칙을 비롯해, 처음 네 명의 할리파들이 지녔던 권위를 인정하는 이슬람교 내 다수 종파.

스워데시Svadeshī[힌], 영어명 Swadeshi 원래 "자기 땅"라는 뜻이다. 인도 국민국가 수립운동가들은 자국 내에서 제품을 만들고 국산품 사용을 장려하기 위해 이 용어를 사용했다.

스워라즈Svarāj[힌], 영어명 Swaraj "자주自主"라는 뜻이다.

울라마ʕUlamāʔ[아] 이 용어는 복수 형태이며, 단수 형태는 "알림(ʕĀlim)"이다. 이슬람 율법과 신학을 공부한 학자 계층이다.

와이쉬여Vaishyaḥ[성] 성스크르터 고전 전통에서 상인 및 교역상을 가리키는 워르너 혹은 계급 범주이며, 이들은 희생제를 거행할 자격이 있다.

워르너Varṇa[성] 브라먼교에서 언급한 인간 사회의 이상적인 계급 분류이며, 브라머너 · 크셔트리여 · 와이쉬여 · 슈드러 등 네 계급으로 구성되어 있다. 이에 대해서는 더르머샤스트러(Dharmashāstra[성]) 문헌에 특히 상세히 언급되어 있다.

요기Yogī[성] 마음을 다스리고 평온하게 만드는 의식을 단련하는데 목적을 둔 여러 규율들을 수행하는 금욕주의적 요거(Yoga[성]) 수행자.

저민다르Zamīndār[우] "토지소유자"라는 뜻으로, 청구된 세금 혹은 조세를 징수하고 이를 정부에 보내는 이들.

저나나Zanānā[힌/우/방], 영어명 Zenana 인도 가정 내 여성들의 규방.

마즈다숭배교Mazdayasnā[페], 일명 "조로아스터교Zoroastrianism" 고대 페르시아의 스승 자라수스쉬트라(Zarathushtra, 고대 페르시아어의 일종인 아베스타어(Avestan) 이름)의 가르침을 따르는 종교이다. 아후라 마즈다(Ahura Mazdā[페])를 숭배하면서 도덕적인 성향을 띤 이 유일신교의 교리는 우주 전역에 걸친 빛과 어둠 간의 투쟁에 근거해 있다. 이슬람교의 등장 이후 페르시아(현 이란)에서 이 종교는 힘을 거의 잃었으며, 일부 교인들은 인도 서부 해안으로 넘어가 소규모 공동체를 이루며 "파르시인(Pārsī[구], 영어명 Parsis, '페르시아인')"이라 불리며 살아가고 있다. 한편 조로아스터는 해당 종교의 창시자로 알려진 자라수스쉬트라의 이름을 외부인들이 부른 타칭이며, "마즈다숭배('마즈다 숭배yasnā, 영어로 Mazdaism')"가 바로 해당 종교 교인들이 자신들의 종교를 가리켜 부르는 자칭이다.

인도사 연표

기원전 2600~1700년경: 허럽파 문명 등장. 고도로 발전한 수문학(hydrology), 건축, 공예 기술을 지닌 도시 존재, 서방과 중앙아시아와 교역. 이 문명은 신두강 유역 외에도 인접한 펀자브 및 구즈라트 지역에도 위치. 당시 인도아대륙의 대부분은 수렵채집민과 목축민들이 드문드문 거주.

기원전 1500~1200년경: 중앙아시아로부터의 인구 이주 혹은 교류로 인해 펀자브 및 서부 경가강 평원 지대에 아려 문화 발생. 성스크르터어로 쓰인 여러 종교의례 문헌들과 웨더가 브라머너 계급 사제들에 의해 수 세기 동안 보존되고 동쪽과 남쪽으로 서서히 전파됨. 해당 문헌들은 청동기, 말[馬], 복잡한 우주론에 대해 묘사함.

기원전 900~800년경: 대서사시 『라마여너』와 『머하바러터』가 여러 왕국 및 전쟁에 대해 이야기하며, 이 두 서사시는 수 세기에 걸쳐 수정되고 오늘날 많은 이본異本으로 전해짐. 『머하바러터』는 한 왕실 안에 있는 두 집안 간 전쟁에 대해 언급하며, 크르쉬너 여신이 영웅 전사인 어르주너(Arjuna[성])에게 의무와 현실에 대해 설명하는 『버거워드 기타(Bhagavad Gītā[성]), "신(Bhagavad)의 노래(Gītā)"』도 포함. 『라마여너』에서, 이후 위쉬누 신의 환생으로 여겨진 라머 신, 그의 아내 시타(Sītā[성]), 그리고 그의 동생 러크쉬머너(Lakṣmaṇa[성])는 라머가 어요드야에서 왕위를 빼겼을 때 숲으로 추방되는 편을 택했는데, 이들은 정의와 평화를 달성하기 위해 적들을 물리친 뒤 귀환.

기원전 6세기: 유라시아 대륙에 걸쳐 여러 철학 사조가 개화했던 "축의 시대". 머하위러를 따르는 이들은 "자이너(Jaina[성])"교도로 알려졌고, "불교도"의 스승인 가우터머 붓더는 브라먼교(Brahmanism, 힌드어로는 Brāhmaṇvād)의 지배에 도전. 브라머너 계급의 현자들이 『우퍼니셔드』 지음. 이 세 가지 철학 사조는 모두 환생, 커르머(Karma[성], "업業"), 그리고 복잡한 우주론에 대한 여러 개념 논의.

기원전 327~325년: 마케도니아 왕국의 알렉산드로스 대왕이 인도 북서부 침입.

기원전 268~233년: 마우려조 어쇼커왕의 통치. 마우려 제국이 절정에 이름. 이 제국은 인도아대륙 북부와 동부에 기반을 두었지만 대륙 전체에 걸쳐 영향력 행사. 어쇼커왕은 기원전 261년 컬링거(Kaliṅga[성]) 왕국을 정복한 뒤 불교로 개종. 이후 남아시아에서 불교 전파가 시작되어 동아시아와 동남아시아로 확산.

기원전 200~기원후 200년경: 성스크르터어로 된 『샤스트러(Shāstra, "논서")』에서 네 가지 위계적인 계급으로 이루어진 이상적인 사회에 대한 묘사 내용이 등장하는데, 여기서 브라머너 계급은 전사계급, 농민 및 상인 계급, 그리고 일꾼 및 종들보다 종교적으로 우월한 위치에 놓임. 인도-그리스인, 샤커인, 쿠샨인(Kushan, 성스크르터어로는 Kuṣāṇa)들이 인도 북서부로 들어와 여러 왕조 건설. 전설에 따르면, 기원후 52년에 사도 토마스가 인도에서 기독교 전도를 시작했다고 함.

320~497년: 굽타(Guptā[성]) 제국이 북인도에 자리잡음. 브라머너교의 문화, 성스크르터어 문학, 사원 건축 및 조각의 "고전 시대". 중국 순례승들이 불교를 공부하러 인도로 건너옴.

680~720년: 팔라와(Pallava[타]) 왕국이 들어섬. 마말라푸람(Māmallapuram[타], 마하발리푸람(Mahābalipuram)이라고도 함)에 바닷가 사원이 건설됨.

711년: 신드 지역에 아랍인들이 왕조 수립.

985~1120년: 남인도에 초라 제국 건설. 이 제국은 쉬리랑카, 수마트라섬, 말라야반도 정복. 인도아대륙 북쪽도 공격해 오리사와 방글라 지역 정복. 청동 조각 등 예술 방면에서도 발전된 모습 드러남.

1000~1027년: 마흐무드 가즈나위가 북인도를 침공해 머투라, 컨너즈(Kannauj[힌], 영어명 Kanauj), 솜나트(Somnāth[구]) 지역의 여러 사원 약탈.

1206~1398년: 델리에 튀르크-아프간 왕조들이 설립. 14세기에 남인도로 세력 확장. 페르시아어와 이슬람교에 기원한 각종 제도가 후원을 받아 융성.

1297~1306년: 델리의 술탄들이 몽골제국의 공격을 물리치고 몽골인들의 습격으로부터 피신한 난민들을 환영.

1346~1565년: 남인도에서 위자야나가라 제국이 존속. 1398년 테무르가 델리 습격. 지역 왕국들이 이제 델리로부터 독립해 북인도 내 구즈라트, 방글라, 전푸르 지역에서 자리잡음. 1510년 포르투갈인들이 고아 정복.

1347~1481년: 덕컨고원에서 바흐만 술탄국 존속. 이후 여러 후계 왕국들이 계승.

1526~1858년: 무굴제국이 북인도와 남인도 일부를 통합시켜 지배. 번영과 안정 속에서 문화가 발전. 1707년 이후 쇠퇴.

1600년: 영국인들이 동인도회사 설립. 뒤이어 네덜란드(1602)와 프랑스(1664) 상인들도 이와 비슷한 회사 설립.

1646년: 시와지 1세가 무굴제국에 도전하기 위해 머라타 지역에 근거지를 둠.

1707년: 알람기르 1세(아우랑그제브) 사망.

1708년: 번다 싱그의 지도하에 펀자브에서 식크교인들이 반란(1715년까지 지속).

1713년: 머라타연맹이 페쉬와들의 지도하에 성립(1818년까지 지속).

1717년: 파루흐시야르 파디샤가 영국인들에게 세금을 내지 않고 수출할 특권을 부여.

1724년: 니자물물크가 하이다라바드에서 통치권을 장악하며 무굴제국으로부터 사실상 독립.

1727년: 재 싱그가 격자형 도시인 재푸르 시를 건설.

1739년: 페르시아의 나디르 샤가 델리를 함락시킨 뒤 약탈.

1744년: 유럽에서 오스트리아 왕위계승전쟁 발생(1748년까지 지속). 뒤플렉스가 인도 내에서 프랑스 세력을 확고히 함.

1756년: 방글라 지역의 너와브 시라줏도울라가 캘커타를 정복.

1757년: 펄라시 전투 발생. 이후 영국이 방글라 지역 장악.

1761년: 아프간인들이 파니퍼트 전투에서 머라타인들에게 승리. 해더르 알리가 남인도에서 마이소르국 수립.

1764년: 버크서르에서 영국군이 방글라 및 어워드 지역의 여러 너와브들과 무굴제국의 파디샤가 연합한 군대에 승리.

1765년: 영국이 방글라 지역 내 세금징수권("디와니")를 무굴제국의 파디샤로부터 하사받음.

1772년: 워런 헤이스팅스가 초대 총독으로 임명됨.

1784년: 인도법에 따라 인도통제청 설립. 방글라 아시아 학회 창설.

1793년: 콘월리스가 유럽인들이 인도고등문관제에 진출할 기회 제한. 방글라 지역에서 지세액 영구확정령이 시행됨.

1803년: 영국이 델리 점령. 무굴제국의 파디샤는 이제 궁정에 유폐됨.

1818년: 영국이 머라타연맹에 승리. 북서쪽을 제외하고 영국이 인도아대륙 전체 장악.

1819년: 캘커타에 힌두 컬리지 설립.

1828년: 람 모헌 라이가 브러머회 설립.

1829년: 벤팅크가 서티 풍습 폐지.

1835년: 머콜리가 「교육에 관한 제안서」 집필.

1849년: 제2차 영국-식크 전쟁 발발. 영국의 펀자브 지역 정복. 달하우지 총독 부임.

1853년: 철도 건설이 시작돼 투자자들에게 이득이 돌아감.

1856년: 영국이 어워드 지역 병합.

1857년: 반란과 봉기가 북인도 전역에서 발생. 인도 최초의 대학교들이 설립.

1858년: 동인도회사 폐지. 무굴제국의 파디샤가 유배됨. 본국직접통치(Crown Rule) 시작.

1868년: 데우번드에 무슬림들의 학당 설립.

1872년: 인도 전역에 걸쳐 최초로 국세조사 실시.

1875년: 서예드 아흐머드 한이 알리거르에 앵글로-무함마단 컬리지 설립. 서러스워티 더야넌드가 아려회 조직.

1876년: 인도여황법(Empress of India Act)이 통과돼 영국 빅토리아 여왕이 인도 여황 겸직.

1877년: 제국회동이 리튼 경의 주도하에 개최.

1878년: 제2차 영국-아프간 전쟁 발발(1880년까지 지속). 토착어 언론법 통과.

1882년: 자유당 소속 리픈 부왕이 지방 내 현지 지자체의 설립을 규정하는 법 제정.

1884년: 유럽인들이 포함된 배심원단이 유럽인들을 재판하는 것을 보장하는 일버트 법안 통과.

1885년: 인도국민회의당 창당. 버마 정복 완료.

1891년: 성관계 동의연령법안 통과.

1893년: 스와미 위웨카넌더가 세계종교의회 참석. 틸러크가 거너퍼티 축제 조직. 소 보호 문제를 둘러싸고 폭동 발생.

1896년: 봄베이에서 역병 발생.

1899년: 커즌이 총독으로 부임(1905년까지 재직).

1901년: 펀자브 토지이전법이 제정돼 농업에 종사하는 계층들을 제외한 이들의 토지 거래 금지.

1905년: 방글라 분할령 실시. 스워데시 운동 시작. 고컬레가 인도의 종복협회 설립.

1906년: 전인도무슬림연맹 창당.

1907년: 타타 철강 회사(Tata Iron and Steel Company) 설립.

- 1909년: 인도의회법 통과. 간디가 『인도의 자주(Hind Swaraj)』 출간.
- 1911년: 방글라 분할령 취소. 델리가 영령인도의 수도로 지정.
- 1914년: 제1차 세계대전 발발. 인도가 영국 측에 가담.
- 1916년: 국민회의당과 무슬림연맹이 러크너우 협정 체결.
- 1917년: 먼터규가 책임정부를 결국 수립할 것이라 선언.
- 1919년: 롤랫법 통과. 어므릿서르 학살 사건 발생. 먼터규-쳄스퍼드 보고서에서 양두정치 제안됨.
- 1920년: 간디가 무슬림들의 힐라파 운동과 국민회의당의 지지를 받아 인도인들의 자주를 확보하려는 비폭력운동 개시.
- 1922년: 처리 처라 사건 발생. 이로 인해 간디가 비협조운동 중단.
- 1925년: 국민자원단(RSS) 창립.
- 1927년: 영국 본국 내각에 소속된 사이먼 위원회가 조직됨.
- 1930년: 영국이 부과했던 여러 명목의 세금 납부를 거부하기 위해, 간디가 해안가로 향하는 소금 행진을 벌여 시민 불복종 운동 재개. 해결 협상의 일환으로 런던에서 수 차례에 걸쳐 원탁회의가 진행됨.
- 1932년: 제諸공동체에 관한 판정(Communal Award) 발표. 간디와 암베드커르가 푸나 협정(Poona Pact) 체결.

- 1935년: 인도정부법 통과.

- 1937년: 1935년 인도정부법이 발효된 이후 첫 선거 실시. 국민회의당이 일곱 개 속주 장악.

- 1939년: 제2차 세계대전 발발. 국민회의당 내각 사퇴.

- 1940년: 무험머드 알리 지나의 지도하에 무슬림연맹이 파키스탄 결의안 채택.

- 1942년: 크립스 사절단이 인도로 파견됨. "인도를 떠나라!" 운동 발발.

- 1943년: 방글라 대기근 발생. 슈바쉬 천드러 버슈가 일본이 점령했던 싱가포르에서 인도국민군의 지도자가 됨.

- 1946년: 총선거가 실시돼 국민회의당과 무슬림연맹이 각각 힌두교인들과 무슬림들이 다수인 지역들에서 압도적인 승리 거둠. 내각사절단이 두 종단 간 타협을 추진하나 실패. 캘커타 학살로 인해 방글라 및 펀자브 지역에서 폭력 난무.

- 1947년: 인도가 영국으로부터 독립했으나, 새로운 인도와 "무슬림들의 조국"인 파키스탄으로 양분(Partition)됨. 양분되기 전 최대 백만 명이 폭력으로 사망.

- 1948년: 간디가 힌두 국민국가주의를 신봉했던 한 테러리스트에 의해 암살됨.

- 1950년: 인도헌법 공포. 인도가 공화국이 됨.

- 1951~1952년: 독립 후 최초로 총선거 실시. 제1차 5개년계획 실시.

- 1953년: 언어사용인구의 분포에 기반한 최초의 주인 안드라프러데쉬주 창설.

- 1956년: 주州 재조직 위원회 설립.

1962년: 모호한 국경선으로 인해 중인전쟁 발발.

1964년: 네루 사망. 힌두 국민국가주의 조직인 세계힌두협회 설립.

1965년: 커쉬미르 지역을 둘러싸고 제2차 인도-파키스탄 전쟁 발발.

1966년: 인디라 간디가 인도 총리로 등극(1966-1977, 1980-1984 재임)

1967년: 선거 결과 동부 및 남부에 있는 여러 주들에서 지역 정당들이 승리. 녹색혁명 시작.

1971년: 동파키스탄이 서파키스탄에 대해 자치 요구. 파키스탄 내전에 인도가 개입해(제3차 인도-파키스탄 전쟁) 방글라데쉬가 건국됨.

1974년: 라저스탄주에서 핵실험 실시. 이로써 인도는 세계 여섯 번째로 핵무기 보유국이 됨.

1975년: 인디라 간디가 비상사태 선포(1977년까지 지속).

1977년: 인민당 주도의 연립정부 수립(1979년까지 지속).

1980년: 인도 펀자브주에서 할리스탄 독립 운동이 비등.

1984년: 어므릿서르에 있는 황금사원에 대한 공격 이후 인디라 간디가 식크교인 경호원들에 의해 암살. 라지우 간디가 총리 취임.

1985년: 무슬림 속인법이 적용되는 여성의 지위를 둘러싼 샤 바노 판결 사건이 일어남.

1989년: 위쉬워나트 프러타프 싱그가 인민정당이 주도하는 내각의 총리가 됨. 먼덜위원회 보고서가 발표됨. 커쉬미르 지역에서 봉기 시작.

1990년: 커쉬미르 지역 내 반정부세력과 정부군의 충돌로 인해 현지에서 폭력사태 및 군정이 수 년 동안 지속됨.

1991년: 파물라파르티 웽카타 나라싱하 라우를 총리로 하는 국민회의당 정부 수립(1996년까지 지속). 경제 자유화 가속됨. 라지우 간디 암살.

1992년: 어요드야에 있는 바부르 마스지드가 파괴됨. 직후 반무슬림 폭동 발생.

1998년: 인도와 파키스탄이 핵무기 실험을 감행하고 핵무기 보유국이라 전 세계에 공개적으로 천명. 힌두 국민국가주의 노선을 따르는 인도인민당에 소속된 어털 비하리 와즈페이가 총리로 취임(2004년까지 재직).

1999년: 파키스탄이 카르길 지역을 침입함으로써 커쉬미르 지역에서 인도와 파키스탄 간에 짧은 전쟁 발발.

2000년: 인도 인구가 10억 명 돌파.

2002년: 구즈라트주에 있는 고드라(Godhrā) 기차역에 정차했던 열차 안에 화재가 발생해 많은 사상자가 난 이후, 해당 주 내에서 무슬림들을 향한 대규모 폭력사태 발생.

2004년: 먼모헌 싱그가 이끄는 국민회의당이 여당이 됨.

2005년: 인도와 미국이 민간 핵 기술을 공유하는 협정 체결. 2008년에 비준됨.

2007년: 첫티스거르주 내에서, 일명 부족 지대라 하는 지역에서 마오주의를 추종하는 저항세력이 경찰서를 공격해 경찰관 50명이 살해되는 폭력사태 발생.

2008년: 파키스탄의 지원을 받는 테러리스트들이 뭄버이 중심부에 있는 여러 호텔및 기타

건물들을 공격해 약 200명의 사상자 발생.

2009년: 먼모헌 싱그가 주도하는 국민회의당이 과반에서 겨우 11석만 부족한 상태로 의회 내 다수당이 되어 여당으로서 재임에 성공.

2010년: 2세대 통신 주파수 할당 입찰 과정을 둘러싼 추문으로 인해 먼모헌 싱그 정부의 고위 관리들이 부패 혐의를 받아 조사받음.

인물 약력

서예드 아흐머드 한

Sayed Aḥmad K͟hān[우], 옛 표기로는 Syed Ahmad Khan, 보통 Sayyid Ahmad Khan으로도 알려짐. 1817~1898

처음에는 무굴 궁정을 위해 섬기다가 나중에 영국인들을 섬겼던 가문의 후손으로, 그는 사법 행정 부문에서 동인도회사를 위해 일했다. 1857년 대봉기 동안 그는 비즈너르에 있던 영국인 동료들의 목숨을 구했으며, 이후 봉기가 발생하게 된 원인에 관한 평론을 써서 영국인들에게 인도인 신민들의 의견을 존중하는데 실패한 것을 해명하도록 촉구하였다. 무슬림들에게 서유럽식 교육을 받는데 참여하도록 독려하면서, 1877년 그는 알리거르에 앵글로-무함마단 컬리지를 설립했다. 종교 관련 저술에서, 그는 쿠르안의 가르침들이 "자연의 법칙들"과 부합한다는 확신에 기반해 쿠르안을 해석해야 한다고 주장한다. 1886년 그는 무함마드교도 교육회의(Mohammedan Educational Conference)를 세웠다. 서구의 자유주의적 입헌주의가 인도에 맞지 않다고 주장한 그는 인도국민회의당에 참여하는 것을 거부했다.

윌리엄 캐번디쉬 벤팅크 경

Lord William Cavendish-Bentinck, 1774~1839

1803년부터 1807년까지 마드라스 총독을 역임했다. 마드라스 관구에 위치한 벨루르(Velūr[타], 영어명 Vellore)[1]에 주둔해 있던 군대의 반란으로 인해 그는 본국으로 소환되었다. 나폴레옹 전쟁 기간 동안 그는 시칠리아 담당 영국 총독으로 있었다. 이후 그는 인도로 돌아와 1828년부터 1835년까지 총독을 지냈다. 벤팅크는 많은 논란을 불러일으킨 정부 지출 삭감 조치 및 1829년 서티 제도 폐지, 1835년 영어교육 실시 등 자유주의적인 개혁 조치를 단행했다.

---

1 현 타미르나드주 북동부 내륙에 위치.

로버트 클라이브

Robert Clive, 1725~1774

1743년 영국동인도회사 서기로 임명된 클라이브는 마드라스에 부임했다. 1747년 오스트리아 왕위계승전쟁 동안 그는 소위로 임관하였으며, 카르내틱 지역(Carnatic region)[2]에 있는 프랑스인들과 그들이 추대한 통치자들과 맞서는 여러 전투에 참전했다. 1751년 아르카드를 성공적으로 방어하여 명성을 얻은 클라이브는 1753년 본국으로 돌아왔지만, 1756년 중령이 되어 인도로 다시 돌아왔다. 7년 전쟁이 발발하자 그는 방글라 지역에서 영국의 지위를 굳건히 하는 데 나섰는데, 먼저 1757년 2월 그는 현지 너와브였던 시라즛도울라를 물리친 뒤, 같은 해 6월에는 그 유명한 펄라시 전투에서 시라즛도울라를 축출했다. 1758년부터 1760년까지 방글라 총독을 지내면서, 클라이브는 어마어마한 부를 거머쥐었다. 그는 영국이 방글라 속주의 세수 행정을 장악하게 한 뒤, 1765년부터 1767년까지 방글라 총독으로서 두 번째 임기를 지냈다.

조지 너새니얼 커즌

George Nathaniel Curzon, 1859~1925

이튼 컬리지와 옥스퍼드 대학교에서 교육을 받았으며, 본국 의회 내 보수당원으로서 그는 1891년부터 1892년까지 인도사무부 부副대신(Under-secretary for India) 직을, 그리고 1895년부터 1898년까지는 외무부 차관 직을 역임했다. 1890년대 내내 그는 중앙아시아와 동아시아로 널리 여행을 다녔다. 1899년부터 1905년까지 인도 총독 겸 부왕으로 재직하면서, 그는 현지 행정 체계를 재조직하는데 정력적으로 나섰다. 1903년 커즌은 델리에 있는 더르바르를 주재하였고, 북서변경속주(North-West Frontier Province)를 창설했으나, 1905년 방글라 지역을 종단별 인구 분포에 따라 분할함으로써 교육받은 인도인들의 반감을 샀다. 본국으로 귀환한 뒤 그는 상원 의원으로 영전했다. 제1차 세계대전 당시 커즌은 총리 애스퀴스(Asquith)와 그 다음 총리 로이드-조지(Lloyd-George)가 세운 연립정부에 참가했다. 1919년부터 1924년까지 그는 외무장관을 지냈다.

---

2 오늘날 남인도에서 타미르나드주 해안 일대, 안드라프러데쉬주 해안 일부 지역, 그리고 카르나타카주 남동부 내륙 지역을 포함하는 일대.

인디라 간디

Indirā Priyadarshinī Gāndhī[힌], 1917~1984

저와허를랄 네루의 외동딸이자 두 아들인 라지우 간디(1944~1991)와 선재 간디(1947~1980)의 어머니였으며, 남편을 일찍 여의었다. 그녀는 1964년부터 1966년까지 이어진 랄 버하두르 샤스트리 내각에서 장관을 지냈다. 1966년 샤스트리가 사망하자, 인디라는 행정 경험이 적었음에도 불구하고, 자기 아버지의 공식 퍼스트레이디[3]로 지냈다는 점, 국민회의당 청년위원회(Youth Congress)에서 그녀의 지도력이 드러났다는 점, 그리고 좌파 측의 주장을 잘 대변했다는 점으로 인해 인도 총리가 되었다. 1967년에 겨우 재선된 그녀는 2년 뒤 당시 고령의 고위인사들이 장악했던 국민회의당 지도부와 완전히 결별하여 별도의 국민회의당을 조직했다. 대중영합주의적인 구호를 내세웠던 그녀의 인디라 국민회의당은 1971년 선거에서 압승했다. 1975년 6월, 1971년 선거에서 자기 정당이 저질렀던 선거 부정에 대해 법원이 유죄 판결을 선고하자, 인디라는 헌법의 효력을 정지시키고 전국에 걸쳐 비상사태를 선포했다. 1977년 3월 선거에서 자기 정당이 패배함으로써 30년에 걸친 국민회의당의 지배가 종언을 고하게 되었지만, 그녀는 1980년 권좌에 복귀했다. 1984년 10월 31일, 그해 6월 어므릿서르에 있는 황금사원을 정부군이 무력으로 공격해 많은 식크교도 사상자가 발생한 것에 대해 분개했던 자신의 식크교도 경호원 두 명에 의해 인디라는 암살되었다.

모헌다스 커럼천드 간디

Mohandās Karamcand Gāndhī[구], 영어명 Mohandas Karamchand Gaṁdhi, 1869~1948

구즈라트 지역 내 여러 토후국 궁정에서 봉직했던 버니야 카스트 가문 출신인 간디는 1888년부터 1891년까지 런던에서 법을 공부했다. 봄베이에서 일자리를 찾지 못했던 그는 1893년부터 1914년까지 남아프리카연방에서 변호사로 활동했다. 그곳에서 그는 자신의 첫 아쉬럼을 세웠고, 남아프리카연방에 체류하고 있었던 인도인들의 권리를 보호하는데 힘을 다하면서 그는 "서트야그러허" 사상을 창안했다. 인도로 돌아오자 간디는 엄다와드를 자신의 기반으로 삼으면서, 그곳에서 1917년부터 그 다음 해까지 비하르 및 구즈라트 지역에서 농민들과 노동자들

---

3 그녀의 어머니였던 커믈라 네루(Kamlā Nehru[힌], 영어명 Kamala Nehru, 1899~1936)는 1936년 결핵으로 36세의 나이로 요절했기 때문에, 저와허를랄 네루는 공식 자리에서 사별한 아내 대신 자기 외동딸인 인디라 간디를 퍼스트레이디로 동석시킬 수밖에 없었다.

이 주도하는 시위를 개시했다. 1919년 그는 롤랫법에 반대하는 시위를 전국적으로 이끌었다. 1920년 9월 그는 영국인들에 대한 비폭력 · 비협조 운동을 진행하기 위해 국민회의당으로부터 지지를 얻었다. 1930년 그는 해안가로 향하는 저 유명한 "소금 행진"을 이끌었다. 1931년 간디-어윈 협정을 체결하고 난 그는 런던에서 개최된 제2차 원탁회의에서 국민회의당을 대표했다. 인도 국민국가 수립운동의 상징적인 수장으로 남아있었지만, 1930년대 중반 이후 간디는 정계에 적극적으로 참여하는 것으로부터 거리를 두었다. 1948년 1월 30일, 그는 한 힌두교인 광신도에 의해 암살되었다.

고팔 크루쉬너 고컬레

Gopāḷ Kṛṣṇa Gokhale[머], 영어명 Gopal Krishna Gokhale, 1866~1915

브라머너 계급에 속한 치트파원 카스트 집단 출신이었던 고컬레는, 봄베이에서 교육을 받은 뒤 푸나에 정착해 퍼거슨 컬리지의 교사가 되었다. 그는 데칸(덕컨)교육회 회원이었고, 1890년에는 푸나공회(Poona Sarvajanik Sabha)의 회장이 되었다. 1899년 그는 봄베이 속주 입법회(Bombay Provincial Legislative Council) 의원으로, 1902년에는 제국입법회(Imperial Legislative Council) 의원으로 선출되었는데, 후자에서 그는 인도의 입헌주의적 개혁을 위해 소위 "온건파"가 내세웠던 정치활동 계획을 지지했다. 1905년 그는 사회 개혁에 전념하기 위해 인도의 종복협회(Servants of India Society)를 설립했다.

워런 헤이스팅스

Warren Hastings, 1732~1818

1750년부터 헤이스팅스는 동인도회사에서 일하게 되었다. 1757년부터 1760년까지 그는 방글라 지역에 있는 무르시다바드 궁정의 주재관(Resident)직을, 그리고 1772년부터 1785년까지는 총독직을 역임했다. 총독으로서 헤이스팅스는 캘커타 의회 내에서 결집한 다수 의원들의 반대에 맞서야했으나, 인도 내 동맹국들을 속여 돈을 갈취하는 등의 방법을 통해 동인도회사의 재정을 견실하게 만드는데 성공했으며, 머라타인들의 진출을 견제함으로써 방글라 지역에서 동인도회사의 지위를 굳건히 하였다. 인도 문화를 후원했던 헤이스팅스는 1784년 방글라 아시아학회(Asiatic Society of Bengal)를 세웠다. 본국으로 돌아간 뒤, 그는 인도를 통치하는 과정에서 전횡을 일삼았다는 이유로 하원에서 탄핵당했다. 재판이 연장된 끝에 1795년 그는 무죄를 선고받았다.

무험머드 이크발

Muḥammad Iqbāl[우], 1876~1938

이크발은 라허르에 있던 고번먼트 컬리지(The Government College), 캠브리지 대학교, 그리고 독일 하이델베르크 대학교에서 수학하였으며, 철학박사 학위를 취득하고 나서 런던에서 법을 공부하여 법정변호사 자격을 얻었다. 그는 20세기 중요한 종교 사상가이자 가장 영향력 있는 우르두어 시인으로 널리 인정받고 있다. 그가 다룬 주제들로는 "자아", 개인이 스스로 분발해야할 필요성, 자본주의와 제국주의에 대한 반대, 그리고 "동방", 아시아, 또 무엇보다도 이슬람과 관련된 이상향적인 미래상에 대한 찬양 등이 있다. 1930년 전인도무슬림연맹 당수에 취임하는 연설을 진행하면서, 그는 인도 안에 있는 무슬림들이 별도의 영토를 차지할 수 있도록 단결해야 한다는 주장을 옹호했다. 그의 대표 저작으로는 1928년 여러 강연에서 발표한 원고들을 수록한 『이슬람교에서 종교 사상의 재구성(Reconstruction of Religious Thought in Islam)』이 있다. 1931년과 1932년에 그는 영국에서 개최된 제2 · 3차 원탁회의에 참가했다.

무험머드 알리 지나

Muḥammad ʕAlī Jināḥ[우], 영어명 Muhammad Ali Jinnah, 1876~1948

상업에 종사하는 가문 출신이었던 지나는 런던에서 법을 수학하고 1896년 인도로 돌아왔다. 봄베이 법조계를 주도한 인물이었던 그는 고컬레의 측근으로서 국민회의당 정계에서도 활발히 활동하였고, 1913년에 그는 무슬림연맹에 입당하였다. 정계에 있으면서 그는 선거 정치에서 분리 유권자단(seperate electorates) 제도, 지정의석제, 그리고 무슬림들에 대한 가중치 부여 조치를 실현시키는데 진력했다. 그는 간디의 비협조 운동 및 시민 불복종 운동을 싫어했으며, 힐라파 운동을 지지하지도 않았으며, 입헌주의에 입각한 무슬림들의 권리 보장을 둘러싸고 국민회의당과 합의에 이르는데 실패했다. 1931년 그는 런던으로 법률 사무를 보러 은퇴했으나, 1935년에 인도로 돌아와 무슬림연맹을 위해 분투했으며, 1940년 이후로는 무슬림들로 이루어진 별개의 정치체 수립을 강력히 요구했다. 1947년부터 1948년까지 그는 파키스탄의 초대 총독이 되었다.

토마스 배빙턴 머콜리

Thomas Babington Macaulay, 1800~1859

개혁 성향을 띤 위그당원이었던 머콜리는 1832년부터 1834년까지 인도통제청(Board of Control for India) 대신이었다. 이후 그는 인도로 부임하여 1834년부터 1838년까지 총독의회

의원을 지냈다. 캘커타에 머물면서 그는 인도 형법 제정위원회의 수장으로 임명되었고, 1835년에는 그 유명한 「교육에 대한 제안서」를 집필하여 인도 내 영어교육을 정부가 지원할 것을 제안하였다. 본국으로 돌아온 뒤 1839년부터 1841년까지 그는 전시대신(Secretary at War) 직을 맡았으며, 영국에 대한 고전적인 역사책 및 기타 평론들을 집필했다.

저와허를랄 네루

Javāharlāl Nehrū[힌], 영어명 Jawaharlal Nehru, 1889~1964

저와허를랄 네루는 커쉬미르 지역의 브라머너 계급 출신이었으며, 그의 아버지 모틸랄 네루는 부유한 변호사이자 국민회의당 소속 정치가였다. 저와허를랄은 1907년부터 1910년까지 캠브리지 대학교 내 트리니티 컬리지에서 수학했으며, 1912년 법정변호사가 되었다. 간디의 추종자였으나, 개혁적 사회주의 정치단체인 페이비언 협회(Fabian Society) 소속 사회주의자이기도 했던 그는 다양한 비협조운동에 참가했고, 1930년에는 국민회의당 당수직을 맡았다. 1940년대 초 간디는 네루를 자신의 후계자로 선택했다. 그리하여 네루는 1946년부터 1947년까지 존속했던 과도정부 소속 부왕 의회 부의장, 1947년 8월에는 독립 인도의 초대 총리가 되었다. 총리로서 그는 민주주의의 제도화, 국가 주도 경제발전의 시작, 그리고 냉전 체제하 비동맹운동에 초점을 둔 외교노선 유지 등의 업적을 남겼다.

람 모헌 라이

Rām Mohan Rāy[방], 영어명 Ram Mohan Roy, 1772~1833

방글라 지역의 브라머너 계급 출신으로, 람 모헌 라이는 페르시아어 · 아랍어 · 성스크르터어 교육을 받았으며, 동인도회사에서 일하면서 영국인 관리들과 무역 거래를 하며 영어도 스스로 배웠다. 윤리적인 내용을 담은 일신교 · 사회 개혁 · 정치적 자유주의를 공공연하게 지지했던 그는 1828년 브러머회라 하는 협회를 창립한 이들 중 한 명이었다. 그는 『우퍼니셔드』를 번역했으며, 이외에 『예수의 계율(The Precepts of Jesus, 1820)』을 비롯한 수많은 교과서 · 소책자 · 신문기사 · 탄원서 등을 남겼다. 그는 동인도회사의 인도 통치 개선을 위해 본국 의회로 로비하러 영국으로 여행을 갔다가 현지에서 객사했다.

러빈드러나트 타쿠르

Rabindranāth Ṭhākur[방], 영어명 Rabindranath Tagore, 1861~1941

방글라 지역의 브라머너 계급 출신으로, 실업가였던 다르카나트 타쿠르(Dvārkānāth Ṭhākur)

의 손자이자 개혁가였던 데벤드러나트 타쿠르(Debendranāth Ṭhākur)의 아들이었으며, 저명한 시인이자 작가였다. 1901년 그는 샨티니케턴(Shāntiniketan[방], 영어명 Santiniketan, "평화Shānti의 거처niketan")에 농촌 학교를 세웠으며, 이후 1918년에 이 학교는 위쉬워바러티(Vishva-Bhāratī[성])[4] 대학교가 되었다. 그는 "만인의 마음(Jana Gaṇa Mana[방])"[5]이라는 찬가를 지었는데, 이 찬가는 독립 이후 인도의 국가로 지정되었다. 1913년 그는 방글라어로 된 시집인 『기탄절리(Gītāñjali[방])』[6]로 노벨문학상을 수상했다. 그의 소설 『가정과 세상(The Home and the World, 방글라어 원문으로는 Ghare Bā'ire, "집에서 바깥에서")』에는 1905년 방글라 분할령 시행 당시 이 지역 사회의 분위기를 연상하게 하는 줄거리가 담겨 있다. 간디의 사상과 노선을 추종하지는 않았지만, 그는 1919년에 있었던 어므릿서르 학살 사건에 항의하기 위해 본국 정부로부터 받았던 기사 작위를 반납하였다.

발 겅가더르 틸러크

Bāḷ Gaṁgādhar Ṭiḷak[머], 영어명 Bal Gangadhar Tilak, 1856~1920

브라머너 계급에 속한 치트파원 카스트 집단 출신이자 푸나(푸네)에 살았던 틸러크는 1885년 데칸(덕컨)교육회와 퍼거슨 컬리지(Fergusson College)를 설립하는데 기여했다. 1890년 "온건파"와 결별하고 나서 그는 신문 두 개를 창간했는데, 하나는 머라타어로 된 주간지 《케서리》였고, 다른 하나는 영자지英字紙 《머라타(The Mahratta)》였다. 이 두 신문을 통해, 그는 1891년 영국인들이 발의했던 성관계 동의연령 법안과 1896년 당시 정부가 취했던 전염병 통제 조치들을 비판했다. 이 기간 동안 그는 두 가지 축제를 조직했는데, 하나는 머하라쉬트러 지역의 영웅 시와지 1세를 기념하는 것이었고, 다른 하나는 힌두교의 신인 거네셔에게 봉헌된 것이었다. 1897년 그는 한 영국 관리가 암살된 것을 용서해야 한다는 주장 때문에 선동 혐의를 받아 투옥되었다. 국민국가 수립운동가들 중 "과격파"의 수장으로서, 그는 이후 1908년부터 1914년까지 6년 동안 버마의 만달레이에 감금되었다. 버마에서 돌아오자마자 1916년 틸러크는 인도자치연맹(Home Rule League)를 세우는데 기여했다.

---

4 방글라어로는 비셔 바러티(Bishba-Bhāratī), 공식명칭으로는 Visva-Bharati라 한다.

5 jana "사람" + gaṇa "집단, 모임, 대중, 군중" + mana "마음"

6 gīta "노래" + añjali "(신을) 섬기는 행위(act of worshipping or serving)" = "신에게 바치는 노래(song offerings)"

서지 해제

이 항목은 근현대 인도사에 대한 연구성과를 광범위하게 담은 목록이 아니다. 인도사의 주요 주제들에 대해 훌륭한 참고문헌 목록을 포함하는 최근의 권위 있는 연구들을 참고하려는 독자들은 새로운 캠브리지 인도사 시리즈Cambridge: Cambridge University Press의 연구서들을 참조하기 바란다. 이 시리즈에 있는 각각의 연구서들은 하단에 적절히 언급되어 있다. 이 책에 나온 단편적인 논의를 더 참조하고자 하는 이들을 위해, 다양한 주제들을 다룬 여러 학술연구성과들이 각 장章마다 포함되어 있다.

이 글에 언급된 모든 저자들은 인용구나 다른 참조 사항들이 표시된 저작들의 인용으로 확인할 수 있다. 가급적이면 원전에서 따온 발췌문들은 독자들이 쉽게 접근할 수 있는 저작들로부터 인용했는데, 독자들은 인도의 과거를 더 알기 위해 이러한 저작들을 참고하고 싶을 것이다. 그러한 원전 모음집들은 각 장마다 같이 열거되어 있거나, 혹은 별도로 열거되어 있다.

서문

지난 20년 동안 이루어진 "소외집단subaltern 연구"의 모음집은 인도사 연구에 크게 기여하였다. Oxford University Press, Delhi(1982~99)에서 출판한 소외집단 연구 시리즈에 있는 책들과 Permanent Black, New Delhi에서 이후에 나온 여러 책들을 참조하기를 권한다. 더 이른 시기 출판된 연구서들로부터 선별된 논문들은 *Selected Subaltern Studies*, ed. Ranajit Guha and Gayatri Chakravorty Spivak(Oxford and New York: Oxford University Press, 1988)로 발간되었다. "소외집단 연구" 기획에 대한 평가에 대해서는 Vinayak

Chaturvedi, ed., *Mapping Subaltern Studies and the Postcolonial* (London: Verso, 2000)에 수록된 논문들을 보라.

Benedict Anderson, *Imagined Communities*(London: Verso, 1983 revised edn, 1991)은 지난 십 년 동안 국민국가주의에 대한 연구를 촉진시키는데 지대한 영향력을 미쳤다. 인도의 경우, Partha Chatterjee, *The Nation and its Fragments*(Princeton: Princeton University Press, 1994)이 출간되면서 국민국가주의 사상의 본질에 대한 많은 토론이 이루어져왔다. 인도의 "근대성"에 대한 대안적인 서술에 관해서는 Dipesh Chakrabarty, *Provincializing Europe*(Princeton: Princeton University Press, 2000)를 보라.

1장 델리술탄국, 무굴제국, 식민지 시대 이전 인도 사회

세계 속 인도의 위상에 대한 논의를 보려면 John F. Richards, 'Early Modern India and World History', *Journal of World History* 8:2(1997), pp. 197~209; Janet Lippman Abu-Lughod, 'The World System in the Thirteenth Century: Dead-End or Precursor?', in Michael Adas, ed., *Islamic and European Expansion: the Forging of a Global Order*(Philadelphia: Temple University Press, 1993), pp. 75~102.를 보라. 근대 서유럽에서 발전한 동양학이 제시했던 "삼분 도식"에 대해서는 David Arnold's volume in the New Cambridge History of India series, *Science, Technology and Medicine in India*(2000), ch. 1.를 보라.

고대 인도에 대해 최근에 나온 권위있는 설명을 보려면 Romila Thapar, *Early India: From the Origins to 1300*(Berkeley: University of California Press, 2002)를 보라. 델리술탄국 및 무굴 시기에 대한 최근 연구성과들을 종합한 책으로는 Catherine B. Asher and Cynthia Talbot, *India Before Europe*(Cambridge: Cambridge University Press, 2006)이 있다.

최근의 중요한 지역 연구들로는 Richard Eaton, *The Rise of Islam and the Bengal Frontier, 1204~1760*(Berkeley: University of California Press, 1993); Cynthia Talbot, *Precolonial India in Practice: Society, Region, and Identity in Medieval Andhra* (Oxford and New York: Oxford University Press, 2000); 그리고 Philip B. Wagoner, *Tidings of the*

King: a Translation and Ethnohistorical Analysis of the Rayavacakamu(Honolulu: University of Hawaii Press, 1993) 등이 있다. 벅티 운동에 대해서는 John Stratton Hawley and Mark Juergensmeyer, *Songs of the Saints of India*(Oxford and New York: Oxford University Press, 1988); 그리고 Win. Theodore de Bary, Stephen Hay, and I. H. Qureshi, eds., *Sources of Indian Tradition, vol.* 1(New York: Columbia University Press, revised edn 1988)에서 선별된 논문 등을 보라.

무굴제국을 이해하기 쉽도록 개괄적으로 설명한 책으로는 새로운 캠브리지 인도사 시리즈에 수록된 John F. Richards, *The Mughal Empire*(1993)가 있다. 유용한 논문 모음집을 보려면 Muzaffar Alam and Sanjay Subramanyam, eds., *The Mughal State 1526~1750*(Oxford and Delhi: Oxford University Press, 1998)를 참조하라. Stephen F. Dale, *The Garden of Eight Paradises: Babur and the Culture of Empire in Central Asia, Afghanistan, and India, 1483~1530*(Leiden: Brill, 2004)는 중앙아시아라는 더 큰 지리적 맥락 안에서 무굴제국의 창시자인 바부르의 생애를 그리고 있다. 무굴제국의 역사에 대한 고전적인 연구들로는 Irfan Habib, *The Agrarian System of Mughal India* (Bombay: Asia Publishing House, 1963)와 M. Athar Ali, *The Mughal Nobility Under Aurangzeb* (1966 revised edn Oxford and Delhi: Oxford University Press, 1997) 등이 있다. 남인도의 역사에 관해서는 세 사람이 공저한 Narayana Rao, David Shulman, and Sanjay Subramanyam, *Textures of Time: Writing History in South India*(New Delhi: Orient Longmans, 2001)을 보라. "화약제국"에 대해 자극이 될 만할 비교사적인 설명을 보려면 Marshall G. S. Hodgson, *The Venture of Islam, vol.* 11(Chicago: University of Chicago Press, 1974)을 참조하라.

이 시대에 대한 중요한 연구들로는 Stephen Blake, *Shahjahanabad: the Sovereign City in Mughal India*(Cambridge: Cambridge University Press, 1991); Catherine B. Asher, *Architecture of Mughal India*(1992) in the New Cambridge History of India; Sanjay Subramanyam, *The Political Economy of Commerce: Southern India, 1500~1650* (Cambridge: Cambridge University Press, 1990) 등이 있으며, "카스트"의 성격에 대해 자극이 될 만할 설명을 담은 연구서로는 새로운 캠브리지 인도사 1장에 있는 Susan Bayly,

Caste, Society and Politics in India from the Eighteenth Century to the Modern Age(1999)가 있다.

인용문들은 Ross E. Dunn, *The Adventures of Ibn Battuta: a Muslim Traveller of the Fourteenth Century*(Berkeley: University of California Press, 1986)로부터 발췌했으며, 바부르에 대한 굴바단 베검의 묘사로는 *The History of Humayan*, trans. Annette S. Beveridge(1902 reprint Delhi: Low Price Publications, 1994)로부터, 아불파즐에 대해서는 *Sources of Indian Tradition*, ed. de Bary, Hay and Qureshi.로부터 인용문을 따왔다.

2장 무굴제국의 황혼: 지역 국가들의 출현과 영국동인도회사

18세기 인도는 최근 광범위할 정도로 수정주의적인 연구 주제의 대상이 되어왔다. 무굴제국의 쇠퇴에 대한 가장 좋은 연구로는 Muzaffar Alam, *The Crisis of Empire in Mughal North India, 1707~1748*(Oxford and Delhi: Oxford University Press, 1986)가 있다. 특정 지역에 대한 여러 연구들 중 가장 유용한 연구 성과로는 새로운 캠브리지 인도사 시리즈에 수록된 J. S. Grewal, *The Sikhs in the Punjab*(1990); Richard B. Barnett, *North India Between Empires: Awadh, the Mughals, and the British, 1720~1801*(Berkeley: University of California Press, 1980); Bernard S. Cohn, 'Political Systems in Eighteenth-Century India: the Benares Region', in Bernard S. Cohn, *An Anthropologist Among the Historians*(Oxford and Delhi: Oxford University Press, 1987), pp. 683~699 Stewart Gordon, *Marathas, Marauders, and State Formation in Eigthteenth-Century India*(Oxford and Delhi: Oxford University Press, 1994), 그리고 같은 저자의 연구서이자 새로운 캠브리지 인도사 시리즈에 수록된 *The Marathas 1600~1818*(1993); 그리고 Andre Wink, *Land and Sovereignty in India: Agrarian Society and Politics under the Eighteenth-Century Maratha Swarajya*(Cambridge: Cambridge University Press, 1986) 등이 있다.

종교와 사회에 관해서는 Susan Bayly, *Saints, Goddesses, and Kings: Muslims and Christians in South Indian Society, 1700~1900*(Cambridge: Cambridge University Press, 1989)를 보라. Ralph Russell and Khurshidul Islam, *Three Mughal Poets: Mir,*

Sauda, Mir Hasan(Cambridge, Mass.: Harvard University Press, 1968)는 무굴제국 후기 문화에 대한 훌륭한 입문서이다. 유럽인들이 세운 교역 회사들의 운영과, 16세기부터 18세기까지의 인도양 무역 체제에 대해서는 수많은 연구들이 있다. 개괄적인 설명으로는 새로운 캠브리지 인도사 시리즈에 수록된 Om Prakash, *European Commercial Enterprise in Precolonial India*(1998); A. DasGupta and M. N. Pearson, eds., *India and the Indian Ocean, 1500~1800*(Oxford and Delhi: Oxford University Press; 2nd edn, 1999)에 있는 논문들, 그리고 K. N. Chaudhuri, especially his *The Trading World of Asia and the English East India Company, 1660~1760*(Cambridge: Cambridge University Press, 1978) 등을 보라.

식민지로 전락해가는 과정에 대해서는 Sudipta Sen, *Empire of Free Trade* (Philadelphia: University of Pennsylvania Press, 1998); C. A. Bayly, *Rulers, Townsmen, and Bazaars: North Indian Society in the Age of British Expansion, 1770~1870* (Cambridge: Cambridge University Press, 1983); 그리고 P. J. Marshall, ed., *The Oxford History of the British Empire, vol.* 11, *The Eighteenth Century*(Oxford: Oxford University Press, 1998), pp. 487~507.에서 많은 부분을 요약해놓은 P. J. Marshall, 'The British in Asia: Trade to Dominion, 1700~1760' 등이 있다. 새로운 캠브리지 인도사 시리즈에 수록된 두 연구서 P. J. Marshall, *Bengal: the British Bridgehead - Eastern India, 1740~1828*(1988)와 C. A. Bayly, *Indian Society and the Making of British India* (1988) 역시 참조해야 한다. 자극이 될 만할 수정주의적인 설명에 대해서는 D. A. Washbrook, 'Progress and Problems: South Asian Economic and Social History, c. 1720~1860', *Modern Asian Studies* 22(1988), pp. 57~96.를 보라.

인용문의 경우, 빔센에 대해서는 J. F. Richards, 'Norms of Comportment Among Imperial Mughal Officers', in Barbara D. Metcalf, ed., *Moral Conduct and Authority*(Berkeley: University of California Press, 1984); H. T. Sorley, *Shah Abdul Latif of Bhit: his Poetry, Life and Times*(Oxford and Lahore: Oxford University Press, 1966 edn [1940])로부터, 아난다랑감 필라이에 대해서는 Stephen Hay, ed., *Sources of Indian Tradition, vol.* 11(New York: Columbia University Press, 1988)와 Michael H. Fisher, ed., *The Travels of*

Dean Mahomet(Berkeley: University of California Press, 1997)로부터 발췌하였다.

3장 동인도회사의 인도 통치, 1772~1850

동인도회사 국가의 구조와 작동 기제에 대해서는 Bernard Cohn, 'The Language of Command and the Command of Language', in Nicholas Dirks, ed., *Colonialism and its Forms of Knowledge*(Princeton: Princeton University Press, 1996); Rosane Rocher, 'British Orientalism in the Eighteenth Century', and David Ludden, 'Orientalist Empiricism', in Carol Breckenridge and Peter van der Veer, eds., *Orientalism and the Postcolonial Predicament*(Philadelphia: University of Pennsylvania Press, 1993); C. A. Bayly, *Empire and Information: Political Intelligence and Social Communication in North India*(Cambridge: Cambridge University Press, 1996); and Radhika Singha, *A Despotism of Law* (Oxford and Delhi: Oxford University Press, 1998) 등을 보라.

영국의 통치가 유지되는데 공헌했던 사상들에 대한 고찰은 몇몇 고전적인 연구들에서 잘 이루어져 있다. 그 중에는 Ranajit Guha, *A Rule of Property for Bengal* (1963; revised edn, Durham: Duke University Press, 1996); David Kopf, *British Orientalism and the Bengal Renaissance*(Berkeley: University of California Press, 1969); 그리고 영향력 있는 저작인 Eric Stokes, *The English Utilitarians and India*(Oxford: Clarendon Press, 1959) 등이 있다. 중요한 논문으로는 David Washbrook, 'Law, State, and Society in Colonial India', *Modern Asian Studies* 15(1981)이 있다. 토후들에 관해서는 새로운 캠브리지 인도사 시리즈에 수록된 Barbara Ramusack, *The Indian Princes and their States*(2004)와 Michael Fisher, *Indirect Rule in India*(Oxford and Delhi: Oxford University Press, 1993)를 보라. 처음에는 토후국으로써, 그리고 독립 이후로는 계속해서 분쟁이 일어나고 있는 커쉬미르 지역의 역사를 이해하는데 필수적인 배경 설명을 최근에 나온 중요한 연구서 두 책이 담고 있는데, 그 책들은 바로 Mridu Rai, *Hindu Rulers, Muslim Subjects*(Delhi: Permanent Black, 2004)와 Chitralekha Zutshi, *Languages of Belonging*(New York: Oxford University Press, 2004)이다. 토후의 시점에서 본 영국의 통치를 파악하려면 Susanne

Hoeber Rudolph and Lloyd I. Rudolph with Mohan Singh Kanota, *Reversing the Gaze: Amar Singh's Diary*(Boulder Col.: Westview Press, 2002)를 보라.

특정 주제들에 대해 참고할 만할 최근 연구들로는 Matthew Edney, *Mapping an Empire*(Chicago: University of Chicago Press, 1997); Ajay Skaria, *Hybrid Histories: Forests, Frontiers, and Wilderness in Western India*(Oxford and Delhi: Oxford University Press, 1999); Seema Alavi, *The Sepoys and the Company*(Oxford and Delhi: Oxford University Press, 1995); 그리고 Thomas Trautmann, *Aryans and British India*(Berkeley: University of California Press, 1997) 등이 있다. 식민지 시대 젠더 문제와 관련해서는 Kumkum Sangari and Sudesh Vaid, eds., *Recasting Women: Essays on Colonial History*(New Delhi: Kali for Women, 1989) 중 특히 서티 문제에 대해 연구한 라타 마니Lata Mani의 논문들을 보라. 캘커타에 체류했던 한 영국인이 서티 풍습에 대해 논의했던 글이 담긴 인용문은 Eliza Fay, *Original Letters from India*(1779~1815), ed. E. M. Forster(London: Hogarth Press, 1986)에서 따왔다. 버드럴로크 계층뿐만 아니라 더 큰 범위에서 캘커타 내 사회 생활을 이해하려면 Pradip Sinha, *Calcutta in Urban History*(Calcutta, 1978)와 S. N. Mukherjee, 'Class, Caste and Politics in Calcutta, 1815~38', in E. Leach and S. N. Mukheree, eds., *Elites in South Asia*(Cambridge: Cambridge University Press, 1970)를 보라. Swati Chattopadhyay, *Representing Calcutta*(New York: Routledge; 2005)는 19세기 방글라 지역 및 영령인도 사회 편성을 캘커타의 도시계획과 설계라는 주제를 통해 도발적이고 독창적인 방식으로 바라보고 있다. 여러 저항 운동에 대해서는 영향력 있는 저작인 Ranajit Guha, *Elementary Aspects of Peasant Insurgency in Colonial India*(Oxford and Delhi: Oxford University Press, 1984)을 참조해야 한다.

인용문의 경우 Sita Ram, *From Sepoy to Subedar*(London: Routledge, 1970)에서, 할헤드에 대해서는 Rosane Rocher, 'British Orientalism'(앞 부분에서 인용); 발렌시어에 대해서는 Curzon of Kedleston, *British Government in India*(London: Cassell & Co., 1925); 트레벨리언에 대해서는 G. O. Trevelyan, *The Life and Letters of Lord Macaulay* (London: Longmans, Green, 1876)에서 발췌하였다.

4장 대봉기, 근대 국가, 식민지 속민, 1848~1885

1857년 대봉기에 대해서는 많은 저작들이 있다. 그 중 특히 유용한 연구로는 Eric Stokes, *The Peasant Armed*(Oxford: Clarendon Press, 1986)와 Rudrangshu Mukherjee, *Awadh in Revolt*(Oxford and Delhi: Oxford University Press, 1984) 등이 있다. 후자는 봉기에 대한 대중들의 시각에 입각한 반면, 전자는 카스트와 씨족 간 적대감에 설명의 초점을 두고 있다. Eric Stokes, *The Peasant and the Raj*(Cambridge: Cambridge University Press, 1978)는 영국의 농업 정책이라는 더 큰 범위 안에서 대봉기를 분석하고 있다. 봉기의 결과, 특히 이후 영국이 세웠던 정책의 변화에 대해서는 Thomas R. Metcalf, *The Aftermath of Revolt: India, 1857~1870*(Princeton: Princeton University Press, 1964)가 있다. 본국직접통치 체제에서 인도 통치의 양상을 결정했던 여러 가지 태도 및 인식에 대해서는 새로운 캠브리지 인도사 시리즈에 수록된 Thomas R. Metcalf, *Ideologies of the Raj* (1994)에서 그 의미를 평가하고 있다. 나온 지 오래되기는 했지만 여전히 자극될 만할 설명을 담은 연구서로는 Francis Hutchins, *The Illusion of Permanence* (Princeton: Princeton University Press, 1967)이 있다.

영국의 인도통치와 관련된 제도에 대해서는 David Omissi, *The Sepoy and the Raj*(Basingstoke: Macmillan, 1994); David Arnold, *Colonizing the Body*(Berkeley: University of California Press, 1993); Nicholas Dirks, *Castes of Mind: Colonialism and the Making of Modern India*(Princeton: Princeton University Press, 2001); Dane Kennedy, *Magic Mountains* (Berkeley: University of California Press, 1996); Bernard Cohn, 'Representing Authority in Victorian India', in Eric Hobsbawm and Terrence Ranger, eds., *The Invention of Tradition*(Cambridge: Cambridge University Press, 1983); Gauri Vishwanathan, *Masks of Conquest: Literary Study and British Rule in India*(New York: Columbia University Press, 1989)에서 잘 고찰되어 있다. 식민지 시대 도시의 배치 및 설계에 대해서는 J. B. Harrison, 'Allahabad: a Sanitary History', in K. Ballhatchet and J. Harrison, eds., *The City in South Asia*(London: Curzon Press, 1980)를 보라. 지자체의 조직에 대해서는 Narayani Gupta, *Delhi Between Two Empires, 1803~1931*(Oxford and Delhi: Oxford

University Press, 1981)와 Douglas Haynes, *Rhetoric and Ritual in Colonial India: the Shaping of a Public Culture in Surat City*(Berkeley: University of California Press, 1991)를 보라.

원전 인용문은 John Beames, *Memoirs of a Bengal Civilian*(London: Chatto and Windus, 1961 reprint New Delhi: Manohar, 1984); Syed Ahmed Khan, *The Causes of the Indian Revolt*(1858, 1873 reprint Oxford and Karachi: Oxford University Press, 2000); Keshab Chandra Sen, 'Lectures in India', in Hay, ed., *Sources of Indian Tradition, vol.* 11; Vasudha Dalmia, '"The Only Real Religion of the Hindus": Vaishnava Self-Representation in the Late Nineteenth-Century India', in V. Dalmia and H. von Stietencron, eds., *Representing Hinduism: the Construction of Religious Identity and National Identity*(New Delhi: Sage, 1995), 그리고 Nazir Ahmad, *The Taubatu 'n-Nasuh* (in Urdu), ed. M. Kempson(London: W. H. Allen and Co., 1886) (영어로 된 번역서로 by M. Kempson, ed. C. M. Naim(Delhi: Permanent Black, 2004)가 있다)에서 발췌했다.

5장 시민 사회, 식민지로서의 제약, 1885~1919

19세기 후반 인도 경제에 대해 국민국가주의의 입장에서 설명한 고전적인 두 저작으로는 Romesh Chunder Dutt, *The Economic History of India, vol. II*(1904 reprinted Delhi: Publications Division, Government of India, 1960)와 Dadabhai Naoroji, *Poverty and Un-British Rule in India*(1901 reprint Delhi: Publications Division, Government of India, 1962)가 있다. 본국직접통치 전술 시기와 그 이후 시기를 개괄적으로 설명한 유용한 저작으로는 새로운 캠브리지 인도사 시리즈에 수록된 B. R. Tomlinson, *The Economy of Modern India, 1860~1970*(1993)가 있다. 인도 산업의 발전에 대해 가장 권위있는 저작으로는 Rajnarayan Chandavarkar의 여러 저작 중 *The Origins of Industrial Capitalism in India*(Cambridge: Cambridge University Press, 1994)가 있다.

노동자 문화에 대한 자극이 될 만할 연구이면서 기존 마르크스주의적인 해석에 도전한 연구로는 Dipesh Chakrabarty, *Rethinking Working Class History: Bengal, 1890~1940*(Princeton: Princeton University Press, 1989)가 있다. 환경사의 경우 David Arnold and Ramchandra Guha, eds., *Nature, Culture, Imperialism: Essays on the Environmental History of South Asia*(Oxford and Delhi: Oxford University Press, 1995)를 보라.

초기 인도 국민국가 수립운동에 대해, 오래되었지만 여전히 가치가 있는 저작들로는 Anil Seal, *The Emergence of Indian Nationalism*(Cambridge: Cambridge University Press, 1968); Stanley Wolpert, *Tilak and Gokhale*(Berkeley: University of California Press, 1962); 그리고 John Gallagher, Gordon Johnson, and Anil Seal, eds., *Locality, Province, and Nation*(Cambridge: Cambridge University Press, 1973) 등이 있다. 사회 변화와 종단 내 각종 정체성의 성장에 대해서는 Sandria Freitag, *Collective Action and Community: Public Arenas and the Emergence of Communalism in North India*(Berkeley: University of California Press, 1989); Gyanendra Pandey, *The Construction of Communalism in Colonial North India*(Oxford and Delhi: Oxford University Press, 1990); 그리고 Sumit Sarkar, *Writing Social History*(Oxford and Delhi: Oxford University Press, 1998)에 있는 제2부분의 논문들을 참고하라. 인도 "국민국가"의 형성에 대해 최근에 나온 중요하고도 독창적인 두 연구로는 Manu Goswami, *Producing India: From Colonial Economy to National Space*(Chicago: University of Chicago Press, 2004)와 Christopher Pinney, '*Photos of the Gods*': *The Printed Image and Political Struggle in India*(London: Reaktion Books, 2004)가 있다. 후자는 힌두교에 대한 종교적인 도상연구로부터 힘을 얻은 "대중영합주의"적인 국민국가 수립운동에 대해 자세하게 설명하는 시도를 최초로 보여주고 있다.

19세기 후반에 일어났던 몇몇 주요 개혁운동에 대해서는 중요한 연구들이 존재한다. 비브라머너 계급이 주도했던 운동에 대해서는 Rosalind O'Hanlon, *Caste, Conflict, and Ideology: Mahatma Jotirao Phule and Low Caste Protest in Nineteenth-Century Western India*(Cambridge: Cambridge University Press, 1985)를, 아려회에 대해서는 Kenneth Jones, *Arya Dharm: Hindu Consciousness in Nineteenth-Century Punjab*(Berkeley: University of California Press, 1976)를, 허리쉬천드르에 대해서는 Vasudha Dalmia, *The Nationalization of Hindu Traditions*(Oxford and Delhi: Oxford University Press, 1997)를 보라. 같은 시기에 역시 일어났던 무슬림들의 운동에 대해서는

Barbara Daly Metcalf, *Islamic Revival in British India: Deoband, 1860~1900*(Princeton: Princeton University Press, 1982)와 David Lelyveld, *Aligarh's First Generation*(Princeton: Princeton University Press, 1977)를 보라. 식크교인들에 대해서는 Richard Fox, *Lions of the Punjab*(Berkeley: University of California Press, 1985)를 보라. 종단들 간, 그리고 이들 내부에서의 논쟁에 대해서는 Kenneth W. Jones, ed., *Religious Controversy in British India*(Albany: State University Press of New York, 1992)를 보라. "스워데시" 운동의 정치에 대한 고전적인 연구로는 Sumit Sarkar, *The Swadeshi Movement in Bengal, 1903~1908*(New Delhi: People's Publishing House, 1973)가 있다.

젠더 관계 문제에 대해서는 Mrinalini Sinha, *Colonial Masculinity: the 'Manly Englishman' and the 'Effeminate Bengali' in the Late Nineteenth Century*(Manchester: Manchester University Press, 1995); Barbara Daly Metcalf, *Perfecting Women: Maulana Ashraf Ali Thanawi's 'Bhishti Zewar'*(Berkeley: University of California Press, 1990); Rokeya Sahkhawat Hossain, *Sultana's Dreams and Selections from the Secluded Ones, ed. and trans. Roushan Jahan*(New York: Feminist Press, 1988); 그리고 Susie Tharu and K. Lalita, *Women Writing in India,* 2 vols.(New York: Feminist Press, 1992, 1993)에 수록된 인용문을 보라. 19세기 인도의 예술 및 건축에 대해서는 Tapati Guha-Thakurta, *The Making of a New 'Indian' Art: Artists, Aesthetics and Nationalism in Bengal*(Cambridge: Cambridge University Press, 1992); Partha Mitter, *Art and Nationalism in Colonial India, 1850~1922*(Cambridge: Cambridge University Press, 1994); 그리고 Thomas R. Metcalf, *An Imperial Vision: Indian Architecture and Britain's Raj*(Berkeley: University of California Press, 1989)를 보라.

원전 인용문의 경우, 너우로지에 대해서는 Hay, ed., *Sources of Indian Tradition, vol.* 11; 러드야드 키플링에 대해서는 *Kim*(1901 reprint edn New York and Oxford: Oxford University Press, 1987); 아크바르에 대해서는 Ralph Russell, *Hidden in the Lute: an Anthology of Two Centuries of Urdu Literature*(Harmondsworth and Delhi: Viking Penguin, 1995); 「번데 마터럼」에 대해서는 Hay, ed., *Sources of Indian Tradition, vol.* 11, 그

리고 이크발에 대해서는 *Iqbal: a Selection of Urdu Verse, ed. and trans. D. J. Matthews* (London: University of London, School of Oriental and African Studies, 1993)에서 발췌하였다.

6장 식민통치 질서의 위기, 1919~1939

간디에 관한 연구성과는 방대하다. 간디의 자서전인 *My Experiments with Truth* (Boston: Beacon Press, 1957)와 Rudrangshu Mukherjee, ed., *The Penguin Gandhi Reader* (Harmondsworth and Delhi: Penguin, 1993)로 시작하는 것이 가장 바람직하다. 인도에서 간디의 정치적 역할은 Judith Brown, *Gandhi's Rise to Power: Indian Politics, 1915~1922* (Cambridge: Cambridge University Press, 1972)와 *Gandhi and Civil Disobedience, 1928~1934* (Cambridge: Cambridge University Press, 1977)에서 권위있게 평가되고 있다. 롤랫법으로 인해 1919년에 발생한 서트야그러허 운동에 대해서는 Ravinder Kumar, ed., *Essays on Gandhian Politics*(Oxford: Clarendon Press, 1971)를 보라. 처리 처라 사건에 대해서는 탈근대주의적 분석이 담긴 Shahid Amin, *Event, Metaphor, Memory: Chauri Chaura, 1922~1992*(Oxford and Delhi: Oxford University Press, 1995)를 보라. 간디에 대한 여러 가지로 유용한 내용을 담고 있는 논의를 포함해, 식민주의와 조우했던 국민국가주의에 대한 자극이 될 만할 개괄적 설명에 대해서는 Ashis Nandy, *The Intimate Enemy: Loss and Recovery of Self Under Colonialism*(Oxford and Delhi: Oxford University Press, 1983)와 Partha Chatterjee, *Nationalist Thought and the Colonial World: a Derivative Discourse?* (Oxford and Delhi: Oxford University Press, 1986)를 보라.

인도 대부분 속주들 내에서 이루어진 국민국가 수립운동에 대한 좋은 설명을 담은 연구들이 있는데, 특히 David Hardiman, *Peasant Nationalists of Gujarat: Kheda District*(Oxford and Delhi: Oxford University Press, 1981); Majid Siddiqi, *Agrarian Unrest in North India: the United Provinces, 1919~1922*(Delhi: Vikas, 1978)를 보라. 남인도의 드라위더 운동에 대해서는 Sumathi Ramaswamy, *Passions of the Tongue: Language Devotion in Tamil India, 1891~1970*(Berkeley: University of California Press, 1997)를 보라. 힐라파 운동에 대해서는 Gail Minault, *The Khilafat Movement: Religious Symbolism and Political Mobilization in India*(New York: Columbia University Press, 1982)를 보라.

국민회의당과 식민지 정부 간 협상 과정은 여러 저작에서 검토되고 있는데, 특히 D. A. Low, ed., *Congress and the Raj, 1917~1947*(Columbia, Mo.: South Asia Books, 1977)와 그의 다른 저작인 *Britain and Indian Nationalism, 1929~1942*(Cambridge: Cambridge University Press, 1997)이 주목할 만하다. 식민통치 후기 경제사에 대해서는 Amiya Kumar Bagchi, *Private Investment in India, 1900~1939*(Cambridge: Cambridge University Press, 1972); Claude Markovits, *Indian Business and Nationalist Politics, 1931~1939*(Cambridge: Cambridge University Press, 1985); 그리고 B. R. Tomlinson, *The Political Economy of the Raj, 1914~1947*(London: Macmillan, 1979)를 보라.

인용문의 경우, 간디에 대해서는 Mukherjee, *The Penguin Gandhi, from Shahid Amin, 'Gandhi as Mahatma', Subaltern Studies* 3(1984); 네루에 대해서는 Hay, ed., *Sources of Indian Tradition, vol.* 11, 그리고 아자드에 대해서는 Hay, ed., *Sources of Indian Tradition, vol.* 11.에서 글을 발췌하였다.

7장 1940년대: 승리와 비극

수많은 회고록과 광범위한 문서 모음집들에는 독립과 인파양분으로 이어진 여러 사건들이 잘 묘사되어 있다. 영국 측의 입장을 볼 수 있는 가장 광범위한 저작으로는 12권짜리로 나온 *India, the Transfer of Power, 1942~1947, edited by N. Mansergh, E. W. R. Lumby and Penderel Moon*(London: Her Majesty's Stationery Office, 1970~1983)이다. 이에 대해 인도 측의 입장을 담은 문서 모음집으로는 현재 출판 준비 중에 있다. 유용한 논문집으로는 Mushirul Hasan, ed., *India's Partition: Process, Strategy, Mobilization*(Oxford and Delhi: Oxford University Press, 1993)이 있다. 개괄적으로 설명하고 있는 연구로는 R. J. Moore, *Endgames of Empire*(Oxford and Delhi: Oxford University Press, 1988)와 그의 다른 저작인 *Churchill, Cripps, and India*(Oxford: Oxford University Press, 1979)이 있으며, 토후들의 경우 Ian Copland, *The Princes of India in the Endgame of Empire, 1917~1947*(Cambridge: Cambridge University Press, 1997)이 있다. Ayesha Jalal, *The Sole*

Spokesman: Jinnah, the Muslim League and the Demand for Pakistan (Cambridge: Cambridge University Press, 1985)은 비록 논란의 여지가 있지만 여전히 파키스탄의 기원을 이해하는데 필수적인 연구성과이다.

펀자브 지역 내 정치는 David Gilmartin, *Empire and Islam: Punjab and the Making of Pakistan*(Berkeley: University of California Press, 1988)에서 잘 탐구되고 있으며, 방글라 지역 내 정치의 경우 Joya Chatterjee, *Bengal Divided: Hindu Communalism and Partition*(Cambridge: Cambridge University Press, 1995)에서 잘 평가되고 있다. 방글라 대기근의 경우 Paul Greenough, *Prosperity and Misery in Modern Bengal: the Famine of 1943~1944*(Oxford and New York: Oxford University Press, 1982)를 보라.

각종 학살과 납치를 다룬 인파양분의 사회사는 이제 겨우 평가되고 있는 중이다. 독자들은 Ritu Menon and Kamla Bhasin, *Borders and Boundaries: Women in India's Partition*(New Delhi: Kali for Women, 1998); Urvashi Butalia, *The Other Side of Silence: Voices from the Partition of India*(Harmondsworth and New Delhi: Penguin, 1998); 그리고 호주 학술지인 *South Asia*에서 특별호로 출간한 *D. A. Low and Howard Brasted, eds., Freedom, Trauma, Continuities: Northern India and Independence* (New Delhi: Sage, 1998)를 참고해야 한다. 이러한 연구성과들을 유용하게 요약하고 있는 연구를 참고하기 위해선 Gyanendra Pandey, *Remembering Partition*(Cambridge: Cambridge University Press, 2001)를 보라.

인용문의 경우, 지나와 사워르커르에 대해서는 Hay, ed., *Sources of Indian Tradition, vol.* 11, 네루에 대해서는 Jawaharlal Nehru's *Speeches, vol.* 1(Delhi: Publications Division, 1958)에서 글을 발췌하였다.

8장 국민회의당의 통치: 민주주의와 발전, 1950~1989

독립 이후 인도의 정치적인 발전 과정에 대해 개괄적으로 설명한 가장 유용한 연구로는 새로운 캠브리지 인도사 시리즈에 수록된 Paul Brass, *The Politics of India since Independence*(1990)가 있다. 이 시기에 대해 개괄적으로 다루고 있는 가장 최근의 저작으로는 Bipan Chandra, Aditya Mukherjee and Mridula Mukherjee, *India After Independence*(Harmondsworth and New Delhi: Viking Penguin, 1999)가 있다. 국민회의당이 정계를 장악하는 동안 인도의 정치경제 상황에 대해 가장 잘 연구한 저작으로는 Lloyd and Susanne Hoeber Rudolph, *In Pursuit of Lakshmi: the Political Economy of the Indian State*(Chicago: University of Chicago Press, 1987)와 Francine Frankel, *India's Political Economy, 1947~1977*(Princeton: Princeton University Press, 1978)가 있다. 후자의 제2판인 *India's Political Economy 1947~2004*(Oxford and Delhi: Oxford University Press, 2005)은 장 세 개를 더 추가하여 2004년 총선거까지 다루고 있다. 개발경제학자들이 연구한 저작들은 많다. 이에 관심있는 이들은 노벨경제학상을 수항한 아마르티어 센의 수많은 저작들과 Pranab Bardhan, *The Political Economy of Development in India*(Oxford and Delhi: Oxford University Press, 1985)를 참고해야 할 것이다. Sunil Khilnani, *The Idea of India*(London: Hamish Hamilton, 1997 New York: Farrar Straus Giroux, 1998)는 독립 이후 국민국가로서 인도의 여러 특성들을 이해하기 쉽게 소개하고 있다. 힌드어로 된 영화를 다루는 훌륭한 웹사이트는 Philip Lutgendorf가 운영하는 www.uiowa.edu/-incinema이다.

9장 새천년을 맞이하는 민주 인도: 번영, 빈곤, 권력

인도 내에서 종교적 국민국가주의의 성장에 관한 가장 좋은 개괄적인 연구로는 Peter van der Veer, *Religious Nationalism*(Berkeley: University of California Press, 1994)가 있다. 어요드야 마스지드를 둘러싼 논란에 관해서는, 이 마스지드가 파괴된 1992년의 사건에 대해서는 다루고 있지 않지만 Sarvepalli Gopal, ed., *Anatomy of a Confrontation: the Babri Masjid - Ramjanmabhumi Issue*(New Delhi: Viking, 1991)를 보라. 인도인민당의 정치에 대해서는 Christophe Jaffrelot, *The Hindu Nationalist Movement in Indian Politics*(New York: Columbia University Press, 1996)와 Thomas Blom Hansen, *The Saffron Wave*(Princeton: Princeton University Press, 1999)를 보라. 힌두교인들의 권리에서 여성들이 차지하는 중요한 역할에 관해서는 Paola Bacchetta, *Gender in the Hindu Nation: RSS Women as Ideologues*(New Delhi: Kali for Women, 2004)를 보라. 인

도 내에서 종단 간 폭력이 발생한 원인과 그 성격에 대해 현저히 다른 시각들을 보여주기는 하지만, 정치학자들이 연구한 두 가지 주요 저작들로는 Ashutosh Varshney, *Ethnic Conflict and Civic Life: Hindus and Muslims in India*(New Haven: Yale University Press, 2002)와 Paul R. Brass, *The Production of Hindu-Muslim Violence in Contemporary India*(Seattle: University of Washington Press, 2003)가 있다. 유용한 논문집을 보려면 Gyanandra Pandey, *Routine Violence: Nations, Fragments, Histories*(Stanford, Calif.: Stanford University Press, 2006)를 보라. 인도 정치, 특히 지방 정치에 대해 자극이 될 만할 논의를 참고하려면, *Journal of Asian Studies* 56(1997)에서 Atul Kohli와 Amrita Basu가 'Community Conflicts and the State in India'로 엮은 논문들을 보라.

영화, 텔레비전, 그리고 정치 사이에 점차 긴밀해지고 있는 연관 관계에 대해서는 Purnima Mankekar, *Screening Culture, Viewing Politics: an Ethnography of Television, Womanhood, and Nation*(Durham: Duke University Press, 1999)와 Philip Lutgendorf, *The Life of a Text*(Berkeley: University of California Press, 1991)를 보라. 달리트 집단의 생활을 다룬 이야기에 대해서는 Viramma, Josiane Racine, and Jean-Luc Racine, *Viramma-Life of an Untouchable*(London: Verso, 1997)와 Vasant Moon, *Growing Up Untouchable in India*(Latham, Md.: Rowan and Littlefield, 2000)을 보라. 수많은 웹사이트에 인도 내 여러 정당들뿐만 아니라 다국적 기업들의 전 세계와 인도 경영 간 관계에 대해 참고할 만할 정보가 실려 있다. 세계힌두협회(VHP), 국민자원단(RSS), 그리고 인도인민당(BJP)의 공식 홈페이지는 *www.vhp.org, www.rss.org, and www.bjp.org*.이다. 현대 인도 정치 및 경제에 대한 훌륭한 자료들은 인도 고등연구센터The Center for the Advanced Study of India 홈페이지(www.sas.upenn.edu/casi)에서 입수 가능하다.

인용문의 경우, 네루에 대해서는 그의 연설문을 모은 *Collected Speeches,* vol. 1에서, 아마르티어 센의 경우 그의 저작인 *Development as Freedom*(New York: Vintage Anchor, 2000)와 'Quality of Life: India vs. China,' *New York Review of Books,* 12 May 2011, *www.nybooks.com/articles/archives/2011/May/12/quality-of-life-india-vs-china에서,* 비디아더 수러즈프러사드 나이폴의 경우, 그의 소설 *A Million Mutinies Now*(New York: Viking Penguin, 1991)에서 발췌하였다.

역자 보론 및 후기

최근에 유엔은 2023년에 인도가 드디어 중국을 제치고 세계 최대 인구 대국으로 등극할 것이라는 전망을 발표한 적이 있다. 또한 2020년에 발생한 코로나 사태 이후 인도는 지난 몇 년 동안 경제규모 순위를 놓고 경합했던 프랑스 및 식민 본국이었던 영국마저 제치고 미국, 중국, 일본, 독일에 이어 명실공히 세계 5대 경제대국으로 확고히 부상했으며, 빠르면 5년, 늦어도 15년 안으로 독일과 일본마저 제치고 세계 3대 경제대국으로 자리잡을 것이 확실시된다. 1990년대부터 2000년대 중반까지 약 15년 동안 인도의 국내총생산GDP 규모가 한때 심지어 한국보다도 작았던 사실을 고려할 때, 이와 같이 세계 속에서 인도의 경제적 위상이 변모한 것은 가히 상전벽해의 수준이라 할 수 있다. 또한 2022년부터 시작된 러시아-우크라이나 전쟁에서 인도는 미국 및 유럽연합 측의 대러시아 제재에 응하지 않고 오히려 러시아로부터 석유를 대거 수입하면서, 인도 정부는 국내 물가 안정도 도모하는 동시에 미국 등 서방 진영과 러시아·중국 등 반서방 진영 사이에서 국제 정치권력의 균형자로 그 자리를 매김하는 중인데, 이로 인해 국제 정치에서 인도의 존재감이 이전보다 확실히 더 커졌다. 그리고 2010년대부터 〈세 얼간이〉, 〈덩걸Daṁgal[힌](영어명 Dangal, “레슬링 경기장”)〉 등 벌리우드 영화들이 자국뿐만 아니라 한국이나 중국을 포함한 세계 여러 국가에서도 인기를 끌면서, 인도 문화에 대한 인지도 및 관심도가 전 세계적으로 점차 커지고 있다.

18세기 후반 이후로, 인도는 정치적으로는 인도아대륙 거의 전역이(네팔 왕국 제외) 영국의 식민지로 전락하고, 경제적으로도 영국의 수탈로 인해 엄청난 부가 유출되어 오랫동안 빈곤에 시달려왔다. 그러나 독립 이후 국민국가로서 정치 및 사회적으로 내부 체제를 정립하고, 경제자유화로부터 시작해 이제 세계 각국의 기업들이 본격적으로 인도에 투자하고 인도 내 사업을 확대하는 과정을 통해, 이제 인도는 더 이상 이전의 유약하고 가난에 시달리는 나라가 아니라 부강과 번영의 길을 밟고 있다. 인도를 상징하는 대표적인 동물이 바로 코끼리인만큼, 그런 점에서 지난 200년 간의 아픈 과거를 딛고 세계 속에 부상하는 인도의 모습은 가히 "다시 일어서는 코끼리"라 부를 만하다.

따라서 점차 세계적으로 경제, 정치, 문화 측면에서 그 존재감이 부상하고 있는 인도공화국을 제대로 이해하고 있어야, 우리는 인도공화국부터 시작해 파키스탄, 방글라데쉬, 네팔, 쉬리랑카 등 남아시아 지역 내 여러 국가에 대한 이해 및 연구를 심화할 수 있다. 이렇게 점차 전 세계에서 그 존재감이 부상하고 있는 인도와 정치안보, 경제, 문화 방면에서 협력을 강화하기 위해, 지난 문재인 정부는 한국의 국익을 확대하려는 차원에서 신남방정책을 추진했으며, 이번 윤석열 정부에서도 인도를 중시하려는 기본적인 입장은 여전히 변하지 않고 있다.

그렇다면 현재 한국에서 "남아시아" 내지 "인도"하면 사람들은 과연 어떻게 인식하고 있는가? 이에 대해서 한국인들이 인도에 대해 갖고 있는 인상은 "IT강국", "똑똑한 인재들이 많은 나라", "불교", "영적이고 신비로운 나라", "벌리우드 영화의 나라"로부터 "가난한 나라", "더럽고 위험한 나라", "시대착오적인 카스트 제도가 잔존하는 나라", 심지어는 "강간의 나라" 등 극적으로 갈린다. 또한 한국에서 남아시아·인도 역사에 대해 알고 있는 것은 "간디", "네루", "타즈 마할", "한때 영국의 식민지" 등 지극히 단편적이고 피상적인 사항에 불과한데, 앞서 언급한 이런 여러 이미지가 생기게 된 연유를 역사적으로 파악하려고 하면서 그런 인식이 과연 타당한 것인지 규명하고자 하는 시도도, 그리고 이들 인물과 사건을 유기적으로 엮으면서 치밀하게 연구하려는 시도도 한국에서는 아직 많이 부족하다. 이런 점에서 현재 2020년대를 살고 있는 우리는 남아시아, 그중에서도 인도에 대해 더 많은 관심을 갖고 질적으로나 시각적으로 진일보된 연구를 진행해야 상대편 국가와 정치적으로나 경제적으로 교류할 때 그들의 입장을 역사적인 측면에서 잘 이해할 수 있게 되고, 이로 인해 양국 관계가 돈독해지면서 한국의 국익을 도모할 수 있게 되는 것이다.

특정 시대와 지역 · 국가에 대한 개설서 중에서도 특히 근현대사 개설서는 다른 시대보다 현재 그 지역 · 국가의 상황 및 동향과 더 긴밀한 관련을 맺고 있는 만큼 더 중요한 의미를 갖는다. 정치, 경제, 사회, 종교, 문학, 예술 등 분야를 불문하고, 그 지역 · 국가가 어떻게 해서 현재 이렇게 되었는지 제대로 파악하고 연구하기 위해서는 그 지역 · 국가에 대한 역사의 다양한 면모를 포괄적이면서 유기적인 방식으로 자세히 언급하면서 이를 잘 정리한 양질의 개설서부터 읽는 것이 매우 필요하다. 또한 소외집단연구Subaltern Studies를 비롯해 탈식민주의 연구에서 선두에 서 있는 남아시아 출신 학자들의 연구를 제대로 이해하기 위해서는 근현대 남아시아 · 인도사에 대한 제대로 된 이해가 필수적이며, 브리튼 제국의 역사에서 식민지 인도가 차지했던 독보적인 위상을 고려할 때 근현대 인도사에 대한 폭넓은 이해는 브리튼 제국의 역사 이해 및 연구에도 크게 도움이 된다.

역자는 지금까지 한국에 출판되거나 번역돼 소개된 근현대 남아시아 · 인도사 관련 개설서들이 마땅치 않다고 여겨 큰 아쉬움을 갖고 있던 참에, 이 책은 근현대 남아시아 · 인도사를 이해하는데 있어 필수적인 사항들이나 인명, 사건, 맥락 등을 적절하게 짚고 넘어가면서 근현대 남아시아 · 인도사의 다양한 면모를 보여준다는 점에서 본서를 번역 대상 책으로 고르게 되었다.

이 책의 장점은 바로 근현대 남아시아 · 인도의 정치 · 경제적 발전 과정은 물론, 인도 사회의 특색인 카스트, 종교, 여성에 관한 문제뿐만 아니라, 교통, 위생, 도시, 문화(벌리우드 영화, 회화, 건축) 등 다방면의 주제들을 종합적으로 다루면서 이를 유기적으로 서술하고 있다는 사실이다. 그동안 인도나 영미권에서 나왔던 근현대 남아시아 · 인도사 개설서들이 정치 분야를 중심으로 하면서 경제 및 사회 분야에 분량을 약간 할애하는 수준에 그쳤다는 사실을 감안할 때, 이 책은 바로 여기서 기존 개설서들과 차별화된다. 또한 저자들은 16세기부터 지금까지 세계사 속에서 인도와 나머지 세계 사이의 연관 관계도 조명함으로써, 인도가 세계사 속에서 어떤 위치를 차지하고 있는지에 대한 시야도 보여주고 있는데, 관련된 언급들로는 전 세계 무역에서 인도가 차지했던 위상, 19세기 중반 이후 인도인들의 전 세계 이주 등이 있다. 따라서 이 책을 통해 독자들은 근현대 남아시아 · 인도에 대한 이해를 심화할 수 있다. 그리고 이 책은 영미권 및 인도 학계에서 그동안 나왔던 연구 성과들을 종합적으로 반영하고 있다.

또 이 책은 군데군데 문학작품을 발췌하고 인용함으로써, 딱딱하게 느껴질 수 있는 연대기적인 역사 서술에서 벗어나 독자들이 책 내용에 계속 몰입할 수 있도록 하고 있다. 그리고 내용 중간중간마다 각종 도표와 사진, 회화, 그리고 지도들이 삽입되었는데, 이로 인해 독자들은 이 책을 읽으면서 피곤해하지 않고 집중력을 유지하면서 책 내용에 집중할 수 있다.

바로 위에서 열거한 강점들 때문에 이 책은 현재 영미권 대학교 학부 과정에서 근현대 남아시아 · 인도사 수업 교재 및 입문서로 자주 사용되고 있으며, 이탈리아어판 및 에스파냐어판뿐만 아니라 일본(2006, 초판)과 중국(2019, 3판)에서도 이미 번역되는 등 그 권위를 전 세계 근현대 남아시아 · 인도사 연구자들에게 널리 인정받고 있는 것이다.

역자는 학부 시절 역사를 전공으로 하면서 세계사에 관심을 갖고 세계 각 지역 역사들을 공부하면서, 여러 지역사 중에서도 특히 남아시아 · 인도사에 대해 큰 관심을 갖게 되었다. 아시아 각 지역사 중에서도 남아시아 · 인도사에 대한 연구가 한국에서 잘 이루어지지 않고 있다는 사실에 대한 호기심에서 관심이 비롯되기도 했지만, 막상 인도아대륙의 역사를 공부해보니 역자는 그동안 초중고 시절부터 학부 때까지 배웠던 한국사의 내용들을 은연중에 자주 떠올리게 되었다. 일단 두 지역의 고대사는 문헌자료의 부족함으로 인해 역사 연구에 많은 어려움을 겪고 있어 고고학이나 미술사학의 연구 성과에 많이 의존하고 있다는 공통점(인도아대륙은 무굴제국 성립 전까지)도 그렇고, 전근대 시기 내내 두 지역 모두 북서쪽으로부터 유목민족들의 잦은 침입을 받아 이들의 영향을 제법 받았다는 공통된 사실도 있다. 하지만 무엇보다도 역자가 근현대 시기를 공부하면서 인도뿐만 아니라 영미권에서 나온 여러 연구서 및 논문들을 공부해보니, 근현대 남아시아 · 인도사에 나오는 정치, 경제, 사회적 맥락이 근현대 한국사와 비교할 점들이 생각했던 것보다 훨씬 더 많고, 또 연구할 자료가 전근대사보다 훨씬 더 풍부하다는 사실로 인해 역자는 근현대 남아시아 · 인도사에 대해 더 몰입하게 되었다.

먼저 시대구분을 보자면, 근현대 한국사가 크게 네 시기, 즉 1) 세도정치기부터 흥선대원군 집권 시기(1800~1876) 2) 개화기부터 국권피탈 전까지의 시기(1876~1910) 3) 일제강점기(1910~1945) 4) 독립 및 분단 시대(1945~현재)까지로 나눌 수 있다면, 근현대 인도아대륙사도 1) 알람기르 1세 사망을 기점으로 무굴제국의 쇠퇴 이후부터 지역 국가들(머라타연맹 등)의 할거 시기(1707~1757) 2) 영국동인도회사의 인도아대륙 내 패권 장악 시기(1757~1858) 3) 본국직접통치 시기(1858~1947) 4) 독립 및 인파양분, 방글라데쉬의 분리독립 시기(1947~) 등으로 크게 나누어 볼 수 있다. 여기서 근현대 한국사와 인도아대륙사의 각 시기, 그 중 2), 3), 4) 시기에는 비교할 접점들이 제법 있다는 점에서 주목할 만하다.

또 크게 비교할 만할 사실들을 들자면, 일단 인도아대륙이나 한반도 모두 근대 영국과 일본이라는 제국주의 세력에 의해 식민통치를 받게 되면서 경제적으로 가혹한 수탈을 당하거나 막대한 인명 피해가 발생하기도 했다(특히 제2차 세계대전 당시 영국 측의 대대적인 식량 공출로 인해 수백만 명의 아사자가 발생했던 1943년 방글라 대기근 vs 일본의 조선인 대규모 징용 및 위안부 강제동원). 또 양 지역에서 식민통치 당시 정치뿐만 아니라 사회,[1] 교육,[2] 종교[3] 분야에서 많은 개혁 · 계몽운동 단체들이 등장한 것도 비교할 만하다.

---

1 예: 대한제국 당시 독립협회, 보안회, 대한자강회, 신민회 등 vs 인도 각 지역에서 세워진 각종 공회公會, 케셔브 천드러 센의 개혁운동, 조티라우 풀레의 진리추구회 등

2 예: 근대 서유럽 교육 및 사상을 적극 수용했던 서예드 아흐머드 한의 알리거르 운동, 이슬람 전통 교육을 강조하는 등 보수적 성향을 띄었으나 교육 방식에서 서유럽식을 차용했던 데우번드 운동 vs 구한말 원산학사, 배재학당 등 각종 사립학교 설립 운동, 개량서당의 설립 등

3 예: 근대 인도에서 람 모헌 라이의 브러머회와 서러스워티 더야넌드의 아려회, 쉬리 라머크르쉬너 퍼러머헝서와 스와미 위웨카넌더의 선교단, 미르자 굴람 아흐머드의 아흐마드파 수립 등 vs 근대 한국에서 대종교, 천도교, 원불교의 창시, 유교개혁을 추구했던 박은식의 활동, 통일교의 등장 등

그리고 두 지역 모두 독립운동을 오랫동안 전개하면서 마침내 독립을 이루었지만, 독립하자마자 영령인도는 인도공화국과 파키스탄으로 양분되었고, 한반도 역시 분단되었으며, 이렇게 두 나라로 갈라지는 과정에서 엄청난 인적 · 물적 피해 및 대규모 실향민이 발생했다는 점에서도 공통점을 지닌다. 이어 남북한이 아직도 통일을 이루지 못한 채 휴전선과 서해5도 문제 등 70년 넘게 정치 · 군사적으로 대립을 거듭하고 있는 것처럼, 인도공화국과 파키스탄도 커쉬미르 지역 영유권 문제 등으로 인해 무려 네 차례나 전쟁을 치르는 등 대립 관계를 유지하고 있으며, 양 지역의 정세에 중국이 어느 정도 영향을 미치고 있다는 점(중국-북한 관계, 중국-파키스탄 관계)에서도 충분히 비교할 만하다. 마지막으로 남한(민주화운동 성공)과 인도공화국(식민지 시대 말기부터 선거제가 정착, 군부 쿠데타 전무, "세계 최대의 민주주의 국가")이 민주주의를 그럭저럭 발전시켜오면서 양국 국민들은 자국의 정치 체제에 대해 자부심을 갖고 있는 반면, 북한(남한과의 대립으로 인한 선군정치)과 파키스탄(인도와의 대립으로 인한 잦은 군사 쿠데타)은 군사 부문이 국정 운영에 상당한 영향을 미치는 비민주적인 행태가 계속해서 이어지고 있다는 점에서도 주목할 만하다. 이렇게 역자는 근현대 남아시아 · 인도사를 공부하면서 여러 사건 · 인물 · 맥락을 근현대 한국사와 은연중에 비교하는 재미를 갖게 되면서 이 분야에 더 깊이 파고들게 되었다.

이 책을 번역하면서 역자가 가장 주의를 기울였던 점은 바로 남아시아 · 인도 지역과 관련된 언어들(남아시아 내 언어들뿐만 아니라 아랍어, 페르시아어 등)의 고유명사들뿐만 아니라 남아시아 · 인도사와 관련된 수많은 영어 용어들을 어떻게든 오류 없이 최대한 정확하게 표기하거나 번역하는 일이었다. 지금까지 한국에서 나온 근현대 남아시아 · 인도사 관련 책들을 보면, 현지 언어들도 그렇지만 영어로 된 역사적 용어들을 적절하지 않게 표기하거나 심지어는 오역한 사례들이 더러 존재했다. 여러 사례 중 대표적인 것으로는 Factory에 대해 "상관商館"이라 번역해야 할 것을 "공장"으로 완전히 오역하거나, "하딩Hardinge"을 "하딘지"로 오기하거나, "제안서minute"라 번역해야 할 것을 "회의록"으로 부적절하게 번역한 것 등이 있었다.

이렇게 분야를 막론하고 학술번역의 가장 기초적인 부분인 고유명사, 용어 표기, 번역 측면에서 잘못을 다수 범하게 되면, 책을 쓰거나 번역한 연구자에 대한 학문적 신뢰성 및 권위가 의심받는 것은 물론, 이로 인해 해당 분야 연구자들의 연구성과가 제대로 인정받지 못하게 되어 결국 사람들이 그 분야를 외면할 수밖에 없다. 학술 영역의 생명은 정확성과 엄밀함인데, 이는 번역 및 표기부터 최대한 오류없이 확실하게 다지는 데서 비롯된다고 역자는 굳게 믿으며, 이는 아무리 웬만한 학자들도 하기 어려운 지난한 작업이라 할지라도 분야와 상관없이 언젠가는 반드시 이루어져야 하는 일이다. 후쿠자와 유키치福澤 諭吉를 비롯해 니시 아마네西 周 등 근대 일본의 지식인들이 당시 서양에서 물밀듯이 유입되던 새로운 사상 및 문물 용어들을(예: "민주", "화학" 등) 최대한 적절하게 번역하는데 성공함으로써 사상 및 학술 부문에서 일본이 성공적인 근대화를 이룰 수 있었던 것처럼, 학술 영역의 발전을 위해서는 현지어 표기 및 용어 번역부터 엄정하게 다지고 원칙을 세우는 것이 가장 중요한 사항이다. 그래서 역자는 남아시아 현지뿐만 아니라 남아시아사와 밀접한 관계를 맺고 있는 중동 지역의 언어들, 그리고 영어로 된 고유명사(인명, 지명, 단체명, 제도명, 사건명 등)를 최대한 정확하게 한국어로 표기하려고 노력하면서, 단체명과 제도명의 경우 그 기능과 위상, 특징 등을 최대한 온전하게 번역할 수 있도록 글자상의 의미와 실제 역사 속에서의 활동 및 역할을 세심히 고찰하여 번역어를 정했다.

역자는 우선 매 쪽마다 등장하는 인명, 지명, 제도명, 단체명, 사건명 등의 고유명사가 현지 언어로 어떻게 표기되었는지 이를 열심히 찾고 한국어로 바로 옮기는데 시간이 상당히 걸려 애를 먹었다. 남아시아사 관련 고유명사에 대한 일관되면서 체계적인 표기를 위해서는 남아시아 및 중동 지역 내 주요 언어들에 대한 표기법을 마련하는 것이 필수적이었으며, 이 때문에 역자는 이들 언어에 대한 한국어 표기안을 마련하기 위해 철저한 조사 및 공부를 진행해야만 했다. 자세한 사항은 역자가 곧 출간할『인도 · 남아시아 지역의 이해를 돕는 길잡이: 언어 · 지리 · 근현대사 방면에서』내 언어별대응표와 언어별 한국어 표기안에서 상세하게 제시할 것이다.

또 남아시아사와 관련된 영어 용어를 번역하는데도 현지어로 된 고유명사를 표기하는 것만큼이나 못지않게 치열한 노력을 기울였다. 예로 동아시아 문화권에서 "천하天下"를 영어에서는 "Under Heaven"이라 글자 그대로 번역하는 대신 용례와 의미를 고려해 "Realm under Heaven"이라 번역하는 것처럼, 근현대 남아시아 · 인도사에서 등장하는 수많은 영어 용어(제도명, 단체명, 사건명 등)에 대해서도 해당 용어가 역사적으로 실제 사용된 맥락과 결을 같이하는지를 살펴본 다음, 마음이 들지 않으면 최대한 적절한 역어를 세심하게 고안해내는데 부단히 고심하였다.

예) Permanent Settlement: 영구정액제永久定額制(X) 지세액地稅額 영구확정령(O)
Doctrine of Lapse: 절손絶孫에 따른 실권失權 원칙
Communalism: 종파주의(X), 종교공동체주의(↓), 자自종단宗團 중심주의(O)
Partition of India: 분할, 분단, 분(리독)립(X), (인도-파키스탄 혹은 인도의) 양분兩分(O)

또한 council과 같이 한국어로 "의회 · 평의회 · 협의회 · 심의회" 등 각종 뜻풀이가 존재할 경우, 네이버에 등재된 표준국어대사전에서 단어별로 정의를 세심하게 찾아본 뒤, 역사상 실제 이들 기관의 비중, 기능, 역할에 따라 적절한 역어를 붙였다. 이와 비슷한 맥락에서, "자치"의 실제 용례를 고려해(예: 일제강점기 조선 내 "자치"운동, 현 중국 내 "자치구" 등) home-rule, self-rule, self-governing, autonomy, swaraj 등의 원문 내 단어들을 일괄적으로 "자치"라 융통성 없게 번역하지 않고 문맥을 고려해 "자치", "자주自主" 등으로 번역했다. 이외에도 기존에 발음이 잘못 알려진 영어 용어(예: sepoy - 세포이(X), 시포이(O) / Benares - 베나레스(X), 베나리스(O))들도 영어 원어민들의 실제 발음에 따라 수정하였다.

한편 번역 방식의 경우, 각 단어나 문장을 통해 저자들이 무엇을 의도했는지 그 뜻을 최대한 살리면서도, 독자들이 매끄럽게 읽을 수 있게 번역의 목적을 두는 과정에서 한국어 문장 구조나 사용하는 단어의 뉘앙스 측면에서 부자연스러운 문장들이 양산되기 쉬운 직역보다는 의역 쪽으로 가게 되었다. 하지만 오역이나 오기가 없는지 꼼꼼히 확인하려 했고, 잘 안 읽히는 대목을 파악하기 위해 여러 번 읽고 수정 · 윤문했지만, 여전히 부자연스러운 대목이 없으리라고는 100% 장담할 수 없을 것 같다. 또 의도치 않게 원문의 뜻을 잘못 전달하거나 용어를 번역하는 과정에 정확성을 잃어버리지 않았을까 하는 두려운 마음도 들며, 이에 대한 합당한 책임은 본인에게 있다.

남아시아 · 인도 지역을 제대로 온전히 이해하려면 두 가지 사항을 유념할 필요가 있다. 우선 "인도=남아시아"[4]라는 종래 인식을 버리고, 1947년 독립 및 인도-파키스탄 양분 이전 전통적인 지역 및 문화 · 문명적 개념으로서의 "인도"(현재 지리적인 용어로는 '인도아대륙')와, 양분 이후 건국된 국민국가 개념으로서의 "인도(공화국)" 간의 차이를 무조건 유념해야할 필요가 있다. 본서의 저자들이 강조한 대로, "인도", "힌두"라는 용어는 전 시대에 걸쳐 동일한 뜻을 갖고 있었던 것이 아니라 시대마다, 특히 근현대에 들어서는 외지인이었기에 인도 현지의 관습이나 문화에 생소했던 영국인들이 초기에 가졌던 이해에 따라 기존에 존재했던 여러 용어들(카스트, 힌두 등)의 뜻이 경우에 따라서 와전되는 경우가 제법 있었다. 당장 지리적인 측면에서도, 전통적인 지역 개념으로서의 "인도(아대륙)"는 동서로는 오늘날 파키스탄 펀자브주 및 신드주의 영역에 해당되는 신두강 평원 일대부터 인도 공화국 동쪽 끝에 있는 어험 지역까지, 남북으로는 최남단에 해당되는 칸니야쿠마리곶부터 히말러여 고원에 위치한 커쉬미르 지역 북단까지 포괄하는 개념이다. 현재 인도 공화국의 영토가 신두강 평원 일대 대부분 지역, 네팔, 방글라데쉬 등을 아우르지 못한다는 사실을 고려할 때, "유럽"처럼 지역 개념으로서의 "인도"와 근대 국민국가 개념으로서의 "인도"는 반드시 구분되고 유의되어야 할 사실이다. 그리고 "인도 공화국"과 "인도아대륙", 그리고 "남아시아"라는 개념들 역시 구별하여 인식할 필요가 있다.

두 번째로 유념해야할 점은, 바로 중근세 및 근현대 남아시아 · 인도사를 공부하고 연구하는데 힌두교와 힌두 사회에 대한 공부하고 이해하는 일은 두말할 것도 없지만,

---

4 현재 남아시아 지역 내에서 "인도아대륙"(사실 해당 지역에 거주하는 현재 인구 수와 유럽 지역과 비슷한 방대한 면적을 고려했을 때, 인도에 대해 "아대륙"라는 단어를 붙이는 것은 부적절하며, 중국 "대륙"처럼 완전한 "대륙"이라는 단어를 붙이는 것이 더 적절하다고 역자는 개인적으로 생각한다)에 포함되는 국민국가들로는 인도 공화국, 파키스탄, 방글라데쉬, 쉬리랑카, 부탄 등이며, 도서부에 해당되는 쉬리랑카나 몰디브는 남아시아 지역에는 포함 가능하지만 인도아대륙의 개념에는 포함되지 않는다. 실제로 쉬리랑카와 몰디브의 역사는 비록 남인도 지역에 등장했던 여러 국가들과 서로 강한 영향을 주고받기는 했지만, 지리적인 특성으로 인해 몰디브는 아랍인의 영향을 매우 강하게 받았고, 쉬리랑카는 해안가 일부 지역이 포르투갈인 및 네덜란드인의 통치를 받는 등 인도아대륙의 전반적인 역사와는 제법 판이하게 흘러갔다.

이와 못지않게 이슬람교와 무슬림 사회 및 문화에 대해서도 필수적으로 공부해야 한다는 점이다. 현재 한국 내 남아시아 · 인도 지역에 대한 이해 및 연구뿐만 아니라 특히 관점 측면에서 심각하게 문제 있는 사항 중 하나는, 바로 남아시아 지역 및 역사 안에서 이슬람교와 무슬림들이 갖는 비중에 대해 제대로 주의를 기울이고 있지 않다는 점이다. 아이바크가 인도아대륙 북서부를 침입한 이래로 무슬림들이 인도로 건너와 정착하기 시작한 11세기부터 19세기까지 인도아대륙 내 많은 지역에서 지배층으로 군림했던 무슬림들의 역사적 비중과 이들이 꽃피웠던 찬란한 문화 및 여러 제도를 고려했을 때, 남아시아의 역사를 공부하고 이해하는데 힌두교뿐만 아니라 이슬람교에 대해서도 반드시 상당한 정도의 지식 및 이해가 있어야 한다. 이슬람교와 무슬림, 그리고 이와 관련된 역사적 지식과 언어들(페르시아어, 고대 힌두스탄어, 아랍어 등)을 모르면 특히 이슬람 유입 이후 시대에 해당되는 인도아대륙의 중근세 시대를 연구하는 것 자체가 불가능하다. 또 근대까지 유지되어 온 각종 제도명이나 정치 · 경제 · 사회 측면에서 이슬람교에 기반을 두면서 아랍어 내지 페르시아어 기원을 가진 여러 용어들은(예: 디완, 페쉬워, 저민다르, 저나나 등), 많은 면에서 같은 시기 중동이나 내륙아시아 등 이슬람 세계 내 다른 지역과 맥락을 같이 하고 있다. 그리고 독립 및 인파양분 이후 힌드어는 어휘 방면에서 아랍어 및 페르시아어에서 기원한 단어들을 성스크르터어로부터 비롯된 단어들로 대체하는 과정을 거쳤음에도 불구하고, 일상생활과 관련해 페르시아어나 아랍어로부터 비롯된 단어들이 여전히 상당히 많다(예: seb("사과", 페르시아어), kitāb("책", 아랍어), sāl("해[年]", 페르시아어)).

그리고 현재 남아시아 지역 전체 인구의 무려 1/3이 무슬림(인도공화국뿐만 아니라 파키스탄, 방글라데쉬 포함)인데, 이 지역 내 무슬림 인구는 2023년 현재 5억 명을 이미 훨씬 넘긴 상태이다. 남아시아 지역 내에서 무슬림들과 이슬람교는 단순히 "소수 집단" 내지 "소수 종교"로만 치부될 개념이 절대로 아니며, 중근세뿐만 아니라 근현대까지 힌두교도 및 힌두교와 동등한 정도의 위치 및 위상으로 인식해야 하는 집단 및 종교라 할 수 있다. 이렇게 절대로 간과할 수 없는 사실들을 감안할 때, 남아시아 지역 내 이슬람교 및 무슬림들을 외래적이라고 해서 "타자"로 배척하지 말고, 그동안 인도아대륙의 역사를 이끈 중요한 주체 중 하나로 인식해야 우리는 남아시아 지역 및 역사를 온전하게 이해할 수 있을 것이다. 이미 본문에서 언급됐지만, 무슬림이었으나 파키스탄 건국에 반대했던 국민회의당의 중요 정치가 아불컬람 아자드가 1940년에 대중들에게 연설했던 내용을 여기서 다시 음미할 만하다.

> 이슬람교는 이제 힌두교처럼 인도라는 지역에서 큰 부분을 차지한다. 힌두교가 여기 인도에서 수천 년 동안 사람들이 믿는 종교였다면, 이슬람교 역시 천년 동안 이 사람들이 믿는 종교였다. 어느 힌두교인이 자신은 인도인이고 힌두교를 믿는다고 자랑스럽게 말할 수 있다면, 우리 역시 우리는 인도인이고 이슬람교를 믿는다고 똑같이 자랑스럽게 말할 수 있다.

이슬람교와 무슬림, 그리고 그 역사와 비중을 제대로 공부하거나 이해하지 않은 채 남아시아를 연구하겠다는 것은, 90년대부터 본격적으로 인도공화국에서 정치 · 학술 방면 등 사회 전반에서 강하게 비등하고 있는 힌두 국민국가주의의 사상적인 덫에 갇힐 위험이 매우 높아진다는 점을 뜻한다. 결국 이는 한국에서 남아시아 · 인도에 대한 기존의 고정관념 및 관점을 재생산하게 하여 남아시아 · 인도에 대한 다양한 면모가 계속해서 무시되게 만들 뿐이다. 결국 "인도"나 "남아시아"하면 힌두교, 특히 "불교"에 구애된 선입관에서 벗어나, 남아시아 · 인도 내에서 이슬람이 차지하는 비중 및 가치를 제대로 인지해야 남아시아 · 인도가 가진 다양성에 대해 새롭게 바라볼 시각이 마련될 수 있을 것이라 믿는다. 따라서 이 책을 읽은 독자들이 이슬람사 및 이슬람교에 대해 관심을 가지면서 남아시아 지역 내 이슬람교 및 무슬림과 파키스탄, 방글라데쉬에도 관심을 기울여주기를 바란다. 국내에 소개된 여러 번역서 중에서 이슬람교와 세계 각 지역 무슬림들의 역사에 대해 개괄적이면서 비교적 자세하게 소개한 책으로는 아이라 라피두스 저, 신연성 역, 『이슬람의 세계사 1,2』(이산, 2008)이 있으니 관심있는 분들은 참고하기를 바란다.

마지막으로, 후기 앞에서 역자가 근현대 남아시아 · 인도사에 관심을 갖게 된 계기에서 이미 설명하기는 했지만, 비교사적인 관점에서 근현대 남아시아 · 인도사와 근현대 한국사에서 발생했던 여러 사건, 역사적 맥락, 그리고 인물들을 비교하는 기회를 (심지어는 재미도) 독자들도 가질 수 있으면 좋을 것 같다. 물론 양 지역의 근현대사는 당시 상황이나 관련 주체, 맥락이 완전히 다르다는 점에서 **절대로 "비슷하거나 유사하지는" 않다.** 그럼에도 불구하고, 한국의 입장에서 근현대 남아시아 · 인도사는 한국사와 직접적인 관련이 없다는 이유로 남의 나라 역사라 치부하고 마냥 넘어가기에는 못내 아쉬운 부분이 많다.

사건 및 인물을 피상적으로만 비교하거나 지나치게 유형론적으로 비교하는 방식은 비역사적이며, 해당 사건 · 인물의 기원이나 배경 측면에서의 차이점을 세심하게 고려하지 않고 표면적으로 유사해 보이는 것끼리 비교해버리게 되면 귀에 걸면 귀걸이, 코에 걸면 코걸이 식의 지나치게 자의적인 비교로 빠지게 된다. 이런 저차원적인 비교 방식을 피하기 위해서는 어느 정도 규준이 있어야 한다고 생각한다. 즉, 위상 및 역할 측면에서 견줄만할 점이 있는 양 지역 내 두 사건이나 인물에 대해 비교할 만할 지점들을 제시하고 나서, 이것이 어떻게 **기원, 배경, 전개과정** 측면에서 다른지, 그리고 비교되는 두 사건의 **결과**나 두 인물의 활동 및 사상이 갖는 의의가 궁극적으로는 어떠했는지(그 결과가 같았는지 아니면 달랐는지) 시간 선후를 면밀하게 종합적으로 파악하여 비교하는 방식은 체계적이고 역사적인 비교방법론이 될 수 있지 않을까 조심스럽게 생각해본다.

후기 앞에서 이미 언급했던 예들을 제외하고, 비교 가능한 다른 사례들을 제시한다면 다음과 같다.

- 18세기 인도 내 각 지역 세력들의 근대화 과정 및 자강 운동("군사재정주의"로 대표되는 군제 및 재정 부문 개혁과 유럽 세력들과의 활발한 외교, 특히 마이소르 왕국에서 해더르 알리와 티푸 술탄이 군사 · 경제 · 기술 방면에서 추진했던 근대화 운동)과 좌절(영국에 패배해 토후국으로 전락) vs 개항 후 대한제국의 근대화 과정 및 자강 운동과 좌절
- 정치적인 측면에서 조선을 식민지로 만들었던 일본의 방식 및 과정(명성황후 시해, 한일의정서 체결부터 한일병합조약까지 국권피탈 과정 등)과 영국동인도회사가 인도아대륙 내 지역

국가들을 잠식했던 과정(주종적 동맹관계, "절손絶孫"에 따른 실권의 원칙, 무굴 궁정의 파디샤 무력화 등) 비교

- 임꺽정과 파파두의 활동, 정약용과 람 모헌 라이의 활동과 사상 비교
- 초기 인도학 연구(인도유럽어족 및 아려인 개념과 초기 유럽 인도학자들의 인도 문화 및 역사에 대한 폄동貶東주의(Orientalism)적인 인식과 연구)와 일본의 조선연구(일선동조론日鮮同祖論 및 총독부와 일본 학자들의 조선 문화 및 역사에 대한 비뚤어진 인식과 연구: 당파성론 등)
- 정치(통치기관 정비), 경제(특히 토지제도: 동양척식회사의 토지조사사업과 동인도정부의 지세액 영구확정령 제정을 통한 저민다르제 정착 등), 사회(치안유지, 각 공동체에 대한 정부의 대응) 부문 정책 시행에서 조선총독부와 동인도회사 및 영령인도정부 간에 비교할 만할 점들
- 퍼라예지 운동과 동학농민운동과의 비교
- 1857년 대봉기와 1907년 정미의병과의 비교
- 근대 세계 각지로 이주했던 인도인들과 조선인들의 이주 · 이산 과정과 특징, 현황 비교
- 양국의 애국가요가 된 〈아리랑〉과 〈번데 마터럼〉 간의 기원 및 확산과 그 위상 비교
- 호랑이 내지 토끼로 묘사된 한반도와 "어머니 여신"으로 묘사된 인도 간 비교
- 형평사 운동과 불가촉천민 집단 지위 개선 운동
- 1907년 대한제국 내 국채보상운동 및 1920년대 일제치하 물산장려운동과 1903~1908년 인도의 스워데시 운동 간 비교
- 제1차 세계대전 이후로 서트야그러허 운동으로 대표되는 인도의 독립운동 과정과 3.1운동으로 대표되는 식민지 조선의 독립운동 및 독립 후 한국 내 민주화운동 간 비교
- 근현대 시기 조선 · 한국과 인도의 테러 및 암살 정치 비교(예: 차페커르 삼형제, 퍼거트 싱그, 라쉬 비하리 버슈 등 인도 국민국가 수립운동 과정에서 과격파들의 영국인 관원들에 대한 테러 및 암살 시도 vs 안중근, 강우규, 나석주 등의 일본인 관원들에 대한 암살 시도)
- 식민지 조선을 지지했던 일본인들(독립운동가 박열의 부인 가네코 후미코金子 文子, 조선인 독립운동가

들을 변호했던 변호사 후세 다쓰지布施 辰治 등)과 인도 독립운동에 헌신했던 영국인들(인도자치연맹(Home Rule League)을 창설했던 애니 베선트(Annie Besant), 머하트마 간디와 러빈드러나트 타쿠르의 친한 친구였던 찰스 프리어 앤드류스(Charles Freer Andrews) 등)의 활동과 사상 비교

- 1923~1924년 암태도 소작쟁의와 1921년 말라바르(Malabār[말]) 봉기[5] 간 비교
- 1920년대 인도(1928년 봄베이 직물공들의 파업)와 조선(원산 총파업 등) 내 노동 운동 비교
- 1927~1931년 민족유일당 운동 및 신간회 운동과 1918~1920년 힌두-무슬림 양 종단이 영국에 공동으로 저항했던 힐라파 운동
- 한용운과 어러빈더 고쉬(독립운동 및 종교활동 측면에서), 김구(국부격 위상, 보수적 성향, 한국의 독립운동에서 가장 먼저 떠오르는 인물) 혹은 여운형(좌우합작운동, 평화주의 노선)과 머하트마 간디(힌두적 성향이나 힌두-무슬림 양 종단 간 화해 노력, 비폭력불복종 운동), 이승만과 저와허를랄 네루, 김일성과 무험머드 알리 지나, 조봉암과 아브둘 가파르 한(평화주의 노선과 독립 후 정권들의 탄압), 안호상과 위나여크 사워르커르(국민국가주의 옹호, 나치즘 영향) 등의 활동과 사상 비교
- 군산과 캘커타, 부산과 봄베이, 진남포와 커라치, 원산과 치타공 등 근대에 발전했던 한반도 및 인도아대륙 내 항구 도시들의 위상과 기능, 역할 변천 비교
- 독립 후 인도공화국 정부의 하이다라바드 니잠국 무력 합병과 제주 4.3사건(공통점: 사회주의자들과 주민들이 협력, 수만 명의 희생자 발생)
- 분단 후 일본 내에서 한국 국적의 재일교포와 북한 국적의 재일교포, 조선적에 대한 사회적 대우 및 이들의 일본 내 생활 조건과, 독립 및 양분 이후 영국 내에서 인도계, 파키스탄계, 방글라데쉬계의 국적 구분 및 시민권 부여 과정과 이들의 영국 내 생활 조건 간 비교
- 독립 후 한국과 인도공화국(저민다르제 폐지)의 토지개혁 정책 및 그 결과 비교
- 박정희(개발독재, 북한과의 체제 대립에서 남한이 우위 점하기 시작, "유신"체제)와 인디라 간디(녹색혁명, 제3차 인도-파키스탄 전쟁 승리, "비상사태" 선포) 간 비교와 차이점

---

5 인도 남서부 해안 지역에 있는 말라바르(현 인도 케랄랑주) 지역에서 마삘라(Māppiḷa[말], 영어명 Moplah) 무슬림들이 힌두교도 지주들에 대항해 일으킨 봉기.

- 한국의 월남전 참전과 인도의 쉬리랑카 내전(1987~1990) 참전 간 비교와 차이점
- 1980년대 이후 등장했던 한국의 민중사학과 인도 및 영미권에서의 소외집단 subaltern연구학파의 등장 배경 및 특징, 공통점과 차이점 비교
- 독립 후 역사인식 · 서술 · 교육에 대한 양국 내 사회 갈등

1) 한국의 예: 유교 및 성리학에 대한 지나친 숭상과 쇄국 정책으로 인해 근대화가 늦어져 조선이 일제의 식민지로 전락했다는 주장 등의 조선비하론, 1995년 조선총독부 청사 철거, 고구려 및 발해에 대한 미련과 고대 삼국이 일본에 문물을 전한 것에 대해 우월의식을 갖는 현대 한국인들에서 드러나는 국민국가주의적 성향, 『환단고기』에서 드러나는 유사역사학적인 내용 및 근대 한국 국민국가주의적 시각, 교과서 서술 방향을 둘러싼 정치세력과 학계 간 갈등

2) 인도의 예: 이슬람 유입 이후 중근세 시대에 대한 힌두 국민국가주의 세력들의 부정적 시각, 이슬람적인 유산에 대한 배척 및 경직화된 힌두교 역사 및 사상 주입 시도(1992년 어요드야의 바부르 마스지드 파괴, 2005년, 2016-17년 미국 캘리포니아주 역사교과서 파동[6]), 이슬람교가 등장하기 전까지 고대 힌두 · 불교 문화가 아프가니스탄에서 필리핀에 이르는 광대한 영역에, 더 나아가 중국 · 한국 · 일본까지 큰 영향을 미쳤다는 사실(일명 "대인도Greater India")에 대한 근현대 힌두 지식인들이 갖는 자부심, 발 겅가더르 틸러크가 1903년에 쓴『웨더 문헌에 드러난 북극이 고향이었던 아려인The Arctic Home in the Vedas』[7]에서 드러나는 유사역사학적이고 힌두 국민국가주의적인 시각, 인도 내에서 집권당에 입맛에 맞는(특히 힌두 국민국가주의 계열 정당에 의해) 역사교과서 성향과 내용의 부침 등

---

6 당시 힌두교에 대한 역사 서술을 둘러싸고, 힌두 국민국가주의 성향을 띤 재미단체 웨더 재단(The Vedic Foundation)과 힌두교육재단(Hindu Education Foundation)은 미국 캘리포니아주 안에서 발간된 역사교과서에 실린 힌두교와 인도사를 다룬 몇몇 내용이 부적절하다며 이에 대한 수정을 요구했는다. 이 때 마이클 위츨(Michael Witzel) 등 미국뿐만 아니라 인도 내 수십 명의 힌두고전문헌학 및 인도 전근대사 학자들이 이에 항의하였고, 이에 맞선 재미 힌두 국민국가주의 단체들이 법정 소송까지 나서는 등 학계와 힌두 국민국가주의 세력 간 역사 공방이 치열하게 벌어졌다.

7 이 책에서 틸러크는 웨더에 나오는 여러 찬가, 연대기, 달력뿐만 아니라 고대 페르시아의 종교문헌인 『아베스타(Avesta)』의 내용을 근거로, 선사 시대부터 원래 북극 일대에 살고 있었던 아려인들은 기원전 8천년경 기후 변화로 인해 유럽 및 아시아 북부 지역으로 이주하게 되었다고 주장했다.

이외에도 역자가 미처 생각해내지 못한 사실들에 대해 양 지역 역사 간에 비교할 만할 사항들이 있을 것이다.

이렇게 비교할 만한 인물·사건·맥락 등을 당시 배경과 상황, 전개 과정, 결과 및 의의 측면에서 다양하게 파악함으로써, 역자는 다음과 같은 실용적인 효과도 우리가 가질 수 있다고 생각한다. 먼저 이런 비교사적인 관점을 통해 양국 역사를 이해하고 연구하여 얻어낸 결과가 현재 우리 사회에 어떤 시사점을 던질 수 있는지, 우리의 과거 및 현재 경험에 비추어 보아 미래에 우리가 어떤 바람직한 자세를 취해야 할지 우리는 타산지석의 입장에서 판단할 수 있을 것이다. 그리고 감정적·정서적인 측면에서 볼 때, 우리는 자국사에만 몰입됨으로 인해 빠지기 쉬운 자기본위적인 이해에서 벗어나, 상대편인 인도의 역사에 대해 일종의 동정심을 느끼면서 인도를 좀 더 친근하게 느낄 수 있다는 부차적인 효과도 생길 수 있다.

또 근현대 남아시아·인도사 안에 등장한 여러 사건·인물·맥락을 근현대 한국사와 비교하면서 공부하고 이해함으로써, 우리는 다각적인 측면에서 한국사 공부 및 이해의 폭을 넓힐 수 있다. 또 이런 비교사적인 관점을 갖고 근현대 남아시아·인도사와 한국사에서 각각 그동안 활발하게 연구가 이루어진 분야·주제들과 상대적으로 연구가 덜 된 분야·주제들을 서로 교차·비교한 뒤 부족한 영역에 대해 연구를 진행하게 되면, 우리는 한국사에 대한 연구를 반추하고 심화하는 데에도 근현대 남아시아·인도사 공부 및 연구가 조금이라도 도움이 될 수 있지 않을까 생각한다.

이 책을 번역하는 과정에서 수많은 고유명사들을 최대한 적절하고 정확하게 표기하기 위해 여러 번 갈아엎기도 했고, 어려운 용어 및 문장들을 번역하는 일 자체도 결코 쉽지는 않았지만, 무엇보다도 저자들이 회고록, 시, 소설, 연설문 등에서 발췌해 삽입한 대목들이 책에 적지않이 수록되어 있어, 맥락의 본래 뜻뿐만 아니라 해당 발췌문에서 풍기는 분위기를 최대한 살리는 일은 정말로 어려운 일이었다. 오랜 기간 동안 많은 궁리를 하여 최대한 본래의 뜻에 가깝게 번역하려고 부단한 노력을 기울였지만, 그럼에도 불구하고 역자가 미처 놓치거나 잘못 옮긴 부분이 있을까 두렵다. 이에 대한 온당한 책임은 역자에게 있을 것이다.

이 책을 번역출판하고 역자가 공부하는데 도움을 주었던 분들께 감사의 말씀을 드리고자 한다. 우선 남아시아 · 인도 지역 및 역사에 대한 한국 사회의 이해도와 관심이 상당히 제한적인 상황에 더하여, 출판 시장의 만성적인 불황으로 인해 남아시아 · 인도 역사에 대한 책을 내기 매우 어려운 상황 속에서, 이 책의 번역출판을 허락해주신 민속원 홍종화 사장님과 편집 및 출판 과정에서 노력을 아끼지 않으신 박정대 부장님께 깊은 감사의 말씀을 드린다.

학부 시절 밤을 자주 새워가면서 과내 전공필수 과목들이었던 세 강독 수업을 들었을 때, 단순히 구절 해석에 그치지 않고 여러 구절에 반영된 역사적 고사나 사건, 용어설명, 오자나 파자 등을 부단히 확인해가며 한문 및 라틴어 강독 수업을 준비했던 기억이 새록새록 난다. 수업 시간에 유용태 선생님, 이경식 선생님, 그리고 김덕수 선생님 이 세 교수님들의 정곡을 찌르는 지적이 없었더라면, 역자는 학문적인 엄밀성도 그렇지만 특히 정확하고 세밀하게 용어를 사용할 기회가 없었을 것이다. 강독 수업을 이수하면서 다져진 경험은 본서를 번역하는데 많은 도움이 되었다. 이 책을 통해 세 선생님들께 진심으로 감사의 말씀을 드리고 싶다. 또 역자에게 근현대 남아시아 · 인도사와 한국사를 여러 점에서 비교할 기회를 수업을 통해 갖게 해 주셨을 뿐만 아니라, 본 역서의 출판에 대해 이모저모로 조언해주신 김태웅 선생님께도 정말로 감사의 말씀을 드린다. 이밖에도 교수내용지식의 중요성을 비롯해, 제대로 된 세계사 교육이 이루어지려면 세계 각 지역의 역사를 공부하고 연구하는 것이 중요하다는 내용을 수업에서 강조하신 양호환 선생님께도 감사의 말씀을 드린다.

또 지난 모진 세월 동안 본인의 공부 및 연구에 그동안 많은 격려와 지원을 아끼지 않으신 김문성 대표님께 진심으로 깊은 감사의 말씀을 드리고자 한다. 그리고 수 년간 힘든 시기 동안 서로 의지가 되었으면서 역서 제목 및 여러 사항에 대해 조언을 준 상협이에게도 감사의 말을 꼭 전하고 싶다. 이외에도 이 역서에서 이름을 다 거론하지는 못하지만, 역자의 공부와 연구에 도움을 주신 여러 분들께 감사의 말씀을 드리고자 한다.

마지막으로 그동안 여러 가지로 역자의 앞날을 걱정하시고 불효 자식을 봐 주신 어머님께 감사의 말씀을 전하고자 한다.

2023년 5월

서울 은온재隱蘊齋에서

찾아보기

ㄱㅏ

ㄴㅏ

ㄷㅏ

라

마

ㅂ

사

아

자

ㅊㅏ

ㅋㅏ

타

파

하

■ 지은이

바버라 멧캐프 BARBARA D. METCALF

캘리포니아 주립대 데이비스 캠퍼스에서 근현대 인도사를 연구하고 가르쳤으며, 전문 분야는 근현대 인도 이슬람이다. 대표작으로는 근현대 시기 인도 이슬람 근본주의 운동의 시초가 된 데우번드(Deoband) 개혁운동을 연구한 *Islamic Revival in British India: Deoband*, 1860-1900 (1982), 이슬람 신비주의인 수피 교단의 교육가이자 순나파 학자였던 마울라나 아쉬라프 알리 타나위의 사상을 연구한 *Perfecting Women: Maulana Ashraf 'Ali Thanawi's Bihishti Zewar* (translation, annotation, and introduction)(1992) 등이 있다. 또한 1994년에는 미국 아시아연구협회(Association for Asian Studies) 회장을, 2010년부터 2011년까지는 미국역사협회(American Historical Association) 회장까지 역임한 바 있다.

토마스 멧캐프 THOMAS R. METCALF

캘리포니아 주립대 버클리 캠퍼스에서 근현대 인도사를 가르쳤으며, 현재 해당 학교 명예교수이다. 세부 연구분야는 영국의 인도 통치 양상에 집중되어 있는데, 건축이 어떻게 영국의 인도 식민통치이념에 반영되어 있는가를 미술사적·역사학적으로 분석하는 탁월한 수작인 *An Imperial Vision: Indian Architecture and Britain's Raj*(1992), 영국이 어떻게 인도 지배의 정당성을 확보하려고 했는지 그 다양한 장치들을 분석한 *Ideologies of the Raj*(1997), 근대 인도양 권역을 범위로 하여 영 제국에서 인도의 위상을 연구한 *Imperial Connections: India in the Indian Ocean Arena*, 1860~1920(2007) 등이 있다.

■ 옮긴이

장성민 張成旻 JANG Sungmin

학부에서 역사를 전공했다. 공부하면서 근현대 한반도와 남아시아 지역의 역사 사이에 여러 비교할 만한 사항들이 꽤 존재한다는 점에 주목하게 되어 근현대 남아시아사를 전공할 마음을 품게 되었다. 근현대 남아시아사의 연구를 심화하고 그 성과를 종합적으로 이해하는 일은, 우리가 근현대 시기 걸어왔던 궤적을 남아시아라는 다른 거울을 비춰 그 의미를 재조명 · 재해석하는 데 귀중한 작업이 될 것이라고 믿고 있다.

다시 일어서는 코끼리, 인도 근현대사

초판1쇄 발행 2023년 5월 25일

지은이 바버라 멧캐프 · 토마스 멧캐프
옮긴이 장성민
펴낸이 홍종화

편집 · 디자인 오경희 · 조정화 · 오성현 · 신나래
박선주 · 이효진 · 정성희
관리 박정대

펴낸곳 민속원
창업 홍기원
출판등록 제1990-000045호
주소 서울 마포구 토정로 25길 41(대흥동 337-25)
전화 02) 804-3320, 805-3320, 806-3320(代)
팩스 02) 802-3346
이메일 minsok1@chollian.net, minsokwon@naver.com
홈페이지 www.minsokwon.com

ISBN 978-89-285-1844-9 94910
S E T 978-89-285-0359-9